카페24 해외직판 전자상거래 자격증 전문 도서

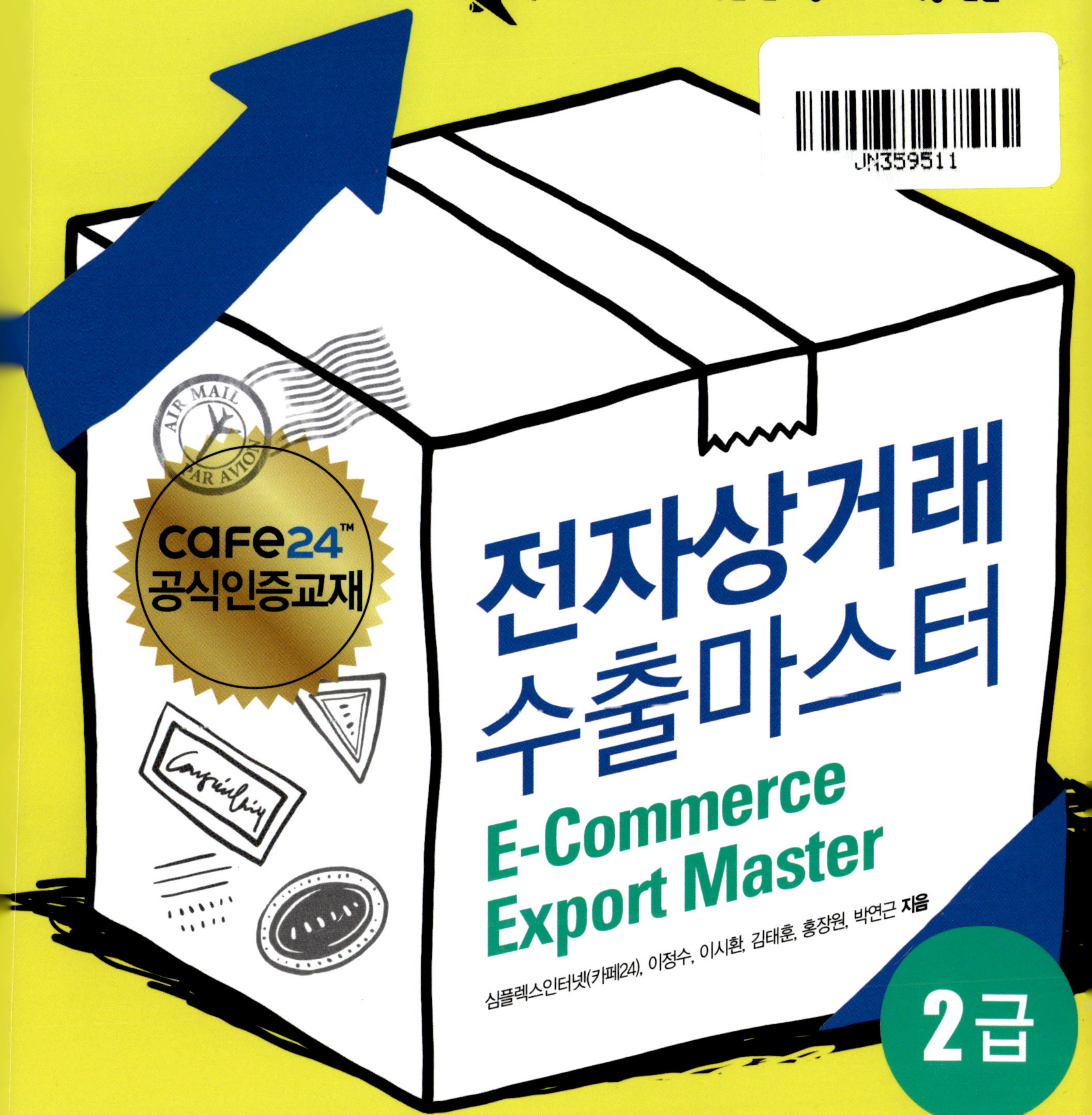

cafe24™ 공식인증교재

전자상거래 수출마스터

E-Commerce Export Master

심플렉스인터넷(카페24), 이정수, 이시환, 김태훈, 홍장원, 박연근 지음

2급

미래 유망 직종

전자상거래 수출전문가의 첫 걸음

★ 각 과목별로 학습내용을 점검할 수 있는 실력 평가 문제 수록

★ 현장 실무적인 내용과 적중률 높은 문제로 구성

★ 각 분야의 현장전문가를 포함한 최고의 집필진 참여

BM 성안당
www.cyber.co.kr

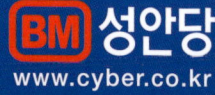

카페24 해외직판 전자상거래 자격증 전문 도서

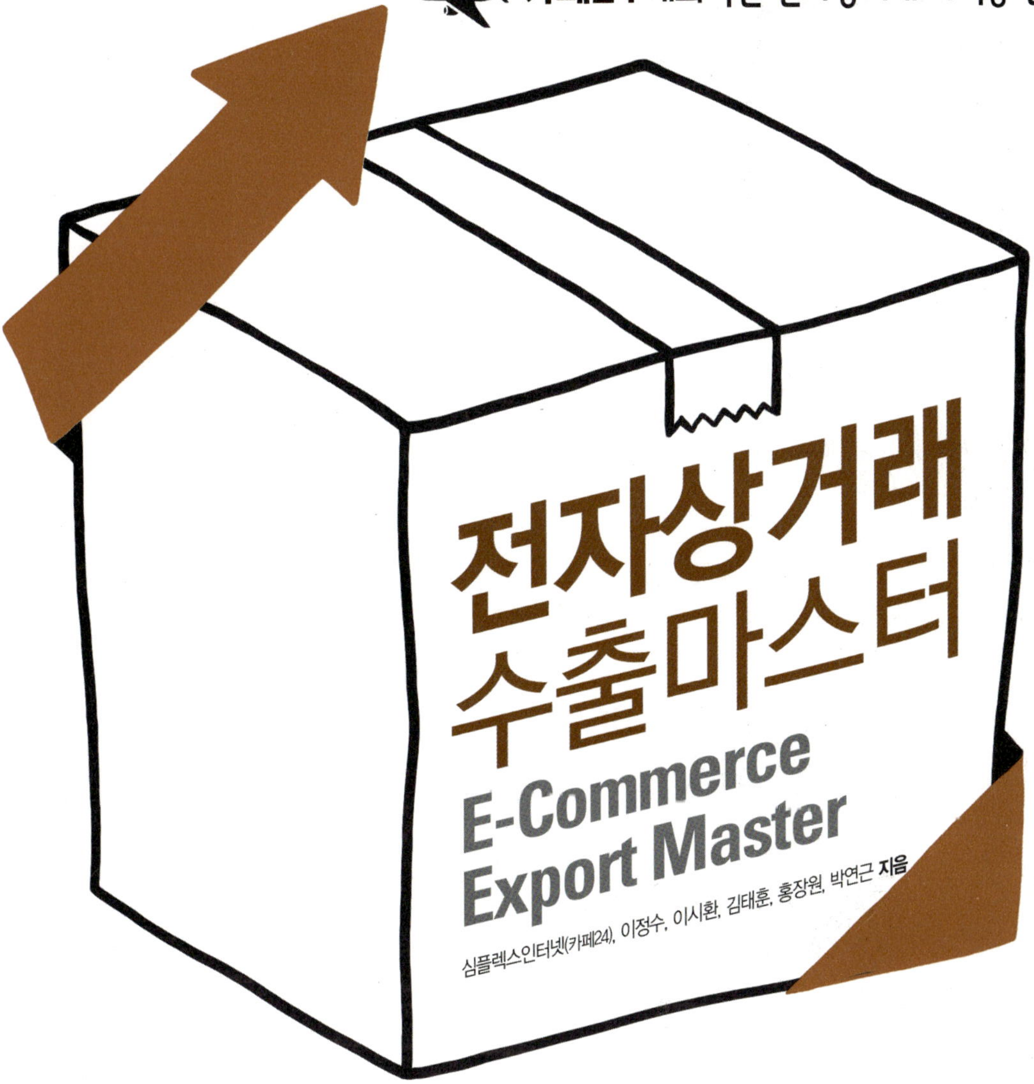

전자상거래 수출마스터

E-Commerce Export Master

심플렉스인터넷(카페24), 이정수, 이시환, 김태훈, 홍장원, 박연근 지음

BM 성안당
www.cyber.co.kr

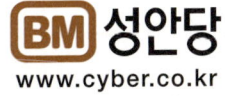

전자상거래수출마스터

2015. 5. 8. 초판 1쇄 인쇄
2015. 5. 15. 초판 1쇄 발행

지은이 | 심플렉스인터넷(카페24), 이정수, 이시환, 김태훈, 홍장원, 박영선
펴낸이 | 이종춘
펴낸곳 | BM 성안당

주소 | 121-838 서울시 마포구 양화로 127 첨단빌딩 5층(출판기획 R&D 센터)
       | 413-120 경기도 파주시 문발로 112(제작 및 물류)
전화 | 02) 3142-0036
     | 031) 950-6300
팩스 | 031) 955-0510
등록 | 1973.2.1 제13-12호
출판사 홈페이지 | www.cyber.co.kr
ISBN | 978-89-315-5374-1 (13000)
정가 | 25,000원

이 책을 만든 사람들
책임 | 최옥현
진행 | 최창동
본문 디자인 | 성연미
표지 디자인 | 앤미디어
홍보 | 전지혜
국제부 | 이선민, 조혜란, 신미성, 김필호
마케팅 | 구본철, 차정욱, 나진호, 이동후, 강호묵
제작 | 김유석

이 책의 어느 부분도 저작권자나 BM 성안당 발행인의 승인 문서 없이 일부 또는 전부를 사진 복사나 디스크 복사 및 기타 정보 재생 시스템을 비롯하여 현재 알려지거나 향후 발명될 어떤 전기적, 기계적 또는 다른 수단을 통해 복사하거나 재생하거나 이용할 수 없음.

※ 잘못된 책은 바꾸어 드립니다.

머리말
Preface

오늘날 국경 없는 전자상거래를 통한 쇼핑은 '놀라움'에서 '익숙함'을 거쳐 이제는 '당연함'으로 인식되고 있습니다. 단순히 상거래 방식의 변화뿐만 아니라 PC에서 모바일로 상거래를 위한 플랫폼도 빠르게 변하고 있습니다.
이 같은 변화는 다양한 IT 서비스 및 기술 발달로 인한 플랫폼, 결제, 배송 등 온라인 쇼핑에 필요한 생태계가 유기적으로 마련됐기 때문에 가능한 일입니다.

올해 한국 전자상거래 시장 규모는 지난해 36조원 보다 많은 40조원을 넘어설 것으로 전망되고 있습니다. 전체 소비 시장에서 11%가 온라인으로 이뤄진다는 분석입니다. 이는 중국과 일본에 이어 아시아·태평양 지역에서 세 번째로 큰 것이며, 전 세계에서는 일곱 번째에 꼽히는 규모입니다.

전자상거래 시장의 확장은 자국 내 뿐만 아니라 상거래의 국경까지 허물고 있는 추세입니다.
중국 소비자들이 2013년 한 해 동안 해외 온라인 쇼핑몰에서 의류, 신발 등을 사는데 140억 달러를 지출했습니다. 2017년에는 860억 달러 규모에 이를 것으로 전망하고 있습니다.
특히 중국은 개인 소비자가 온라인으로 해외 제품을 구매할 때 관세와 증치세(부가가치세)를 면제하는 통관시스템을 도입해 직구 소비자는 더욱 늘어날 것으로 보고 있습니다. 무엇보다 한·중 FTA에 전자상거래가 포함되면서 앞으로 한국으로의 해외 직구도 더 성장할 것으로 기대감을 높이고 있습니다.

미국도 예외는 아닙니다. 2013년 기준 약 3천 410만 명의 소비자가 온라인 해외 직구를 통해 연간 406억 달러를 지출한 것으로 추정됩니다. 미국 소비자들이 온라인 직구를 통해 가장 많이 구매한 품목은 의류, 신발, 액세서리로 그 규모는 49억 달러(2013년 기준)에 달합니다.

이처럼 급성장하는 전 세계 전자상거래 수출 시장을 겨냥해 정부에서도 국내 기업들의 온라인 수출을 적극 지원하겠다고 나섰습니다. 상품등록, 판매전략 수립, 홍보, 결제와 배송 등 국내외 소비자와 수출기업에게 편리한 온라인 쇼핑환경을 조성하는 한편 중국, 베트남 등 주요국 전자상거래 시장 진출을 위한 체계적인 전략을 마련한다는 계획입니다.

아울러 올해 전자상거래 수출액을 지난해보다 50% 이상 많은 7천억 원으로 늘리겠다는 목표도 제시했습니다. 정부의 이 같은 행보는 전자상거래 수출은 국내 중소기업의 해외 판로 개척은 물론 청년 창업을 통한 일자리 창출에도 크게 기여할 것으로 보기 때문입니다.

시대적 상황과 현실을 고려할 때 전자상거래 수출시장은 더욱 커질 것이며, 이를 위한 전문 인력에 대한 수요도 늘어날 것입니다.

전자상거래수출마스터(E-Commerce Export Master)는 온라인에서 상품(제품) 수출에 필요한 전자상거래 사이트를 기획 및 구축하고, 온라인 마케팅, 관련 법규 이해 등 운영에 필요한 지식서비스를 제공하여 효율적인 업무를 수행할 수 있는 직무능력을 갖추고 있는지 여부를 판단하는 민간자격증입니다.

이에 본 교재는 전자상거래수출에 필요한 이론과 실무지식을 전달하기 위하여 각 분야 전문가를 저자로 섭외하여 핵심적인 이론과 풍부한 현장 경험을 토대로 집필하였습니다.
특히 과목별로 이해를 돕기 위한 설명과 함께 출제 비중이 높은 핵심 내용 중심으로 실력평가문제를 출제하였습니다. 이를 통해 시험 합격만이 아닌 실무에서 구체적이고 실질적으로 적용할 수 있도록 많은 노력을 기울였습니다.

본 교재를 통해 학습하는 많은 수험생들에게 전문가로서 입지를 구축하는데 실질적이고 구체적인 도움이 되기를 진심으로 바라는 마음으로 집필하였습니다. 감사합니다.

대표 저자 **심플렉스인터넷(주)**

시험 안내

① 종목 소개

전자상거래수출마스터(E-Commerce Export Master)는 온라인에서 상품(제품) 수출에 필요한 전자상거래 사이트를 기획 및 구축하고, 온라인 마케팅, 관련 법규 이해 등 운영에 필요한 지식서비스를 제공하여 효율적인 업무를 수행할 수 있는 직무를 다루고 있습니다.

② 수행 직무

- 전자상거래를 활용하여 수출을 하고자 하는 기업 또는 운영대행을 수행하는 기업, 온라인 종합 쇼핑몰 운영기업 등에 취업하여 기본 계획 수립, 시스템 구축, 운영 및 관리, 마케팅 등의 전문 이론과 실무를 진행합니다.
- 본인이 직접 해외시장을 위한 온라인 쇼핑몰을 창업하여 필요한 직무를 수행합니다.

③ 검정기준

자격종목	등급	검정 기준
전자상거래 수출마스터	1급	온라인에서 상품(제품) 수출에 필요한 전자상거래 사이트를 기획 및 구축하고, 온라인마케팅 등 운영에 필요한 제반 업무를 수행할 수 있는 고급 수준
	2급	온라인에서 상품(제품) 수출에 필요한 전자상거래 사이트를 기획하고, 온라인마케팅 등 운영에 필요한 기본 업무를 수행할 수 있는 기본 수준

④ 응시 자격

등급	응시 자격
1급	전자상거래수출마스터 2급 취득자
2급	제한 없음

⑤ 시험방법

등급	검정방법		검정과목	문항 수	합격기준
1급	필기	객관식	온라인 마케팅2	25	60점 이상(100점 만점)
	실기	작업형	전자상거래 운영실무	20	60점 이상(100점 만점)
2급	필기	객관식	전자상거래 기본	50	60점 이상(100점 만점)
			전자상거래 관련법규		
			전자상거래 운영기획		
			온라인 마케팅1		

⑥ 시험과목

과목명	주요 내용	
전자상거래 기본(제1과목-2급)	전자상거래의 이해	전자상거래 환경 분석
전자상거래 관련법규(제2과목-2급)	기본 법규	관련 법규
전자상거래 운영기획(제3과목-2급)	전자상거래 사업기획	온라인쇼핑몰 기획
온라인 마케팅(제4과목-1·2급)	온라인 마케팅1(국내)	온라인 마케팅2(해외)
전자상거래 운영실무(1급 실기)	온라인 쇼핑몰 구축	

⑦ 검정시기

자격검정은 매년 3회 이상 실시함을 원칙으로 합니다. 단, 필요한 경우 추가로 실시할 수 있습니다.

⑧ 자격증 유효기간

① 전자상거래수출마스터 자격증의 유효기간은 발급일로부터 2년으로 하며, 자격취득자는 유효기간 만료일 기준 3개월 내에 보수교육을 이수하고 자격증을 갱신해야 합니다.
② 보수교육을 이수하지 않은 자는 자격증 유효기간이 경과하는 날부터 자격이 중지되고, 자격이 중지된 날로부터 1년 이내에 보수교육을 이수하지 않을 경우 자격이 정지됩니다.

이 책의 구성과 특징

본 교재는 전자상거래수출마스터 공식교재로서 다음과 같은 구성과 특징을 가지고 있습니다.

| 학습목표 |
각 Chapter별로 출제기준에 따른 세부 항목에서 중요한 부분과 함께 학습해야 할 내용을 설명하였습니다.

| PLUS TIP |
본문 내용의 보충 설명이나 추가적으로 학습해야 할 내용을 [PLUS TIP]으로 정리하였습니다.

| 이론 정리 |
출제기준을 세밀히 분석하여 출제확률이 높은 내용만을 엄선하여 수록하였습니다.

1급과 2급 분리 구성

1급과 2급을 분리하여 학습할 수 있도록 제작하였습니다.

| 실력 평가 문제 |

출제 유형과 난이도를 분석하여 각 과목별로 시험에 대비할 수 있는 문제를 자세한 해설과 함께 수록하였습니다.

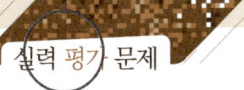

이 책의 목차

1 과목 전자상거래 기본

Chapter 1 전자상거래 개요   12
1 전자상거래 개념 · · · · · · · · · · · · 12
2 전자상거래 일반 · · · · · · · · · · · · 20
3 전자상거래와 인터넷 활용 · · · · · · · · · · · · 34

Chapter 2 전자상거래 시스템   46
1 전자상거래 시스템 · · · · · · · · · · · · 46
2 전자상거래 정보통신의 이해 · · · · · · · · · · · · 54

|1과목 **실력 평가 문제**| · · · · · · · · · · · · 80

2 과목 전자상거래 관련 법규

Chapter 1 기본 법규   88
1 전자문서 및 전자거래 기본법 · · · · · · · · · · · · 88
2 전자상거래의 관련 법규 · · · · · · · · · · · · 110

Chapter 2 수출입통관 및 관세   118
1 용어의 정의 · · · · · · · · · · · · 118
2 과세 요건 · · · · · · · · · · · · 121
3 납세의무 이행과 관세 환급 · · · · · · · · · · · · 131
4 운송, 통관 및 보세제도 · · · · · · · · · · · · 140
5 벌칙 · · · · · · · · · · · · 146
6 FTA · · · · · · · · · · · · 149
7 무역 실무 · · · · · · · · · · · · 153

Chapter 3 저작권법 및 상표권   157
1 지식재산권 · · · · · · · · · · · · 157
2 상표권 · · · · · · · · · · · · 165
3 상표권 침해 · · · · · · · · · · · · 172

4 저작물 · 179
5 저작물의 이용 · · · · · · · · · · · · · · · · · 184

Chapter 4 부가가치세 및 소득세   190

1 사업자등록과 통신판매업신고 · · · · · · · · · · 190
2 부가가치세 · · · · · · · · · · · · · · · · · · · 194
3 종합소득세 · · · · · · · · · · · · · · · · · · · 209
4 쇼핑몰 사업자가 반드시 알아야 할 세무 상식 · · · · · · · 214

|2과목 **실력 평가 문제**| · · · · · · · · · · · · · · **222**

3 과목 전자상거래 운영 기획

Chapter 1 사업 기획   234

1 전자상거래 사업 분석 · · · · · · · · · · · · · · 234
2 아이템 선정 · · · · · · · · · · · · · · · · · · 250
3 전자상거래 사업계획서 · · · · · · · · · · · · · 254

Chapter 2 운영 기획   262

1 솔루션 구축 · · · · · · · · · · · · · · · · · · 262
2 운영 전략 · · · · · · · · · · · · · · · · · · · 275

|3과목 **실력 평가 문제**| · · · · · · · · · · · · · · **289**

4 과목 온라인 마케팅

Chapter 1 온라인 마케팅 Ⅰ   296

1 온라인 마케팅 이해 · · · · · · · · · · · · · · · 296
2 온라인 마케팅 전략 · · · · · · · · · · · · · · · 300
3 키워드 검색 광고 · · · · · · · · · · · · · · · · 322

|4과목 **실력 평가 문제**| · · · · · · · · · · · · · · **362**

1 과목

전자상거래 기본

글로벌 시장으로 급성장하고 있는 전자상거래는 컴퓨터와 통신 환경의 발달로 새로운 유통변화로 자리 잡고 있다. 또한 모바일 환경과 전자상거래의 글로벌화의 변화는 기존 전통적인 오프라인 기업들의 영업 전략에도 많은 변화를 가져왔다. 이 과목에서는 글로벌 디지털 경영 환경 속에 전자상거래의 기본 개념과 유통구조의 장점과 단점을 파악하고 인터넷 등 전자상거래의 프로세스와 시스템을 배운 후 정보통신의 구조를 이해하여 글로벌 시장 환경에 맞는 전자상거래의 경쟁력을 확보하고 효율적인 전자상거래 시스템을 구축한다.

| CHAPTER 1 | **전자상거래 개요**
　　　　　1 전자상거래 개념
　　　　　2 전자상거래 일반
　　　　　3 전자상거래와 인터넷 활용

| CHAPTER 2 | **전자상거래 시스템**
　　　　　1 전자상거래 시스템
　　　　　2 전자상거래 정보통신의 이해

CHAPTER 1
전자상거래 개요

전자상거래 개념에서는 전자상거래의 기본 개념과 등장 배경 그리고 모바일과 글로벌화되고 있는 전자상거래의 장점과 단점을 파악한다. 전자상거래 일반에서는 전자상거래의 유형과 특성, 인터넷의 개념과 서비스 종류, 그리고 인터넷 도메인 주소에 대해 학습한다.

 전자상거래 개념

1. 전자상거래란

전자상거래(Electronic Commerce)란 재화나 용역의 거래관계에서 그 전부 또는 일부분이 전자문서에 의하여 처리되는 방법으로 이루어지는 상행위를 말한다. 즉, 인터넷이나 PC 통신을 이용해서 상품을 사고파는 모든 형태의 상거래와 함께 고객관계마케팅(Customer Relationship Marketing, CRM), 광고(Advertisement), 서비스(Service) 등도 여기에 포함된다. 인터넷이 보편화되기 이전에도 전자적 방식의 데이터(Data) 교환이 있었으나 이제는 인터넷의 대중화로 전자상거래를 인터넷상에서의 거래와 관련지어 생각하게 된다. 전자상거래라는 용어는 국방부 프로젝트를 수행하면서 시작되었고, 전자상거래는 1989년 미국의 로렌스 리버모어 연구소(Lawrence Livermore National Laboratory)에서 처음 사용했다. 초기에는 부가가치통신망이나 전자문서교환(Electronic Data Interchange) 등에 국한되어 사용되었으나 1990년 중반부터 인터넷의 상용화가 활발해지면서 전자상거래가 급격하게 확산되었다.

전자상거래의 경제활동을 디지털경제(Digital Economy)라고 하며, 전자상거래는 하드웨어(Hardware)와 소프트웨어(Software)의 정보통신기술의 발달로 실물시장(Physical Market)과 달리 시간과 공간이 제약 없는 국제화 시대의 온라인 시장(Online Market)으로 유통시장의 한 분야로 자리 잡고 있다.

최근에는 전자상거래가 전화, PC 통신, TV, 케이블뿐만 아니라 모바일을 통해 활발하게 거래되고 있다. 1998년 미국 상무부에서 발표한 'The Emerging Digital Economy'에서는 전자상거래를 협의의 전자상거래와 공의의 전자상거래 개념으로 나누어 규정하고 있으며 이제 전자상거래는 상품을 사고파는 거래에서 상품과 서비스를 유통하는 광범위한 경제활동을 의미한다.

- E-커머스(Electronic Commerce): 인터넷 전자상거래
- M-커머스(Mobile Commerce): 모바일 전자상거래
- T-커머스(TV Commerce): TV망을 이용한 전자상거래
- V-커머스(Voice Commerce): 음성 전자상거래
- C-커머스(Collaborative Commerce): 협업을 통한 전자상거래

① 협의의 전자상거래

협의의 전자상거래는 소비자가 PC나 모바일 등 통신기기를 이용해 인터넷 홈페이지나 쇼핑몰 형태의 가상 상점(Virtual Mall)에서 상거래가 되는 홈페이지나 쇼핑몰 상점을 통해 실시간으로 상품을 거래하는 것을 말한다. 거래할 수 있는 상품은 물류유통이 되는 실물 제품뿐만 아니라 뉴스, 비디오, 오디오, 프로그램 등과 같은 디지털상품과 교육이나 상담, 의료진단과 같은 무형거래도 포함된다. 전자상거래가 이루어지기 위해서는 기본적인 시스템을 갖추고 전자상거래의 관련 법규를 갖추어야만 한다. 판매자는 전자상거래시스템을 통해 적은 마케팅비용과 유통비용으로 시간과 공간의 제약 없이 다수의 소비자와 거래할 뿐만 아니라 글로벌유통을 할 수 있는 무한한 성장 가능성을 지니고 있다. 소비자는 줄어든 유통마진으로 저렴해진 상품을 실시간으로 원하는 시간과 공간에서 편리하게 검색하고 원하는 곳에서 구매한 상품을 받을 수 있다는 장점이 있다.

② 광의의 전자상거래

광의의 전자상거래는 거래와 관련되는 대상인 개인 소비자뿐만 아니라 생산자(Producers), 중개자(Intermediaries), 소비자(Consumers)가 인터넷통신망을 이용해서 전자상거래를 하는 것과 공급자, 회사, 업체, 기업, 기관(금융기관, 정부기관, 운송기관 등) 등과 같이 거래와 관련된 대상을 말한다.

	대상
협의의 전자상거래	소비자, 구매자
광의의 전자상거래	생산자, 중개자, 소비자, 공급자, 업체, 정부, 기관, 단체

③ 전자문서

전자문서(Electronic Document)란 컴퓨터나 모바일, 스마트기기 등 정보처리시스템으로 문서를 전자적 형태로 작성하여 송, 수신 또는 저장된 정보를 말한다. 전자상거래에서는 소비자가 상품이나 서비스를 주문이나 결제 과정 중 하나의 과정만이라도 전자문서가 활용된 경우를 전자상거래가 성립되었다고 본다.

> **참고 전자문서란?**
> ① 정보처리시스템에 의하여 전자적 형태로 작성되어 송·수신 또는 저장된 정보
>   (『전자거래기본법』 제2조 제1호)
> ② 컴퓨터 등 정보처리 능력을 가진 장치에 의해 전자적인 형태로 작성되어 송, 수신 또는 저장된 문서형식의 자료로서 표준화된 것
>   (『정보통신망이용촉진 및 정보보호법』 제2조 제5호)

④ 전자상거래와 통신판매의 관계

통신판매(Mail Order)는 통신장비나 모바일, 전화(Telemarketing), 카탈로그(mail-order catalog) 등을 활용하여 서비스나 상품에 관한 정보를 제공하고 소비자의 주문을 받아 거래가 이루어지는 행위를 말한다. 통신판매의 대표적인 상품은 인터넷쇼핑, TV홈쇼핑, 카탈로그쇼핑, 온라인 교육, 온라인게임 등을 들 수 있다. 전자상거래라고 할 때는 보통 인터넷쇼핑을 말하는 경우이며, 경우에 따라서는 통신판매를 포함하여 사용된다. 인터넷쇼핑은 전자상거래인 동시에 통신판매에 해당되기도 하지만, TV홈쇼핑이나 카탈로그쇼핑 등은 엄격히 말해 통신판매지만 전자상거래는 아니라고 볼 수 있다.

	전자상거래	통신판매
인터넷쇼핑	O	O
TV홈쇼핑		O
카탈로그쇼핑		O
전화쇼핑		O
온라인 교육	O	O
인터넷게임	O	O

2. 전자상거래의 등장

① 개인용PC 보급

가정용컴퓨터(Personal Computer, PC)가 1980년대 초부터 보급화되고 상용화가 시작되면서 집에서도 컴퓨터를 사용할 수 있게 되었다. 초기에는 PC 본체로 일반 TV에 연결해서 1차원적인 간단한 작업만 할 수 있는 정도였지만, 점차 하드웨어와 소프트웨어의 개발로 논문작성과 프로그램을 개발하는 다양한 용도로 활용되었다. 하드웨어 기술과 정보처리 기술이 발전됨에 따라 중앙처리장치(CPU)의 고속화와 메모리(Memory)가 고용량이 되고 주변기기가 다양하게 개발되면서 컴퓨터의 활용도가 다양해졌다. 초기 개인용 컴퓨터는 흑백화면에 자기테이프(Magnetic Tape)나 자기디스크(Magnetic Disc)를 활용해 프로그램 로딩(Program Loading)을 하여 사용하는 정도였다.

② 인터넷의 보급

초기 통신망은 일반 전화선을 사용하여 단순 문자를 처리하는 정도였다. 초기 인터넷은 일반 모뎀(Modem)이라는 장치를 이용하여 텍스트(Text)의 정보를 얻는 수단으로 인터넷을 사용했다. 인터넷이 개발되었지만, 전화회선을 사용하기 때문에 첫 번째는 속도가 낮았으며 두 번째는 인터넷을 사용하는 만큼 전화요금이 부과되어 사용요금의 부담으로 대중화로 쉽게 진입하기는 어려운 환경이었다. 고성능 개인PC의 보급과 모뎀이 기본적으로 내장되면서 인터넷의 대중화를 준비하고 있었다. 2014년 11월 'Internet Live Stats'의 통계에 따르면 전 세계 인터넷 사용자가 30억 명을 돌파하였다고 한다.

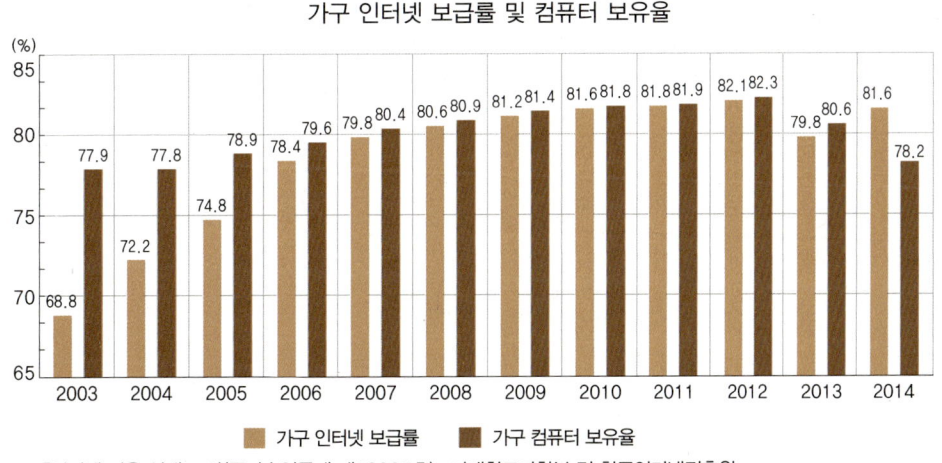

가구 인터넷 보급률 및 컴퓨터 보유율

『인터넷 이용 실태 조사(국가승인통계 제12005호), 미래창조과학부 및 한국인터넷진흥원』

③ 정보통신의 발달

1970년 유선전화 중심으로 발달해오던 통신장비(Signal Equipment)가 1980년 정보기기의 발전과 컴퓨터의 통신과 더불어 데이터를 전송하는 정보통신장비로 발전됐고, 1990년대 이후에는 인터넷과 모바일의 확산으로 유선과 무선장비로 확장되었다. 다양한 종류의 하드웨어와 소프트웨어들이 보급되면서 사용자의 필요한 환경에 맞는 장비와 프로그램이 개발되고 스마트폰의 대중화로 어플(Abbreviation of Smart Phone Application)의 활용도까지 넓혀져 이젠 언제 어디에서나 전자상거래나 인터넷 검색(Internet Searching)과 같은 실시간 정보통신을 할 수 있게 되었다. 기가바이트(Gigabyte)까지 지원하는 정보통신의 하드웨어가 같이 발달하여 문자(Character), 사진(Picture), 동영상(Video)에서 자료공유(Public Ownership of Data)까지 실시간으로 사용할 수 있는 빠른 속도의 인터넷이 가능해졌다. 이제는 인터넷이 되지 않는 컴퓨터는 컴퓨터의 활용도가 없을 정도로 인터넷이 컴퓨터에 많은 비중을 차지한다. 유선 인터넷에서 무선 인터넷(Wireless Internet)의 발전으로 어디에서나 와이파이(Wireless Fidelity, WI-FI)를 활용해 시간과 공간의 제약 없이 인터넷을 사용할 수 있다.

④ 모바일의 대중화

집전화(Home Phones)는 없어도 개인 휴대전화(Cellphone)는 가지고 있을 정도로 모바일(Mobile)이 이젠 대중화되었다. 모바일의 LTE커버리지(Coverage)가 매년 20% 이상씩 증가한다. 1980년대 모바일의 데이터 전송 속도가 1G 속도였지만, 2020년이 되면 5G 이상의 속도로 기술과 네트워크의 발전이 더 가속화될 것으로 보인다. 현재에도 전자상거래의 거래량이 PC에서 모바일 전자상거래(Mobile Electronic Commerce Environment)로 거래비중이 매년 더 크게 성장하고 있다.

3. 전자상거래의 장점

전자상거래의 장점은 인터넷이라는 공간을 활용하여 PC나 모바일 등 다양한 채널을 통해 시간과 공간의 제약 없이 전 세계로 직거래할 수 있고 판매자와 소비자가 모두 만족하는 적절한 가격으로 거래되며 누구나 판매자가 소비자로, 소비자가 판매자가 되는 프로슈머(Prosumer)가 될 수 있다. 전자상거래의 장점을 구체적으로 살펴보면 다음과 같다.

① 유통구조(Distribution Structure)의 단순화

유통구조의 단계를 최소화하여 생산자와 소비자 모두 상품가격의 경쟁력을 가지게 되었다. 기존의 유통구조는 생산자 → 총판 → 도매 → 소매 → 소비자 순으로 인건비, 점포유지비, 세금 등 60% 이상의 유통비용을 소비자가 부담하는 구조였지만, 전자상거래는 소비자에게 직접 유통되기 때문에 소비자는 기존 유통비용 없이 저렴한 가격으로 제품을 구매할 수 있다.

② 유통채널(Distribution Channel)의 다양화

기존 유통채널은 총판이나 도매, 소매를 통해 오픈 매장을 통해서만 거래되었으나, 전자상거래의 발전으로 온라인의 다양한 유통채널을 통해 소비자에게 판매할 수 있게 되었다. PC에서는 쇼핑몰이나 오픈마켓, 블로그(Blog)나 카페를 통해서도 판매할 수 있고 모바일에서도 모바일 전자결제의 발전으로 PC와 같은 채널뿐만 아니라 소셜 네트워크 서비스(Social Network Service, SNS) 등 다양한 채널구조가 개발되어 발전되고 있다. 판매자와 소비자 모두 다양한 채널을 통해 상품을 비교하고 유통할 수 있게 되었다.

③ 글로벌마케팅(Global Marketing)의 확장

글로벌마케팅은 전 세계 2개국 이상을 대상으로 거래하는 마케팅의 한 분야이다. 전자상거래의 특성상 인터넷 기반 상거래이다 보니 지역의 한정된 공간뿐만 아니라 국가 간의 상거래도 활발하게 진행되며 누구나 쉽게 판매와 구매를 할 수 있게 되었다. 판매자는 전 세계 약 72억 인구를 대상으로 상품을 판매할 수 있고 소비자는 전 세계의 모든 상품을 쉽고 간단하게 검색과 구매를 할 수 있다.

④ 시간과 공간의 무제한

24시간 동안 언제 어디에서든 인터넷만 가능하면 전자상거래를 할 수 있다. 기존의 오프라인 유통에서는 영업시간 내에만 거래할 수 있었지만 전자상거래는 전 세계를 대상으로 언제 어디서라도 제품에 관한 정보수집과 상담구매와 결제를 할 수 있게 되었다. 모바일 전자상거래의 발달로 이제는 이동 중에도 계약, 예약 주문과 결제가 실시간으로 가능해졌다.

⑤ 고객관계관리(Customer Relationship Management, CRM) 최적화

소비자와 상호작용에 의한 고객관리를 할 수 있게 되었다. 고객의 구매습성, 구매 성향, 트렌드

등 기존의 시장조사는 대상과 공간과 조사시간이 한정되어 있지만, 온라인에서는 인터넷 전자상거래를 통해 실시간으로 다양한 채널로 정보를 수집하고 분석할 수 있다. 판매자는 정확한 목표고객으로 체계적이고 최적화된 고객관리를 할 수 있게 되었고, 소비자는 필요 없는 정보를 차단할 수 있는 권한이 주어지고 원하는 상품과 정보를 선택적으로 구독할 수 있어 판매자의 다양한 마케팅 서비스를 경험하게 되었다.

⑥ **소호(Small Office Home Office, SOHO) 창업**

소호란 개인이 작은 사무실이나 집에서 인터넷을 활용하여 사업을 하는 것을 말한다. 기존 오프라인 유통에서는 사무실이나 매장 창고 등 물리적인 공간이 있어야 하며, 고정적인 유지비용이 발생하고, 고객이 직접 방문하여 판매가 이루어지는 방식이었지만, 전자상거래는 인터넷을 통해 정보가 유통되므로 저비용으로 소호 창업(SOHO Establishment)으로 운영 및 경영을 할 수 있다.

⑦ **광고 효과(Effectiveness of Advertising)의 시너지**

전자상거래는 대기업의 독점적인 광고 시장에서 온라인 광고의 저렴한 비용으로 차별화되고 특성 있는 광고를 시간과 물량을 효과적으로 기대하며 만들 수 있게 되었다. 또한 블로그나 SNS 등을 활용하여 고객참여 간접광고(Indirect Advertisement)를 통한 광고의 시너지 효과가 직접광고(Direct Action, AD)보다 큰 비중을 차지하고 있어 다양한 채널을 통해 광고 효과의 시너지를 기대할 수 있다.

⑧ **소비자 입장에서의 장점**

- 시간과 공간의 제약을 받지 않고 자유롭게 구입할 수 있다.
- 다양하게 비교하여 구입할 수 있다.
- 주문 후 대금결제를 전자결제(Electronic Settlement)로 가능하다.
- 가격비교를 통해 저렴한 상품을 선택할 수 있다.
- 경매나 중고 상품도 참여와 구매를 쉽게 할 수 있다.
- 디지털 자료(음악, 동영상 등)는 다운로드를 통해서도 구입할 수 있다.
- 상담, 구매, 결제, 배송까지 일괄 서비스를 받을 수 있다.
- 구입과 배송이 빠르다.
- 포인트를 활용한 결제를 할 수 있다.

- PC, 태블릿, 휴대폰 등 다양한 장비를 통해 주문과 결제가 자유롭다.
- 후기를 통해 제품의 품평을 객관적으로 확인할 수 있다.

⑩ 판매기업 측면의 장점

- 소비자와 직거래로 유통비용(Circulation Expense)을 절감할 수 있다.
- 영업시간의 제약이 필요 없다.
- 상점이나 직원이 없어도 가능해 관리비용을 절감할 수 있다.
- 영업거점뿐만 아니라 전 세계를 상대로 판매할 수 있다.
- 입지조건에 의한 우위성이 없다.
- 상품 진열을 위한 판매장이나 재고가 필요 없다.
- 고객요구를 쉽게 파악할 수 있다.
- 고객 데이터베이스(Client Database)를 활용하여 목표고객 관리를 할 수 있다.
- 소자본의 기회로 전자상거래의 창업을 할 수 있다.
- 다양한 채널을 통해 동시 마케팅을 할 수 있다.
- 원하는 시간, 원하는 지역에 타깃광고를 할 수 있다.
- 소량 또는 물량으로 제품을 판매할 수 있다.
- 고정 유지관리비를 최소화할 수 있다.
- 온라인과 오프라인으로 동시 판매할 수 있다.

4. 전자상거래의 단점

① 안정성(Stability)과 신뢰성(Reliability)

전자상거래의 특성상 눈으로 직접 확인하고 구매할 수가 없고 제공된 상세페이지의 이미지(Image)로만 상품의 품질을 판단해야 하기 때문에 구매상품의 신뢰성과 사후관리의 시스템이 확보되어야 한다. 국제간 상거래인 경우는 제품안정성을 보증하거나 구제시스템이 각 나라별 통합된 안전시스템의 부족으로 문제 발생 시 체계화된 문제해결 시스템을 마련하기 힘든 단점이 있다.

② 보안인증(Security Certification)

전자상거래의 결제는 전자결제시스템으로 진행됨에 따라 전자결제의 호환(Compatibility)과 보안(Security)과 인증(Certification)에 대한 기술적인 문제의 대비책이 부족하다. 보안기술

(Security Technology)에 따른 또 다른 문제가 발생되고 있어 전자결제 문제뿐만 아니라 개인정보의 노출 위험이라는 단점까지 있다.

③ **경쟁력(Competitiveness)**

판매자의 입장에서는 많은 구매자와 새로운 거래가 일어나지만 전자상거래의 특성상 소비자는 다양한 채널을 통해 상품 정보를 비교 검색하다 보니, 제품 간의 경쟁이 더욱 치열해진다.

2 전자상거래 일반

1. 전자상거래의 유형

전자상거래는 거래 주체나 운영 방법, 가격모델별, 수익모델별 등으로 다양하게 분류된다.

① **거래 주체에 따른 전자상거래 분류**

거래 주체에는 기업(Corporation), 소비자(Customer), 개인(Person), 정부(Government) 등 다양한 방식으로 분류된다.

- B2B: 기업과 기업 간의 전자상거래
- B2C: 기업과 개인 간의 전자상거래
- B2G: 기업과 정부 간의 전자상거래
- B2E: 기업 내에서 전자상거래
- G2C: 정부와 소비자 간의 전자상거래
- G2B: 정부와 기업 간의 전자상거래
- C2C: 개인과 개인 간의 전자상거래
- C2B: 소비자와 기업 간의 전자상거래
- P2P: 개인과 개인 간의 전자상거래

- B2B(Business to Business): 기업들 간의 거래

B2B는 기업과 기업의 전자상거래이다. B2B는 공장, 사업자, 제조사, 도매, 소매, 판매사 등 유통을 하는 기업과 기업들 간의 인터넷을 기반으로 하는 전자상거래 유형으로 볼 수 있다. 또한 B2B는 불특정 기업들 간에 공개된 네트워크를 이용하여 거래되거나 약속된 기업들만의 거래가 이루어지는 마케팅 활동을 말하기도 한다. B2B 초기에는 주로 공사자재나 부품과 같은 산업재(Industry Material Market)나 재료 등의 공사입찰 등을 주거래로 하는 기업들이 다수였으나 오늘날에는 제조에서 유통 서비스까지 기업이 제공하는 모든 물품과 서비스의 포괄적인 개념으로 거래되고 있으며, 실제 거래규모나 금액도 지속적으로 증가하고 있어 전문 몰에서 대형 몰로 상업 전반에 거래범위가 커졌다.

B2B 거래에서는 거래의 주체로 분류해보면 판매자 중심, 구매자 중심, 중개자 중심의 거래로 구성된다. 판매자 중심형인 경우는 판매자가 운영하는 사이트에 다수의 구매자가 접속하여 거래하는 형태이며, 구매자 중심형은 구매자가 운영하는 사이트에 다수의 판매자가 접속하여 역거래를 하는 형태이다. 중개형인 경우는 판매자와 구매자가 서로 접속하여 거래하는 형태이다. 이러한 전자상거래의 형태는 온라인상에서 서로의 상품을 직거래하여 유통비용과 시간을 절약할 수 있으며 기업과 기업 간의 큰 거래에도 도움이 된다.

- B2C(Business to Customer): 기업과 소비자 간의 거래

B2C는 기업과 소비자 간의 전자상거래이다. 기업이 소비자를 상대로 전자상거래로 소비자에게 상품을 판매하는 형태로 현재 가장 많은 비중을 차지한다. 즉, 기업이 인터넷망을 이용하여 소비자에게 재화나 용역을 거래하는 행위로, 초기에는 전자제품, 의류, 가구 등의 제품이 거래되었으나 최근에는 게임, 동영상 등의 디지털 상품을 비롯하여 예약, 교육 등 거래 물품 영역이 점점 확대되고 있다. B2C는 일반적인 쇼핑몰과 같이 기업이 개인 소비자를 대상으로 하는 전자상거래이다.

B2C의 종류를 보면 첫째는 판매자가 직접 운영하는 인터넷 쇼핑몰 판매방식이다. 이는 우리가 흔히 알고 있는 인터넷 쇼핑몰이라고 부르는 판매방식이며, 판매자는 직접 쇼핑몰 솔루션을 이용해 쇼핑몰을 제작하고 웹디자인과 관리자를 두고 쇼핑몰을 직접 운영하여 인터넷상으로 기획하고 광고하여 소비자에게 유치 상품이나 서비스를 판매하는 방식이다.

두 번째는 대형쇼핑몰 판매자와 계약을 하거나 일정조건에 가입하여 직접 입점하여 상품을 전시 판매하거나 제품만 납품하여 대형쇼핑몰에서 직접 판매하는 런칭 개념의 방식이다. 대형쇼핑몰

은 대기업의 쇼핑몰 사이트나 대형마트나 할인점, 보험사나 은행, 카드사 등에서 큰 규모로 운영하는 쇼핑몰을 예로 들 수 있다.

세 번째는 오픈마켓 판매방식이다. 판매자와 소비자가 오픈마켓 솔루션을 통해 직접 상품을 올리고 판매가 이루어진다. 오픈마켓 판매방식 내에서는 소비자가 판매자도, 판매자가 소비자도 될 수 있다.

네 번째는 SNS를 이용한 판매방식도 있다. 모바일의 대중화와 발달로 유튜브(youtube.com), 카카오스토리(Story.kakao.com), 페이스북(Facebook.com), 트위터(Twitter.com) 등을 이용하여 기업용으로 SNS를 통해 소비자에게 접근하고 있고 점점 사용자가 많아지고 있다.

- B2G(Business to Government): 기업과 정부 간의 거래

기업과 정부 간의 전자상거래 유형으로, 정부가 조달예정 상품을 인터넷 가상 상점에 공시하고 기업들이 가상 상점을 통하여 공급할 상품을 확인하고 주요 거래를 성사한다. 예를 들어 기업이 정부를 대상으로 조달청에 입찰하여 정부 납품권을 따내는 것 등이다.

- B2E(Business to Employee): 기업 내에서의 전자상거래

B2E는 기업과 직원들의 전자상거래로 소비자나 기업이 아닌 직원들이 대상이 되는 전자상거래이다. 기업 내의 경영자와 사원 간의 복리후생에 대한 유대감과 신뢰감의 향상을 목적으로 직원들의 만족과 수익원을 동시에 찾으려는 접근방식이다. 최근에는 기업이 직접 운영하는 혹은 위탁한 인터넷 쇼핑몰에서 필요한 물품을 구매하는 것뿐만 아니라 직원들의 교육 서비스, 출장 서비스, 사내 복지 등이 활발하게 운영되고 있으며, 근무시간의 탄력적 운영을 위한 충원 전술 등 직원들에게 권한을 위임하는 것도 포함된다. B2E 서비스의 아웃소싱(Outsourcing) 기업은 고객확보를 위한 비용절감과 운영비용 그리고 B2E는 거의 대부분 회원제로 운영되며 계약확보가 수익과 직결되기 때문에 회원이 지속적으로 유지된다는 점과 매출 대비에 따른 운영비용이 거의 없다는 것이 큰 장점이다. 회사 차원에서의 B2E는 기업 전략(Strategy of Company)과 맞물려 있다. 직원 개인의 욕구나 희망사항을 해결해주고 직원들의 만족도를 높여 업무효율을 높이는 동시에 이를 통해 인적자원관리(Human Resource Administration)를 할 수 있다는 의미도 포함된다.

- G2C(Government to Customer): 정부와 소비자 간의 거래

    G2C는 정부와 소비자간 전자상거래이다. 물품을 정부에서 소비자에게 조달하는 거래방식이다. C2G(Customer to Government)의 경우는 소비자와 정부간 전자상거래로 정부의 행정 서비스를 온라인 서비스로 제공하는 것으로 세금이나 각종 부가세뿐만 아니라 각종 증명서의 발급이나 납부 업무, 사회복지급여의 지급 업무 등이 여기에 해당된다. 인터넷을 통한 여러 가지 민원 서비스 등도 점차 확대되고 있다.

- G2B(Government to Business): 정부와 기업 간의 전자상거래

    G2B는 정부와 기업 간에 이루어지는 전자상거래이다. 정부와 기업이 온라인 회선을 이용하여 각종 세금 또는 조달업무 등을 수행하는데 활용하고 있다. 대표적인 사업이 조달청에서 하는 정부조달사업이다.

- C2C(Customer to Customer): 소비자와 소비자 간의 거래

    C2C는 소비자와 소비자 간의 전자상거래로, 소비자가 상품을 구매하는 주체인 동시에 판매자가 된다. 소비자끼리 인터넷을 이용하여 일대일의 거래를 하는 것이 대표적인 예이다. 주로 경매(Auction)나 벼룩시장 등을 이용한 중고품 매매가 일반적이며, 대표적인 모델은 미국의 이베이(EBay)나 우리나라의 옥션(Auction), 네이버의 중고나라 카페 등으로 이곳에서 지금도 활발하게 C2C 거래가 이루어지고 있다.

- C2B(Customer to Business): 소비자와 기업 간의 전자상거래

    C2B는 소비자와 기업 간의 전자상거래로 인터넷의 대중화로 새롭게 등장한 거래관계이다. 개인이나 단체가 기업에게 수량에 따른 가격조건을 제시하고 소비자가 주체가 되어 구매하는 거래형태이다. 이는 기업에서 고객으로 판매되는 일반적인 형태가 아니라 고객에서 기업으로 거래되는 역방향의 형태이다. 기존의 B2C 거래는 기업이 거래 주체가 되는 반면, C2B 거래는 소비자가 거래의 주체가 된다. 소비자 중심의 전자상거래를 의미하는 것으로 공동구매(Group Purchase), 역경매(Dutch Auction) 등이 여기에 속한다.

- P2P(Peer to Peer): 개인과 개인 간의 전자상거래

    P2P는 개인과 개인 간의 전자상거래이다. C2C와 다르게 소비자와 소비자를 연결하는 중간 매개체가 P2P에는 존재하지 않는다. 기존의 Server to Client와 상반되는 개념으로, 중앙 서버를 공유하지 않고 개인 PC에서 자료를 바로 교환하는 직거래 방식이다.

② 운영별 전자상거래 분류

- 개인쇼핑몰형

개인쇼핑몰형은 개인이 직접 쇼핑몰을 사업으로 운영하는 전자상거래이다. 사업을 운영하는 주체인 사업체가 전자상거래의 개별쇼핑몰을 직접 제작과 디자인하고 상품을 등록, 광고와 기획, 관리까지 운영하는 방식이다. 쇼핑몰의 솔루션인 경우에는 직접 제작하는 경우도 있고 임대형 쇼핑몰을 활용해 운영하는 경우도 있다. 일반적인 쇼핑몰 창업은 개인 쇼핑몰형에 포함된다.

- 모바일 쇼핑몰

모바일 쇼핑몰(Mobile Shopping Mall)은 모바일용 쇼핑몰을 제작하여 운영하는 전자상거래이다. 모바일결제가 보안이나 기술적인 문제가 해결되면서 모바일 쇼핑몰이 매출에 큰 비중을 차지하고 있어 모바일 쇼핑몰의 필요성이 중요시되고 있다. 기존 개인쇼핑몰 운영자나 사업체에서도 모바일 쇼핑몰을 제작하여 동시에 운영하고 있다.

- 전문쇼핑몰 입점형

전문쇼핑몰 입점형은 입점을 하여 운영하는 전자상거래로 전문쇼핑몰이나 대형쇼핑몰 등에 입점하여 직접 판매나 위탁판매를 한다. 운영자는 쇼핑몰의 제작 과정을 거치지 않고 전문쇼핑몰에 입점시켜 상품을 런칭하고 판매하는 방법으로 판매조건이나 수수료 등을 고려해서 운영한다. 대형쇼핑몰이나 전문쇼핑몰의 기존 고객을 타깃으로 판매하므로 정확한 타깃과 목표 판매량을 수익률로 분석한 후 입점하는 것이 유리하다.

- 오픈마켓 입점형

오픈마켓 입점형은 우리나라 대표 오픈마켓인 11번가, 옥션, G마켓에 입점하여 판매하는 방식이다. 자신이 판매하고자 하는 물건이나 상품 서비스를 정해진 규칙에 따라 올려 판매하므로 어려운 입점 조건은 없으나 등록수수료, 판매와 마케팅의 수수료를 고려해서 입점하는 것이 좋다. 오픈마켓은 가격경쟁이 제일 심한 곳이므로 가격경쟁이나 목표타깃 없이 입점하는 것은 좋지 않다.

- 카페를 통한 판매형

카페를 통한 판매형은 카페나 블로그를 통해 C2C로 판매하는 방식이다. 대표적인 사이트는 네이버의 중고나라를 들 수 있다. 카페의 회원을 상대로 상품을 판매하는 방식으로 요즘은 현금거래뿐만 아니라 카드결제까지 가능해지면서 활발하게 운영되고 있다. 주로 중고나 개인적인 물품으로 거래한다.

- SNS 직접 판매형

    SNS 직접 판매형은 요즘 유행하는 SNS를 통해 제품을 판매하는 방식이다. 카카오스토리나 채널의 네크워크망을 활용해 상품을 소개하고 제품을 판매한다. 비교적 빠른 피드백과 정확한 타깃 층을 잡을 수 있다.

③ 가격결정 모델형 전자상거래 분류

- 정찰제(Fixed-price) 거래

    판매자가 희망하는 가격 및 조건을 제시하고 소비자가 당사자와 거래하는 방식이다. 일반적인 모든 전자상거래가 정찰제 거래로 운영되고 있다. 인터넷 쇼핑몰의 특성상 제시된 상품가격으로 결제가 이루어져야 사이트에서는 주문이 완료된다.

- 경매(Auction) 거래

    판매할 제품에 구매자가 경매로 참여하고 정해진 기간에 최고 구입가에 낙찰되어 판매되는 방식이다. 대표적인 사이트가 옥션의 경매 거래이다. 판매자는 원하는 10원 이상의 최하 금액으로 등록하고 경매가 이루어지는 기간 사이에 목표거래 금액에 도달하면 종료되든지 아니면 종료시점까지 도달해서 최고 구입가에 낙찰되어 판매되는 방식으로 운영된다.

- 역경매(Dutch Auction) 거래

    역경매 거래는 경매 거래와 반대로 판매자가 역으로 경매에 참여하여 기간 내에 최저 판매자에게 낙찰되는 거래방식으로 일반적으로 공동구매 등이 여기에 속한다.

- 시장교환(Barter) 거래

    시장교환은 동일 제품이나 가격에 대해 다수의 판매자와 구매자가 합의된 가격에서 거래되는 방법이다. 물물교환이라고도 하다.

④ 수익모델형 전자상거래 분류

- 판매형

    판매형은 제품과 서비스를 소비자에게 직접 판매하는 방식이다.

- 중개형

    중개형은 소비자에게 중개를 통해 판매되는 방식이다. 상품이 바로 소비자에게 판매되는 것이 아닌 일정한 중개를 통해 이루어진다. 중개형에는 경매형과 서비스중개형, 매칭형이 있다.

- 정보제공형

  정보제공형은 콘텐츠를 활용해서 상품을 소개하거나 판매하는 방식이다. 콘텐츠의 생성이나 검색 등에 활용해서 고객에게 노출하여 판매한다. 정보제공형에는 정보생산형과 정보검색형으로 다시 나누어진다.

2. 전자상거래의 특성

① 전통적인 상거래와 전자상거래의 비교

인터넷 전자상거래(Internet Electronic Commerce)는 기존의 전통적인 상거래 방식과는 다른 다음과 같은 특징이 있다.

- 유통경로의 축소

  기존의 전통적인 상거래의 유통경로는 생산자 → 도매상 → 소매상 → 소비자로 연결되어 있다. 그러나 전자상거래는 생산자나 공장이 도매상이나 소매상을 거치지 않고 바로 소비자와 직접 거래한다. 그 결과 중개 경로의 감소로 유통비용이 절감되고 소비자는 보다 싼 가격으로 상품이나 서비스를 제공받을 수 있다. 시간과 비용의 절감은 유통경로 축소의 가장 큰 혜택이다. 택배물류시스템(Logistics System)도 발전하여 물류가 효율적으로 운영되고 있다.

- 시장 범위의 확대

  시장 범위(Market Range)는 전통적인 상거래와 전자상거래에서 큰 차이를 보인다. 거래가 이루어지는 대상 지역을 보면, 전통적인 상거래는 지역 기반을 중심으로 한정된 거래활동이 이루어지지만, 전자상거래는 인터넷을 활용한 상거래로 시간과 공간을 초월하여 매우 포괄적인 지역을 대상으로 거래가 이루어진다. 실제 거래가 되는 시간도 전통적인 상거래는 영업시간이 제한적인 반면에 전자상거래는 온라인이라는 특성상 365일 24시간에 걸쳐 언제 어디에서든지 거래할 수 있다. 요즘은 해외 전자상거래 시장의 확대로 시장범위가 국내뿐만 아니라 글로벌 시장까지 확대되어 있다.

- 마케팅의 다양성

  마케팅 면에서 보면, 전통적인 상거래는 범위 지역 내에서 직접 방문이나 상담 등을 통한 일방적인 마케팅 활동이 한정적으로 이루어지지만 전자상거래의 인터넷 등을 이용한 온라인 마케팅은 짧은 시간에 다수의 고객에게 다양한 채널을 통해 폭 넓게 마케팅할 수 있으며 마케팅의 기대효과도 빠르게 피드백(Feedback)된다. 트렌드(Trend)에 맞는 고객 후기 등 다양한 마케팅 활동을 통해 투자 대비 매출의 기대치를 높일 수 있다.

- 실시간 수요예측
  기존의 전통적인 상거래는 수요예측(Demanding Forecasting)에 많은 시간과 인력이 소요되었으며 수요를 파악하기 위해 다시 정보를 다시 입력하여 분석하는 방식으로 운영되었으나 인터넷 전자상거래는 인터넷에서 분석시스템을 통해 전자상거래의 정보를 실시간으로 수요 예측하여 적용할 수 있다.

- 빠른 대금결제
  기존의 전통적인 상거래의 대금결제를 보면 현금이나 수표, 약속어음 및 신용카드 등이 사용되어 현금회수율과 기타 경비가 별도로 청구되지만, 전자상거래에서는 신용카드를 비롯한 전자화폐, 전자수표 및 전자자금 이체 등으로 지정된 날짜에 바로 입금된다. 또한 전자상거래의 특성상 외상거래가 거의 없어 미수금 회수의 의미가 없다.

- 최소의 소요자금
  오픈 매장의 상점을 갖추려면, 기본적인 부동산 비용과 인테리어의 물품 비용과 고정적인 인건비 등의 많은 비용이 소요되지만, 전자상거래는 컴퓨터시스템과 운영 장비 및 쇼핑몰 구축을 위한 솔루션만 있으면 쇼핑몰 운영을 빠르게 할 수 있다. 따라서 저렴한 비용으로 전자상거래를 할 수 있다. 기존의 전통적인 상거래와 전자상거래를 비교한다면 전자상거래는 소요자금이 거의 들지 않는다.

이 밖에도 전통적 상거래와 전자상거래의 많은 차이점이 있으며, 다음과 같이 비교하여 정리할 수 있다.

구분	전통적 상거래	전자상거래
유통경로	공장 → 도매 → 소매 → 소비자	공장 → 소비자
시장범위	거점반경	전 세계
마케팅 활동	일방적인 판매 활동	고객과 상호작용, 바로 대응

수요예측	영업사원이나 정보수집 활동	실시간 정보 분석
영업시간	지정시간 운영	24시간 운영
광고	상권지역광고	온라인 검색 광고 등
대금결제	현금, 수표, 신용카드, 약속어음 등	신용카드, 전자결제, 자동이체, 모바일결제 등
소요자금	사업장 운영 기반 매장, 재고, 인건비	쇼핑몰 구축, 시스템 구축

② **전자상거래의 경제적 효과**

- 1인 창업 가능

  전자상거래의 솔루션(Solution)의 개발로 누구나 쉽게 온라인 창업을 할 수 있다. 전자상거래의 하드웨어와 소프트웨어도 발전하여 전문적인 기술 없이도 간단한 솔루션의 사용 방법과 운영기법만 배우면 온라인 쇼핑몰을 개설할 수 있을 뿐만 아니라 1인 창업이나 개인 사업도 할 수 있게 되었다. 개인용 컴퓨터와 인터넷의 대중화는 통신기술과 전자상거래의 발전으로 이어졌고 고객이 쉽고 편하게 온라인상에서 제품을 구매할 수 있는 다양한 통신장비의 수단과 전자상거래 시스템이 개발되고 상용화되어 누구나 쉽게 창업 및 온라인 사업을 할 수 있게 되었다. 또한 기존의 오프라인 사업에서도 인터넷과 접목하여 다양한 고객층과 글로벌 시장을 확보할 수 있게 되었다.

- 유통비용 절감

  전자상거래의 특성상 중개인(Broke)이 필요 없이 생산자와 소비자가 직거래를 통해 제품을 구매함으로써 유통비용을 절감하게 되었다. 유통의 단계에서 발생하는 불필요한 유통구조는 결국에는 소비자가 모두 부담하지만, 전자상거래에서는 생산자와 소비자 모두 합리적인 상품가격으로 유통할 수 있게 되었다. 또한 중간 거래처에서도 전자상거래의 도입으로 불필요한 인건비와 유통경비(Circulation Expense) 등을 절약함으로써 소비자에게 다양한 혜택을 제공할 수 있게 되었다. 결국 유통비용의 절감으로 생산자, 중간유통업체, 소비자 모두 만족하는 경제적 효과를 얻게 되었다.

- 거래비용의 절감

  전자상거래에서 거래비용은 제일 큰 부분을 차지했던 유통비용이 절감됨으로써 모든 거래의 비용이 절감효과를 얻게 되었다. 첫째, 소비자 입장에서는 최적의 가격으로 생산자와 바로 구매함으로써 물류시간과 상품가격을 절감하게 되었고 둘째, 판매자 입장에서는 매장이나 판매장이 필요 없고 불필요한 인테리어와 인건비 그리고 상품전시를 위한 재고비용(Stockpiling Expenses)도 줄어 마케팅을 할 수 있는 마진폭이 생겨 고객에게 다양한 서비스를 제공할 수 있다. 즉, 소비자와 판매자 모두 상품을 거래하는 비용을 절감하게 되었다.

- B2B 통합 효과

전자상거래는 인터넷을 통해 모든 거래가 이루어진다. 구매자 입장에서는 한 곳의 전자상거래에서 다양한 상품을 구매하고, 판매자는 각 지역의 물류센터(Distribution Center)를 통해 상품을 집하하여 지정된 택배로 구매자에게 배송한다. 기존 유통구조에서는 생산의 전 과정이 한 곳에서만 가능했지만, 지금의 개방성 네트워크에서는 위치적으로 통합되어 있지 않고 분산되어 있어도 각 기능적 활동의 통합운영이 가능하다. 원재료 구입, 제품설계, 제품생산, 포장, 보관, 관리, 판매, 유통, 금융 등이 온라인상에서는 하나로, 오프라인상에서는 B2B 형태로 분산되어 운영할 수 있게 되었다.

- 전자상거래의 새로운 고용창출(Creation of Employment)

전자상거래는 하드웨어 분야, 소프트웨어 분야, 디자인 분야, 온라인 마케팅 분야, 보안(Security) 분야, 광고기획 분야, 콘텐츠 분야, 유통시스템과 물류 분야 등 첨단 정보 기술을 기본 바탕으로 하기 때문에 각 분야에 더 세분화된 전문 기술 인력(Professional Manpower)이 많이 필요하다. 전자상거래 하나의 분야에 이렇게 많은 직업군과 전문 인력이 증가되면 새로운 시스템이 개발될 때마다 마케팅에 따른 새로운 고용이 증가한다. 전자상거래의 모바일 쇼핑몰이라는 새로운 분야에도 전문 인력이 필요하고, 상품사진 촬영과 동영상을 기획하고 편집하는 사진작가나 정보와 데이터의 질을 개선하고 관리 아카이빙(archiving)하는 디지털 큐레이션 등의 전문 인력이 필요하다.

- 유통구조의 다변화

전자상거래는 인터넷이라는 새로운 도구로 기존 유통산업에 새로운 비즈니스 모델(Business Model)로 자리 잡으면서 산업의 가치사슬(Value Chain)과 전통적 산업의 유통의 경제구도를 바꾸고 있다. 전자상거래는 국내뿐만 아니라 해외시장(Global Market)의 유통구조의 다변화로 다양한 판로를 개척하고 진출하게 되었다.

③ 전자상거래 단계

- 발전단계별 분류

전자상거래의 발전단계별 분류는 도입기, 성장기, 성숙기, 전환기로 구분한다.

- 도입기

도입기는 기업들이 온라인을 통한 전자상거래를 이용해 새로운 상품이나 서비스를 제공하려고 시도한다. 전자상거래에 대한 소비자들의 인지도나 참여도가 낮으며 보안 등의 불신과 신용도가 낮고 관련된 제도와 법규도 체계적으로 정비되지 않은 상태라 소비자보다는 판매자인 기업들이 전자상거래를 도입하고 구축하는 단계라고 볼 수 있다. 도입기는 상호 거래가 많지 않기 때문에 광고 대비 매출액은 낮으며, 전자상거래의 전자결제가 보안과 호환문제(Compatibility Problem)가 원활하지 않아 실제 주문은 그리 많지 않다. 도입기에 첫 구매하는 소비자를 이노베이터(Innovators)라 부르고 그 뒤를 이어 구매하는 소비자를 얼리어답터(Early Adopters)라 한다. 초기 전자상거래 사업자는 해당 업종을 선점하고 브랜드의 인지도를 높이는 장점을 가질 수 있다.

- 성장기

성장기에는 많은 기업들이 전자상거래를 구축하고 온라인 시장에 진입하여 광고나 마케팅 경쟁이 과열된다. 소비자들의 전자상거래에 대한 인지도나 신용도도 증가하여 전자상거래에 대한 믿음이 좋아진다. 성장기에는 비용을 절감하고 온라인의 편리성을 강조하여 많은 소비자가 활용할 수 있도록 해야 한다. 일반적으로 성장기에는 유료광고 진행으로 적극적인 판매 활동도 전개되기 때문에 경쟁기업과의 비교우위가 나타나고 매출액도 증가하여 단위당 거래비용도 점차 감소하여 이익률은 증가한다. 전자상거래와 관련된 보안, 인증 결제시스템을 비롯한 지원 제도와 관련법이 체계화와 표준화되어 소비자 수가 빠르고 급속하게 증가한다. 성장기에는 품질이든, 가격이든 상품에 경쟁력이 없으면 경쟁에서 뒤지고 없어질 수밖에 없다.

- 성숙기

성숙기는 온라인 시장의 기술적, 법적 위험이 낮아져 활발한 전자상거래가 운영되고 있으며 전자상거래의 발전단계에서는 가장 안정적인 단계이다. 그러나 성장기에 비해 성숙기에는 이익률은 서서히 하강곡선으로 되나, 소비자들의 전자상거래의 신뢰도가 높아 온라인 전자상거래의 편리함과 안정성으로 자주 이용하는 단골 거래처가 생기고 다양한 종류의 상품을 거래하게 된다. 판매자의 입장에서는 비슷한 종류의 전자상거래의 업종이 많아져 많은 경쟁이 요구되지만, 상품의 경쟁성만 가지고 있다면 경쟁우위를 가져갈 수 있다. 이처럼 성숙기에는 온라인 시장에 많은 경쟁업체나 유사업체가 생겨나고, 상품의 차별화 아이템이 줄어든다. 또한 관련법이 통합되고 전자상거래의 기술도 표준화되어 전자상거래가 유통의 많은 부분을 차지하게 된다.

- 전환기

    전환기에는 전자상거래의 보편화와 치열한 경쟁구도로 인해 다양한 전자상거래의 채널과 소비자의 요구에 의한 새로운 기술과 플랫폼(Platform)의 재검토가 요구되고 온라인 마케팅의 전략적 분석이 재평가 된다. 즉, 기존의 전자상거래의 대표인 온라인 쇼핑몰이라는 한 가지 채널이 고객의 요구에 의해 더욱 다양한 도구로 발전하면서 전자상거래는 광범위한 개념으로 발전된다. 전자상거래의 도입부에서 성장기, 성숙기를 거치면서 전자상거래의 진입과 발전, 보편화가 이루어졌다면 전환기에는 새로운 전자상거래의 모델의 진입과 다양한 플랫폼의 통합으로 판매자 입장에서의 기술적인 발전단계가 소비자 입장에서는 편리함의 발전단계로 전환된다. 그로 인해 다양한 온라인 마케팅이 개발되고 채널이 분리되고 통합되는 과정이 반복적으로 다시 시작한다.

• 전자상거래의 발달

전자상거래는 인터넷과 통신장비의 발달과 전자상거래 솔루션과 전자결제, 보안 등의 소프트웨어의 발달로 판매자와 소비자의 욕구에 의해 새로운 채널의 플랫폼으로 전자상거래는 변화하고 개발되고 있다. 초기 전자상거래는 단순 전자데이터의 교환 정도였지만 이젠 모바일 쇼핑몰에서의 간편한 결제시스템까지 가능해 누구나 시간과 공간의 구분 없이 쉽고 편리하게 전자상거래를 하게 되었다.

- 전자 데이터 교환

    전자문서 교환(Electronic Data Interchange, EDI)은 서류 없는 무역(Paperless Trade)의 실현으로 서로 독립된 조직 간에 정형화된 문서를 표준화된 자료표현 양식에 준하여 전자적 통신매체를 이용해 정보를 전달하고 교환하는 방식이다. VAN 제공자를 통한 인터넷은 보다 안전하게 EDI나 webEDI 문서를 전송할 수 있게 하는 프로토콜로 사용된다. 전자문서 교환은 공장이나 사무실이 전 세계 어디에 있든지 상관없이 특별한 인프라 구축이 없이도 웹 기반으로 간단하게 문서 교환을 할 수 있다.

- CALS

  광속거래(Commerce At Light Speed, CALS)는 국제적으로 표준화된 정보와 데이터들을 인터넷을 통해 교환함으로써 전자상거래를 더욱 빠르고 편리하게 구현할 수 있게 됨에 따라 생긴 단어이다. 통신에 의한 정보의 전달 과정에 주목하고, 각국의 국가정보통신망 초고속화 계획 및 인터넷 사용의 확산과 더불어 전 세계를 연결하는 초고속 통신망의 기반 환경이 실용화 단계가 됨으로써 광속과 같이 빠른 초고속 전자상거래의 개념으로 발전하였다.

- e-마켓플레이스

  e-마켓플레이스(E-marketplace)는 공급자와 소비자 사이를 연결해주는 중계자의 역할을 포털이나 쇼핑몰 등과 연동하여 여러 기업 내 소비자들이 모여 다자간 거래를 하는 것을 말한다. 공급자와 소비자의 입장에서는 구매나 판매를 위해 인터넷의 광범위한 정보를 검색하거나 리서치하는 수고를 덜 수 있고 판매를 위한 법적 문제들을 e-마켓플레이스에 도움을 받아 진행할 수도 있으며 서로 구매나 판매의 대상을 찾기 위해 많은 시간을 보내지 않고 원하는 정보를 e-마켓플레이스에서 해결해 줄 수 있어서 좋다. 즉, e-마켓플레이스는 공급자와 소비자를 연결시켜주는 것이다. 대표적인 e-마켓플레이스는 옥션과 이베이를 들 수 있다.

- M-커머스

  M-커머스(M-commerce)는 이동전화를 뜻하는 모바일 폰을 통해 무선 인터넷으로 전자상거래의 방식으로 거래하는 것을 말한다. 무선 인터넷 기술의 발전과 통신 서비스가 모바일 중심으로 이동하면서 전자상거래뿐만 아니라 다양한 비즈니스모델이 M-커머스의 형태로 진행될 추세이다.

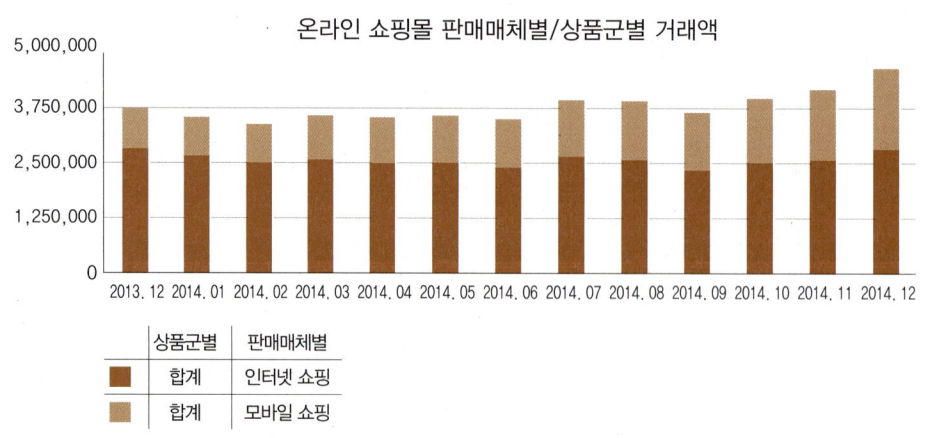

실제로 위의 그림과 같이 M-커머스의 거래량이 인터넷 쇼핑몰의 성장세보다 높음을 보여 주고 있다.

- 유비쿼터스-커머스

유비쿼터스-커머스(Ubiquitous Commerce)란 사용자가 장소나 장비의 인식 없이 자유롭게 거래가 이루어지는 전자상거래이다. 유비쿼터스의 '언제 어디서나 존재합니다'는 말뜻처럼 사용자는 컴퓨터나 네트워크의 인식 없이 모든 상거래가 의식 또는 무의식중에 이루어진다. 냉장고에 우유가 없으면 자동으로 주문과 결제, 배송이 되는 것처럼 생활 구석구석 유비쿼터스-커머스가 이루어지고 있다.

- 전자태그

전자태그(Radio Frequency Identification, RFID)는 초소형 칩을 상품정보에 저장하고 무선 주파수로 원하는 정보를 송수신하는 장비가 내장되어 있는 '전자태그' 혹은 '스마트 태그', '전자 라벨', '무선식별' 등으로 불린다.

생산 공장에서는 생산단계에서부터 유통, 보관, 출고, 소비자가 판매단계까지 전 과정을 추적할 수 있으며 이 정보를 정보시스템과 통합하여 사용할 수 있다. 예를 들어 소비자 입장에서는 마트에서 카트에 상품을 담고 계산대에 물건을 다시 꺼내지 않고 RF판독기를 지나가는 것만으로도 상품이 집계되어 시간을 대폭 절약하고 소비자의 취향과 습성을 제조자도 실시간으로 공유할 수 있다. 또한 도서 출납, 대중교통 요금 징수, 동물 추적, 생산관리 등 활용 범위도 무궁무진하다.

- RTE

실시간 기업(Real Time Enterprise, RTE)은 회사의 내부와 외부의 주요 경영 정보를 통합관리하는 실시간 기업경영 내 시스템이다. 고객관리에서 자원관리와 판매관리까지 전 부분의 정보를 하나로 통합하여 의사결정 담당자가 빠른 판단을 하기 위해 사용한다. 전자상거래가 이루어지는 전 과정을 경영정보시스템으로 통합관리하고 빠른 경영 운영과 사안에 대해 즉각 대응할 수 있는 사내 정보통합 관리로 사용되기도 하다.

3 전자상거래와 인터넷 활용

1. 인터넷의 개념

① 인터넷의 정의

인터넷은 전 세계의 수많은 컴퓨터와 장비를 TCP/IP(Transmission Control Protocol/Internet Protocol)라는 통신 프로토콜(Communications Protocol)의 일정한 규칙으로 하나의 통신망 안에 연결된 개방형 글로벌 네트워크이다. 즉, 인터넷은 전 세계 수많은 네트워크 정보를 하나의 통신망에 공유한다는 의미이다.

인터넷의 기능이 전자우편이나 정보검색 등 단순 데이터 정보만 일방적으로 제공받는 시대에서 문서, 음성, 소리, 이미지, 동영상 등 멀티미디어의 정보를 동시에 공유할 수 있는 유비쿼터스(Ubiquitous) 환경이 되었다.

최근의 인터넷의 의미는 유선과 무선의 경계가 없어지고 컴퓨터뿐만 아니라 TV나 냉장고 같은 가전제품까지 사용되어 인터넷의 환경을 쉽게 찾아 볼 수 있다. 통신시스템의 발전으로 스마트폰의 보급과 무선 인터넷의 고속화로 이젠 시간과 공간의 제약 없이 언제 어디서든 실시간 인터넷으로 사람들 간의 유대관계를 맺을 수 있고 정보 검색뿐만 아니라 정보 제공도 하는 익숙한 환경이 되었다.

인터넷이라는 가상공간(Virtual Space)은 전자상거래, 전자금융 등 상업적 구조를 만들어 내고 영화 및 게임사업 등 다양한 많은 분야에도 인터넷의 활용이 새로운 비즈니스의 기회를 제공해주고 있다.

광범위한 인터넷의 정의를 위해 일반적 정의와 기술적 정의로 나누어 설명한다.

- 일반적 정의

  인터넷은 통신망과 통신망 사이에 랜(LAN) 등으로 연결되는 세계 최대의 통신망이다. 인터넷 사용자는 인터넷 접속 서비스 제공자(ISP)의 서비스에 가입하여 통신망 정보 센터(Network Information Center, NIC)에서 제공하는 IP주소를 할당받아 사용한다. 한국은 한국 전산원(Korea Network Information Center, KRNIC)에서 관리한다.

  > **참고** 컴퓨터에 설정된 IP주소를 확인하는 명령어는 'ipconfig'이다.

• 기술적 정의

기술적 정의로는 인터넷은 TCP/IP라는 고유한 프로토콜 기반과 클라이언트-서버 모델(Client-server model)에 기반을 둔 네트워크이며, 인터네트워크(Internetwork)의 약어인 internet과 구별하기 위해 대문자 I를 사용한 'Internet' 또는 대문자로 'INTERNET'과 같이 표기한다.

인터넷은 TCP/IP라는 통신규약 프로토콜에 의해 데이터가 전송된다. TCP/IP 체계는 원래 1960년대 미국 국방성의 연구 프로젝트를 위해 개발된 것으로, 네트워크를 구성하는 컴퓨터들 사이에 다양한 기능을 수행하도록 해준다. TCP는 데이터를 정보 패킷들로 나누고, 이 패킷들은 IP에 따라 네트워크상에 송신된다. 목적지에 도달한 패킷들은 다시 조합되는데, 이때 데이터 오류가 있을 경우는 재송신이 요청된다.

인터넷은 클라이언트(Client) 서버 모델을 기반으로 한다. 표준화된 정보교환 프로토콜을 이용할 경우, 클라이언트와 서버간 커뮤니케이션을 할 수 있게 되었다. 이는 인터넷이 클라이언트 서버 모델을 기반으로 하기 때문에 상대방의 하드웨어 또는 소프트웨어에 따라 자신을 커스터마이즈(Customize)해주면 된다. 또한 정보를 인코딩, 저장, 송신하는 매개(Mediation) 과정을 갖는다. 인터넷 커뮤니케이션은 시간 격차(Time Delay), 분배(Distribution) 방식, 미디어 유형에 따라 다양한 매개 패턴을 보여 준다. 먼저 메시지의 송신과 수신 사이에는 시간 격차가 다양하게 나타난다.

② 인터넷의 역사

인터넷은 군사용으로 시작되었으나 1969년 미국의 4개의 대학교를 연결하기 위해 아르파넷(ARPANET)을 구축으로 시작되었다. 1990년대 월드 와이드 웹(World Wide Web, WWW)의 폭발적 확산을 거쳐 최근 들어서는 소셜 네트워크 서비스(Social Network Services, SNS)의 등장으로 광범위한 글로벌(Global) 네트워크가 되었으며 유선과 무선의 경계 없이 생활 속의 일부분이 되었다. 국내에서는 1994년 6월, 한국통신이 최초로 인터넷 상용 서비스(KORNET Service)를 개시하여 인터넷의 상용화가 시작되었다.

연도	외국	한국
1946	최초의 컴퓨터 ENIAC 개발	
1969	미국 국방성 ARPANET의 통신시스템 구축	

연도	내용	국내
1971	ARPANET 사용 시작	
1972	ARP TCP/IP 프로젝트 시작 텔넷(Telnet) 서비스 소개 이메일 @BBN사의 래이 톰린스 창안	
1973	ARPANET 영국 노르웨이 접속 FTP 서비스 등장	
1974	인터넷 탄생	
1977	전자우편 규약 공식화	
1982	TCP/IP 프로토콜 완성 인터넷이라는 이름 등장	서울대학교와 구미 전자통신연구소간 SDN 구축
1983	NCP에서 TCP/IP로 전환 완료 국방부가 TCP/IP 표준 선언 ARPANET이 MILET과 ARPANET으로 분리 도메인 네임 서버(DNS) 기술을 위스콘신 대학에서 개발	
1984	DNS 소개 NSFNET이 ARPANET 대체	
1985	TCP/IP 인터넷 프로젝트 종료	
1986	유즈넷 뉴스그룹의 NNTP 등장	
1987	NSFNET 사업자망 연결	
1988		국내 첫 슈퍼 컴퓨터 도입(SERI)
1989	인터넷에 연결된 호스트 수 100,000대 돌파	
1990	ARPANET 서비스 중단	
1991	고퍼(Gopher) 등장 미국 인터넷 상용 서비스 시작 월드 와이드 웹(WWW) 개술 개발	한국 PC 통신 설립
1992	CERN이 월드 와이드 웹 발표	
1993	도메인 등록 서비스 InterNIC 구성 모자익(Mosaic) 개발 인터넷 사용자 4,000만 명	KRNIC 구성
1994	미국 인터넷 쇼핑몰 등장 가상은행 등장	한국통신 인터넷 사용 서비스(KONET) 데이콤, 천리안 이용 인터넷 서비스 정부기관 인터넷 연계
1995	마이크로소프트 익스플로러 개발 야후, 아마존 탄생 인터넷비즈니스 본격화	인터넷 접속 서비스 아이네트 탄생 현대, 삼성 등 대기업 인터넷 상용 서비스 제공

1996	인터넷상에서 최초로 가상 세계박람회	
1997	익스플로러 4.0, 넷스케이프 4.0 발표	야후코리아 서비스
1998	국제 인터넷 주소 관리기구(ICANN) 설립 세계 인터넷 사용자 1억	
1999	ITU, 차세대 인터넷 표준화 착수	
2000	세계 인터넷 이용자 3억 명	초고속 인터넷 가입자 400만 명

2005년, 인터넷 사용자가 처음으로 10억 명을 돌파하였는데 2014년 11월, 인터넷 사용자가 30억 명이 넘었다고 인터넷 통계 실시간 제공 업체 '인터넷 라이브 스테츠'(Internet Live Stats)가 발표했다. 약 72억 명의 전 세계 인구의 40% 정도에 해당하는 엄청난 숫자이다.

③ 인터넷의 특징

- 인터넷은 개방 구조로 되어 있어 프로토콜이 완전히 개방된 통신망이라 지역과 컴퓨터나 통신장비의 기종에 상관없이 접근할 수 있다.
- 인터넷은 쌍방향 네트워크이다. 일방적인 정보를 제공받는 동시에 정보를 제공하면 SNS와 같이 실시간으로 정보 공유를 할 수 있다.
- 인터넷은 시간과 공간의 제약을 받지 않는다. 인터넷이 연결된 곳이면 언제 어디서든 같은 조건의 환경으로 정보를 공유하고 사용할 수 있다.
- 인터넷은 개별성(Individuation of Patients)을 가질 수 있다. 사용자가 원하는 정보를 선택적으로 정보를 전달하고 공유할 수 있다.
- 인터넷은 정보 전달 비용이 절감된다. 인터넷을 활용하면 네트워크 설치비용이나 광역통신망의 구축비용이 절감된다.
- 인터넷은 신속한 정보 전달을 할 수 있다. SNS나 전자우편이나 데이터베이스를 통해 실시간으로 정보를 공유할 수 있다.
- 인터넷은 전자상거래의 새로운 사업 기회를 제공한다. 최소의 비용과 시간과 공간을 절약하여 인터넷 쇼핑몰을 시작할 수 있다.
- 인터넷은 고객 서비스의 향상을 가져온다. 고객에 관한 정보와 불만, 문의사항 등을 신속하게 접수하고 해결해 줄 수 있다.
- 인터넷은 멀티미디어(Multimedia) 통합매체이다. 기존의 텍스트뿐만 아니라 음성, 그림, 동영상, 비디오 등 다양한 멀티미디어의 정보를 구현하는 하이퍼미디어(Hypermedia)라고 할 수 있다.

- 인터넷은 상호작용 매체이다. 앞으로 가상현실 기술이 상용화되면 더욱 크게 상호작용이 늘어날 것으로 전망된다.

2. 인터넷 서비스

① 월드 와이드 웹

- 월드 와이드 웹의 정의

  월드 와이드 웹(World Wide Web, WWW)은 인터넷상에서 광범위하게 분산되어 있는 정보를 쉽게 찾을 수 있도록 하는 정보 서비스나 프로그램을 말한다.

- 월드 와이드 웹의 기본 개념

  월드 와이드 웹(WWW)은 일반적으로 웹(Web)이라고 부른다. 인터넷상의 정보를 웹 브라우저라고 불리는 프로그램을 통해 사용자가 원하는 방식으로 다양한 정보를 검색하여 준다. 하이퍼미디어 개념으로 다양한 형식의 정보를 간단한 마우스 클릭만으로도 누구나 쉽게 사용할 수 있게 되었다.

  하이퍼미디어 시스템이란 문장만 연결할 수 있는 기존 하이퍼텍스트를 확장한 개념으로 텍스트, 이미지, 음성 등 멀티미디어의 정보를 포함한 하이퍼텍스트 문서와 데이터가 같은 문서에 포함되도록 구성되었다.

- 월드 와이드 웹의 역사

  월드 와이드 웹은 1989년 3월, 유럽 입자 물리 연구소(The European Laboratory for Particle Physics, CERN)의 소프트웨어 공학자인 팀 버너스 리(Tim Berners Lee)의 제안으로 연구, 개발되었다. 연구소에서 문자나 사진, 동영상이나 음성 등의 웹사이트의 데이터베이스나 정보의 자료를 효율적으로 공유하기 위한 목적으로 개발되었다.

연도	역사
1974	스탠포드대학교 빈튼 서프, 요건 다랄 그리고 칼 선샤인 교수에 의해 인터넷이라는 용어 탄생
1989	월드 와이드 웹(WWW) 창안
1995	웹 브라우저 익스플로러(Internet Explorer, IE) 출시
1998	구글 탄생

② 인터넷 웹 브라우저

인터넷상의 각종 정보들을 하이퍼미디어 방식으로 텍스트, 이미지, 오디오, 비디오 등 멀티미디어 정보를 웹으로 검색할 수 있게 해주는 프로그램으로 마우스를 통해 쉽게 정보검색을 할 수 있도록 제공해주는 서비스이다.

- 인터넷 익스플로러(Internet Explorer)

인터넷 익스플로러(IE)는 마이크로소프트에서 개발한 웹 브라우저이다. 1995년에 마이크로소프트 윈도우 운영체제에 이 소프트웨어를 기본으로 포함하기 시작하면서 사용자가 급격히 증가했다. 1999년 이후로는 세계에서 가장 널리 사용되는 웹 브라우저가 되었고, 2002년과 2003년에 인터넷 익스플로러5, 6 버전의 사용률이 정점에 이르러 95%에 달했다. 대한민국에서는 인터넷 익스플로러의 의존도가 상대적으로 높다. 윈도우에 기본 탑재된 이유도 있지만, 온라인 뱅킹(Online Banking) 등 익스플로러에 맞춰진 호환성 문제와 액티브X를 무리하게 채용한 사이트가 많기 때문이다.

인터넷 익스플로러는 자바스크립트(JavaScript)의 처리 능력이 떨어져 속도가 느렸고 웹 표준에 따른 보안 기술을 적용하지 않아 악성코드에 취약해 많은 사용자들이 브라우저를 떠났다. IE7부터는 웹 표준을 준수하여 글이나 그림의 속도가 빨라졌고 IE9에서는 웹 브라우저 엔진을 개선하여 내용량 이미시 처리도 좋아졌다.

태블릿PC와의 호환, 즉 터치스크린에 최적화를 맞춘 IE10이 출시되었고 2013년 10월 17일 익스플로러 버전11이 출시되었다. 윈도우 8.1에 기본 탑재되어 있으며 IE11은 개발자 도구를 재설계하고 WebGL을 지원하며 높은 DPI 화면에 대한 스케일링을 강화하고 SPDY, 사전 렌더링 및 프리페처를 지원한다. 2015년 1월, 마이크로소프트사의 발표에 의하면 윈도우 10에서부터는 인터넷 익스플로러를 대처할 새로운 브라우저 스파르탄(Spartan)이 탑재된다.

- 구글 크롬(Google Chrome)

구글 크롬은 구글이 직접 개발한 프리웨어(Freeware) 웹 브라우저이다. 크롬이란 뜻은 원래 그래픽 사용자 인터페이스에서 창틀을 가리키는데, 여기서는 브라우저 틀 영역을 가리키며, 이 영역을 최소화시키자는 목표로 크롬이라고 이름을 지었다고 구글 코리아 본사 간담회에서 발표하였다. 크롬은 2008년 9월 2일에 출시된 이후 빠른 화면 속도와 웹 표준 준수 등으로 많은 사용자를 만들고 있다. 특히 웹 브라우저 보안 분야에서는 가장 안정적이다. 크롬의 또 하나의 장점은 빠른 버전 업이다. 2015년 2월을 기준으로 버전 40인 점을 보면 경쟁업체인 IE의 버전이 11인 점을 감안하면 최신 환경에 빠르게 대처하고 있다. 크롬의 또 하나의 강점은 모바일의 연동과 클라우드의 호환이다.

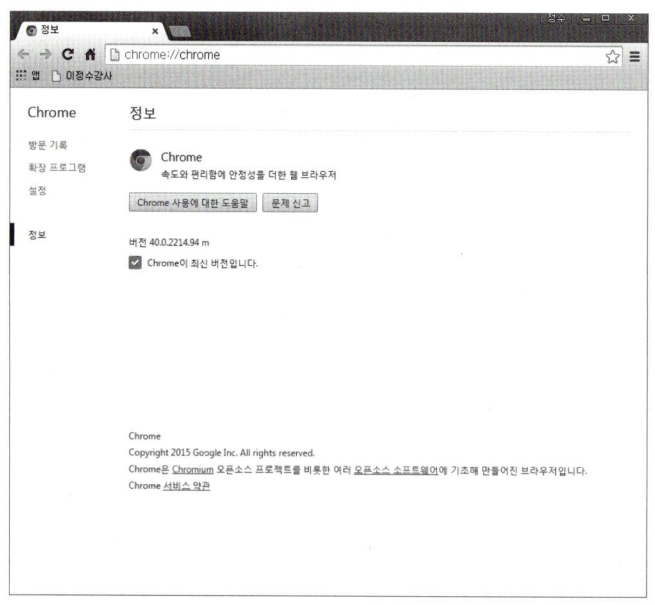

- 오페라(Opera)

오페라 브라우저는 국내에서는 생소한 브라우저이지만, IE1보다 1년이나 빠른 1994년 노르웨이 최대 통신회사인 텔레너에 의해 개발 출시되었다. 전 세계 3억 명 이상 사용하는 크로스 플랫폼 인터넷 서비스이다. 오페라의 특징은 인터넷 환경이 좋지 않는 지역이나 국가에서 빠른 검색 속도와 품질의 결과를 보여준다. 오페라만의 저용량의 데이터 패킷, 빠른 속도, 독자적인 글씨와 이미지 등으로 데이터의 소모를 줄일 수 있어 화면 랜딩속도가 한층 가볍고 빠르다. 모바일, 태블릿 버전을 제공한다.

- 파이어폭스(Firefox)

모질라 파이어폭스(Mozilla Firefox)는 모질라 재단과 모질라 코퍼레이션이 개발하는 자유 소프트웨어 웹 브라우저이다. 웹 페이지를 표시하기 위해 모질라가 자체적으로 개발한 게코(Gecko) 레이아웃 엔진을 사용하며 웹 표준을 구현하고 있다. 파이어폭스 브라우저의 가장 큰 장점은 안정적인 메모리 관리이다. 아무리 많은 인터넷 탭을 열어도 상호 간섭을 하지 않는다.

- 스윙 브라우즈(Swing Browser)

  스윙 브라우저는 줌인터넷에서 제작하는 인터넷 브라우저이다. 액티브X와 속도를 동시에 누리는 것을 목표로 액티브X 사용도가 비교적 높은 대한민국의 인터넷 환경에 최적화되어 있다. 알툴바에서 제공하는 일부 기능이 기본 등록되며, 알툴바와 로그인이 연동된다. 구글의 크롬의 확장 기능도 사용할 수 있고, 스윙 확장 기능도 추가되어 기능을 설치, 삭제할 수 있다. 사이트 구조에 따라 웹키트 엔진을 사용하는 SPEED 모드, 인터넷 익스플로러의 트라이던트 엔진을 사용하는 일반모드가 자동으로 선택된다. 액티브X는 일반모드에서 지원된다.

③ 전자우편

- 전자우편이란

  전자우편은 이메일(Electronic Mail, e-mail)이라고도 통용되고 있으며 인터넷을 이용해 메시지나 정보를 주고받을 수 있는 시스템이나 편지(메일)를 말한다. 전자우편의 주소의 구성은 '아이디@메일 서버 이름'의 형식으로 되어 있으며 아이디는 대소문자를 구별하지 않는다. 주소의 형태는 다음과 같다.

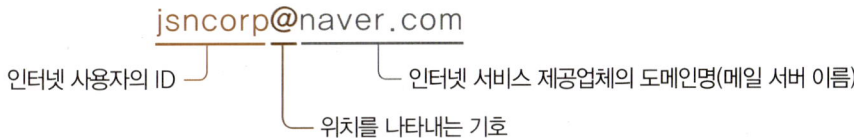

전자우편은 동시에 다수에게 전달할 수 있으며, PC 모바일 등 호환이 가능하며, 발송과 수신의 내용을 보관하고 재사용할 수 있다. 또한 전자상거래에서 전자우편을 적절히 사용하면 인력과 시간을 절감하면서 고객관리와 마케팅 활용에 큰 도움이 된다.

④ 파일 전송

파일 전송 프로토콜(File Transfer Protocol, FTP)은 TCP/IP 프로토콜을 가지고 서버와 클라이언트 사이의 파일 전송을 하기 위한 프로토콜이다. 파일 전송 프로토콜은 TCP/IP 프로토콜 테이블의 응용 계층에 속하며, 역사는 오래 되었지만 지금도 인터넷에서 자주 사용된다.

⑤ 텔넷(TELNET)

텔넷은 인터넷이나 로컬 영역 네트워크 연결에 쓰이는 네트워크 프로토콜이다. RFC15를 시작으로 1969년에 개발되었으며 최초의 인터넷 표준들 가운데 하나로서 IETF STD 8로 표준화되었다.

3. 인터넷 도메인

① 인터넷 주소

인터넷에 연결된 다른 컴퓨터 혹은 모바일과 통신하려면 정확한 IP주소를 알아야 한다. IP주소는 중복되지 않으며 전 세계 컴퓨터에 부여된 고유한 식별 주소이다. 따라서 컴퓨터와 통신하기 위해서는 정확한 IP주소를 가지고 있어야 한다. 우리나라는 한국인터넷진흥원에서 담당하고 있다.

IP주소의 기본 체계는 거의 대부분 IPv4(IP Version 4) 형태다. 체계는 3자리마다 4마디로 표기된, 이 각 마디를 옥텟(Octet)이라고 한다. 즉 IP는 4마디의 옥텟으로 된 12자리 숫자이다. 예를 들어 '123.123.123.123'과 같은 식이다. 각 옥텟은 0 ~ 255의 숫자를 할당받을 수 있다. 즉 0.0.0.0부터 255.255.255.255까지 약 42억 개의 주소를 가질 수 있다. 현재 세계 인구가 약 72억 명이 넘었으면 42억 개의 IP로 부족해 새로운 IPv6의 주소가 나왔다.

1마디(옥텟)	2마디(옥텟)	2마디(옥텟)	2마디(옥텟)
123.	123.	123.	123
총 12개의 숫자			

IPv4의 주소체계는 4마디, 총 12개 숫자로 표기된다.

IPv4는 32비트의 40개의 주소로 구성되어 있는 반면 IPv6(Internet Protocol version 6)는 128비트의 8마디로 되어 있어 43억×43억×43억×43억 개의 주소로 거의 무한대의 IP주소를 생성할 수 있다. 이로 인해 향후 냉장고, TV, 홈가전 제품이나 홈 보안장치 등에 지능화된 무선 인터넷으로 통신할 수 있는 유비쿼터스의 통신장비들의 주소공간을 제공할 수 있게 되었다.

② 도메인 네임(Domain name)

숫자로 된 IP주소는 기억하기도 어렵고 이해하기도 어려운 단점이 있다. 이러한 불편을 없애기 위해서 DNS(Domain Name System) 서비스를 통해 영문자로 된 알기 쉬운 주소를 사용할 수 있도록 하였다. DNS는 인터넷에서 사이트 이름이나 도메인을 숫자로 된 IP로 연결시켜주는 역할을 한다.

카페24 ip: 222.122.205.172

카페24 도메인: cafe24.com

위의 그림과 같이 카페24의 IP주소는 '222.122.205.172'이다. 웹 사이트 창에 그림과 같이 IP 주소를 입력해도 사이트가 연결된다. 하지만, 12자리의 숫자를 기억하긴 쉽지 않다. 사이트와 연관도 어렵다. 도메인은 'cafe24.com'을 입력하면 자동으로 IP주소를 호출 연결해 주는 역할을 한다.

③ 인터넷 도메인 네임 체계

인터넷의 도메인은 정해진 체계가 있으면 임의로 변경하거나 생성할 수 없다. 도메인의 계층은 1단계 최상위 도메인(Top-level Domain, TLD)과 2단계 도메인(Second-level Domain, SLD), 3단계 도메인(Third-level Domain, TLD)로 나누어진다.

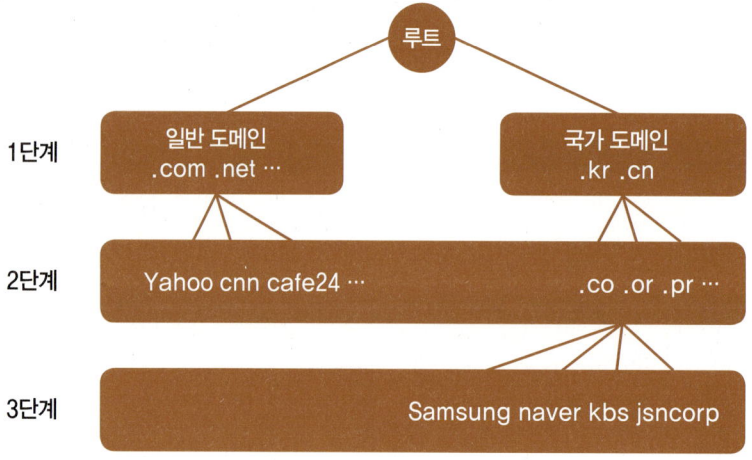

1단계 최상위 도메인(Generic top-level Domain, gTLD)은 특정한 조직 계열에 따라 사용된다. 도메인의 길이는 3 글자 이상이며 조직의 종류에 따라 사용하는 이름이 다르다.

.aero - 항공 회사

.arpa - 도메인 시스템의 기술적 하부 구조(=Address and Routing Parameter Area)

.asia - 아시아 지역을 대표

.biz - 사업

.cat - 카탈로니아 언어/문화

.com - 영리 목적의 기업이나 단체

.coop - 조합

.edu - 미국의 4년제 이상 교육기관. 최근에 다른 나라에도 .edu 도메인이 개방되었다.

.gov - 미국의 연방 정부 조직

.info - 정보 관련(무제한)

.int - 국제 조약 등으로 만들어진 국제기관

.jobs - 취업 관련 사이트

.mil - 미국의 군사 조직

.mobi - 휴대 장치를 위한 사이트

.museum - 미술관과 박물관

.name - 개인 사용자

.net - 네트워크를 관리하는 기관

.org - 비영리 기관, 혹은 다른 gTLD에 해당하지 않는 단체

.pro - 회계사, 의사, 변호사 등의 전문가

.tel - 전화 네트워크와 인터넷 사이의 연결을 관장하는 서비스

.travel - 여행사, 항공사, 호텔 등

> **참고 New gTLD이란?**
>
> 신규 일반 최상위 도메인(New gTLD: Generic Top-level Domain)이란 .com/.net/.kr 등 기존 23개의 영문 최상위 도메인 이외에 새롭게 추가된 도메인 형태이다. 국제 인터넷 주소 관리 기구(ICANN)가 관리하고 있으며 기존 도메인과 달리 도메인명에 '브랜드명, 일반명사, 지역명' 등을 사용할 수 있다.
>
> .camp .coffee .florist .gift .glass .guitars .holiday .house .institute .international .link .marketing .photos .pics .solar 등이 있다.

2단계 도메인(Second-level Domain, SLD)은 도메인 이름 시스템에서 최상위 도메인 아래에 직접 위치한 도메인이다. 1단계가 일반 도메인인 경우는 2단계 도메인이 마지막 도메인이 되며 사용자가 정하는 도메인으로 사용할 수 있다.

3단계 도메인(Third-level Domain, TLD)은 1단계 도메인이 국가 도메인인 경우, 2단계 도메인을 거쳐 3단계 도메인으로 사용자가 정하는 도메인으로 사용할 수 있다.

예 www.cafe24.com: 2단계 도메인
www.cafe24.co.kr: 3단계 도메인

CHAPTER 2
전자상거래 시스템

전자상거래 시스템에서는 전자상거래의 하드웨어와 소프트웨어에 관한 정보와 전자상거래의 시스템 구성에 대해 알아보고 전자상거래의 정보통신 이해에서는 정보통신의 개념과 유형, 그리고 정보통신의 종류와 통신 프로토콜에 대한 소개한다.

 전자상거래 시스템

전자상거래에서 컴퓨터시스템(Computer System)의 역할은 매우 중요하다. 컴퓨터시스템에 문제가 발생되면 전자상거래의 운영 자체가 안 되기 때문이다. 그 만큼 전자상거래에서 시스템의 유지보수와 관리가 중요하다. 이 장에서는 운영자 중심으로 컴퓨터시스템 개요를 설명하다.

지금의 컴퓨터는 1946년 J.L.노이만의 내장방식을 채택한 컴퓨터가 기본 원리로 발전되었다. 1649년 EDSAC(케임브리지대학교)이 최초로 프로그램 내장방식 컴퓨터를 완성하였으며 1951년에는 EDVAC(팬실베니아대학교)에서 1,024어로의 기억용량으로 저장된 자료 및 명령어에 의해 연산할 수 있는 컴퓨터를 개발하였다. 최초의 상업용 컴퓨터는 스페리랜드사의 UNIVAC-I (Universal Automatic Computer)로 1951년에 미국의 인구통계국에 납품된 Eckert and Mauchly에 의하여 만들어진 최초로 사용된 전자계산기이다. UNIVAC-I은 주기억 용량이 2,000어로의 기억장치를 가지고 있고, 자기테이프(Tape)를 입출력장치로 한 것이었다.

상업용 컴퓨터가 사용되기 시작한 이래로 지금까지 하드웨어 면에서 본 컴퓨터의 발달과정을 몇 개의 세대(世代)로 나누어 보면, 제1세대는 진공관(Vacuum Tube Circuit)을 주요 소자로 하는 컴퓨터로 1950년부터 1956 ~ 1957년까지, 제2세대는 트랜지스터와 다이오드 등의 반도체 소자를 사용한 컴퓨터로 1957년경부터 1964년경까지, 제3세대는 집적회로(IC)를 사용한 컴퓨터로 1965년경부터 1970년대 중반까지, 제4세대 컴퓨터는 75년부터 최근까지로 고밀도 집적 회로(LSI 및 VLSI)를 사용하고 있다. 제5세대는 인공지능형으로서 현재 계속 연구 중이다.

1. 하드웨어

① 중앙처리장치(Central Processing Unit, CPU)

컴퓨터의 두뇌 역할을 하는 중앙처리장치는 컴퓨터 프로그램의 명령어를 처리하기 위한 논리회로를 담고 있는 핵심 부품이다. 크게 연산장치와 제어장치로 구성된다.

- 제어장치

제어장치는 처리장치(Control Unit)라고도 하며, 중앙처리장치(CPU)를 구성하는 것으로, 기억장치에 저장되어 있는 명령을 해석하고 요구되는 동작들을 연속적으로 실행하는 신호를 보내서 각 장치의 동작을 지시 및 제어하는 역할을 한다. 또는 컴퓨터의 하드웨어 중에 특정 제어를 실행하거나 제어하는 장치를 말한다. 제어장치의 논리회로 기법에서는 마이크로 프로그램 작성 기법과 하드와이어 기법이 있다.

- 연산장치

연산장치는 제어장치의 지시에 따라 주기억장치로부터 받은 프로그램 명령에 의해 산술연산(4칙 연산) 및 논리연산(AND, NOT, OR, XOR) 등을 계산하여 실제 프로그램을 실행한다. 여기서 산술연산이란 덧셈, 뺄셈, 곱셈, 나눗셈 등의 계산을 2진법으로 수행하며, 논리연산이란 어떤 조건이 참, 거짓의 논리값의 판단을 연산하는 것을 말한다. 즉, 연산장치는 불대수(Boolean Algebra) 또는 논리대수(論理代數)라 불리는 규칙에 따라 계산된다.

- 연산장치의 구성
    - 누산기(Accumulator): 산술연산과 논리연산의 결과를 일시적으로 저장해두는 레지스터(Register)
    - 가산기(Adder): 게이트에 의해 출력된 값을 덧셈 연산으로 수행하는 논리연산회로이며 기억 능력은 없다.
    - 데이터 레지스터(Data Register): 연산에 사용할 데이터를 일시적으로 기억한다.
    - 상태 레지스터(Status Register): 연산 실행결과의 자리 올림 수(Carry Digit), 오버플로(Overflow), 부호, 제로 계수 인터럽트(Zero Count Interrupt) 상태를 기억한다.
    - 기억 레지스터(Storage Register): 기억장치와 다른 장치로 보내는 데이터를 일시적으로 기억한다.
    - 어드레스 레지스터(Address Register): 기억장치 내의 주소를 기억한다.

- 인덱스 레지스터(Index Register) : 레지스터에 어드레스가 저장되어 있다.

② **기억장치(Memory Unit)**

컴퓨터가 자료를 처리하기 위해 자료와 프로그램을 일시적으로 혹은 영구적으로 저장 또는 보관하는 장치를 말한다. 이러한 저장 기능을 담당하는 저장장치를 통틀어 기억장치라 한다.

• 주기억장치(Primary Memory)

주기억장치는 전원이 끊어져도 기억된 내용이 보전되는 롬(ROM)과 전원이 꺼지면 모든 내용이 지워지는 램(RAM)의 두 타입이 있다. 주기억장치는 주로 프로그램 기억 영역과 입출력 기억 영역, 작업 영역 이렇게 4가지로 구성되어 있다.

- 롬은 보통 메인보드 내에 기본 장착되어 있으며, 부팅 시 필요한 바이오스 등이 저장되어 처리되고 있으며, 사용자가 접근할 수 없고 읽기만 하는 기억장치이다. 전원이 끊어져도 기억된 내용이 그대로 보관된다.

- 램은 메인보드의 확장성에 따라 사용자가 임의로 용량을 추가 설치할 수 있으며, 램의 기억된 내용은 사용자가 임의로 수정 및 변경할 수 있다. 프로그램 실행 시 임시로 프로그램이나 자료를 저장할 수 있으며 전원이 꺼지면 저장된 내용은 모두 지워진다. 램에는 에스램(Static RAM)과 디램(Dynamic RAM)이 있다. 에스램은 전원이 공급되는 동안 기억된 내용이 유지되고, 디램은 전원이 공급되어도 주기적으로 충전(Refresh)하여 주어야 기억된 자료가 유지된다. 디램은 주로 대용량 기억장치에 사용된다.

• 보조기억장치(Secondary Memory)

보조기억장치는 컴퓨터의 외부에 데이터의 임시보관이나 영구보관을 위해 사용하는 저장장치이다. 주기억장치보다 속도는 느리지만, 데이터의 저장공간이 크며 오랫동안 보관할 수 있어 좋다.

보조기억장치는 직접 접근 기억장치(Direct Access Storage Device, DASD)라고도 한다. 속도는 느리지만, 다량의 방대한 자료를 반영구적으로 저장할 수 있다는 특징을 가지고 있다. 보조기억장치에는 자기드럼과 자기디스크, 광자기디스크 등이 있으며, 보통 개인용 컴퓨터에서 많이 사용되는 것은 하드디스크, CD-ROM, DVD-RW 등이다. 최근에는 하드디스크의 느린 속도와 안정성을 극복한 새로운 개념의 하드디스크인 SSD(Solid State Drive)가 많이 사용되고 있다. SSD는 모양이나 용도는 일반 하드디스크와 같지만, 내부의 구조가 자기디스크가 아니라 반도체 메모리를 내장하고 있어 속도, 용량, 크기, 소음, 무게 그리고 저전력의 장점까지 가지고 있다. 램 기반의 SSD는 PC 전원을 누른 후 2 ~ 3초 이내에 운영체제가 부팅될 만큼 빠르다.

	RAM	HDD	SSD
속도	빠름	느림	빠름
용량	작음	많음	작음
가격	고가	저가	고가
저장	지워짐	유지됨	유지됨
소비전력	작음	소모 많음	작음
발열	낮다	높다	낮다
소음	무소음	유소음	무소음
충격	없음	심함	없음
재료	반도체	자기디스크	반도체
분류	주기억장치	보조기억장치	보조기억장치

• 캐시기억장치(Cache Memory)

주기억장치와 중앙처리장치의 데이터와 명령어를 일시적으로 저장하는 기억장치이다. 주기억장치와 중앙처리장치의 접근 속도 차이를 줄여 속도를 향상시키기 위해 사용되며, 중앙처리장치의 프로그램 일부와 데이터를 저장하여 동작한다. 특별한 경우 외부 장치를 캐시기억장치로 사용하기도 한다.

③ 입출력장치

외부에서 새로운 데이터를 받아들여서 중앙처리장치로 보내고 다시 처리 결과를 받아 알아볼 수 있는 형태로 바꾸어 주는 외부 장치이다.

• 입력장치(Inputer Device)

컴퓨터에 문자, 소리, 그림, 영상 등의 자료를 입력하기 위한 장치들을 말하며, 입력장치로는 키보드, 마우스, 스캐너, 조이스틱, 디지털카메라, 터치스크린, 펜을 이용한 입력장치 등이 있다. 이밖에도 광학 마크 판독기(OMR), 바코드 판독기(Bar Code Reader), 자기잉크문자판독기(MICR) 등이 있다.

최근에는 3차원 스캐너뿐만 아니라 음성이나 문자를 인식하는 생체인식(Biometrics) 입력장치도 개발되어 지문, 얼굴인식, 홍채인식, 음성인식, 서명인식, 장문인식, 패턴 등 새로운 입력장치들이 개발되었다.

- 출력장치(Outputer Device)

컴퓨터가 처리한 정보의 결과를 사람이 이해할 수 있는 언어나 형태로 변환해서 출력해주는 장치이다. 대표적인 출력장치에는 모니터, 프린터, 스피커, 플로터, 프로젝터 등이 있다. 최근에는 3차원 조각기, 3D 프린터도 상용화되고 있다.

④ 메인보드(Main Board)

컴퓨터를 구성하는 기본 회로를 담고 있으며 각종 기본 부품들을 연결시켜주는 장치 기판으로 머더보드라고도 한다. 메인보드에는 기본적인 입출력 창치가 준비되어 있으며 CPU 소켓, RAM 소켓, 확장 버스 슬롯, BIOS, 포트 등으로 구성된다. 최근에는 노트북처럼 PC에서도 메인보드에 기본적인 외부 입출력 장비가 모두 내장되어 있는 경우도 있다. 보드에는 확장성에 따라 CPU 소켓이 2개 이상, 메모리 소켓이 8개 이상, 그래픽카드 소켓이 3개 이상의 고성능 제품들이 많이 출시되고 있다.

2. 운영체제(Operating System)

소프트웨어는 하드웨어를 구동하고 운영하는데 필요한 프로그램 일체를 뜻한다. 소프트웨어는 컴퓨터를 운영하는 시스템 소프트웨어(System Software)와 활용에 사용하는 응용 소프트웨어(Applications Program)로 분류된다. 운영체제는 시스템 소프트웨어에 포함된다. 운영체제는 하드웨어와 응용 소프트웨어의 자원을 관리하고 제어하는 역할을 하며 운영체제에 따라 컴퓨터의 수행능력이나 목적이 달라진다.

- 일괄처리(Batch) 운영체제: 사용자와 상호작용 없이 작업을 일괄적으로 모아 순차 처리하여 실행한다.
- 대화형(Interactive) 운영체제: 사용자와 상호작용하며 즉각적인 피드백(Feedback)을 하며 시분할 시스템이라고 한다.

- 실시간(Real Time) 운영체제: 사용자의 응답시간이 실시간으로 반응하며 응답시간도 매우 빠르다.
- 하이브리드(Hybrid) 운영체제: 일괄 처리와 대화형 처리를 합성한 운영체제. 현재 사용되고 있는 대부분의 컴퓨터 시스템은 하이브리드 운영체제이다.

① Windows

마이크로소프트사(Microsoft Corporation, MS)에서 개발한 윈도우(Windows)는 마우스를 이용해 사용하는 그래픽 유저 인터페이스(Graphical User Interface, GUI)를 사용하고 있어 명령어를 입력하지 않고 윈도우 화면의 아이콘을 마우스로 클릭함으로 실행된다. 또한 여러 개의 창을 동시에 열어 작업이 가능한 다중작업(Multitasking)과 사용자 위주의 편의성이 탁월한 특징이 있다.

마이크로소프트사는 1985년 윈도우 1.0을 출시한 이후 2012년 1월 윈도우 8을 출시하고 2013년 10월 윈도우 8.1을 출시하였다. 윈도우 8 시리즈는 기존의 인텔과 AMD의 마이크로프로세서뿐 아니라 ARM(ARM 기반 SoC(System on Chip)) 마이크로프로세서도 지원하여 PC와 모바일을 동시에 지원하는 첫 운영체제이며, 터치스크린 인터페이스도 탑재하였고, 빠른 부팅 속도와 윈도우 운영체제를 그대로 백업하는 기능과 보안과 안정성이 매우 뛰어나다. 또한 윈도우 투고(Windows To Go) 기능이 추가되어 하드디스크가 없어도 USB 드라이브로 부팅과 사용을 할 수 있게 되었다. 이젠 태블릿PC와 모바일 시리즈도 적극 공략하고 있다. 2015년 1월, 마이크로소프트의 발표회에서는 '윈도우 10' 프리뷰가 배포되고 윈도우의 무료 정책을 발표하였다.

② Windows NT

윈도우 NT(Windows NT, 윈도우 엔티)는 기업용 윈도우로 1993년 윈도우 NT 3.1로 개발을 시작하고 2013년에는 윈도우 서버 2012 R2(NT 6.3)와 2014년 윈도우 폰 8.1(NT 6.3)까지 출시되었다. 윈도우 NT는 기업용에 맞게 네트워크 기능과 보안성과 안정성을 높인 제품이다.

③ UNIX

유닉스(Unix)는 1970년대 초 미국 벨(Bell) 연구소에서 개발된 소프트웨어 개발용으로 만들어진 운영체제이다. 유닉스 시스템은 AT&T 사와 버클리대학(UC Berkeley) 등 비영리 단체들이 개발한 다양한 버전들이 있다. 유닉스는 처음부터 다양한 시스템의 인식과 시분할 방식으로 다중 사용자를 지원하도록 설계되었고, 멀티태스킹뿐만 아니라 일반 텍스트 파일, 명령 인터프리터, 계층적인 파일 시스템, 장치 및 특정한 형식의 프로세스간 통신을 파일로 취급하는 등 뛰어난 특징을 가지고 있다.

④ Linux

리눅스(Linux)는 유닉스를 기반으로 제작된 개인 컴퓨터용 공개 운영체제이다. 또한 다중 사용자, 다중 작업(멀티태스킹), 다중 스레드를 지원하는 네트워크 운영체제(NOS)이다. 초기 리눅스는 개인용 운영자 위주로 개발되었으나 현재는 다양한 컴퓨터 아키텍처(Architecture)의 지원으로 개인용 컴퓨터에서 중대형 서버컴퓨터까지 폭넓게 사용되고 있으며, 휴대전화와 스마트 장비까지 다양한 분야의 임베디드(Embeded) 시스템으로 광범위하게 이용되고 있다.

3. 전자상거래 시스템 구성

① 서버와 클라이언트

서버(Server)는 컴퓨터 네트워크에서 다른 클라이언트에게 네트워크를 통해 서비스를 제공하는 컴퓨터(Server Computer) 또는 프로그램(Server Program)을 말한다. 클라이언트(Client)는 서버의 컴퓨터를 이용하는 사용자 또는 컴퓨터를 가리키는 말이다. 서버에서 사용하는 소프트웨어를 서버 소프트웨어(Server Software)라 한다. 네트워크로 연결된 다수의 클라이언트가 서버 컴퓨터로 연결되므로 일반적으로 고성능과 큰 용량을 가지게 되며, 서버에 정보나 데이터를 저장하거나 공유할 수 있으며 필요한 정보를 검색하여 제공받을 수도 있다. 또한 서버는 프린터 제어나 파일 관리 등 네트워크 전체를 감시, 제어하거나 인터넷을 활용한 다른 네트워크와 연결하여 데이터나 프로그램 파일 같은 소프트웨어나 모뎀, 팩스, 프린터 같은 하드웨어 장치를 공유할 수 있도록 도와주는 역할도 한다.

20대 이하의 클라이언트의 규모의 LAN 환경인 경우에는 한 대의 서버로 관리할 수 있지만, 대규모 클라이언트인 경우에는 여러 대의 서버를 분산 배치하고, 파일 관리 서버와 통신관리 서버 등을 분리하여 각각의 역할을 분산 처리한다.

클라이언트/서버시스템(Client/Server System)은 클라이언트와 서버로 나뉘는 네트워크 아키텍처를 나타낸다. 대표적인 예로는 월드 와이드 웹이 있다. 웹 사이트에서는 웹 서버가 서버 역할을 하고, 사용자가 사용하는 웹 브라우저가 클라이언트 프로그램이 된다. 또한 원격지에서도 응용

프로그램을 쉽게 불러올 수 있는 윈도우 시스템도 클라이언트-서버 구조의 한 예이다. 여기서 클라이언트는 서버인 동시에 클라이언트가 될 수 있고 네트워크를 통해서 서버와 연결될 수도 있다.

② 웹 서버

웹 서버(Web Server)는 웹 브라우저와 같은 클라이언트로부터 HTTP 요청을 받아들이고, HTML 문서와 같은 웹 페이지를 반환하는 컴퓨터 프로그램이나 컴퓨터를 말한다. 또한 웹뿐만 아니라 프린터, 라우터, 웹캠과 같은 임베디드 장치, 그리고 근거리 통신망(Local Network)에서도 사용된다. 웹 사이트를 통해 서비스를 하려면 반드시 웹 서버가 설치되어 있어야 한다. 웹 서버의 기능은 웹 페이지의 HTML 문서를 클라이언트로 전달한다. 대표적인 웹 서버는 아파치(Apache)와 인터넷 정보 서버(IIS), 엔터프라이즈 서버 등이 있다. 정보를 검색하여 클라이언트에 정보를 제공하는 서버를 웹 서버라고 한다.

③ 메일 서버

메일 서버(Mail server)는 전자메일 또는 이메일을 컴퓨터 네트워크망을 이용해 주고받을 수 있도록 해주는 서버 컴퓨터 중에 메일을 담당한다. 메일 서비스에는 메일 검색을 제공하는 POP3 서비스와 메일 전송을 제공하는 SMTP 서비스가 포함되어야 하며, 관리자는 POP3 서비스를 사용하여 메일 계정을 저장하고 관리할 수 있다.

④ 전자지불시스템

전자지불시스템(Electronic Payment System)은 결제대행 서비스 PG사를 활용한다. PG사란 Payment Gateway의 약자로 결제대행 서비스를 말하고 신용카드, 계좌이체, 에스크로, 가상계좌 등의 결제 수단 등을 지원하며 전자상거래에서 결제를 지원하는 시스템이다.

2 전자상거래 정보통신의 이해

1. 정보통신의 개념

① **정보통신의 정의**

통신회선을 이용하여 문자, 부호, 영상, 음향 등 정보를 처리하는 장치나 그에 부수된 출력장치, 기타의 기기에 접속하여 정보를 전송, 처리, 교환하는 형태의 서비스이다.

- 정보통신의 3요소
  - 정보원(Data Source): 정보가 발생되는 근원
  - 전달 매체: 통신 신호를 전달하는 수단
  - 정보 목적지: 전보가 수신, 처리되는 목적지

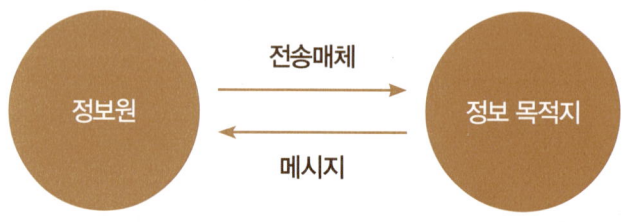

- 정보통신의 특징
  - 다중 전송과 광대역 전송을 할 수 있으며 분산처리 방법을 활용할 수 있다.
  - 고품질의 고속 통신에 적합하며, 시간과 공간의 구애를 받지 않는다.
  - 에러 제어(Error Control) 기능을 가지고 있어 정보의 신뢰성이 높다.
  - 전문적인 기술과 장비가 필요하고 대형 컴퓨터를 공동으로 이용할 수 있다.
  - 경제성이 높고 응용 범위가 대단히 넓다.

- 통신 속도의 단위
  - 전송 속도는 단위시간 내에 전송된 데이터의 양을 말한다.
  - BAND: 변조 속도의 단위로 1초에 발생한 신호변조의 횟수
  - BPS(Bit Per Second): 한 개의 데이터 비트(Bit)를 전송하는 데 걸리는 시간이며 초당 전송할 수 있는 데이터의 전송량이다.

- 정보통신의 분류
    - 음성통신: 전화망을 이용한 통신
    - 영상통신: 단방향 전송방식
    - 화상통신: 그래픽 정보를 전송
    - 멀티미디어통신: 음성, 데이터, 화상통신을 통합
    - 데이터통신: 모든 형태의 정보통신

② **정보통신의 역사**

- 전기통신의 발달

    우리나라는 1885년 9월 28일 한성(서울)과 제물포(인천) 간에 최초로 전신이 개통되면서 전기통신의 역사가 시작되었으며 1896년에는 궁내 행정전화가 설치되었다. 1961년 이후 경제개발 5개년 계획과 함께 전기 통신 분야의 급속한 발전을 가져왔다.

    정보통신의 역사를 보면 1834년 가우스(Carl. F. Gauss)와 웨버(Ernst H. Weber)에 의하여 전신기가 최초로 발명되고 1844년 모르스(Samuel F.B. Morse)는 워싱턴과 볼티모어 간의 모스 부호로 전신선을 설치하여 통신에 성공하였고, 1866년 유럽과 미국을 연결하는 대서양 해저 케이블로 본격적인 전기통신 시대를 맞았다. 1876년 미국의 벨(Alexander Graham Bell)이 전화를 발명하여 오늘날까지 사용하고 있다. 1878년 에디슨이 인류 최초의 전화기를 개발하고 1888년 헤르츠가 전자파를 발견하고 1901년 마르코니(Guglielmo Marconi)는 무선전신으로 2700km 대서양 횡단통신을 성공하여 무선통신의 새 장을 열었고, 1906년 미국의 에디슨이 다시 무선전화를 발명하면서 전기통신은 눈부시게 발전하기 시작했다.

    1920년 미국 KDKA 라디오 방송국을 개국하였으며 종전 1:1로만의 통신에서 1:다수의 통신을 할 수 있게 되었으며, 1936년 영국의 BBC 방송국이 텔레비전 정기 방송을 시작하여 텔레비전은 1950년대 미국에서 대중화된 이래 오늘날 세계 각국에서 정보 전달의 가장 중요한 대중매체로 활용되고 있다.

- 위성통신의 발달

    대한민국은 1990년대부터 우주개발을 하면서 위성통신의 장을 열었다. 1992년, 대한민국 소유의 인공위성인 우리별 1호가 발사되고 1993년 9월 26일, 우리별 2호가 프랑스령인 기아나 우주센터에서 성공적으로 발사되었다. 1995년 8월, 미국의 케이프커내버럴에서 무궁화 1호

통신위성을 델타Ⅱ로켓에 실어 쏘아 올렸다. 그전에 우리별 1호와 2호는 관측 실험 위성이었지만 무궁화위성 1호는 통신방송 위성이었다. 1996년 1월에 무궁화위성 2호, 1999년 9월에는 무궁화위성 3호가 발사되었다. 무궁화위성 1, 2, 3호의 발사로 대한민국은 본격적인 위성통신 시대를 열게 되었다.

위성통신의 역사는 1957년 10월, 소련의 스푸트니크 1호를 발사로 인공위성시대가 시작되었다. 미국은 미국항공우주국(NASA: National Aeronautics and Space Administration)에서 1958년 세계 최초의 통신위성을 발사하는 데 성공하였다. 1962년에는 최초의 상업용 통신위성인 텔스타 1호(Telstar 1)가 발사되고, 드디어 1964년에는 최초의 정지궤도 위성인 신컴 3호(Syncom 3)가 개발에 성공하게 되었다.

현재는 고정위성통신, 초소형 지구국(VSAT: Very Small Aperture Terminal), 위성 휴대통신, 위성항법장치(GPS: Global Positioning System)를 활발히 연구 중이다.

- 정보통신의 발달

정보통신(Info-communications)이란 전기통신회선에 다양한 정보(문자, 부호, 영상, 음향 등)를 처리하는 장치를 통해 정보를 송, 수신 처리하는 전기통신을 말한다. 정보통신은 전기통신의 발달과 위성통신의 발전으로 데이터 통신을 하는 구조의 정보통신망으로 발전하였다. 1974년 9월에 발표한 미국의 IBM사가 발표한 시스템 네트워크 아키텍처(Systems Network Architecture, SNA)는 프로토콜을 포함한 데이터 통신시스템이 정보통신의 시작이 되었다.

③ 데이터 통신 개요

- 정의

데이터 통신이란 전기통신 회선을 통하여 디지털의 정보를 교신하는 것을 말한다. 컴퓨터 통신은 데이터의 교환뿐만 아니라 데이터 처리까지 포함한다. 데이터는 사람이나 기계가 처리할 수 있도록 숫자, 문자, 기호 등으로 기록한 것을 의미하며 0과 1로 이루어진 이진화된 정보의 단위를 처리한 결과를 디지털 통신장비를 통해 정보원과 수신원 간에 이동하는 통신을 의미한다.

- 데이터 통신을 분류하면 다음과 같다.
  - 신호 형태: 아날로그 통신, 디지털 통신

- 신호의 종류: 전기 통신, 광 통신
- 이용 대상: 공중 통신, 전용 통신
- 전송매체: 무선 통신, 유선 통신
- 정보의 표현 형태: 음성 통신, 화상 통신, 데이터 통신, 영상 통신, 멀티미디어 통신

- 데이터 통신의 목표
  - 전달성: 통신 정보로 변형된 전송한 데이터를 최종 목적지까지 손실 없이 정확하게 전달한다.
  - 정확성: 데이터가 전송 중에 잡음이나 신호의 감쇄 등으로 인한 손상된 형태의 채널 코딩을 활용해 정확성을 높인다.
  - 효율성: 오류코딩을 이용하여 전송된 데이터 중 비율적인 데이터 정보 장비의 가치를 효율적으로 전송한다.
  - 안전성: 보안코딩으로 데이터의 3자의 노출로 인한 보안문제를 해결한다.
  - 오류코딩: 해밍코드, CRC, Convolutional Code 등을 이용하여 전송 데이터에 잉여 정보를 추가해서 비트 오류율을 낮추어 준다.
  - 소스코딩: JPEG, MPEG, PCM, LZW, ZIP, ARJ 등의 압축프로그램을 이용해서 전송 데이터의 크기를 최소화한다.
  - 보안코딩: 대칭키 및 비대칭키 암호화 알고리즘을 이용하여 전송하는 데이터를 안전하게 보낸다.

- 구성요소
  데이터 통신 시스템의 구성요소는 전송설비, 교환기기, 데이터 단말장치, 회선 종단장치 등과 같은 요소를 포함한다.

- 데이터 통신 시스템의 요소
  - 프로토콜: 데이터 통신의 규칙 및 규약
  - 송신자: 생성 및 전송하는 장치
  - 수신자: 수신하는 장치
  - 메시지: 통신의 목적이 되는 정보
  - 전송매체: 송신자로부터 수신자에게 전달되는 물리적인 경로

2. 정보통신망의 유형

통신망의 형태에 따라 다음과 같은 유형이 있다.

① 버스(Bus)형

하나의 통신회선에 여러 대의 단말기를 접속하는 방식이다. 통신망 구조가 비교적 간단하여 회선의 설치비용이 저렴하고, 각 컴퓨터가 동등하며, 통신망의 신뢰성을 높일 수 있다. 하지만 데이터의 비밀 보장이 어려우며, 거리에 민감하고 과중한 트래픽으로 속도가 느려질 수 있어 데이터의 송신대기가 빈번하게 발생하기도 한다.

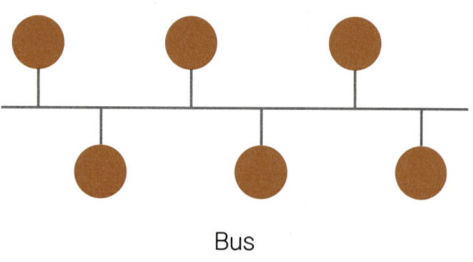

Bus

- 요약
    - 한 노드의 문제는 그 노드에만 영향을 주고 다른 노드에는 영향을 주지 않는다.
    - 1개의 통신 회선에 여러 대의 단말장치를 접속하는 방식이다.
    - 주로 근거리 통신망(LAN)에서 데이터 양이 적은 구조에 많이 사용한다.
    - 회선이 하나이므로 구조가 간단하고 추가 설치가 쉽다.
    - 단말장치의 증설이나 제거가 쉽다.

- 장점
    - 한 쪽 노드에서 문제가 발생해도 전체 네트워크는 정상 작동된다.
    - 장치 간의 독립성이 좋다.
    - 구축이 간단하고, 설치와 확장이 쉽다.
    - 네트워크 제어장치가 없다.

- 단점
    - 데이터의 보안이 어렵다.
    - 거리에 민감하고 트래픽(Traffic) 발생 시에는 속도 저하가 발생한다.
    - 단말기가 많을수록 네트워크 성능이 떨어진다.
    - 장거리에 사용하기 어려운 형이다.

② 성(Star)형

중앙에 컴퓨터나 서브가 있고, 주위에 터미널로 분산된 단말기를 연결시킨 형태를 말한다. 유지보수와 관리가 쉽고, 고장 시 확인과 AS가 쉬우며, 단말기별로 전송 속도를 다르게 설정할 수 있다. 그러나 중앙의 컴퓨터나 서브에 고장이 발생되면 전체 통신망이 정지되고, 클라이언트나 단말기의 증가에 따라 통신 회선 수도 증가한다.

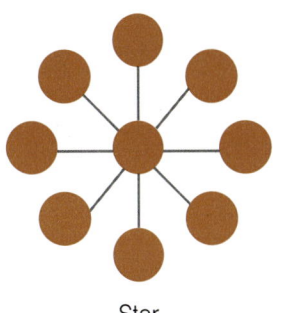

Star

- 요약
    - 회선 교환방식에 적합함
    - 중앙에 컴퓨터나 서버가 있고, 그 주위에 단말장치들을 분산시켜 연결시킨 형태
    - 온라인 시스템의 전형적인 방법
    - 중앙의 컴퓨터에 의해서 통신을 제어하는 중앙집중식
    - 단말기 고장발생 시 고장 지점의 발견이 용이함
    - 통화량 처리능률이 높음
    - 중앙의 컴퓨터나 교환기가 고장 시 전체 시스템의 기능이 고장남

- 장점
- 네트워크를 구현하는 장치가 있으므로 네트워크 구현이 용이함
- 통제 및 유지보수 용이함
- 단말기의 추가, 제거와 고장 시 발견이 쉬움
- 단말기마다 전송 속도를 다르게 지정 가능함

- 단점
- 트래픽이 중앙 노드에 집중되기 때문에 네트워크의 신뢰도를 지나치게 노드에 의존함
- 통신회선 및 설치비용이 많이 소요됨
- 중앙 컴퓨터에 장애가 발생하면 전체 통신망에 영향을 미침

③ 링(Ring)형

공중 네트워크의 형식으로 직접 또는 중계기를 통하여 컴퓨터와 단말기들을 서로 이웃하는 것끼리만 연결시킨 형태이다. 각 단말기는 평등한 통신 서비스를 수행할 수 있으며, 통신 회선과 단말기가 고장났을 때 발견하기 쉽다. 그러나 모든 터미널과 터미널을 통신회선으로 연결시킨 형태로서 가장 많은 통신회선을 필요로 한다.

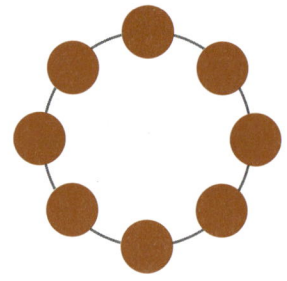
Ring

- 요약
  - 컴퓨터와 단말기의 연결을 서로 이웃하는 단말들끼리만 연결한 방식
  - 양방향으로 데이터 전송이 가능함
  - 통신장애에도 융통성을 가질 수 있음
  - 근거리 통신망(LAN)에 주로 이용됨
  - 우회 기능이 필요함
  - 고장 발견이 용이함

- 장점
  - 전송 중에 계속 재생 과정을 거치게 되므로 전송 에러가 감소함
  - 거의 모든 전송매체를 사용할 수 있음

- 단점
  - 네트워크를 구성하는 일부 장치에서 에러가 발생하면 네트워크 전체에 영향을 미침
  - 전송 지연 시간이 길어짐

④ 트리(Tree)형

메인에 컴퓨터가 있고, 일정 지역의 컴퓨터까지 하나의 통신회선으로 연결되며, 일정 지역의 컴퓨터에서 다시 그 지역에 설치된 여러 대의 단말기를 연결시킨 형태이다. 성형보다는 통신회선이 많이 필요하지 않으며, 일정 지역에 설치된 터미널을 컴퓨터로 대치시키면 분산처리시스템(Distributed Data Processing System)이 될 수 있다.

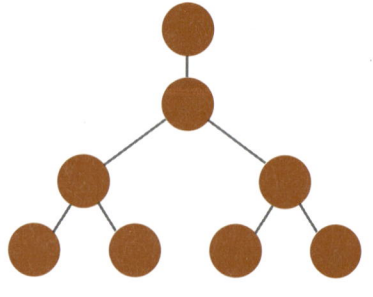
Tree

- 요약
    - 버스형이 확장된 형태
    - 헤드엔드(Head-and)라는 지점에서부터 한 개 이상의 케이블들이 시작되고 각 케이블은 다시 여러 개의 가지(Branch)로 나눠지는 구조
    - 데이터는 양방향으로 모든 노드에게 전송되고, 트리의 끝에 있는 단말노드로 흡수되어 소멸됨
    - 통신 회선 수가 절약되고, 통신선로가 가장 짧음
    - 통신처리시스템이 가능함

- 장점
    - 분산처리시스템이 가능함
    - 확장과 관리가 용이함
    - 한 구역의 장애가 전체 시스템에 영향을 주지 않음

- 단점
    - 상위 노드에 장애 발생 시 하위 노드들의 통신망을 마비시킴
    - 다른 구역의 시스템 접속 위해 상위노드를 거침

⑤ 그물(Mesh)형

주로 광대역 통신망에 많이 사용되며 이웃하는 단말기를 통신회선으로 상호 연결시킨 형태이다. 양방향 데이터 전송을 할 수 있어 통신회선에 장애가 있을 때에는 다른 경로를 이용할 수 있으며 많은 통신회선을 필요로 한다.

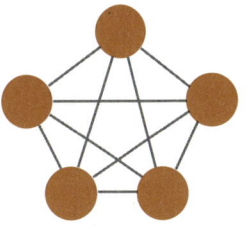

Mesh

- 요약
    - 모든 단말기와 단말기들을 통신회선으로 연결시킨 형태
    - 공중 통신망에 이용, 광대역(WAN)에 많이 이용됨
    - 단말기와 단말기를 통신회선으로 연결시킨 형태
    - 통신회선이 가장 많이 필요함
    - 통신회선 장애 시 다른 경로를 통하여 데이터 전송이 가능함

- 장점
  - 통신회선에 장애 발생 시 우회 전송 가능함
  - 신뢰성 높고 장거리 전송에 많이 이용함

- 단점
  - 많은 통신회선이 필요함
  - 유지보수 비용 많아 경제성 떨어짐
  - 설치 복잡함

3. 정보통신망의 종류

① 근거리 통신망(Local Area Network, LAN)

- 정의

  한정된 지역 즉, 동일 빌딩 또는 구내, 기업 내의 비교적 좁은 지역에 분산 배치된 각종 독립된 단말장치를 상호 접속하여 통신할 수 있도록 구성된 네트워크 통신망이다. 적용 구역 수Km 이내에 한정된 지역과 전송 속도 0.1 ~ 100(Mbps) 정도의 고속통신 속도를 가진다.

- 특징
  - 전송거리가 짧아서 전송로 비용이 부담이 되지 않음
  - 전송지연 시간이 짧기 때문에 패킷지연이 최소화됨
  - 고속 전송이 가능, 전송 오류율이 낮음
  - 외부 망의 제약을 받지 않음
  - 방송 형태의 이용이 가능함
  - 망 내의 어떤 기기와도 통신이 가능함
  - 패킷망의 필수적인 경로 선택이 필요 없이 망 제어가 쉬워짐

- 기능

  통신 제어 기능과 신호 변환 기능, 정보 전달 기능이 있다.

- 구성 3요소
  - 브리지: 개방형시스템간 상호 접속 OSI의 1계층, 2계층에서 사용

- 라우터: 2개 이상의 서브 네트워크를 네트워크 층으로 결합함
- 게이트웨이: 2개의 완전히 다른 프로토콜 구조를 가지는 7계층 사이를 결합하는 데 사용함

• 장비용어
  - Hub
    허브(Hub)는 10/100/1000BaseT에서 사용되는 네트워크 허브장치다. 각각의 클라이언트와 공유하는 장치이며 깨진 수신 신호를 복원하여 다른 포트에 송신하고 검사하는 기능도 수행한다.

  - Transceiver
    트랜시버(Transceiver)는 10Base5 Backbone Cable과 PC를 연결하기 위한 케이블로서, 전송 속도 10Mbps에 대한 송수신 케이블 상에 발생하는 충돌 검출 기능이 있다.

  - Router
    라우터(Router)는 패킷의 위치를 추출하여 그 위치에 대한 최상의 경로를 지정하며, 이 경로를 따라 데이터 패킷을 다음 장치로 전향시킨다.

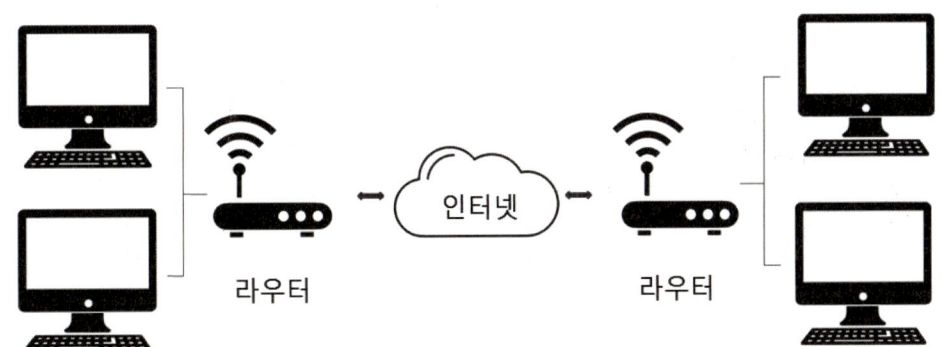

  - Repeater
    반복이(Repeate)는 신호를 받아 더 높은 수준에, 더 높은 힘으로 방해가 되는 곳의 반대쪽으로 재전송함으로써 신호가 더 먼 거리에 닿을 수 있게 도와주는 전자기기이다. 중계기라고도 부른다.

  - Bridge
    브리지(Bridge)는 동종의 네트워크를 연결하는데 사용되는 고속의 스위치 장치이다.

- Gateway

    게이트웨이(Gateway)는 두 개의 컴퓨터 네트워크를 연결시켜 주는 시스템으로, LAN과 LAN 사이의 데이터 중계를 담당하는 통신 서버를 일컫는다.

- LAN card

    랜카드(LAN card)는 컴퓨터와 서버를 연결하는 네트워크 인터페이스 장치로서 NIC라고도 한다.

- 종단장치(DSU/CSU)

    종단장치는 일종의 고속 모뎀과 같은 역할을 한다.

② 광역 통신망(Wide Area Network, WAN)

- 정의

    넓은 지역을 연결하는 네트워크를 뜻하며 국가나 대륙, 도시와 같은 광범위한 넓은 지역에 걸쳐 구성하는 컴퓨터 통신망이다.

- 단점

    LAN간에 고속 전송을 할 수 있는 전용회선으로 연결되나 넓은 지역을 연결하기 때문에 에러율이 높음

③ 부가가치 통신망(Value Added Network, VAN)

- 정의

    전기통신사업자로부터 임차 또는 이용하여 제3자에게 단순한 전송 기능뿐만 아니라 정보의 다양한 가치를 창출하여 부가가치를 붙여서 제3자에게 재판매하는 통신망 또는 네트워크 망을 말한다. 은행과 기업, 카드사와 가맹점을 연결하는 망사업과 국제전화와 텔렉스, 이동전화 등도 해당된다.

- 이용 목적
    - 센터 및 터미널의 부하 경감
    - 기업정보시스템 구축
    - 통신비용의 절감과 광역 통신망화
    - 통신망 운영 관리비용의 절감

- 기업정보시스템의 기업 전략 정보
- 사무자동화

• 계층 분류
- 기본 통신 계층
- 네트워크 계층
- 통신처리 계층
- 정보처리 계층

④ 종합 정보통신망(Integrated Services Digital Network, ISDN)

• ISDN의 정의
하나의 전화회선을 통해 음성, 데이터, 화상 등의 정보를 동시에 주고받을 수 있는 종합 정보통신망을 말한다.

• ISDN의 특징
- RJ-45라는 8핀 모듈러 잭을 통신용 소켓으로 사용함
- 고속의 전송로와 패킷 서비스를 제공받을 수 있음
- 소켓에서 제공하는 통신 속도가 64Kbps 통신채널 2개, 16bps, 제어 채널 1개가 제공됨
- OSI 개념 등 표준화된 규격을 채용

• ISDN의 서비스
- 베어러 서비스(Bearer Service)는 네트워크 단에서 사용자와 망의 인터페이스 상호간의 정보를 정보의 손실없이 실시간으로 전달하는 방법을 제공한다.
- 텔레 서비스(Tele-service)는 단말기와 통신 망의 기능으로 제공되는 총체적 서비스로 ISDN 망을 이용하여 단말기 등이 제공하는 서비스이다.
- 부가 서비스(Supplemetary Service)는 음성, 데이터, 영상 등의 기본 서비스에 추가되어 새로운 서비스 기능으로서 부가 서비스 자체로는 독립적인 서비스로 존재할 수 없다.

• ISDN이 제공하는 채널
- B 채널: 정보용 채널, 사용자의 데이터를 전송하는 데 사용함
- H 채널: 정보용 채널, 고속의 사용자 정보를 전송함

- D 채널: 신호용 채널, 회선 접속 신호 정보를 전송함
- A 채널: 아날로그 음성 신호를 전송함

- ISDN의 신호 방식
  - 신호 방식: 사용자와 직접 연결되어 있는 사용자와 교환기 사이 또는 교환기와 교환기 사이에서 주로 호 설정이나 개방 등의 호 제어에 사용하는 것을 목적으로 하는 프로토콜이다.

  - 국가간 신호 방식
    음성통신과 신호를 분리하여 신호가 독립, 동작
    디지털 교환망에 가장 적합한 교환망
    통화로 사용효율이 높음
    통화와 신호의 상호 간섭 배제로 신뢰성이 높음
    통화 중에도 제어 정보의 송, 수신이 가능함

정보통신망 종류	
ADSL	전화회선을 통해 높은 주파수 대역으로 고속으로 정보를 전송하는 기술로 같은 회선에 음성 데이터와 디지털 데이터를 동시에 보내는 통신망
B-ISDN	광대역 네트워크에서 데이터, 음성, 동영상 등을 디지털 통신망을 이용해 제공하는 고속 통신망
PBX(구내망)	회사에 설치된 구내전화 교환기
LAN (근거리통신망)	데이터 공유를 목적으로 하는 통신망으로 WAN보다 고속임
VAN (부가가치통신망)	특정 서비스를 유료 등으로 제공하는 통신망, 일반적인 공중 네트워크에서는 쉽게 찾을 수 없는 정보나 서비스
WAN (광역통신망)	전 세계에 걸친 넓은 지역의 수많은 컴퓨터를 서로 연결하여 정보를 송수신할 수 있도록 해주는 통신망
MAN (도시통신망)	도서 또는 지역으로 연결한 통신망
ISDN (종합정보통신망)	데이터, 음성, 동영상 등의 데이터를 통합하여 디지털화된 하나의 통신회선으로 전송하는 통신망
IMT-2000	이동통신의 통신규격, 이동통신의 지역적 한계와 고속 전송에 대한 기술적 한계를 극복하고, 각 나라마다 다른 이동통신 방식을 통일하여, 한 대의 휴대용 전화기로 전 세계 어디서나 통화할 수 있는 통신망

4. 통신 프로토콜

통신 프로토콜은 통신규약이며 컴퓨터나 원거리 통신 장비 사이에서 메시지를 주고받는 양식과 규칙의 체계이다. 통신 프로토콜은 신호 체계, 인증, 그리고 오류 감지 및 수정 기능을 포함할 수 있다. 프로토콜은 형식, 의미론, 그리고 통신의 동기 과정 등을 정의하지만 구현되는 방법과는 독립적이다. 따라서 프로토콜은 하드웨어 또는 소프트웨어 그리고 때로는 모두 사용하여 구현되기도 한다.

① 프로토콜의 개요

프로토콜은 네트워크에서 정보를 정확하고 안전하고, 효율적으로 주고받기 위해 사전에 약속한 통신규약이다. 프로토콜은 다른 종류의 시스템 간에도 통신할 수 있도록 만든 표준이며 전달되는 형태, 오류제어, 동기 방식의 규칙이다.

- 주요 요소
  - 구문(Syntax): 데이터의 구조와 순서에 대한 정의로 데이터의 포맷, 코딩, 시그널레벨 정의로 나타낸다.
  - 의미(Sementics): 패턴 해석과 전송제어, 오류 수정에 관한 제어 정보를 정의한다.
  - 타이밍(Timing): 통신 속도를 조절. 메시지 전송시간, 순서 등에 대해 정의한다.

- 프로토콜의 기능
  응용계층에서 만들어진 연속적인 비트 스트림 메시지를 하위계층에서 작은 블록으로 나눠 단편화하는 기능과 그 단편화된 데이터를 받아 다시 결합하는 것을 재결합하는 기능이 있다. 또한 논리적인 데이터를 주고받는 연결 제어(Connection Control) 기능과 송신과 수신을 하는 데이터의 양이나 속도를 조절하는 흐름 제어(Flow Control) 기능, 비트검사 방식으로 데이터의 에러 제어 방식, 마지막으로 동기화(Synchronization)와 순서화(Sequencing)의 기능이 있다.

- 표준기구/표준안
  통신 프로토콜은 국제표준기구(ISO), OSI(Open Systems Interconnection), ITU-T, ANSI(American National Standards Institute), IEEE(Institue of Electrical and Electronics Engineers), EIA(Electronic Industies Association), IETF, RFC의 정확하고 효율적인 통신을 위해 표준기구와 표준안을 두고 있다.

② TCP

전송 제어 프로토콜(TCP: Transmission Control Protocol)은 인터넷 프로토콜 스위트(IP)의 핵심 프로토콜 중 하나로, IP와 함께 TCP/IP라는 명칭으로도 널리 불린다.

TCP는 근거리 통신망이나 인트라넷, 인터넷에 연결된 컴퓨터에서 실행되는 프로그램 간에 일련의 옥텟을 순서대로, 오류 없이 안전하게 교환할 수 있게 한다. TCP는 전송 계층에 위치한다. 네트워크의 정보 전달을 통제하는 프로토콜이자 인터넷을 이루는 핵심 프로토콜의 하나로서 국제 인터넷 표준화 기구(IETF)의 RFC 793에 기술되어 있다.

TCP는 웹 브라우저들이 월드 와이드 웹에서 서버에 연결할 때 사용되며, 이메일 전송이나 파일 전송에도 사용된다. TCP의 안정성을 필요로 하지 않는 애플리케이션의 경우 일반적으로 TCP 대신 비접속형 사용자 데이터그램 프로토콜(User Datagram Protocol)을 사용한다. 이것은 에러 확인 및 전달 확인 기능이 없는 대신 오버헤드가 작고 지연시간이 짧다는 장점이 있다.

③ IP

IP주소(Internet Protocol address, IP)는 인터넷 규약 주소라고 하며 컴퓨터 네트워크에서 장치들이 서로를 인식하고 통신하기 위해서 사용하는 특수한 번호이다. 네트워크에 연결된 장치가 라우터이든 일반 서버이든, 모든 기계는 이 특수한 번호를 가지고 있어야 한다. 이 번호를 이용하여 발신자를 대신하여 메시지가 전송되고 수신자를 향하여 예정된 목적지로 전달된다. IP주소를 줄여서 IP라고 부르기도 하나 IP는 인터넷 규약 자체를 가리키는 말이기 때문에 엄밀하게는 구별해야 한다. IP버전 4(IPv4) 주소나 이 주소가 부족해짐에 따라 길이를 늘린 IP 버전 6(IPv6) 주소가 점점 널리 사용되고 있다.

④ UDP

사용자 데이터그램 프로토콜(User Datagram Protocol, UDP)은 인터넷 프로토콜 스위트의 주요 프로토콜 가운데 하나이다. 1980년에 데이비드 리드가 설계하였고, 현재 IETF의 RFC 768로 표준으로 정의되어 있으며, TCP와 함께 데이터그램으로 알려진 단문 메시지를 교환하기 위해서 사용된다. UDP는 유니버설 데이터그램 프로토콜(Universal Datagram Protocol)이라고 일컫기도 한다.

UDP의 전송 방식은 너무 단순해서 서비스의 신뢰성이 낮고, 데이터그램 도착 순서가 바뀌거나 중복되거나 심지어는 통보 없이 누락시키기도 한다. UDP는 오류의 검사와 수정이 필요 없거나 애플리케이션에서 수행할 것으로 가정한다.

UDP를 사용하는 네트워크 애플리케이션에는 도메인 이름 서비스(DNS), IPTV, 음성 인터넷 프로토콜(VoIP), TFTP, IP 터널 그리고 많은 온라인 게임 등이 있다.

> **PLUS TIP** **TCP와 UDP의 비교**
>
> TCP는 데이터를 주고받을 양단간에 먼저 연결을 설정하고, 설정된 연결을 통해 양방향으로 데이터를 전송하지만, UDP는 연결을 설정하지 않고 수신자가 데이터를 받을 준비를 확인하는 단계를 거치지 않고 단방향으로 정보를 전송한다.
> - 신뢰성 - TCP는 메시지 수신을 확인하지만 UDP는 수신자가 메시지를 수신했는지 확인할 수 없다.
> - 순서 정렬 - TCP에서는 메시지가 보내진 순서를 보장하기 위해 재조립하지만 UDP는 메시지 도착 순서를 예측할 수 없다.
> - 부하 - TCP보다 속도가 일반적으로 빠르고 오버헤드가 적다.

⑤ FTP

파일 전송 프로토콜(File Transfer Protocol, FTP)은 TCP/IP 프로토콜을 가지고 서버와 클라이언트 사이의 파일 전송을 하기 위한 프로토콜이다. 파일 전송 프로토콜은 TCP/IP 프로토콜 테이블의 응용 계층에 속하며, 역사는 오래 되었지만 지금도 인터넷에서 자주 사용된다.

- HTTP와는 달리 연결의 종류는 2가지가 있다.
  - 명령 연결: 사용자 인증, 명령을 위한 연결이 만들어지고, 여기를 통해 클라이언트에서 지시하는 명령어가 전달된다.
  - 데이터 전송용 연결: 실제의 파일 전송은 필요할 때 새로운 연결이 만들어진다.

어느 모드에서도 2개의 연결을 만드는 점은 다르지 않다. 하지만 FTP 포트를 변경하고 방화벽이 있는 경우, 방화벽 Inspection 모드 설정에 따라 FTP 통신은 정상적이지만, get 명령이나 ls 명령 등 FTP-DATA 포트를 이용한 통신은 정상적으로 이루어지지 않을 수 있다.

⑥ Telnet

텔넷(Telnet)은 인터넷이나 로컬 영역 네트워크 연결에 사용되는 네트워크 프로토콜이다. RFC15를 시작으로 1969년에 개발되었으며 최초의 인터넷 표준들 가운데 하나로서 IETF STD 8로 표준화되었다.

Telnet이라는 용어는 프로토콜의 클라이언트 일부 기능이 추가된 소프트웨어를 일컫는다. TCP/IP 스택을 갖춘 대부분의 네트워크 장비와 운영체제들은 원격 구성을 위해 몇 가지 종류의 텔넷 서비스 서버를 지원한다. 텔넷의 보안 문제 때문에 사용률이 감소하여, 원격 제어를 위해 SSH로 대체되기도 하였다.

⑦ SMTP

간이 전자우편 전송 프로토콜(Simple Mail Transfer Protocol, SMTP)은 인터넷에서 이메일을 보내기 위해 이용된다. 상대 서버를 지시하기 위해서 DNS의 MX레코드가 사용된다. RFC2821에 따라 규정되어 있다. 메일 서버 간의 송수신뿐만 아니라, 메일 클라이언트에서 메일 서버로 메일을 보낼 때에도 사용되는 경우가 많다.

SMTP는 텍스트 기반의 프로토콜로서 요구/응답 메시지뿐 아니라 모든 문자가 7bit ASCII로 되어 있어야 한다고 규정되어 있다. 때문에 문자 표현에 8비트 이상의 코드를 사용하는 언어나 첨부 파일과 자주 사용되는 각종 바이너리는 마임(MIME)이라고 불리는 방식으로 7비트로 변환되어 전달된다.

SMTP는 메시지를 생성하는 방법을 규정하지 않는다. 메시지 생성을 위하여 로컬 편집이나 단순한 전자우편 응용이 사용된다. 메시지가 생성되면 호출된 SMTP가 메시지를 받고 TCP를 이용하여 다른 호스트의 SMTP에게 전달한다.

⑧ PPP

점대점 프로토콜(Point-to-Point Protocol, PPP)은 네트워크 분야에서 두 통신 노드 간의 직접적인 연결을 위해 일반적으로 사용되는 데이터 링크 프로토콜이다. 점대점 프로토콜은 인증, 암호화를 통한 전송 및 데이터 압축 기능을 제공한다.

점대점 프로토콜은 시리얼 케이블, 전화선, 트렁크 라인, 이동 통신망, 특별한 통신 링크

(Specialized Radio Link) 및 SONET과 같은 광통신망에서 사용할 수 있다. 대부분의 ISP는 고객이 인터넷에서 접속하기 위한 다이얼 업 접속으로 점대점 프로토콜을 사용하도록 하고 있다. 점대점 프로토콜은 크게 PPPoE(Point-to-Point Protocol over Ethernet)와 PPPoA(Point-to-Point Protocol over ATM)로 나뉘며, ISP는 DSL 인터넷 서비스를 위해 이 프로토콜을 사용한다.

점대점 프로토콜은 일반적으로 데이터 링크 계층 프로토콜로 사용되면서, SLIP나 LAPB와 같은 프로토콜에 대한 대안으로 사용되어 왔다. PPP는 IP, IPX, NBF, AppleTalk과 같은 다양한 네트워크 계층에서 사용할 수 있도록 고안되었다.

또한 점대점 프로토콜은 브로드밴드 연결에도 사용할 수 있다. RFC 2516은 이더넷을 통해 PPP를 전송하는 기법인 PPPoE에 대해 기술하고 있다. RFC 2364는 ATM AAL5를 통해 PPP를 전송하는 PPPoA에 대해 기술하고 있다.

⑨ SLIP

시리얼 라인을 이용해서 데이터 프로그램을 전송하는 프로토콜이다. 주소 필드나 프로토콜 필드를 포함하지 않고 단지 데이터를 패킷으로 만들어 지점간 연결을 통해서 전송한다.

⑩ OSI 7 계층

개방형 시스템간 상호접속 OSI 모형(Open Systems Interconnection Reference Model)은 국제표준화기구(ISO)에서 개발한 모델로, 컴퓨터 네트워크 프로토콜 디자인과 통신을 7계층으로 나누어 설명하고, 이것을 OSI 7계층 모형이라 한다. 1926년 ISA(International Federation of the National Standardizing Associations)를 설립해 기계공학 분야에서부터 표준화를 시작하였다.

- OSI 계층은 7개로 나누어져 있다.

	ISO7 계층	분류	기능	전송 단위	TCP/IP 4 레벨	프로토콜
7	응용 계층 (Application Layer)	정보처리규정	사용자의 응용프로그램의 계층이다.	DATA	응용 계층 (Application Layer)	HTML, FTP 등
6	표현 계층 (Presentation Layer)		양쪽 시스템의 애플리케이션 정보를 서로 호환되도록 한다.	DATA		
5	세션 계층 (Session Layer)		세션을 구축, 관리, 종료를 관여하며, 표현 계층 사이에서 데이터 교환을 관리한다.	DATA		
4	전송 계층 (Transport Layer)	전송처리규정	데이터 전송 서비스를 제공한다. 전송의 신뢰성을 관여하며 정보흐름 제어의 절차를 제공한다.	Segment	전송 계층 (Transport Layer)	TCP, UDP
3	네트워크 계층 (Network Layer)		라우터가 여기에 속한다. 각각의 두 시스템 간의 망 연결과 경로 선택을 제공하며 서로 연결된 네트워크를 통한 최적 경로의 선택 정보를 보낸다.	Packet	네트워크 계층 (Network Layer)	IP
2	데이터 링크 계층 (Data Link Layer)		스위치나 브리지가 여기에 속한다. 데이터를 프레임 단위로 묶어서 MAC Address를 이용하여 신뢰성 있는 데이터를 전송한다.	Frame	데이터 링크 계층 (Data Link Layer)	Ethernet 등
1	물리 계층 (Physical Layer)		허브나 리피터가 여기에 속한다. 시스템 간에 물리적으로 링크한다.	Signal (Bit)		

- OSI 7계층과 TCP/IP 4계층

TCP/IP 계층은 OSI 7계층을 더 단순화시켜서 4개의 계층(Layer)으로 만들어서 사용한다.

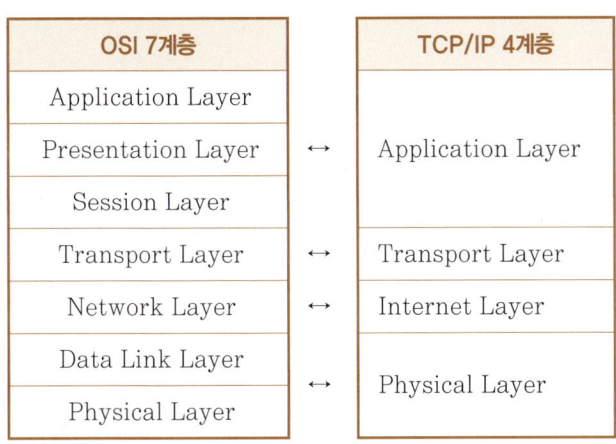

TCP/IP 4계층의 응용 계층은 '커넥션리스(Connectionless)'라고 불리는데 네트워크를 사용하는 응용프로그램 등으로 이루어지며, OSI 계층의 응용 계층과 표현 계층과 세션 계층을 모두 포함한다. 전송 계층은 도착을 원하는 시스템까지 데이터를 전송하기 위한 일을 한다. 각각의 시스템을 연결하고, TCP 프로토콜을 이용하여 데이터를 전송한다. 인터넷 계층은 데이터를 정의하고 데이터의 경로를 배정하는 일(라우팅)을 담당하고 데이터를 정확히 라우팅하기 위해서 IP 프로토콜을 사용한다. 물리적 계층은 이더넷 카드와 같은 하드웨어를 말한다.

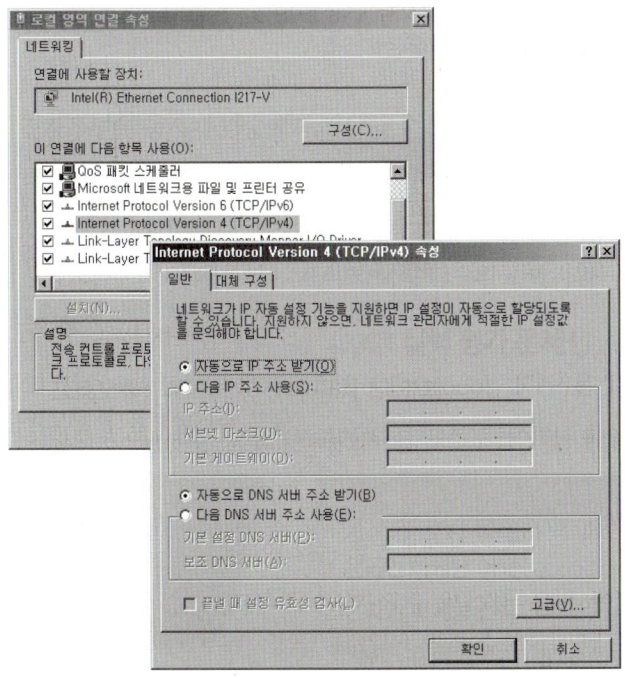

▲ 개인용 PC의 윈도우 환경의 TCP/IP 4 속성

⑪ 정보 보안

정보 보안(Information Security)이란 정보시스템이나 정보를 허가되지 않는 접근, 사용, 변경, 손상 등으로부터 보호함으로써 무결성, 기밀성, 가용성을 제공하는 것이다. 즉, 허가되지 않는 모든 상황으로부터 물리적, 기술적, 관리적으로 방지하기 위한 행위를 말한다.

- 정보 보안의 3원칙

  정보 보안의 목표는 기밀성(Confidentiality), 무결성(Integrity), 가용성(Availability)이다.

  - 기밀성

    암호 알고리즘을 이용하여 허락되지 않은 사용자 또는 객체가 정보의 내용을 알 수 없도록 하는 것이다. 원치 않는 정보의 공개를 막는다는 의미에서 프라이버시 보호나 비밀 보장과 밀접한 관계가 있다. 허가된 실체만 읽을 수 있도록 하는 서비스이다.

  - 무결성

    해쉬 함수, 디지털 서명, 암호 알고리즘을 이용하여 허락되지 않은 사용자 또는 객체가 정보를 함부로 수정할 수 없도록 하는 것이다. 정보가 중간에 수정 또는 첨삭되지 않았음을 확인할 수 있도록 하는 것이다. 허가된 실체만 수정할 수 있도록 하는 서비스이다.

  - 가용성

    허락된 사용자 또는 객체가 정보에 접근하고자 할 때 이것이 방해받지 않도록 한다. 최근에 네트워크의 고도화로 대중에 많이 알려진 서비스 거부 공격(DoS 공격, Denial of Service Attack)이 이러한 가용성을 해치는 공격이다. 허가된 실체는 언제든 사용할 수 있도록 하는 서비스이다.

- 정보 보안의 중요 개념
  - 위험 관리
  - 취약점(Vulnerability)
  - 위험 요소(Threat)
  - 대책(Countermeasure)

- 정보 보안 관련 주요 용어
  - DES(Data Encryption Standard) 암호: 1960년대 IBM에서 개발하여 1977년 미국 표준 암호 알고리즘으로 채택되어 64비트 대칭 블록 암호로 금융기관에서 많이 사용한다.

- 디톡스(DoS: Denial of Service) 공격: 서비스 거부 공격이라고도 한다. 네트워크에 과대한 트래픽 등을 보냄으로써 네트워크상의 컴퓨터가 정상적인 운영이 불가능하게 만드는 행위를 말한다.
- 플러딩(Flooding) 공격: 서버에 TCP 연결 중 Syn 패킷 요청 대기 상태를 무수히 많이 만들어 정상적인 서버의 운영이 불가능하게 만드는 상태를 말한다.
- IPSec(Internet Protocol Security Protocol): 네트워크 통신의 패킷 처리 계층의 보안 시스템이다. 시스코는 IPSec를 네트워크 라우터에 표준 기능으로 포함하고 있다.
- MIME(Multipurpose Internet Mail Extensions): 전자우편을 위한 인터넷 표준 포맷이다.
- PGP(Pretty Good Privacy): 프라이버시(Privacy)와 정보의 인증(Authentication)을 보장하는데 적합한 도구이며 안전하지 않은 인터넷 같은 네트워크에서 이상적인 암호화이다.
- PEM(Privacy Enhanced Mail): 암호화 기술을 사용한 무결성을 유지한 전자우편이다.
- WAP(Wireless Application Protocol): 이동통신망의 인터넷 서비스가 호환되지 않는 문제를 무선 프로토콜 규격을 개발하여 서로 다른 기술과 장비들의 호환성 문제를 해결한다.
- SetUID: 파일시스템에서 사용하는 유닉스 해킹 요소이다. 읽기와 쓰기 실행의 권한이 파일마다 설정되어 있다. rwxrwxrwx의 형태로 표시(R=읽기 권한, w=쓰기 권한, x=실행)된다.
- S-HTTP(Secure Hypertext Transfer Protocol): 인터넷상의 파일을 전자서명과 같은 암호화된 프로토콜로 안전하게 교환될 수 있게 해주는 http의 확장판이다.
- SSL(Secure Socket Layer): 넷스케이프사에서 전송 계층 암호화 방식으로 사용할 수 있는 전자상거래를 위해 개발한 보안 암호체제이다.
- SSL/TLS: 보안 소켓 레이어(SSL: Secure Sockets Layer), 전송 계층 보안(TLS: Transport Layer Security)은 암호 규약이다.
- 스니핑(Sniffer) 공격: 스니퍼를 이용해 네트워크상에 데이터를 유출하는 행위이다.
- 스푸핑(Spoofing) 공격: TCP/IP(Transfer Control Protocol/Internet Protocol) 프로토콜상의 취약성을 기반으로 자신의 식별 정보(IP, DNS, Mac 등)를 위장하여 역추적이 어렵게 하여 다른 대상을 공격하는 기법으로 스푸핑 공격의 종류에는 IP 스푸핑, ARP 스푸핑, 이메일 스푸핑, DNS 스푸핑 등이 있다.

⑫ 방화벽

- 방화벽이란

    방화벽(Firewall)은 서로 다른 네트워크사의 데이터의 접근이나 수용, 허용, 거부 등의 여부를 관리하는 하드웨어나 소프트웨어를 말한다. 즉, 네트워크상에서 이동되는 데이터를 확인하여 신뢰 수준이 낮은 네트워크의 침입을 차단하여 보안 사고를 미연에 방지하는 프로그램이나 장치를 말한다.

- 역할
    - 방화벽의 기본적인 역할은 소프트웨어나 하드웨어를 통해 외부 네트워크에서 접근하는 신뢰 수준이 낮은 모든 정보를 확인하여 불필요한 패킷이나 트래픽을 차단하기 위한 역할이다.

5. 전자상거래 용어

① 인트라넷(IntraNet)

인트라넷은 인터넷 프로토콜을 사용하는 폐쇄적 근거리 통신망이다. 인터넷을 조직 내 네트워크로 활용하는 것을 말한다. 인트라넷은 근거리 통신망(LAN)을 기반으로 데이터 저장장치인 서버를 연결하고 PC에 설치된 인터넷 검색 프로그램을 통해 업무를 처리할 수 있게 한다. 방화벽을 설치하여 외부로부터의 접근을 막거나 제한하여 보안을 유지한다.

② 엑스트라넷(ExtraNet)

엑스트라넷은 외부 조직의 승인된 사용자들에게 확장된 사설 인트라넷이다. 기업의 보안 유지로 폐쇄적인 인트라넷 환경을 승인된 사용자에게만 부분적으로 개방하여 업무를 공유 및 처리할 수 있도록 한 사설 인트라넷이다. 국내에서도 기업과 기업, 기업과 계열사 등의 업무의 효율을 높이기 위해 익스트라넷 구축을 하고 있으며, 다국적 기업들을 볼 때 이미 인트라넷을 구축하여 시간과 계열사 간의 물류비용을 획기적으로 줄이고 있는 상태이다.

③ EC(Electronic Commerce)

EC는 정보처리시스템에 의하여 전자적 형태를 이용하여 사이버 공간상에서 이루어지는 거래행위로, 전자상거래라 한다.

④ ERP(Enterprise Resources Planning)

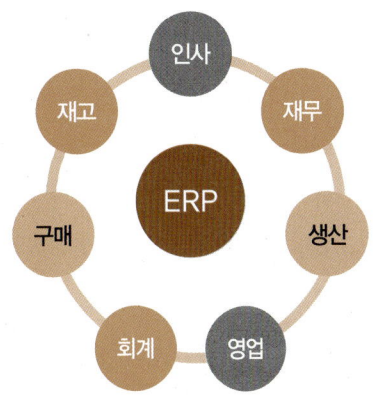

ERP란 용어는 전사적 자원관리라고도 한다. ERP는 데이터베이스 기반으로 표준 업무 절차를 맞추고 인사, 재무, 생산, 영업, 회계, 구매, 재고 등 회사의 전 부문에 걸쳐 독립적으로 운영되던 각종 관리시스템을 시스템 하나로 통합 재구축함으로써 기업 내의 인적, 물적자원의 활용도를 극대화하고자 하는 경영 혁신 기법을 기반으로 하고 있다.

⑤ EDI(Electronic Data Interchange)

EDI란 '전자 문서 교환' 또는 '전자 데이터 교환'이라고 하며 기업 간의 거래 데이터를 교환하기 위한 표준 포맷이다. 즉, 기업간 문서를 데이터로 변경하여 통신망을 통해 직접 전송 신호로 주고받는 것을 말한다. 기업 간의 거래가 EDI화되면 종이 없는 기업 거래(Paperless Trade)를 실현하게 되며 처리시간의 단축, 비용의 절감 등 데이터의 유통이 신속, 원활하게 이루어진다. 최근에 개발된 문서교환시스템으로 인터넷 표준 언어(XML)를 기반으로 하고 있다. 이 시스템은 XML 방식으로 표현된 표준 EDI 문서를 기업 간에 안정적이고 편리하게 교환하기 위한 것으로 XML이 갖고 있는 표현 능력을 발휘할 수 있다. 또한 출판, 문서 변환, 전자상거래, CALS, 그룹웨어 등 다양한 응용 분야에 확장해서 사용할 수 있다.

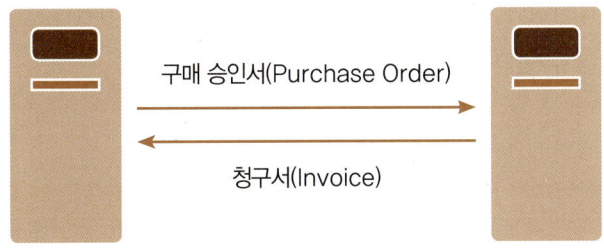

⑥ KMS(Knowledge Management System)

KMS는 지식관리시스템이라고 한다. 생성, 수집, 축척, 공유의 단계를 거쳐 만들어지며 조직 내의 인적자원들이 축적하고 있는 개별적인 지식을 체계화하여 공유함으로써 기업경쟁력을 향상시키기 위한 기업정보시스템이다. 이는 인적자원을 효율적으로 대처할 수 있다. 지식관리란 기업의 목표달성을 위하여 조직 내외에 산재해 있는 지식을 획득하고 조합하여 체계적으로 공유시키는 제반 행위를 말하며 지식경영이란 지식 관리 활동을 기업의 비즈니스에 연결함으로써 어떠한 가치를 창출해내는 일련의 과정을 말한다. 다시 말해 지식관리시스템은 지식 노하우를 공유하는 시스템을 만들어 기업가치 창출을 극대화한다고 할 수 있다.

⑦ **사이버 비즈니스(Cyber Business)**

인터넷 쇼핑몰 등 가상 상점(Virtual Shopping Mall) 등을 개설하여 인터넷 공간에 마케팅이나 판매 등 가상 공간에서 비즈니스를 하는 것을 말한다.

⑧ **MC(Mobil Commerce)**

이동통신시스템으로 이동 중에 전자상거래를 할 수 있는 모바일 전자상거래 방식의 전자상거래이다.

⑨ **HRMS(Human Resource Management System)**

HRMS는 인적자원 관리정보 시스템으로 기존 인적자원이나 가상 잠재력이 있는 조직을 효율적으로 활용하기 위한 관리시스템으로 인적자원의 획득, 개발에 관한 활동 등을 지원한다. 장래 인적자원의 수요를 예측하여, 미래 인적자원을 확보하기 위한 시스템으로도 활용한다.

⑩ **SCM(Supply Chain Management)**

SCM은 공급망 관리라고 한다. 생산자와 유통업자 그리고 소비자에 이르는 물류 과정을 최적화해서 물류 및 경영의 효율성을 높이는 활동이다. 유통시장의 흐름이 글로벌화되면서 각 나라별, 지역별 특성, 제조와 물류에 전략 수립의 필요성이 부각되고 물류의 이동과 적기 납품의 중요성이 증대되고 있다. 공급망 관리는 개별단위관리가 아니라 전체 공급망 구성요소들 간에 전체 프로세스를 최적화하는 경영혁신기법이다.

- 공급망 계획
    - 수요 계획: 다양한 예측기법을 이용하여 제품 또는 서비스에 대한 수요분석을 통해 계획 수립
    - 제조 계획: 제조 관련된 모든 일정을 세부적으로 관리 및 조정
    - 유통 계획: 일정관리, 운송 계획, 수요 계획을 통합하여 물류상의 운영 계획 수립
    - 운송 계획: 원재료와 제품 또는 서비스를 효과적으로 전달될 수 있도록 자원 배분 계획 수립
    - 재고 계획: 향후 수요에 대비하여 최적의 재고를 유지하기 위한 제품별 재고 계획 수립

- 공급망 실행
  - 주문관리: 주문 이행, 주문 확인, 주문 처리
  - 생산관리: 제품 및 서비스의 생산 과정에 대한 전체적인 관리
  - 유통관리: 상품 또는 서비스가 최소 비용으로 최단거리에 고객에게 전달될 수 있도록 관리
  - 역물류관리: 반품이나 교환 시 고객으로부터 상품 또는 서비스를 돌려받는 부분의 관리

⑪ BPR(Business Process Reengineering)

BPR은 업무 재설계라고 하며 경영 혁신 기법 중에 하나이다. 유통환경이 공급자에서 판매자 중심에서 소비자 중심으로 시장이 이동하고 기업은 고객을 중심으로 경영 환경을 개선하고 있다. 즉 업무 재설계의 경영 환경 프로세스를 고객 중심으로 변경하고 있다. BPR은 업무 과정과 결과를 마지막 담당자가 취급하도록 하고, 분산 업무를 중앙 집중 처리하도록 하고 있다.

실력 평가 문제

01 다음 중 전자상거래에 관한 설명으로 가장 거리가 먼 것은?

① 전자상거래는 중간유통의 과정이 줄어들어 유통마진이 최소화된다.
② 전자상거래의 특성상 점포 개설 없이 가능하다.
③ 전자상거래는 PC뿐만 아니라 모바일 등의 장치로도 거래가 가능하다.
④ 전자상거래의 주문과 지불, 배달 등의 과정이 온라인절차로 진행된다.
⑤ 전자상거래의 확산은 택배의 이동으로 배송의 물류비용은 증가한다.

> 해설 ▷ 전자상거래의 확산으로 인해 유통구조가 줄어들어 물류비용이 줄어든다.

02 국내 전자상거래의 유형에 관한 다음 설명 중 가장 적절하지 않은 것은?

① B2B: 기업과 기업 간의 전자상거래
② B2C: 기업과 개인 간의 전자상거래
③ B2G: 기업과 정부 간의 전자상거래
④ G2C: 외국기업과 소비자 간의 전자상거래
⑤ C2B: 소비자와 기업 간의 전자상거래

> 해설 ▷ 기업(Corporation), 소비자(Customer), 개인(Person), 정부(Government) 등 거래주체에 따른 분류로 G2C는 정부와 소비자 간의 전자상거래이다.

03 다음 중 3단계 도메인에 해당하는 것은?

① abc.com   ② abc.kr
③ abc.co.kr   ④ abc.net
⑤ abc.org

> 해설 ▷ abc.co.kr에서 .kr은 1단계, .co는 2단계, abc는 3단계에 속한다.

04 다음 중 모바일 전자상거래를 뜻하는 것은?

① E-커머스(Electronic Commerce) 인터넷 전자상거래
② M-커머스(Mobile Commerce) 모바일 전자상거래
③ T-커머스(TV Commerce) TV망을 이용한 전자상거래
④ V-커머스(Voice Commerce) 음성 전자상거래
⑤ C-커머스(Collaborative Commerce) 협업을 통한 전자상거래

> 해설 ▷ M-커머스(Mobile Commerce)는 모바일 전자상거래이다.

05 다음 중 전자상거래 유형에 대한 설명 중 틀린 것은?

① P2P는 개인과 개인이 중간매체 없이 직거래하는 전자상거래
② B2G는 기업과 정부 간에 일어날 수 있는 전자상거래
③ C2C는 소비자 사이에 중간매체를 통해 직접적인 거래가 이루어지는 전자상거래
④ B2C는 기업이 소비자에 대해 거래의 주도권을 행사하는 전자상거래
⑤ B2B는 기업과 기업 사이에서 일어날 수 있는 전자상거래

> 해설 ▷ B2C는 공동구매와 같이 소비자가 주도권을 가지고 있다.

06 다음 중 소비자가 이베이나 옥션 등을 통해 거래하는 형식은 어디에 해당하는가?

① C2B(Customer to Business)
② G2C(Government to Customer)
③ C2C(Customer to Customer)
④ G2B(Government to Business)
⑤ P2P(Peer to Peer)

> 해설 ▷ C2C(Customer to Customer) : 소비자와 소비자 간의 거래에 해당한다.

07 다음은 전자상거래의 특징 중 어디에 해당하는가?

> 거래가 이루어지는 대상지역을 보면, 전통적 상거래는 지역 기반을 중심으로 한정된 거래활동이 이루어지지만, 전자상거래는 인터넷을 활용한 전자상거래로 시간과 공간을 초월하여 매우 포괄적인 지역을 대상으로 거래가 이루어진다.

① 시장범위의 확대   ② 마케팅의 다양성
③ 유통경로의 축소   ④ 빠른 대금결제
⑤ 실시간 수요예측

> 해설 ▷ 시장범위(Market Range)의 확대에 해당한다.

08 다음 중 해킹 용어 중 통신선상에 전송되고 있는 정보를 상대방 모르게 가로채는 방법을 무엇이라 하는가?

① 루핑효과(Looping Effect)
② 스푸핑(Spoofing)
③ 스니퍼(Sniffer)
④ DOS(Denial of Service)
⑤ 트랩 도어(Trap Door)

> 해설 ▷ 스니퍼(Sniffer)는 킷에 잠입하여 정보를 가로채는 대표적인 크래킹 기술이다.

09 다음 중 유비쿼터스-커머스(Ubiquitous Commerce)에 대한 설명이 바르지 못한 것은?

① 장소나 장비의 인식 없이 자유롭게 거래가 이루어지는 전자상거래이다.
② 유비쿼터스는 '언제 어디서나 존재합니다.'의 말뜻이다.
③ 유비쿼터스는 RFID의 전자 칩으로 연결된다.
④ 냉장고 등 가전제품에도 적용된다.
⑤ 사용자는 컴퓨터나 네트워크의 인식 없이 모든 상거래가 이루어진다.

> 해설 ▷ RFID는 전자태그(Radio Frequency Identification)를 말하며 유비쿼터스는 네트워크 인식 없이 의식 또는 무의식중에 이루어진다.

10 다음의 운영체제는 무엇을 말하는가?

> 유닉스를 기반으로 제작된 개인컴퓨터용 공개 운영체제이다. 또한 다중 사용자, 다중 작업(멀티태스킹), 다중스레드를 지원하는 네트워크 운영체제(NOS)이다. 초기 리눅스는 개인용 운영자 위주로 개발되었으나 현재는 다양한 컴퓨터 아키텍쳐(Architecture)의 지원으로 개인용 컴퓨터에서 중대형 서버 컴퓨터까지 폭넓게 사용하고 있으며 휴대전화와 스마트장비까지 다양한 분야의 임베디드(Embeded) 시스템까지 광범위하게 이용되고 있다.

① Windows
② Windows NT
③ Windows XP
④ UNIX
⑤ Linux

> 해설 ▷ 리눅스에 대한 설명이다.

정답 01 ⑤ 02 ④ 03 ④ 04 ② 05 ④ 06 ③ 07 ① 08 ③ 09 ③ 10 ⑤

11 다음과 같은 경우에 해당되는 것은?

> 소비자가 마트에서 카트에 상품을 담고 계산대에 물건을 다시 꺼내지 않고 RF판독기를 지나가는 것만으로도 상품이 집계돼 자동으로 계산되어 시간이 절약되었다.

① M-커머스
② 전자태그
③ e-마켓 플레이스
④ 유비쿼터스-커머스
⑤ 전자문서교환

해설 ▷ 전자태그(Radio Frequency Identification, RFID)에 관한 설명이다.

12 다음 중 OSI 참조 모델 7계층 중에서 물리 계층의 신뢰성 있는 데이터의 송, 수신을 보장할 수 있는 다양한 절차를 정의하고, 오류 제어, 프레임 경계 표시, 정보의 블록킹 등의 기능을 수행하는 계층은?

① 물리 계층(Pysical Layer)
② 데이터 링크 계층(Data Link Layer)
③ 네트워크 계층(Network Layer)
④ 전송 계층(Transport Layer)
⑤ 응용 계층(Application Layer)

해설 ▷ 물리 계층에 전송할 신호를 생성하며 오류 제어, 흐름 제어 등 하드웨어와 관련된 모든 것을 해결하고 신뢰성 있는 데이터 전송을 수행한다.

13 다음 중 컴퓨터와 단말기의 연결을 서로 이웃하는 단말기들끼리만 연결한 방식은?

① 트리(Tree)형 ② 링(Ring)형
③ 성(Star)형 ④ 버스(Bus)형
⑤ 그물(Mesh)형

해설 ▷ 링(Ring)형에 관한 설명이다.

14 다음 중 연산장치에 포함되지 않은 것은?

① 누산기(Accumulator)
② 컨트롤 레지스터(Control Register)
③ 가산기(Adder)
④ 어드레스 레지스터(Address Register)
⑤ 상태 레지스터(Status Register)

해설 ▷ 컨트롤 레지스터는 운영체제의 운영 모드를 변경하고 현재 운영 중인 모드의 기능을 제어하는 레지스터이다.

15 다음 중 보조기억장치의 설명 중 틀린 것은?

① RAM은 속도가 빠르지만 HDD와 SSD는 느리다.
② RAM은 저장 내용이 지워지지만, HDD와 SSD는 지워지지 않는다.
③ HDD는 충격에 심하지만, RAM과 SSD는 심하지 않다.
④ HDD는 소비전력이 많지만, RAM과 SSD는 소비전력이 많지 않다.
⑤ RAM은 주기억장치지만, HDD와 SSD는 보조기억장치이다.

해설 ▷ SSD는 RAM 기반 장치이기 때문에 속도가 빠르다.

16 다음 중 데이터 통신의 목표 중 해밍코드 등을 이용하는 설명으로 가장 적절한 것은?

① 오류코딩
② 소스코딩
③ 보안코딩
④ 채널코딩
⑤ 비트코딩

해설 ▷ 오류코딩: 해밍코드, CRC, Convolutional Code 등을 이용하여 전송 데이터에 잉여 정보를 추가해서 비트 오류율을 낮추어 준다.

17 다음 중 성형에 관한 설명으로 가장 적절하지 않은 것은?

① 중앙에 컴퓨터나 서버가 있고, 그 주위에 단말장치들을 분산시켜 연결시킨 형태이다.
② 온라인 시스템의 전형적인 방법이다.
③ 중앙의 컴퓨터에 의해서 통신을 제어하는 중앙집중식이다.
④ 단말기 고장 발생 시 고장 지점의 발견이 어렵다.
⑤ 통화량 처리능률이 높다.

> 해설 ▷ 단말기 고장 발생 시 고장 지점의 발견이 용이하다.

18 다음 중 트리형의 설명 중 가장 적절하지 않은 것은?

① 버스형이 확장된 형태이다.
② 헤드엔드(Head-and)라는 지점에서부터 한 개 이상의 케이블들이 시작되고 각 케이블은 다시 여러 개의 가지(Branch)로 나눠지는 구조이다.
③ 데이터는 양방향으로 모든 노드에게 전송되고, 트리의 끝에 있는 단말 노드로 흡수되어 소멸된다.
④ 통신 회선 수가 절약되지만, 통신 선로가 가장 길다.
⑤ 통신 처리 시스템이 가능하다.

> 해설 ▷ 통신 회선 수가 절약되고, 통신 선로가 가장 짧다.

19 다음 중 부가가치통신(VAN)의 계층분류에 속하지 않는 것은?

① 기본통신 계층　　② 네트워크 계층
③ 통신처리 계층　　④ 응용처리 계층
⑤ 정보처리 계층

> 해설 ▷ 응용처리 계층은 계층분류에 속하지 않는다.

20 다음 중 서버와 클라이언트에 대한 설명 중 다른 것은?

① 서버는 컴퓨터 네트워크에서 다른 클라이언트에게 네트워크를 통해 서비스를 제공하는 컴퓨터 또는 프로그램을 말한다.
② 클라이언트는 서버의 컴퓨터를 이용하는 사용자 또는 컴퓨터를 가리키는 말이다.
③ 서버에는 정보나 데이터를 저장하거나 공유를 할 수 없다.
④ 서버를 통해 필요한 정보를 검색하여 제공받을 수 있다.
⑤ 서버는 프린터 제어나 파일 관리 등 네트워크 전체를 감시, 제어한다.

> 해설 ▷ 서버에 정보나 데이터를 저장하거나 공유할 수 있으며 필요한 정보를 검색하여 제공받을 수도 있다.

21 다음 중 LAN 장비 용어의 설명 중 가장 적절하지 않은 것은?

① 허브는 각각의 클라이언트와 공유하는 장치이다.
② 트랜시버는 Cable과 PC를 연결하기 위한 케이블이다.
③ 라우터는 데이터 패킷을 다음 장치로 전향시키는 장치이다.
④ 브리지는 두 개의 컴퓨터 네트워크를 연결시켜 주는 시스템이다.
⑤ 종단장치는 일종의 고속모뎀과 같은 역할을 한다.

> 해설 ▷ 게이트웨이가 두 개의 컴퓨터 네트워크를 연결시켜 주는 시스템이다. 브리지는 동종의 네트워크를 연결하는데 사용되는 고속의 스위치 장치이다.

정답　11 ②　12 ②　13 ②　14 ②　15 ①　16 ①　17 ④　18 ④　19 ④　20 ③　21 ④

22 다음 중 통신망의 종류와 특징이 바르지 못한 것은?

① ADSL - 전화회선을 통해 같은 회선에 음성 데이터와 디지털 데이터를 동시에 보내는 통신망이다.
② MAN(도시통신망) - 도시 전체를 대상으로 구축하는 네트워크이다.
③ LAN(근거리통신망) - 제한된 지역 내에 있는 독립된 컴퓨터 기기들로 하여금 서로 통신이 가능하도록 하는 데이터 통신 시스템이다.
④ ISDN(종합정보통신망) - 기존의 전화 서비스를 제공하는 전화교환망에 디지털 기능을 추가하여 새로운 통신 서비스를 제공한다.
⑤ WAN(광역 통신망) - 전송거리가 짧아서 전송료 비용이 부담되지 않는 통신망이다.

해설 ▷ 전송거리가 짧아서 전송료 비용이 부담이 되지 않는 통신망은 LAN이다.

23 다음 중 부가가치통신(VAN)의 이용 목적에 적합하지 않은 것은?

① 센터 및 터미널의 부하 경감
② 동일 빌딩, 또는 구내, 기업 내의 분산 배치
③ 통신비용의 절감과 광역 통신망화
④ 통신망 운영 관리비용의 절감과 사무자동화
⑤ 기업 정보 시스템의 기업 전략 정보와 정보 시스템 구축

해설 ▷ 근거리 통신망에 적합한 설명이다.

24 다음 중 TCP/IP 계층은 OSI 7계층을 더 단순화시켜서 4개의 계층(Layer)으로 만들어서 사용한다. 4계층에 속하지 않는 것은?

① Application Layer
② Transport Laye
③ Presentation Layer
④ Physical Layer
⑤ Internet Layer

해설 ▷ Presentation Layer는 OSI 7계층에 속한다.

25 다음은 공급망 관리의 SCM(Supply Chain Management)의 공급망 계획에 해당되지 않는 것은?

① 수요계획 : 다양한 예측기법을 이용하는 제품 또는 서비스에 대한 수요분석을 통해 계획 수립한다.
② 제조계획 : 제조 관련된 모든 일정을 세부적으로 관리 및 조정한다.
③ 유통계획 : 일정관리, 운송계획, 수요계획을 통합하여 물류상의 운영계획을 수립한다.
④ 운송계획 : 원재료와 제품 또는 서비스가 효과적으로 전달될 수 있도록 자원을 배분하여 계획한다.
⑤ 고객계획 : 향후 수요에 대비하여 최적의 고객 수요를 대비하는 계획이다.

해설 ▷ 공급망 관리에는 수요, 제조, 유통, 운송, 재고계획이 있다.

26 다음 중 종이 없는 기업 거래에 해당되는 용어는?

① ERP(Enterprise Resources Planning)
② KMS(Knowledge Management System)
③ SCM(Supply Chain Management)
④ EDI(Electronic Data Interchange)
⑤ HRMS(Human Resource Management System)

> 해설 ▷ EDI(Electronic Data Interchange)란 '전자문서교환' 또는 '전자데이터교환'이라고 한다.

27 다음의 내용은 해당되는 전자상거래 용어는?

> 공급망관리라고 하는 이 용어는 생산자와 유통업자 그리고 소비자에 이르는 물류과정을 최적화해서 물류 및 경영의 효율성을 높이는 활동이다. 개별 단위가 아니라 전체 공급만 구성요소들 간에 전체 프로세스를 최적화하는 경영혁신기법이다.

① HRMS(Human Resource Management System)
② SCM(Supply Chain Management)
③ BPR(Business process reengineering)
④ EDI(Electronic Data Interchange)
⑤ KMS(Knowledge Management System)

> 해설 ▷ SCM 공급망관리에 관한 설명이다. 공급망 계획에는 수요, 제조, 유통, 운송, 재고가 있으면, 공급망 실행에는 주문, 생상, 유통, 역물류 관리가 있다.

정답 22 ⑤   23 ②   24 ③   25 ⑤   26 ④   27 ②

2 과목

전자상거래 관련 법규

전자상거래의 관련 법규는 전자문서 및 전자거래 기본 법규를 포함하여 전자상거래의 관련 법규를 설명하고 있다. 이 과목의 주요 구성은 개인정보와 전자결제에 관련된 기본 법규를 설명하고 저작권이나 상표권, 소득세나 부가가치세법에 관해 설명한다. 또한 글로벌 전자상거래에 관한 수출입통관 및 세관에 관한 설명으로 구성되어 있다. 모바일 전자상거래와 글로벌 전자상거래에서 다양하게 발생되는 전자상거래 관련 법에 대해 알 수 있다.

| CHAPTER 1 | **기본 법규**
1 전자문서 및 전자거래 기본법
2 전자상거래의 관련 법규

| CHAPTER 2 | **수출입통관 및 관세**
1 용어의 정의
2 과세 요건
3 납세의무 이행과 관세 환급
4 운송, 통관 및 보세제도
5 벌칙
6 FTA
7 무역 실무

| CHAPTER 3 | **저작권법 및 상표권**
1 지식재산권
2 상표권
3 상표권 침해
4 저작물
5 저작물의 이용

| CHAPTER 4 | **부가가치세 및 소득세**
1 사업자등록과 통신판매업신고
2 부가가치세
3 종합소득세
4 쇼핑몰 사업자가 반드시 알아야 할 세무 상식

CHAPTER 1
기본 법규

전자상거래 기본 법규에는 전자문서 및 전자거래 기본법에 관한 설명과 전자상거래 등에서의 소비자 보호에 관한 법률과 개인 정보보호법, 전자서명법, 정보통신망 이용 촉진 및 정보보호 등에 관한 법률을 설명한다.

1 전자문서 및 전자거래 기본법

1. 전자상거래 기본법의 목적 및 용어

전자상거래는 정보통신기술의 발달과 온라인 환경의 대중화로 PC뿐만 아니라 모바일 환경에서도 활발하게 이루어지고 있다. 누구나 쉽게 전 세계를 상대로 전자상거래를 할 수 있게 되었다. 이제 전자상거래는 온라인상의 판매 관련 법규뿐만 아니라 고객 개인 정보 보호의 문제와 국제간 법률 전문지식까지 이해해야 한다. 전자문서 및 전자거래 기본법(약칭: 전자문서법)은 다른 법률에 특별한 규정이 있는 경우를 제외하고 모든 전자문서 및 전자거래에 적용한다.

① 목적

전자문서 및 전자거래 기본법은 전자문서 및 전자거래의 법률관계를 명확히 하고 전자문서 및 전자거래의 안전성과 신뢰성을 확보하며 그 이용을 촉진할 수 있는 기반을 조성함으로써 국민경제의 발전에 이바지함을 목적으로 한다.

② 용어의 정의

- '전자문서'란 정보처리시스템에 의하여 전자적 형태로 작성, 송신, 수신 또는 저장된 정보를 말한다.
- '정보처리시스템'이란 전자문서의 작성, 변환, 송신, 수신 또는 저장을 위하여 이용되는 정보처리 능력을 가진 전자적 장치 또는 체계를 말한다.
- '작성자'란 전자문서를 작성하여 송신하는 자를 말한다.
- '수신자'란 작성자가 전자문서를 송신하는 상대방을 말한다.
- '전자거래'란 재화나 용역을 거래할 때 그 전부 또는 일부가 전자문서에 의하여 처리되는 거래를 말한다.

- '전자거래사업자'란 전자거래를 업(業)으로 하는 자를 말한다.
- '전자거래이용자'란 전자거래를 이용하는 자로서 전자거래사업자 외의 자를 말한다.
- '공인전자주소'란 전자문서를 송신하거나 수신하는 자를 식별하기 위하여 문자, 숫자 등으로 구성되는 정보로서, 등록된 주소를 말한다.
- '공인전자문서센터'란 타인을 위하여 다음 각 목의 업무(이하 '전자문서보관등'이라 한다)를 하는 자로서 지정받은 자를 말한다.
- '공인전자문서중계자'란 타인을 위하여 전자문서의 송신, 수신 또는 중계(이하 '전자문서유통'이라 한다)를 하는 자로서 지정받은 자를 말한다.

2. 전자문서

① 전자문서의 효력

전자문서는 다른 법률에 특별한 규정이 있는 경우를 제외하고는 전자적 형태로 되어 있다는 이유로 문서로서의 효력이 부인되지 아니하며 법률에 따른 기록, 보고, 보관, 비치 또는 작성 등의 행위가 전자문서로 행하여진 경우 해당 법률에 따른 행위가 이루어진 것으로 본다.

② 전자문서의 보관

전자문서가 다음 각 호의 요건을 모두 갖춘 경우에는 그 전자문서를 보관함으로써 관계 법령에서 정하는 문서의 보관을 갈음할 수 있다.

- 전자문서의 내용을 열람할 수 있을 것
- 전자문서가 작성 및 송신, 수신된 때의 형태 또는 그와 같이 재현될 수 있는 형태로 보존되어 있을 것
- 전자문서의 작성자, 수신자 및 송신, 수신 일시에 관한 사항이 포함되어 있는 경우에는 그 부분이 보존되어 있을 것

종이문서나 그 밖에 전자적 형태로 작성되지 아니한 문서(이하 '전자화대상문서'라 한다)를 정보처리시스템이 처리할 수 있는 형태로 변환한 문서(이하 '전자화문서'라 한다)가 다음 각 호의 요건을 모두 갖춘 경우에는 그 전자화문서를 보관함으로써 관계 법령에서 정하는 문서의 보관을 갈음할 수 있다. 다만, 다른 법령에 특별한 규정이 있는 경우에는 그러하지 아니하다.

- 전자화문서가 전자화대상문서와 그 내용 및 형태가 동일할 것
- 각 호의 요건을 모두 갖출 것

전자화대상문서와 전자화문서의 내용 및 형태의 동일성에 관한 요건, 전자화문서의 작성 방법 및 절차, 그 밖에 필요한 사항은 미래창조과학부장관이 정하여 고시한다. 송신 또는 수신만을 위하여 필요한 부분은 전자문서 또는 전자화문서로 보지 아니할 수 있다.

③ 송신·수신의 시기 및 장소

전자문서(전자화문서를 포함한다. 이하 같다.)는 수신자 또는 그 대리인이 해당 전자문서를 수신할 수 있는 정보처리시스템에 입력한 때 송신된 것으로 본다. 전자문서는 다음 각 호의 어느 하나에 해당하는 때에 수신된 것으로 본다.

- 수신자가 전자문서를 수신할 정보처리시스템을 지정한 경우: 지정된 정보처리시스템에 입력된 때, 다만 전자문서가 지정된 정보처리시스템이 아닌 정보처리시스템에 입력된 경우에는 수신자가 이를 출력한 때를 말한다.
- 수신자가 전자문서를 수신할 정보처리시스템을 지정하지 아니한 경우: 수신자가 관리하는 정보처리시스템에 입력된 때 전자문서는 작성자 또는 수신자의 영업소 소재지에서 각각 송신 또는 수신된 것으로 보며, 영업소가 둘 이상일 때에는 해당 전자문서를 주로 관리하는 영업소 소재지에서 송신, 수신된 것으로 본다. 다만, 작성자 또는 수신자가 영업소를 가지고 있지 아니한 경우에는 그의 상거소에서 송신, 수신된 것으로 본다.

④ 작성자가 송신한 것으로 보는 경우

다음에 해당하는 전자문서에 포함된 의사표시는 작성자가 송신한 것으로 본다.

- 작성자의 대리인에 의하여 송신된 전자문서
- 자동으로 전자문서를 송신, 수신하도록 구성된 컴퓨터 프로그램이나 그 밖의 전자적 수단에 의하여 송신된 전자문서

전자문서의 수신자는 다음에 해당하는 경우에는 전자문서에 포함된 의사표시를 작성자의 것으로 보아 행위할 수 있다.

- 전자문서가 작성자의 것이었는지를 확인하기 위하여 수신자가 미리 작성자와 합의한 절차를 따른 경우

- 수신된 전자문서가 작성자 또는 그 대리인과의 관계에 의하여 수신자가 그것이 작성자 또는 그 대리인의 의사에 기반한 것이라고 믿을 만한 정당한 이유가 있는 자에 의하여 송신된 경우

다음 사항에 해당하는 경우는 전자문서의 수신자는 전자문서에 포함된 의사표시를 작성자의 것으로 보아 행위할 수 없다.

- 수신자가 작성자로부터 전자문서가 작성자의 것이 아님을 통지받고 그에 따라 필요한 조치를 할 상당한 시간이 있었던 경우
- 전자문서가 작성자의 것이 아님을 수신자가 알았던 경우 또는 상당한 주의를 하였거나 작성자와 합의된 절차를 따랐으면 알 수 있었을 경우

⑤ 수신한 전자문서의 독립성

수신한 전자문서는 문서마다 독립된 것으로 본다. 다만, 수신자가 작성자와 합의된 확인 절차를 따르거나 상당한 주의를 하였더라면 동일한 전자문서가 반복되어 송신된 것임을 알 수 있었을 경우에는 그러하지 아니하다.

⑥ 수신 확인

작성자가 수신 확인을 조건으로 전자문서를 송신한 경우 작성자가 수신 확인 통지를 받기 전까지는 그 전자문서는 송신되지 아니한 것으로 본다. 이 경우 「민법」 제534조에는 적용되지 않는다. 작성자가 수신 확인을 조건으로 명시하지 아니하고 수신 확인 통지를 요구한 경우에 상당한 기간(작성자가 지정한 기간 또는 작성자와 수신자 간에 약정한 기간이 있는 경우에는 그 기간을 말한다.) 내에 작성자가 수신 확인 통지를 받지 못하였을 때에는 작성자는 그 전자문서의 송신을 철회할 수 있다.

⑦ 작성자와 수신자 간의 약정에 의한 변경

작성자와 수신자는 다른 법령에 특별한 규정이 있는 경우를 제외하고는 제6조부터 제9조까지의 규정과 다른 약정을 할 수 있다.

⑧ 전자서명에 관한 사항

전자거래 중에서 전자서명에 관한 사항은 「전자서명법」에서 정하는 바에 따른다.

3. 전자거래의 안전성 확보 및 소비자 보호

① 개인 정보 보호

정부는 전자거래의 안전성과 신뢰성을 확보하기 위하여 전자거래 이용자의 개인 정보를 보호하기 위한 시책을 수립, 시행하여야 한다. 전자거래사업자는 전자거래 이용자의 개인 정보를 수집, 이용 또는 제공하거나 관리할 때 「정보통신망 이용촉진 및 정보 보호 등에 관한 법률」 등 관계 규정을 준수하여야 한다.

② 영업비밀 보호

정부는 전자거래의 안전성과 신뢰성을 확보하기 위하여 전자거래 이용자의 영업비밀을 보호하기 위한 시책을 수립, 시행하여야 한다. 전자거래사업자(정보처리시스템의 운영을 위탁받은 자를 포함)는 전자거래 이용자의 영업비밀을 보호하기 위한 조치를 마련하여야 한다. 전자거래사업자는 전자거래 이용자의 동의를 받지 아니하고는 해당 이용자의 영업비밀을 타인에게 제공하거나 누설하여서는 안된다. 이 규정에 따른 영업비밀의 범위, 보호조치 등에 관하여 필요한 사항은 대통령령으로 정한다.

③ 암호제품의 사용

전자거래사업자는 전자거래의 안전성과 신뢰성을 확보하기 위하여 암호제품을 사용할 수 있다. 정부는 국가안전보장을 위하여 필요하다고 인정하면 암호제품의 사용을 제한하고, 암호화된 정보의 원문 또는 암호 기술에의 접근에 필요한 조치를 할 수 있다.

④ 소비자보호시책의 수립 · 시행 등

정부는 「소비자기본법」, 「전자상거래 등에서의 소비자보호에 관한 법률」 등 관계 법령에 따라 전자거래와 관련되는 소비자의 기본 권익을 보호하고 전자거래에 관한 소비자의 신뢰성을 확보하기 위한 시책을 수립, 시행하여야 한다. 정부는 전자거래와 관련된 부당 행위가 발생하지 아니하도록 전자거래사업자 및 사업자 단체가 자율적으로 행동규범을 제정할 것을 권장할 수 있다.

⑤ 소비자 피해의 예방과 구제

정부는 전자거래와 관련되는 소비자 피해의 발생을 예방하기 위하여 소비자에 대한 정보의 제공, 교육의 확대 등에 관한 시책을 수립, 시행하여야 한다. 정부는 전자거래와 관련되는 소비자의 불만과 피해를 신속하고 공정하게 처리할 수 있도록 필요한 조치를 수립, 시행하여야 한다.

⑥ 전자거래사업자의 일반적 준수사항

전자거래사업자는 전자거래와 관련되는 소비자를 보호하고 전자거래의 안전성과 신뢰성을 확보하기 위하여 다음 각 호의 사항을 준수하여야 한다.

- 상호(법인인 경우에는 대표자의 성명을 포함한다)와 그 밖에 자신에 관한 정보와 재화, 용역, 계약 조건 등에 관한 정확한 정보의 제공
- 소비자가 쉽게 접근, 인지할 수 있도록 약관의 제공 및 보존
- 소비자가 자신의 주문을 취소 또는 변경할 수 있는 절차의 마련
- 청약의 철회, 계약의 해제 또는 해지, 교환, 반품 및 대금환급 등을 쉽게 할 수 있는 절차의 마련
- 소비자의 불만과 요구사항을 신속하고 공정하게 처리하기 위한 절차의 마련
- 거래의 증명 등에 필요한 거래 기록의 일정기간 보존

⑦ 전자거래사업자에 대한 인증

미래창조과학부장관은 전자거래 촉진 및 전자거래 이용자 보호를 위하여 우수한 전자거래사업자에 대하여 인증을 할 수 있다. 미래창조과학부장관은 인증을 신청한 자로부터 수수료를 받을 수 있다. 제1항에 따른 인증의 기준, 절차와 제2항에 따른 수수료 등에 관하여 필요한 사항은 대통령령으로 정한다.

⑧ 인증의 표시

인증을 받은 전자거래사업자(이하 '우수전자거래사업자'라 한다)는 대통령령으로 정하는 바에 따라 우수전자거래사업자임을 표시(인터넷 등 전자적 방식에 의한 표시를 포함한다. 이하 같다.)할 수 있다. 우수전자거래사업자가 아닌 자는 제1항의 표시 또는 이와 유사하게 표시하거나 홍보하여서는 안된다.

⑨ 인증의 취소

미래창조과학부장관은 전자거래사업자가 다음 각 호의 어느 하나에 해당하면 인증을 취소할 수 있다.

- 거짓이나 그 밖의 부정한 방법으로 인증을 받은 경우
- 제17조에 따른 전자거래사업자의 일반적 준수사항을 위반한 경우
- 제18조 제3항에 따른 인증의 기준을 갖추지 못하게 된 경우

⑩ **공인전자주소의 등록**

공인전자주소를 이용하여 전자문서를 송신하거나 수신하려는 자는 제22조 제1항에 따른 전담기관에 공인전자주소를 등록하여야 한다. 전담기관은 등록의 신청을 받은 경우에는 신청된 공인전자주소가 국제표준방식 등에 맞는지를 확인하고, 그 내용을 정보처리시스템에 입력하고 보관하여야 한다. 전담기관은 등록을 신청한 자로부터 수수료를 받을 수 있다. 규정에 따른 공인전자주소의 등록, 보관 및 수수료에 관하여 필요한 사항은 미래창조과학부령으로 정한다.

⑪ **유통증명서의 생성 및 발급 등**

전담기관은 공인전자주소를 통하여 전자문서가 송신 또는 수신되거나 열람된 경우 다음 각 호의 사항이 포함된 정보(이하 '유통정보'라 한다)를 생성, 보관한다.

- 전자문서의 송신 및 수신 일시
- 전자문서의 송신자 및 수신자
- 그 밖에 전자문서의 송신 및 수신에 관한 사항으로서 대통령령으로 정하는 사항

작성자 및 송신자는 유통정보를 보관하고 있는 제22조 제1항에 따른 전담기관으로부터 유통증명서를 발급받을 수 있다. 전담기관이 유통증명서를 대통령령으로 정하는 방법과 절차에 따라 발급한 경우에 그 유통증명서는 진정한 것으로 추정한다. 유통증명서의 생성, 보관 및 발급에 필요한 사항은 대통령령으로 정한다.

⑫ **자동프로그램 등을 이용한 공인전자주소의 수집 등 금지**

누구든지 자동으로 공인전자주소를 수집하는 프로그램이나 기술적 장치를 이용하여 공인전자주소를 수집하여서는 안된다. 누구든지 위반하여 수집된 공인전자주소를 판매하거나 제공하여서는 안된다.

⑬ **광고 송신의 금지**

누구든지 수신자의 공인전자주소에 영리 또는 홍보를 목적으로 광고를 송신할 수 없다.

4. 전자문서 · 전자거래 기본 정책의 수립 및 추진체계

① (전자문서 · 전자거래 기본 정책의 원칙과 정부의 책무)

정부는 전자문서 이용 및 전자거래를 촉진하기 위하여 다음 각 호의 원칙에 따라 전자문서 및 전자거래에 관한 기본 정책을 수립, 시행하여야 한다.

- 민간 주도에 의한 추진
- 규제의 최소화
- 전자문서 및 전자거래의 안전성과 신뢰성 확보
- 국제협력의 강화

② 전자문서 · 전자거래촉진계획의 수립 · 시행

정부는 전자문서, 전자거래 기본 정책의 원칙에 따라 다음 각 호의 사항이 포함된 계획(이하 '전자문서, 전자거래촉진계획'이라 한다.)을 수립, 시행하여야 한다.

- 전자문서, 전자거래촉진계획의 기본 방향
- 전자문서 및 전자거래와 관련된 국제규범에 관한 사항
- 전자결제제도에 관한 사항
- 지식재산권의 보호에 관한 사항
- 전자문서 및 전자거래 당사자의 권익 보호에 관한 사항
- 전자문서 및 전자거래의 안전성과 신뢰성 확보에 관한 사항
- 전자문서 및 전자거래에 관한 기술의 개발 및 표준화에 관한 사항
- 전자문서 이용 및 전자거래의 촉진에 필요한 환경조성 및 수요 창출에 관한 사항
- 전자문서 및 전자거래와 관련된 국제협력에 관한 사항
- 전자문서 이용 및 전자거래의 촉진에 필요한 기반 조성의 지원에 관한 사항
- 초고속 정보통신망의 구축 및 이용 활성화에 관한 사항
- 그 밖에 전자문서 이용 및 전자거래를 촉진하기 위하여 필요한 사항

전자문서, 전자거래촉진계획과 관련된 중앙행정기관(이하 '관계중앙행정기관'이라 한다)의 장은 다음 사항에 관한 소관별 부문 계획을 수립하고 주요 정책을 수립, 집행할 때 이를 고려하여야 한다. 전자문서, 전자거래촉진계획은 미래창조과학부장관이 관계중앙행정기관별 부문 계획을 종합하여 수립한다.

③ 전자문서·전자거래 진흥 전담기관

정부는 「정보통신산업 진흥법」 정보통신산업진흥원(이하 '전담기관'이라 한다)으로 하여금 전자문서 이용 및 전자거래의 촉진을 위한 사업을 효율적, 체계적으로 추진하고 관련 정책을 개발할 수 있도록 지원하기 위하여 다음 각 호의 사업을 하게 할 수 있다.

- 전자화문서 작성 시설 또는 장비의 인증에 대한 지원
- 전사문서 및 전자거래와 관련된 표준의 연구개발, 보급 사업 및 국제 표준회 활동
- 기술개발의 지원
- 전자문서 및 전자거래 통계의 실태조사의 지원
- 공인전자문서센터의 지정 업무의 지원
- 전자문서보관 등 업무준칙의 신고 업무에 대한 지원
- 공인전자문서센터의 전자문서 보호를 위한 조치에 대한 기술 등의 지원
- 보관문서 등의 인수
- 공인전자문서중계자 지정 업무의 지원
- 전자문서, 전자거래분쟁 조정위원회의 운영

전담기관은 인증을 신청한 자로부터 미래창조과학부령으로 정하는 바에 따라 수수료를 받을 수 있다. 정부는 예산 또는 「정보통신산업 진흥법」에 따른 정보통신진흥기금의 범위에서 전담기관이 전자거래의 촉진과 전자문서의 이용 활성화를 위한 사업에 필요한 경비의 전부 또는 일부를 출연할 수 있다.

5. 전자문서 이용 및 전자거래의 촉진과 그 기반 조성

① 전자문서 이용의 촉진 등

정부는 전자문서의 이용을 촉진하기 위하여 각종 법령의 정비 등 필요한 시책을 수립, 시행하여야 한다. 미래창조과학부장관은 전자문서의 이용을 촉진하기 위하여 전자문서의 작성, 송신, 수신, 보관에 필요한 요건, 방법, 절차에 관한 표준지침을 정하여 고시할 수 있다. 미래창조과학부장관은 전자화문서의 신뢰성을 확보하기 위하여 전자화문서의 작성에 사용되는 시설 또는 장비에 대하여 인증을 부여할 수 있다. 시설 또는 장비에 대한 인증과 관련하여 인증 대상, 기준, 절차 및 관리 방법과 그 밖에 필요한 사항은 미래창조과학부령으로 정한다. 미래창조과학부장관은 인증을

부여한 시설 또는 장비에 대하여 그 운영 실태와 사후관리 상태를 조사하여야 하며, 조사 결과 인증기준에 적합하지 아니하다고 인정할 때에는 시정을 요구할 수 있다. 미래창조과학부장관은 제3항에 따라 인증을 부여한 시설 또는 장비가 다음 각 호의 어느 하나에 해당하면 인증을 취소할 수 있다. 다만, 제1호에 해당하면 인증을 취소하여야 한다.

- 거짓이나 그 밖의 부정한 방법으로 인증을 받은 경우
- 시설 또는 장비가 인증기준에 현저히 미달하여 전자화문서의 신뢰성을 훼손할 우려가 있는 경우
- 시정 요구를 이행하지 아니한 경우

② **전자문서 및 전자거래의 표준화**

정부는 전자문서 및 전자거래의 효율적 운용과 관련 기술의 호환성 확보를 위하여 다음 각 호의 사업을 추진하여야 한다.

- 전자문서 및 전자거래와 관련된 표준의 제정, 개정 및 폐지와 그 보급
- 전자문서 및 전자거래와 관련된 국내외 표준의 조사, 연구, 개발
- 그 밖에 전자문서 및 전자거래와 관련된 표준화에 관하여 필요한 사업

정부는 각 호의 사업을 효율적으로 추진하기 위하여 필요한 경우에는 관련 기관 및 민간단체로 하여금 이를 대행하게 할 수 있다. 이 경우 대통령령으로 정하는 바에 따라 대행에 드는 비용을 지원할 수 있다.

③ **전자문서 및 전자거래 기술 개발의 추진**

정부는 전자문서 이용 및 전자거래의 촉진에 필요한 기술의 개발과 기술 수준의 향상을 위하여 다음 각 호의 사항을 추진하여야 한다.

- 전자문서 및 전자거래에 관한 기술 수준의 조사, 기술의 연구 개발, 개발된 기술의 활용에 관한 사항
- 전자문서 및 전자거래에 관한 기술 협력, 기술 지도 및 기술 이전에 관한 사항
- 전자문서 및 전자거래에 관한 기술 정보의 원활한 유통 및 산학연 협력에 관한 사항
- 그 밖에 전자문서 및 전자거래에 관한 기술 개발과 관련하여 필요한 사항

④ 전자문서 및 전자거래 전문 인력의 양성

정부는 전자문서 이용 및 전자거래를 촉진하기 위하여 필요한 전문 인력을 양성하는 데 노력하여야 한다. 정부는 전문 인력을 양성하기 위하여 「정부출연연구기관 등의 설립, 운영 및 육성에 관한 법률」에 따른 정부출연연구기관 등 연구소, 「고등교육법」에 따른 학교, 민간교육기관, 그 밖의 관련 기관에 대하여 그 사업 수행에 필요한 경비의 전부 또는 일부를 지원할 수 있다. 전문 인력 양성기관에 대한 경비 지원 등에 필요한 사항은 대통령령으로 정한다.

⑤ 공공부문의 전자거래 추진

국가기관, 지방자치단체, 「공공기관의 운영에 관한 법률」 공공기관 및 공공단체 등(이하 '국가기관 등'이라 한다)은 그 기관의 운영에 필요한 재화 또는 용역의 조달이나 기관의 사업을 전자거래로 수행하기 위한 계획을 수립하여 추진하여야 한다.

⑥ 전자문서 및 전자거래 통계의 실태조사

미래창조과학부장관은 전자문서, 전자거래촉진정책의 효과적인 수립, 시행을 위하여 전자문서 및 전자거래 통계의 실태조사를 실시할 수 있다. 이 경우 전자문서 및 전자거래 통계의 작성에 관하여는 「통계법」을 준용한다. 미래창조과학부장관은 제1항에 따른 전자문서 및 전자거래 통계의 실태조사를 위하여 필요한 경우에는 다음 각 호의 어느 하나에 해당하는 자에 대하여 자료의 제출이나 의견의 진술 등을 요구할 수 있다.

- 국가기관 등
- 전자거래사업자
- 전자문서 또는 전자거래 관련 법인, 단체

자료의 제출 등을 요구받은 자는 이에 협조하여야 한다. 전자문서 및 전자거래 통계의 실태조사에 필요한 사항은 대통령령으로 정한다.

⑦ 전자문서 및 전자거래의 국제화

정부는 전자문서 및 전자거래에 관한 국제협력을 촉진하기 위하여 전자문서 및 전자거래에 관한 정보, 기술, 인력의 교류, 공동조사, 연구 및 기술 협력, 국제 표준화 등의 사업을 지원할 수 있다. 정부는 국제기구에서의 전자문서 및 전자거래에 관련된 논의에 적극적으로 참여하여 대응하고, 전자거래사업자 및 전자문서 관련 사업자의 국외시장 진출을 활성화하기 위하여 노력하여야 한다.

⑧ 전자상거래지원센터

정부는 중소기업의 전자거래를 촉진하기 위하여 필요한 시책을 마련하여 추진하여야 한다. 미래창조과학부장관은 중소기업의 전자거래를 촉진하기 위하여 전자거래와 관련한 교육 훈련, 기술지도, 경영자문, 정보 제공 등을 지원하는 기관을 전자상거래지원센터(이하 '지원센터'라 한다)로 지정할 수 있다. 지원센터의 지정 기준, 사업추진실적 보고 및 경비지원 등에 필요한 사항은 대통령령으로 정한다.

⑨ 지원센터의 지정취소

미래창조과학부장관은 지원센터가 다음 각 호의 어느 하나에 해당하면 그 지정을 취소할 수 있다. 다만, 제1호에 해당하면 지정을 취소하여야 한다.

- 거짓이나 그 밖의 부정한 방법으로 지원센터 지정을 받은 경우
- 정당한 사유 없이 계속하여 2년 이상 사업 추진 실적이 없는 경우
- 제30조 제3항에 따른 지정 기준에 적합하지 아니하게 된 경우

⑩ 전자문서 이용 및 전자거래의 촉진을 위한 지원

국가 또는 지방자치단체는 전자문서 이용 및 전자거래를 촉진하기 위하여 「조세특례제한법」, 「지방세특례제한법」 등 조세 관세 법률에서 정하는 바에 따라 조세 감면 등 세제상의 지원과 금융상의 지원, 그 밖에 필요한 행정상의 지원을 할 수 있다. 정부는 전자문서 및 전자거래와 관련된 법인 또는 단체가 전자문서, 전자거래촉진계획에서 정하는 사업을 실시하는 경우 예산의 범위에서 해당 사업비의 전부 또는 일부를 지원할 수 있다.

6. 공인전자문서센터

① 공인전자문서센터의 지정

미래창조과학부장관은 전자문서보관 등의 안전성과 정확성을 확보하기 위하여 전자문서보관 등에 관하여 전문성이 있는 자를 공인전자문서센터로 지정하여 전자문서보관 등을 하게 할 수 있다. 공인전자문서센터로 지정받을 수 있는 자는 법인 또는 대통령령으로 정하는 국가기관 등으로 한정한다. 공인전자문서센터로 지정을 받으려는 자는 전자문서보관 등에 필요한 인력, 기술 능력, 재정 능력과 인적, 물적 측면에서 독립성 및 그 밖의 시설, 장비 등을 갖추어 미래창조과학부장관

에게 지정을 신청하여야 한다. 공인전자문서센터의 인력, 기술 능력, 재정 능력과 그 밖의 시설, 장비 등의 지정 기준, 지정 방법 및 지정절차에 관하여 필요한 사항은 대통령령으로 정한다.

② **공인전자문서센터의 결격 사유**

다음 어느 하나에 해당하는 자는 공인전자문서센터로 지정받을 수 없다.

- 임원 및 전자문서보관 등을 직접 수행하는 직원으로서 대통령령으로 정하는 직원(이하 '임원등'이라 한다) 중 다음 각 목의 어느 하나에 해당하는 사람이 있는 자

  - 피성년 후견인 또는 피한정 후견인
  - 파산 선고를 받고 복권되지 아니한 자
  - 금고 이상의 실형을 선고받고 그 집행이 끝나거나(집행이 끝난 것으로 보는 경우를 포함한다) 집행이 면제된 날부터 2년이 지나지 아니한 자
  - 금고 이상의 형의 집행유예를 선고받고 그 유예기간 중에 있는 자
  - 법원의 판결 또는 다른 법률에 따라 자격이 상실되거나 정지된 자
  - 지정이 취소된 자의 임원 등이었던 사람(그 취소 사유의 발생에 관하여 직접 또는 이에 상응하는 책임이 있는 사람으로서 대통령령으로 정하는 사람으로 한정한다)으로서 해당 공인전자문서센터 또는 공인전자문서중계자 지정이 취소된 날부터 2년이 지나지 아니한 자

③ **시정 명령**

미래창조과학부장관은 공인전자문서센터가 다음 각 호의 어느 하나에 해당하면 6개월 이내의 기간을 정하여 그 시정을 명할 수 있다.

- 공인전자문서센터의 지정기준에 적합하지 아니하게 된 경우
- 임원 등이 어느 하나에 해당하게 된 경우
- 전자문서보관 등 업무준칙의 신고를 하지 아니한 경우
- 전자문서보관 등 업무준칙의 변경 신고를 하지 아니한 경우
- 전자문서보관 등의 서비스 제공을 거부한 경우
- 이용자를 부당하게 차별한 경우
- 보관된 전자문서의 내용이 훼손되거나 변경되지 아니하도록 필요한 조치를 하지 아니한 경우

공인전자문서센터의 업무 수행의 방법 또는 절차가 부적절하여 전자문서의 보관, 송신 또는 수신

의 안전성이나 전자문서에 관한 증명의 정확성을 저해할 우려가 있는 경우 위반하여 보험에 가입하지 아니한 경우

④ 지정취소 및 과징금

미래창조과학부장관은 공인전자문서센터로 지정을 받은 자가 다음 각 호의 어느 하나에 해당하면 미래창조과학부령으로 정하는 바에 따라 그 지정을 취소하거나 1년 이내의 기간을 정하여 그 업무의 전부 또는 일부의 정지를 명할 수 있다.

- 거짓이나 그 밖의 부정한 방법으로 지정을 받은 경우
- 업무 정지 기간에 업무를 계속하여 수행한 경우
- 지정을 받은 날부터 1년 이상 업무를 시작하지 아니하거나 업무 시작 후 1년 이상 계속하여 전자문서보관 등의 업무를 하지 아니한 경우
- 시정명령을 그 정하여진 기간 이내에 이행하지 아니한 경우

미래창조과학부장관은 제1항 제3호 또는 제4호에 해당하여 업무 정지 처분을 하여야 하는 경우로서 그 업무정지가 공인전자문서센터를 이용하는 자에게 심한 불편을 주거나 공익을 해칠 우려가 있다고 인정하는 경우에는 업무 정지를 갈음하여 1억 원 이하의 과징금을 부과할 수 있다. 과징금을 부과하는 위반 행위의 종류와 위반 정도 등에 따른 과징금의 금액 및 과징금의 산정 방법과 그 밖에 필요한 사항은 대통령령으로 정한다. 미래창조과학부장관은 제2항에 따른 과징금을 내야 할 자가 납부기한까지 이를 내지 아니하면 국세 체납 처분의 예에 따라 징수한다.

⑤ 공인전자문서센터를 통한 보관의 효력

공인전자문서센터가 전자문서를 보관하는 경우에는 전자문서의 보관이 행하여진 것으로 본다.

⑥ 전자문서 내용의 추정 등

공인전자문서센터에 보관된 전자문서는 보관기간에는 그 내용이 변경되지 아니한 것으로 추정한다. 공인전자문서센터가 해당 공인전자문서센터에 보관된 전자문서의 보관 사실, 작성자, 수신자 및 송신, 수신 일시 등에 관한 사항에 대한 증명서를 대통령령으로 정하는 방법 및 절차에 따라 발급한 경우에 그 증명서에 적힌 사항은 진정한 것으로 추정한다.

⑦ 전자문서보관 등 업무준칙의 신고 등

공인전자문서센터는 업무를 시작하기 전에 전자문서보관 등에 관한 업무준칙(이하 '전자문서보관 등 업무준칙'이라 한다)을 미래창조과학부령으로 정하는 바에 따라 작성하여 미래창조과학부장관에게 신고하여야 한다. 이 경우 전자문서보관 등 업무준칙에는 다음 각 호의 사항이 포함되어야 한다.

- 업무의 종류
- 업무의 수행 방법 및 수행 절차
- 전자문서보관 등의 서비스의 이용 조건 및 이용 요금
- 그 밖에 업무 수행에 필요한 것으로서 미래창조과학부령으로 정하는 사항

공인전자문서센터는 제1항에 따라 신고한 사항을 변경하려는 경우에는 미래창조과학부령으로 정하는 바에 따라 미래창조과학부장관에게 신고하여야 한다. 미래창조과학부장관은 제1항에 따라 신고된 전자문서보관 등 업무준칙의 내용이 전자문서보관 등의 업무의 안전성과 정확성을 확보하는 데 지장을 주거나 전자문서보관 등의 서비스를 이용하는 자(이하 '이용자'라 한다)의 이익을 저해할 우려가 있다고 인정하는 경우에는 상당한 기간을 정하여 해당 공인전자문서센터에 전자문서보관 등 업무준칙의 변경을 명할 수 있다. 공인전자문서센터는 전자문서보관 등에 사용되는 시설 또는 장비를 변경하였을 때에는 미래창조과학부령으로 정하는 바에 따라 미래창조과학부장관에게 신고하여야 한다.

⑧ 준수사항

공인전자문서센터는 정당한 사유 없이 전자문서보관 등의 서비스의 제공을 거부하여서는 안되며 이용자를 부당하게 차별하여서도 안된다. 그리고 보관된 전자문서의 내용이 훼손되거나 변경되지 아니하도록 대통령령으로 정하는 바에 따라 필요한 조치를 하여야 한다. 또한 해당 정보처리시스템에 보관된 전자문서나 그 밖의 관련 정보를 적법한 절차에 의하지 아니하거나 전자문서의 작성자, 수신자 및 해당 이용자의 동의 없이 타인에게 제공, 공개 등을 하여서는 안된다. 공인전자문서센터는 전자문서보관 등을 신뢰성 있게 수행하기 위하여 이용자와의 관계에서 인적, 물적 측면에서 독립성을 유지하여야 하며, 그 구체적인 기준은 대통령령으로 정한다.

⑨ 정기 점검 등

공인전자문서센터는 보유한 시설 및 장비의 안전성에 대하여 미래창조과학부장관으로부터 정기적으로 점검을 받아야 한다. 공인전자문서센터는 변경 신고를 하거나 승계 신고를 한 경우에는 미

래창조과학부장관으로부터 해당 시설 또는 장비의 안전성에 대하여 점검을 받아야 한다. 점검의 기준, 시기, 대상, 절차와 그 밖에 필요한 사항은 미래창조과학부령으로 정한다.

⑩ 보고 및 검사 등

미래창조과학부장관은 필요하다고 인정되면 공인전자문서센터로 하여금 대통령령으로 정하는 바에 따라 관계 자료를 제출하거나 서면 또는 전자문서로 보고하게 할 수 있으며, 관계 공무원으로 하여금 공인전자문서센터의 사무실, 사업장과 그 밖의 관련 장소에 출입하여 전자문서보관 등에 관한 시설, 장비, 서류 또는 그 밖의 관련 물건을 검사하게 할 수 있다. 검사를 하는 공무원은 그 권한을 나타내는 증표를 지니고 이를 관계인에게 보여주어야 한다.

⑪ 전자문서 등 관련 정보의 보안

누구든지 공인전자문서센터에 보관된 전자문서나 그 밖의 관련 정보를 위조 또는 변조하거나 위조 또는 변조된 정보를 행사하여서는 안된다. 누구든지 공인전자문서센터의 정보처리시스템에 거짓 정보나 부정한 명령을 입력하는 등의 방법으로 증명서가 거짓으로 발급되게 하여서는 안되며 누구든지 공인전자문서센터에 보관된 전자문서나 그 밖의 관련 정보를 멸실 또는 훼손하거나 그 비밀을 침해하여서는 안된다. 공인전자문서센터의 임원 또는 직원이거나 임원 또는 직원이었던 사람은 직무상 알게 된 전자문서의 내용이나 그 밖의 관련 정보의 내용을 누설하거나 자신이 이용하거나 제3자로 하여금 이용하게 하여서는 안된다.

⑫ 이용자의 정보 보호

공인전자문서센터 및 공인전자문서중계자는 전자문서보관 등 및 전자문서유통과 관련하여 관계 법령에서 정하는 바에 따라 이용자의 개인 정보를 보호하여야 한다.

⑬ 공인전자문서센터 영업의 양도·양수 등

공인전자문서센터는 다른 공인전자문서센터에 영업의 전부 또는 일부를 양도하거나 다른 공인전자문서센터와 합병할 수 있다. 이 경우 양도 또는 합병하려는 날의 60일 전까지 미래창조과학부령으로 정하는 바에 따라 이용자에게 통지하여야 한다. 영업을 양수한 공인전자문서센터 또는 합병 후에 존속하거나 설립되는 공인전자문서센터는 종전의 공인전자문서센터의 지위를 승계한다. 종전의 공인전자문서센터의 지위를 승계한 자는 1개월 이내에 미래창조과학부령으로 정하는 바에 따라 미래창조과학부장관에게 신고하여야 한다.

⑭ 전자문서보관 등 영업의 폐지

공인전자문서센터가 전자문서보관 등의 영업을 폐지하려는 경우에는 폐지하려는 날의 60일 전까지 미래창조과학부령으로 정하는 바에 따라 이용자에게 통지하고 그 사실을 미래창조과학부장관에게 신고하여야 한다. 제1항에 따라 신고한 공인전자문서센터는 보관하고 있는 전자문서와 그 밖에 전자문서보관 등에 관한 기록(이하 '보관문서 등'이라 한다)을 다른 공인전자문서센터에 인계하여야 한다. 다만, 다른 공인전자문서센터가 인수를 거부하는 등 부득이한 사유로 인계할 수 없는 경우에는 그 사실을 미래창조과학부장관에게 지체 없이 신고하여야 한다. 미래창조과학부장관은 다음 각 호의 어느 하나에 해당하는 경우로서 전자문서보관 등 업무의 계속성과 안전성을 보장하기 위하여 긴급한 조치가 필요하다고 인정할 때에는 전담기관으로 하여금 해당 보관문서 등을 인수하거나 그 밖에 필요한 조치를 명할 수 있다.

- 제2항 단서에 따른 신고를 받은 경우
- 제31조의 5에 따라 공인전자문서센터의 지정을 취소한 경우
- 그 밖에 공인전자문서센터가 전자문서보관 등의 업무를 수행하지 못할 부득이한 사유가 발생한 경우

영업의 폐지 신고 및 보관 문서 등의 인계, 인수 등에 필요한 사항은 미래창조과학부령으로 정한다.

⑮ 배상책임 및 보험 가입

공인전자문서센터는 전자문서보관 등과 관련하여 이용자에게 손해를 입혔을 때에는 그 손해를 배상하여야 한다. 다만, 공인전자문서센터가 고의 또는 과실이 없음을 증명한 경우에는 그러하지 아니하다. 공인전자문서센터는 제1항에 따른 손해를 배상하기 위하여 대통령령으로 정하는 바에 따라 보험에 가입하여야 한다.

⑯ 수수료 등

공인전자문서센터는 증명서의 발급을 신청하는 자 또는 이용자에게 수수료 등 필요한 요금을 부과할 수 있다.

7. 공인전자문서중계자

① 공인전자문서중계자의 지정 등

미래창조과학부장관은 전자문서유통의 안정성과 신뢰성을 확보하기 위하여 전자문서유통에 관하여 전문성이 있는 자를 공인전자문서중계자로 지정하여 전자문서유통을 하게 할 수 있다. 이 경우 개인 정보 또는 영업비밀 보호를 위하여 필요한 경우에는 금융, 의료, 국방 등 분야별로 대표성이 있는 자를 우선하여 지정할 수 있다. 공인전자문서중계자로 지정을 받을 수 있는 자는 법인 또는 대통령령으로 정하는 국가기관 등으로 한정한다. 공인전자문서중계자로 지정을 받으려는 자는 전자문서유통에 필요한 인력, 시설, 장비와 재정 능력 및 기술 능력(이하 '공인전자문서중계자요건'이라 한다. 이하 이 조에서 같다.)을 갖추어 미래창조과학부장관에게 지정을 신청하여야 한다. 다만, 공인전자문서센터로 지정받은 자는 공인전자문서중계자요건 중 인력, 재정 능력을 갖춘 것으로 본다. 미래창조과학부장관은 전자문서유통의 안정성과 신뢰성 확보를 위하여 공인전자문서중계자 업무준칙을 고시할 수 있다. 미래창조과학부장관은 제1항 후단에 따라 공인전자문서중계자를 지정하는 경우에는 전자문서유통의 안정성과 신뢰성 확보에 필요한 조건을 붙일 수 있다. 공인전자문서중계자 요건 및 지정 절차 등에 관하여 필요한 사항은 대통령령으로 정한다.

② 공인전자문서중계자의 결격 사유

다음 각 호의 어느 하나에 해당하는 자는 공인전자문서중계자로 지정을 받을 수 없다.

- 임원 중 제31조의3 제1호 각 목의 어느 하나에 해당하는 사람이 있는 자
- 지정이 취소된 후 2년이 지나지 아니한 자

③ 공인전자문서중계자의 변경 신고

공인전자문서중계자는 전자문서유통에 사용되는 시설 또는 장비를 변경하였을 때에는 미래창조과학부령으로 정하는 바에 따라 미래창조과학부장관에게 신고하여야 한다.

④ 정기점검 등

공인전자문서중계자는 보유한 시설 및 장비의 안전성에 대하여 미래창조과학부장관으로부터 정기적으로 점검을 받아야 한다. 공인전자문서중계자는 변경 신고를 하였을 때에는 미래창조과학부장관으로부터 해당 시설 또는 장비의 안전성에 대하여 점검을 받아야 한다. 점검의 기준, 시기, 대상 및 절차에 관하여 필요한 사항은 미래창조과학부령으로 정한다.

⑤ 공인전자문서중계자의 지정취소

미래창조과학부장관은 공인전자문서중계자가 다음 각 호의 어느 하나에 해당하면 미래창조과학부령으로 정하는 바에 따라 그 지정을 취소할 수 있다.

- 거짓이나 그 밖의 부정한 방법으로 제31조의1 8에 따른 지정을 받은 경우
- 공인전자문서중계자 요건을 갖추지 못하게 된 경우
- 임원이 제31조의19 제1호에 해당하게 된 경우. 다만, 3개월 이내에 그 임원을 바꾸어 임명한 경우에는 그러하지 아니한다.
- 시정명령을 정하여진 기간 이내에 이행하지 아니한 경우

⑥ 시정명령

미래창조과학부장관은 공인전자문서중계자가 다음 각 호의 어느 하나에 해당하면 6개월 이내의 기간을 정하여 그 시정을 명할 수 있다.

- 업무준칙을 위반한 경우
- 붙인 조건을 이행하지 아니한 경우
- 공인전자문서중계자의 업무 수행의 방법 또는 절차가 부적절하여 전자문서유통의 안정성과 신뢰성을 현저하게 해칠 우려가 있는 경우

8. 전자문서 · 전자거래분쟁조정위원회

① 전자문서 · 전자거래분쟁 조정위원회의 설치 및 구성 등

전자문서 및 전자거래에 관한 분쟁을 조정하기 위하여 전자문서, 전자거래분쟁조정위원회(이하 이 장에서 '위원회'라 한다)를 둔다. 위원회는 위원장 1명을 포함하여 15명 이상 50명 이하의 위원으로 구성한다. 위원은 다음 각 호의 어느 하나에 해당하는 사람 중에서 미래창조과학부장관이 임명하거나 위촉하며, 위원장은 위원 중에서 호선한다.

- 대학이나 공인된 연구기관에서 부교수급 이상 또는 이에 상당하는 직(職)에 있거나 있었던 사람으로서 전자문서 또는 전자거래 관련 분야를 전공한 사람
- 4급 이상 공무원(고위 공무원단에 속하는 일반직 공무원을 포함한다) 또는 이에 상당하는 공공기관의 직에 있거나 있었던 사람으로서 전자문서 또는 전자거래 업무에 관한 경험이 있는 사람

- 판사, 검사 또는 변호사의 자격이 있는 사람
- 「비영리민간단체 지원법」 제2조에 따른 비영리민간단체에서 추천한 사람
- 그 밖에 전자문서 또는 전자거래와 분쟁 조정에 관한 학식과 경험이 있는 사람

위원은 비상임으로 하고, 위원의 임기는 3년으로 하며, 한 차례만 연임할 수 있다. 위원은 자격정지 이상의 형을 선고받거나 심신상의 장애로 직무를 수행할 수 없는 경우를 제외하고는 그의 의사에 반하여 면직 또는 해촉되지 아니한다. 위원회의 업무를 지원하기 위하여 전담기관에 사무국을 둔다. 규정한 사항 외에 위원회의 운영 등에 필요한 사항은 대통령령으로 정한다.

② **위원의 제척·기피·회피**

위원회의 위원은 다음 각 호의 어느 하나에 해당하는 경우에는 해당 조정 사건의 조정에서 제척(除斥)된다.

- 위원이나 그 배우자 또는 배우자였던 사람이 사건의 당사자가 되거나 사건의 당사자와 공동 권리자, 공동 의무자의 관계에 있는 경우
- 위원이 사건의 당사자와 친족이거나 친족이었던 경우
- 위원이 해당 사건에 관하여 증언이나 감정(鑑定)을 한 경우
- 위원이 해당 사건에 관하여 당사자의 대리인으로서 관여하거나 관여하였던 경우

당사자는 위원에게 공정한 조정을 기대하기 어려운 사정이 있는 경우에는 위원회에 기피신청을 할 수 있다. 이 경우 위원장은 기피신청이 타당하다고 인정하면 기피를 결정한다. 위원이 제1항이나 제2항의 사유에 해당하는 경우에는 위원장의 허가를 받아 스스로 해당 사건의 조정을 회피할 수 있다.

③ **분쟁의 조정**

전자문서 및 전자거래와 관련된 피해의 구제와 분쟁의 조정을 받으려는 자는 위원회에 분쟁의 조정을 신청할 수 있다. 다만, 다른 법률에 따라 분쟁 조정이 완료된 경우는 제외한다. 조정은 3명 이내의 위원으로 구성된 조정부(이하 '조정부'라 한다)에서 행한다. 다만, 위원회에서 조정하기로 의결한 사건의 경우에는 위원회에서 행한다. 조정부의 위원은 사건마다 각각 위원회의 위원 중에서 위원장이 지명하되, 1명 이상 포함되어야 한다. 위원회 또는 조정부는 제1항에 따른 분쟁 조정 신청을 받은 날부터 45일 이내에 조정안을 작성하여 분쟁 당사자(이하 '당사자'라 한다)에게 권

고하여야 한다. 다만, 부득이한 사정으로 그 기한을 연장하려는 경우에는 그 사유와 기한을 명시하여 당사자에게 통지하여야 한다. 권고를 받은 당사자는 권고를 받은 날부터 15일 이내에 조정안에 대한 동의 여부를 위원회 또는 조정부에 알려야 한다. 이 경우 15일 이내에 의사표시가 없는 때에는 수락한 것으로 본다. 사항 외에 조정 절차에 관하여 필요한 사항은 대통령령으로 정한다.

④ 자료 요청 등

위원회는 분쟁 조정을 위하여 필요한 자료의 제공을 당사자 또는 참고인에게 요청할 수 있다. 이 경우 해당 당사자는 정당한 사유가 없으면 요청에 따라야 한다. 위원회는 필요하다고 인정하는 경우에는 당사자 또는 참고인으로 하여금 위원회에 출석하게 하여 그 의견을 들을 수 있다.

⑤ 조정의 거부와 중지

위원회는 다음 각 호의 어느 하나에 해당하는 경우에는 조정을 거부할 수 있다.

- 다른 법률에 따라 분쟁 조정이 완료된 경우
- 사건의 성질상 위원회에서 조정하는 것이 적합하지 아니하다고 인정되는 경우
- 부정한 목적으로 분쟁의 조정을 신청한 것으로 인정되는 경우

위원회는 분쟁의 조정이 끝나기 전에 당사자가 소(訴)를 제기한 경우에는 조정을 중지할 수 있다. 위원회는 제1항과 제2항에 따라 조정을 거부하거나 중지하는 경우에는 그 사실과 사유를 당사자에게 통지하여야 한다.

⑥ 조정의 성립

조정은 다음 각 호의 어느 하나의 경우에 성립한다.

- 제33조 제4항에 따른 조정안에 대하여 당사자가 동의한 경우
- 당사자가 위원회에 조정합의서를 제출한 경우

위원회는 제1항에 따라 조정이 성립된 경우에는 위원회의 위원장과 각 당사자가 기명, 날인한 조정조서를 당사자에게 보내야 한다.
제2항에 따른 조정조서는 「민사소송법」에 따른 재판상 화해와 동일한 효력을 갖는다.

⑦ 조정의 불성립

위원회는 다음 각 호의 어느 하나에 해당하는 경우에는 조정이 성립하지 아니하였음을 당사자에게 통지하여야 한다.

- 분쟁 조정의 신청이 취하되거나 당사자 어느 한 쪽이 분쟁의 조정에 응하지 아니하는 경우
- 당사자가 위원회의 조정안을 거부한 경우

⑧ 소멸시효의 중단

분쟁 조정의 신청은 소멸시효 중단의 효력이 있다. 다만, 분쟁 조정의 신청을 취하하는 경우에는 그러하지 아니한다.

⑨ 조정비용 등

위원회는 분쟁의 조정을 신청한 자에게 대통령령으로 정하는 바에 따라 조정비용을 부담하게 할 수 있다. 정부는 예산의 범위에서 위원회의 운영에 필요한 경비를 출연할 수 있다.

⑩ 비밀 유지

위원회의 분쟁 조정 업무에 종사하는 자 또는 종사하였던 자는 그 직무상 알게 된 비밀을 타인에게 누설하거나 직무상 목적 외의 용도로 사용하여서는 안된다. 다만, 다른 법률에 특별한 규정이 있는 경우에는 그러하지 아니하다.

9. 보칙

① 유사명칭의 사용 금지

공인전자문서센터로 지정을 받지 아니한 자는 공인전자문서센터 또는 이와 유사한 명칭을 사용하여서는 안된다. 공인전자문서중계자로 지정을 받지 아니한 자는 공인전자문서중계자 또는 이와 유사한 명칭을 사용하여서는 안된다. 누구든지 공인전자주소가 아닌 것에 공인전자주소 또는 이와 유사한 명칭을 사용하여서는 안된다.

② 권한의 위임·위탁

이 법에 따른 미래창조과학부장관의 권한은 대통령령으로 정하는 바에 따라 그 일부를 소속 기관의 장 또는 지방자치단체의 장에게 위임하거나 관계 중앙행정기관의 장 또는 전문기관에 위탁할 수 있다.

③ 상호주의

외국인 및 외국 법인에 대하여도 이 법을 적용한다. 다만, 대한민국 국민 또는 대한민국 법인에 대하여 이 법에 준하는 보호를 하지 아니하는 국가의 외국인 또는 외국 법인에 대하여는 그에 상응하게 이 법 또는 대한민국이 가입 또는 체결한 조약에 따른 보호를 제한할 수 있다.

> **PLUS TIP** 상호주의(reciprocity)란?
> 자국의 시장개방을 결정하는 기준을 상대국의 시장개방의 정도와 유사하게 맞추는 일을 말한다.

④ 청문

미래창조과학부장관은 다음 각 호의 어느 하나에 해당하는 경우에는 청문하여야 한다.

- 지원센터의 지정을 취소하려는 경우
- 공인전자문서센터의 지정을 취소하려는 경우
- 공인전자문서중계자의 지정을 취소하려는 경우

⑤ 벌칙 적용 시의 공무원 의제

다음 각 호의 어느 하나에 해당하는 사람은 그 업무에 관하여 규정을 적용할 때에는 공무원으로 본다.

- 공인전자문서센터의 임원 또는 직원
- 공인전자문서중계자의 임원
- 위원회의 위원 중 공무원이 아닌 위원

2 전자상거래의 관련 법규

1. 전자상거래 등에서의 소비자 보호에 관한 법률

담당: 공정거래위원회(전자거래팀)

① 전자상거래 소비자보호법 목적

이 법은 전자상거래 및 통신 판매 등에 의한 재화 또는 용역의 공정거래에 관한 사항을 규정하고 소비자의 권익을 증진시키기 위하여 소비자의 권리와 책무, 국가, 지방자치단체 및 사업자의 책무, 소비자단체의 역할 및 자유시장경제에서 소비자와 사업자 사이의 관계를 규정한다. 아울러 소비자 정책의 종합적 추진을 위한 기본적인 사항을 규정함으로써 소비생활의 향상과 국민경제의 발전에 이바지함을 목적으로 한다.

② 법률의 요약

- 사업자가 상행위를 목적으로 구입하는 거래에 대해서는 적용하지 않는다.
- 사업자는 소비자와 사전 약속된 내용의 전자문서를 송신한 경우에 권리를 주장할 수 없다.
- 사업자는 소비자의 사전 약속된 내용을 상당한 기간 보전해야 한다.
- 사업자는 소비자 실수에 따른 내용의 확인 및 정정에 필요한 조치를 마련해야 한다.
- 소비자가 계약 내용에 관한 서면 교부 7일 이내에 청약을 철회할 수 있다.
- 광고나 계약 내용이 다를 경우 공급받은 날로 3개월 이내 청약을 철회할 수 있다.
- 광고나 계약 내용이 다르다는 사실을 안 날 또는 알 수 있는 날로부터 30일 이내 청약을 철회할 수 있다.
- 사업자는 영업정지 기간이나 휴업 일에도 청약 철회 관련 업무는 계속해야 한다.
- 공정거래위원회는 사업자에게 소비자 피해보상 보험 계약을 체결하도록 권장할 수 있다.
- 공정거래위원회의 시정조치 명령을 이행하지 않는 경우에는 1년 이내의 영업정지 또는 위반 행위와 관련한 매출액을 초과하지 않는 범위에서 과징금을 부과할 수 있다.

③ 법 위반 시 행정적 제재

- 시정권고

    법 제30조 제1항에 따라 시정권고를 하는 경우 특별시장, 광역시장, 도지사, 특별자치도지사(이하 '시, 도지사'라 한다)는 공정거래위원회에 보고하고, 시장, 군수, 구청장은 공정거래위원회 및 시, 도지사에게 지체 없이 보고하여야 한다. 이 경우 전자문서로 보고할 수 있다.

- 시정조치

    공정거래위원회는 법 제32조 제3항에 따라 사업자에게 시정조치를 받은 사실의 공표를 명할 때에는 다음 각 호의 사항을 고려하여 공표의 내용 및 횟수 등을 정하여 명하여야 한다.

- 위반 행위의 내용 및 정도
- 위반 행위의 기간 및 횟수
- 위반 행위로 인하여 발생한 소비자 피해의 범위 및 정도

법 제32조 제3항에 따른 소비자 피해 예방 및 구제에 필요한 조치는 다음 각 호와 같다.

- 사업자와 소비자 사이에 발생하는 분쟁이나 불만 처리에 필요한 인력 또는 설비를 구비하도록 의무를 부과하는 조치
- 대금의 환급 거절 및 지연의 경우 재화 등을 반환받은 날부터 3일의 영업일을 초과한 시점부터 조치 시점까지의 기간에 대하여 제21조의 2에 따른 이율을 곱하여 산정한 이자를 더한 금액의 환급 조치
- 재화 등의 교환을 거절한 경우 교환 조치

• 영업정지

법 제32조 제4항에 따른 영업정지 처분의 기간은 1개월 ~ 6개월까지, 위반사항이 둘 이상일 경우 가장 무거운 처분 기준의 2분의 1까지 가중할 수 있다. 이 경우 각 처분 기준을 합산한 기간을 초과할 수 없으며, 그 최대 기간은 12개월로 한다. 또한 위반 행위의 횟수에 따른 행정 처분의 기준은 최근 3년간 같은 위반 행위로 행정 처분을 받은 경우에 적용한다. 이 경우 행정 처분의 기준의 적용은 같은 위반 행위에 대하여 최초로 행정 처분을 한 날을 기준으로 한다.

• 과징금

과징금은 법 제34조 제3항 각 호의 사항과 이에 영향을 미치는 사항을 고려하여 산정하되, 위반 행위 유형에 따른 기본 산정기준에 의한 행위의 기간 및 소비자 피해 정도에 따른 조정, 사업자의 보상 노력 정도 등에 따른 조정을 거쳐 부과 과징을 산정한다.

• 과태료 부과

과태료의 일반 기준은 위반 행위의 횟수에 따른 과태료 부과기준은 최근 3년간 같은 위반 행위로 과태료 부과 처분을 받은 경우에 적용한다. 이 경우 과태료 부과기준은 같은 위반 행위에 대하여 최초로 과태료 부과처분을 한 날을 기준으로 한다(제24조 관련).

④ 공정거래위원회 전자상거래 표준 약관

전자상거래 업체가 서비스를 운영하기 위해서는 2000년 1월 28일 공정거래위원회에서 제정한

표준약관은 총24조로 항목으로 되어 있으며 인터넷 관련 서비스를 이용함에 있어 사이버 몰과 이용자의 권리·의무 및 책임사항을 규정함을 목적으로 2015년 2월 현재 표준약관 제10023호 공정거래위원회는 전자거래에 관한 표준 약관을 공급하고 있다.

2. 개인 정보 보호법

담당: 행정자치부(개인 정보 보호과)

개인 정보 보호법의 목적은 개인 정보의 처리 및 보호에 관한 사항을 정함으로써 개인의 자유와 권리를 보호하고, 나아가 개인의 존엄과 가치를 구현하는 것이다.

담당: 행정자치부(개인 정보 보호과)

① 개인 정보법 목표

'개인 정보'란 살아 있는 개인에 관한 정보로서 성명, 주민등록번호 및 영상 등을 통하여 개인을 알아볼 수 있는 정보(해당 정보만으로는 특정 개인을 알아볼 수 없더라도 다른 정보와 쉽게 결합하여 알아볼 수 있는 것을 포함한다)를 말한다.

② 개인 정보 보호 원칙

- 개인 정보 처리자는 개인 정보의 처리 목적을 명확하게 하여야 하고 그 목적에 필요한 범위에서 최소한의 개인 정보만을 적법하고 정당하게 수집하여야 한다.
  개인 정보 처리자는 개인 정보의 처리 목적에 필요한 범위에서 적합하게 개인 정보를 처리하여야 하며, 그 목적 외의 용도로 활용하여서는 안된다.
- 개인 정보 처리자는 개인 정보의 처리 목적에 필요한 범위에서 개인 정보의 정확성, 완전성 및 최신성이 보장되도록 하여야 한다.
- 개인 정보 처리자는 개인 정보의 처리 방법 및 종류 등에 따라 정보주체의 권리가 침해받을 가능성과 그 위험 정도를 고려하여 개인 정보를 안전하게 관리하여야 한다.
- 개인 정보 처리자는 개인 정보 처리방침 등 개인 정보의 처리에 관한 사항을 공개하여야 하며, 열람청구권 등 정보주체의 권리를 보장하여야 한다.
- 개인 정보 처리자는 정보주체의 사생활 침해를 최소화하는 방법으로 개인 정보를 처리하여야 한다.
- 개인 정보 처리자는 개인 정보의 익명 처리가 가능한 경우에는 익명에 의하여 처리될 수 있도록 하여야 한다.

- 개인 정보 처리자는 이 법 및 관계 법령에서 규정하고 있는 책임과 의무를 준수하고 실천함으로써 정보주체의 신뢰를 얻기 위하여 노력하여야 한다.

③ 개인 정보 보호지침

- 행정자치부장관은 개인 정보의 처리에 관한 기준, 개인 정보 침해의 유형 및 예방조치 등에 관한 표준 개인 정보 보호지침(이하 '표준지침'이라 한다)을 정하여 개인 정보 처리자에게 그 준수를 권장할 수 있다. (개정 2013.3.23., 2014.11.19.)
- 중앙행정기관의 장은 표준지침에 따라 소관 분야의 개인 정보 처리와 관련한 개인 정보 보호지침을 정하여 개인 정보 처리자에게 그 준수를 권장할 수 있다.
- 국회, 법원, 헌법재판소 및 중앙선거관리위원회는 해당 기관(그 소속 기관을 포함한다)의 개인 정보 보호지침을 정하여 시행할 수 있다.

④ 주민등록번호 처리의 제한

개인 정보 처리자는 다음 각 호의 어느 하나에 해당하는 경우를 제외하고는 주민등록번호를 처리할 수 없다.

- 법령에서 구체적으로 주민등록번호의 처리를 요구하거나 허용한 경우
- 정보주체 또는 제3자의 급박한 생명, 신체, 재산의 이익을 위하여 명백히 필요하다고 인정되는 경우
- 주민등록번호 처리가 불가피한 경우로서 안전행정부령으로 정하는 경우

개인 정보 처리자는 주민등록번호가 분실, 도난, 유출, 변조 또는 훼손되지 아니하도록 암호화 조치를 통하여 안전하게 보관하여야 한다. 이 경우 암호화 적용 대상 및 대상별 적용 시기 등에 관하여 필요한 사항은 개인 정보의 처리 규모와 유출 시 영향 등을 고려하여 대통령령으로 정한다. 개인 정보 처리자는 주민등록번호를 처리하는 경우에도 정보주체가 인터넷 홈페이지를 통하여 회원으로 가입하는 단계에서는 주민등록번호를 사용하지 아니하고도 회원으로 가입할 수 있는 방법을 제공하여야 한다. 안전행정부장관은 개인 정보 처리자가 관계 법령의 정비, 계획의 수립, 필요한 시설 및 시스템의 구축 등 제반 조치를 마련, 지원할 수 있다.

⑤ 개인 정보 보호 국제기구가 채택한 정의

OECD 이사회가 채택한 1980년 「프라이버시보호 및 개인 정보의 국가간 유통에 관한 가이드라

인에 관한 이사회권고」에서는 '식별된 또는 식별될 수 있는 개인에 관한 모든 정보'라고 정의하고 있다.

EU의 1995년 「개인 정보처리에 있어서 개인 정보의 보호 및 정보의 자유로운 이동에 관한 유럽 의회 및 이사회의 지침」에서는 개인 정보를 '식별된 또는 식별 가능한 자연인에 관한 정보, 즉 신체적·정신적·심리적·경제적·문화적·사회적 특성의 요소에 의해서 직·간접적으로 식별되는 자연인에 관한 정보'라고 정의하고 있다.

⑥ 2014년 6월 개정안 기준 개인 정보 보호법 개정안

- 주요 개정 사항
  - 주민번호 수집 법정 주의 신설(제24조 2항)
    2014년 8월 7일부터 법령상 근거 없이 불필요하게 주민번호를 수집하는 행위는 엄격히 제한하고(위반 시 과태료 부과) 현재 보유 중인 주민번호는 법 시행 2년 이내에(2016년 8월 6일) 파기하여야 한다.
  - 이용자 주민번호 수집 불가
    이용신청서, 자원봉사신청서, 후원신청서 등의 작성 시 생년월일로 확인을 대체하거나 증명서류 제출, 발급 시 주민번호 뒷자리가 표기되지 않도록 요청하는 등의 주민번호 수집 금지를 위한 방안이 필요하다. (단 직원, 자원봉사자, 후원자, 강사 등 관련 근거 법령이 있는 경우 고유식별정보수집동의서를 받고 수집 가능)
  - 대표자 등에 대한 징계 권고 신설(제65조 3항)
    법규 위반 행위에 따른 징계권고 대상에 대표자 또는 책임 있는 임원 명시(위반 시 징계에 대표급의 임원이 징계될 수 있음을 의미)
  - 개인 정보는 필수정보만 최소한으로 수집하여야 하며 추가 정보를 수집할 경우 반드시 사용자(고객)의 동의를 받아야 한다.
  - 수집한 목적과 다르게 사용하거나 제3자 제공 금지 법령의 근거 없이 다른 용도로 사용하거나 외부로 유출하면 안된다.
  - 주민등록번호와 민감 정보를 수집하거나 사용해선 안된다.
  - 개인 정보를 처리할 경우 처리방침을 홈페이지나 사업장에 공개해야 한다.
  - 안전성 확보 조치 개인 정보가 해킹 등으로 유출되지 않도록 공개한 보호조치를 철저히 이행해야 한다.
  - 개인 정보의 이용이 끝난 후에는 반드시 즉시 파기해야 한다.

- 개인 정보가 유출되었을 경우 즉시 정보주체에게 통보하고 개인 정보가 유출된 것을 인지하면 5일 이내에 서면, 전화, 이메일 등의 방법으로 통보를 해야 한다.

3. 정보통신망이용촉진 및 정보 보호 등에 관한 법률

담당: 미래창조과학부(정보화기획과)

1986년 5월 12일에 제정된 이 법은 정보통신망의 이용을 촉진하고 정보통신 서비스를 이용하는 자의 개인 정보를 보호함과 아울러 정보통신망을 건전하고 안전하게 이용할 수 있는 환경을 조성하여 국민생활의 향상과 공공복리의 증진에 이바지함을 목적으로 한다. 약칭으로 정보통신망법이라 줄여서 부르기도 한다. 미래창조과학부는 '전자서명법은 전자문서의 안전성과 신뢰성을 확보하고 그 이용을 활성화하기 위해 전자서명(공인인증서 등)에 관한 사항을 정하는 법'을 정한다고 하였다. 참고로 금융 분야 중 전자상거래 분야(인터넷 쇼핑)에서 공인인증서 의무 사용에 관한 사항은 전자금융감독 규정 시행 세칙은 금융위 소관으로 2014년 5월 20일 폐지되었다.

4. 전자서명법

담당: 미래창조과학부(정보보호정책과)

PC와 모바일 등의 전자상거래 등에 전자서명에 대한 인증이 점차적으로 많이 필요함에 따라 1999년 7월에 제정한 전자서명법을 발표하였다. 전자서명의 목적은 전자문서의 안전성과 신뢰성을 확보하고 그 이용을 활성화하기 위하여 전자서명에 관한 기본적인 사항을 정함으로써 국가사회의 정보화를 촉진하고 국민생활의 편익을 증진함을 목적으로 한다. 미국은 우리보다 늦은 2000년 6월에 법안이 통과되고 같은 해 10월 1일부터 전자서명법이 발효되었다. 최근에는 스마트폰을 활용한 다양한 USM 스마트 인증이 개발되어 활발하게 사용 중이다.

① 공인인증기관의 지정

미래창조과학부장관은 공인인증업무(이하 '인증업무'라 한다)를 안전하고 신뢰성있게 수행할 능력이 있다고 인정되는 자를 공인인증기관으로 지정할 수 있다. 인증기관으로 지정받을 수 있는 자는 국가기관, 지방자치단체 또는 법인에 한한다. 공인인증기관으로 지정받고자 하는 자는 대통령령이 정하는 기술 능력, 재정 능력, 시설 및 장비 기타 필요한 사항을 갖추어야 한다. 미래창조과학부장관은 공인인증기관을 지정하는 경우 공인인증 시장의 건전한 발전 등을 위하여 국가기관, 지방자치단체 또는 비영리법인과 특별법에 의하여 설립된 법인에 대하여는 설립 목적에 따라 인증업무의 영역을 구분하여 지정할 수 있다. 공인인증기관의 지정 절차시 기타 필요한 사항은 대통령령으로 정한다.

② 공인인증기관의 업무 수행

미래창조과학부장관은 인증업무의 안전성과 신뢰성 확보를 위하여 공인인증기관이 인증업무 수행에 있어 지켜야 할 구체적 사항을 전자서명인증업무지침으로 정하여 고시할 수 있다. 전자서명인증업무지침에는 다음 사항이 포함되어야 한다.

- 공인인증서의 관리에 관한 사항
- 전자서명 생성 정보의 관리에 관한 사항
- 공인인증기관 시설의 보호에 관한 사항
- 그 밖에 인증업무 및 운영 관리에 관한 사항

③ 공인인증기관의 업무 수행

미래창조과학부장관은 인증업무의 안전성과 신뢰성 확보를 위하여 공인인증기관이 인증업무 수행에 있어 지켜야 할 구체적 사항을 전자서명인증업무지침으로 정하여 고시할 수 있다. 전자서명인증업무지침에는 다음 사항이 포함되어야 한다.

- 공인인증서의 관리에 관한 사항
- 전자서명 생성 정보의 관리에 관한 사항
- 공인인증기관 시설의 보호에 관한 사항
- 그 밖에 인증업무 및 운영 관리에 관한 사항

④ 전자서명의 효력 등

다른 법령에서 문서 또는 서면에 서명, 서명날인 또는 기명날인을 요하는 경우 전자문서에 공인전자서명이 있을 때에는 이를 충족한 것으로 본다. 공인전자서명이 있는 경우에는 당해 전자서명이 서명자의 서명, 서명날인 또는 기명날인이고, 당해 전자문서가 전자서명된 후 그 내용이 변경되지 아니하였다고 추정한다. 공인전자서명외의 전자서명은 당사자 간의 약정에 따른 서명, 서명날인 또는 기명날인으로서의 효력을 가진다.

CHAPTER 2
수출입통관 및 관세

인터넷의 발달에 따른 정보 획득이 쉬워지므로 국내 시장뿐만 아니라 국외 시장까지 고려하여 사업 전략을 계획하는 것이 일반적인 시대가 되었다. 국외 시장을 대상으로 상품을 수출입하는 것을 무역이라 하며, 무역에 필수 절차인 수출입 통관 진행시 이에 대한 법적인 근거가 관세법이다. 이 과목에서는 관세법에 대한 내용을 숙지하고 무역 환경의 가장 큰 변화인 FTA협정 등에 대해 배워보겠다.

1 용어의 정의

1. 수입

① **수입**

수입이란 외국물품을 우리나라에 반입(보세구역을 경유하는 것은 보세구역으로부터 반입하는 것을 말한다)하거나 우리나라에서 소비 또는 사용하는 것(우리나라의 운송수단 안에서의 소비 또는 사용을 포함하며, 법 제239조의 수입으로 보지 아니하는 소비 또는 사용은 제외한다)을 말한다.

- 외국물품을 우리나라에 반입하는 것
- 외국물품을 보세구역으로부터 반입하는 것(보세구역을 경유하는 경우)
- 외국물품을 우리나라에서 소비 또는 사용하는 것
- 외국물품을 우리나라의 운송수단 안에서 소비 또는 사용하는 것

② **수입으로 보지 아니하는 소비 또는 사용(관세법 제239조)**

외국물품의 소비나 사용이 다음 각 호의 어느 하나에 해당하는 경우에는 이를 수입으로 보지 아니한다.

- 선용품, 기용품 또는 차량용품을 운송수단 안에서 그 용도에 따라 소비하거나 사용하는 경우
- 선용품, 기용품 또는 차량용품을 관세청장이 정하는 지정보세구역에서 [출입국관리법]에 따라 출국심사를 마치거나 우리나라에 입국하지 아니하고 우리나라를 경유하여 제3국으로 출발하려는 자에게 제공하여 그 용도에 따라 소비하거나 사용하는 경우
- 여행자가 휴대품을 운송수단 또는 관세통로에서 소비하거나 사용하는 경우
- 관세법에서 인정하는 바에 따라 소비하거나 사용하는 경우

③ 외국물품

- 외국으로부터 우리나라에 도착한 물품으로서 수입 신고가 수리되기 전의 것
- 외국의 선박 등이 공해(외국의 영해가 아닌 경제수역을 포함한다)에서 채집하거나 포획한 수산물 등으로서 수입 신고가 수리되기 전의 것
- 수출 신고가 수리된 물품
- 보세구역에서 보수 작업으로 외국물품에 부가된 내국물품
- 보세공장에서 외국물품과 내국물품을 원재료로 제조한 물품 중 수입 신고가 수리되기 전의 것

④ 수입의 의제(관세법 제240조)

다음의 경우에는 일반적인 수입 통관 절차를 거치지 않아도 수입된 것으로 봐서 관세 등을 따로 징수하지 아니한다.

- 체신관서가 수취인에게 내준 우편물
- 관세법에 따라 매각된 물품
- 관세법에 따라 몰수된 무품, 몰수를 갈음하여 추징된 물품
- 관세법 제269조(밀수 출입 죄), 제272조(밀수 전용 운반기구 몰수), 제273조(범죄에 사용된 물품의 몰수 등) 또는 제274조 제1항 제1호(밀수품 취득 죄)에 해당하여 관세법에 따라 통고 처분으로 납부된 물품
- 법령에 따라 국고에 귀속된 물품

2. 수출 및 반송

① 수출

내국물품을 외국으로 반출하는 것

② 내국물품

- 우리나라에 있는 물품으로서 외국물품이 아닌 것
    - 국내에서 생산되어 수출 신고가 수리되지 않은 물품
    - 세관공무원이 보세구역 반입물품을 견본품으로 채취하여 사용, 소비한 때의 그 물품
    - 수입 통관 절차를 거치지 않았더라도 적법하게 수입된 것으로 보는 물품(수입의 의제)
    - 수입 신고가 수리된 물품

- 우리나라의 선박 등이 공해(외국의 영해가 아닌 경제수역을 포함한다)에서 채집하거나 포획한 수산물 등
- 입항 전 수입 신고가 수리된 물품
- 수입 신고 수리 전 반출 승인을 받아 반출된 물품
- 수입 신고 전 즉시 반출 신고를 하고 반출된 물품

③ 반송

국내에 도착한 외국물품이 수입 통관 절차를 거치지 아니하고 다시 외국으로 반출되는 것

④ 수출, 반송의 의제(관세법 제240조)

체신관서가 외국으로 발송한 우편물은 관세법에 따라 적법하게 수출되거나 반송된 것으로 본다.

3. 선용품, 기용품, 차량용품

① 선용품

음료, 식품, 연료, 소모품, 밧줄, 수리용 예비 부분품 및 부속품, 집기, 그 밖에 이와 유사한 물품으로서 해당 선박에서만 사용되는 것

② 기용품

선용품에 준하는 물품으로서 해당 항공기에서만 사용되는 것

③ 차량용품

선용품에 준하는 물품으로서 해당 차량에서만 사용되는 것

4. 외국 무역선, 내항선 등

① 외국 무역선, 외국 무역기

무역을 위하여 우리나라와 외국 간을 운항하는 선박(항공기)

② 내항선, 내항기

국내에서만 운항하는 선박(항공기)

5. 통관

관세법에 따른 절차를 이행하여 물품을 수출, 수입 또는 반송하는 것

6. 환적 및 복합환적

① 환적

동일한 세관의 관할구역에서 입국 또는 입항하는 운송수단에서 출국 또는 출항하는 운송수단으로 물품을 옮겨 싣는 것

② 복합환적

입국 또는 입항하는 운송수단의 물품을 다른 세관의 관할구역으로 운송하여 출국 또는 출항하는 운송수단으로 옮겨 싣는 것

7. 운영인

운영인이란 다음의 어느 하나에 해당하는 자를 말한다.

① 특허보세구역의 설치, 운영에 관한 특허를 받은 자(관세법 제174조 제1항)
② 종합보세사업장의 설치, 운영에 관한 신고를 한 자(관세법 제198조 제1항)

2 과세 요건

1. 의의

과세 요건은 과세물건, 납세의무자, 과세표준 및 관세율로, 이 4가지 요건을 충족하면 납세의무가 성립된다.

2. 과세물건(관세법 제14조)

1) 의의

과세물건이란 과세의 대상인 물건, 행위 또는 사실로 관세법 제14조에서는 '수입물품에는 관세를 부과한다'고 하여 관세의 과세물건을 수입물품으로 규정하고 있다. 과세물건은 원칙적으로 유체물에만 해당된다. 다만, 무체물이 유체물에 체화되어 있는 경우에는 무체물에 대해서도 과세를 한다.

2) 과세물건 확정시기(관세법 제16조)

물품이 외국에서부터 우리나라에 수입되기까지 물품의 성질과 수량에 변화가 생길 수 있다. 그래서 어느 시점의 물품의 성질과 수량에 대해 과세를 해야 하는지가 중요하다. 이와 같이 수입 신고 할 수입물품의 성질과 수량을 확정하는 시기를 과세물건의 확정시기라 한다.

① 일반적인 경우

- 관세는 수입 신고(입항 전 수입 신고 포함)를 하는 때의 물품의 성질과 그 수량에 따라 부과한다. (관세법 제16조)
- 보세공장에서 제조된 물품을 수입하는 경우 사용신고 전에 미리 세관장에게 해당 물품의 원료인 외국물품에 대한 과세의 적용을 신청한 때에는 법 제16조(과세물건의 확정시기)에도 불구하고 사용신고를 하는 때의 그 원료의 성질 및 수량에 의하여 관세를 부과한다.

② 예외적인 과세물건 확정시기(관세법 제16조 단서)

- 외국물품인 선용품·기용품·차량용품이나, 외국무역선·외국무역기·국경출입차량 안에서 판매하는 물품을 허가받은 대로 적재하지 아니하여 관세를 징수하는 물품: 하역을 허가받은 때
- 보세구역 외 보수 작업의 승인기간이 경과하여 관세를 징수하는 물품: 보세구역 밖에서 하는 보수작업을 승인받은 때
- 보세구역 장치물품의 멸실·폐기로 관세를 징수하는 물품: 해당 물품이 멸실되거나 폐기된 때
- 보세공장외 작업, 보세건설장외 작업의 허가기간이 경과하거나 종합보세구역외 작업의 기간이 경과하여 관세를 징수하는 물품: 보세공장외 작업, 보세건설장외 작업 또는 종합보세구역외 작업을 허가받거나 신고한 때
- 보세운송기간이 경과하여 관세를 징수하는 물품: 보세운송을 신고하거나 승인받은 때

- 수입 신고가 수리되기 전에 소비하거나 사용하는 물품(관세법 제239조에 따라 소비 또는 사용을 수입으로 보지 아니하는 물품은 제외한다): 해당 물품을 소비하거나 사용한 때
- 수입 신고 전 즉시반출 신고를 하고 반출한 물품: 수입 신고 전 즉시 반출 신고를 한 때
- 우편으로 수입되는 물품(관세법 제258조 제2항에 해당하는 수입 신고를 하여야 하는 우편물은 제외한다): 통관우체국에 도착한 때
- 도난물품 또는 분실물품: 해당 물품이 도난되거나 분실된 때
- 관세법에 따라 매각되는 물품: 해당 물품이 매각된 때
- 수입 신고를 하지 아니하고 수입된 물품(위에 규정된 것은 제외한다): 수입된 때

3) 적용 법령(관세법 제17조)

① 원칙

관세는 수입 신고 당시의 법령에 따라 부과한다.

② 예외

- 관세법 제16조 단서(예외적인 과세물건 확정의 시기)에 해당되는 물품: 그 사실이 발생한 날
- 보세건설장에 반입된 외국물품: 사용전 수입 신고가 수리된 날

3. 납세의무자

1) 의의

납세의무자란 세법에 의해 조세를 납부할 의무가 있는 자를 말한다.

2) 원칙적인 납세의무자(관세법 제19조)

① 화주

수입 신고를 한 물품인 경우에 수입한 화주가 관세의 납세의무자가 된다.

② 화주가 불분명한 경우

- 수입을 위탁받아 수입업체가 대행 수입한 물품인 경우: 그 물품의 수입을 위탁한 자
- 수입을 위탁받아 수입업체가 대행 수입한 물품이 아닌 경우: 대통령령으로 정하는 상업 서류(송품장, 선하증권, 화물운송장)에 적힌 수하인

- 수입물품을 수입 신고 전에 양도한 경우: 양수인
- 조달물품은 실수요부처의 장 또는 실수요자이다. 다만, 실수요부처 또는 실수요자가 결정되지 아니한 때에는 수입 신고한 조달청장 또는 현지 조달청 사무소장으로 하되 그 후 실수요부처 또는 실수요자가 결정되면 조달청장 또는 현지 조달청 사무소장은 즉시 납세의무자 변경 통보를 통관지세관장에게 하고 통관지세관장은 이에 의하여 납세의무자를 변경한다.
- 송품장상의 수하인이 부도 등으로 직접 통관하기 곤란한 경우에는 적법한 절차를 거쳐 수입물품의 양수인이 된 은행
- 법원 임의경매절차에 의하여 경락받은 물품은 그 물품의 경락자

3) 납세의무의 승계 및 연대납세의무자(관세법 제19조, 제107조)

① **납세의무의 승계(관세법 제19조 제4항)**

법인이 합병하거나 상속이 개시된 경우에는 국세기본법 제23조 및 제24조를 준용하여 관세·가산금·가산세 및 체납처분비의 납세의무를 승계한다.

② **연대납세의무(관세법 제19조 제1항, 제5항부터 제7항까지, 관세법 제107조 제6항)**

연대납세의무란 수인이 동일한 납세의무에 관하여 각각 독립하여 전액의 납부의무를 부담하고, 그 가운데의 1인이 전액을 납부하면 모든 납세의무자의 납부의무가 소멸하는 납세의무를 말한다. 연대납세의무에 해당하는 자는 다음과 같다.

- 신고인의 연대납세의무

  수입 신고가 수리된 물품 또는 관세법 제252조에 따른 수입 신고 수리 전 반출 승인을 받아 반출된 물품에 대하여 납부하였거나 납부하여야 할 관세액에 미치지 못하는 경우 해당 물품을 수입한 화주의 주소 및 거처가 분명하지 아니하거나 수입 신고인이 화주를 명백히 하지 못하는 경우에는 그 신고인이 해당 물품을 수입한 화주와 연대하여 해당 관세를 납부하여야 한다.

- 분할 납부 승인 법인의 연대납세의무

  관세의 분할 납부를 승인받은 법인이 합병·분할 또는 분할 합병된 경우에는 합병·분할 또는 분할 합병 후에 존속하거나 합병·분할 또는 분할 합병으로 설립된 법인이 연대하여 관세를 납부하여야 한다.

- 공유자, 공동사업자 등의 연대납세의무

    다음 각 호에 규정된 자가 연대하여 납부할 의무를 진다.

    - 수입 신고물품이 공유물이거나 공동사업에 속하는 물품인 경우 그 공유자 또는 공동사업자인 납세의무자
    - 특별 납세의무가 발생하는 물품에 대한 납세의무자가 2인 이상인 경우 그 2인 이상의 납세의무자

- 신회사 등의 연대납세의무

    다음의 경우 분할되는 법인이나 분할 또는 분할 합병으로 설립되는 법인, 존속하는 분할 합병의 상대방 법인 및 신회사가 관세·가산금·가산세 및 체납 처분비를 연대하여 납부할 의무를 진다.

    - 법인이 분할되거나 분할 합병되는 경우
    - 법인이 분할 또는 분할 합병으로 해산하는 경우
    - 법인이 [채무자 회생 및 파산에 관한 법률]에 따라 신회사를 설립하는 경우

4) 특별 납세의무자

① 의의

일반적인 절차를 거치지 않고 수입이 되는 물품에 대하여 별도로 규정된 납세의무자를 특별 납세의무자라고 한다.

② 특별 납세의무자(관세법 제19조 제1항 제2호부터 제12호까지)

- 외국물품인 선용품·기용품·차량용품이나, 외국무역선·외국무역기·국경출입차량 안에서 판매하는 물품을 허가받은 대로 적재하지 아니하여 관세를 징수하는 물품: 하역 허가를 받은 자
- 보세구역외 보수 작업의 승인기간이 경과하여 관세를 징수하는 물품: 보세구역 밖에서 하는 보수작업을 승인받은 자
- 보세구역 장치물품의 멸실·폐기로 관세를 징수하는 물품: 운영인 또는 보관인
- 보세공장외 작업, 보세건설장외 작업의 허가기간이 경과하거나 종합보세구역외 작업의 기간이 경과하여 관세를 징수하는 물품: 보세공장외 작업, 보세건설장외 작업 또는 종합보세구역 외 작업을 허가받거나 신고한 자
- 보세운송기간이 경과하여 관세를 징수하는 물품: 보세 운송을 신고하였거나 승인을 받은 자

- 수입 신고가 수리되기 전에 소비 또는 사용하는 물품(소비 또는 사용을 수입으로 보지 아니하는 물품 제외): 소비자 또는 사용자
- 수입 신고 전 즉시반출 신고를 하고 반출한 물품: 즉시 반출한 자
- 우편으로 수입되는 물품: 수취인
- 도난물품 또는 분실물품
  - 보세구역 장치물품: 운영인 또는 화물관리인
  - 보세운송물품: 보세운송을 신고하거나 승인받은 자
  - 그 밖의 물품: 보관인 또는 취급인
- 관세법 또는 다른 법률에 따라 별도 납세의무자로 규정된 자
- 기타의 물품: 소유자 또는 점유자

③ 납세의무자의 경합

원칙적 납세의무자인 화주 또는 연대납세의무자인 신고인과 특별납세의무자가 경합되는 경우에는 특별 납세의무자로 규정된 자를 납세의무자로 한다. (관세법 제19조 제2항)

4. 과세표준

1) 의의

과세표준이란 세액산출의 기본이 되는 과세물건의 가액 또는 수량을 말한다. 관세의 과세표준은 수입물품의 가격 또는 수량으로 한다. (관세법 제15조) 가격을 과세표준으로 하는 수입물품에 대하여 정하여진 원칙에 따라 관세의 과세가격을 결정하는 절차를 '관세평가'라 한다.

2) 과세가격의 결정 방법

과세가격은 6가지 방법에 의해 결정되며, 각 방법은 순차적으로 적용한다. 다만, 납세의무자가 요청하면 제5방법을 제4방법에 우선하여 적용한다.

① 제1평가 방법(관세법 제30조)

- 의의
  수입물품의 과세가격은 우리나라에 수출하기 위하여 판매되는 물품에 대하여 구매자가 실제로 지급하였거나 지급해야 할 가격에 법정가산 요소를 가산하고 조정한 거래가격이다. 제1방법은 과세가격 결정의 원칙적인 방법이다.

- 적용 요건
  - 우리나라에 수출, 판매되는 물품이어야 한다.
  - 해당 물품의 처분 또는 사용에 제한이 없어야 한다.
  - 해당 물품에 대한 거래의 성립 또는 가격의 결정이 금액으로 계산할 수 없는 조건 또는 사정에 따라 영향을 받지 않아야 한다.
  - 해당 물품을 수입한 후에 전매·처분 또는 사용하여 생긴 수익의 일부가 판매자에게 직접 또는 간접으로 귀속되지 않아야 한다.
  - 구매자와 판매자 간에 대통령령으로 정하는 특수 관계가 있어 그 특수 관계가 해당 물품의 가격에 영향을 미쳐야 한다.

② 제2평가 방법(관세법 제31조)

- 의의
  제1방법으로 과세가격을 결정할 수 없는 경우에는 과세가격으로 인정된 사실이 있는 동종, 동질 물품의 거래가격을 기초로 하여 과세가격을 결정한다.

- 동종, 동질물품의 범위
  동종, 동질물품이란 해당 수입물품의 생산국에서 생산된 것으로서 물리적 특성, 품질 및 소비자 등의 평판을 포함한 모든 면에서 동일한 물품(외양에 경미한 차이가 있을 뿐 그 밖의 모든 면에서 동일한 물품을 포함한다)을 말한다.

③ 제3평가 방법(관세법 제32조)

- 의의
  제1방법과 제2방법으로 과세가격을 결정할 수 없을 때에는 과세가격으로 인정된 사실이 있는 유사물품의 거래가격을 기초로 하여 과세가격을 결정한다.

- 유사물품의 범위
  유사물품이란 해당 수입물품의 생산국에서 생산된 것으로서 모든 면에서 동일하지는 아니하지만 동일한 기능을 수행하고 대체 사용이 가능할 수 있을 만큼 비슷한 특성과 비슷한 구성요소를 가지고 있는 물품을 말한다.

④ 제4평가 방법

제1방법, 제2방법 및 제3방법으로 과세가격을 결정할 수 없을 때에는 해당 물품 등이 국내 판매되는 가격에서 법정공제요소를 뺀 가격을 과세가격으로 한다.

⑤ 제5평가 방법(관세법 제34조)

제1방법, 제2방법, 제3방법 및 제4방법으로 과세가격을 결정할 수 없는 때에는 수출국의 제조업자가 제시한 제품의 원가계산서를 바탕으로 생산에 소요된 비용을 산정하여 산출한 가격을 기초로 과세가격을 결정한다.

⑥ 제6평가 방법(관세법 제35조)

제1방법부터 제5방법에 의하여 과세가격을 결정할 수 없을 때에는 대통령령으로 정하는 바에 따라 제1방법부터 제5방법까지에 규정된 원칙과 부합되는 합리적인 기준에 따라 과세가격을 결정한다.

5. 관세율

1) 의의

세율이란 세액 산출의 기초가 되는 과세표준에 대한 세액의 비율을 말하며, 관세율이란 관세의 과세표준인 수입물품의 가격 또는 수량에 대한 관세액의 비율이다.

2) 관세율의 종류(관세법 제49조)

① 기본 세율

관세법 별표 관세율표상의 기본 세율은 국회에서 정하며, 수입물품에 원칙적으로 적용되는 세율이다. 기본 세율은 잠정세율의 인상 또는 인하의 기준이 되며, 탄력세율 산정의 기준이 된다.

② 잠정세율

잠정세율이란 특정 물품에 대하여 기본 세율과는 다른 세율을 잠정적으로 적용하기 위하여 마련되었으며 국회에서 제정되고 관세율표상에 기본 세율과 함께 표시되어 있다.

③ 탄력관세율

관세법 제51조부터 제72조까지 및 제74조에 규정된 세율은 탄력관세율로서 국내외 경제사정 및 무역환경의 변화에 신속하게 대응하기 위하여 관세율의 변경권을 행정부에 위임하고 있다.

- 덤핑방지관세: 덤핑수입으로 인한 동종의 상품을 생산하는 국내 산업에 실질적인 피해 등이 있음이 판명되고, 국내 산업을 보호할 필요가 있는 경우에 해당 물품의 정상 가격과 덤핑 가격 간의 차액(덤핑차액)에 상당하는 금액 이하의 관세를 실행관세에 추가하여 부과하는 관세로서, 관세상의 조치를 통해 덤핑이라는 불공정 행위를 시정하는데 그 목적이 있다.
- 상계관세: 외국에서 제조·생산 또는 수출에 관하여 직접 또는 간접으로 보조금이나 장려금을 받은 물품의 수입으로 국내 산업의 피해가 예상되는 경우 등에는 그 물품에 대하여 보조금 등의 금액 이하의 관세를 추가하여 부과할 수 있다.
- 보복관세: 우리나라의 수출물품·선박·항공기 등에 불리한 대우를 하는 국가로부터 수입되는 물품에 대하여 관세를 할증 부과할 수 있다. 이를 보복관세라 한다.
- 긴급관세: 특정물품의 수입 증가로 인하여 동종물품 또는 직접적인 경쟁관계에 있는 물품을 생산하는 국내 산업이 심각한 피해를 받거나 받을 우려가 있는 경우에는 국내 산업을 보호할 필요가 있다고 인정될 때에 필요한 범위에서 관세를 추가하여 부과할 수 있다.
- 특정국물품긴급관세: 국제조약 또는 일반적인 국제법규에 따라 특정구 물품이 국내 시장을 교란할 중대한 원인이 되는 등의 경우에는 피해를 구제하거나 방지하기 위하여 관세를 추가하여 부과할 수 있다.
- 농림축산물에 대한 특별 긴급관세: 국내외 가격차에 상당한 율로 양허한 농림축산물의 수입물량이 급증하거나 수입가격이 하락하는 경우에는 대통령령이 정하는 바에 따라 양허한 세율을 초과하여 관세를 부과할 수 있다.
- 조정관세: 특정 물품의 수입이 급격히 증가하거나 저가 수입되는 경우 국내 산업의 피해를 방지하기 위하여 관세율을 높여 부과할 수 있다.
- 할당관세: 특정 물품의 수입에 대하여 일정한 수량의 쿼터를 설정하여 놓고, 그 수량 또는 금액만큼 수입되는 분에 대해서는 무세 또는 저세율을 적용하고 그 이상 수입되는 분에 대해서는 고세율을 적용하는 이중 관세율 제도이다.

- 계절관세: 계절에 따라 가격의 차이가 심한 물품으로서 동종물품·유사물품 또는 대체물품의 수입으로 인하여 국내 시장이 교란되거나 생산 기반이 붕괴될 우려가 있을 때에는 계절에 따라 관세율을 인상 또는 인하하여 부과하는 관세를 말한다.
- 편익관세: 우리나라에 수입되는 물품에 대하여 이미 체결된 외국과의 조약에 따른 편익의 한도에서 관세에 관한 편익을 부여할 수 있다.

④ 협정관세율

관세법 제73조에 규정된 국제협력관세의 세율은 소위 협정세율로서 국제적인 관세협력을 위하여 마련한 세율이다.

⑤ 일반특혜관세율

관세법 제76조 및 제77조에 규정된 일반특혜관세율은 개발도상국으로부터 수입되는 물품에 대하여 선진국이 일방적으로 낮은 관세율을 적용하는 특혜세율이다.

3) 관세율 적용의 우선순위(관세법 제50조)

순위	종류	비고
1순위	덤핑방지관세, 상계관세, 보복관세, 긴급관세, 특정국물품긴급관세, 농림축산물에 대한 특별 긴급관세의 세율	
2순위	편익관세, 국제협력관세	이하의 세율보다 낮은 경우에만 우선 적용
3순위	조정관세, 할당관세, 계절관세	할당관세는 4순위 세율보다 낮은 경우에만 우선 적용
4순위	일반특혜관세(GSP)	
5순위	잠정관세	
6순위	기본관세	

① 기본 세율과 잠정세율은 관세법 별표 관세율표에 따르되, 잠정세율을 기본 세율에 우선하여 적용한다.
② 관세법 제51조부터 제77조까지의 세율은 관세법 별표 관세율표의 세율에 우선하여 적용한다.
③ 편익관세 및 국제협력관세의 세율은 후순위의 세율보다 낮은 경우에만 우선하여 적용한다.
④ 할당관세의 세율은 일반특혜관세의 세율보다 낮은 경우에만 우선하여 적용한다.

⑤ 관세법 제73조(국제협력관세)에 따라 국제기구와의 관세에 관한 협상에서 국내외의 가격차에 상당하는 율로 양허하거나 국내시장 개방과 함께 기본 세율보다 높은 세율로 양허한 농림축산물 중 대통령령으로 정하는 물품에 대하여 양허한 세율(시장 접근 물량에 대한 양허세율을 포함한다)은 기본 세율 및 잠정세율에 우선하여 적용한다.

3 납세의무 이행과 관세 환급

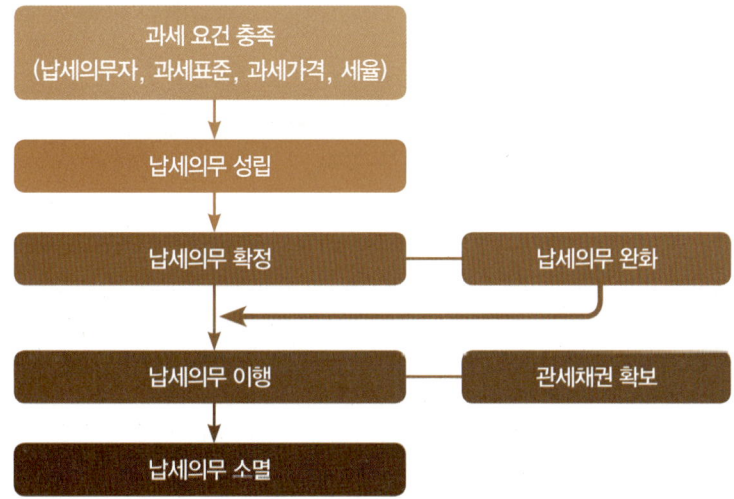

1. 납세의무의 확정

1) 의의

과세의 4대 요건이 충족되면 납세의무가 성립되고, 이러한 납세의무를 납세의무자가 이행할 수 있도록 구체화해야 한다. 이 과정을 납세의무의 확정이라고 한다. 납세의무의 확정 방식은 확정 주체에 따라 신고납부방식과 부과고지방식으로 구분되며, 신고납부방식은 납세의무자가 납세의무를 확정하는 방식이며, 부과고지방식은 과세관청(세관장)이 납세의무를 확정하는 방식이다.

2) 신고납부방식(관세법 제38조)

① 의의

납세의무자가 수입 신고를 할 때, 스스로 과세표준, 납부세액 등을 결정하여 납세신고하고 납부하는 방식을 신고납부방식이라 한다.

② 신고납부의 대상

신고납부하여야 할 대상은 부과고지 대상물품을 제외한 '모든' 수입물품이다.

③ 납세신고

수입자는 수입 신고를 할 때에 세관장에게 관세의 납부에 관한 신고(납세신고)를 하여야 한다.

④ 세액심사

- 원칙: 수입 신고수리 후 세액심사(사후 세액심사)
- 예외: 수입 신고수리 전 세액심사(사전 세액심사)

다음의 경우에는 사전 세액심사를 한다. 다만, ㄱ, ㄴ의 경우에는 물품의 감면 또는 분할 납부의 적정 여부에 대한 심사는 수입 신고수리 전에 하고, 과세가격 및 세율 등에 대한 심사는 수입 신고 수리 후에 한다.

ㄱ. 관세 및 내국세의 감면을 받고자 하는 물품
ㄴ. 관세의 분할 납부를 하려는 물품
ㄷ. 관세의 체납 중에 있는 자가 신고하는 물품(다만, 체납액이 10만 원 미만이거나, 체납기간 7일 이내 수입 신고하는 경우를 제외한다.)
ㄹ. 불성실 신고인이 신고하는 물품
ㅁ. 물품의 가격 변동이 크거나 수입 신고 수리 후에 세액을 심사하는 것이 부적당하다고 관세청장이 정하는 물품

⑤ 세액의 정정

- 세액정정(관세법 제38조 제4항)

납세의무자는 납세 신고한 세액을 납부하기 전에 그 세액이 과부족하다는 것을 알게 되었을 때에는 납세신고한 세액을 정정할 수 있다. 세액 정정신고를 한 경우 납부기한은 당초의 납부기한으로 한다.

- 보정(관세법 제38조의2)

  납세의무자는 신고납부한 세액이 부족하다는 것을 알게 되거나 세액산출의 기초가 되는 과세가격 또는 품목분류 등에 오류가 있는 것을 알게 되었을 때에는 신고납부한 날부터 6개월 이내(보정기간)에 대통령령으로 정하는 바에 따라 해당 세액을 보정해 줄 것을 세관장에게 신청할 수 있다. 세관장이 세액의 부족 등을 먼저 안 경우에는 보정통지를 할 수 있다. 보정을 한 경우 납부기한은 보정신청한 날의 다음날까지로 한다.

- 수정신고(관세법 제38조의3 제1항)

  납세의무자는 신고납부한 세액이 부족한 경우에는 보정기간이 지난 날부터 관세부과의 제척기간이 끝나기 전까지 수정신고를 할 수 있다. 수정신고를 한 경우 납부기한은 수정신고한 날의 다음날까지로 한다.

- 경정청구(관세법 제38조의3 제2항, 제3항)

  납세의무자는 신고납부한 세액이 과다한 것을 알게 되었을 때에는 최초로 납세신고한 날부터 3년 이내에 신고한 세액의 경정을 세관장에게 청구할 수 있다. 경정의 청구를 받은 세관장은 그 청구를 받은 날부터 2개월 이내에 세액을 경정하거나 경정하여야 할 이유가 없다는 뜻을 청구한 자에게 통지하여야 한다.

- 경정(관세법 제38조의3 제4항)

  세관장은 납세의무자가 신고납부한 세액, 납세 신고한 세액 또는 경정 청구한 세액을 심사한 결과 과부족하다는 것을 알게 되었을 때에는 그 세액을 경정하여야 한다. 세관장은 경정한 후 그 세액에 과부족이 있는 것을 발견한 때에는 그 경정한 세액을 다시 경정한다.

⑥ 관세의 납부

- 납부기한

  납세의무자는 납세신고가 수리된 날부터 15일 이내에 해당 세액을 납부하여야 한다. 이 경우 납세의무자는 수입 신고수리 전에도 해당 세액을 납부할 수 있다.

- 관세의 납부 방법

  관세의 납부는 세관으로부터 발행된 납세고지서에 의하여 은행을 방문하여 납부할 수 있으나, 관세계좌이체납부 및 신용카드 등에 의한 납부도 가능하다.

3) 부과고지방식

① 의의

부과고지방식이란 세액을 처음부터 세관장이 결정하여 이를 고지하면, 납세의무자가 고지된 세액을 납기 내에 납부하는 방식을 말한다.

② 부과고지 대상(관세법 제39조 제1항)

- 관세법 제16조 제1호부터 제6호까지 및 제8호부터 제11호까지에 해당되어 관세를 징수하는 경우(수입 신고 전 즉시반출 신고를 제외한 예외적인 과세물건 확정시기의 경우)
- 보세건설장에서 건설된 시설로서 관세법 제248조(신고의 수리)에 따라 수입 신고가 수리되기 전에 가동된 경우
- 보세구역(보세구역외 장치를 허가받은 장소를 포함)에 반입된 물품이 관세법 제248조 제3항(신고수리 전 반출 금지 규정)을 위반하여 수입 신고가 수리되기 전에 반출된 경우
- 납세의무자가 관세청장이 정하는 사유로 과세가격이나 관세율 등을 결정하기 곤란하여 부과고지를 요청하는 경우
- 관세법 제253조(수입 신고 전의 물품반출)에 따라 수입 신고 전 즉시 반출한 물품을 반출 신고 후 10일 내 수입 신고를 하지 아니하여 관세를 징수하는 경우
- 그 밖에 관세법 제38조(신고납부)에 따른 납세신고가 부적당한 것으로서 기획재정부령으로 정하는 경우

  - 여행자 또는 승무원의 휴대품 및 별송품
  - 우편물(수입 신고대상 우편물 제외)
  - 법령의 규정에 의하여 세관장이 관세를 부과, 징수하는 물품
  - 위 물품 외에 납세신고가 부적당하다고 인정하여 관세청장이 지정하는 물품

③ 납세고지

납세고지란 확정된 관세채권에 대하여 과세관청이 납부기한을 정하여 그 이행을 청구하는 행위를 말한다. 부과고지 규정과 관세추징 규정에 따라 세관장이 관세를 징수하려는 경우에는 납세의무자에게 납세고지를 하여야 한다.

④ 납부기한

납세고지를 받은 자는 그 고지를 받은 날부터 15일 이내에 해당 세액을 세관장에게 납부하여야 한다.

4) 가산금(관세법 제41조)

가산금은 일종의 연체세로 납부기한까지 완납하지 못한 경우에는 체납된 관세에 대하여 가산금을 징수한다.

5) 가산세(관세법 제42조)

가산세는 행정벌적 성격을 지니고 있으며, 세법에서 규정하고 있는 의무를 위반한 경우에 징수할 세액에 더하여 징수하는 금액을 말한다. 가산세는 관세의 세목으로 한다. 가산세의 종류는 다음과 같다.

- 신고납부불성실 가산세(관세법 제42조)
- 수입, 반송 신고지연 가산세(관세법 제241조)
- 재수출 불이행 가산세(관세법 제97조부터 제98조까지)
- 휴대품, 이사물품 신고 불이행에 대한 가산세(관세법 제241조)
- 즉시반출 신고물품 수입 신고 불이행에 대한 가산세(관세법 제253조)

2. 납세의무의 완화

1) 의의

관세법에서는 납세의무의 이행을 유도하기 위해 일정한 요건에 해당하는 경우에는 납세의무를 완화해주고 있다. 이것을 납세의무의 완화라고 하며, 완화제도에는 관세감면, 분할납부 및 월별납부제도가 있다.

2) 관세 감면

① 의의

국가에서는 정책 목적을 달성하기 위해 일정한 요건에 해당하는 경우에는 수입하는 물품의 세액에 전부 또는 일부를 면제해 주고 있다. 이것을 관세 감면제도라 한다. 관세 감면제도는 조건부 감면과 무조건 감면이 있다. 조건부 감면은 수입 후 일정한 해제요건이 있고 사후관리가 있으며, 무조건 감면은 사후관리 등이 없다.

② 종류

- 무조건 감면제도
    - 외교관용 물품 등의 면세(관세법 제88조)
    - 정부용품 등의 면세(관세법 제92조)
    - 소액물품 등의 면세(관세법 제94조)
    - 여행자 휴대품 · 이사물품 등의 면세(관세법 제96조)
    - 재수입 면세(관세법 제99조)
    - 손상감세(관세법 제100조)
    - 해외임가공물품 등의 감세(관세법 제101조)

- 조건부 감면제도
    - 세율불균형물품의 면세(관세법 제89조)
    - 학술연구용품의 감면세(관세법 제90조)
    - 종교용품 · 자선용품 · 장애인용품 등의 면세(관세법 제91조)
    - 특정 물품의 면세 등(관세법 제93조)
    - 환경오염방지물품 등에 대한 감면세(관세법 제95조)
    - 재수출 면세(관세법 제97조)
    - 재수출 감면세(관세법 제98조)

3) 관세의 분할납부(관세법 제107조부터 제108조까지)

① 의의

분할납부는 특별한 사유의 발생으로 관세를 일시에 전액 납부하는 것이 불합리하다고 인정되는 경우 등에는 부과된 관세를 일정기간 동안 분할하여 납부하는 제도이다.

② 대상

- 천재지변 등의 사유 발생시(관세법 제107조 제1항)

    다음의 경우에는 1년을 넘지 아니하는 기간을 정한 후 관세를 분할하여 납부하게 할 수 있다.

    - 천재지변
    - 전쟁 · 화재 등 재해나 도난으로 인하여 재산에 심한 손실을 입은 경우

- 사업에 현저한 손실을 입은 경우
- 사업이 중대한 위기에 처한 경우
- 그 밖에 세관장이 위에 준하는 사유가 있다고 인정하는 경우

• 특정 물품 수입시(관세법 제107조 제2항)
정부나 지방자치단체가 수입하는 물품 등으로 기획재정부령으로 정하는 경우에는 5년을 넘지 아니하는 기간을 정하여 관세를 분할 납부하게 할 수 있다.

4) 월별 납부

세관장은 관세청장이 정하는 요건을 갖춘 성실납세자가 대통령령으로 정하는 바에 따라 신청을 할 때에는 납부기한이 동일한 달에 속하는 세액에 대해서는 그 기한이 속하는 달의 말일까지 한 번에 납부하게 할 수 있다. 이것을 월별 납부제도라 한다.

3. 납세의무의 소멸

1) 의의

납세의무의 소멸이란, 특정 요건의 충족으로 인해 납부의 의무가 사라지는 것을 말한다.

2) 소멸사유

① 관세를 납부하거나 관세에 충당한 때
② 관세부과가 취소된 때
③ 관세를 부과할 수 있는 기간에 관세가 부과되지 아니하고 그 기간이 만료된 때
④ 관세징수권의 소멸시효가 완성된 때

4. 관세채권의 확보

1) 의의

과세관청에서는 관세채권을 확보하기 위하여 납세자 등으로부터 물적, 인적담보를 요구하여 담보를 제공받을 수 있다. 이것을 납세담보제도라 하며, 이외에도 관세징수의 우선, 관세의 강제징수 등의 관세채권 확보수단이 있다.

2) 담보의 종류

① 금전

② 국채 또는 지방채

③ 세관장이 인정하는 유가증권

④ 납세보증보험증권

⑤ 토지

⑥ 보험에 가입된 등기 또는 등록된 건물 · 공공재단 · 광업재단 · 선박 · 항공기 또는 건설기계

⑦ 세관장이 인정하는 보증인의 납세보증서

3) 담보제공 사유

① 관세채권의 확보가 곤란한 물품에 대하여 수입 신고를 수리하는 경우

② 수입 신고 수리 전 반출 승인을 받아 물품을 반출하는 경우

③ 수입 신고 전 즉시반출 신고를 하고 물품을 반출하는 경우

④ 지식재산권 침해물품에 대한 통관보류 · 유치를 요청하는 경우 및 이에 대한 통관허용 · 유치해제를 요청하는 경우

⑤ 덤핑방지관세 · 상계관세의 잠정조치를 하는 경우, 신규 공급자에 대한 덤핑방지관세 부과를 유예하는 경우

⑥ 관세감면, 분할납부, 월별납부, 기한의 연장을 하는 경우

⑦ 보세구역외 장치허가를 하는 경우

⑧ 보세운송의 신고를 하거나 승인(조난물품 운송승인 포함)을 얻고자 하는 경우

4) 담보의 관세충당(관세법 제25조)

① 의의

   세관장은 담보를 제공한 납세의무자가 그 납부기한까지 해당 관세를 납부하지 아니하면 그 담보를 해당 관세에 충당할 수 있다. 이 경우 납부기한이 지난 후에 충당하더라도 가산금 규정을 적용하지 아니한다.

② 충당 방법

   • 매각

      - 국채 또는 지방채

- 세관장이 인정하는 유가증권
- 토지
- 보험에 가입된 등기 또는 등록된 건물·공장재단·광업재단·선박·항공기 또는 건설기계

• 보증인에게 담보한 관세에 상당하는 금액을 납부할 것을 즉시 통보
- 납세보증보험증권
- 세관장이 인정하는 보증인의 납세보증서

5. 관세법상 관세 환급

1) 의의

세관장은 납세의무자가 관세·가산금·가산세 또는 체납 처분비의 과오납금 또는 이 법에 따라 환급하여야 할 환급 세액의 환급을 청구할 때에는 지체 없이 이를 관세 환급금으로 결정하고 30일 이내에 환급하여야 하며, 세관장이 확인한 관세환급금은 납세의무자가 환급을 청구하지 아니하더라도 환급하여야 한다.

2) 종류

① **계약 내용과 다른 물품에 대한 관세환급(관세법 제106조)**

수입 신고로 수리된 물품이 계약 내용과 다르고, 수입 신고 당시의 성질이나 형태가 변경되지 아니한 경우, 해당 물품이 수입 신고 수리일부터 1년 이내에 보세구역(보세구역외 장치허가를 받은 장소를 포함)에 이를 반입하였거나 다시 수출한 경우 또는 보세공장에 이를 다시 호정하여 수입 신고수리일부터 1년 내에 보세구역 또는 보세구역 외의 세관장 허가받은 장소에 반입하여 세관장 승인을 받아 폐기하였을 때에도 그 관세를 환급한다.

② **지정보세구역 장치물품의 멸실·손상으로 인한 관세의 환급(관세법 제106조)**

수입 신고 수리된 물품이 수리 후에 지정보세구역에 계속 장치되어 있는 중, 재해로 멸실되거나 변질 또는 손상되어 그 가치가 떨어졌을 때에는 그 관세의 전부 또는 일부를 환급할 수 있다.

③ **종합보세구역 내 판매물품에 대한 관세 등의 환급(관세법 제199조의2)**

외국인 관광객 등이 종합보세구역에서 구입한 물품을 국외로 반출하는 경우에는 해당 물품을 구입할 때 납부한 관세 및 내국세 등을 환급받을 수 있다.

운송, 통관 및 보세제도

1. 운송수단

1) 의의

외국 무역선이나 외국 무역기는 개항에 한정하여 운항할 수 있다. 여기서 개항이란 관세법의 규정에 따라 대통령령으로 지정한 항구 또는 공항을 말한다.

개항은 다음과 같다.

항구	인천항·부산항·마산항·여수항·목포항·군산항·제주항·동해묵호항·울산항·통영항·삼천포항·장승포항·포항항·장항항·옥포항·광양항·평택당진항·대산항·삼척항·진해항·완도항·속초항·고현항·경인항
공항	인천공항·김포공항·김해공항·제주공항·청주공항·대구공항·무안공항

2) 운송수단

① **선박과 항공기**

외국무역선이나 외국무역기가 개항에 입항 시에는 선장이나 기장은 입항보고를 해야 한다. 그리고 출항 시에는 선장이나 기장은 출항하기 전에 세관장에게 출항 허가를 받아야 한다.

② **차량**

국경을 출입하는 차량은 관세통로를 경유하여 출입하여야 하며, 관세청장이 지정한 국경에 근접한 철도역이나 세관장이 지정한 관세통로에 접속한 장소인 통관장에 정차하여야 한다. 국경출입 차량이 통관역이나 통관장에 도착하면 통관역장이나 차량의 운전자는 지체 없이 세관장에게 도착보고를 하여야 한다. 출발 시에는 통관역장이나 차량의 운전자는 출발하기 전에 세관장에게 출발보고를 하고 출발 허가를 받아야 한다.

2. 통관

1) 의의

통관이란 관세법에 따른 절차를 이행하는 것으로 물품을 수출·수입 또는 반송하는 것을 말한다.

2) 수출, 수입 또는 반송 신고(관세법 제241조부터 제243조까지)

물품을 수출, 수입 또는 반송하려면 해당 물품의 품명·규격·수량 및 가격과 그 밖에 대통령령으로 정하는 사항을 세관장에게 신고하여야 한다.

① 필수 신고사항은 다음과 같다.

- 해당 물품의 품명·규격·수량 및 가격
- 포장의 종류·번호 및 개수
- 목적지·원산지 및 선적지
- 원산지 표시 대상 물품인 경우에는 표시 유무·방법 및 형태
- 상표
- 사업자등록번호·통관고유부호 및 해외공급자부호 또는 해외 구매자 부호
- 물품의 장치장소
- 그 밖의 참고사항

② 수출·수입·반송 등의 신고인

신고는 화주 또는 관세사 등의 명의로 하여야 한다. 다만, 수출신고의 경우에는 화주에게 해당 수출물품을 제조하여 공급한 자의 명의로 할 수 있다.

③ 신고 시의 제출서류

수출·수입 또는 반송의 신고를 하는 자는 다음의 서류를 제출하여야 한다. 해당 서류를 관세사 등에게 제출하고 관세사 등이 해당 서류를 확인한 후 신고를 한다.

- 선하증권 사본 또는 항공화물운송장 사본
- 원산지증명서(제출 대상인 경우)
- 기타 참고서류

④ 물품의 검사(관세법 제246조부터 제247조까지)

- 의의

  세관공무원은 수출·수입 또는 반송하려는 물품에 대하여 검사를 할 수 있다. 관세청장은 검사의 효율을 거두기 위하여 검사대상·검사범위·검사 방법 등에 관하여 필요한 기준을 정할 수 있다. 물품검사란 수입 신고된 물품 이외에 은닉된 물품이 있는지 여부와 수입 신고사항과 현품

의 일치 여부를 확인하는 것을 말한다. 현행 수입물품에 대한 검사 여부는 우범화물자동선별제도에 의하여 선별된 물품과 무작위 추출 방식에 의하여 선별된 물품에 대하여 실시한다.

- 우범화물자동선별시스템(Cargo Selectivity)

  수출입되는 물품 중에서 전산에 미리 등록된 기준에 따라 우범 가능성이 높다고 예측되는 물품을 골라 집중적으로 검사함으로써 검사의 효율성을 높이고자 하는 검사관리기법으로 제한된 검사인원으로 수출입 통관 물량 증가에 대처하여 우범성 있는 필요·최소한의 물품만으로 중점 검사하여 전체 수출입물품에 대한 검사 비율은 낮추고 적발 비율을 높여서 화물의 신속한 유통으로 물류비용을 경감시키며 위법·부당한 물품의 통관기도를 효과적으로 적발하고 예방하기 위한 제도이다.

⑤ 신고의 처리(관세법 제248조부터 제251조까지)

- 신고의 수리

  세관장은 수출·수입·반송의 신고가 적법하게 이루어졌을 때에는 이를 지체 없이 수리하고 신고인에게 신고필증을 발급하여야 한다.

- 신고사항의 보완

  세관장은 다음 각 호의 하나에 해당하는 경우에는 수출·수입·반송의 신고가 수리되기 전까지 갖추어지지 아니한 사항을 보완하게 할 수 있다. 다만, 해당 사항이 경미하고 신고수리 후에 보완이 가능하다고 인정되는 경우에는 신고수리 후에 이를 보완하게 할 수 있다.

  - 수출·수입 또는 반송에 관한 신고서의 기재사항이 갖추어지지 아니한 경우
  - 제출 서류가 갖추어지지 아니한 경우

- 신고의 취하 및 각하

  신고는 정당한 이유가 있는 경우에만 세관장의 승인을 받아 이를 취하할 수 있다. 신고의 취하를 승인한 때에는 신고 수리의 효력은 상실된다. 세관장은 수출·수입 또는 반송의 신고 및 입항 전 수입 신고의 신고가 그 요건을 갖추지 못하였거나 부정한 방법으로 신고되었을 때에는 해당 수출·수입 또는 반송의 신고를 각하할 수 있다.

- 수출신고수리물품의 적재

  수출신고가 수리된 물품은 수출신고가 수리된 날부터 30일 이내에 운송수단에 적재하여야 한

다. 다만, 기획재정부령으로 정하는 바에 따라 1년의 범위에서 적재기간의 연장승인을 받은 것은 그러하지 아니하다.

⑥ 통관의 제한

- **의의**

  수출입금지물품, 재산권 침해물품 및 원산지 허위표시 물품 등은 통관을 제한할 수 있다.

- **수출입금지물품**

  다음 각 호의 어느 하나에 해당하는 물품은 수출하거나 수입할 수 없다.

  - 헌법질서를 문란하게 하거나 공공의 안녕질서 또는 풍속을 해치는 서적·간행물·도화·영화·음반·비디오물·조각물 또는 그 밖에 이에 준하는 물품
  - 정부의 기밀을 누설하거나 첩보활동에 사용되는 물품
  - 화폐·채권이나 그 밖의 유가증권의 위조품·변조품 또는 모조품

- **지식재산권 보호(관세법 제235조)**

  지식재산권을 침해하는 물품은 수출하거나 수입할 수 없다. 다만, 여행자 휴대품 또는 우편물 등 상업적 목적이 아닌 개인용도에 사용하기 위하여 소량으로 수출입 되는 물품에 대해서는 이 규정을 적용하지 아니한다. 여기서 관세법상 보호 규정을 두고 있는 지식재산권은 다음과 같다.

  - [상표법]에 따라 설정 등록된 상표권
  - [저작권법]에 따른 저작권과 저작인접권(저작권 등)
  - [식물신품종 보호법]에 따라 설정 등록된 품종보호권
  - [농산물품질관리법] 또는 [수산물품질관리법]에 따라 등록되거나 조약·협정 등에 따라 보호대상으로 지정된 지리적 표시권 또는 지리적 표시(지리적 표시권 등)
  - [특허법]에 따라 설정 등록된 특허권
  - [디자인보호법]에 따라 설정 등록된 디자인권

- **원산지 허위표시물품 등의 통관 제한(관세법 제230조)**

  세관장은 법령에 따라 원산지를 표시하여야 하는 물품이 다음 각 호의 어느 하나에 해당하는 경우에는 해당 물품의 통관을 허용해서는 안된다. 다만, 위반사항이 경미한 경우에는 이를 보완·정정하도록 한 후 통관을 허용할 수 있다.

- 원산지 표시가 법령에서 정하는 기준과 방법에 부합되지 아니하게 표시된 경우
- 원산지 표시가 부정한 방법으로 사실과 다르게 표시된 경우
- 원산지 표시가 되어 있지 아니한 경우

3. 보세구역

1) 의의
보세구역이란 수입 신고가 미수리된 상태의 외국물품을 세관의 관리하에 장치, 검사, 전시, 제조가공, 판매할 수 있는 구역을 말한다.

2) 종류
보세구역은 지정보세구역, 특허보세구역 및 종합보세구역으로 구분하며, 지정보세구역은 지정장치장, 세관검사장이 있고 특허보세구역은 보세창고, 보세공장, 보세전시장, 보세건설장 및 보세판매장이 있다.

① 지정보세구역

- 의의

  세관장은 국가, 지방자치단체, 공항시설 또는 항만시설을 관리하는 법인에 해당하는 자가 소유하거나 관리하는 토지·건물 또는 그 밖의 시설을 지정보세구역으로 지정할 수 있다. 지정보세구역에는 지정장치장, 세관검사장이 있다.

- 지정장치장

  지정장치장은 세관장이 지정한 구역으로 통관을 하려는 물품을 일시 장치하기 위한 장소이다. 장치기간은 6개월의 범위에서 관세청장이 정하며, 관세청장이 정하는 기준에 따라 3개월의 범위에서 그 기간을 연장할 수 있다.

- 세관검사장

  세관검사장은 세관장이 지정하는 지역으로 통관하려는 물품을 검사하기 위한 장소이다.

② **특허보세구역**

- 의의

  특허보세구역은 사인의 신청에 의해 세관장이 특허한 보세구역으로 주로 사인의 토지 또는 시설 등에 대하여 특허되고 그 운영은 특허를 받은 사인이 하는 것이다. 특허보세구역은 그 이용 목적에 따라 보세창고, 보세공장, 보세건설장, 보세전시장 및 보세판매장으로 구분된다.

- 보세창고(관세법 제183조부터 제184조까지)

  외국물품 또는 통관을 하고자 하는 물품을 장치하기 위한 구역으로서 세관장의 특허를 받은 곳이다.

- 보세공장(관세법 제185조부터 제189조까지)

  보세공장에는 외국물품을 원료 또는 재료로 하거나 외국물품과 내국물품을 원료 또는 재료로 하여 제조, 가공하거나 그 밖에 이와 비슷한 작업을 할 수 있다. 보세공장에서는 세관장의 허가를 받지 아니하고는 내국물품을 원료로 하거나 재료로 하여 제조, 가공하거나 그 밖에 비슷한 작업을 할 수 없다.

- 보세전시장(관세법 제190조)

  보세전시장에서는 박람회, 전람회, 견본품전시회 등의 운영을 위하여 외국물품을 장치, 전시하거나 사용할 수 있다.

- 보세건설장(관세법 제191조부터 제195조까지)

  보세건설장에서는 산업시설의 건설에 사용되는 외국물품인 기계류 설비품이나 공사용 장비를 장치, 사용하여 해당 건설공사를 할 수 있다.

- 보세판매장(관세법 제196조)

  보세판매장이란 외국물품을 외국으로 반출하거나 외교관용물품의 면세의 규정에 의하여 관세를 면제받을 수 있는 자가 사용하는 것을 조건으로 판매하는 보세구역을 말한다.

③ **종합보세구역(관세법 제197조부터 제205조까지)**

종합보세구역이란 보세창고 · 보세공장 · 보세전시장 · 보세건설장 또는 보세판매장의 기능 중 둘 이상의 기능을 종합적으로 수행하는 보세구역을 말한다. 즉, 종합보세구역은 '종합보세기능'을 수행하는 보세구역이다.

벌칙

1. 형벌

① 전자문서 위조·변조죄(관세법 제268조의2)

- 국가관세종합정보망이나 전자문서중계사업자의 전산 처리 설비에 기록된 전자문서 등 관련 정보를 위조 또는 변조하거나 위조 또는 변조된 정보를 행사한 자는 1년 이상 10년 이하의 징역 또는 1억 원 이하의 벌금에 처한다.
- 관세법 제327조의2(국가관세종합정보망 운영 사업자의 지정 등)에 따른 지정을 받지 아니하고 국가관세종합정보망 운영 등을 한 경우에는 5년 이하의 징역 또는 5천만 원 이하의 벌금에 처한다.

② 밀수출입죄(관세법 제269조)

- 금지품을 수출하거나 수입한 자는 7년 이하의 징역 또는 7천만 원 이하의 벌금에 처한다.
- 수입 신고를 하지 아니하고 수입하는 행위, 수입 신고를 하였으나 해당 수입물품과 다른 물품으로 신고하여 수입하는 행위를 한 경우에는 밀수입한 것으로 본다. 밀수입을 한 경우에는 5년 이하의 징역 또는 관세액의 10배와 물품원가 중 높은 금액 이하의 상당하는 벌금을 부과하는 밀수입죄로 처벌한다.

③ 관세포탈죄(관세법 제270조)

세액 결정에 영향을 미치기 위하여 과세가격 또는 관세율 등을 거짓으로 신고하거나 신고하지 아니하고 수입하는 행위 등을 한 경우에는 관세포탈한 것으로 본다. 이 경우에는 3년 이하의 징역 또는 포탈한 관세액의 5배와 물품원가 중 높은 금액 이하에 상당하는 벌금에 처한다.

④ 가격조작죄(관세법 제270조의2)

보정신청 등을 할 때 부당하게 재물이나 재산상 이득을 취하거나 제3자로 하여금 이를 취득하게 할 목적으로 물품의 가격을 조작하여 신청 또는 신고한 자는 2년 이하의 징역 또는 물품원가와 5천만 원 중 높은 금액 이하의 벌금에 처한다.

⑤ 밀수품취득죄(관세법 제274조)

밀수출입죄에 해당되는 물품을 취득·양도·운반·보관 또는 알선하거나 감정한 자는 3년 이하의 징역 또는 물품원가 이하에 상당하는 벌금에 처한다.

⑥ 체납처분면탈죄(관세법 제275조의2)

- 납세의무자 또는 납세의무자의 재산을 점유하는 자가 체납처분의 집행을 면탈할 목적 또는 면탈하게 할 목적으로 그 재산을 은닉·탈루하거나 거짓 계약을 하였을 때에는 3년 이하의 징역 또는 3천만 원 이하의 벌금에 처한다.
- 압수물건의 보관자 또는 국세징수법 제38조에 따른 압류물건의 보관자가 그 보관한 물건을 은닉·탈루, 손괴 또는 소비하였을 때에도 3년 이하의 징역 또는 3천만 원 이하의 벌금에 처한다.
- 위 사정을 알고도 이를 방조하거나 거짓 계약을 승낙한 자는 2년 이하의 징역 또는 2천만 원 이하의 벌금에 처한다.

⑦ 허위신고죄 등(관세법 제276조)

- 품명, 규격, 수량, 가격 등을 신고하지 아니하거나 허위신고를 한 자 등은 물품원가 또는 2천만 원 중 높은 금액 이하의 벌금에 처한다.
- 부정한 방법으로 적하목록을 작성하였거나 제출한 자 등은 2천만 원 이하의 벌금에 처한다. 다만, 과실로 재수출감면세 물품용도 외 사용·양도시에 승인을 받지 아니한 경우 등에는 300만 원 이하의 벌금에 처한다.
- 세관공무원의 질문에 대하여 거짓의 진술을 하거나 그 직무의 집행을 거부 또는 기피한 자 등은 1천만 원 이하의 벌금에 처한다. 다만, 과실로 외국 무역선(기)의 입항 보고를 거짓으로 하거나 출항허가를 거짓으로 받은 자 등은 200만 원 이하의 벌금에 처한다.
- 보세사로 근무하려는 자가 해당 보세구역을 관할하는 세관장에게 등록하지 않은 경우에는 500만 원 이하의 벌금에 처한다.

2. 과태료

- 특수관계자 수입물품 과세가격 결정자료 제출 규정(관세법 제37조의4)에 따라 자료 제출을 요구받은 특수관계에 있는 자가 정당한 사유 없이 정해진 기한 내에 자료를 제출하지 아니하거나 거짓의 자료를 제출하는 경우에는 1억 원 이하의 과태료를 부과한다. 이 경우 허위신고 죄는 적용되지 아니한다.
- 관세법의 정해진 허가를 받지 아니하거나 신고를 하지 아니하고 보세공장, 보세건설장, 종합보세구역 또는 지정공장 외의 장소에서 작업을 한 자 등은 1천만 원 이하의 과태료를 부과한다.
- 통관 후 유통이력 신고 규정(관세법 제240조의2)을 위반하여 유통이력을 신고하지 아니하거나 거짓으로 신고한 자 등은 500만 원 이하의 과태료를 부과한다.

- 특허보세구역의 특허사항을 위반한 운영인 등은 200만 원 이하의 과태료를 부과한다.
- 적재물품과 일치하지 아니하는 적하목록을 작성하였거나 제출한 자 등은 100만 원 이하의 과태료를 부과한다.

3. 양벌규정

- 법인의 대표자나 법인 또는 개인의 대리인, 사용인, 그 밖의 종업원이 그 법인 또는 개인의 업무에 관하여 벌칙에 해당하는 위반 행위를 하면 그 행위자를 벌하는 외에 그 법인 또는 개인에게도 해당 조문의 벌금형을 과한다. 다만, 법인 또는 개인이 그 위반 행위를 방지하기 위하여 해당 업무에 관하여 상당한 주의와 감독을 게을리하지 아니한 경우에는 그러하지 아니하다.
- 위 내용에서 개인은 다음 각 호의 어느 하나에 해당하는 사람으로 한정한다.

    - 특허보세구역 또는 종합보세사업장의 운영인
    - 수출(수출용 원재료에 대한 관세 등 환급에 관한 특례법 제4조에 따른 수출 등을 포함)·수입 또는 운송을 업으로 하는 자
    - 관세사
    - 개항 안에서 물품 및 용역의 공급을 업으로 하는 사람
    - 국가관세종합정보망 운영사업자 및 중계사업자

4. 몰수·추징

① 몰수

몰수란 범죄행위에 제공한 물건 및 범죄로 인해 생긴 물건에 대한 사회적 유통을 억제하고, 범죄로 인한 재산적 이익을 회수하기 위하여 그 소유권을 박탈하는 재산형이다.

② 추징

몰수할 물품의 전부 또는 일부를 몰수할 수 없을 때에는 물품의 범칙 당시의 국내도매가격에 상당하는 금액을 범인으로부터 추징한다.

6 FTA

1. 의의

자유무역협정(FTA: Free Trade Agreement)은 양자간 협정으로 회원국간 상품 서비스 투자 지재권 정부조달 등에 대한 관세 비관세 장벽을 완화함으로써 상호간 교역 증진을 도모하는 특혜무역협정을 의미하며 특히 관세철폐에 주요 초점이 맞춰져 있다.

2. 판정기준

1) 완전생산기준

순수한 의미의 완전생산품은 다른 국가의 재료가 전혀 사용되지 않고, 생산품이 한 국가 내에서 모든 생산 과정을 수행한 물품을 말한다. 하지만 실정법에서는 완전생산품의 기준을 완화하고 있다.

① 1국 완전생산품
- 1개 당사국 내에서 완전 생산된 물품

② 역내 완전생산품
- 2개 이상의 체약당사국 영역의 범위 내에서 완전생산된 물품
- 완전생산기준 자체 또는 누적기준에 의하여 폭 넓게 인정되나, 일부 협정은 일반기준 또는 품목별기준으로 누적을 제한하는 경우가 있으므로 주의 필요

③ 완전생산 간주 물품
- 역외에서 생산되거나, 역외산 재료 또는 원산지 불명 재료를 사용한 경우에도 예외적으로 완전생산품으로 인정

2) 실질적변형기준

① 의의

실질적변형기준은 실질적인 변형을 일으켜 본질적인 특성을 부여한 국가를 원산지로 보는 기준이다. 이러한 실질적변형기준에는 세번변경기준, 부가가치기준 및 가공공정기준이 있다.

② 세번변경기준

'세번'은 국제무역에서 거래되는 상품의 품목분류 체계(HS)에 따라 특정 품목에 부여된 품목번호를 말하며 HS CODE로도 불린다. 이 HS CODE는 일련의 숫자로 구성되어 있으며 동일한 품목의 HS CODE는 숫자 6자리까지는 특정한 품목을 제외하고는 국제적으로 동일하다. 우리나라에서 사용하는 HS CODE는 숫자 10자리까지 사용한다. 이러한 HS CODE는 숫자 자리수가 늘어남에 따라 품목이 대분류, 중분류, 소분류로 구체화된다. 이러한 HS CODE가 변경되었다는 것은 물품의 본질적인 특성이 부여된 것이므로 HS CODE가 변경된 국가를 원산지로 보는 기준을 세번변경기준이라 한다.

③ 부가가치기준

- 의의

  부가가치기준은 불완전 생산품에 대한 원산지결정기준의 한 종류로써 역내에서 일정한 수준의 부가가치가 창출된 경우에 원산지 물품으로 인정하는 것이다. 부가가치는 상품과 그것을 구성하는 재료의 가격, 제조경비, 이윤 및 일반 경비 등을 기초로 하기 때문에 다른 기준에 비하여 적용이 복잡하고 이해관계자 간의 마찰 소지도 많다. 이와 같이 운영상의 어려움이 예견됨에도 협정에서는 부가가치 비율 산출을 위한 기본적인 사항을 정하고 있을 뿐이다. '일반기준'으로 부가가치 비율 계산공식, 상품 및 재료 가격 계상기준 중 기본적인 사항, '개별기준'으로 품목별로 요구되는 부가가치 비율을 정하고 있을 뿐이다. 재료비에 포함되는 물품의 구체적인 범위, 제조경비·이윤 및 일반 경비 등의 계상기준은 관세평가협정, 인코텀즈 및 각국에서 일반적으로 인정된 회계기준을 따르도록 하고 있다.

- 산출공식

  - RC법(한·칠레 FTA, 한·싱가포르 FTA, 한·아세안 FTA, 한·미 FTA 등)

    공제법(Build-down Method) : 상품가격에서 비원산지 재료의 가격을 제외한 나머지 부분을 역내 가치로 보는 방식이다. 따라서 원산지 재료비 비율이 낮고 가공비 비율이 높은 경우에 적용하면 유리하다. 산출된 부가가치 비율이 각 FTA협정에서 정해진 비율보다 높은 경우에 원산지로 인정되며, 이는 집적법, 순원가법 전부 동일하게 적용된다.

$$\text{부가가치 비율} = \frac{\text{상품가격} - \text{비원산지 재료비}}{\text{상품가격}} \times 100$$

집적법(Build-up Method): 생산자가 상품의 생산에 사용한 원산지 재료비가 상품의 가격에서 차지하는 비율을 역내가치로 보는 방식이다. 따라서 원산지 재료비의 비중이 높은 경우 적용하면 쉽게 부가가치 비율을 산출할 수 있다.

$$부가가치\ 비율 = \frac{원산지\ 재료비}{상품가격} \times 100$$

순원가법(Net Cost Method): 순원가법은 공제법의 일종이다. 공제법은 상품의 가격을 수출국에서 출발할 때의 가격을 기준으로 하는데 비하여, 순원가법은 그 가격에서 판매비용 등 일정 비용을 제외한 가격으로 한다는 점이 다를 뿐이다.

$$부가가치\ 비율 = \frac{상품가격(순원가) - 비원산지\ 재료비}{상품가격(순원가)} \times 100$$

- MC법(한 · EFTA, 한 · EU FTA 등)

비원산지 재료비가 상품 가격의 일정비율 이하일 것으로 정하는 방식이다. 산출된 부가가치 비율이 각 FTA협정에서 정해진 비율보다 낮은 경우에 원산지로 인정된다.

$$부가가치\ 비율 = \frac{비원산지\ 재료비}{상품가격} \times 100$$

④ 가공공정기준

가공공정기준은 불완전 생산품에 대한 원산지결정기준 중 품목별 기준의 한 종류로써 역내에서 협정이 정한 생산공정을 거쳐야 원산지물품으로 인정하는 것이다. 예를 들어, 한미 FTA에서는 섬유제품의 경우에 실을 만드는 공정에서부터 직물을 만드는 공정, 재단 · 봉제공정까지 해당국에서 수행되어야 원산지로 인정된다.

3) 체결 현황

(2015년 1월 1일 기준. 관세청 자료)

상대국	추진 현황			의의
	협상 개시	서명	발효	
칠레	1999년 12월	2003년 2월	2004년 4월 1일	최초의 FTA, 중남미 시장의 교두보
싱가포르	2004년 1월	2005년 8월	2006년 3월 2일	아세안 시장의 교두보
EFTA(4개국)	2005년 1월	2005년 12월	2006년 9월 1일	유럽 시장의 교두보
아세안 (10개국)	2005년 2월	2006년 8월 (상품 협정)	2007년 6월 1일 (국가별 상이)	제2의 교역 대상
인도	2006년 3월	2009년 8월	2010년 1월 1일	BRICs 국가, 거대시장
EU(28개국)	2007년 5월	2010년 10월	2011년 7월 1일	세계 최대 경제권
페루	2009년 3월	2011년 3월	2011년 8월 1일	자원부국, 중남미 시장의 교두보
미국	2006년 6월	2007년 6월	2012년 3월 15일	거대 선진 경제권
터키	2010년 4월	2012년 8월	2013년 5월 1일	유럽·중앙아 진출 교두보
호주	2009년 5월	2014년 4월	2014년 12월 12일	자원부국, 오세아니아 주요 시장
캐나다	2005년 7월	2014년 9월	2015년 1월 1일	북미 선진 시장

* EFTA: 스위스, 노르웨이, 아이슬란드, 리히텐슈타인
* 아세안: 말레이시아, 싱가포르, 베트남, 미얀마, 인도네시아, 필리핀, 브루나이, 라오스, 캄보디아, 태국
* EU: 오스트리아, 벨기에, 영국, 체코, 키프로스, 덴마크, 에스토니아, 핀란드, 프랑스, 독일, 그리스, 헝가리, 아일랜드, 이탈리아, 라트비아, 리투아니아, 룩셈부르크, 몰타, 네덜란드, 폴란드, 포르투갈, 슬로바키아, 슬로베니아, 스페인, 스웨덴, 불가리아, 루마니아, 크로아티아

7 무역 실무

1. 의의

무역이라는 것은 국제물품매매거래를 말한다. 국제물품매매거래는 국내물품매매거래와 다르게 격지간의 거래이다. 격지간의 거래라는 것은 동일 지역이 아닌 한 지역과 떨어져 있는 다른 지역 간에 일어나는 거래를 말한다. 이러한 격지간의 거래에서는 주 계약인 무역 계약에 수반되는 종속 계약이 있다. 이 종속 계약은 운송 계약, 대금결제 계약, 보험 계약이다. 다음은 이러한 무역의 성립 절차와 운송계약 내용에서 중요한 인커텀즈에 대해 설명하겠다.

2. 절차

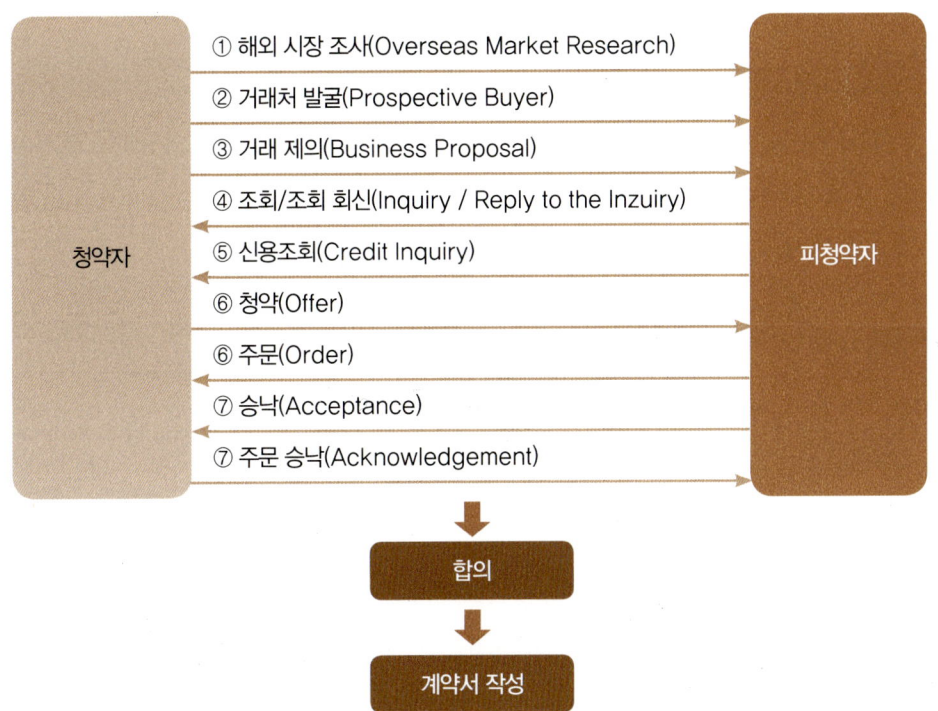

3. 인커텀즈(INCOTERMS)

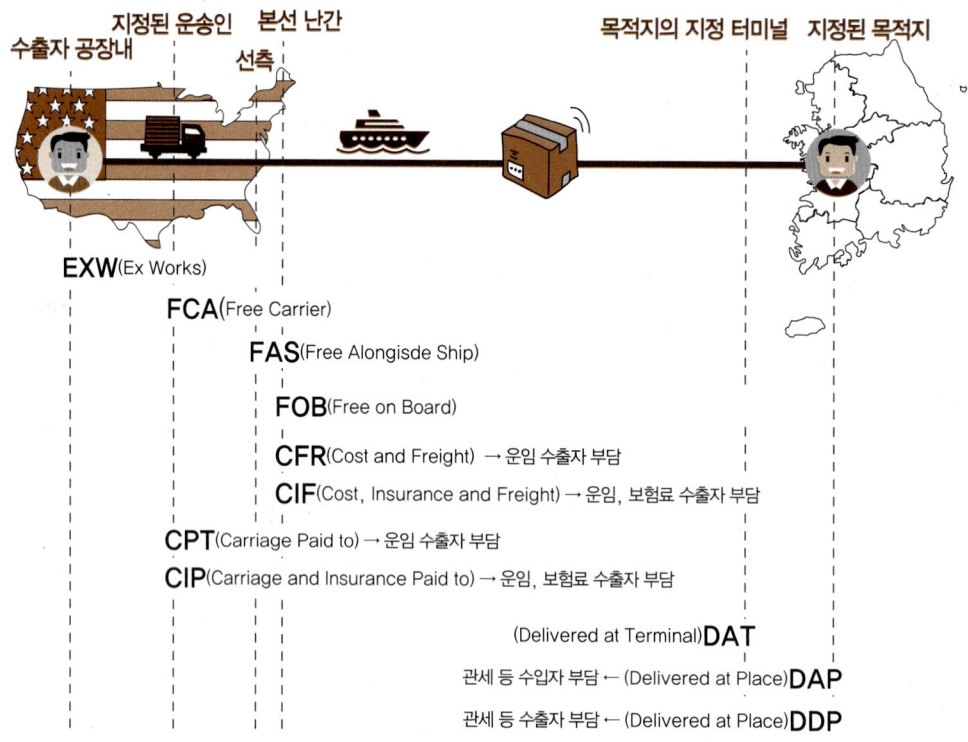

1) 의의

인커텀즈는 매도인과 매수인 간의 물품인도에 관련된 권리의무 관계를 규정하고 있는 것으로 관습으로 내려오다 1936년도 ICC(International Chamber of Commerce)에 의해 체계화되었다. 인커텀즈는 11개의 인도 조건으로 구성되어 있으며, 각 조건마다 계약물품의 위험과 비용의 부담 주체 및 의무 등을 규정하고 있다.

2) 종류

① EXW(Ex Works: 작업장 인도 조건)

매도인의 영업장 구내(작업장 또는 공장 구내 등)에서 계약물품을 인수 가능하게 적치시 물품의 비용, 위험이 매도인에서 매수인에게 인도된다.

② FCA(Free Carrier: 운송장 인도 조건)

매도인이 계약물품을 지정된 장소에서 매수인이 지정한 운송인에게 인도시 물품의 비용, 위험이 매도인에서 매수인에게 인도된다.

③ FAS(Free Alongside Ship: 선측 인도 조건)

매도인이 지정된 선적항에서 본선의 선측에 계약물품을 적치한 때 물품의 비용, 위험이 매도인에게서 매수인에게 인도된다.

④ FOB(Free on Board: 본선 인도 조건)

매도인이 지정된 선적항에서 계약물품이 본선의 선측난간을 통과함으로써 물품의 비용, 위험이 매도인에게서 매수인에게 인도된다.

⑤ CFR(Cost and Freight: 운임 포함 인도 조건)

계약물품이 선적항에서 본선의 난간을 통과하는 때에 물품의 위험이 매도인에게서 매수인에게 인도된다. 다만, 매도인은 선적 완료 시점까지의 모든 비용과 목적항까지 물품 운송에 소요되는 비용을 부담한다.

⑥ CIF(Cost, Insurance and Freight: 운임·보험료 포함 인도 조건)

계약물품이 선적항에서 본선의 난간을 통과하는 때에 물품의 위험이 매도인에게서 매수인에게 인도된다. 다만, 매도인은 선적 완료 시점까지의 모든 비용과 지정된 목적항까지 물품 운송에 소요되는 비용 및 해외 운송 보험에 대한 비용을 부담한다.

⑦ CPT(Carriage Paid to: 운송비 지급 인도 조건)

매도인이 계약물품을 매도인이 지정한 운송인에게 물품을 인도하는 때에 물품의 위험이 매도인에게서 매수인에게 인도된다. 다만, 매도인은 약정된 목적지까지 운송하는 비용을 부담한다.

⑧ CIP(Carriage and Insurance Paid to: 운송비·보험료 지급 인도 조건)

매도인이 계약물품을 매도인이 지정한 운송인에게 물품을 인도하는 때에 물품의 위험이 매도인에게서 매수인에게 인도된다. 다만, 매도인은 약정된 목적지까지 운송하는 비용 및 운송보험에 대한 비용을 부담한다.

⑨ DAT(Delivered at Terminal: 운송비, 보험료 지불 인도 조건)

매도인은 계약물품을 수입국의 지정된 터미널까지 운송하는데 발생하는 비용과 위험을 부담한다.

⑩ DAP(Delivered at Place: 지정장소 인도 조건)

매도인은 계약물품을 수입국의 지정된 지점까지 운송하는데 발생하는 비용과 위험을 부담한다.

⑪ DDP(Delivered Duty Paid: 관세 지급 인도 조건)

매도인은 계약물품을 매수인에게 인도하는 지점까지 발생하는 비용과 위험을 부담한다.

CHAPTER 3
저작권법 및 상표권

이 장에서 상표와 저작권을 중심으로 지식재산권에 대한 기초 지식을 학습한다. 온라인 쇼핑몰 운영을 위한 정당한 권리 획득과 동시에 타인의 권리침해 리스크를 최소화하고자 한다.

1 지식재산권

1. 지식재산 뉴스

1) 잭니클라우스 vs 잭테일러(2010)

그림 1-1

그림 1-2

그림 2-1

그림 2-2

▲ 잭니클라우스 표장(그림 1-1, 1-2)과 유사상표 표장(그림 2-1, 2-2)

잭니클라우스(Jack Nicklaus)는 잭테일러(Jack Taylor)를 상대로 한 상표권 침해 소송에서 두 상표가 유사하지 않다는 판결이 나와 패소하였다. 재판부는 결정문에서 '〈그림 1-2〉의 잭니클라우스의 상표는 곰의 옆모습을 2차원적으로 윤곽만을 형상화한 것인 반면, 〈그림 2-2〉 잭테일러의 표장은 곰의 앞모습을 입체적이고 사실적으로 표현하여 그 모양이나 표현 방식 등 외관이 상당히 다르다.'고 하면서 모두 '곰 상표'라고 불릴 수 있어 그 호칭과 관념이 유사하다고 볼 수 있으나 그 이유만으로 대비되는 두 상표가 전체적으로 유사한 상표라고 한다면 상표의 유사 범위가 지나치게 확대되어 제3자의 상표 선택의 자유를 부당하게 제한하는 불합리한 결과를 가져올 수 있다고 밝혔다. 하지만 〈그림 1-1〉과 〈그림 2-1〉은 곰의 색이 동일하고 옆모습을 그렸다는 점에서 유사성을 가진다고 하였다.

〈법률신문 김소영기자, '잭테일러 상표, 잭니클라우스와 혼동 안된다', 2008.04.25〉

2) 버버리 vs LG패션(2013)

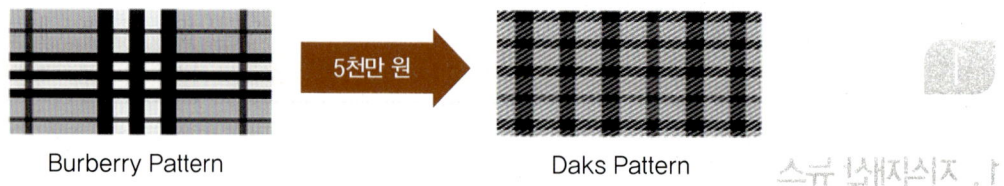

2013년 2월, 영국 패션 브랜드 버버리가 LG패션을 상대로 체크무늬에 대한 상표권 침해 소송을 제기해 큰 화두가 되었다. 버버리는 LG패션이 자사 등록상표인 체크무늬를 모방했다며 닥스 셔츠의 제조, 판매를 중단하고 5천만 원을 손해배상하라는 청구 소송을 냈다. 이에 LG패션은 체크무늬는 누구나 사용할 수 있는 디자인 요소로 전 세계 패션 브랜드 제품에 활용되고 있다고 반박했다. 이 체크무늬 소송은 결국 버버리의 승리로 끝났다. 버버리 고유의 체크무늬는 1998년 특허청에 상표등록이 되어 있던 상품이며 그 무늬 자체만으로 버버리의 제품으로 인식될 수 있다는 점이 인정되었다. 이에 따라 버버리는 해당 디자인에 대한 배타적인 권리를 가지고 있고 이를 침해하면 상표법에 따라 7년 이하 징역이나 1억 원 이하의 벌금이 처해진다.

〈조선닷컴, 윤종은기자, '버버리, 체크무늬 소송서 LG패션에 완승, 법원 결정조서 단독 입수', 2014.02.27〉

3) 뉴발란스 vs 유니스타

2011년 3월, 뉴발란스는 유니스타를 상대로 'N'의 유사성으로 상표권을 침해한다는 소송을 제기했다. 하지만 당시 특허심판원은 뉴발란스의 'N'은 간단하고 흔하기 때문에 상표권으로 보호받을 수 있는 대상이 아니며 외관이나 호칭 또한 서로 다르기 때문에 일반 소비자가 혼동할 우려가 없다며 패소를 판결했다. 뉴발란스는 패소를 인정하지 못해 대법원에 상표권 권리 확인 소송 상고심을 제기했고 이를 통해 기존의 판결을 뒤엎을 수 있었다. 대법원은 상표권 등록 결정 당시에는 식별력이 없거나 미약했다 하더라도 소송 시점에 소비자들 사이에서 상품을 확실히 인지할 정도의 식별력을 가지게 된 경우 이를 기초로 상표의 유사 여부를 판단해야 한다고 판결했다. 또한 유니스타의 표장에는 영문으로 된 회사명보다 N 모양이 더 두드러져 보인다며, 두 회사의 표장이 서로 혼동될 우려가 있어 유사상표로 볼 수 있다고 덧붙였다. 이렇듯 상표는 그 회사의 제품을 타사의 제품과 구별할 수 있는 척도가 되며, 회사의 이윤과도 밀접한 연관이 있기 때문에 침해 받지 않아야 하며 보호되어야 할 권리가 있다.

〈법률신문 신소영기자, '대법원 뉴발란스 N로고 식별력 인정된다', 2014.03.20〉

4) 위키피디아 vs 데이비드 슬레이터

슬레이터는 2011년 인도네시아 여행 도중에 멸종 위기에 놓인 아프리카 원숭이 마카크 원숭이에게 카메라를 뺏겼다가 되찾게 되었다. 그는 되찾은 카메라 사진을 확인하던 중 원숭이가 미소를 지으며 셀카를 찍은 것을 보고 깜짝 놀랐다. 원숭이 셀카가 일부러 연출을 하고 찍은 것보다 잘 찍혔다고 밝혔으며 이 사진은 신문, 웹사이트, 잡지 등을 통해 보도되면서 유명세를 탔다. 위키피디아가 이 사진을 실으면서 논란이 벌어졌으며 작가는 사진 삭제를 요청했지만 위키피디아는 원숭이가 사진을 찍었으므로 슬레이터에게는 저작권이 없다고 주장했다. 반면 사진작가 슬레이터는 사진을 원숭이가 찍은 것은 맞지만 나와 내 카메라가 없었다면 존재하지 않았을 것이라며 반박했고 위키피디아의 도용으로 인해 1만 파운드(한화 약 1,750만 원)의 손실을 입었다고 주장하며 법원에 해당 액수만큼의 청구 소송을 냈다.

〈스포츠경향 온라인뉴스팀, '원숭이 셀카 저작권 분쟁, 과연 법원은 누구 손을?', 2014.08.07〉

2. 지식재산권 개념과 구분

1) 지식재산권의 정의

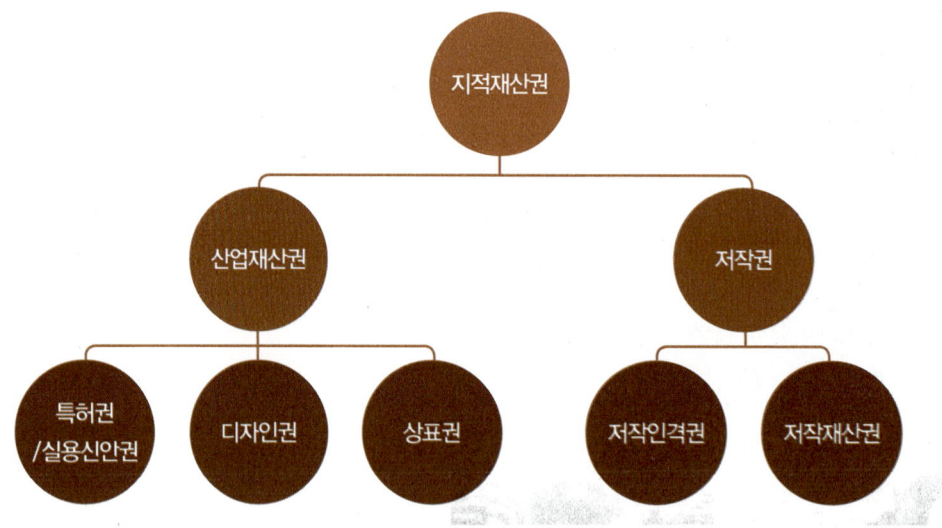

① **지식재산권**

　지식재산권이란 인간의 지적 창조물 중에서 법으로 보호할 만한 가치를 가진 발명, 디자인, 저작물 등 무형의 재산에 대한 권리이다. 지식재산권은 크게 산업재산권과 저작권으로 나눌 수 있다. 산업재산권은 특허권, 실용신안권, 디자인권, 상표권을 포함하며 특허청에 신청하여 등록을 받음으로써 독점권이 부여된 권리를 말한다. 저작권은 인간의 사상 또는 감정 등을 독창적으로 창작한 저작물에 대하여 창작자가 가지는 독점적인 권리이다.

② **산업재산권**

　산업재산권은 특허권/실용신안권, 디자인권, 상표권으로 구분된다.

　특허권이란 발명을 보호하고 장려함으로써 기술과 산업의 발전에 이바지하기 위해 제정된 권리이며 독점적으로 이용할 수 있는 권리를 부여한다. 출원일로부터 12개월 ~ 15개월 정도의 심사기간이 소요되며 심사결과 특허가 결정되면 그 특허기술을 공개한 대가로 출원일부터 20년 동안 독점권을 부여한다.

　실용신안권은 산업상 이용할 수 있는 물품의 형상, 구조, 조합에 관한 것으로서 물품을 편리하고 유용하게 만든 고안을 보호하기 위해 만든 제도이다. 소발명이라고도 불리며 출원일로부터 10년 동안 존속 기간을 부여한다.

디자인권은 새롭고 독창적이며 장식적인 물품의 형상, 모양, 색채 등 새롭고 독창적이며 장식적인 디자인을 보호하기 위해 만든 제도이다. 물품의 외관을 보호한다는 점에서 눈에 보이지 않는 기술적 사상을 보호하는 특허나 실용시안과 보호 대상이 다르다. 등록일부터 15년 동안 존속할 수 있다.

상표권은 등록상표를 지정 상품에 독점적으로 사용할 수 있는 권리를 말한다. 설정등록 후 10년 동안 존속한다. 10년마다 갱신 가능하다는 점에서 존속기간이 만료되면 권리가 완전히 소멸되는 특허, 실용신안, 디자인권과 다르다. 타인의 상표권을 무단으로 침해하면 상표권 침해가 될 뿐만 아니라 부정 경쟁 행위로 간주될 수 있다.

③ 저작권

저작권은 저작물에 대한 권리로서 저작인격권과 저작재산권이 있다. 저작인격권은 저작자가 자신의 저작물에 대해 갖는 정신적, 인격적 이익을 법률로써 보호받는 권리이고 저작재산권은 저작자가 자신의 저작물에 대해 갖는 경제적인 가치를 보호받는 권리이다. 저작권은 퍼블리시티권(The Right of Publicity)과 저작인접권과 밀접한 관련이 있다. 퍼블리시티권은 영화배우, 탤런트, 운동선수 등 유명인이 자신의 성명이나 초상 등을 상업적으로 이용하는 것을 허락하는 권리이다. 저작인접권은 저작물 전달에 기여한 사람들 실연자(Performer), 음반 제작자, 방송 사업자 등이 소유하는 권리를 말한다

2) 산업재산권의 구분

산업재산권은 특허권, 디자인권, 상표권으로 크게 3가지로 구분된다. 특허권은 발명품의 기술에 대한 권리, 디자인권은 상품의 외관에 대한 권리, 그리고 상표권은 사업의 브랜드명과 로고에 대한 권리를 이야기한다. 예시를 들어 다음 그림을 보면 iPhone의 독특한 외관은 디자인권, iPhone이라는 상표명과 Apple이라는 브랜드와 로고는 상표권, iPhone에 탑재된 바운스백(Bounce Back)이라는 기술은 특허권에 관련된 것이다.

① **특허권**

특허를 신청할 때는 새로운 발명이 가능한 독점적으로 사용할 수 있는 발명임을 확인해야 하고 이를 공적으로 증명하는 행위를 특허라 한다. 그리고 이때 발명한 자에게 일정기간 사용할 권리를 특허권이라 한다. 그러므로 특허권이란 새롭고 유용한 '기술'에 대한 권리를 발명한 사람에게 보장해주는 것이다. 하지만 특허로 등록되기 위해서는 산업상 이용 가능성, 신규성, 진보성 등의 요건이 충족되어야 한다. 이런 요건을 충족함에도 불구하고 공익적인 관점에서 보았을 때 공익을 저해하는 발명이라면 제외된다.

② **디자인권**

디자인권은 과거 의장권의 변경된 명칭이다. 디자인권은 생산자가 만들어낸 산업적 물품의 외관 형상의 독창성을 보호하기 위하여 등록을 통하여 얻은 권리를 말한다. 또한 디자인권은 창작자에게 일정기간 동안 독점적인 권리를 부여함으로써 창작의욕을 자극하고 질서를 세워 산업발전에 기여하는 목적을 갖는다. 디자인권을 얻기 위해서는 공업상 이용 가능성, 신규성 및 창작성 등을 가져야 한다. 하지만 위의 3가지 조건을 다 만족하였다 하여도 공익을 저해하는 디자인은 등록 받을 수 없도록 하고 있다.

③ **상표권**

상표는 사업자가 자신의 상품의 고유성을 나타내고 다른 사업자의 상품과 식별하기 위하여 드러내는 표식을 통틀어 이야기한다. 이때 상표권이란 그 상표를 특허청에 출원해 등록함으로써 부여받은 독점권을 말한다. 상표권을 획득하려면 상표를 특허청에 출원해야 한다. 사업가가 상표를 출원하면 특허청에서는 상표로서의 형식적인 요건을 갖추었는지를 심사한 후 본 심사에 들어간다. 본 심사에서는 상표로서의 부 등록 사유와 먼저 등록한 상표와의 유사성 여부를 판단한다.

3) 지식재산권 등록

지식재산권은 자신의 지적인 재산(기술, 디자인, 문예 등)에 대한 권리이므로 이것이 자신의 권리임을 알려 보호받아야 한다. 지식재산권을 등록하는 과정에는 크게 출원, 심사, 등록이 있다. 출원은 형식상으로 권리를 받을 수 있는 자격을 획득한 것이며 적격한 심사를 거쳐야 특허 등록을 할 수 있다. 등록번호를 갖지 않고 출원번호만 가지고 있는 지식재산권은 그 자체로 의미가 없으며 반드시 적격한 심사를 거쳐 등록번호를 소지한 사람만이 권리를 보호받을 수 있다. 자신의 권리임을 알리는 방법은 어떤 지식재산권이냐에 따라 다르다.

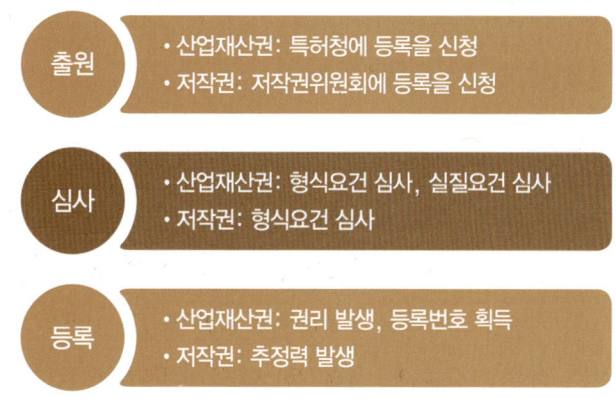

저작권의 경우에는 누구의 심사도 필요하지 않고, 등록기관인 저작권위원회에 등록하지 않아도 창작시점에 저절로 권리가 생긴다. 저작권에는 저작인격권이라는 것이 존재하는데 이는 저작자의 명예와 인격적 이익을 보호하기 위한 권리이다. 또한 저작권의 권리 발생 시점은 자신이 그 글, 영상, 사진을 창작한 시기와 같고 저작권의 권리 보호기간은 사후 70년이다.

한국저작권위원회에 저작권 등록을 하면 저작권 관련 법적인 소송에 휘말렸을 때 법정 추정력과 대항력이 발생한다. 추정력이란 자신과 어떠한 권리 사이의 관계가 형식적으로 존재한다는 사실로 인해 그 권리가 적법하게 이루어지고 있다는 것을 추정 받게 되는 것을 일컫는다. 이러한 추정력이 존재하면 국가기관에 의해 등기가 관리된다는 점에서 그 권리의 유효성이 상당 부분 보장된다. 고로 추정력을 얻으면 그 등기에 대한 어떠한 반증이 존재하지 않고 당사자의 주장만으로는 이 추정력이 깨지지 않아 쉽게 보호받을 수 있다.

산업재산권은 저작권과 달리 권리가 발생하기 위해서는 심사를 통한 지식에 대한 권리를 등록해야 한다. 권리의 행사 또한 등록한 이후부터 자신의 권리를 행사할 수 있다. 하지만 저작권과 달리 산업재산권의 보호기간은 10년 ~ 20년 사이(특허: 출원일 후 20년, 실용: 출원일 후 10년, 디자인: 등록일부터 15년, 상표: 등록일부터 10년)이다. 이중 갱신이 가능한 권리는 상표권이다.

자신의 지적인 창작물이 자신의 것이 될 때까지 3가지의 단계를 거쳐야 결과물에 대한 권리를 갖게 된다. 일단 해당 관청 산업재산권과 같은 경우에는 특허청에서 출원한다. 그 후 특허청에서 창작물에 대한 심사를 한다. 심사는 형식요건 심사와 실질요건 심사로 나뉜다. 형식요건 심사는 출원인, 신청인, 청구인 등이 특허 절차에 대한 행위 능력이나 대리권의 범위에 하자가 없는지, 특허법이 정한 방식에 적합한지, 서류를 반려할 사유에 해당되지 않는지 여부 등을 심사하는 것을 말한다. 실질요건 심사는 선행된 기술에 대비하여 신규성 및 진보성이 존재하는지, 창작성이나 상업성, 이용가능성이 있는지 등을 심사한다. 형식요건 심사와 실질요건 심사를 통과하면 특허청에 등록되고 산업재산권의 권리가 발생한다.

4) 지식재산권의 침해

지식재산권은 산업재산권과 저작권의 하위 항목에 각각 독립적인 권리를 가지므로 개별적으로 판단해야 할 필요가 있으며 그 권리를 적극적으로 보호할 필요가 있다.

자신 또는 타인의 지식재산권 침해 여부를 판단하기 위한 방법으로 다음 그림의 순서도를 따라가면서 알아볼 수 있다. 첫째로 상표권의 침해 여부와 부정경쟁행위가 잘못된 행위인지를 판단하고, 저작권 침해 여부와 퍼블리시티권 침해 여부를 차례로 판단한다. 각각의 개념과 판단 방법은 다음 장부터 자세히 알아보자. 단, 특허, 실용신안, 디자인의 경우는 전문가에게 맡기는 것이 옳으므로 생략한다.

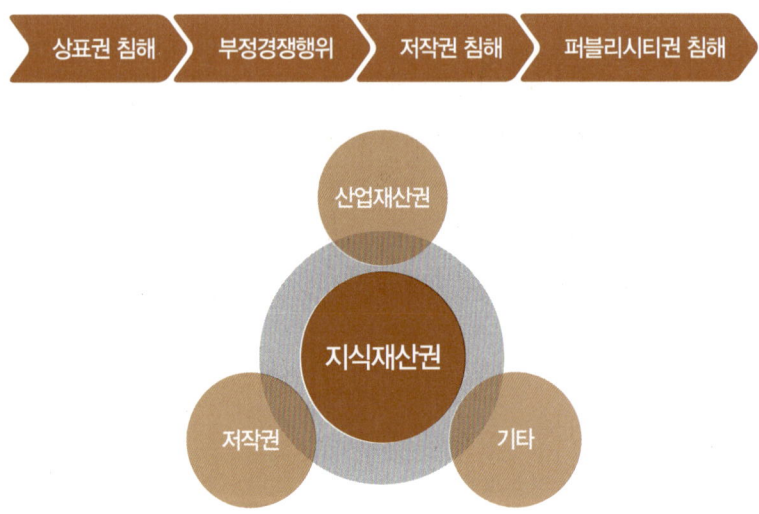

2 상표권

1. 상표의 개념과 구성

1) 상표와 상호

사업가가 자신의 사업을 알리기 위한 두 가지 도구가 있다. 하나는 상호이고 다른 하나는 상표이다. 상호란 사업가가 자신의 회사를 운영하면서 회사를 가리키는 명칭으로 사용하는 이름이고 상표는 사업가가 자신의 상품을 다른 사업가의 상품과 구별하거나 자신의 상품의 고유성을 나타내기 위해서 드러내는 기호나 문자, 도형 따위의 표장을 말한다. 쉽게 말해 상호는 사업가의 이름이고 상표는 상품의 이름이다.

사업가가 상표와 상호를 등록할 때 상표와 상호에 적용되는 법률이 각각 상표법과 상법으로 차이가 있어 등록기관도 다르다. 상호의 등록기관은 구청인 반면에 상표의 등록기관은 특허청이다. 이 둘의 또 다른 차이점은 상표는 강제성이 존재하지 않고 상호는 강제성이 존재한다는 것이다. 상호는 사업자가 사업할 때 꼭 필요하고 강제적으로 구청에 등록해야 하는 요소이지만 상표는 사업자가 사업을 할 때 특허청에 반드시 등록해야 하는 요소가 아니다. 즉, 상호가 존재하지 않으면 사업을 할 수 없지만 상표가 존재하지 않아도 사업은 할 수 있다.

상호는 사업자등록을 할 때 세무서 또는 구청에서 상호로 쓸 이름을 기재함과 동시에 자동으로 등록된다. 그러므로 상호는 상표처럼 별도로 등록할 필요가 없다. 하지만 사업자들 사이에서 '상호상표'라는 표현을 많이 사용한다. 이는 상호를 상표로써 등록하고 사용하는 것을 일컫는다. 만약 상호를 특허청에 등록하면 상호가 상표처럼 취급된다. 그러면 상호를 상표처럼 전국적으로 독점할 수 있게 된다. 그렇다고 상호등록을 하지 않는다고 보호되지 않는 것은 아니다. 상호등록을 하지 않은 상호는 상법에 의해 보호되지만 보호의 정도가 약하다. 지역적 범위가 좁고 상호를 침해하여 생기는 문제에서 손해배상액이나 과태료가 적다. 하지만 상호와는 다르게 상표의 보호 범위는 넓다. 상표의 보호 범위는 전국적이며 상표등록이 될 시 해당 상표는 우리나라에서 상표등록자만 독점적으로 사용할 수 있다. 또한 상호와는 달리 유사상표에도 상표등록자의 권리가 미친다. 만약 다른 사업가의 상표가 발음, 뜻, 외관의 면에서 자신의 상표와 혼동 가능성이 있을 정도로 유사하다면 상표권 행사를 할 수 있다. 이때 상표권의 손해배상청구권과 사용금지청구권은 범위가 넓고 효력이 강력하다.

2) 상표의 구성

상표는 상품과 표장으로 구성되어 있다. 표장은 무엇인가를 표기하기 위한 부호를 말하는데 표장은 보통 문자, 기호, 도형, 입체적 형상, 색채, 홀로그램, 동작 등 여러 가지 요소의 결합으로 이루어져 있다. 표장이 만약 자신의 상품과 다른 사업자의 상품을 식별하기 위하여 사용된 것이 아니라 단순히 상품의 심미감을 불러 일으키기 위하여 사용된 디자인이나 글씨, 도형 등은 상표법상 상표로 취급하지 않는다. 상표에서의 상품은 표장을 사용해 타인의 상품과 식별하고자 하는 상품을 말한다. 이는 국제 상품 분류 NICE 분류는 1류 ~ 34류는 상품으로, 35류 ~ 45류까지는 서비스업으로 나뉜다(제1 ~ 45류 중 주요 상품: 표 참고).

이러한 상표를 사용하는 이유는 상표가 가지는 기능 때문이다. 상표의 기능에는 여러 가지가 있다. 다른 상품과의 식별 기능, 출처표시 기능, 품질보증 기능, 광고선전 기능, 재산적 기능 등이 있다. 상표를 사용하면 다른 사업가의 상품과 자신의 상품과 식별되고 이를 통해 이 상품이 어떤 사업가에 의하여 만들어졌는지 출처를 알려줄 수 있다. 또한 동일한 상표를 가지고 있는 상품은 수요자에게 그 상품의 품질이 동일하다는 것을 보증해준다. 상품과 상표에 대한 심리적인 연상작용을 통하여 동일 상표를 가진 다른 상품의 판매촉진 수단으로써 광고 효과를 낼 수 있다. 마지막으로 상표자체적으로 갖는 재산적 기능 또한 중요한 기능이다. 이는 상표권을 자유양도 및 사용권 설정을 통하여 경제적인 가치로서의 기능을 발휘하는 것을 말한다.

류 구분	상품류 설명
제1류	공업용, 과학용, 사진용, 농업용, 원예용 및 임업용 화학품; 미가공 인조수지, 미가공 플라스틱; 비료; 소화제(消化劑) 등
제2류	페인트, 니스, 래커; 방청제 및 목재 보존재; 착색제; 매염제(媒染濟); 미가공 천연수지; 도장용, 장식용 등
제3류	표백제 및 기타 세탁용 제제; 청정제, 광택제, 연마제; 비누; 향료, 정유(精油), 화장품, 모발로션; 치약
제14류	귀금속 및 그 합금과 귀금속 제품 또는 귀금속 도금 제품(다른 류에 속하는 것은 제외한다); 보석류, 귀석(貴石); 시계 용구
제15류	악기
제16류	종이, 문방구용품; 교육용 재료(장치는 제외한다); 포장용 플라스틱 재료(다른 류에 속하는 것은 제외한다) 등
제17류	고무, 구타페르카, 고무액(Gum), 석면, 제조용 압출성형플라스틱; 충전용, 마개용 및 절연용 재료; 비금속제 신축관 등

제18류	가죽과 모조가죽 및 그 제품(다른 류에 속하는 것은 제외한다); 동물가죽; 트렁크 및 여행용 가방; 우산 등	
제19류	비금속제 건축재료; 건축용 비금속제 경질관(硬質管); 아스팔트, 피치 및 역청; 비금속제 이동식 건축물; 비금속제 기념물	
제25류	의류, 신발, 모자	
제26류	레이스 및 자수포, 리본 및 브레이드(Braid); 단추, 훅 및 아이(Hooks and Eyes), 핀 및 바늘; 조화(造花)	
제28류	오락 및 놀이용구; 제조용품 및 운동용품(다른 류에 속하는 것은 제외한다); 크리스마스트리용 장식품	
제35류	광고업; 기업관리업; 기업경영업; 사무처리업; 판매대행업	
제36류	보험업; 재무업; 금융업; 부동산업	
제37류	건축물 건설업; 수선업; 설치 서비스업	
제38류	통신업; 방송업	
제43류	음식료품을 제공하는 서비스업, 임시 숙박업	
제44류	의료 서비스업; 수의사업; 인간 또는 동물을 위한 위생 및 미용업; 농업, 원예 및 임업 서비스업	
제45류	법무 서비스업; 재산 및 개인을 보호하기 위한 보안 서비스업 등	

▲ 제1 ~ 45류 중 주요 상품 예시

2. 상표의 선정 방법

1) 상표등록 조건

상표를 등록할 때에는 2가지 조건이 있다. 첫 번째로는 인적 조건이 있고 두 번째로는 실체적 조건이 있다. 인적 조건은 우리나라에서 상표권자가 될 수 있는 자격을 갖는 자여야 한다. 이때 국내에서 상표를 사용하는 자 또는 사용하고자 하는 자는 상표법이 정하는 바에 의하여 자기의 상표를 등록 받을 수 있다. 상표권자가 될 수 있는 자격은 우리나라 국민은 모두 해당된다.

두 번째 조건인 실체적 조건을 볼 때에는 적극적인 요건과 소극적인 요건으로 나뉜다. 상표를 만들 때 고려해야 할 중요한 요건은 적극적인 요건이다. 적극적인 요건은 상표로써 꼭 가져야 할 식별력이 존재하는지, 타인의 상품과 구분이 가능한지를 체크하는 것이다. 식별력이라 함은 소비자가 상표를 보고 어느 사업가의 상품인지를 인식할 수 있도록 특징을 가지는 것을 말한다. 소극적인 요건은 공익을 저해하거나 타인의 이익을 침해하는 경우에는 상표의 등록을 허가할 수 없다는 조건이다. 소극적인 요건의 예시로는 타인의 등록상표와 유사하여 타인의 이익을 침해하거나, 유명 상표와 혼동을 일으키게 하여 소비자 혹은 기업인의 이익을 침해하는 경우가 있다. 즉, 상표를 선택할 때에는 '상표등록이 가능할 것' + '타인의 권리를 침해하지 않을 것' 이 두 가지 조건을 만족해야 한다.

2) 적극적 요건

상표등록이 가능하다라는 말의 의미는 상표가 식별력이 있고 타인의 상품군과 구분할 수 있어야 한다는 뜻이다. 식별력이 있다라는 말의 뜻에는 여러 가지 조건이 내포되어 있다. 이는 '상표가 상품의 보통명사 또는 관용적 표현이면 안되고, 상표가 상품의 성질표시용 표장이면 안되고, 상표가 지리적 명칭만이면 안되고, 상표가 간단하고 흔히 존재하는 표장이면 안된다.'라는 조건을 모두 만족해야 한다. 또한 유사성이 존재하지 않아야 한다라는 뜻은 '타인의 등록상표와 유사하지 않을 것, 그리고 유명 상호나 유명인의 성명을 포함해서는 안된다.'라는 의미도 내포하고 있다.

'상품의 보통 명칭만이 아닐 것'의 뜻은 위의 〈예시 1〉에서와 같이 우유라는 뜻의 'milk' 단어를 사용하여 상품의 보통 명칭을 상표에 사용했기 때문에 상표등록을 할 수 없다. 하지만 〈예시 2〉는 상품과 무관한 다른 상품에 상표를 사용하였으므로 상표등록을 할 수 있다. (여기서 보통 명칭은 상품의 거래자 및 일반 수요자가 그 상품을 지칭하기 위하여 일반적으로 사용하는 명칭을 지칭한다.) 〈예시 3〉은 보통 명칭 앞에 '매일'이라는 단어가 붙어 식별력 있는 상표로 등록할 수 있다.

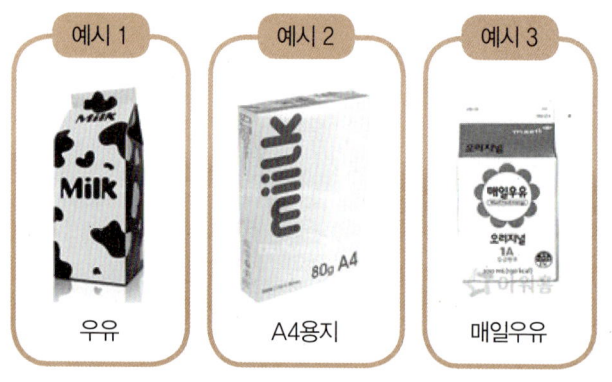

'상품의 성질적 표시만이 아닐 것'의 뜻은 여러 가지가 적용된다. 성질적 표시에는 산지, 품질, 원재료, 효능, 용도 등을 이야기한다. 이러한 특성을 가지고 표장을 작성한 표장을 통틀어 기술적 표장이라 하는데 이러한 기술적 표장은 등록 받을 수 없다. 그러므로 〈예시 4-1〉 ~ 〈예시 4-5〉는 기술적 표장의 대표적인 예이다. 하지만 〈예시 4-2〉의 상표는 '삼양 맛있는 라면'으로 맛있는

라면이라는 기술적 표장 앞에 사진의 상호를 붙여서 상표등록이 되었고 〈예시 4-3〉은 유명한 상품이기 때문에 상표로 등록되었다.

'현저한 지리적 명칭만이 아닐 것'은 국가명이나 유명한 외국의 수도명, 대도시명, 관광지 등의 명칭을 등록할 수 없다는 말이다. 반드시 특정 지리적 명칭과 정확하게 일치하지 않더라도 수요자가 그 명칭을 떠올릴 수 있다면 상표로 선정할 수 없다. 〈예시 5〉와 〈예시 6〉에서 파리바게뜨나 종로학원의 경우 특정 도시의 명칭을 따와서 만든 상표이다. 원칙적으로는 이 이름들로 상표등록을 할 수 없지만 각각 빵집과 학원으로서의 식별력이 높고 유명하여 예외적으로 상표로 선정해 주었다. 〈예시 7〉은 '강남'이라는 서울의 유명한 지역 이름을 따서 약국 이름을 지은 것이다. '강남약국'은 그 지역을 유일하게 대표하는 약국도 아니고 같은 이름을 가진 약국이 전국 각지에 존재한다. 따라서 '강남약국'은 지역의 이름을 따서 지었지만 식별력이 없으므로 상표로 등록될 수 없다.

'상표가 간단하고 흔히 존재하는 표장이 아닐 것'은 각각 흔히 있는 자연인의 성 또는 법인, 단체, 상호임을 표시하는 명칭, 상표의 구성이 간단하고 또한 흔히 있는 표장, 일반적으로 사용되는 구호, 표어, 인사말 등을 지칭한다. 예를 들어 의미 없는 한 글자의 한글 또는 한자, 2자 이내의 영문자 또는 2자리 이하의 숫자로 표시된 것들은 상표로써 등록 받을 수 없다. 원형, 삼각형, 사각형, 구, 정육면체 등 흔히 사용되는 도형들은 상표로써 사용할 수 없다. 〈예시 8-1〉처럼 아무 의미가 없는 알파벳 두 자는 상표로 등록할 수 없다. 단, 〈예시 8-2〉와 〈예시 8-3〉과 같이 SK, LG, KT, KB 등은 영문자 두 자리이지만 대중적으로 식별가능하며 유명하여 예외로 인정되었다.

3) 소극적 요건

소극적인 요소인 유사성 면에서 상표등록 가능성을 따져보면 크게 두 가지를 살펴봐야 한다. 첫 번째로 타인의 등록상표와 유사하지 않아야 하고 두 번째로 유명상호나 유명인의 성명을 포함해서는 안된다. 〈예시 9〉에서 보면 같은 맥주를 파는 사업에서 Max라는 선 등록상표가 있으면 나중에 비슷한 상표 CLASSMAX는 등록할 수 없다.

하지만 〈예시 10〉과 같이 하나는 떡볶이 전문점, 하나는 갈비 전문 음식점인 경우에는 상표등록을 할 수 있다. 이와 같은 경우에는 판매하는 상품이 다르기 때문이다. 상표는 표장과 상품으로 이루어져 있기 때문에 판매하는 상품이 다른 경우에는 표장의 유사함을 어느 정도 수용해 준다. 〈예시 11〉은 유명 상호나 유명인의 성명을 포함하는 경우를 보여준다. 2006년 세계 최고의 명문 하버드(Harvard)대학은 국내의 치과병원을 상대로 소송을 냈다. 하버드대는 '하버드' 상표권을 출원해 한국에서 상표권을 보유하고 있고 상표권 권리 범위에 '의료업' 역시 포함되므로 '하버드', '하바드' 등이 포함된 명칭을 사용하면 안된다고 주장했다. 해당 치과는 상표권 침해로 패소하여 '하버드치과그룹' 대신 다른 이름으로 바꿔야 했다. 〈예시 12〉의 '강호동 백정'이라는 식당 또한 마찬가지로 개그맨 강호동씨가 직접 자기명의로 출원했기 때문에 상표등록을 할 수 있었다. 동명이인이라 하더라도 유명인의 성명일 경우에는 상표권을 침해할 수 있어 등록할 수 없다.

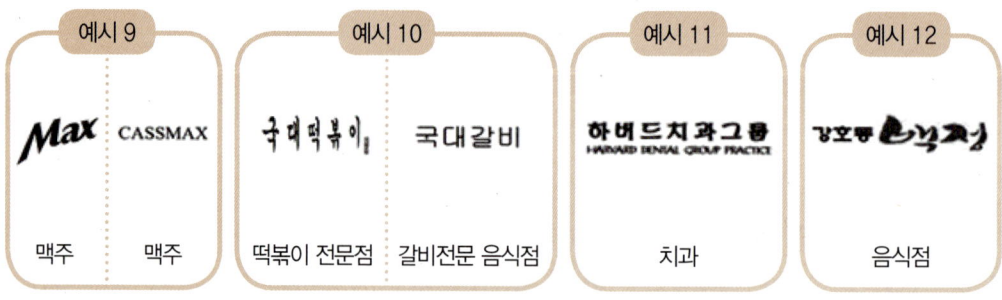

3. 상표의 사용 방법

상표는 표장과 상품을 동시에 말하는 단어이다. 사업자가 상표를 사용한다고 하였을 때, 표장과 상품 각각에 주의를 기울여야 한다. 먼저 표장을 사용할 때는 등록 받은 표장을 지정된 상품에 그대로 사용하여야 한다. 만약 표장을 변형하여 사용하거나 지정 상품과 다른 상품에 사용하는 경우에는 부정사용이나 불사용으로 등록이 취소될 수 있다.

1) 부정사용 취소

부정사용이란 상표법 제73조 제1항 제2호에 의하면 상표권자가 고의로 지정상품에 등록상표와 유사한 상표를 사용하거나 지정상품과 유사한 상품에 등록상표 또는 이와 유사한 상표를 사용함으로써 수요자로 하여금 상품의 품질의 오인 또는 타인의 업무에 관련된 상품과의 혼동을 생기게 한 경우를 이야기한다. 즉, 상표권자가 기존 상표와 비유사한 상표를 정당하게 등록한 후에 실제 상표를 사용할 때 다른 상표와 혼동 가능하게 변형하여 상표를 사용한 경우를 말한다. 유명한 예로 JINCHANELPLUS라는 사건이 있다. 상표권자는 이렇게 띄어쓰기 없이 상표를 출원하여서 상표등록을 완료하였다. 그런데, 등록 후 실제 사용할 때에는 JIN과 PLUS 부분은 쉽게 제거할 수 있게끔 제작하였다. 그렇게 되면 CHANEL만 남게 되어 상표권을 침해하게 된다. 이렇게 등록상표를 변형하여 사용하여 다른 상표와 혼돈을 주어 부정사용으로 등록이 취소되었다.

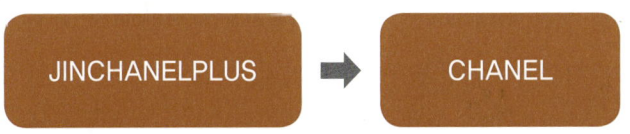

2) 불사용 취소

두 번째로는 상표등록을 한 상품에만 상표를 사용할 수 있다. 만일 니트나 바지를 전문으로 판매한다고 등록해놓고 가방이나 벨트 등 다른 제품을 판매할 수 없다. 또한 등록한 상표를 일정기간(3년) 사용하지 않은 경우 상표권이 불사용 취소될 수 있다. 사용되지 않은 상표는 보호할 가치가 없으며, 타인의 상표 선택 범위를 부당하게 제한할 수 있기 때문이다. 등록상표는 반드시 독자적으로 사용될 필요는 없지만 동일성과 독립성에 어긋나면 안된다. 예를 들어, 'POCA 포카'로 구성된 등록상표와 감자스낵인 '포카칩(POCACHIP)'은 동일한 상표로 볼 수 없다. '칩(Chip)'은 '얇게 썰어 튀긴 감자'라는 의미로 과자의 모양을 나타내는 단어일 뿐 다른 과자와 확연히 구분할 만한 식별력이 없고 '포카'와 같은 크기와 형태로 결합되어 있다 하더라도 등록상표의 사용이라 할 수 없다. 다른 예로 '곡물 등의 분말을 혼합한 즉석건강식품'은 지정 상품인 '현미가루, 보리가루 등' 상품의 동일성 범위 내에 있다고 보기 어렵다. (대법원 2001. 1. 19. 선고 2000후3166 판결). 등록된 상표는 등록한 상품에 그대로 사용하는 것이 바람직하며 바꾸어 사용하더라도 동일성을 벗어나지 않도록 주의해야 한다.

등록상표 | 사용 상표

상표권 침해

1. 상표권 침해

상표권 침해란 상표권자만이 가진 등록상표를 지정된 상품에 관하여 독점적으로 사용할 권리를 침해하는 것을 말한다. 침해의 범위는 상표권자 이외의 사람이 상표권자의 허락 없이 등록상표와 동일 또는 유사한 상표를 지정 상표와 동일 또는 유사한 상품에 사용하는 경우를 말한다. 이뿐만 아니라 이러한 행위를 할 목적을 가지고 있거나 사용할 목적으로 판매, 전달, 소지하는 행위 또한 예비적 행위로써의 상표권 침해로 보고 있다. 즉, 타인의 등록상표와 동일 상표 혹은 유사한 상표를 무단으로 사용하거나 사용할 목적이 존재한다면 이를 상표권 침해라고 한다.

상표의 유사 여부 판단의 기준은 상표의 전체적인 분위기나 요부(要部)가 외관, 칭호, 관념적인 면에서 유사한지의 여부를 따져 판단한다. 상표의 요부가 아닌 부분이 동일하거나 유사한 것은 상표의 유사 여부를 판단할 때에는 의미가 없다. 상표의 요부란 상표의 구성 부분 중 다른 상표와 식별력을 주는 중요 부분을 말한다. 여기서 식별력을 가진다는 것은 수요자가 상표를 보고 그 상품의 출처를 구분할 수 있다는 것이다. 하지만 상표의 요부가 유사하더라도 수요자가 전체적으로 보았을 때 유사하다는 느낌이 없다면 유사성이 존재한다고 말하지 않는다. 이와 반대로 상표의 요부가 유사하지 않더라도 전체적으로 비슷한 느낌이나 수요자들에게 혼돈을 준다면 유사 상표로 취급 받을 수 있다. 또한 상표는 표장과 상품으로 이루어져있기 때문에 표장이 유사하다 하더라도 표장에 적용되는 상품의 종류가 다르다면 상표권 침해에 속하지 않는다.

1) 유사성 판단기준

유사한 상표란 표장유사와 상품유사 두 가지를 동시에 만족할 때 유사한 상표라고 한다. 상표는 표장과 상품으로 구성되어 있기 때문에 상표가 유사하다는 뜻은 상표의 구성 성분 중 일부가 유사하다는 뜻이다. 표장의 유사성은 외관, 칭호, 관념의 유사성을 가지고 상표권 침해의 여부를 결정한다. 표장이 유사하다는 말은 표장을 구성하는 외관, 칭호, 관념 세 가지 중 어느 하나가 유사하면 표장이 유사하다는 말을 사용한다. 상품유사는 상품의 성질, 용도, 판매 장소, 수요자 일치 등을 고려하여 개별적으로 판단하여야 한다. 상품유사는 표장유사와 달리 사건마다 다른 요소들을 봐야 한다. 즉, 상품유사라는 것을 판단하기 위해서는 전체적이고 일반적인 상황이 아닌 개별성과 특수성, 그리고 사건이 일어나고 있는 전반적인 상황을 보고 판단해야 한다.

① 외관유사

외관유사란 두 개의 상표의 기호, 문자, 도형, 입체적 형상 또는 색채의 구성이 유사하여 시각적으로 상표를 판단하는데 오인을 일으키게 하는 유사성을 말한다. 〈예시 13〉을 보면 두 상표 모두 악어를 외관의 요부로 사용하였다. 악어의 꼬리가 가운데 방향으로 꺾인 것과 전체적인 색채가 초록색인 것에서 큰 유사성이 보여, 이는 외관이 유사하다고 할 수 있다. 〈예시 14〉와 같은 경우는 비유사의 예이다. 삼각형이라는 도형과 3개의 줄로 구성되어 있어서 유사하다고 할 수 없다. 왜냐하면 하나는 가운데 줄에서 꺾이는 반면에 나머지는 마지막 줄에서 서이 꺾이기 때문이다.

② 칭호유사

칭호유사는 두 상표의 칭호나 발음, 철자 등이 비슷하여 상품의 표장을 표음적으로나 인식하는데 혼돈을 주는 경우를 의미한다. 〈예시 15〉와 〈예시 16〉은 대표적인 칭호의 유사이다. 각각의 예시들은 발음, 철자, 디자인으로 인하여 혼동 받는 경우를 보여준다. 〈예시 15〉 같은 경우는 두 개의 상표의 발음이 비슷하여 수요자에게 혼동을 줄 수 있는 경우이며 〈예시 16〉은 두 상표의 철자가 비슷하여 수요자들에게 혼동을 주는 경우이다. 그리고 〈예시 17〉은 1심 재판부에서는 유사하지 않다고 판단하였으나 2심 재판부에서는 유사하다고 하여 상표권 침해를 인정한 사례이다.

③ 관념유사

관념유사는 두 상표가 가지는 요부가 주는 의미나 연상되는 개념이 서로 유사하여 수요자들로 하여금 상품의 출처의 혼동을 일으키게 하는 인지적 요인의 유사를 말한다. 그러므로 상표의 외관과 호칭이 다르다 하더라도 상표가 의미하는 관념이 유사하면 이 또한 관념유사라 한다. 〈예시 18〉을 보면 흥부와 놀부라는 서로 연상을 일으키는 개념을 사용하여 상표를 만들어 상표간 유사성이 생겨 상표권 침해가 될 수 있다. 〈예시 19〉 또한 car와 motor 사이의 연관성 때문에 관념유사가 생길 수 있다.

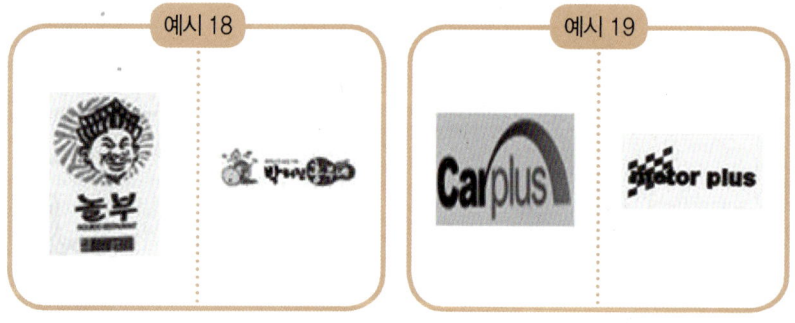

④ 상품유사

상품유사는 NICE 분류표에 의해 다른 상품군으로 분류되었다 하더라도 상품의 용도, 수요자의 일치 여부, 상품의 판매 장소 등의 조건이 서로 유사하고 밀접한 관련을 가진다면 이들을 모두 유사한 상품으로 판단할 수 있다. 〈예시 20〉과 같이 쓰레기통과 세수대야는 상품이 다르지만 두 상품의 생산, 판매 부분에서 반드시 다를 것이라고 보기 어렵고 상품의 용도나 수요자도 일치할 가능성이 있다는 근거하에 두 상품이 유사하다는 판결이 있었다. 하지만 〈예시 21〉 같은 경우에는 상품의 수요자와 판매 장소가 일치할 수도 있으나 상품의 용도가 다르기 때문에 두 상품이 유사하다고 지칭하지 않는다.

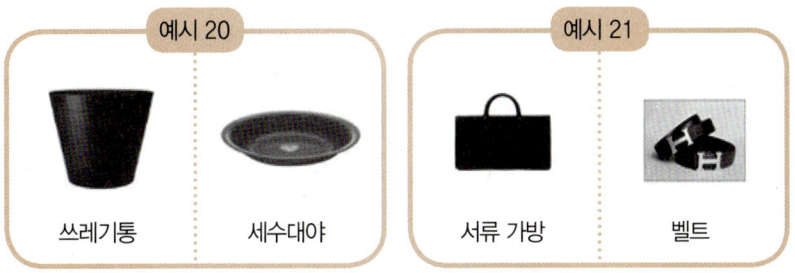

2) 상표권 침해 시 법적 구제

상표권 침해를 당하거나 행하였을 때에는 상표법에 의해 법적인 처벌을 받을 수도 있다. 사업자가 상표권을 침해 받았을 때 상표권자를 구제하기 위한 방안은 민사적 구제, 형사적 구제, 행정적 구제 3가지가 존재한다. 민사적 구제 방안은 침해금지 청구 소송, 손해배상 청구 소송, 신용회복조치 청구 등이 있고, 형사적 구제 방안으로는 몰수, 침해 죄, 형사고소 등이 있다. 행정적 구제 방안에는 위조 상품의 단속, 특허청 또는 무역위원회에 신고하여 세관에 의한 국경조치, 산업재산권 분쟁 조정제도를 통한 판결 등으로 구제할 수 있다. 하지만 상표권 침해를 당하였을 때에는 법적 조치를 취하는 것보다는 가능한 한 상대방과의 합의가 바람직하다.

2. 상표권 침해의 사례

1) 불가리스 vs 불가리아

유제품의 양대 업체인 남양유업과 매일유업이 요구르트의 이름을 두고 벌인 사건이다. 남양유업의 '불가리스'가 매일유업의 '불가리아'를 상대로 가처분 신청을 하였고 이를 법정에서 받아들였다. 이 다툼은 매일유업이 '불가리아'라는 요구르트를 내놓으면서 시작되었다. 매일유업은 불가리아의 국영기업 불가리쿰사에게 불가리아산 정통 유산균을 독점 공급받기로 정식 계약을 하였고 이를 사용하여 '불가리아'라는 요구르트를 신청하였지만 남양유업의 '불가리스'는 1991년부터 팔기 시작했다. 재판부는 불가리스와 불가리아의 전체적인 발음과 철자가 거의 비슷하고 특히 단어의 처음이 비슷하게 발음되어 소비자가 두 상품을 혼동할 수 있기 때문에 매일유업이 상표권을 침해했다는 판결을 내렸다.

〈동아닷컴, 전지성기자 '불가리스, 불가리아 이겼다… 요구르트 이름 법정 다툼', 2005.06.22〉

2) 스타벅스 vs 스타프레야

세계적 커피체인점 스타벅스가 국내업체 스타프레야를 상대로 한 상표권 침해 소송에서 대법원이 스타프레야의 손을 들어 주었다. 스타벅스와 스타프레야의 상표는 녹색바탕 위 2개의 동심원 사이에 자신의 상호를 부착한 것과 별 두 개를 삽입한 것이 유사하지만 원 가운데에 있는 그림은 각각 인어상과 여신의 옆 얼굴로 다르다. 이러한 이유로 특허법원에서는 STAR와 COFFEE는 일반적인 단어이므로 식별력이 약하고 중앙에 그려진 그림이 달라 유사상표로 볼 수 없다고 하였다. 또 스타프레야가 상표등록을 하던 시점에 스타벅스가 국내에서 저명한 상태였다고 단정할 수 없다고 판단하여 상표권 침해라고 보지 않았다.

〈조선닷컴, 이길성기자 '스타프레야는 스타벅스의 짝퉁 아니다.' 2007.01.13〉

3. 부정경쟁행위

1) 부정경쟁행위의 개념

부정경쟁행위란 유명한 타인의 상표, 상호 등과 유사한 것을 사용하거나 허위 표시로 인해서 소비자에게 상품 선택의 혼동을 일으키는 행위를 말한다. 타인이 노력과 투자를 통해 구축한 성과물을 무단으로 이용하여 부당하게 이익을 얻고 타인의 경제적 이익을 침해하는 경우를 부정경쟁행위라 할 수 있다. 부정경쟁행위에 해당되는 것으로는 저명상표 등과 혼동행위, 저명상표 등의 식별력을 손상시키는 행위, 저명상표와 유사한 도메인 등록, 보유, 사용행위, 타인의 상품 형태를 모방한 상품을 양도, 대여하는 행위가 있다. 또한 상표등록이 완료된 상태더라도 유명한 타인의 브랜드와 비슷하다면 이 또한 부정경쟁행위로 인정될 수 있다.

2) 부정경쟁행위 사례

① 저명상표와 혼동되는 행위 - 루이비통 사건

명품브랜드 '루이비통'의 도형을 변형해 개별 도형을 각각의 상표로 등록했더라도 이를 기존 브랜드와 비슷한 방식으로 사용해 닮은 느낌을 줬다면 '짝퉁'에 해당한다는 대법원 판결이 나왔다. 이는 상표권 침해 및 부정경쟁행위에 해당하며 기존의 브랜드와 혼동할 우려가 있다. 이 판결을 통해 개별 도형에 대한 상표권과 전체 표장에 대한 상표권이 함께 있을 때, 유사한 방식을 사용하여 기존의 브랜드와 혼동을 주면 부정경쟁행위에 해당한다는 기준을 마련했다.

〈서울경제 박성규기자, '대법 전체적으로 유사하면 짝퉁', 2013.03.18〉

② 저명상표의 식별력을 손상시키는 행위 - 버버리 사건

2009년 8월, 영국 버버리 리미티드 측이 충남 천안의 '버버리' 상호를 사용한 노래방 업주를 상대로 부정경쟁행위를 했다며 소송을 했다. '버버리 노래클럽'이라는 상호를 사용한 노래방 업소는 7년 동안 천안시에서 이 상표를 사용했고 업종이 달라 상관 없으며, 충청도 사투리로 버버리가 벙어리를 뜻하는 말이라고도 주장했다. 하지만 저명한 브랜드의 등록상표를 영업 표지로 사용하여

노래방 영업의 상호로 사용함으로써 '버버리' 브랜드의 고급 패션 이미지를 손상시킨 것으로 판결이 났다. 이에 따라 타인의 표지의 식별력이나 명성을 손상한 행위로서 부정경쟁행위에 해당한다.
〈조선일보, 한경진기자, '英버버리, 버버리 노래방과 끈질긴 법정 싸움 끝에…', 2010.08.28〉

③ **저명상표와 유사한 도메인 등록, 보유, 사용 행위 - 비아그라 사건**

2001년 비아그라 생산업체인 화이자사가 Viagra.co.kr 도메인을 등록하여 인터넷으로 칡즙을 판매하고 있었던 사업가를 상대로 부정경쟁행위에 해당한다며 침해금지 청구소송을 냈다. 재판부는 1심에서 혼동 우려가 없다고 하였으나 2심에선 Viagra.co.kr 도메인을 사용하는 사업가가 홈페이지에서 비아그라에 관한 정보를 소비자들에게 제공하고 화이자사의 등록상표인 비아그라와 같은 문자를 도메인에 사용하였으며 생 칡즙과 건강보조식품을 소개, 판매하였다. 이를 통해 일반인들이 사업가의 영업 활동으로 인하여 화이자사와 관련이 있는 걸로 생각하여 상품 주체와 영업 주체에 혼동을 일으켜 부정경쟁행위가 성립한다고 밝혔다.
〈동아닷컴, 이정은기자, '칡즙 비아그라 도메인 사용금지', 2001-12-25〉

④ **타인의 상품 형태를 모방한 상품을 양도, 대여하는 행위 - 롱샴 사건**

접이식 천 가방으로 유명한 프랑스브랜드 롱샴(Longshamp)이 자사의 디자인을 모방하지 말라며 국내 시슬리(Sisley)사를 상대로 소송을 제기했다. 국내에 1997년부터 수입돼 대중적인 인기를 누린 롱샴 천 가방은 한국의 매출이 전체의 20% ~ 30%에 이를 정도로 경제적 수익 비중이 큰 상품이었다. 그런데 시슬리가 비슷한 디자인의 가방에 자신들의 상표를 붙여 판매하기 시작하면서 롱샴은 브랜드 이미지와 경제적으로 타격을 입었다. 상표를 가린 채 비교하였을 경우, 제품의 형태가 흡사하고 본체 모양, 손잡이, 덮개 등이 매우 유사하다. 반면 압인된 상표나 스냅 단추의 차이점은 쉽사리 인식하기 어려워 식별성이 떨어지고 롱샴과 시슬리를 충분히 혼동할 여지가 있다. 결국 시슬리가 롱샴의 제품 디자인을 모방하여 상품을 판매했기 때문에 부정경쟁행위로 판결이 났다.

〈CBS노컷뉴스, 박초롱기자, '롱샴 접이식 가방 디자인 모방 국내 브랜드에 승소', 2013.06.16〉

저작물

1. 저작물

저작물이란 문학, 예술, 학술 등의 범위에 속하는 인간의 사상과 아이디어가 담긴 지적, 문화적 창작물들의 총칭이다. 저작물은 저작자가 가지고 있는 사상이나 생각이 들어가고 독창성을 필요로 하며 그것을 표현한 모든 것을 말한다. 그러므로 저작물의 범위에는 제한이 없다.

저작물로 인정받기 위해서는 다음의 조건이 충족되어야 한다. 저작자의 생각이 들어간 독창적인 창작물이 외부에 표현되어야 한다. 사람들이 가지는 사상과 감정 등을 포함하여 단순한 기계적인 작업에 의해 만들어진 결과물, 인간이 아닌 동물에 의해 만들어진 것들 또는 단순한 사실이나 데이터의 나열에 의해 만들어진 것들은 작가의 생각이 들어간 것이 아니므로 저작물로 취급하지 않는다. 독창적이라는 뜻은 타인의 저작물을 모방하지 않고 저작자 스스로 작성한 것을 의미한다. 스스로 창작했다면 유사한 작품이 존재하더라도 독자적으로 권리가 발생할 수 있다. 저작물로 인정 받기 위해 제일 중요한 것은 외부에 표현되어야 한다는 것이다. 표현 방법이 정해져 있는 것은 아니고 나 말고 불특정 다수에게 인식되어 외부에게 알려질 정도면 충분하다.

1) 저작물의 종류

저작물의 범위는 매우 넓다. 저작물의 종류에는 어문 저작물, 연극 저작물, 미술 저작물, 건축 저작물, 영상 저작물, 컴퓨터프로그램 저작물, 2차적 저작물 등이 있다. 저작물을 제작한 저작자는 앞서 설명한 지식재산권의 저작권을 갖는다.

① **어문 저작물**

어문 저작물은 소설, 시, 논문, 광고문구 등 서적이나 팜플렛으로 되어 있는 것들뿐만 아니라 문자화된 연설과 강연과 같은 구술적인 것들도 저작물에 포함된다. 잡지에 수록된 칼럼이나 기사 같은 경우에도 어문 저작물 중 하나로 인정될 수 있다. 또한 인터넷에 올린 후기 같은 사소한 댓글도 어문 저작물로 인정된다.

② **음악 저작물**

음악 저작물은 클래식, 팝송, 가요, CM송, BGM 등 음악으로만 이루어져 있는 것들뿐만 아니라 오페라, 뮤지컬 등도 포함된다. 즉흥 음악과 같이 악보나 가사가 고정되어 있지 않은 것들도 독창성이 있기 때문에 음악 저작물로 보호받을 수 있다. 음악 저작물의 저작권자는 작사가, 작곡가, 편곡자가 존재한다. 이들은 각각 자신의 저작물에 대한 권리를 가지고 있다.

③ **연극 저작물**

연극 저작물은 연극, 무용, 무언극 등과 같은 인간의 사상과 감정을 신체의 동작으로 표현한 것들은 모두 포함된다. 연극을 구성하는 예술적 요소는 다양하다. 대본, 음악, 무용, 미술, 무대장치 등 모든 요소들이 연극 저작물의 일부가 되어 각각의 요소들을 만들어낸 사람들에게 각각의 요소에 대한 저작권이 돌아가게 된다.

④ **미술 저작물**

미술 저작물은 형상 또는 색채에 따라 미적으로 표현된 모든 예술품을 말하며, 그 예로는 회화, 조각, 서예, 응용미술 저작물 등이 있다. 이때 미술 저작권은 그 미술품을 소유하고 있는 사람에게 존재하는 것이 아니라 그 미술품을 만든 사람에게 존재한다. 소유하고 있는 사람이 가진 권리는 소유권으로, 이는 저작권과는 다른 개념이다. 즉, 미술 저작물을 가지고 있는 소유자는 저작물을 소유하는 것일 뿐 소유하고 있는 저작물을 가지고 전시, 복제 시에는 저작권자의 허락을 받을 필요가 있다. 응용미술 저작물이란 캐릭터, 상품의 독특한 디자인 같은 것이 있다. 다음 사진에 있는 넥타이도 응용미술 저작물의 일종이다. 왼쪽에 있는 넥타이를 디자인한 디자이너가 응용미술 저작물인 넥타이에 대한 저작권을 주장하여 오른쪽에 있는 넥타이의 저작권 침해에 대해 소송하였고 저작권의 침해로 인정받았다.

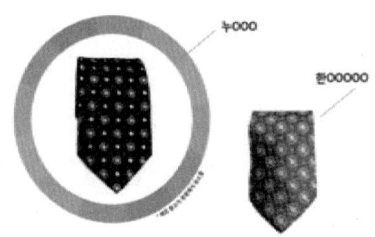

⑤ 건축 저작물

건축 저작물은 건축물을 건축하기 위한 설계도, 모형과 건축이 완료된 건축물 모두를 포함한다. 하지만 통상적인 형태의 건물들은 건축 저작물에 포함되지 않으며, 미적인 가치가 인정되는 것들만이 저작권으로 보호된다. 건축물과 설계도와 건축 저작물로 인정받아 저작권이 인정될 수 있다. 외부에 표현된 정확한 설계도는 건축 저작물의 일부로 인정되지만 완벽한 설계도를 그리기 전 도면은 건축 저작물로 인정받지 못한 판례가 있다.

⑥ 영상 저작물

영상 저작물은 영화, 드라마, 방송 프로그램 등을 말한다. 이러한 영상을 만드는 데는 많은 인원이 투입된다. 만약 투입된 모든 사람들에게 각각의 권리를 준다면 매우 복잡하므로 영상 제작의 대표자가 영상 저작물에 관한 복제권, 배포권, 방송권 및 전송권을 양도받는다.

⑦ 사진 저작물

사진 저작물에 포함되는 사진의 범위는 단순히 기계적인 방법을 통하여 사물을 다시 재현시킨 것(예: 증명사진)이 아니라 사진작가의 사상과 감정을 독창적으로 표현한 사진들만이 사진 저작권을 가진다. 기계적인 방법으로 찍은 제품사진은 사진 저작물에 포함되지 않을 수도 있지만 제품을 특수하게 배치하거나 모델과 함께 찍은 사진들은 사진 저작물로 인정을 받는다.

⑧ 2차적 저작물

2차적 저작물은 원저작물을 번역, 편곡 등을 통하여 변형을 가하여 만들어진 창작물을 이야기한다. 2차적 저작물을 만들려면 저작자 또는 저작 재산권자로부터 2차적 저작물을 작성할 권리를 양도받거나 원저작물의 이용을 허락 받아야 한다. 하지만 2차적 저작물을 만든 후에는 그 원저작물의 저작자의 권리에 영향을 미치지 않고 2차적 저작물의 저작자의 독자적인 저작물로서 보호된다.

⑨ 패러디

패러디란 원저작물을 사용하여 만든 2차적 저작물이다. 패러디는 원저작물을 연상시키지만 희화와 풍자와 같은 방법을 통하여 다른 느낌을 주도록 만들어진 작품인데 이때 패러디는 원저작물과 별개의 저작물로 인정받는다. 패러디는 원저작물의 저작권자에게 허락을 받지 않아도 사용할 수 있다. 최근 휴대폰 광고를 컵라면 광고로 패러디한 광고카피가 있었는데 이는 별개의 저작물로 보호받을 수 있다.

2. 저작권의 종류

1) 저작권의 개념

저작권이란 시, 소설, 음악, 미술, 영화, 연극, 컴퓨터프로그램 등과 같이 인간의 사상 또는 감정을 표현한 창작물인 '저작물'에 대하여 저작자가 가지는 권리이다. 예를 들면 소설가가 소설 작품을 창작하고 난 후 그 원고 그대로 출판, 배포할 수 있으며 영화나 번역문 등의 다른 형태로 제작할 수 있는 2차적 저작물 작성권, 연극으로 공연할 수 있는 공연권, 방송물로 만들어 방송할 수 있는 방송권, 인터넷으로 전송할 수 있는 전송권 등 여러 가지 권리를 갖게 된다. 여러 가지 권리의 총체를 저작권이라고 하며 크게 저작 인격권과 저작 재산권으로 나눠볼 수 있다.

2) 저작 인격권

저작 인격권이란 저작자에게만 인정되는 인격적으로 갖는 권리를 말하며 다른 사람에게 양도되거나 상속되지 않는다(일신 전속). 저작물의 이용 방법에 따라 저작자의 인격적 이익을 손상시킬 수 있기 때문에 이를 보호할 필요가 있다. 저작 인격권에는 공표권, 성명 표시권과 동일성 유지권이 있다.

① 공표권

공표권은 미공표 저작물에 대해서 공표 여부를 결정할 권리이다. 저작자는 자신의 저작물을 공표하거나 공표하지 않을 권리가 있다. 즉, 저작자는 자신의 저작물에 대해 공개 여부를 결정할 권리를 가지며, 더 나아가 공개 시기나 방법을 결정할 권리도 공표권에 포함된다. 공표권을 침해하여 저작자의 명예를 훼손한 자는 3년 이하의 징역 또는 3천만 원 이하의 벌금에 처할 수 있다.

② 성명 표시권

성명 표시권은 저작자 자신이 어떠한 저작물의 창작자임을 주장할 수 있는 권리이다. 저작자는 저작물의 원 작품이나 복제물을 공표할 때 그의 실명(實名)이나 이명(異名)을 표시할 권리를 가진다. 따라서 저작물을 사용할 때 저작자의 허락 없이 이름을 지우거나 자기 이름으로 바꾼 경우에는 성명 표시권을 침해한 것이 된다.

③ 동일성 유지권

동일성 유지권은 저작물을 그대로 유지시키고 무단으로 변경, 삭제, 개변하여 손상되지 않도록 보호하는 권리이다. 저작물을 사용할 때 저작자의 허락 없이 앞뒤 내용을 바꾸거나 제목을 다르게 한다면 동일성을 침해한 것이다. 단, 저작물의 본질적 특징을 알 수 없을 만큼 수정을 많이 한다면 이것은 새로운 저작물이 성립된 것으로 보고 동일성 유지권을 침해한 것은 아니다.

3) 저작 재산권

저작자가 저작물을 통해 재산적 이익을 얻을 수 있는 권리를 말하며, 다른 사람에게 양도되거나 상속될 수 있다. 저작 재산권에는 크게 복제권, 전송권, 방송권, 공연권, 전시권, 배포권 등으로 나눌 수 있다. 여기서는 중요한 복제권, 전송권, 방송권에 대해서만 알아보겠다.

① 복제권

복제권은 저작물을 인쇄, 사진촬영, 복사, 녹음, 녹화 등의 방법으로 똑같이 보존하거나 수정할 수 있는 권리이다. 음반을 복제하거나 음악 파일을 업로드, 음악 파일의 UCC 제작 등에 이용하는 경우 저작자의 허락 없이 무단으로 복제한다면 복제권 침해로 간주될 수 있다.

② 전송권

저작물을 무선 또는 유선 통신으로 송·수신하여 개별적으로 언제, 어디서나 저작물에 접근할 수 있도록 제공한 권리이다. 예를 들어 자신이 제작한 음반을 다른 사람의 허락 없이 온라인상에 파일 형태로 업로드해서 전송한 경우, 이는 전송권을 침해한 것이다.

③ 방송권

방송권은 공중이 동시에 음성과 영상을 수신할 수 있게끔 송신해주는 권리이다. 실연자는 그의 실연을 방송할 권리를 가진다. 다만, 실연자의 허락을 받아 녹음·녹화된 실연에 대해서는 방송권이 인정되지 않는다. 예를 들어, 가수가 자신의 모습을 찍어 방송사에 보냈는데 가수의 의사를 묻지 않고 방송한 경우 방송권 침해에 해당한다. 하지만 방송될 것을 알고 녹화에 임한 경우에는 방송권 침해라 볼 수 없다.

4) 저작 인접권

저작 인접권은 실연자, 방송 제작자, 음반 제작자에게 인정되는 권리이다. 이들은 저작물의 직접적인 창작자는 아니지만 저작물의 해설자, 전달자로서 저작물의 가치를 증대시키므로 저작권에 준하는 권리를 부여한 것이다. 실연자는 저작물을 연기·무용·연주·가창 등으로 표현하는 배우, 가수와 실연을 지휘, 연출, 감독하는 자를 포함한다. 저작 인접권자는 복제권 등 일정한 권리를 가지므로 음반 제작자나 실연자의 허락 없이 인터넷으로 음악 파일을 송신하는 경우 저작 인접권을 침해한 것이다. 또한 실연자나 음반 제작자는 자신의 노래나 영상이 온라인상에서 파일 형태로 무단으로 전송되고 도용된다면 이것을 금지할 수 있는 권리가 있다.

저작권은 저작자에게 무조건적으로 저작물에 대해 독점적이고 배타적인 권리를 주는 것이 아니다. 공정한 범위 내에서 모든 사람이 저작물을 사용하고 타인의 저작물을 공유하면서 문화의 발전에 도움이 될 수 있어야 한다. 저작자의 권리를 침해하지 않으면서도 공정하게 이용함으로써 사회 전체적으로 문화발전을 할 수 있다.

〈한국교육학술정보원, 박정호·윤태영, '고등교육 이러닝 콘텐츠 공동 활용을 위한 저작권'〉

5 저작물의 이용

1. 저작물의 이용

자신의 저작물이 아닌 다른 사람의 저작물을 사용하려고 할 때에는 먼저 저작물의 확인 과정을 거쳐야 한다. 타인의 저작권이 적용되는 책이나 CD를 정당한 대가를 주고 구입하였다 하더라도 저작물을 이용하려면 반드시 저작권자의 허락을 받아야 한다. 저작물을 정당한 대가를 주고 샀을 때 우리가 얻은 권리는 소유권이지 저작권이 아니기 때문이다. 그러므로 CD의 담긴 음악이나 책에 담긴 글을 함부로 사용하면 안된다. 저작물이 저작권을 갖는지 확인하는 방법은 한국 저작권위원회에서 저작권의 유무를 찾을 수 있다.

저작물을 사용할 때 다음으로 고려해야 하는 부분은 이 저작물을 어떤 방법으로 이용할 것인지 결정해야 한다. 저작물이 어떠한 법에 의하여 보호를 받는지를 먼저 확인해 본 후 만약 보호를 받아 이용 시 저작권자의 허락을 얻어야 하는 경우에는 먼저 저작권을 가지고 있는 사람이 누구인가를 확인해야 한다. 보통의 경우에는 저작자가 저작권을 가지고 있지만 저작자가 저작권을 양도하거나 사망하여 저작권이 저작자 이외의 사람에게 넘어가는 경우도 있다. 그리고 저작권을 이용하는 방법(복제, 번역, 편곡 등)에 따라 권리를 가지고 있는 사람이 다를 수 있으니 주의해야 한다.

저작권자를 확인한 후에는 저작물이 이용될 수 있는 범위를 확인해야 한다. 오프라인에서만 이용할 수 있도록 양도받은 저작권을 온라인에서 이용하는 행위나, 한 사이트에서 사용하도록 허락 받은 저작물을 다른 사이트에서 사용한다면 이 또한 저작물을 이용할 수 있는 범위를 벗어난 행위이므로 저작물을 올바르게 이용하지 못한 예시이다.

마지막으로 저작물을 이용할 때 살펴봐야 할 중요한 요소는 정당한 계약을 하였는지 확인하는 것이다. 저작권자로부터 저작물의 이용을 허락 받거나, 배타적 발행권 또는 출판권의 설정을 받는 것 그리고 저작 재산권을 받는 것 등 세 가지 방법이 있다. 저작물 이용의 허락을 얻어야 하지만 만약 저작권자를 알 수 없을 시에는 문화체육관광부의 승인을 얻어 소정의 금액을 지불하고 이용할 수 있다. 만약 저작물을 발행, 복사, 전송의 목적으로 이용하고자 할 시에는 저작권자에게 배타적 발행권을 물려받아야 이용할 수 있다. 저작물을 출판하고자 하는 경우에는 출판권을 물려받을 수 있다. 또는 저작 재산권을 양도받을 수도 있다.

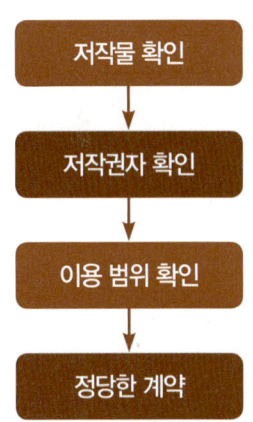

2. 저작권 침해와 사례

1) 저작권 침해

타인의 저작물을 이용하기 위해서는 원칙적으로 저작권자에게 허락을 구해야 한다. 만약 저작권자에게 허락을 받지 않고 무단으로 저작물을 사용했을 경우, 저작 재산권을 침해한 것이 된다.

저작자는 자신의 저작물에 대한 공표권, 성명 표시권, 동일성 유지권과 같은 저작 인격권을 가지고 있다. 만일 저작권자의 허락 없이 저작물의 출처나 내용을 함부로 변경하면 저작 인격권을 침해한 것이 되므로 타인의 저작물을 이용할 때에는 신중해야 한다.

2) 저작권 침해의 요건

다른 사람의 저작물이 자신의 저작권을 침해했다고 주장하려면 타인이 자신의 저작물을 베꼈음을 증명할 수 있어야 한다. 이것을 판단하는 요건으로는 객관적 유사성과 주관적 의존성이 있다.

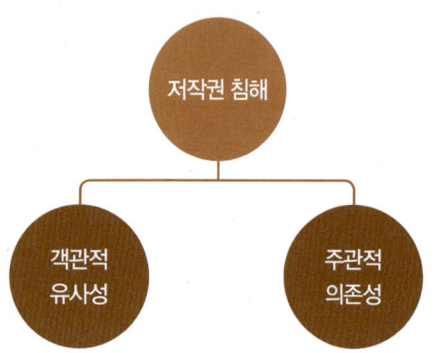

객관적 유사성이란, 저작권의 유사성을 객관적으로 판단하는 요소이다. 단순히 사상이나 감정이 유사한 것이 아니라 표현 형식에서 유사하여야 한다. 유사성은 개별적, 구체적으로 판단해야 하고, 구체적인 줄거리나 사건 전개, 인물간 갈등 구조 등이 상당히 유사한 경우에 해당된다. 하지만 전형적인 구성과 통상적인 사건의 전개 과정에 해당하는 경우에는 객관적 유사성이라 볼 수 없다. 예를 들어, 2009년 '패션왕' 제작사 LK 제작단이 '신데렐라맨' 제작사를 상대로 표절 의혹을 제기한 사건이 있다. '패션왕' 제작사 측은 '신데렐라맨'의 줄거리와 캐릭터, 인물 구도가 '패션왕'과 흡사하고 패션시장을 배경으로 한다는 것이 일치한다고 주장했다. 하지만 드라마 저작권 침해의 주된 요소는 등장인물의 구도가 아니며 스토리에 있다. 배경은 같지만 그 안에서 벌어지는 사건의 전개 과정이 다르게 표현된다면 저작권 침해에 해당되지 않는다.

주관적 의존성이란, 저작물이 원저작물에 의거하여 만들어진 것이다. 의존 여부는 정황에 의해서 판단되는데, 침해자와 피 침해자가 평소 알던 사이이거나 비슷한 지역에 살았거나, 피 침해자의 작품이 유명해서 침해자가 그의 저작물을 봤을 가능성이 매우 높았을 경우에 인정한다. 또한 현저히 유사한 경우에는 주관적 의존성을 인정하여 침해로 간주한다. 하지만 동일한 저작물이더라도 우연의 일치가 아닌 경우에는 침해로 볼 수 없어 주관적 의존성에 대한 판단은 쉽지 않다. 2012년 개봉된 영화 '내가 살인범이다'는 웹툰 '진실의 순간'을 표절했다는 이유로 상영이 금지될 뻔하였으나, 이 웹툰의 시나리오 작가보다 먼저 영화 시나리오 초고를 작성했다는 메일이 자료로 제출되어 저작권 침해 의혹을 풀었다. 이와 같은 저작권 침해 소송에 휘말리지 않으려면 유사한 창작물이 존재하고 있는지 알아봐야 할 뿐만 아니라 작성 시기 등을 증거로 남겨 두는 것도 좋은 방법이다.

저작권 침해를 따져볼 수 있는 대표적인 예로 미피와 부토 캐릭터의 소송이 있다. 기존의 미피는 x자 입을 가지고 위로 길게 솟아있는 귀, 통통한 몸체 등 시각적으로 개성이 잘 드러나 있는 캐릭터이다. 미피와 부토는 둘 다 흰색 토끼를 이용하여 머리를 크게 과장하여 표현했다는 점에서 유사하다. 하지만 이러한 표현은 1990년대 이전에 이미 흔히 사용되었던 표현 방식이며 개별적으로 차이가 있는 점, 단순화된 표현이 강조된 캐릭터일수록 일부의 차이만으로 전체의 식별력에 큰 차이가 난다는 점을 바탕으로 객관적 유사성이 인정되지 않음이 판결되었다.

〈출처: 서울고등법원 2013. 2. 8.자 2012라1419 결정: 확정〉

▲ 미피 캐릭터(왼쪽)과 부토 캐릭터(오른쪽) 비교

3) 퍼블리시티권

퍼블리시티권이란 연예인이나 스포츠 스타 등의 초상이나 이름, 목소리 등 인격적 요소에서 파생하는 재산적 가치를 권리자가 독점적으로 지배하도록 하는 권리이다. 유명인을 대상으로 인격권이 있는 사람에게만 인정되는 권리이므로 만화 캐릭터나 동물에는 인정되지 않는다. 초상, 성명, 사람의 음성이나 동작까지도 보호하며 상업적으로 사용할 수 있다. 퍼블리시티권은 초상권과 달리 제3자에게 양도할 수 있으며 제3자의 명의로 소제기가 가능하다. 만일 퍼블리시티권을 침해하면 그 침해로 인한 재산적 손해를 배상해야 하며 이는 통상 사용료에 해당한다.

	퍼블리시티권
법적 성격	재산적 권리
보호 범위	초상이나 성명은 물론 사람의 음성이나 동작도 보호
보호 대상	유명인(연예인, 정치인 등)
손해 배상	재산권 위주의 배상(통상의 사용료)
양도 여부	제3자에게 양도 가능/제3자 명의로 소제기 가능

① 초상권 침해

유명인의 허락 없이 그의 이름이나 초상 등을 제품 판매나 광고에 이용하는 것은 전형적인 퍼블리시티권 침해 유형에 해당한다. 인터넷 쇼핑몰을 운영하는데 유명한 영화배우, 연예인, 운동선수들의 얼굴을 내걸어 광고에 이용하는 경우, 그 저명성으로 인하여 소비자들에게 강한 인지도를 얻을 수 있으며 판매 실적에 큰 영향을 미칠 수 있다. 하지만 이러한 유명인들의 초상권을 상업적인 목적으로 본인들의 허락 없이 무단으로 사용한다면 퍼블리시티권을 침해한 것이다.

예를 들어 2014년 가수 백지영씨가 허락 없이 자신의 얼굴을 성형외과 광고를 위해 사용했다는 이유로 성형외과에 소송을 건 사례가 있다. 서울 중앙지법은 성형외과 원장 송씨가 자신의 블로그에 병원 광고용으로 백지영씨의 사진을 무단으로 사용함으로써 인격권 침해에 해당한다고 판결했다. 또 '사용한 사진이 백지영씨의 허락 하에 이미 인터넷에 공개된 사진이라 하더라도 백지영씨 자신에게 필요한 한도 내에서 인터넷 이용자들에게 공개해 이용하도록 한 것'이라며 '송 씨가 영리 목적으로 사진과 이름을 사용하는 것은 백지영씨가 예상하거나 허락한 범위를 넘어섰다'고 지적했다.

〈MBN스타 박정선기자, '백지영, 성형외과 상대 초상권 소송 … 또 승소', 2014.07.17〉

② 성명권 침해

쇼핑몰이나 검색 광고 등에서 유명 연예인의 이름을 단 상품이 판매되는 경우가 있다. 연예인들이 착용했던 옷, 신발, 장신구 등의 상품들을 판매할 때 그 스타일을 손쉽게 지칭하기 위해 앞에 연예인의 성명을 붙여 조합한 것이다. 연예인들은 드라마 협찬이나 공항패션 등을 통해 대중들에게 자신의 인지도를 높일 수 있는 기회지만 이러한 스타일의 상품을 판매할 때 허락 없이 이름을 붙여서 사용하면 성명권 침해가 될 수 있다.

〈한국경제, 손정희 연구원, '유명인 이름·사진뿐만 아니라 말투·유행어도 보호 대상? … 퍼블리시티권이 뭐기에 … 거세지는 논란', 2014.06.13〉

③ 음성권 침해

음성권 침해란 유명인이나 개그맨들의 유행어나 말투를 따라했을 때 침해할 수 있는 권리이다. 단순한 성대모사나 모창으로 퍼블리시티권을 침해했다고 볼 수는 없고, 이것을 통해 광고나 판매 등 상업적으로 이용했을 경우에 침해했다고 볼 수 있다. 예를 들어, 2004년에 개그맨 정준하씨의 유행어인 '두 번 죽이는 짓이에요', '…라는 편견을 버려' 등의 문구를 게재한 캐릭터를 이동통신회사의 고객들이 돈을 지급하고 다운받을 수 있도록 한 콘텐츠 제작 공급회사에 정준하씨가 소송한 일이 있었다. 당시 정준하의 대중적 인지도가 높았고 그 얼굴과 유행어를 캐릭터로 형상화하여 영업에 이용하였기 때문에 퍼블리시티권 침해에 해당하며 회사는 정준하 측에 재산상 손해배상을 해야 했다.

〈머니투데이, 이규창 기자, '개그맨 정준하, 퍼블리시티권 침해 손배승소', 2005.09.28〉

④ **동작권 침해**

동작권이란 가수들의 방송안무나 유명인의 동작들이 보호받을 권리이다. 가수 싸이(PSY)는 '강남스타일'의 안무를 그에 대한 정당한 저작권료를 내고 사용한다. 이는 방송안무도 안무가의 창작물로서 저작권으로 인정받을 가치가 있고 그에 대한 정당한 사용료를 내야 한다는 것이다. 개인적으로 기본 동작을 배우기 위해 따라한다면 아무 문제가 되지 않지만, 교습소에서 전체 안무를 가르치거나 관련 동영상을 인터넷에 올리면 동작권에 반하는 퍼블리시티권 침해에 해당한다.

〈Etnews, 이경민 기자, '싸이 말 춤도 함부로 따라하면 저작권 위반', 2013.03.11〉

CHAPTER 4
부가가치세 및 소득세[1]

쇼핑몰 사업을 하기 전에 검토해야 하는 사항과 사업을 하면서 발생되는 세금인 부가가치세와 소득세에 대해 학습하고, 쇼핑몰 사업을 하면서 반드시 알아야 하는 내용과 세금상식을 습득한다.

1 사업자등록과 통신판매업신고

1. 사업자등록

① 사업자등록 언제까지 하여야 하는가?

쇼핑몰 사업을 하기 위해서는 사업자등록을 하여야 한다. 사업자등록은 사업장 주소지의 관할 세무서에서 하므로 쇼핑몰 사업을 할 때 사업장을 어디로 할 것인지를 먼저 결정해야 한다. 쇼핑몰 사업의 경우 사업장을 집으로 해도 되고 별도로 임차해도 된다. 보통의 경우 쇼핑몰 사업은 집에서 시작하는데 이는 사업에 들어가는 비용을 최소화하기 위한 것으로 이해하면 된다.

사업자등록은 전국 세무서 어느 곳에서나 할 수 있으며 온라인으로도 신청할 수 있다. 온라인 신청은 공인인증서를 준비한 후 국세청 홈택스에 접속하여 진행한다. 사업자등록은 사업 개시일로부터 20일 내에 신청하면 된다. 공급시기가 속하는 과세기간[2]이 끝난 후 20일 내에 사업자등록을 하면 그 과세기간 내의 매입세액은 공제받을 수 있다.

사업 개시 전에도 사업자등록을 할 수 있다. 즉, 사업을 준비하는데 오랜 시간이 소요되는 경우 먼저 사업자등록을 하고 사업 개시일을 실제 사업을 할 날짜로 기재한다. 사업개시전 등록을 하는 경우 사업을 준비하면서 발생되는 비용에 대하여 물론 매입세액공제를 받을 수 있다.

사업자등록시 필요한 서류는 사업자등록 신청서와 신분증이다. 사업자등록 신청서는 국세청 홈페이지에서 다운로드할 수 있으며 세무서에도 비치되어 있다. 사업장을 임차하여 사업하는 경우에는 임대차계약서 사본이 필요하나 상가임대차보호법에 의하여 세무서로부터 확정일자를 받고자 하는 경우에는 임대차계약서 원본과 함께 사무실 도면을 그려서 가져가야 한다.

---

1) 소매업 중 전자상거래 업종을 전제로 글을 쓴 것임을 참고하기 바란다.
2) 과세기간이란 세금을 신고하기 위하여 인위적으로 기간을 설정한 것으로 일반 과세자의 경우 1월 ~ 6월을 1과세기간이라 하고 7월 ~ 12월까지를 2과세기간이라 한다. 반면에 간이과세자의 경우 과세기간은 1월 ~ 12월이다.

② 동업을 하고자 하는 경우

동업을 하는 경우에는 동업계약서를 제출하여야 한다. 동업계약서에는 반드시 이익분배 비율이 기재되어 있어야 한다. 이유는 이익이 어떻게 배분되어야 하는지 기재되어 있어야 세금을 부과할 수 있기 때문이다. 또한 소득세율은 누진 세율이라 소득이 높은 경우 높은 세율이 적용되어 세 부담이 늘어날 수 있으나 소득이 이익분배 비율만큼 나누어져 그만큼 낮아지게 되어 낮은 세율이 적용되어 세 부담이 낮아진다.

③ 판매하고자 하는 상품이 인 허가를 필요로 하는지 검토해야 한다

판매를 하고자 하는 물품이 인 허가를 요하는 경우에는 사업자등록 전에 인 허가를 받아야 한다. 인 허가를 받은 후 그 사본을 사업자등록 시 함께 제출한다. 따라서 자신이 판매하고자 하는 물품이 인 허가를 요하는 물품인지 아닌지 관련 기관에 문의한다. 예를 들어 건강기능식품의 경우 구청의 인 허가를 받아야 한다.

④ 사업자등록 신청서 작성 방법

사업자등록증 신청서를 작성할 때 쇼핑몰의 경우 주 업태는 소매업으로 한다. 도매업을 하고자 할 경우에는 간이과세자는 안되고 일반 과세자로 하여야 한다.

주 종목은 '전자상거래'라고 기재한다. 사이버몰 명칭과 사이버몰 도메인도 기재하도록 하고 있다. 사업 시 필요한 자금은 어떻게 조달하는지도 기재하도록 하고 있는데 본인의 자금으로 사업하는 경우에는 자기자본에 기록을 하고, 빚을 내어 사업하는 경우에는 타인자금 란에 기재한다. 간이과세자로 사업을 시작하는 경우에는 간이과세 적용 여부 란에 체크하여 제출하여야 한다.

2. 통신판매업 신고

① 통신판매업 신고

쇼핑몰 사업을 하는 경우 전자상거래 등에서의 소비자보호에 관한 법률 제12조에 의하여 각 관할 구청에 통신판매업 신고를 하여야 한다. 통신판매업 신고는 2012년 8월 18일부터 간이과세자도 신고하는 것으로 변경되었는데 이유는 최근 6개월 매출이 600만 원 미만이거나 거래 횟수가 10회 미만인 경우에만 통신판매업 신고를 면제하고 있기 때문이다. 이와 같이 제도가 변경된 것은 통신판매업 신고의 범위를 확대하고 관리의 사각지대에 놓여 있는 소규모 쇼핑몰 사업자의 신원 정보를 확인할 수 있도록 함으로써 소비자 피해 예방 효과를 제고하기 위한 것이다.

통신판매업 신고 시 면허세 45,000원을 납부하는데 간이과세자는 면제되고 일반 과세자는 납부하여야 한다. 면허세는 1년에 1회 납부하며 사이트 주소가 변경되거나 사업장을 이전하는 경우 다시 납부하여야 한다. 통신판매업 신고는 인터넷으로 신청할 수 있는데 개인만 가능하고 법인 사업자는 안된다. 신청만 인터넷으로 하고 통신판매업 신고증을 수령하기 위해서는 관할구청에 직접 방문하여야 한다.

② 준비해야 할 서류
- 통신판매업 신고서
- 사업자등록증 사본
- 신분증

③ 통신판매업 신고서 작성 방법

인적사항을 기재하도록 하고 있으며 인터넷 도메인 란에는 앞으로 쇼핑몰 사업을 할 사이트 URL을 기재한다. 호스트 서버 소재지를 기재하여야 하는데 카페24에서 호스팅 받는 경우 카페24의 사업장 주소지를 적는다. 판매 방식은 인터넷 쇼핑몰을 운영하는 것이므로 판매 방식에는 인터넷에 체크하고 취급 품목은 자신이 판매할 제품에 체크한다.

[별지 제1호서식] (앞 쪽)

		□ 통신판매업신고서			처리기간 3일
신고인	법인명 (상호)		법인등록번호		
	소재지			(전화번호 :)	
	대표자 (성명)		서명 또는 인	주민등록번호	
	주소			(전화번호 :)	
	전자우편주소		사업자등록번호		
	인터넷도메인 이름				
	호스트서버 소재지	(웹호스팅업체에 확인하여 기재합니다)			
	참고사항	판매방식	TV홈쇼핑( ), 인터넷( ), 카탈로그( ), 신문잡지( ), 기타( )		
		취급품목	종합몰( ), 교육/도서/완구/오락( ), 가전( ), 컴퓨터/사무용품( ), 가구/수납용품( ), 의류/패션/잡화/뷰티( ), 레저/여행/공연( ), 건강/식품( ), 성인/성인용품( ), 자동차/자동차용품( ), 상품권( ), 기타(구체적 품목 기재 :)		

「전자상거래 등에서의 소비자보호에 관한 법률」 제12조제1항, 동법 시행령 제13조 및 동법 시행규칙 제8조제1항에 따라 위와 같이 신고합니다.

년 월 일

신고인 : (서명 또는 인)

※ 위 신고인과 동일인이 아닐 경우에만 기재합니다.

공 정 거 래 위 원 회

귀하

시장·군수·구청장

	신고인(대표자) 제출서류	담당공무원 확인사항	수수료
구비서류	없음	법인등기부 등본(신고인이 법인인 경우에 한한다. 법인의 설립등기 전에 신고하는 때에는 발기인의 주민등록표 등본을 말합니다)과 사업자등록증의 내용을 행정정보의 공동이용을 통하여 담당공무원이 확인합니다. 다만, 신청인이 확인에 동의하지 아니하는 경우에는 신청인이 직접 법인등기부 등본(또는 발기인의 주민등록표 등본)과 사업자등록증 사본을 제출하여야 합니다.	없음

본인은 이 건 업무처리와 관련하여 「전자정부구현을 위한 행정업무 등의 전자화촉진에 관한 법률」 제21조제1항에 따른 행정정보의 공동이용을 통하여 담당공무원이 위의 담당공무원 확인사항을 확인하는 것에 동의합니다.

신고인 : (서명 또는 인)

210mm×297mm(신문용지 54g/㎡(재활용품))

2 부가가치세

1. 부가가치세란 무엇인가?

부가가치세는 간접세이다. 즉, 쇼핑몰 사업자가 직접 부담하는 세금이 아니고 소비자가 부담하는 세금이다. 소비자가 낸 세금을 잠시 보관했다가 쇼핑몰 사업자가 부가가치세 신고기간에 납부하는 것뿐이다.

예를 들면, 운영자의 홈페이지에 물품의 판매가격을 10,000원으로 기재하여 판매하는 경우 그 가격 옆에 부가가치세 별도라는 기재가 없으면 그 판매가격 10,000원에는 부가가치세 10%가 포함된 것으로 본다. 즉, 소비자가 물품을 구입하고 지불한 10,000원의 내용은 물품대금으로는 9,090원을 지불한 것이고 910원은 부가가치세를 지불한 것이다. 따라서 쇼핑몰 사업자는 소비자가 지불한 부가가치세 910원을 잠시 보관하였다가 납부하는 것일 뿐 사업자 본인이 세 부담을 하는 것은 아니다.

부가가치세는 일반과세자와 간이과세자로 구분하고 있다. 면세물품을 판매하는 경우에는 면세사업자로 사업자등록을 한다. 또한 법인 사업자는 간이과세자가 되지 못한다.

간이과세자란 연간 매출액(공급대가)이 4,800만 원에 미달하는 자를 말하며 간이과세자 이외자를 일반과세자라 한다.

2. 간이과세자와 일반과세자의 차이

① 간이과세자는 부가가치세법에서만 존재한다

간이과세자와 일반과세자의 구분은 부가가치세법에서만 구분하는 것으로 소득세법에는 이를 구분하고 있지 않다. 따라서 소득세 계산 시에는 간이과세자와 일반과세자를 구분하지 않는다. 즉, 매출액과 지출한 경비가 동일하다면 간이과세자이든 일반과세자이든 납부하는 소득세는 동일하다. 물론 소득공제액이 다르면 소득세는 달라질 것이다.

② 업종별 부가가치율

간이과세자와 일반과세자에 적용되는 부가가치세 세율은 10%로 동일하다. 다만, 간이과세자는 업종별 부가가치율을 추가로 곱하여 매출세액을 계산하는데, 현재 소매업의 경우 부가가치율은 10%로 되어 있으나 이는 경기변동에 따라 변동한다.

③ 업종 제한

간이과세자는 업종을 제한하고 있는데 도매업과 제조업을 하지 못한다. 이는 간이과세자는 4,800만 원 미만의 영세사업자를 위한 제도이기 때문이다.

④ 세금계산서를 발행하지 못한다

간이과세자는 세금계산서를 거래 상대방에게 발행하지 못한다. 간이과세자가 세금계산서를 발행하고 그 상대방 사업자가 매입세액공제를 받는 경우 가산세를 납부하여야 하므로 어떠한 경우에도 간이과세자는 세금계산서를 발행하지 말아야 한다.

⑤ 간이과세자 배제지역

간이과세자로 사업할 수 없는 지역이 있다. 시내 한복판 등 국세청장이 정하는 간이과세자 배제지역에서는 간이과세자로 사업장을 개설하지 못한다. 이는 시내 한복판이나 강남 등의 경우에는 사업장 임차료가 고가이므로 월 400만 원(=4,800만 원/12달) 이상의 매출이 나올 것으로 예측되기 때문이다.

⑥ 매출액의 부가가치세 포함 여부

간이과세자는 부가가치세가 포함된 금액(이를 '공급대가'라고 한다)을 과세표준[3]으로 하고 일반과세자는 부가가치세를 제외한 금액(이를 '공급가액'이라고 한다)을 과세표준으로 한다. 따라서 간이과세자는 소비자가 결제한 금액을 그대로 과세표준으로 계상하고 일반과세자는 소비자가 결제한 금액 중 10%인 부가가치세를 제외한 금액을 과세표준으로 신고한다.

⑦ 간이과세자는 환급이 안된다

매출세액[4]에서 매입세액[5]에 차감한 금액을 부가가치세로 납부하는데 매출세액보다 매입세액이 많은 경우 환급세액이 발생한다. 이때 일반과세자는 환급이 되는데 간이과세자는 환급이 안된다.

---

[3] 과세표준은 매출액으로 생각하면 된다.
[4] 매출세액이란 매출액에 부가가치 세율 10%를 곱하여 계산하고 간이과세자는 여기에 부가가치율(현재는 10%)을 다시 곱하여 계산한다.
[5] 매입세액이란 세금계산서를 받은 금액(공급가액)에 10%를 곱하여 계산하고 간이과세자는 여기에 부가가치율(현재는 10%)을 다시 곱하여 계산한다.

3. 과세기간[6]

① 일반과세자

일반과세자의 과세기간은 1년을 둘로 나누어 상반기인 1월 ~ 6월까지를 제1과세기간이라 하고 하반기인 7월 ~ 12월까지를 제2과세 기간이라고 한다. 상반기 중 1월 ~ 3월에 대한 실적은 신고하지 않고 세무서에서 고지한다. 이때 고지하는 금액은 작년 2과세기간에 납부한 금액의 1/2을 고지하며 4월 25일까지 납부하면 된다. 1과세기간에 대한 신고는 7월 25일까지 신고와 함께 납부하여야 한다. 신고는 1월 ~ 6월에 대한 실적을 신고하여야 하고 4월 25일에 납부한 금액을 차감한 후의 금액을 납부한다. 하반기에 대한 신고납부도 상반기와 동일하게 이루어지는데 하반기 중 7월 ~ 9월에 대한 실적은 신고하지 않고 세무서에서 고지한다. 이때 고지하는 금액은 1과세 기간에 납부한 금액의 1/2을 고지하며 10월 25일까지 납부한다. 2과세기간에 대한 신고는 다음해 1월 25일까지 신고와 함께 납부하여야 한다. 7월 ~ 12월에 대한 실적을 신고하여야 하고 10월 25일에 납부한 금액을 차감한 후의 금액을 납부한다.

② 간이과세자

일반과세자가 1년을 상반기와 하반기로 나누어 신고하는 것과 달리 간이과세자는 1년 전체를 한 과세기간으로 보며 1년 중 반인 상반기에 대한 부가가치세는 7월 25일까지 납부하도록 되어 있는데 세무서에서 고지한다. 고지하는 금액은 작년에 납부한 부가가치세의 1/2을 고지한다. 1년 전체에 대한 실적 신고는 익년도 1월 25일까지 하여야 한다. 납부는 7월 25일에 납부한 금액을 차감한 나머지 금액만 납부한다. 그러나 1년간 매출액이 2,400만 원에 미달하는 경우에는 부가가치세 납부를 면제하고 있다. 그러나 반드시 신고하여야 하며 신고를 하지 않으면 신고불성실 가산세를 부과하게 된다.

4. 과세표준과 세율

① 과세표준

부가가치세의 과세표준이란 매출액이라고 이해하면 쉬울 것이다. 즉, 물건을 팔고 소비자로부터 받은 금액을 말한다. 일반적으로 소비자가 결제한 금액에서 지불대행사 또는 오픈마켓의 수수료를 제외한 금액이 입금되는데 그 수수료를 차감하기 전의 금액이 과세표준이 된다. 그러나 간이과

---

[6] 과세기간이란 세금신고하기 위하여 법으로 정해놓은 기간을 말한다.

세자와 일반과세자의 과세표준이 다른데 간이과세자의 경우 부가가치세가 포함된 금액이 과세표준이 된다. 이를 '공급대가'[7]라고 한다. 이와는 달리 일반과세자는 부가가치세 10%를 제외한 금액이 부가가치세 과세표준이 되는데 이를 '공급가액'이라고 한다.

② 세율

부가가치세 세율은 10%이다. 일반과세자이든 간이과세자이든 모두 10%이다. 그러나 간이과세자는 매출세액을 계산할 때 매출액에 부가가치 세율을 곱한 후에 업종별 부가가치율[8]을 다시 곱해서 계산한다.

5. 부가가치세에 대해서 좀 더 나아가보자

① 면세

전자상거래에서 거래되는 대부분의 물품들은 부가가치세가 과세된다. 그러나 예외적으로 부가가치세가 면제되는 재화 또는 용역이 있다. 이를 면세라고 한다. 면세가 되는 물품은 가공되지 아니한 식료품, 도서 등이 해당된다.

② 영세율

일반적으로 수출하는 경우에 부가가치세를 부과하지 않는다. 이를 영세율이라고 하는데 '0'의 세율을 적용하여 영세율이라고 한다. 인터넷 쇼핑몰의 경우 해외배송이 여기에 해당한다. 따라서 해외배송의 경우 부가가치 세율이 '0'이 되어 부가가치세를 내지 않게 된다. 이 제도를 적용받기 위해서는 부가가치세 신고서상의 영세율 란에 해외배송 금액을 기재하고 신고기한 경과 후 10일 내에 영세율 첨부서류 명세서를 관할 세무서에 제출한다. 해외배송의 경우 EMS로 대부분 배송되므로 소포 수령증을 제출하면 된다.

③ 일반과세자 전환 시기

간이과세자 연간 공급대가가 4,800만 원 이상이면 일반과세자로 전환되는데 쇼핑몰 사업자들이 알아서 일반과세자로 자진해서 신고하느냐의 문제가 생긴다. 현재 세법은 일반과세자로 전환되기 위해서는 일반과세자로 전환된다는 통지를 받아야 일반과세자로 전환된다. 공급대가가 아무리 크더라

---

[7] 부가가치세 10%가 포함된 금액을 공급대가라고 하며 부가가치세 10%를 뺀 금액을 공급가액이라고 한다.
[8] 전자상거래의 경우 소매업에 해당되어 업종별 부가가치율이 현재 10%이나 이는 고정적인 것이 아니다.

도 세무서로부터 일반과세자로 전환된다는 통지가 없다면 계속해서 간이과세자로 사업할 수 있다. 일반적으로 1월부터 12월까지 매출액이 4,800만 원 이상이 되면 다음 연도 1월 1일부터는 일반과세자로 전환되어야 맞을 것으로 생각되나 세법은 세무서로부터 통지를 받아야 일반과세자로 전환된다. 간이과세자는 1월부터 12월까지 실적을 그 다음 연도 1월 25일까지 신고하게 되므로 세무서는 쇼핑몰 사업자의 1월부터 12월까지 매출 실적을 그 다음 연도 1월 25일 이후에나 알게 되므로 1월 1일부터 일반과세자로 전환된다는 통지를 할래야 할 수가 없다. 따라서 7월 1일부터 일반과세자로 전환된다. 이러한 이유로 세무서에서는 '귀하는 7월 1일부터 일반과세자로 전환됩니다'라고 7월 1일 전에 통지하게 된다.

④ **간이과세의 포기**

인터넷 쇼핑몰을 하다 보면 간이과세자가 입점이 안되는 경우가 있어 일반과세자로 변경이 필요한데 이때는 '간이과세자 포기'란 제도를 이용하면 된다. 간이과세 포기를 하기 위해서는 일반과세자로 변경하고자 하는 달의 전 달의 마지막 날까지 간이과세 포기신고서를 제출하여야 한다. 간이과세를 포기한 경우에는 3년이 되는 날이 속하는 과세기간까지는 간이과세자가 될 수 없다.

6. 부가가치세는 이렇게 계산한다

① **부가가치세 계산 구조**

부가가치세는 매출세액에서 매입세액과 신용카드 세액 공제를 차감해서 납부세액을 계산하는데 매출세액에서 매입세액을 차감한 금액이 양의 수가 나오면 추가로 신용카드발행 세액 공제를 받을 수 있다.

그러나 신용카드발행 세액 공제로 인하여 납부세액이 음의 수가 나오면 안된다. 즉, 신용카드 발행세액으로 공제받을 수 있는 금액은 매출세액에서 매입세액을 뺀 금액을 한도로 해서 공제받을 수 있다.

매출세액: 과세표준(공급대가 또는 공급가액[9]) × 부가가치 세율 10%[10] × 부가가치율 10%
매입세액: 세금계산서 받은 금액(공급가액) × 부가가치 세율 10%[11] × 부가가치율 10%

---

[9] 간이과세자는 공급대가가 과세표준이 되고 일반 과세자는 공급가액이 과세표준이 된다.
[10] 간이과세자의 경우 부가가치율 10%를 다시 곱해야 한다.
[11] 간이과세자의 경우 부가가치율 10%를 다시 곱해야 한다. 이는 매출세액 계산 시 부가가치율 10%를 곱한 만큼 덜 내었으므로 매입세액도 부가가치율 10%를 곱한 금액만큼 적게 공제 받으라는 것이다.

신용카드발행 세액 공제[12]: 신용카드 또는 현금영수증 발행금액[13] × 1.3%(연간 500만 원 한도) = 납부세액

② 사례1. 간이과세자의 납부세액 계산

물음)

부가가치세를 포함하여 소비자가 결제한 총 금액이 1억 원(공급대가)이다. 이중 고객이 신용카드로 결제한 금액이 8백만 원이고 현금영수증이 발행된 금액이 2백만 원이다. 세금계산서를 받은 금액이 9천만 원(공급가액)이다. 부가가치세 과세표준과 매출세액, 매입세액 그리고 공제 가능한 신용카드 발행세액을 계산하고 납부하여야 할 부가가치세를 계산하시오. 업종별 부가가치율은 10%라고 가정한다.

해답)

❶ 과세표준: 소비자가 결제한 금액으로 부가가치세 10%를 포함한 공급대가 1억 원이 간이과세자의 부가가치세 과세표준이다.

❷ 매출세액: 공급대가 1억 원 × 부가가치 세율 10% × 부가가치율 10% = 100만 원

❸ 매입세액: 세금계산서 받은 금액인 공급가액 9천만 원 × 부가가치 세율 10% × 부가가치율 10% = 90만 원

❹ 신용카드발행 세액 공제액 계산

신용카드발행 세액 공제
= (신용카드 결제금액 8백만 원 + 현금영수증 발행금액 2백만 원) × 1.3% = 130,000원
신용카드발행 세액 공제 한도 = 매출세액 100만 원 − 매입세액 90만 원 = 10만 원
따라서 신용카드발행 세액 공제 가능 금액은 매출세액에서 매입세액을 차감한 금액을 한도로 하므로 13만 원이 아니라 10만 원이 공제 받을 수 있는 금액이다.

❺ 납부세액 = 매출세액 100만 원 − 매입세액 90만 원 − 신용카드발행 세액 공제 10만 원
= '0' 원

---

[12] 고객이 신용카드로 결제하였거나 고객에게 현금영수증을 발행한 금액의 1.3%를 500만 원 한도로 공제하되 환급이 되지 않는다. 따라서 납부할 세액이 '0'이 되는 금액까지 공제를 받을 수 있다.

[13] 고객이 상품 구입 시 여신금융업법에 의한 신용카드 매출전표를 발행하였거나 현금영수증을 발행한 금액을 말한다. 주의하여야 할 사항은 신용카드발행 세액 공제는 매출세액에서 매입세액을 차감한 납부할 세액을 한도로 공제한다. 예를 들면 매출세액이 100원, 매입세액이 80원, 신용카드발행 세액 공제가 50원이라고 할 때 신용카드발행 세액 공제를 받을 수 있는 금액은 20원이 된다. 이유는 매출세액 100원에서 매입세액 80원을 뺀 20원이 납부세액인데 신용카드발행 세액 공제 가능 금액이 50원이라고 하여도 납부세액 한도 20원 내에서 공제를 받을 수 있기 때문이다.

③ 사례2. 일반과세자의 납부세액 계산

물음)

소비자가 결제한 금액 중 부가가치세 10%를 제외한 공급가액이 10억 원이다. 이중 고객이 신용카드로 결제한 금액이 8천만 원이고 현금영수증이 발행된 금액이 2천만 원이다. 세금계산서를 받은 금액이 9억 원(공급가액)이다. 부가가치세 과세표준과 매출세액, 매입세액 그리고 공제 가능한 신용카드 발행세액을 계산하고 납부하여야 할 부가가치세를 계산하시오.

해답)

❶ 과세표준: 소비자가 결제한 금액 중 부가가치세 10%를 제외한 공급가액 10억 원이 일반과세자의 부가가치세 과세표준이다.

❷ 매출세액: 공급가액 10억 원 × 부가가치 세율 10% = 1억 원

❸ 매입세액: 세금계산서 받은 금액인 공급가액 9억 원 × 부가가치 세율 10% = 9천만 원

❹ 신용카드발행 세액 공제액 계산

신용카드발행 세액 공제
= (신용카드 결제금액 8천만 원 + 현금영수증 발행 금액 2천만 원) × 1.3% = 1,300,000원
신용카드발행 세액 공제한도 = 매출세액 1억 원 − 매입세액 9천만 원 = 1천만 원

따라서 신용카드발행 세액 공제 가능 금액은 매출세액에서 매입세액을 차감한 금액을 한도로 하는데 한도액 1천만 원보다 130만 원이 적으므로 130만 원 전액을 공제 받을 수 있다.

❺ 납부세액= 매출세액 1억 원 − 매입세액 9천만 원 − 신용카드발행 세액 공제 130만 원
= 870만 원

7. 부가가치세 신고서 작성 방법

1) 다음 자료를 가지고 부가가치세 신고서를 작성해보자
① 간이과세자인 나진자의 1월 ~ 12월 공급대가[14]는 1억 원

---

[14] 간이과세자이므로 부가가치세를 포함한 공급대가가 과세표준이 되어 소비자가 결제한 금액 전액이 과세표준이 된다.

세부 내역은 다음과 같다.

㉠ 신용카드 결제: 7천만 원

㉡ 현금영수증 결제: 1천만 원

㉢ 현금 및 휴대폰 결제: 2천만 원

② **수취한 매입세금계산서**

㉠ 전자세금계산서를 받은 것: 광고비 1개 업체로부터 6장을 받았으며 그 공급가액은 8천만 원이다.

㉡ 종이세금계산서를 받은 것: 사입비 1개 업체로부터 2장을 받았으며 그 공급가액은 1천만 원이다.

③ **신용카드 복사지 구입액: 295,650원**

물품을 인터넷으로 구입 시 카드매출 전표를 출력할 수 있는데 출력하여 보면 공급가액과 부가가치세 그리고 합계로 기재되어 있다. 이 사례의 경우 공급가액은 268,773원이고 부가가치세는 10%인 26,877원이고 합계는 295,650원이다. 공급가액과 부가가치세가 별도 기재되어야 매입세액공제가 가능하고 구분하여 기재되어 있지 않은 경우에는 공제를 받지 못한다. 이유는 일반과세자로부터 구입한 경우에만 매입세액공제를 해주고 있기 때문이다. 간이과세자로부터 물품을 구입하는 경우에는 부가가치세와 공급가액이 구분 기재되어 있지 않다.

2) 부가가치세 신고서 작성 방법

① 간이과세자 부가가치세 신고서 작성 방법

간이과세자 부가가치세 신고서를 보면 맨 위 상단에 신고기간을 기재하게 되어 있는데 전년도부터 사업을 계속하고 있는 경우에는 1월 1일부터 12월 31일까지로 기재하면 되고 중간에 사업을 신규로 개시한 경우에는 사업자등록증상 사업 개시일로부터 12월 31일까지로 기재한다. 다만, 연도 중에 간이과세를 포기하고 일반과세자로 변경한 경우에는 사업 개시일부터 간이과세를 포기한 달의 말일까지로 기재한다.

㉠ 신고 내용

쇼핑몰의 경우 소매업에 해당되므로 소비자가 결제한 금액인 공급대가를 소매업 란에 기재하면 되는데 여기 사례에서는 매출액이 1억 원이므로 1억 원 전체를 소매업 란에 기재한다. 매출세액 란을 먼저 기재하여야 하는데 매출액이 1억 원이므로 과세표준은 1억 원이 되고 이 금액에 부가가치율 10/100과 부가가치 세율 10/100이 곱해져 부가가치세액은 1,000,000원이 된다.

공제세액은 세금계산서를 받은 금액과 신용카드 매입세액의 합계를 기재하는 것인데 양식을 보면 9,026,877원이 기재되어 있는데 이는 세금계산서 받은 금액인 9천만 원과 신용카드 매입 금액인 268,773원에 대하여 부가가치세 세율 10%가 곱해진 금액이다[15]. 이 금액에 부가가치율 10%를 곱하여 매입세액은 902,877원이 계상된다.

매출세액에서 매입세액을 차감한 세액이 양의 수가 나오면 추가로 신용카드 발행세액 공제[16]를 받을 수 있는데 여기서는 매출세액에서 매입세액을 차감한 금액인 97,123원을 한도로 공제 받을 수 있다.

ⓒ 과세표준 명세

과세표준 명세에 업태엔 소매업이라고 기재하고 종목은 전자상거래라고 기재하고 업종코드는 525101이라고 기재한다. 금액은 과세표준인 공급대가 1억 원을 기재한다.

끝으로 맨 하단에 신고인을 적는다. 신고서 중 공제 받은 것이 있는데 그 내용을 보면 받은 세금계산서 9천만 원에 대한 것과 신용카드 매입금액 268,773원에 대하여 매입세액공제를 받았고 고객이 신용카드로 결제한 금액과 현금영수증을 발행한 금액에 대하여 신용카드발행세액 공제를 받았다. 이에 대해서는 세부 내용을 작성하여 제출하여야 한다. 이에 대하여 살펴보도록 하자.

② **매입처별 세금계산서 합계표(갑) 작성 방법**

수취한 세금계산서에 대해 매입세액공제를 받은 것을 기재하는 것으로 2번 란 매입세금계산서 총합계는 전자세금계산서 수취분과 종이세금계산서 수취분으로 구분하여 기재하도록 하고 있다. 전자세금계산서 수취분은 상단에, 종이세금계산서 수취분은 하단에 기재한다. 기재하는 방법은 각각 매입처 수와 받은 세금계산서 매수 그리고 공급가액과 이에 대한 매입세액 10%를 기재한다.

사례를 보면 전자세금계산서는 한 곳에서 6장을 받았고 그 금액이 8천만 원이라고 했으니까 '과세기간 종료일 다음달 15일까지 전송된 전자세금계산서 발급받은 분' 기재 란에 사업자등록번호로

---

[15] 앞에서 설명한 대로 매입세액은 세금계산서 받은 금액에 부가가치 세율 10%를 곱하고 다시 부가가치율 10%를 곱한다고 한 것을 상기하면 이해가 될 것이다.

[16] 고객이 물품을 구입하면서 신용카드로 결제하였거나 현금영수증 발행을 요구하여 발행한 경우 그 합계액에 대하여 1.3%를 공제해주는데 연간 500만 원을 한도로 공제해주고 있다. 다만 이는 환급이 안된다. 즉, 매출세액이 100원이고 매입세액이 80원이면 납부할 세액은 양의 수인 20원인데 이때 신용카드발행 세액 공제 가능한 금액이 50원이라고 할 경우 매출세액 100원에서 매입세액 80원을 차감하고 다시 신용카드발행 세액 공제 50원을 차감하면 -30원이 되는데 신용카드발행 세액 공제는 환급이 안된다. 신용카드발행 세액 공제로 환급 받을 수 있는 금액은 매출세액에서 매입세액을 차감한 금액을 한도로 공제받을 수 있다. 따라서 공제 가능한 금액인 50원 전액 공제받는 것이 아니라 20원만 공제를 받을 수 있다.

받았으므로 사업자등록번호 발급 받은 분으로 해서 매입처수는 1개 매수는 6장을 기록하고 공급가액에 8천만 원을 기재하고 세액 란에는 10%인 8백만 원을 기재한다.

사례에서 종이세금계산서는 1개 업체로부터 2장을 받았고 금액이 1천만 원이라고 하고 있으므로 '위 전자세금계산서 외의 발급받은 분' 기재 란에 사업자등록번호로 받았으므로 사업자등록번호 발급받은 분으로 해서 매입처수는 1개, 매수는 2장, 금액은 1천만 원으로 기재하고 세액은 10%인 1백만 원으로 기재한다.

전자세금계산서가 발행되면 바로 국세청 전산망에 전송되므로 추가로 세부 내역을 제출할 필요가 없지만 종이로 된 세금계산서는 그 세부 내역을 기재하여 제출하여야 한다. 그 내역은 3번의 '과세기간 종료일 다음달 15일까지 전송된 전자세금계산서외 발급받은 매입처별 명세' 란에 기재하면 되는데 종이세금계산서를 발행한 거래처의 사업자등록번호와 그 상호 그리고 공급가액과 세액을 기재한다. 사업자등록번호와 상호는 세금계산서를 보면 나와 있으므로 그대로 기재한다.

③ **신용카드 매출전표 등 수령금액 합계표(갑) 작성 방법**

신용카드로 물품을 구매하여 매입세액공제를 받은 268,773원에 대하여 제출하는 양식으로 먼저 3번 '기타 신용·직불카드 및 기명식 선불카드 매출전표 수령금액 합계' 란에 기재한 후에 그 합계를 2번 '신용카드 등 매입내역 합계'에 기재한다.

사례에서는 신용카드 매입 건은 1건이고 금액은 공급가액이 268,773원이고 부가가치세가 26,877원이다(신용카드로 인터넷에서 물품을 구입한 후 신용카드 매출전표를 출력하면 기재되어 있다. 물건을 판매하는 판매자의 사업자등록번호와 상호도 기재되어 있다).

기재하는 방법은 사용한 카드의 카드회원번호를 기재하고 판매자의 사업자등록번호(신용카드매출전표를 출력하여 보면 기재되어 있다)를 공급자 사업자등록번호에 기재한다. 거래건수는 1건이므로 1건으로 기재하고 공급가액과 세액은 각각 268,773원과 26,877원으로 기재한다.

2번에 기재하는 '신용카드 등 매입내역 합계'는 3번의 합계를 기재하고 주의할 사항은 ⑥ ~ ⑨ 중 어느 카드 란에 기재하여야 하는가 하는 것이다. ⑥ 현금영수증 란은 국세청 현금영수증 홈페이지에서 사업자등록번호로 가입한 경우에 기재한다. ⑧ 사업용 신용카드는 카드 앞 이름이 개인 이름이 아니고 회사 상호가 기재되어 있는 카드를 사용한 경우에 기재한다. ⑨ 기타신용카드는 일반적으로 사용되는 카드를 말하며 가족명의 카드와 직원 카드로 사용된 것도 공제대상이 된다. 카드를 국세청 현금영수증 홈페이지에 등록하면 엑셀로 다운로드 받을 수 있어서 기재하기가 편하다.

④ 신용카드매출전표 등 발행 금액 집계표 작성 방법

고객이 물건 구입 시 신용카드로 결제하였거나 고객에게 현금영수증을 발행한 경우로서 그 금액의 1.3%를 1년에 500만 원을 한도로 공제받을 수 있다.

사례에서는 신용카드로 7천만 원이 결제되었고 현금영수증은 1천만 원이 발행되었다고 했으므로 ⑥번 란에 신용카드 사용액 7천만 원을 기재하고 ⑦번 란에 현금영수증 발행액 1천만 원을 기재한다.

■ 부가가치세법 시행규칙 [별지 제20호의7서식] <개정 2013.2.23>   홈택스(www.hometax.go.kr)에서도 신청할 수 있습니다.

간이과세자 부가가치세 [ ]예정신고서 [ ]신고서 [ ]기한후과세표준신고서
(앞쪽)

| 관리번호 | | | | | | | 처리기간 | 즉시 |

□ 신고기간 2015년 (1월 1일 ~ 12월 31일)

사업자	상 호	잘나가	성명(대표자명)	나진자	사업자등록번호	214-04-28000
	주민등록번호	123456-1124513	전화번호	사업장 3486-8643	주소지	휴대전화
	사업장소재지	서울 서초구 서초동 1500		전자우편주소		

❶ 신고내용

	구 분		금 액	부가가치율	세율	세 액
과세표준 및 매출세액	전기·가스·증기 및 수도사업	(1)		5/100	10/100	
	소매업, 재생용 재료수집 및 판매업, 음식점업	(2)	100,000,000	10/100	10/100	1,000,000
	제조업, 농·임·어업, 숙박업, 운수 및 통신업	(3)		20/100	10/100	
	건설업, 부동산임대업, 기타 서비스업	(4)		30/100	10/100	
	영 세 율 적 용 분	(5)		0/100		
	재 고 납 부 세 액	(6)				
	합 계	(7)	100,000,000		㉮	1,000,000
공제세액	매입세금계산서 등 수취세액공제	(8)	9,026,877			902,877
	의 제 매 입 세 액 공 제	(9)			뒤쪽 참조	
	매입자발행세금계산서 세액공제	(10)				
	전 자 신 고 세 액 공 제	(11)				
	신용카드매출전표 등 발행세액공제	(12)	80,000,000			97,123
	기 타	(13)				
	합 계	(14)			㉯	1,000,000
	금지금 매입자 납부특례 기납부세액	(15)			㉰	
	예 정 고 지 세 액	(16)			㉱	
가산세액	미 등 록 및 허 위 등 록 가산세	(17)				
	신고불성실	무 신 고 (일반)	(18)				
		무 신 고 (부당)	(19)				
		과 소 신 고 (일반)	(20)				
		과 소 신 고 (부당)	(21)				
	납 부 불 성 실 가 산 세	(22)				
	결정·경정기관 확인 매입세액 공제 가산세	(23)				
	영세율 과세표준 신고 불성실 가산세	(24)				
	합 계	(25)			㉲	
	차감 납부할 세액(환급받을 세액) (㉮-㉯-㉰+㉱)				(26)	

❷ 과세표준명세

	업 태	종 목	업종코드	금 액
(27)	소매업	전자상거래업	5 2 5 1 0 1	100,000,000
(28)				
(29)	기타(수입금액 제외분)			
(30)	합 계			

❸ 면세수입금액

	업 태	종 목	업종코드	금 액
(31)				
(32)				
(33)	수입금액 제외분			
(34)	합 계			

❹ 국세환급금계좌신고

| 거래은행 | 은행 지점 | 계좌번호 |

❺ 폐업신고

| 폐업연월일 | . . | 폐업사유 |

「부가가치세법 시행령」제75조제5항 및 「국세기본법」제45조의3에 따라 위의 내용을 신고하며, 위 내용을 충분히 검토하였고 신고인이 알고 있는 사실 그대로를 정확하게 작성하였음을 확인합니다.

2016년 1월 25일

신고인: 나 진 자   (서명 또는 인)

세무대리인은 조세전문자격자로서 위 신고서를 성실하고 공정하게 작성하였음을 확인합니다.

세무대리인: 강 절 세   (서명 또는 인)

서초세무서장 귀하

| 세무대리인 | 성 명 | | 사업자등록번호 | | 전화번호 | |

210mm×297mm[백상지 80g/㎡ 또는 중질지 80g/㎡]

■ 부가가치세법 시행규칙 [별지 제20호의3서식(1)] <개정 2011.6.23> 홈텍스(www.hometax.go.kr)에서도 신청할 수 있습니다.

매입처별세금계산서합계표(갑)
(2015년 제 기)

(앞쪽)

1. 제출자 인적사항

(1) 사업자등록번호	214-04-28000	(2) 상호(법인명)	잘나가
(3) 성 명(대 표 자)	나진자	(4) 사업장 소재지	
(5) 거래기간	2015년 1월 1일 ~ 2015년 12월 31일	(6) 작성일	2016년 1월 25일

2. 매입세금계산서 총합계

구 분		(7) 매입처수	(8) 매수	(9) 공급가액 조 십억 백만 천 일	(10) 세액 조 십억 백만 천 일
합 계					
과세기간 종료일 다음달 15일까지 전송된 전자세금계산서 발급받은분	사업자등록번호 발급받은분	1	6	80 000 000	8 000 000
	주민등록번호 발급받은분				
	소 계	1	6	80 000 000	8 000 000
위 전자세금계산서 외의 발급받은분	사업자등록번호 발급받은분	1	2	10 000 000	1 000 000
	주민등록번호 발급받은분				
	소 계	1	2	10 000 000	1 000 000

* 주민등록번호로 발급받은 세금계산서는 사업자등록 전 매입세액 공제를 받을 수 있는 세금계산서만 적습니다.

3. 과세기간 종료일 다음달 15일까지 전송된 전자세금계산서 외 발급받은 매입처별 명세
(합계금액으로 적음)

(11) 번호	(12) 사업자 등록번호	(13) 상호 (법인명)	(14) 매수	(15) 공급가액 조 십억 백만 천 일	(16) 세액 조 십억 백만 천 일	비고
1	214-04-93000	빌리	2	10 000 000	1 000 000	
2						
3						
4						
5						

( )쪽

(17) 관리번호(매입) -

210mm×297mm[일반용지 70g/㎡(재활용품)]

■ 부가가치세법 시행규칙 [별지 제13호서식] <개정 2012.2.28>   홈택스(www.hometax.go.kr)에서도 신청할 수 있습니다.

신용카드매출전표등 수령금액 합계표(갑)

(2015 년   기 예정, 확정)

(앞 쪽)

			처리기간	즉시

1. 제출자 인적사항

①상호(법인명)	잘나가	②사업자등록번호	214-04-28000
③성명(대표자)	나진자	④주민(법인)등록번호	123456 -1124513

2. 신용카드 등 매입내역 합계

구 분	거래건수	공급가액	세 액
⑤ 합 계			
⑥ 현금영수증			
⑦ 화물운전자복지카드			
⑧ 사업용신용카드			
⑨ 기 타 신 용 카 드	1	268,773	26,877

3. 기타 신용·지불카드 및 기명식선불카드 매출전표 수령금액 합계

일련번호	⑩카드회원번호	⑪공급자(가맹점)사업자등록번호	⑫ 기타 신용카드 등 거래내역 합계		
			거래건수	공급가액	세액
1	9445-4101-2015-3085	217-06-66000	1	268,773	26,877
2					
3					
4					
5					
6					
7					
8					
9					
10					
11					
12					
13					
14					
15					

210mm×297mm[백상지 80g/㎡ 또는 중질지 80g/㎡]

[별지 제12호의5서식] <개정 2010.3.31>

신용카드매출전표 등 발행금액 집계표
(2015 년   기 예정·<u>확정</u>)

1. 인적사항

①상호(법인명)	잘나가	②성 명(대표자)	나진자
③사업장소재지	서울 서초구 서초동 1500	④사업자등록번호	214-04-28000

2. 신용카드매출전표 등 발행금액 현황

구 분	⑤합 계	⑥신용·직불·기명식 선불카드	⑦현금영수증
합 계	80,000,000	70,000,000	10,000,000
과세 매출분	80,000,000	70,000,000	10,000,000
면세 매출분			
봉 사 료			

3. 신용카드매출전표 등 발행금액(⑤합계) 중 세금계산서(계산서) 발급내역

⑧세금계산서 발급금액		⑨계산서 발급금액	

※ 작성방법
1. 신용카드매출전표 등 발행금액 현황(⑤~⑦) : 부가가치세 과세 매출분, 면세 매출분 및 봉사료로 각각 구분하여 기입하고, 과세 매출분란은 공급대가(부가가치세를 포함합니다)를 기입합니다.
2. 신용카드매출전표 등 발행금액(⑤합계) 중 세금계산서(계산서) 발급내역(⑧·⑨) : ⑧세금계산서란은 ⑤합계란의 과세 매출분 합계금액 중 세금계산서를 발급한 금액을 기입하고, ⑨계산서 발급금액란은 ⑤합계란의 면세 매출분 합계금액 중 계산서를 발급한 금액을 각각 기입합니다.

가로210㎜×세로297㎜[신문용지 54g/㎡(재활용품)]

3 종합소득세

1. 소득세

① 소득세란?

'소득이 있는 곳에 세금이 있다'라는 말은 매스컴에서 많이 들어 봤을 것이다. 이익이 있어야 내는 세금이 소득세이다.[17] 결손이 발생하면 소득세는 없다. 이익은 번 돈에서 쓴 돈을 차감해서 계산한다. 즉, 물건을 팔아서 내 주머니에 들어온 돈에서 그 물건을 판매하기 위하여 주머니에서 나간 돈을 뺀, 주머니에 남은 돈이 이익이 된다. 이 이익에 소득세율을 곱해서 소득세를 계산하는데 실무에서는 이익에서 소득공제를 한 후에 세율을 곱해서 소득세를 계산한다.

소득세 세율구조는 다음과 같다.

과세표준[18]	세율
1,200만 원 이하	6%
1,200 ~ 4,600만 원	15%
4,600 ~ 8,800만 원	24%
8,800만 원 ~ 1억5,000만 원	35%
1억5,000만 원 ~	38%

② 소득세 세액 계산 방법

세액을 계산하는 방법은 과세표준에 세율을 곱해서 소득세를 계산하는데 계산하는 방법은 위의 과세표준 구간별로 세액을 계산한 다음 각 구간별로 계산한 세액을 합산해서 구한다. 예를 들어 과세표준이 1억 원이라고 하면 8,800만 원을 초과하니까 1억 원에 대해서 35% 세율을 곱해서 세액을 계산하는 것이 아니고 위의 과세표준 구간별로 각각 계산해서 그 세액을 합산한다.

즉, 0원에서 1,200만 원에 대해서는 6% 세율을 곱해서 계산하고 1,200 ~ 4,600만 원 구간에 대해서는 15% 세율을, 4,600 ~ 8,800만 원 구간에 대해서는 24% 세율을 곱하고, 8,800만 원을 초과하는 1,200만 원[19]에 대해서만 35% 세율을 곱해서 계산한 다음 계산된 세액을 합산한다.

---

[17] 이와 달리 부가가치세는 이익과는 상관없이 부가가치가 창출되는 거래에 대해서 부과하는 세금이다.
[18] 소득금액(이익이라 생각하면 된다)에서 소득공제를 차감한 금액을 과세표준이라고 한다.
[19] 1,200만 원 = 1억 원 − 8,800만 원

③ 소득금액 계산

소득금액이란 수입금액[20]에서 필요경비를 빼서 계산하는 것으로 매출액에서 경비[21]를 차감한 이익이라 생각하면 이해가 빠를 것이다. 사업을 하면서 장부를 작성하는 사업자, 다시 말해 수입과 지출을 꼼꼼히 작성하는 경우에는 작성한 장부에 기록된 수입금액에서 실제로 지출된 필요경비를 차감해서 소득금액을 계산한다. 그러나 장부를 작성하지 않는 경우에는 어떻게 소득금액을 계산하여야 할까? 장부를 작성하지 않는 경우 소득금액을 계산하지 못해 세금을 부과하지 못한다면 장부를 일일이 기록하는 사업자는 없을 것이다. 따라서 장부를 기록하지 않는 사업자에게도 소득금액을 계산하기 위하여 단순경비율과 기준경비율에 의하여 소득금액을 계산하도록 세법에 규정하고 있다.

㉠ 단순경비율

단순경비율에 의하여 이익을 계산하는 경우에는 다음의 산식에 의하여 계산한다.

수입금액 × (1 - 단순경비율[22])

현재 단순경비율은 86%이다. 따라서 산식 중 괄호 내를 먼저 계산해보면 14%가 된다. 결국 단순경비율은 매출액에 14%를 곱한 금액을 소득금액으로 본다는 것이다. 단순경비율은 수입금액의 86%를 경비로 무조건 인정해 준다는 것으로 영세사업자만 단순경비율을 적용 받을 수 있는데 신규사업자로서 매출액이 3억 원에 미달하는 자와 계속사업자인 경우에는 전년도 매출액이 6,000만 원 미만인 사업자만 단순경비율로 소득세를 신고할 수 있다.

㉡ 기준경비율

기준경비율에 의하여 소득금액을 계산하는 경우에는 다음의 산식에 의하여 계산한다.

수입금액 × (1 - 기준경비율[23]) - 주요 경비

---

[20] 수입금액이란 소비가 결제한 금액으로 부가가치세 신고시 신고한 과세표준이 소득세의 수입금액이 된다. 즉, 간이과세자가 신고한 과세표준(공급대가)이 소득세의 수입금액이 되고 일반과세자가 신고한 과세표준(공급가액)이 소득세의 수입금액이 된다.
[21] 소득세법에서는 이를 필요경비라고 한다.
[22] 단순경비율은 매년 변동되는데 소매업의 경우 현재는 86%이다.
[23] 기준경비율은 매년 변동되는데 소매업의 경우 현재는 14%이다.

현재 기준경비율은 14%이다. 따라서 산식 중 괄호 내를 먼저 계산해보면 86%가 된다. 따라서 수입금액에 86%를 곱한 금액을 소득금액으로 계산한다. 세 부담이 과중해질 수밖에 없는 구조다. 따라서 기준경비율 대상자라면 장부를 작성해야 세 부담을 줄일 수 있다.

수입 금액에 86%를 곱한 금액에서 추가로 빼주는 주요 경비는 임차료, 상품 사입원가와 인건비인데 임차료와 상품 사입원가는 세금계산서를 받은 경우에 한하여 차감되고 인건비는 근로소득자에게 급여를 지급하고 매월 세무서에 원천징수하여 신고를 한 경우에만 차감된다.

④ **사례**

앞의 나진자의 부가가치세 계산 사례를 가지고 소득세를 단순경비율로 계산해보자.

2015년에 신규로 간이과세자로서 쇼핑몰 사업을 시작했고 2015년 수입금액이 1억 원이라고 할 경우 단순경비율에 의하여 계산을 해보자. 단순경비율은 86%라고 가정한다. 소득공제는 부양가족이 없어 본인에 대한 기본 공제 150만 원만 적용받는 것으로 가정한다.

위의 단순경비율 산식에 그대로 대입해 보면 1억 × (1-86%)가 되고 이를 계산하면 1,400만 원이 소득금액이 된다. 소득공제는 부양가족이 없으므로 본인에 대한 기본 공제만 적용받게 되므로 150만 원이 공제된다. 따라서 과세표준은 1,400만 원 - 150만 원 = 1,250만 원이 된다.

과세표준이 1,250만 원이므로 소득세는 1,200만 원까지는 6% 세율이 적용되고 1,200만 원을 초과하는 50만 원에 대해서는 15% 세율을 곱해서 세금을 계산한다. 이를 산식으로 해서 표현하면

$$1,200만 원 \times 6\% + 50만 원 \times 15\% = 795,000원$$

이 된다. 따라서 소득세는 795,000원이다.

2. 소득공제

① **인적공제**

㉠ 기본 공제

사업자 본인 및 배우자, 생계를 같이하는 부양가족으로 소득금액이 100만 원 이하인 경우 1인당 150만 원을 공제한다.

ⓒ 추가 공제
- 기본 공제 대상자가 만 70세 이상인 경우 1인당 연 100만 원 공제(경로 우대자 추가 공제)
- 기본 공제 대상자가 장애인에 해당하는 경우 1인당 연 200만 원 공제(장애인 추가 공제)

② 연금보험료 공제

국민연금을 납입한 경우 당해 연도에 납입한 연금 보험료를 공제받을 수 있다.

③ 연금계좌 세액 공제[24]

2001년 1월 1일 이후 가입한 연금에 대하여 연간납입액의 12%를 세액 공제한다. 다만, 퇴직연금과 합하여 700만 원을 한도로 하여 납입한 금액의 12%를 세액 공제한다.

④ 소기업 소상공인 공제부금 소득공제

중소기업 중앙회의 노란우산공제에 가입한 경우 연간 300만 원을 한도로 납입한 금액을 소득공제 받을 수 있다.

3. 장부의 비치 기장

모든 사업자는 장부를 비치 기장하여야 한다. 장부를 하는 방법은 복식부기에 의한 방법과 간편장부에 의하여 작성하는 2가지 방법이 있다. 복식부기에 의한 방법은 노트를 위에서 아래로 줄을 그어 왼쪽과 오른쪽으로 나누어 오른쪽에는 돈을 어디서 조달해왔는지를 기록하고, 왼쪽에는 돈이 어디에 사용되었는지를 기록하는 것을 말하는데 대차평균의 원리에 의하여 작성하게 되므로 회계 분야에서 오랜 경험을 한 경험자나 세무사사무소에서 작성할 수 있다. 반면에 간편장부는 거래가 발생한 날짜 순서대로 일자, 거래, 내용, 거래처, 수입(매출), 원가, 비용, 고정자산 증감, 비고로 하여 기록하는 것을 말한다. 잘 살펴보면 6하 원칙에 의하여 작성되고 있음을 알 수 있다. 즉, 언제 어디에 무엇을 팔았고 사왔는지를 날짜순서대로 기록하는 것이다.

간편장부는 특별한 양식이 없으며 엑셀로 작성하여도 된다. 엑셀로 작성하여 각 항목별로 집계를 낸

---

24) 세액 공제는 납부하여야 하는 소득세액에서 빼주는 것을 말하며 소득공제는 매출액에서 경비를 차감해서 계산한 이익에서 다시 소득공제 금액을 빼주는 것을 말한다.

금액을 간편장부소득금액계산서[25]에 기재하여 세무서에 제출한다. 간편장부는 단어 뉘앙스에서 느끼듯이 좀 쉽다는 이미지가 그려지듯 영세사업자를 위한 제도이다. 따라서 신규사업자와 전년도 매출액이 3억 원 미만인 경우에 한하여 간편장부에 의한 신고가 가능하다. 간편장부대상자가 복식부기에 의하여 신고를 하는 경우에는 산출세액의 20%를 세액 공제 받을 수 있으며 간편장부대상자가 간편장부 또는 복식부기에 의한 장부에 근거하여 신고하지 않은 경우 산출세액의 20% 또는 매출액의 0.07%를 무기장가산세로 부과하게 된다.

4. 원천징수란 것도 있다

원천징수란 돈을 줄 때 세금을 미리 떼고 그 나머지만 지급하는 것으로 여러분이 직장생활을 할 경우 연봉을 5천만 원으로 계약한 경우 5천만 원이 전액 통장으로 들어오는 것이 아니고 세금 등이 공제된 후의 금액이 통장에 들어오는데 이와 같이 먼저 뗀 세금을 그 다음달 10일까지 세무서에 신고납부하여야 한다.

원천징수 대상은 이자소득, 배당소득, 급여소득, 퇴직소득, 기타 소득, 사업소득, 봉사료가 그 대상인데 쇼핑몰의 경우 해당되는 것은 직원을 채용하며 지급하게 되는 급여와 퇴직소득이 있다. 또한 신문을 보면 자동차를 경품으로 주면서 제세공과금 별도라고 기재되어 있는데 여기서 제세공과금이 기타 소득에 대한 원천징수로 세율은 지급하는 금액의 22%이다. 따라서 경품을 지급하면서 경품가액의 22%를 받고 그 돈을 다음달 10일까지 상대방 인적사항을 기재하여 세무서에 신고하면 경비로 인정받는다.

사업소득의 경우도 쇼핑몰의 경우 발생할 수 있다. 예를 들면 홈페이지를 구축하거나 리뉴얼할 때 사업자등록이 없는 사람인 학생이나 프리랜서에게 의뢰할 수 있는데 이 경우 지급하는 금액의 3.3%를 뗀 나머지만 지급하고 뗀 세금 3.3%는 다음달 10일까지 세무서에 신고하면서 납부하면 된다. 그러나 원천징수의 경우 직원 수가 20명 이하인 경우 다음달 10일까지 납부하지 않고 반기별로 납부할 수도 있다.

일용직(아르바이트)의 경우도 쇼핑몰에서 많이 채용하는데, 일용직의 경우 하루 10만 원까지는 비과

---

[25] 간편장부대상자는 간편장부소득금액 계산서를 소득세 신고 시 제출하여야 하는데 간편장부에 집계된 각 항목별 금액을 그대로 간편장부소득금액 계산서에 이기하여 신고서만 제출하고 간편장부는 자신이 보관하면 된다. 추후 세무서에서는 실제로 신고한 신고서의 진위 여부를 확인하러 나올 수 있는데 이것이 세무조사이다. 즉, 제출한 신고서가 실제로 맞고 또 증빙이 제대로 갖추어져 있는지를 보는 것이다.

세되기 때문에 대부분의 일용직은 세금을 납부하지 않는다. 그러나 주의하여야 할 점은 3개월 이상 계속해서 채용을 할 수 없다는 것이다. 3개월 이상 계속해서 채용하면 일용직이 아니고 정식 직원이 되어 근로소득자로 신고하여야 한다.

쇼핑몰 사업자가 반드시 알아야 할 세무 상식

1. 가산세

가산세의 종류는 대단히 많다. 따라서 그 모든 것을 설명하기는 어렵고 중요한 가산세에 대해서 설명하고자 한다.

① 신고불성실가산세

부가가치세와 소득세를 신고기한까지 신고하지 않을 경우에는 산출세액의 20%와 매출액(수입금액)의 0.07% 중 큰 금액을 부과하며, 신고하여야 할 소득 금액보다 적게 신고하는 경우에는 산출세액의 10%를 가산세로 부과한다. 그러나 부당하게 신고를 하지 않았거나 과소 신고한 경우에는 40%의 가산세가 부과된다.

② 납부불성실 가산세

소득세, 부가가치세를 납부기한 내에 납부하지 않은 경우 1일 경과마다 3/10,000의 가산세가 부과된다. 3/10,000을 이자율로 표시하면 10.95%이다. 현재 정기예금 이자율을 감안하면 대단히 높은 이자율이라 할 수 있어 납부기한까지 되도록 납부하는 것이 절세라 하겠다.

③ 초과환급 가산세

환급받아야 할(국가로부터 내가 더 낸 세금을 돌려 달라고 하는) 세액을 초과하여 더 환급 신청한 경우에는 10%의 가산세가 부과되며 부정한 방법에 의한 경우에는 40%의 가산세가 부과된다.

④ 무기장 가산세

기장하여야 할 사업자가 기장하지 않고 단순경비율 또는 기준 경비율에 의하여 소득세를 신고할 경우 산출세액의 20%를 가산세로 납부하여야 한다.

⑤ 가산금과 중가산금

부가가치세, 소득세를 자진하여 신고납부하지 않는 경우 세무서에서 고지서를 보내는데 그 고지서상의 납부기한까지 납부하지 아니하면 3%의 가산금이 부과되고 납부하지 않은 세액이 100만 원 이상인 경우에는 매월 1.2%의 중가산금이 60개월 동안 부과된다. 따라서 5년 후에는 가산금만 75%가 된다.

2. 현금영수증 관련 주의사항

① 현금영수증 발행가맹점 등록

사업자등록이 나오면 가장 먼저 하여야 할 것이 현금영수증 발행점 가맹이다. 고객에게 현금영수증을 발행하기 위해서 필요하기 때문이다. 방법은 지불대행사에 얘기하면 된다. 소비자 상대 업종(직전 과세기간의 수입 금액의 합계액이 2,400만 원 이상인 사업자)에 해당하는 소매업(인터넷 쇼핑몰은 소매업에 해당한다)은 사업 개시일로부터 3개월 이내에 현금영수증 가맹점으로 가입하여야 한다. 이 가입기간 내에 가입하지 않으면 가입하지 않은 기간에 대한 수입 금액에 대하여 1%의 가산세를 납부하여야 한다.

또한 현금영수증 발급을 거부하거나 사실과 다른 경우 발급을 거부하거나 사실과 다른 수입금액의 5%의 가산세가 부과된다(건별로 계산한 금액이 5천 원에 미달하는 경우에는 5천 원으로 한다). 현금영수증 발행점으로 가맹을 하지 않은 경우에는 단순 경비율을 이용하여 소득세 계산을 할 수 없다.

② 현금영수증 의무발행 업종

현금영수증 의무교부 대상 업종인 경우에는 전자상거래의 경우에도 건당 10만 원 이상 현금으로 수취할 경우 현금영수증을 의무적으로 교부하여야 한다. 이를 위반하는 경우에는 50%의 과태료가 부과된다. 귀금속과 자동차부품 판매업 등 국세청이 고시한 업종을 영위하는 인터넷 쇼핑몰이 해당된다.

3. 폐업 시 주의사항

사업이 계획대로 잘 안되는 경우 폐업하게 되는데 폐업하는 방법은 폐업신고서와 함께 사업자등록증을 반납하면 된다. 놓치지 말아야 할 것은 폐업하면 그 다음달 25일까지 반드시 부가가치세 신고를 하여야 한다는 것이다. 신고하지 않으면 앞에서 말한 신고불성실가산세와 납부불성실가산세가 부과된다.

한 가지 또 주의하여야 할 점은 일반 과세자로서 폐업하는 경우로서 매입세액공제를 받은 상품이 재고로 남아 있는 상태에서 폐업하면 매입세액을 공제받은 부가가치세액 10%를 다시 토해내야 한다. 이는 당초에 매입세액공제를 받을 때 국가는 상품이 판매되면 부가가치세 10%가 국가로 들어올 것을 예상하고 매입세액공제 10%를 받게 해준 것인데 폐업을 하면 재고로 남아 있는 상품은 판매되지 않게 되고 따라서 부가가치세 10%를 국가에 납부하지 않게 되므로 당초에 공제받은 부가가치세 10%를 다시 국가로 돌려 달라는 것이다.

또한 집기비품(컴퓨터, 촬영설비 등)을 취득한 후 2년 내에 폐업을 하면 당초 매입세액공제 받은 부가가치세액에 대하여 반기별로 25%씩 체감된 금액을 국가에 다시 내야 한다.

예를 들어 촬영설비를 1,000만 원에 구입하고 부가가치세 10%인 100만 원을 매입세액공제 받았는데 구입 후 6개월 내에 폐업했다고 하면 100만 원의 75%를 국가에 돌려주어야 하고 1년이면 50%, 1년 6개월 만에 폐업을 했다면 25%를 토해내야 한다.

4. 절세가이드

① 업무무관 경비는 경비 처리가 불가능하다

소득금액을 계산할 때 수입금액에서 경비를 차감해서 계산하게 되는데 여기서 경비는 업무와 관련하여 지출한 금액만 경비로 인정된다. 따라서 업무와 관련 없이 지출한 금액을 경비로 처리하면 안된다. 예를 들면 가사 관련 경비가 대표적이라 하겠다.

② 1만 원 이상 접대비는 신용카드를 사용하라

접대비 성격의 지출이 있는 경우로서 그 금액이 1만 원 이상인 경우 신용카드를 사용하여야 접대비로 인정을 받을 수 있다. 여기서 카드는 본인카드는 물론이고 가족과 직원의 카드까지 인정된다.

③ 적격증빙 미수취 가산세

3만 원 넘는 거래는 세금계산서를 받거나 신용카드로 결제하거나 지출증빙 영수증[26]을 받아야 한다. 이를 지키지 못하면 적격증빙 미수취 가산세 2%가 부과된다.

---

[26] 적격증빙은 세금계산서, 신용카드 매출전표, 현금영수증을 말한다. 일반 간이영수증은 적격증빙이 아니다.

④ 매입세액공제 대상 차량

9인승 이상 승합차, 경차를 매입하는 경우 부가가치세를 돌려받을 수 있다[27]. 다만, 레저용 차량은 공제받을 수 없다. 차량 구입 시 자동차 영업사원에게 개별 소비세가 과세되는 차량 여부를 확인해서 개별 소비세가 부과되지 않는 차량을 구입하면 매입세액공제를 받을 수 있다.

⑤ Two Job 시 소득세 신고

먼저 회사에서 투잡을 허락하고 있는지 알아봐야 한다. 대기업의 경우 대부분 투잡(Two Job)을 허락하고 있지 않다. 투잡을 허락하면 소득을 합산해서 신고하면 된다. 급여소득은 2월에 회사에서 연말정산을 하게 된다. 쇼핑몰을 운영하여 얻은 소득은 5월에 소득세 신고를 하는데 이때 회사에서 연말 정산한 소득을 같이 합산해서 소득세를 계산하고 갑근세로 납부한 세금을 차감한 후의 세액을 소득세로 납부하면 된다.

⑥ 사업자등록 명의를 빌리거나 빌려주지 말자

간이과세자를 유지하기 위하여 가족이나 친지, 친구 등의 명의를 빌려 쇼핑몰을 운영하지 말아야 한다. 조세를 포탈하기 위하여 명의를 빌린 것이 되면 빌린 자는 2,000만 원, 빌려준 자는 1,000만 원의 과태료를 내야 한다.

또한 타인의 명의를 빌려 사업을 하는 경우 공급가액 또는 공급대가에 대하여 1%를 허위 등록(명의위장) 가산세로 부과하고 있다.

⑦ 사업용 계좌

전년도 수입 금액이 3억 원 이상인 경우 그 다음 해의 6월까지 사업용 계좌를 만들어 세무서에 신고하여야 한다. 은행에서 사업용 계좌를 만드는 것으로 끝내서는 안되고 세무서에 신고까지 하여야 사업용 계좌를 신고한 것으로 본다. 사업용 계좌를 신고하지 않으면 신고하지 않은 기간의 수입 금액의 0.2%와 사업용 계좌 사용 대상거래[28] 중 미사용 거래금액의 0.2% 중 큰 금액을 가산세로 부과한다.

---

[27] 일반과세자는 부가가치세 10% 전액을 매입세액공제 받을 수 있으나 간이과세자는 매입세액공제를 받는 금액이 세금계산서 받은 금액 × 부가가치 세율 10% × 부가가치율 10%이다.
[28] 상품매출 대금을 받는 거래와 상품매입대금, 인건비, 임차료를 지급하는 거래를 말한다.

⑧ 성실신고확인 대상 사업자[29]

당해 연도 쇼핑몰 수입금액이 20억 원 이상인 경우에는 성실신고확인서를 받아 소득이 발생한 연도의 익년도 6월말까지 종합소득세 신고를 하면서 성실신고확인서를 첨부하여 제출하여야 한다. 제출하지 아니하는 경우에는 종합소득산출세액 × 사업소득금액/종합소득금액 × 5%의 가산세를 납부하여야 한다. 성실신고확인 대상 사업자는 세무사를 선임하여 매출액이 20억 원이 넘은 다음 연도 4월 10일까지 성실신고확인자 선임신고서를 관할 세무서에 신고하여야 한다.

⑨ 확정일자

주택의 경우 전세보증금을 보전받기 위하여 확정일자를 받지만 상가의 경우에도 상가임대차보호법에 의하여 확정일자를 받는 경우 전세금의 일부를 보전 받을 수 있는데 상가의 경우 확정일자를 받기 위해서는 세무서로 가야 한다. 제출하여야 할 서류는 사업자등록 시 필요한 서류와 함께 임대차계약서 원본, 확정일자 신청서, 도면[30]을 가져가야 한다.

확장일자를 받기 위해서는 환산보증금에 미달하여야 한다. 환산보증금이 서울시는 4억 원 이하, 수도권 과밀억제권역은 3억 원 이하이어야 한다. 환산보증금의 계산은 보증금 + 월세 × 100으로 계산한다.

⑩ 전자세금계산서

개인 사업자로서 전년도 수입금액이 3억 원 이상인 경우 그 다음해의 7월 1일부터는 세금계산서를 발행할 때 종이세금계산서를 발행하면 안되고 전자세금계산서를 발행하여야 한다. 그리고 발급일의 익일까지 국세청으로 전송하여야 한다.[31]

전자세금계산서의 수신 시기는 상대방 메일함에 도착했을 때 받은 것으로 보며 실제로 눈으로 확인하였는지 여부와 관계가 없다. 발급 완료시기도 거래 상대방의 수신확인 여부와 관계없이 메일계정에 입력된 때 발급된 것으로 본다. 상대방 메일계정이 없는 경우에는 국세청 e세로에 입력된 때 전자세금계산서를 발급한 것으로 본다.

전자세금계산서를 발급하면 건당 200원을 연간 100만 원을 한도로 세액 공제 받을 수 있고 국세

---

29) 개인 사업자는 5월 31일까지 소득세 신고를 하여야 하나 성실신고확인 대상 사업자는 6월 30일까지 소득세 신고를 한다.
30) 설계사무소에서 그리는 도면이 아니어도 되며 A4 용지에 자를 가지고 그리고 출입문, 비품 등의 위치를 그려서 제출하면 된다.
31) 실무상으로는 전자세금계산서는 발행과 동시에 국세청으로 전송되고 있다.

청에 전송된 전자세금계산서는 보관의무가 면제되고 합계표 및 개별 명세서 제출도 면제된다. 전자세금계산서를 발행하지 않으면 공급가액의 2%를 가산세로 부과하며 전자세금계산서를 발행하지 않고 종이세금계산서를 발행하면 공급가액의 1%를 가산세로 납부하여야 한다. 전자세금계산서를 제때에 발행하지 않고 지연발행하면 공급가액의 1%를 가산세로 부과하며 지연 수취자에게도 동시에 공급가액의 1%를 가산세로 부과한다.

⑪ 세금내기 어려운 경우 납부기한을 연장하자

사업이 어려워 세금을 내기 어려운 경우 납부기한 연장을 신청할 수 있다. 납부기한 연장이 가능한 사유는 천재지변, 화재, 도난, 가족이 아플 때, 사업이 심한 중대 위기에 처하여 사업이 어려운 경우이다. 납부기한 연장은 납부 3일 전까지 신청한다.

5. 세금신고가 잘못되었을 때

① 수정신고

신고하여야 할 세금보다 적게 신고한 경우 수정신고를 할 수 있다. 기한의 제한은 없으며 세무서장이 결정 또는 경정[32]하기 전까지 수정신고를 할 수 있다. 신고기한 경과 후 6월 내에 신고하면 신고불성실가산세 50%를 감면 받을 수 있다.

② 기한후신고

신고기한 내에 신고를 한 후에 추가로 납부하여야 할 세금이 있다면 수정신고를 하면 되나 당초부터 세금신고를 신고기한 내에 하지 않았다면 기한후신고를 하여야 한다.

기한후신고는 세무서장이 결정 또는 경정하여 통보하기 전까지 할 수 있다. 신고기한 경과 후 1월 내에 기한후신고하면 신고불성실 가산세의 50%를 감면해주며 신고기한 경과 후 1월 ~ 6월 내에 기한후신고를 하면 신고불성실 가산세의 20%를 감면해 주고 있다.

③ 경정 청구

신고하여야 할 세금보다 더 많이 신고한 경우에는 더 신고한 세금을 돌려달라는 경정 청구를 할 수 있다. 이는 신고기한 경과 후 5년 내에 하여야 한다.

---

[32] 세금신고한 것에 대하여 세무조사 등으로 기존에 신고한 세금을 세무서가 새로이 변경하는 것을 말한다.

6. 억울한 세금에 대해서 구제받는 방법

세무서로부터 세금을 억울하게 부과당한 경우 이를 구제받을 수 있다. 사전적 구제인 과세전적부심과 사후적 구제인 조세불복제도가 그것이다. 조세불복에는 이의신청, 심사청구, 심판청구가 있으며 조세불복제도에 의하여 구제를 받지 못하는 경우에는 소송으로 구제를 받을 수 있다. 과세전적부심과 이의신청은 거쳐도 되고 안 거쳐도 관계가 없으나 조세불복 중 심사청구나 심판청구 둘 중의 하나는 반드시 거쳐야 한다. 이를 행정심판 전치주의라고 한다. 불복청구의 제출처는 이의신청은 세금고지를 한 세무서장 또는 세무서장을 거쳐 관할지방 국세청장에게 하여야 하고 심사청구는 세금고지를 한 세무서장을 거쳐 국세청장에게 하여야 한다. 심판청구는 세금 고지를 한 세무서장을 거쳐 조세심판원장에게 하여야 한다.

① 과세전적부심

세무서로부터 과세예고통지[33]를 받은 후 30일 내에 처분을 한 관할 세무서에 과세전적부심을 청구하여야 한다. 날짜를 도과하게 되면 안되며 이를 받은 세무서는 30일 내에 처리를 하여야 한다. 과세전적부심사에서 구제를 받지 못하면 의의신청을 거치거나 바로 심사청구나 심판청구를 할 수 있다.

② 이의신청

세무서로부터 세금고지서를 받은 후 90일 내에 처분을 한 관할 세무서장 또는 지방 국세청장에게 신청을 하면 된다. 신청을 받은 과세관청은 30일 내에 결정을 하여야 한다. 30일 내에 결정이 없으면 결정이 있어야 할 날로부터 90일 내에 상급심인 심사청구나 심판청구를 할 수 있다.

③ 심사청구

이의신청을 거치거나 이의신청을 거치지 않은 경우 심사청구를 할 수 있다. 이의신청을 거치지 않은 경우에는 세금고지서를 받은 날로부터 90일 내에 관할 세무서장 또는 지방 국세청장에게 신청한다. 이의신청을 거친 경우에는 그 결정을 받은 날 또는 결정을 받아야 하는 날로부터 90일 내에 한다. 심사청구를 받은 국세청장은 90일 내에 결정하여 통지하여야 한다.

---

33) 세무서로부터 세무조사 등으로 세금을 ㅇㅇㅇ원 부과하겠노라는 통지를 세금 고지서를 발부하기 전에 사전에 예고를 하게 되어 있는데 이를 과세예고통지라 한다.

④ 심판청구[34]

이의신청을 거치거나 이의신청을 거치지 않은 경우 심판청구를 할 수 있는데 이는 이의신청을 거치지 않은 경우에는 세금고지서를 받은 날로부터 90일 내에 관할 조세심판원장에게 신청하면 된다. 이의신청을 거친 경우에는 그 결정을 받은 날 또는 결정을 받아야 하는 날로부터 90일 내에 청구하면 된다. 심판청구를 받은 조세심판원장은 90일 내에 결정하여 통지하여야 한다.

⑤ 감사원심사청구

감사원에 심사청구를 하여 억울한 세금에 대하여 구제를 받을 수 있는데 감사원에 심사청구를 하는 경우에는 이의신청이나 심사청구, 심판청구를 거칠 수 없다. 감사원에의 심사청구는 세금고지서를 받은 날로부터 90일 내에 하면 된다.

---

34) 심판청구와 심사청구를 모두 할 수는 없고 둘 중의 하나만을 선택할 수 있다.

실력 평가 문제

01 전자문서법에서 전자문서법상 전자문서의 보관의 요건에 속하지 않는 것은?

① 전자문서의 내용을 열람할 수 없을 것
② 전자문서가 작성 및 송신, 수신된 때의 형태 또는 그와 같이 재현될 수 있는 형태로 보존되어 있을 것
③ 전자문서의 작성자, 수신자 및 송신, 수신 일시에 관한 사항이 포함되어 있는 경우에는 그 부분이 보존되어 있을 것
④ 전자화문서가 전자화대상문서와 그 내용 및 형태가 동일할 것
⑤ 송신 또는 수신만을 위하여 필요한 부분은 전자문서 또는 전자화문서로 보지 아니할 수 있다.

> **해설** ▶ 제5조(전자문서의 보관)
> ① 전자문서가 다음 각 호의 요건을 모두 갖춘 경우에는 그 전자문서를 보관함으로써 관계 법령에서 정하는 문서의 보관을 갈음할 수 있다.
> 1. 전자문서의 내용을 열람할 수 있을 것
> 2. 전자문서가 작성 및 송신, 수신된 때의 형태 또는 그와 같이 재현될 수 있는 형태로 보존되어 있을 것
> 3. 전자문서의 작성자, 수신자 및 송신, 수신 일시에 관한 사항이 포함되어 있는 경우에는 그 부분이 보존되어 있을 것

02 전자화대상문서와 전자화문서의 내용 및 형태의 동일성에 관한 요건, 전자화문서의 작성 방법 및 절차, 그 밖에 필요한 사항의 고시는 어디서 하는가?

① 기획재정부장관 ② 문화체육관광부장관
③ 행정자치부장관 ④ 산업통상자원부장관
⑤ 미래창조과학부장관

> **해설** ▶ 제5조 전자화대상문서와 전자화문서의 내용 및 형태의 동일성에 관한 요건, 전자화문서의 작성 방법 및 절차, 그 밖에 필요한 사항은 미래창조과학부장관이 정하여 고시한다.

03 전자문서법에서 전자거래와 관련되는 소비자를 보호하고 전자거래의 안전성과 신뢰성을 확보하기 위한 준수사항 중 잘못된 것은?

① 상호와 재화에 관한 정확한 정보의 제공
② 상호와 용역에 관한 정확한 정보의 제공
③ 상호와 구입처에 관한 정확한 정보의 제공
④ 상호와 계약 조건에 관한 정확한 정보의 제공
⑤ 상호와 그 밖에 자신에 관한 정보에 관한 정확한 정보의 제공

> **해설** ▶ 제17조(전자거래사업자의 일반적 준수사항)
> 전자거래사업자는 전자거래와 관련되는 소비자를 보호하고 전자거래의 안전성과 신뢰성을 확보하기 위하여 다음 각 호의 사항을 준수하여야 한다.
> 1. 상호(법인인 경우에는 대표자의 성명을 포함한다)와 그 밖에 자신에 관한 정보와 재화, 용역, 계약 조건 등에 관한 정확한 정보의 제공

04 전자문서법에서 전자문서의 전자거래 진흥 전담 기관인 정보통신산업진흥원에 해당되는 지원 사업이 아닌 것은?

① 전자화문서 작성시설과 전자거래장비의 지원
② 전자문서 및 전자거래와 관련된 표준의 연구개발, 보급사업 및 국제표준화 활동
③ 전자문서 및 전자거래 통계의 실태조사의 지원
④ 공인전자문서센터의 전자문서 보호를 위한 조치에 대한 기술 등의 지원
⑤ 전자문서, 전자거래분쟁 조정위원회의 운영

> **해설** ▶ 제22조(전자문서·전자거래 진흥 전담기관) 정부는 「정보통신산업 진흥법」 제26조에 따른 정보통신산업진흥원(이하 '전담기관'이라 한다)으로 하여금 전자문서 이용 및 전자거래의 촉진을 위한 사업을 효율적, 체계적으로 추진하고 관련 정책을 개발할 수 있도록 지원하기 위하여 다음 각 호의 사업을 하게 할 수 있다.
> 1. 제23조 제3항에 따른 전자화문서 작성시설 또는 장비의 인증에 대한 지원

05 다음 전자문서법에서 전자문서 및 전자거래의 표준화에 관련된 사항 중 해당하지 않는 것은?

① 정부는 전자문서 및 전자거래의 효율적 운용과 관련 기술의 호환성 확보를 하여야 한다.
② 전자문서 및 전자거래와 관련된 표준의 제정, 개정 및 폐지와 보급
③ 전자문서 및 전자거래와 관련된 국내외 표준의 조사, 연구, 개발
④ 정부는 사업을 효율적으로 추진하기 위하여 필요한 경우에는 관련 기관 및 민간단체로 하여금 이를 대행하게 할 수 있다.
⑤ 정부는 사업 추진의 대행에 드는 비용은 지원하지 않는다.

> **해설** ▷ 제24조(전자문서 및 전자거래의 표준화) 정부는 제1항 각 호의 사업을 효율적으로 추진하기 위하여 필요한 경우에는 관련 기관 및 민간단체로 하여금 이를 대행하게 할 수 있다. 이 경우 대통령령으로 정하는 바에 따라 대행에 드는 비용을 지원할 수 있다.

06 전자상거래법에서 시정조치에 해당하는 사항이 아닌 것은?

① 해당 위반 행위의 중지
② 택배발송 지연에 대한 공표
③ 시정조치를 받은 사실의 공표
④ 소비자 피해 예방 및 구제에 필요한 조치
⑤ 이 법에 규정된 의무의 이행

> **해설** ▷ 제32조(시정조치 등)
> 제1항에 따른 시정조치는 다음 각 호의 어느 하나에 해당하는 조치를 말한다.
> 1. 해당 위반 행위의 중지
> 2. 이 법에 규정된 의무의 이행
> 3. 시정조치를 받은 사실의 공표
> 4. 소비자 피해 예방 및 구제에 필요한 조치
> 5. 그 밖에 위반 행위의 시정을 위하여 필요한 조치

07 전자상거래법에서 청약철회 등에 관한 설명 중 가장 부적절한 것은?

① 정상적인 거래에서 청약철회 등의 경우 공급받은 재화 등의 반환에 필요한 비용은 소비자가 부담하며, 통신판매업자는 소비자에게 청약철회 등을 이유로 위약금이나 손해배상을 청구할 수 없다.
② 소비자는 통신판매업자가 정당한 사유 없이 결제업자에게 대금을 환급하지 아니하는 경우에는 결제업자에게 그 통신판매업자에 대한 다른 채무와 통신판매업자로부터 환급받을 금액을 상계(相計)할 것을 요청할 수 있다.
③ 소비자는 결제업자가 상계를 정당한 사유 없이 게을리한 경우에는 결제업자에 대하여 대금의 결제를 거부할 수 있다.
④ 통신판매업자는 이미 재화 등이 일부 사용되거나 일부 소비된 경우에는 그 재화 등의 일부 사용 또는 일부 소비에 의하여 소비자가 얻은 이익 또는 그 재화 등의 공급에 든 비용에 상당하는 금액으로서 대통령령으로 정하는 범위의 금액을 소비자에게 청구할 수 있다.
⑤ 통신판매업자 중 환급을 지연하여 소비자가 대금을 결제하게 한 통신판매업자는 그 지연기간에 대한 지연배상금을 소비자에게 지급하여야 한다.

> **해설** ▷ 제18조(청약철회 등의 효과) 제17조 제1항에 따른 청약철회 등의 경우 공급받은 재화 등의 반환에 필요한 비용은 소비자가 부담하며, 통신판매업자는 소비자에게 청약철회 등을 이유로 위약금이나 손해배상을 청구할 수 없다.

정답 01 ① 02 ⑤ 03 ③ 04 ① 05 ⑤ 06 ② 07 ①

08 개인 정보 보호법에서 정보주체의 권리에 관한 설명으로 가장 부적절한 것은?

① 개인 정보의 처리에 관한 정보를 제공받을 권리
② 개인 정보의 처리에 관한 동의 여부, 동의 범위 등을 선택하고 결정할 권리
③ 개인 정보의 처리로 인하여 발생한 피해를 법적 집행할 권리
④ 개인 정보의 처리 정지, 정정, 삭제 및 파기를 요구할 권리
⑤ 개인 정보의 처리 여부를 확인하고 개인 정보에 대하여 열람을 요구할 권리

해설 ▷ 제4조(정보주체의 권리)
정보주체는 자신의 개인 정보 처리와 관련하여 다음 각 호의 권리를 가진다.
1. 개인 정보의 처리에 관한 정보를 제공받을 권리
2. 개인 정보의 처리에 관한 동의 여부, 동의 범위 등을 선택하고 결정할 권리
3. 개인 정보의 처리 여부를 확인하고 개인 정보에 대하여 열람(사본의 발급을 포함한다. 이하 같다.)을 요구할 권리
4. 개인 정보의 처리 정지, 정정, 삭제 및 파기를 요구할 권리
5. 개인 정보의 처리로 인하여 발생한 피해를 신속하고 공정한 절차에 따라 구제받을 권리

09 정보통신망법에서 정보통신 서비스 제공자 등은 개인 정보의 분실 사실을 안 때부터 언제 이내 통지, 신고해야 하나?

① 7일 ② 5일
③ 3일 ④ 1일
⑤ 24시간

해설 ▷ 제27조의3(개인 정보 누출 등의 통지, 신고)
정보통신 서비스 제공자 등은 개인 정보의 분실, 도난, 누출(이하 '누출등'이라 한다) 사실을 안 때에는 지체 없이 다음 각 호의 모든 사항을 해당 이용자에게 알리고 방송통신위원회 또는 한국인터넷진흥원에 신고하여야 하며, 정당한 사유 없이 그 사실을 안 때부터 24시간을 경과하여 통지, 신고해서는 안된다.

10 전자서명법에서 공인인증기관이 발급하는 공인인증서 사항에 포함되지 않는 것은?

① 가입자의 이름
② 가입자의 주소
③ 가입자의 전자서명검증정보
④ 공인인증서의 일련번호
⑤ 공인인증서의 유효기간

해설 ▷ 제15조(공인인증서의 발급)
공인인증기관이 발급하는 공인인증서에는 다음 각 호의 사항이 포함되어야 한다.
1. 가입자의 이름(법인의 경우에는 명칭을 말한다.)
2. 가입자의 전자서명검증정보
3. 가입자와 공인인증기관이 이용하는 전자서명 방식
4. 공인인증서의 일련번호
5. 공인인증서의 유효기간
6. 공인인증기관의 명칭 등 공인인증기관임을 확인할 수 있는 정보
7. 공인인증서의 이용 범위 또는 용도를 제한하는 경우 이에 관한 사항
8. 가입자가 제3자를 위한 대리권 등을 갖는 경우 또는 직업상 자격 등의 표시를 요청한 경우 이에 관한 사항
9. 공인인증서임을 나타내는 표시

11 관세법상 외국물품으로 볼 수 없는 것은?

① 보세공장에서 외국물품과 내국물품을 원재료로 제조한 물품 중 수입 신고가 수리된 것
② 외국으로부터 우리나라에 도착한 물품으로서 수입 신고가 수리되기 전의 것
③ 수출신고가 수리된 물품
④ 보세구역에서 보수작업으로 외국물품에 부가된 내국물품
⑤ 외국의 선박 등이 공해(외국의 영해가 아닌 경제수역을 포함한다)에서 채집하거나 포획한 수산물 등으로서 수입 신고가 수리되기 전의 것

해설 ▷ 보세공장에서 외국물품과 내국물품을 원재료로 제조한 물품인 경우에 수입 신고가 수리되었으면 내국물품이다.

12 관세법상 수입물품의 수입한 화주가 불분명한 경우에 납세의무자로 잘못된 것은?

① 수입을 위탁받아 수입업체가 대행수입한 물품인 경우: 그 물품의 수입을 위탁한 자
② 수입을 위탁받아 수입업체가 대행수입한 물품이 아닌 경우: 그 물품을 수입한 자
③ 수입물품을 수입 신고 전에 양도한 경우: 양수인
④ 법원 임의경매절차에 의하여 경락받은 물품인 경우: 경락자
⑤ 송품장상의 수하인이 부도 등으로 직접 통관하기 곤란한 경우: 적법한 절차를 거쳐 수입물품의 양수인이 된 은행

> 해설 ▷ 수입을 위탁받아 수입업체가 대행수입한 물품이 아닌 경우에 원칙적인 납세의무자는 대통령령으로 정하는 상업서류(송품장, 선하증권, 화물운송장)에 적힌 수하인이다.

13 관세법상 특별 납세의무자가 아닌 것은?

① 수입 신고가 수리되기 전에 소비 또는 사용하는 물품(소비 또는 사용을 수입으로 보지 아니하는 물품 제외): 소비자 또는 사용자
② 우편으로 수입되는 물품: 통관우체국장
③ 수입 신고 전 즉시반출 신고를 하고 반출한 물품: 즉시 반출한 자
④ 도난물품 또는 분실물품으로 보세구역 장치물품: 운영인 또는 화물관리인
⑤ 도난물품 또는 분실물품으로 보세운송물품: 보세운송을 신고하거나 승인받은 자

> 해설 ▷ 우편으로 수입되는 물품인 경우에 특별 납세의무자는 수취인이다.

14 관세법상 수입 신고수리 전 세액심사대상이 아닌 것은?

① 관세 및 내국세의 감면을 받고자 하는 물품
② 관세의 분할 납부를 하려는 물품
③ 용도세율을 적용하려는 물품
④ 관세의 체납 중에 있는 자가 신고하는 물품
⑤ 불성실신고인이 신고하는 물품

> 해설 ▷ 수입 신고수리 전 세액심사대상은 다음과 같다.
> – 관세 및 내국세의 감면을 받고자 하는 물품, 관세의 분할 납부를 하려는 물품, 관세의 체납 중에 있는 자가 신고하는 물품, 불성실신고인이 신고하는 물품, 물품의 가격 변동이 크거나 수입 신고 수리 후에 세액을 심사하는 것이 부적당하다고 관세청장이 정하는 물품

15 빈 칸에 맞는 보기를 고르시오.

> 납세의무자는 신고납부한 세액이 과다한 것을 알게 되었을 때에는 최초로 납세신고한 날부터 3년 이내에 신고한 세액에 대해 세관장에게 (　)할 수 있다. (　)를 받은 세관장은 그 청구를 받은 날부터 2개월 이내에 세액을 경정하거나 경정하여야 할 이유가 없다는 뜻을 청구한 자에게 통지하여야 한다.

① 세액정정　　② 보정
③ 수정신고　　④ 경정청구
⑤ 경정

> 해설 ▷ 신고납부한 세액이 과다한 것을 알게 되어 세액을 정정하여 과다 납부한 세액을 청구하는 것을 경정청구라 한다.

16 수출 · 수입 · 반송 등의 신고인으로 가능한 자는?

① 보세사　　② 관세사
③ 관제사　　④ 변호사
⑤ 세관원

> 해설 ▷ 관세사는 수출입, 반송 등의 신고가 가능하다.

정답　08 ③　09 ⑤　10 ②　11 ①　12 ②　13 ②　14 ③　15 ②　16 ②

17 수출, 수입 또는 반송 신고 시 필수 신고사항이 아닌 것은?

① 해당 물품의 품명·규격·수량 및 가격
② 포장의 종류·번호 및 개수
③ 상표
④ 제조 여부
⑤ 물품의 장치장소

해설 ▷ 제조 여부는 필수 신고사항이 아니다.

18 다음에 해당하는 처벌은?

수입 신고를 하지 아니하고 수입하는 행위, 수입 신고를 하였으나 해당 수입물품과 다른 물품으로 신고하여 수입하는 행위를 한 경우에 적용하는 처벌이다.

① 밀수입죄
② 관세포탈죄
③ 가격조작죄
④ 전자문서 위조·변조죄
⑤ 밀수품 취득죄

해설 ▷ 수입 신고를 하지 아니하고 수입하는 행위 등으로 처벌받는 형벌은 밀수입죄이다.

19 다음에 해당하는 인커텀즈는?

매도인이 계약물품을 지정된 장소에서 매수인이 지정한 운송인에게 인도 시 물품의 비용, 위험이 매도인에서 매수인에게 인도된다.

① EXW ② FCA
③ FOB ④ CFR
⑤ CIF

해설 ▷ 인커텀즈 중 FCA 조건의 경우에 매도인이 계약물품을 매수인에게 인도 시 물품의 비용, 위험이 매도인에서 매수인에게 인도된다.

20 다음에 해당하는 원산지 판정 기준은?

불완전생산품에 대한 원산지결정기준의 한 종류로써 역내에서 일정한 수준의 부가가치가 창출된 경우에 원산지물품으로 인정하는 것이다. 부가가치는 상품과 그것을 구성하는 재료의 가격, 제조경비, 이윤 및 일반경비 등을 기초로 하기 때문에 다른 기준에 비하여 적용이 복잡하고 이해관계자 간의 마찰 소지도 많다.

① 완전생산기준
② 부가가치기준
③ 세번변경기준
④ 가공공정기준
⑤ 실질변형기준

해설 ▷ 창출된 부가가치로 원산지를 판정하는 기준은 부가가치기준이다.

21 지식재산권에 포함되지 않는 것은?

① 저작권   ② 특허권
③ 디자인권 ④ 상표권
⑤ 전세권

해설 ▷ 지식재산권은 무형의 자산이므로 부동산에 대한 전세권은 포함하지 않는다.

22 다음 중 지식재산권에 관한 설명으로 올바르지 않은 것은?

① 특허권은 기술적 사상을 보호한다.
② 상표권은 상품의 브랜드를 보호한다.
③ 디자인권은 물품의 내부를 보호한다.
④ 저작권은 저작물을 보호한다.
⑤ 실용신안권은 소발명으로도 불린다.

해설 ▷ 디자인권은 물품의 외관을 보호하는 권리이다.

23 다음 중 상호와 상표에 관한 설명으로 올바르지 않은 것은?

① 상호는 상인의 이름이고, 상표는 상표의 상품의 이름이라 할 수 있다.
② 상호는 각 행정구청에 신청하고, 상표는 특허청에 신청한다.
③ 타인의 등록상호와 유사한 상호를 사용할 수 있다.
④ 타인의 등록상표와 유사한 상표를 사용해도 된다.
⑤ 상표는 10년마다 갱신할 수 있다.

> **해설** ▷ 타인의 상표권과 동일한 상표는 물론 유사한 상표도 사용할 수 없다.

24 다음 중 상표등록이 될 수 있는 것은?

① A4용지에 'milk'
② 라면에 '맛있는 라면'
③ 구두에 '키높이 구두'
④ 식빵에 '고로쇠 빵'
⑤ 약국에 '강남약국'

> **해설** ▷ 식빵에 '고로쇠 빵'은 '고로쇠' 원재료를 직감시키므로 상표등록이 될 수 없다.

25 다음 중 상표등록이 될 수 있는 것은?

① 의미 없는 한글자의 한글
② 2자 이내의 영문자
③ 2자리 이하의 숫자
④ 삼각형 또는 사각형
⑤ 유명한 대기업 LG

> **해설** ▷ LG는 영문자 2자로서 간단하고 흔한 표장이므로 등록 안되는 것이 원칙이나 유명하기 때문에 예외적으로 등록할 수 있다.

26 다음 중 상표등록이 될 수 있는 것은?

① 니그라
② 적십자
③ 사기꾼
④ 양키
⑤ YMCA

> **해설** ▷ 적십자와 YMCA는 공공기관 명칭이고, 사기꾼은 공서양속에 반하며, 양키는 타민족을 폄하는 말이라 상표등록이 어렵다. 니그로도 흑인을 비하하는 언어이므로 상표등록이 어렵지만 직감시키지 않으므로 니그라는 의미가 없는 조어이므로 상표등록이 가능하다.

27 다음 중 호칭이 유사하지 않은 상표는?

① 라코스떼와 크로커다일
② 닭스와 DAKS
③ ALMANIA와 ARMANI
④ 불가리스와 불가리아
⑤ 스타벅스와 스타박스

> **해설** ▷ 라코스떼와 크로커다일은 호칭이 다르므로 비유사하다. 다만 악어 모양이 유사하다면 외관 유사 상표일 수 있다.

28 다음 중 부정 경쟁 행위에 해당하지 않는 경우는?

① 저명상표와 혼동되는 행위
② 본인의 상표권을 변형 사용하여 저명상표와 혼동시키는 행위
③ 저명인사의 품위를 손상시키는 행위
④ 저명상표와 유사한 도메인을 보유하는 행위
⑤ 타인의 상품 형태를 모방하는 행위

> **해설** ▷ 저명상표의 식별력을 손상시키는 행위는 부정경쟁 행위에 해당하나 저명인사의 품위를 손상시키는 행위는 명예훼손에 해당할 뿐 부정경쟁행위는 아니다.

| 정답 | 17 ④ | 18 ① | 19 ② | 20 ② | 21 ⑤ | 22 ① | 23 ④ | 24 ① | 25 ⑤ | 26 ① | 27 ① | 28 ③ |

29 다음 중 저작 재산권이 아닌 것은?

① 전송권
② 동일성 유지권
③ 복제권
④ 방송권
⑤ 공중 송신권

해설 ▷ 동일성 유지권은 저작 인격권이다. 공중 송신권은 방송권과 전송권을 합해서 일컫는 말이다.

30 다음 중 퍼블리시티권으로 인정받을 수 없는 것은?

① 유명인의 초상
② 유명인의 성명
③ 유명인의 특이한 동작
④ 유명인의 재산
⑤ 유명인의 음성

해설 ▷ 유명인의 재산은 소유권의 대상일 뿐 퍼블리시티권의 대상은 아니다.

31 인터넷 쇼핑몰 사업을 한다고 가정할 때 성실신고확인을 받아야 하는 수입 금액에 대한 설명으로 올바른 것은 어느 것인가?

① 수입 금액이 5억 원 이상이면 성실신고 확인서를 소득세 신고 시 첨부하여 제출하여야 한다.
② 수입 금액이 10억 원 이상이면 성실신고 확인서를 소득세 신고 시 첨부하여 제출하여야 한다.
③ 수입 금액이 15억 원 이상이면 성실신고 확인서를 소득세 신고 시 첨부하여 제출하여야 한다.
④ 수입 금액이 20억 원 이상이면 성실신고 확인서를 소득세 신고 시 첨부하여 제출하여야 한다.
⑤ 수입 금액이 30억 원 이상이면 성실신고 확인서를 소득세 신고 시 첨부하여 제출하여야 한다.

해설 ▷ 도소매업은 수입 금액이 20억 원 이상인 경우 성실신고확인 대상이 되어 소득세 신고 시 성실신고 확인서를 첨부하여 제출하여야 한다.

32 간이과세자의 경우 1월 ~ 12월 매출과 매입 실적에 대한 부가가치세 신고를 언제까지 하여야 하는가?

① 12월 31일
② 익년도 1월 25일
③ 익년도 1월 31일
④ 익년도 2월 15일
⑤ 익년도 2월 28일

해설 ▷ 간이과세자의 1월 ~ 12월 매출과 매입에 대한 실적은 그 다음 연도 1월 25일까지 신고납부하여야 한다.

33 다음은 간이과세자에 대한 설명이다. 가장 잘못된 설명은 어느 것인가?

① 간이과세자는 제조업을 하지 못한다.
② 간이과세자로 사업을 할 수 없는 지역이 있다.
③ 간이과세자는 세금계산서를 발행할 수 있다.
④ 간이과세자는 도매업을 하지 못한다.
⑤ 간이과세자는 부가가치세를 포함한 금액인 공급대가를 과세표준으로 한다.

해설 ▷ 간이과세자는 세금계산서를 발행할 수 없다. 간이과세자가 세금계산서를 발행하고 상대방 사업자가 그 세금계산서로 매입세액공제를 받게 되면 공제받은 부가가치세를 다시 뱉어내야 하고 가산세까지 납부하여야 한다.

34 부가가치세 신고 시 영세율을 적용받을 수 있는데 이에 대한 설명이다. 가장 잘못된 설명은 어느 것인가?

① 해외배송의 경우 영세율을 적용받을 수 있다.
② 영세율 첨부서류를 제출하여야 한다.
③ 국내 소비자에게 물건을 판매하여도 외화로 받으면 영세율을 적용 받을 수 있다.
④ 영세율이란 '0'의 세율을 적용하는 것을 말한다.
⑤ EMS로 배송한 경우 영세율 첨부 서류로 소포 수령증을 제출하면 된다.

해설 ▷ 수출에 해당하는 해외배송의 경우에만 영세율을 적용받을 수 있다.

35 쇼핑몰의 경우 현금영수증 발행 가맹점으로 가맹을 하여야 한다. 이를 지키지 않을 경우 현금영수증 발행 미가맹 가산세가 부과된다. 이에 대한 설명으로서 가장 타당한 것은?

① 미가맹 기간 동안의 수입 금액에 대하여 0.5%를 가산세로 부과한다.
② 미가맹 기간 동안의 수입 금액에 대하여 1%의 가산세를 부과한다.
③ 미가맹 기간 동안의 수입 금액에 대하여 1.5%의 가산세를 부과한다.
④ 미가맹 기간 동안의 수입 금액에 대하여 2%의 가산세를 부과한다.
⑤ 미가맹 기간 동안의 수입 금액에 대하여 5%의 가산세를 부과한다.

해설 ▷ 소매업의 경우 현금영수증 발행 가맹점으로 가맹하여야 한다. 가맹점으로 가맹하지 않은 경우 미가맹 기간의 수입 금액에 대하여 1%의 가산세를 부과하고 있다.

36 사업용 계좌를 만들어 세무서에 신고하여야 하는 기준 금액에 대한 설명 중 가장 타당한 것은 어느 것인가?

① 전년도 수입 금액이 1억 원 이상인 경우 사업용 계좌를 만들어 신고해야 한다.
② 전년도 수입 금액이 1억 5천만 원 이상인 경우 사업용 계좌를 만들어 신고해야 한다.
③ 전년도 수입 금액이 3억 원 이상인 경우 사업용 계좌를 만들어 신고해야 한다.
④ 전년도 수입 금액이 4억 원 이상인 경우 사업용 계좌를 만들어 신고해야 한다.
⑤ 전년도 수입 금액이 5억 원 이상인 경우 사업용 계좌를 만들어 신고해야 한다.

해설 ▷ 수입 금액이 3억 원 이상이 되는 사업자는 그 다음해 6월까지 사업용계좌를 만들어 세무서에 신고하여야 한다.

37 다음 중 단순경비율에 의하여 소득금액을 계산할 수 있는 사업자는 어느 것인가?

① 계속사업자로서 전년도 수입 금액이 3억 원 미달 사업자
② 신규사업자로서 수입 금액이 3억 원 미달 사업자
③ 신규사업자로서 수입 금액이 1억 원 이하 사업자
④ 계속사업자로서 전년도 수입 금액이 1억 원 미달 사업자
⑤ 신규사업자로서 수입금액이 5억 원 이하 사업자

해설 ▷ 단순경비율에 의하여 소득 금액을 계산할 수 있는 사업자는 계속사업자로서 전년도 수입 금액이 6천만 원에 미달하거나 신규사업자로서 당해연도 수입 금액이 3억 원에 미달하는 사업자이다.

38 소매업에서 일용직은 일정기간 계속해서 채용하는 경우 일용직이 아니고 근로소득자로 본다. 몇 개월 이상 계속 근무할 때 근로소득자로 보게 되는가?

① 1개월 ② 2개월
③ 3개월 ④ 4개월
⑤ 5개월

해설 ▷ 소매업의 경우 일용직이 3개월 이상 근무하면 일용직이 아니고 정식사원이라고 보게 되어 근로소득으로 원천징수하여야 한다.

39 일반 과세자로 인터넷 쇼핑몰을 운영하다가 사업이 부진하여 8월 1일 폐업을 하였다. 폐업한 것에 대하여 언제까지 부가가치세 신고를 하여야 하는가?

① 8월 25일 ② 8월 31일
③ 9월 25일 ④ 10월 25일
⑤ 그 다음년도 1월 25일

해설 ▷ 쇼핑몰 사업을 하다가 폐업을 하면 폐업 일이 속하는 달의 그 다음달 25일까지 부가가치세 신고를 하여야 한다.

정답 29 ② 30 ④ 31 ④ 32 ⑤ 33 ③ 34 ③ 35 ② 36 ③ 37 ② 38 ③ 39 ③

40 일반과세자로 인터넷 쇼핑몰 사업을 하다가 사업이 부진하여 폐업을 하였다. 그러나 아직 판매하지 못한 재고가 있다. 그 재고 금액은 공급가액으로 5천만 원이다. 다음 중 폐업 시 보유하고 있는 재고 금액에 대한 부가가치세 신고에 대한 설명으로서 가장 타당한 설명은 어느 것인가?

① 그 재고 금액에 대하여 당초에 매입할 때 매입세액공제 10%를 받았어도 사업부진으로 폐업하는 것이므로 국가에 다시 납부하지 않아도 된다.

② 그 재고 금액에 대하여 당초에 매입할 때 매입세액공제 10%를 받았다면 매입세액공제 받은 금액 10%를 다시 납부하여야 한다.

③ 그 재고 금액에 대하여 당초에 매입할 때 매입세액공제 10%를 받았다면 다시 국가에 납부하여야 하는 금액은 재고 금액에 대하여 부가가치율을 곱한 금액이다.

④ 그 재고 금액에 대하여 당초에 매입할 때 매입세액공제 10%를 받았다면 다시 국가에 납부하여야 하는 금액은 재고 금액에 대하여 1%를 곱한 금액이다.

⑤ 그 재고 금액에 대하여 당초에 매입할 때 매입세액공제 10%를 받았다면 다시 국가에 납부하여야 하는 금액은 재고 금액에 대한 부가가치세 매입세액공제받은 금액에 대하여 25%를 곱한 금액이다.

> **해설** ▷ 일반과세자가 폐업하는 경우 폐업 시 보유한 재고에 대해서 매입세액공제를 받았다면 그 재고 금액에 대한 매입세액 10%를 다시 국가에 납부하여야 한다. 이는 당초 재고를 구입할 때 매입세액공제를 해 준 것은 그 재고가 판매될 때 부가가치세를 납부할 것을 예상하고 매입세액공제를 해준 것이나 폐업을 하면 더 이상 판매가 일어나지 않아 국가에 부가가치세를 납부하지 않게 되므로 당초에 매입세액공제 받은 것을 다시 뱉어 내도록 하고 있다.

정답   40 ②

MEMO

3 과목

전자상거래 운영 기획

전자상거래 운영 기획에서는 전자상거래를 운영하기 위한 사업 분석과 아이템 선정 그리고 사업계획서 작성 요령에 대해 알아본다. 이 과목에서는 전자상거래를 운영하기 위한 솔루션 구축에 관한 설명과 다양한 운영 전략을 소개하여 전자상거래의 운영에 관련된 분석과 운영 기획에 따른 마케팅을 설명한다. 온라인 전자상거래의 특성을 이해하고 사업계획에 따른 아이템별 전략과 전술로 운영 기획을 할 수 있다.

| CHAPTER 1 | **사업 기획**

1 전자상거래 사업 분석
2 아이템 선정
3 전자상거래 사업계획서

| CHAPTER 2 | **운영 기획**

1 솔루션 구축
2 운영 전략

CHAPTER 1
사업 기획

사업 기획에서는 전자상거래의 사업 계획에 따른 사업 분석과 아이템 선정과 주기 사업계획서 작성의 필요 요소에 대해 설명한다.

1 전자상거래 사업 분석

1. 전략적 분석

경영(Management)에 있어서 전략(Strategy)이란 글로벌 환경(Global Environment)의 경쟁에 치열하게 변동하는 기업 환경 속에서 기업의 존속과 성장을 도모하기 위해 환경의 변화에 대하여 기업 활동을 포괄적이고 계획적으로 적응시켜 나가는 것이다. 또한 경영 전략(Business Strategy)은 경영 목적을 달성하기 위한 포괄적인 수단으로, 환경적응의 기능을 가지며, 기업이 앞으로 당면할 전략적 문제나 전략적 기회를 발견하는 기능을 가진다. 또한 경영 전략은 각 부문의 경영활동을 전체로 종합하는 기능을 가지며, 정보 수집을 효율적으로 하기 위한 기준이 되기도 한다. 다음은 전자상거래 사업을 위한 전략적 분석을 위한 도구를 소개한다.

① BCG 매트릭스

'BCG 매트릭스'는 보스턴컨설팅그룹(Boston Consulting Group)에 의해 1970년대 초반 개발된 것으로, 기업의 경영 전략 수립에 기본적인 분석도구로 활용되는 사업포트폴리오(Business Portfolio) 분석 기법이다. BCG 매트릭스는 자금의 투입, 산출 측면에서 사업(전략 사업 단위)이 현재 처해 있는 상황을 파악하여 상황에 알맞은 처방을 내리기 위한 분석도구로 활용된다. '성장-점유율 매트릭스(Growth-share Matrix)'라고도 불리며, 산업을 점유율과 성장성으로 구분해 4가지로 분류했다.

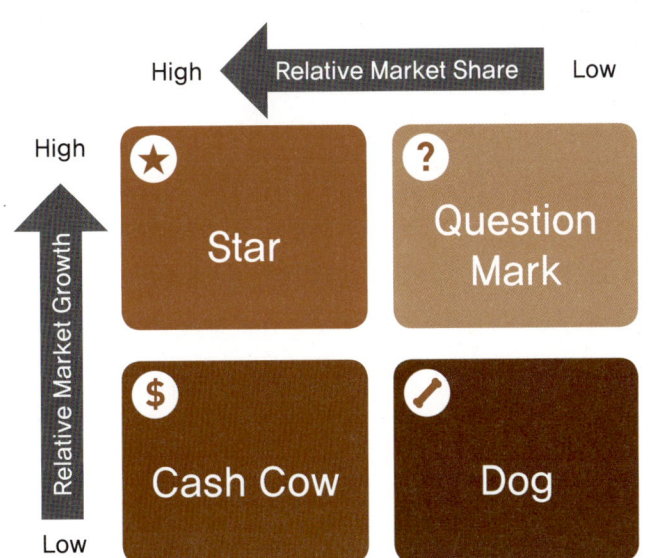

위의 그림처럼 X축을 '상대적 시장점유율'로 하고, Y축을 '시장성장률'로 하여 다음과 같이 분류한다.

스타(Star)
성공 사업에 해당된다. 수익성과 성장성이 모두 크므로 계속적 투자가 필요하다. 시장점유율과 시장성장률이 모두 높은 사업이라 빠른 시장 성장을 쫓아야 하므로 많은 투자가 요구된다. 시간이 흘러 시장성장률이 둔화되면 캐시카우로 전환된다.

캐시카우(Cash Cow)
수익창출원에 해당된다. 기존의 투자에 의해 수익이 계속적으로 실현되므로 자금의 원천 사업이 된다. 시장성장률이 낮으므로 투자 금액이 유지, 보수 차원에 머물게 되어 자금투입보다 자금산출이 많다. 이미 시장에서 확고한 기반을 구축한 사업으로 낮은 시장성장률과 높은 시장점유율을 가진다. 투자규모가 크지 않으며, 많은 현금을 벌어들이는 사업으로 다른 투자를 위한 기반이 된다. 회사 입장에선 효자 사업이다.

물음표(Question Mark)
신규 사업에 해당된다. 상대적으로 낮은 시장점유율과 높은 시장성장률을 가진 사업으로 기업의 행동에 따라서는 차후 스타(Star) 사업이 되거나, 도그(Dog) 사업으로 전락할 수 있는 위치에 있다. 일단 투자하기로 결정한다면 상대적 시장점유율을 높이기 위해 많은 투자 금액이 필요하거나 시장성장률이 높은 반면 시장점유율은 낮은 사업이므로, 점유율을 끌어올리는데 많은 투자가 필요하다. 대부분의 초기 사업이 여기에 해당되며, 경영자는 어떤 물음표 사업을 스타 사업으로 성장시켜야 할지 고민해야 한다.

도그(Dog)
사양 사업에 해당된다. 성장성과 수익성이 없는 사업으로 철수해야 하는 사업이다. 기존의 투자에 매달리다가 기회를 잃으면 더 많은 대가를 치를지도 모른다. 시장성장률과 시장점유율 둘 다 낮은 사업으로 많은 현금을 창출하지 못하는 사업이 여기에 해당된다. 손실을 입힐 수도 있는 사업으로 철수 전략도 고려해야 한다.

- BCG 매트릭스 장·단점
  장점은 사업의 성격을 단순화, 유형화하여 어떤 방향으로 의사결정을 해야 할지 판단하기 좋은 점이지만, 단점은 사업의 평가요소가 상대적 시장점유율뿐이어서 지나친 단순화의 오류에 빠지기 쉬운 점이다.

- BCG 매트릭스 요약
  - 스타(Star): 타점유율과 성장성이 모두 좋은 사업
  - 캐시카우(Cash Cow): 투자에 비해 수익이 월등한 사업
  - 물음표(Question Mark): 미래가 불투명한 사업
  - 도그(Dog): 점유율과 성장률이 둘 다 낮은 사업

- 기존 사업 단위에 대한 전략
  - 육성 전략(Build): 상당한 규모의 투자로 현재의 시장 점유율보다 적극적으로 사업 단위를 성장시키는 전략
  - 유지 전략(Hold): 현재의 시장점유율을 유지할 정도의 전략
  - 수확 전략(Harvest): 투자를 최소화하거나 중단하여 사업 단위를 점차 비중을 낮춰가는 전략
  - 철수 전략(Divest): 사업 단위를 매각이나 해체 등 즉각적으로 제거 전략

② GE 비즈니스 스크린 매트릭스

- GE 매트릭스 배경

  GE 매트릭스는 기업 내부 성과 분석의 강점 분석을 외부의 산업 분석과 결합시키는 매트릭스로 구성되고 이 모델을 통해 여러 전략 사업 단위(SBU)의 경쟁상황을 평가하고 사업 단위 간에 적절한 자원을 합리적으로 자원 분배한다. 즉 관리 해결에 필요한 경영 전략도구이다.

- 전략의 근거 및 의미

  기업은 포트폴리오(Portfolio)의 변화를 추적하기 위하여 그리고 포트폴리오 성과 개선을 위한 재무 전략(Finance Strategy)을 개발하기 위해서, 정기적으로 비즈니스 스크린 매트릭스를 이용할 수 있다. 비즈니스 스크린의 핵심은 3×3 매트릭스를 통해 시장 매력도와 비즈니스 강점을 비교할 수 있다.

- 시장 매력도

  시장 매력도는 상대적 매력도에 따라서 3개의 수직 열 중 하나에 배치되며 고, 중, 저의 등급이 부여된다. 시장 매력도는 절대적 시장 규모, 시장 잠재력, 경쟁 구조, 재무, 경제, 기술, 사회, 정치 요인과 같은 광범위한 요인에 의해 결정된다.

- 비즈니스 강점

  강점의 견지에서 각 사업 부문의 포지션이 3개의 수평 행 중 하나에 놓이게 된다. 강, 중, 약으로 표시된다. 이러한 포지셔닝을 위해서 분석가는 여러 분석 기법을 이용하여 사업 부문의 규모, 시장 점유율, 포지션, 경쟁우위 등을 고려하게 된다.

- GE 매트릭스의 장단점

    장점은 세분화된 분석 변수를 가지고 있다는 것이다. 비즈니스 강점과 시장 매력도를 정의하기 위해 다양한 변수를 사용하기 때문에 BCG 매트릭스보다 광범위하게 분석할 수 있다. 또한 다양하게 분석할 수 있다. 단점은 GCG보다 복잡하고 세분화되어 있어 실제 사용하기는 쉽지 않다. 또한 주관적인 등급 기준에 따라 다르게 표현될 수도 있다.

③ SWOT 분석

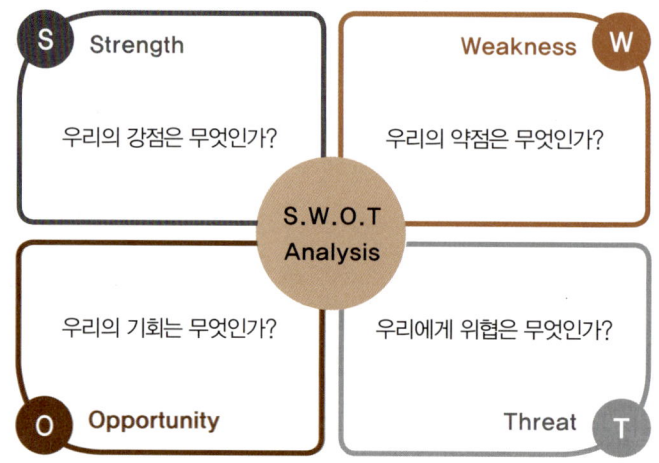

SWOT는 강점(Strength), 약점(Weakness), 기회(Opportunity), 위협(Threat)의 첫 글자를 모아 만든 단어로 경영 전략을 수립하기 위한 분석 도구이다. 내부 환경요인을 강점과 약점 분석으로 나누고, 외적 환경요인을 기회와 위협 분석으로 나누기도 한다.

이 내부 환경요인과 외부 환경요인의 분석을 토대로 긍정적인 면인 강점과 기회는 살리고 그 반대인 약점, 위협은 회피하여 기회는 최대한 활용하고, 위협은 회피하는 방어적 전략을 수립하는 마케팅 전략이다.

보통은 X와 Y축으로 나누어 2차원의 사분면을 그리고 그 각각의 사분면에 하나씩 배치하여 경영 전략에 필요한 중요한 사항들을 우선순위로 배치하여 분석한다. 이러한 SWOT 분석을 통해 경영자는 회사의 상황을 시장 상황에 맞게 인식할 수 있고 앞으로의 사업 전략을 수립하기 위한 중요한 경영 전략 자료의 도구로 활용할 수 있다.

- 내·외부 환경요인 도출을 통한 마케팅 전략
  - S.O 전략

    강점을 활용하여 시장의 기회를 최대로 확대하는 전략이다. 마케팅의 다양한 채널을 확대하고 세계화 전략으로 사업의 다양성을 전략적으로 고려할 수 있다.

  - W.O 전략

    내부 약점을 보완하고 극복함으로써 외부 환경의 기회를 최대한 활용하는 전략이다. 이는 부가가치나 특성 있는 시장을 타깃으로 하는 전략이다. 틈새시장의 사업의 다변화가 좋은 예이다.

  - S.T 전략

    강점을 가지고 시장의 위협을 회피하거나 최소화하는 전략이다. 이는 품질이나 서비스의 차별화나 전략적 제휴를 통한 사업 비즈니스로 도출하기 좋은 전략이다.

  - W.T 전략

    약점을 보완하면서 위협을 회피, 최소화하는 전략이다. 대부분의 기업들은 원가절감, 사업 축소 및 철수 전략 등의 방어적인 전략을 구사한다.

- SWOT 분석

  SWOT의 분석은 경영 전략이나 상품 분석을 할 경우 꼭 한 번은 사용하는 분석법이다. 4분법에 나와 있는 전략은 꼭 한 부분을 선택하여 다른 부분을 배제하거나 포기하는 것은 아니다. 하나일 수도, 하나 이상일 수도 있다. 변화하는 시장 환경과 시장의 범위에 따라 모든 요인들은 변경될 수도 있다. 또한 경쟁사의 조건에 따라서 상황 분석이 다를 수도 있다. 따라서 내외부적 적절한 환경을 파악하고 꾸준히 모니터링을 해서 시장상황에 최적화된 전략을 선정해야 한다.

④ 5-Force

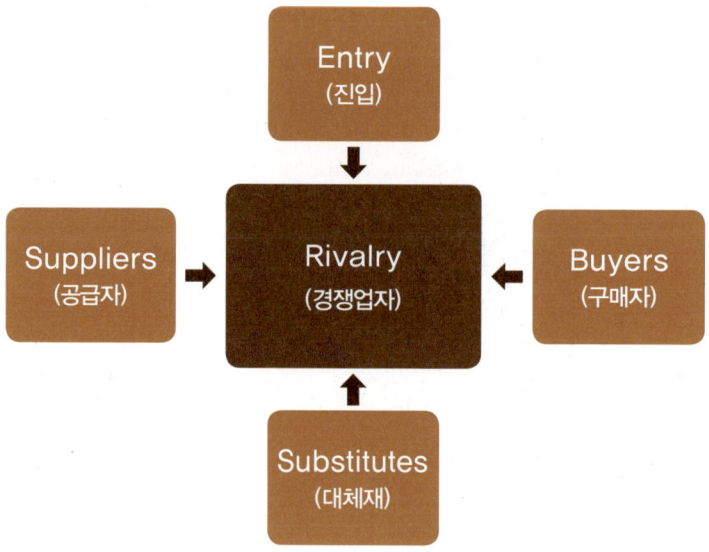

- 마이클포터의 5-Force(Five Forces Model)

  1980년 하버드대학의 마이클포터 교수는 그의 저서 『Competitive Strategy』에서 산업의 구조적 매력도(Structural Attractiveness)와 그 산업에서의 핵심 성공 요소(Key Success Factor)를 파악하기 위해 5개의 요소만 보면 된다고 주장했고 이러한 요소들을 Five Forces 라고 하였다.

  - 산업 내 경쟁(Rivalry)
  - 구매자의 구매력(Bargaining Power of Buyers)
  - 공급자의 교섭력(Bargaining Power of Suppliers)
  - 신규 진입자의 위협(Threat of New Entrants)
  - 대체재의 위협(Threat of Substitute)
  - Entry

    신규 진입자의 위협(Threat of New Entrants)은 새로운 산업에 진출하는 진입장벽(Entry Barrier)을 말한다. 진입장벽의 크기에 따라 신규 진입자의 위협도 커진다. 이러한 진입장벽의 원천 4가지는 다음과 같다.

    - 규모의 경제(Economies of Scale)
    - 브랜드 로열티(Brand Loyalty)

- 절대적 비용 우위(Absolute Cost Advantage)
- 정부 규제(Government Regulations)

- Rivalry

  기존 기업간 경쟁(Rivalry among Existing Firms) 요소는 적대관계의 경쟁업자 간의 경쟁이다. 산업 내 기존 기업간 경쟁의 강도는 다음과 같이 3가지에 의해 결정된다.

  - 산업의 경쟁 구조(Industry Competitive Structure)
  - 수요 조건(Demand Condition)
  - 퇴출 장벽(퇴거 장벽, Exit Barriers)

- Buyers

  구매자의 협상력(Bargaining Power of Buyers)과 교섭력을 결정하는데 상품 차별화가 심할수록 구매자는 가격에 민감하지 않다.

- Suppliers

  공급자의 협상력(Bargaining Power of Suppliers)은 구매자의 협상력을 반대로 생각하면 된다.

- Substitute

  대체재의 위협(Threat of Substitute Products)은 강력한 대체재가 존재하면 구매자의 협상력이 높아져서 수익성이 낮아진다.

• Five Forces Model의 문제점
  - 산업의 구도상 분야별로 환경이 다른데 이를 반영하지 못하고 구체적인 경쟁 전략을 제시하지 못한다.
  - 변화되는 상업의 모형을 반영하지 못하고 상업 간의 경쟁요인으로만 분석을 하고 있다.

⑤ 가치사슬

- 가치사슬이란

  가치사슬(Value Chain)이란 기업 활동에서 부가가치가 생성되는 과정을 말한다. 경쟁이론을 정립한 미국 하버드대학교의 마이클 포터(M. Porter)는 1985년 가치사설을 분석한 이후 광범위하게 활용되고 있는 이론으로, 부가가치 창출에 직접 또는 간접적으로 관련된 일련의 활동, 기능, 프로세스의 연계를 의미한다. 주 활동(Primary Activities)과 지원 활동(Support Activities)으로 나눠볼 수 있다. 이 두 활동 부문의 비용과 가치창출 요인을 분석하는 데에 사용된다. 이를 통하여 가치활동 각 단계에 있어서 부가가치 창출과 관련된 핵심활동이 무엇인가를 규명할 수 있으며, 각 단계 및 핵심 활동들의 강점이나 약점 및 차별화 요인을 분석하고, 나아가 각 활동단계별 원가 요인을 분석하여 경쟁우위 구축을 위한 도구로 활용할 수 있다. 보통 기업의 내부 역량 분석도구로 많이 사용된다. 그러나 인터넷과 정보통신의 발달로 해체가 가속화되면서 네트워크를 통한 아웃소싱이 활발하게 진행되고 있다.

- 주활동과 지원 활동의 분류
  - 주활동은 부가가치를 직접 창출하는 부문으로 제품의 생산, 운송, 마케팅, 판매, 물류, 서비스 등과 같은 현장 업무 활동을 말한다.
  - 지원 활동은 부가가치가 창출되도록 간접적인 역할을 하는 부문을 말하며 구매, 기술 개발, 인사, 재무, 기획 등 현장 활동을 지원하는 제반 업무를 의미한다.

모든 비즈니스 목표는 이익달성이 기본이 되어야 한다. 목표이익을 달성하기 위해서는 철저한 분석과 조사 비교가 이루어져야 한다. 전자상거래 창업의 기본 절차를 확인하고 효율적인 전략적 분석시스템을 통해 전자상거래 운영기획을 작성해야 한다.

2. 전자상거래 운영준비

① 사업정보 조사

먼저 전자상거래를 시작하기 전에 사업에 관한 정보를 수입하고 분석해야 한다. 사업시장 분석이 우선되어야 정확한 타깃과 고객층의 선정으로 정확한 사업진행 방향이 제시된다.

- 국제경영(International Management)에 입각한 시장 분석

  전자상거래의 특성상 시장 범위가 글로벌 시장이다. 즉, 전자상거래의 시장 분석은 국제경영 환경을 분석하고 글로벌마케팅의 관점에서 시장을 파악하고 분석해야 한다.

- 전자상거래 시장의 동향 파악

  시장형성과 동향은 오프라인과 온라인에서도 같은 제품, 같은 타깃이라도 다른 결과를 가져 온다. 전자상거래 시장은 국가별, 나라별, 지역별, 마켓별 온라인의 특성과 고객의 습관 등을 파악하여 해당 상품의 시장 동향을 기간을 정해 분석하여 파악해야 한다.

- 전자상거래에 관한 사업조사

  전자상거래는 인터넷 망을 활용하는 거래 쇼핑몰 등을 통해 고객에게 서비스나 상품을 판매하는 사업이다. 전자상거래의 특성상 컴퓨터 관련과 솔루션 관련 그리고 상세페이지의 관리 기술과 마케팅까지 온라인에서만 필요한 여러 가지 준비가 있다. 전자상거래의 관한 사업조사는 먼저 이러한 환경에 적합한 것인지를 확인해야 한다.

② 예비 아이템 정보수집

예비 아이템이란 전자상거래의 취급 품목을 결정하기 전에 상품에 관한 아이템의 조건이 적합한지를 미리 조사 분석하는 과정이다.

- 아이템 분석 및 수집

  아이템은 국가별, 대상별에 따라 전혀 다른 결과가 나올 수 있다. 또한 단일성 상품보다는 꾸준히 판매나 업그레이드가 지속적인 상품이 좋다. 또한 최소 4가지 이상 서로 다른 아이템을 준비해서 분석해야 한다.

- 온라인과 오프라인 시장조사

  고객의 입장에서는 비슷한 기능의 모든 제품은 특별한 경우가 아니면 같은 군으로 두고 상품을

비교하게 된다. 온라인뿐만 아니라 오프라인에서도 시장조사를 해 보는 것이 경쟁력을 높이는 데 좋을 듯하다.

- **해당 전문업체 조사**
  대상 폭이 넓고 상품군이 다양한 경우는 해당 전문업체나 기관에 의뢰하는 것이 시간과 비용도 단축시킬 수 있다. 소비자의 눈과 판매자의 눈이 다르듯이, 운영자와 마케터의 입장 차이가 분명히 있을 수 있다.

- **창업자의 적합 여부 평가**
  아무리 좋은 아이템이라도 운영자가 제품에 대한 이해도가 없으면 매출로 이어지지 않는다. 또한 전자상거래의 특성상 온라인 판매에 관한 쇼핑몰 운영 능력도 파악하여야 한다. 특별한 경우를 제외하고는 물류는 온라인거래라 할지라도 오프라인으로 움직인다.

③ **예비 아이템 선정**

준비된 아이템 정보를 분석하여 가장 적합한 아이템을 선정한다.

- **예비 아이템 선정 및 순서 결정**
  선정된 아이템 중 우선순위를 정해 지금의 트렌드와 수익성을 분석하여 우선순위를 정한다. 우선 선정된 아이템부터 다시 경쟁업체를 조사하고 타당성을 분석한다. 다음 차순의 아이템은 다음 사업을 위해 준비하면 된다.

- **예비 아이템별 사업 타당성 분석**
  사업의 타당성 분석은 온라인뿐만 아니라 오프라인에서도 확인해야 한다. 또한 모바일 상거래의 규모가 매년 두 배 이상으로 성장하는 것을 감안하여 카카오스토리와 같은 소셜 채널도 타당성 분석에 포함하여 미래의 고객의 니즈까지 파악하여야 한다.

④ **사업 타당성 분석**

선택한 예비 아이템에 대한 전반적이고 실무적인 사업 타당성을 분석한다.

- **사업 적합성 분석**
  아이템에 대한 사업 적합성을 분석 프로세스나 검토 항목 등을 이용하여 분석한다.

- 시장성 및 판로 분석

  글로벌 환경과 모바일 환경을 포함하여 적합한 시장 환경(Market Environment)과 시장성 분석(Analyze Marketability)을 동시에 진행한다.

- 수익성 및 성장성 분석

  수익성 프로세스에서 활용 예상 매출액을 산정하고 이익 분석을 하여 시장성 분석을 진행한다.

- 기술적 문제 분석

  보유 기술 분석이나 향후 진행 시 기술적 문제 등의 기술적 분석을 한다.

- 크레임(Claim)에 대한 대처 분석

  상품이나 서비스에 대한 크레임이 있을 경우 대처할 수 있는 기술적 시스템이 있는지 분석한다.

- 재고, 배송에 관한 절차 분석

  아이템에 대한 재고와 배송시스템의 절차의 문제점이나 수량과 지역에 따른 추가 비용 등을 분석한다.

⑤ 사업 아이템 선정

사업 타당성 분석에 최종 결정된 아이템을 선정한다.

- 해당 업종 견습 기회 확보

  해당 아이템을 선정한 후 관련 업종의 업체에 방문하여 견습의 기회를 만드는 것이 중요하다. 이 아이템별 운영 방식이 다르기 때문에 간접 경험은 운영 시스템을 만드는데 큰 도움이 된다.

⑥ 구체적인 창업 준비

아이템이 결정되면 창업을 위한 절차를 준비한다.

- 사업계획서 작성

  아이템별 사업계획서를 작성하고 작성된 계획 속에서 순차적으로 진행한다.

- 자금예산, 준비

  예산에 따라 사업의 진행이 다르다. 다양한 채널을 통해 자금을 확보하고 정부창업자금도 확인한다.

- 사업장 선정 및 확보

  사업계획의 방식이나 규모에 따라 사업장의 선정이나 규모가 달라진다. 1인 창업의 초기 사업자인 경우는 재택근무도 가능하지만, 사업의 방법이나 유통 흐름에 따라 사무실, 창고, 공장 등 사업장의 선정 및 확보가 달라진다.

- 창업멤버 구성

  창업멤버는 상담, 운영, 배송, 촬영, 편집, 사입 등 각 부서의 효율적 관리와 운영을 위한 멤버로 구성한다. 1인 창업인 경우는 B2B나 위임을 적절히 운영해야 한다.

- 회사 설립

  모든 준비가 마무리되면 사업등록증을 내고 정식 회사를 설립한다. 쇼핑몰의 특성을 잘 파악하여 간이과세자, 일반 사업자, 법인 등을 전문가와 상의해서 준비한다.

- 개업 준비

  쇼핑의 개업 후 광고 집행을 한다. 다양한 광고 채널을 이용해서 적절한 예산계획 속에서 진행한다.

⑦ 시장조사

아이템 선정 전, 후 시장조사는 필수적으로 해야 한다. 전자상거래의 시장이 성장기에 접어들어 경쟁이 치열해지고 있기 때문에 더욱 철저한 시장 분석이 선행되어야 한다. 효과적인 시장 분석을 하기 위해서는 전자상거래 시장의 특수성을 먼저 파악해야 한다.

- 시장이 글로벌(Global)화되고 있다.
- 고객 계층이 폭넓고 다양해지고 있다.
- 오프라인 시장과 온라인 시장의 특성이 다르다.

- 온라인의 판매 상품 및 서비스가 다양해지고 있다.
- 예약 관련 상품이 구매력이 높아지고 있다.
- 모바일 쇼핑몰의 거래가 증가하고 있다.
- 광고 채널이 다양해지고 있다.

시장조사는 아이템에 따른 시즌과 나라별로 각기 다른 특성을 보이므로 대상과 타깃을 적절히 선정한 후에 하는 것이 좋다. 특히 소호(SOHO) 1인 기업인 경우에는 자신의 전공이나 경험을 충분히 활용할 수 있는 분야가 좋을 것 같다.

3. 전자상거래의 성공요인

① 상품가격

시장상황에 맞는 적절한 상품가격이어야 한다. 가격이 무조건 저렴하다고 소비자가 구입하는 시대는 지났다. 소비자의 욕구가 다양해짐에 따라 가격과 품질 서비스가 모두 만족되어야 상품이 판매된다. 가격경쟁은 성공요인에 꼭 필요한 부분이지만 무조건 싼 가격으로 쇼핑몰을 운영하면 매출 대비 순수익이 보장되지 않아 지속적인 사업이나 차후 마케팅을 진행할 수 없다.

② 신뢰감

신뢰감은 사이트의 첫 화면과 전화 상담에서 먼저 시작된다. 상품을 구매한 후에는 제품에 대한 사후 서비스가 중요하다. 고객 신뢰는 재구매와 후기로 다시 구매로 이루어지는 효과가 있다. 상품과 서비스에 관한 가치의 신뢰성을 지속적이고 꾸준히 가질 수 있도록 쇼핑몰의 기업철학이나 제품품질에 대한 기준과 브랜드 관리를 해야 한다.

③ 사용 후기

쇼핑몰에서는 특기 호일러법칙(Law Hoilleo)이 적절하게 적용된다. 제3자의 의견이 직접적인 매출로 이어지는 경우가 많다. 사용 후기 이벤트나 마케팅을 통해 지속적으로 타깃(Target) 제품이나 목표 상품은 후기를 활용한 재구매로 이루어질 수 있도록 노력해야 한다. 실제로 후기가 없는 상품은 꾸준한 고정매출로 이어지기 어렵다.

④ 쇼핑몰 디자인

쇼핑몰 디자인은 첫인상에 큰 영향을 준다. 특히 습관적인 팝업(Pop-up) 창은 고객에게 불쾌함을 줄 수 있다. 쇼핑몰 디자인은 색이나 사진이 아니라 고객이 편리하게 원하는 상품을 검색하고 비교 주문까지 일괄적으로 할 수 있는 디자인이어야 한다. 특히 요즘은 모바일 쇼핑몰도 고려해 적절한 디자인 컨셉이 중요하다.

⑤ 상세페이지

전자상거래 쇼핑몰에 고객문의나 전화 상담이 많다는 것은 상세페이지에 고객이 원하는 내용이 불충분하다는 뜻이다. 상세페이지에 충분히 상품에 대한 정보와 가치를 다양한 방법으로 표현해 줄 필요가 있다. 최신 트렌드인 동영상 등을 활용한 상세페이지도 좋은 예이다.

⑥ 시스템 구축

전자상거래의 특성상 컴퓨터와 인터넷의 역할이 크다. 24시간 언제라도 바로 상담에 대한 처리를 할 수 있도록 준비되어야 한다. 기업의 미래는 직원에 대한 투자와 하드웨어의 투자를 보면 알 수 있다. 잘 정비된 시스템 구축은 성공의 첫 걸음이다.

⑦ 예산관리

철저한 예산관리와 자금운영 계획서를 작성해야 한다. 예산계획 없이 상품 매입과 광고 집행을 하면, 운영 중 경영에 악영향을 미친다. 자본 대비 계획적인 대출은 할 수 있겠지만, 경영관리 없이 자금 압박에 의한 무계획적인 대출은 또 다른 문제를 발생한다. 매년 매월 매일 정해진 예산 속에서 얼마를 벌 것이며, 얼마를 쓸 것인지를 명확하게 분류해서 경영하는 것이 필요하다.

4. 사업 타당성 분석

사업의 타당성은 선정한 아이템과 시장의 상황 그리고 경영자의 조건에 따라 다양한 타당성 분석을 할 수 있다. 아무리 좋은 아이템이라도 나라별, 지역별 차이가 있을 수 있고 두 조건이 맞다 하더라도 경영자의 수익성 및 경제성 분석이 맞지 않다면 사업 타당성 분석은 맞지 않다. 부문별 사업 계획과 현금 흐름을 추정한 수익성 그리고 위험요소 분석을 마치고 결정해야 한다.

① 사업 수행 능력은 있는가?
- 객관적인 데이터 확보로 가능성을 확인해야 한다.
- 제3자의 의견보다는 정확한 정보를 수집하여 직접 확인해야 한다.

- 아이템별 별도 허가사항이나 제제요건, 수출입에 관한 조건 등을 미리 파악해야 한다.
- 소량 판매와 대량 판매는 운영정책이 다르다. 대량 판매가 가능한 상품인지 확인해야 한다.
- 판매, 운영, AS의 운영 능력이 가능한지 판단한다.

② 시장성 분석
- 시장 분석은 각 나라, 지역마다 다르므로 개별 분석을 해야 한다. 국내 시장이 우수하다고 해외시장에서 같은 결과를 얻기는 어렵다.
- 시장성 분석에 기간과 법 범위를 포함하여 분석해야 한다.

③ 기술성 분석
- 판매 아이템에 대한 기술성과 차별화를 분석한다.
- 제품에 대한 권리를 주장할 수 있는 법적 시스템을 확인해야 한다.
- 상표권, 특허 기술 등을 확보하고 경쟁력의 차별화를 기술적으로 확인한다.
- 문제 발생 시의 시스템 구축을 확인한다.

④ 경제성 분석
- 수익 전망에 대한 수익성과 경제성을 분석한다.
- 회수기간법, 순현재가치법(NPV), 내부수익률법(IRR), 손익분기점 분석(BEP) 등으로 수익성을 계산하여 분석한다.
- 투자 대비 효과와 현금 흐름을 파악한다.
- 다양한 방법으로 객관적인 자료가 필요하다.

⑤ 자금수지 분석
- 예산 자금과 자금 조달 등을 확인하고 운영 계획을 분석한다.

⑥ 위험성 분석
- 국가정책의 변동, 생산요소의 변동, 시장경쟁 등의 위험요소를 분석한다.
- 위험성에 대한 위험요소를 분석한다.
- 내부 요인 및 외부 요인에 대한 예상 위험성을 분석한다.

2. 아이템 선정

1. 선정 요소

아이템 선정에는 아이템별 전략에 따라 다양한 핵심 요소 선정이 있다. 가격, 인지도, 다양성, 전문성은 아이템별, 소비자별로 각각의 요소가 달라진다.

① 유형 상품

일정한 규격으로 만들어지는 제품으로 가전제품, 전자제품, 가구 등을 말한다.

② 무형 상품

어떤 형태를 가지고 있지 않은 제품군으로 공연, 연극, 여행, 각종 상품권 등이 포함된다.

③ 신선 식품

신선도가 중요하고 필요에 따라서 소비가 되는 제품군으로 육류, 야채, 가공식품 등이 포함된다.

④ 생활용품

일상생활에서 반복적으로 소비되는 제품군으로 의류, 패션용품, 스포츠용품, 주방용품, 침구류, 인테리어용품 등 일상생활에서 흔히 볼 수 있는 물건을 말한다.

상품군	경쟁요소	쇼핑몰
유형 상품	인지도, 가격	전문 쇼핑몰
무형 상품	인지도, 전문성	대형 종합쇼핑몰
신선 상품	다양성, 전문성	대형 종합쇼핑몰
생활용품	다양성, 가격	전문 쇼핑몰

2. 고려해야 할 일

- 무엇을, 어떻게, 누구에게 팔 것인가 확인한다.
- 향후 시장성과 정확한 경쟁업체 선정을 해야 한다.
- 재고나 물류비용이나 절차가 복잡한지 확인한다.

- 시즌별 특성이 강한 제품인지 확인한다.
- 판매 홍보 방법을 고려해야 한다.
- 제품에 대한 전문성을 가지고 있어야 한다.

3. 아이템 생명주기

① 제품 라이프 사이클(Product Life Cycle, PLC)이란

상품의 시장 도입에서부터 성장, 포화, 쇠퇴까지를 생물의 수명(라이프 사이클)으로 비유한 사고이다. 통상적으로는 도입기, 성장기, 성숙기, 쇠퇴기의 4단계로 구분되나, 성숙기와 쇠퇴기 사이의 포화기를 따로 구분 짓는 경우도 있다. PLC 모델은 제품과 산업의 성숙 단계를 분석하는데 큰 도움이 된다.

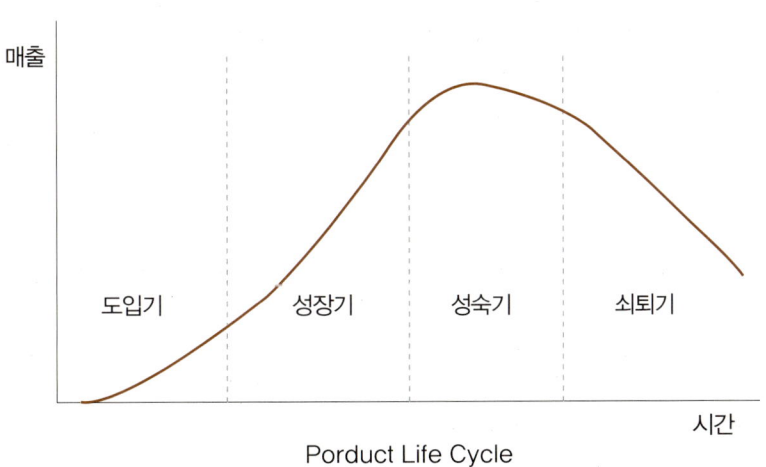

Porduct Life Cycle

② 제품 라이프 사이클에 따른 단계별 특성

구분	도입기	성장기	성숙기	쇠퇴기
소비자	소비 준비	소비 시작	소비 정점	소비 위축
경쟁업체	미약	증대	극대	감소
아이템	아이템 준비	아이템 판매	아이템 차별화	신상품 도입
매출	조금씩 증가	최고	평행선	하락

③ 제품 라이프 사이클 단계

전자상거래 제품의 라이프 사이클은 제품의 아이템과 마케팅에 따라 달라질 수 있지만, 전자상거래의 유통의 특성상 약 3년에서 5년 주기를 보이고 있다. 주기가 길어지더라도 새로운 용도나 새로운 타깃의 대상으로 마케팅을 변경하지 않으면 쇠퇴기가 장기간 지속될 수 있다. 각 제품의 라이프 사이클 단계를 파악하여 각 단계마다 적절한 투자와 마케팅 그리고 다음 단계의 준비가 필요하다. 제품 라이프 사이클 단계는 도입기, 성장기, 성숙기, 쇠퇴기로 나누어 설명한다.

- 도입기

제품의 명확한 컨셉을 구축하고 강력한 마케팅을 통해 상품의 인식을 시장에 도입하는 단계이다. 많은 시행착오를 거치며 시장의 상황에 따라 컨셉이 수시로 바뀌기도 하고 새로운 시장 진입으로 충동구매가 일어난다. 비용과다, 낮은 판매량, 상표보다는 제품 형태나 종류의 강조 등의 특징을 지닌다.

- 성장기

시장에서 급격히 수용되고 있는 단계로 매출이 급속하게 증가한다. 이 시기에는 경쟁 기업이 시장에 참여하게 되어 광고 효과 대비 최대의 성과를 가지게 된다. 또한 상품의 프로모션으로 매출의 극대화가 나타나고, 판매 증가와 함께 새로운 경쟁자도 출현한다. 특정 상표의 구매자극을 통한 매출액과 비용의 급격한 상승을 가져온다.

- 성숙기

충분한 구매, 수용으로 매출액의 성장이 둔화되는 단계로 매출이 안정적이고 성장 속도는 느리다. 유사한 많은 제품들이 시장경쟁에 참여되고 서로 경쟁이 일어난다. 이 시점에는 충성도 높은 고객과 재구매 고객으로 마케팅이 이루어지며, 안정적인 고객 관리에 집중하게 된다. 이익은 극대화되다가 감소한다. 신제품 개발 전략이 요구된다.

- 쇠퇴기

매출액이 급격히 감소하는 단계로 상품과 고객의 포화상태로 상품과 고객의 경쟁이 치열하며 과도한 경쟁으로 투자 대비 수익률이 떨어진다. 또한 제품의 끊이지 않는 과도한 경쟁의 영향과 마진이 열악한 시장환경, 그리고 새로운 트렌드 등 소비자의 욕구 때문에 판매가 낮아진다. 이 시기에는 시장도 쇠퇴하기 때문에 제품은 기존의 형태로는 더 이상 이익을 낼 수 없고 비용 통제, 광고 활동 축소, 제품 폐기 등이 나타날 수 있다.

4. 경쟁력 체크

아이템 선정에서 중요한 부분 하나가 가격과 품질 안정적인 상품 공급과 배송 문제 그리고 사후 AS 대처이다. 어느 것 하나 문제가 된다면 아이템 선정을 다시 한 번 고려해봐야 한다.

① 가격(Price)

온라인의 특성상 소비자는 쉽게 가격비교를 할 수 있다. 검색사이트나 오픈마켓뿐만 아니라 가격비교사이트 소셜 쇼핑이나 SNS에서도 가격조사를 할 수 있다. 같은 제품, 같은 조건이라면 가격의 우위를 가지면 유리하다. 만일 가격 우위를 가질 수 없다면 독특한 마케팅 전략을 펼쳐야 한다. 가격은 기존 시장가격을 유지하면서 최대 유통마진을 확보해야 한다.

② 품질(Quality)

품질이 뒷받침되지 않으면 제품의 경쟁력뿐만 아니라 쇼핑몰 경영에 문제가 발생된다. 품질은 곧 기업 브랜드와도 연결되니 신중하게 아이템 선정을 기해야 한다.

③ 안정적인 공급(Supply)

제품이나 서비스가 안정적으로 공급되지 못하면 온라인 상태에 정상적인 노출과 판매 진행이 어렵다. 아이템 선정 시 공급업체의 방문과 물량을 확인한 후 상품을 선정하여 쇼핑몰에 등록하여 온라인상에 노출시켜야 한다.

④ 배송(Delivery)

고객만족에서 중요한 부분 중 하나가 배송 부분이다. 상품에 대한 만족이 배송에 차지하는 비중이 크다. 배송에는 지정 배송사와 정해진 배송시스템을 협약하고 고정 물량이 많을 경우에는 물류창고를 이용하는 방법도 활용해야 한다. 또한 배송에 문제가 있는 제품 농산물이나 우리 제품 크기가 크거나 파손의 우려가 많은 제품은 꼭 아이템 선정 시 배송에 관한 명확한 절차를 확보한 후 결정해야 한다.

⑤ 서비스(After Service, AS)

전자상거래의 쇼핑몰은 온라인 유통이다. 고객에게 발송된 제품에 문제가 발생했을 경우 문제의 책임 소재가 쇼핑몰에서 직접 관리해야 하는 아이템은 초기 아이템으로 좋지 않다. 아이템 선정 시 공급처와 AS에 관한 명확한 시스템이 구축되어야 한다.

3 전자상거래 사업계획서

창업의 시작은 규모가 작든 규모가 크든 혹은 본업이든 부업이든 하나의 사업체다. 특히 온라인 쇼핑몰은 창업규모나 자금 상황에 맞게 적절하게 준비해야 하며 대상이 국내일 수도 있고 또는 국외까지 범위를 확장해야 할 경우도 있다. 계획에 맞는 시장조사를 거쳐 사업의 타당성과 타당성에 맞는 사업계획서를 작성해야 한다. 사업계획서는 경영 성장을 위한 계획이며 만일의 변수에 대비하기 위한 계획이기도 하다. 정확한 날짜와 숫자로 정확하기 세워야 한다.

1. 핵심 요약

핵심 요약은 사업계획서에서 중요한 부분이다. 즉, 사업의 핵심 요약은 무엇 때문에 이 사업을 하는가, 무엇이 이 사업의 차별화와 경쟁력인가이다. 그래서 정확한 데이터와 정보를 정리하여 사업의 목적이 명확하고 짧게 표현되어야 한다.

- 사업의 목적이 무엇인가?
- 사업 준비가 철저하게 준비되어 있는가?
- 경영진의 준비와 자질이 있는가?
- 사장의 요구와 맞는가?
- 명확한 경쟁자 분석이 되어 있는가?
- 재무구조에 대한 예측이 명확한가?
- 투자에 대한 회수 기간이 예측가능한가?
- 왜 이 사업이 성공할 수 있는가?

2. 회사소개

회사소개는 회사에 대한 기본적인 정보 항목을 적는 곳이다. 회사의 구조, 소유주, 회사의 발전 상황이나 회사의 기업 이념 등이 포함되고 긍정적이고 진취적인 내용이 필요하다.

① 회사명 및 회사 위치

사업자등록증이나 쇼핑몰 상호 등 사업체의 기본적인 사항을 기재한다. 회사와 연관된 모든 이름을 제시한다. 사업자명과 쇼핑몰명이 다른 경우가 많다.

- 사업자등록증의 고유 이름
- 법인 설립 시 법인 이름
- 실제 사용하는 쇼핑몰 이름
- 브랜드명
- 자회사명 등

② **회사 소유주 및 법적 형태**

개인 소유주라면 개인 본인만 기재하면 되지만, 동업 등 여러 사람과 연관되어 있다면 소유 구조 및 대주주 이름을 모두 명시해야 한다. 또한 법적 기재사항이 있다면 명시해야 한다.

- 소유주
- 면허 및 배급 계약서 등
- 저작권, 특허
- 기타 자산보호를 위한 내용

③ **연혁(Burning Power)**

회사의 연혁은 회사의 창립일 기준으로 회사의 발전 과정을 기재한다.

- 제품의 런칭(Launching)
- 제품 및 서비스의 개발
- 첫 제품 출하
- 주요 고객 확보
- 자랑할 만한 영업 실적

④ **제품 소개**

제품이나 서비스는 최대한 구체적으로 기재한다. 특징이나 장점, 시장의 경쟁력이나 판매 대상국가나 지역 등 제품의 정확한 상품을 소개한다.

- 제품의 종류
- 제품의 소개
- 특징 및 기능

3. 목표 시장

제품이나 서비스의 구체적인 목표 고객과 시장을 정한다. 고객이 누구이며, 무엇을 원하고, 얼마의 가격에 어떻게 구매하는가를 아는 것이 목표 시장의 목적이다.

① 목표 시장(Target Market)

판매할 상품이나 서비스를 제공할 정확한 목표 시장을 정한다. 목표 시장은 나라별, 지역별로 여러 가지 특성이 존재하기 때문에 사업 목표 방향에 따라 마케팅이 다양하게 바뀐다. 정확한 정보의 시장조사를 통해 시장을 선정해야 한다.

- 지역: 해외, 국내, 지역, 시, 도 등
- 기후: 날씨에 관한 제품일 경우
- 습성: PC와 스마트폰 등 활용

② 고객(Customer)

대상 고객이 소비자인지 기업체인지를 먼저 분류해야 한다. 기업인 경우는 좀 더 정확하게 기업 대상으로 접근해야 한다. 소비자인 경우에는 나이, 업종, 수입, 직장, 성별, 인종 지역 등을 명확하게 정해야 한다. 제품은 대상 고객에 따라 마케팅의 방향과 서비스의 특징이 달라질 수 있다.

③ 동기(Sake)

고객의 구매 결정에 영향을 줄 수 있는 구매 동기를 자극할만한 특성을 찾아 강조해야 한다. 구매 동기와 패턴을 확인해야 실제 고객의 구매 특성을 찾을 수 있다.

- 구매 시 고려하는 사항(가격, 품질, 편리성)
- 구매 결정까지의 시간
- 구매 결정 장비(PC, 스마트폰)
- 구매 결정 브랜드 선호도
- 사용자와 구매 결정자와의 관계
- 재구매 기간
- 결제 방법(카드, 현금, 스마트폰 등)

④ 시장규모(Scale of a Market)

아이템의 시장규모와 잠재고객의 수요, 라이프스타일의 위치 등을 파악하여야 한다. 시장규모는 전체 시장의 규모 중 얼마만큼의 규모로 언제까지 키울 것인지의 목표도 정해야 한다. 시장규모가 충분하다면 시장규모에 뒷받침할 계획이 따라야 한다.

4. 경쟁자 분석

어떤 사업이든 경쟁자가 없는 경우는 없다. 어떤 경쟁자가 어떤 규모이며, 어떤 마케팅으로 경쟁에 접근하는가를 미리 알고 준비하는 것은 매우 중요하다. 또한 경쟁자를 통해 나의 약점과 강점을 파악하여 경쟁의 우위점을 최대한 강조하여야 한다.

① 유형

전자상거래의 특성상 경쟁자는 온라인상의 모든 업체이다. 특히 같은 업종이나 키워드를 사용하는 업체의 경쟁상대를 충분히 검토해야 한다.

- 직접 경쟁: 같은 제품이나 유사한 제품이나 서비스를 제공하는 업체이다.
- 간접 경쟁: 똑같은 제품은 아니어도 같은 용도로 사용할 수 있는 제품이나 동일한 만족을 하는 모든 제품이나 서비스이다.

② 평가

경쟁업체 중 가장 활발한 활동을 하는 업체를 선정해서 제품의 가격과 품질뿐만 아니라 고객의 서비스와 사후 대처까지 평가해야 한다.

- 고객인지 요소: 고객 측면에서 분석하며 제품의 가격, 품질, 상담, 서비스 그리고 회사의 브랜드까지 평가된다.
- 내부 운영적 요소: 운영 측면에서 분석하며 회사규모, 공장, 전문성, 예산, 경쟁업체, 광고 등이 평가된다.

③ 시장점유율(Market Share)

이미 상당한 시장점유율을 가지고 있는 회사를 대상으로 경쟁한다는 것은 어렵다. 점유율 대상의 분석은 단계적으로 나누어 경쟁업체의 지정 점유율을 확보하는 것이 좋다.

④ **순위**

경쟁업체의 순위를 정해 목표 타깃을 정확히 분석한다. 순위결정의 대상을 정하고 경쟁자의 강점과 약점을 정해진 기간에 고정적으로 분석하여 제품과 서비스의 차별화를 기해야 한다.

⑤ **우위점**

경쟁자 분석이 끝나면 경쟁자보다 나은 나의 강점을 자세하게 기술하고 구체적인 우위점을 정한다.

- 가격
- 품질
- 편리성
- 서비스
- 브랜드
- 운영관리
- 자금 운영
- 쇼핑몰 사이트

⑥ **차후 경쟁자**

앞으로 있을 새로운 경쟁자에 대해 준비한다. 미래의 잠재적 경쟁자는 새로운 신규 회사일 수도 있고, 기존 회사의 확장일 수도 있다. 차후 경쟁자의 대비 조건은 다음과 같다.

- 특허 및 상표권
- 높은 초기투자 비용
- 핵심 기술
- 시장 포화
- 자격 규제

5. 마케팅 계획

마케팅 계획과 영업 계획은 단기, 중기, 장기로 나누어 예산과 함께 준비한다. 또한 잠재투자 계획이나 다양한 채널 마케팅 또한 고려해서 준비해야 한다. 사업계획서에서는 마케팅의 대상, 업체, 영업 정보와 피드백 목적을 명확히 제시해야 한다.

① 마케팅 메시지

한 가지 단어로 쉽게 표현할 수 있는 마케팅 메시지를 찾아야 한다. 제품의 특징이든 회사의 최대 장점이든 경쟁자와 차별화할 수 있는 핵심 메시지를 준비해야 한다.

② 마케팅도구

전자상거래의 마케팅은 주로 온라인 광고가 대부분이다. 광고 채널은 나라별, 대상고객별 같은 제품이라도 다양하게 표현된다. 인터넷을 통한 키워드 검색 광고나 SNS나 유튜브 등 목적과 대상에 맞게 다양한 마케팅 광고 채널을 사용해야 한다.

6. 운영 계획

운영 계획은 전자상거래 사이트의 운영 상태와 경영 상태를 기준으로 작성한다. 어디에서 어떻게 운영할 것인지를 기재한다.

① 장소

운영 지역과 장소는 사업의 전반적인 경영 환경을 좌우한다. 지역은 상가빌딩, 공장 등 시장 접근이나 택배 발송이 유리한 곳을 찾게 되며, 장소는 개인 사무실, 임대 사무실 등 지역과 장소에 따른 운영시스템이 달라지기 때문이다. SOHO 사업체인 경우는 집에서 하는 경우도 있다. 사업 환경이나 임대조건, 교통이나 공급업체의 환경과 재고 관리 그리고 택배의 환경까지 고려해서 선정해야 한다.

② 제품 관리(Product Management)

제품을 직접 생산하는 공장(직영), 재고를 가지고 있는 유통업체, 재고 없이 B2B로 운영하는 업체에 따라 제품의 관리 행태가 달라진다. 공장에서 직접 쇼핑몰을 운영한다면 제품을 기획하는 단계에서 생산 출고하는 전 부분을 관리해야 하며, 재고를 가지고 있는 유통업체인 경우에는 제품을 선정, 적정재고를 준비하는 단계에서부터 관리해야 하며, 런칭회사인 경우에는 재고 확인과 배송에 관한 관리를 포함하여 제품 관리를 해야 한다. 제품의 관리는 기획, 제조, 재고, 판매, 유통을 일괄하여 관리된다.

③ 재고 관리(Inventory Management)

제품을 생산하거나 판매한다면, 재고를 관리하는 방법은 손익에 직접적인 영향을 준다. 창고 있는 재고는 지나치게 많은 돈이 들어갈 수도 있고, 반대로 재고가 부족하면 주문을 처리하지 못할 수도 있다. 최상의 이익을 내기 위한 재고 관리 방법을 간략히 설명한다.

④ 공급 및 판매

제품의 공급자(Supplier)는 누구이며, 판매자(Seller)는 누구인지, 주요 공급자와 판매자와 도매입자와의 관계를 설명한다. 공급 채널의 판매 방식은 믿을만한가, 오랜 관계를 지속해 오거나 공급 및 판매자와 좋은 신용관계를 맺고 있는가? 회사에 안정성을 더하는가? 등의 이러한 관계를 강조한다.

⑤ 주문 처리 및 고객 서비스

제품을 생산하거나 서비스가 준비되었다면 고객에게 어떻게 포장해서 전달할 것이며 포장 방식은 무엇이며 고객의 요청 사항을 적절하게 처리할 수 있는 시스템은 준비되어 있는지 등 고객 주문처리 및 요구에 응대할 수 있는 효율적인 시스템을 강조하여야 한다.

⑥ 재무 관리(Financial Management)

재무 관리는 신속하고 정확하게 처리할 수 있는 방법과 청구서와 계산서 등의 처리 방법 등과 주요 관리자들이 정기적으로 재무 상황을 검토할 수 있는 방안 등을 준비하여 기재하여야 한다. 특히 동업이나 투자 유치를 하여 운영할 경우에는 더욱 세밀하게 기재하여야 한다.

7. 미래 계획

사업계획서의 마지막 미래 계획은 장기적인 회사의 비전을 제시하고 어떻게, 어떤 방향으로 준비하고 성장할 것인지를 준비한다. 기간과 숫자로 기재한 상세한 단계별 목표 그리고 위험 대비에 대한 출구전략이 필요하다.

① 목표 결정

상품기준별 5년 후, 3년 후, 1년 후 목표를 정하고 계획과 비전을 정한다.

- 영업 확장 정도
- 이익 범위 정도
- 직원 수와 지점 수
- 제품 수와 제품 종류 수
- 시장점유와 개척

② 출구 전략

마지막으로 출구 전략이다. 최종 회사가 어떤 모습으로 남을 것인지를 미리 정해야 한다. 최종 회사를 팔 것인지, 자손에게 물려 줄 것인지, 주식거래소에 상장을 할 것인지 등을 정해놓은 출구 전략에 맞도록 계획을 작성해야 한다. 이 출구 전략에 따라 전체 사업 계획의 방향이 달라질 수도 있다.

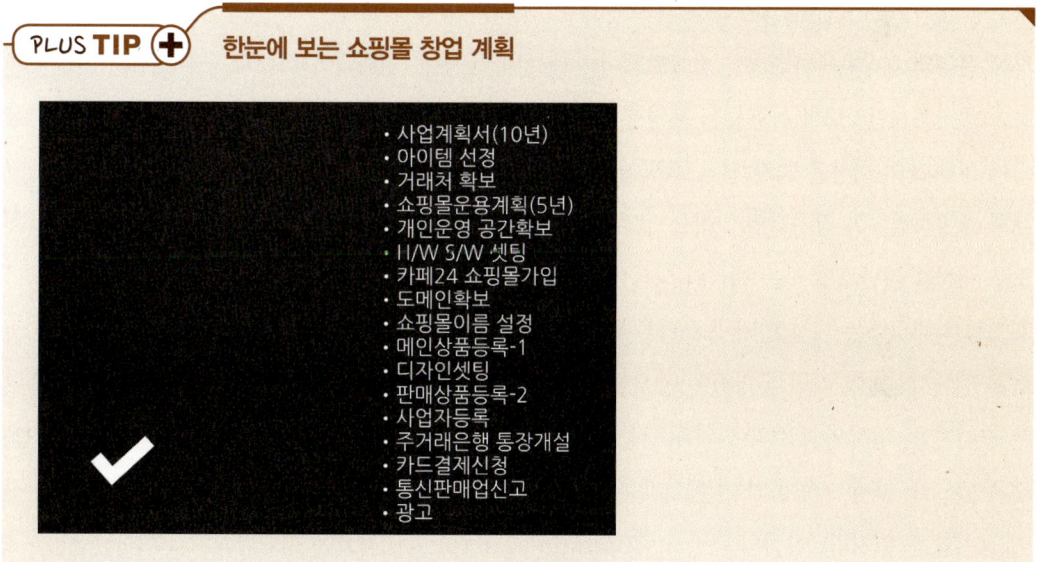

PLUS TIP 한눈에 보는 쇼핑몰 창업 계획

- 사업계획서(10년)
- 아이템 선정
- 거래처 확보
- 쇼핑몰운용계획(5년)
- 개인운영 공간확보
- H/W S/W 셋팅
- 카페24 쇼핑몰가입
- 도메인확보
- 쇼핑몰이름 설정
- 메인상품등록-1
- 디자인셋팅
- 판매상품등록-2
- 사업자등록
- 주거래은행 통장개설
- 카드결제신청
- 통신판매업신고
- 광고

CHAPTER 2
운영 기획

운영 기획에는 전자상거래 운영에 필요한 솔루션 구축에 관한 인터넷과 웹 사이트의 기본 요소를 설명하고 제품과 가격, 유통 등에 관한 운영 전략에 대해 설명한다.

1 솔루션 구축

1. 인터넷 쇼핑몰의 분류

인터넷 쇼핑몰 구축 및 운영하는 방법에는 인터넷 쇼핑몰 구축 소프트웨어를 사용하는 자체 운영과 호스팅 서비스(Hosting Service)를 이용하는 두 가지 방법이 있다.

자체 운영의 경우는 하드웨어, 소프트웨어, 네트워크, 전문 인력과 인터넷과 공간 등 초기 투자 비용이 증가하지만, 대형 독립몰을 운영할 경우는 자체 운영이 유리한 점이 많다. 자체 운영은 위탁운영에 비해 초기 비용은 증가하나, 쇼핑몰의 개별적인 디자인과 아이디어를 제약 없이 사용할 수 있고 대형 쇼핑몰일수록 장기적인 안목을 고려할 때 자체 운영이 효율적이다. 요즘은 자체 운영 서버도 윈도우 서버를 기반으로 하는 패키지 상품이 나와 있어 비용을 효과적으로 절감할 수도 있다.

호스팅 서비스에는 대형 인터넷 쇼핑몰에 입점하여 위탁 판매(Consignment Sale)를 하는 방식과 솔루션을 지원받아 직접 운영하는 방식이 있다. 위탁 운영은 자체 운영에 비해 초기 구축 비용이 낮은 편이지만, 업체와의 계약에 의해 상품의 가격과 운영 마진 등이 지정되므로 자체 마케팅은 어려운 점은 있으나, 대형 쇼핑몰의 기존 고객을 유치할 수 있고, 적은 비용으로 대형 쇼핑몰의 마케팅에 같이 참여할 수 있지만, 상점의 단골 고객(Regular Customer) 확보는 어렵다.

쇼핑몰의 급성장으로 쇼핑몰 솔루션이 대중화되면서 호스팅 업체도 많이 늘어나고 서비스도 좋아졌다. 초기 솔루션은 단순히 상품을 올리고 판매하는 것이 중심이었지만, 지금은 사용자의 니즈에 맞추어 솔루션이 업그레이드되고 모바일 쇼핑몰 등 한 솔루션에서 다양한 노출과 글로벌시대에 맞게 글로벌 멀티쇼핑몰 기능이 포함되고 있다. 또한 쇼핑몰 자체가 판매로 끝나는 것이 아니라 효과적인 마케팅과 체계적인 업무 관리도 포함되어 있다.

① 종합몰

종합몰은 백화점과 같은 독립형 솔루션을 구축 및 입점 계약을 하여 입점 등록하는 형태로 운영된다. 자본과 전문 기술 인력과 브랜드를 가지고 운영한다. 대표적인 종합몰은 인터파크(interpark.com), 현대H몰(hyundaihmall.com), GS샵(gsshop.com), 롯데닷컴(lotte.com) 등이 있다. 기업에서 자체 홍보 시스템과 쇼핑몰의 디자인 시스템을 가지고 적극적인 마케팅으로 홍보할 수 있다. 제조업이나 유통업체, 공장이나 개인도 입점할 수 있다.

② 전문몰

전문몰은 쇼핑몰 솔루션 등을 이용해서 직간접으로 쇼핑몰을 제작 운영하는 형태이다. 인터넷으로 개별 도메인과 호스팅을 하여 개인 상품을 전문적으로 판매하는 쇼핑몰이다. 솔루션을 제공하는 회사는 카페24(cafe24.com) 등이 있다. 개별 사업체이기 때문에 쇼핑몰 솔루션 구축 외에 모든 홍보 및 운영 관리는 직접 해야 한다.

③ 오픈마켓

오픈마켓은 옥션(auction.co.kr)이나 G마켓(gmarket.co.kr)처럼 사용자가 직접 일정한 수수료를 지불하고 상품을 등록해서 판매하는 쇼핑몰 공간이다. 옥션처럼 사업자가 없는 개인도 판매할 수 있는 경우도 있다.

오픈마켓은 같은 상품이나 유사한 상품이 실시간으로 등록되면 가격 또한 실시간으로 비교 검색이 되므로 쇼핑몰 분류 중 가장 가격 경쟁이 치열한 곳이기도 하다.

2. 솔루션의 구축

① 독립형

자체 서버(Server)를 구축하는 절차이다.

하드웨어 및 소프트웨어 구입 → 도메인 등록 및 프로그램 설치 → 전용선 설치 → 쇼핑몰 설계 및 제작 → 전자결제시스템 구축 → 배송시스템 구축 → 개점 및 홍보

- 하드웨어 및 소프트웨어 구입

  쇼핑몰 구축에 필요한 장비는 크게 서버, 네트워크 장비, 쇼핑몰 구축 프로그램 등이 있다. 쇼핑몰 운영에 필요한 서버는 통신망과 프로그램 호환과 안정적인 운영이 가능한 것으로 구입하여

야 한다. 쇼핑몰 구축 프로그램은 쇼핑몰 운영에 필요한 각종 기능을 확인하고 지속적인 업그레이드와 각 버전의 브라우저와 호환성과 모바일과의 호환성까지 확인하여야 한다.

- 도메인 등록 및 프로그램 설치

  도메인을 신청한 후 등록한다. 도메인을 등록한 후에는 서버를 웹 서버로 바꾸어주기 위해 웹 서버 프로그램을 설치한다. 웹 브라우저를 설치한 후 쇼핑몰 구축 프로그램을 설치한다.

- 전용선 설치

  전용선은 독립형 쇼핑몰 구축에 필수적인 장비이다. 또한 유지비용이 많이 차지하는 부분이다. 트래픽이 충분히 확보되어 있어야 접속자가 많은 시간에 방문자의 이탈을 막을 수 있다.

- 쇼핑몰 설계 및 제작

  개설한 쇼핑몰의 전체적인 구조를 설계한다. 판매할 상품의 이름, 개수, 가격 등을 미리 정한 후 쇼핑몰의 배치를 계획한다. 어떤 상품을 초기 화면에 배치할 것인지, 상품의 장점을 잘 보이게 하려면 어떤 방법이 좋은지를 결정한다.

- 전자결제시스템 구축

  전자결제시스템(Electronic Payments Systems)은 신용카드 결제를 위한 필수 구축시스템이다. 이 시스템은 자체적으로 구축 및 세팅이 어려우므로 대행 서비스 업체와 연결해야 한다.

- 배송시스템

  주문한 고객에서 상품을 신속하고 안전하게 배달하는 체계를 갖추어야 한다. 택배회사마다 기준은 다르지만, 계약을 하면 고정 금액에 배송을 처리할 수 있다.

- 개점 및 홍보

  쇼핑몰의 구축과 디자인이 완성되었으면 홍보를 시작해야 한다. 기본적인 홍보는 각 검색 엔진에 등록하고 검색 광고에 신청하여 원하는 키워드를 노출 고객에게 알리는 일이다.

② **임대형**

임대형 쇼핑몰인 경우는 SOHO 사업자가 많다. 솔루션 구축에는 가입과 환경 설정과 관리자모드 세팅과 운영에 필요한 등록절차 등이 있다. 임대형 쇼핑몰의 솔루션 프로세스를 소개한다.

- 전자상거래 사업계획서
  - 전자상거래의 시장과 특성을 정확하게 파악하고 기업 이념과 개인의 꿈(Dream)을 연관하여 사업계획서를 작성한다. 이 부분은 10년 계획으로 작성한다. 제품 사업계획서는 2년에서 5년 계획서를 작성한다.

- 아이템 선정
  - 아이템은 물건을 사입하는 시스템보다 B2B 형식으로 런칭하여 판매할 수 있는 아이템을 추천한다. 또한 제품에 대한 고객 상담이 가능한 아이템이어야 한다.

- 거래처 확보
  - 아이템 선정 후 거래처를 조사 확보하고 꼭 거래처를 방문하여 판매진행 프로세스를 확인하는 것이 도움이 된다.

- 제품 사업계획서
  - 아이템이 선정되면 예산에 맞도록 사업계획서를 작성한다. 아이템에 관한 사업계획서는 3년 ~ 5년 계획으로 작성한다.

- 사무실 준비
  - 사업 운영을 어디서 하는가에 따라 운영시스템이 많이 달라진다. 공장, 시장, 개인 사무실, 창업센터, 가정집 등 자금 계획에 따른 운영 방침이나 마케팅에 따라 달라질 수 있다.

- H/W, S/W 세팅
  - 전자상거래의 특성상 온라인 거래이므로 인터넷 망뿐만 아니라 컴퓨터, 카메라, 프로그램 등 운영시스템을 철저히 준비한다.

- 솔루션 가입
  - 카페24와 같이 쇼핑몰 솔루션을 제공하는 업체에 가입하고 관리자모드의 기본 기능을 파악하고 기본 세팅을 한다.

- 도메인 확보
  - 도메인은 전 세계 하나밖에 없는 고유의 이름이다. 사업자명이나 쇼핑몰명보다 먼저 조사하고 결정해야 한다. 추천 도메인 확장자는 .com과 .co.kr이다.

- 쇼핑몰 이름 설정

  초기 쇼핑몰 이름은 판매하는 아이템과 연관된 가장 기억하기 쉬운 이름으로 작성하는 것이 좋다. 쇼핑몰 이름으로 검색 사이트에서 검색되어야 하며, 쇼핑몰 이름만으로 판매하는 상품이 연계되어야 한다.

- 샘플 상품 등록

  솔루션을 통해 쇼핑몰 세팅을 마치고 초기 샘플 상품 등록을 한다. 샘플은 쇼핑몰 디자인을 세팅하기 전에 상품을 우선 등록함으로 상품에 가장 어울리는 디자인을 준비하기 위한 과정이다. 상품의 대표 이미지의 크기와 비율, 목록의 개수 등을 다양한 조건으로 충분히 테스트하며 등록해야 한다.

- 디자인 세팅

  샘플 상품 등록을 마치고 디자인 세팅을 한다. 디자인 부분은 회사 이념이나 타깃 고객의 특성이나 상품의 느낌을 고려해 고객이 쉽고 편하게 쇼핑할 수 있는 레이아웃을 선정하여 세팅하면 된다. 이 부분은 꼭 전문가와 상담하여 진행하는 것이 시간을 효율적으로 사용할 수 있다.

- 상품 등록

  샘플 상품 등록과 디자인 세팅을 마치면 상품 등록 과정을 거친다. 개별 등록뿐만 아니라 준비된 엑셀 자료를 통해 일괄 등록도 지원한다.

- 사업자등록증

  상품 등록까지 마쳤으면 이젠 사업자등록을 하고 정식적인 사업 준비를 한다. 사업자등록증 개설 전 사업의 유형은 간이과세자나 일반 사업자, 법인 등을 전문가와 충분히 상담하여 결정하면 좋다. 사업자명은 도메인=제품=사업자등록증명이 연관되면 제일 좋다. 사업자등록증은 세무서의 민원실에서 발급할 수 있고, 국세청 홈택스를 통해 인터넷으로도 신청할 수 있다. 사업자등록 신청 후 3일 이내에 교부받을 수 있다. 단, 인허가를 요하거나 현지 확인 대상이 아닌 경우는 즉시 발급도 받을 수 있다.

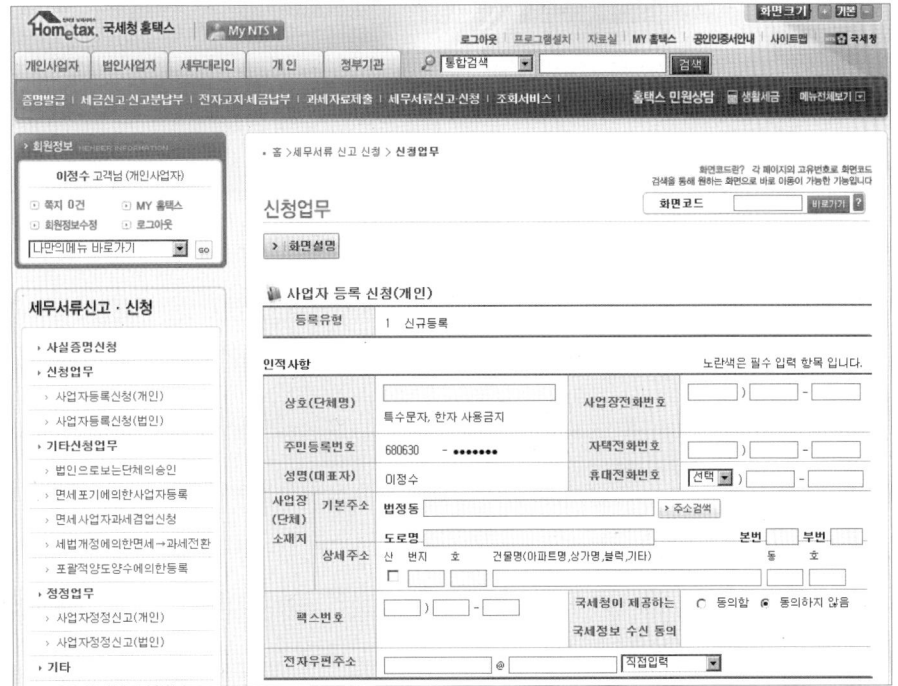

• 통장 개설

사업자등록을 마치고 사업자등록증으로 사업자 통장을 만든다. 개인명의 이름이 아닌 사업자명으로 통장을 개설하면 쇼핑몰의 신뢰도도 향상되며 입금관리에도 도움이 된다.

• 카드결제 신청

통장개설을 마치고 카드사에 PG(Payment Gateway) 신청을 한다. PG는 전자상거래에서 지불 대행 또는 결제대행 서비스를 하는 업체로, 운영하는 쇼핑몰과 결제 솔루션을 연결해주는 서비스이다. 현재 전자상거래에서 많이 사용하는 PG 서비스는 KG이니시스, KCP, KSNET, LG U+, 올엣, 올더게이트 등이 있다.

• 통신판매업신고

통신판매업신고는 전자상거래 등에서의 소비자보호에 관한 법률에 의해 전기통신매체를 통해 소비자와 직접 상거래가 이루어지는 통신판매를 하는 사업자는 필수적으로 해야 한다. 인터넷 민원24에서도 통신판매를 신청할 수 있다.

- 광고

  예산에 맞는 광고 계획을 세우고 고객에게 광고 및 홍보를 할 수 있는 다양한 방법을 실행한다. 국내에서는 네이버 광고(클릭초이스)의 CPC 광고를, 해외에서는 구글 광고(에드센스) 등을 이용하여 광고 최적화를 하는 것이 좋다. 최근에는 모바일 광고가 매년 큰 성장을 보이고 있다. SNS 등을 활용하여 모바일에 맞는 제품을 선별 광고하는 것이 좋다.

③ 솔루션의 비교

- 독립형 쇼핑몰과 임대형 쇼핑몰의 비교

  결론적으로 일반 전자상거래의 솔루션은 임대형 솔루션과 독립형 솔루션으로 나뉘며, 독립형 솔루션의 경우 하드웨어는 임대하고 프로그램은 구입하는 경우와 자체 구축하는 경우로 다시 나누어진다. 대형 쇼핑몰이 아닌 이상 대부분 임대형 쇼핑몰이다. 대표적인 임대형 솔루션을 제공하는 호스팅 업체는 카페24(www.cafe24.com)이다.

	독립형 솔루션		임대형 솔루션	
	자체 구축	프로그램 구입	유료형	무료형
구축비용	수천 만 원 이상	100만 원 이상	저렴	무료
유지 보수	전문 인력	전문 인력	관리 쉬움	
유지비용	많음	계약	저렴	무료
디자인	무제한 가능	제한 가능	고정 디자인 변경	
기능	무제한	제한 가능	추가 기능 어려움	
카드 결제	직적 연결	직접 연결	연관리비 면제	
외부 확장	무제한	제한 가능	외부 확장 어려움	
기술 인력	24시간 상주	업체 계약	필요 없음	
추천업체	대형 쇼핑몰	중형 쇼핑몰	개인 쇼핑몰	

④ 구매 프로세스

- 구매 프로세스

구매란 고객이 원하는 제품이나 서비스를 적당한 가격과 조건으로 필요한 시기에 그에 상응하는 대가를 지불하고 공급받아 판매하기 위한 경제 행위를 말한다. 전자상거래의 구매 프로세스는 최종 사용자가 구매 과정을 효과적으로 수행하기 위해 상품에 대한 정보, 유통시스템, 가격, 가격 변동, 구매 방법, 지불 방법, 배송과 서비스까지 외부로부터의 상품 및 서비스의 구매와 관련된 모든 활동을 의미한다.

- 구매 프로세스 순서
  · 시장조사: 구매하고자 하는 상품이나 서비스의 시장조사
  · 추가 상담: 전화나 메일을 통해 추가 상담이나 견적문의
  · 구입 결정: 가격, 품질, 배송 3요소 충족 시 결정
  · 구입 요구: 쇼핑몰을 통해 주문서 작성 구매 신청
  · 지불 신청: 전자상거래를 통해 결제 신청
  · 발송 확인: 주문서에 따른 배송 확인
  · 배송 완료: 주문지정 장소에 납기 확인
  · 검사: 제품 확인 후 구매 결정이나 반품 결정 후 조치
  · 완료: 구매 완료 결정

- 구매 과정

소비자의 구매 과정에 영향을 미치는 요소는 여러 가지가 있다. 소비자의 개인 특성, 나이, 성별, 인종, 민족성, 소비자 주변 환경, 사회, 가족 등의 특성이다. 그리고 판매자 자신이 제공할 수 있는 물류 지원의 수준, 기술적인 사항, 고객 서비스 등도 포함된다. 그리고 판매자가 제시하는 상품에 대한 정보, 다른 사용자들의 의견 등을 통한 간접 경험으로도 상품에 대한 품질을 측정할 수 있다. 저렴한 가격, 시간 절약 등의 거래비용이나 거래에 관한 보안, 그리고 상품에 대한 선호도 등도 소비자의 구매에 많은 영향을 미친다.

소비자의 구매 단계는 구매 전 상호작용, 구매, 구매 후 상호작용으로 나뉜다. 구매 전 상호작용에는 정보 공간에서의 상품 및 서비스 검색, 상품비교 및 선택, 협상(가격, 배달시간 등)이 있으며 구매 단계에서는 주문, 지불승인, 상품 수취가 이루어진다. 구매 후 상호작용에서는 반품, 품질 보증, 고객 불만 해소를 위한 고객 서비스 등이 실행된다. 소비자의 구매 과정을 AIDMA 법칙으로 설명한다.

- AIDMA

소비자 구매과정이나 행동에 나타나는 광고원칙으로 주의(Attention), 흥미(Interest), 욕구(Desire), 기억(Memory), 행동(Action)의 순위로 각 단어의 첫 글자로 AIDMA로 표시하며 아이드마라고 읽기도 한다. 미국의 R.홀이 제창한 이 AIDMA 법칙은 광고효과의 심리적 단계, 즉 구매 행동(매장 방문이나 사이트 방문을 통한 구입)을 위한 소비자의 일련의 행동 과정을 말한다.

- A(Attention, 주목): 상품이 고객의 주목을 끌 수 있어야 한다.
- I(Interest, 흥미): 고객의 관심과 흥미를 유도해야 한다.
- D(Desire, 욕구): 고객이 구매 욕구를 느낀다.
- M(Memory, 기억): 고객이 해당 상품을 기억한다.
- A(Action, 행동): 고객이 구매로 행동한다.

- AISAS

AISAS는 AIDMA의 발전된 것으로 구매 욕구가 검색으로 변경되고 행동으로 옮긴 후 공유로 변경되었다. 인터넷의 대중화로 변경된 변화이다.

- A(Attention, 주목): 광고(메시지)를 보고
- I(Interest, 흥미): 흥미를 갖고
- S(Search, 검색): 정보를 검색하고
- A(Action, 행동): 구매/ 참여 행위를 하고
- S(Share, 공유): 그 구매 경험을 공유한다.

• 판매 프로세스

판매란 대상 소비자의 욕구와 필요를 충족시켜 주는 상품 또는 서비스를 구매하도록 설득하는 다양한 활동이다. 판매 프로세스에는 판매 관리와 상품 관리, 즉 재고 관리와 물류 관리 등도 포함된다.

- 판매 관리

전자상거래 관련하여 고객의 성향이 다양화되고 정보의 개방으로 인해 동종업종이 쉽게 만들어지고 있다. 이로 인해 쇼핑몰 운용자는 고객의 요구사항을 보다 상세하게 파악하기 위해, 판매 내용을 분석하여 앞으로의 판매 활동에 적용시킬 필요가 있게 되었고 판매 관리는 매우 중요하게 인식되었다.

판매 관리는 판매 활동을 계획, 집행하고 그 결과를 통제하는 것을 의미하는 것으로 전자상거래상에서 이루어지는 판매 과정의 전반적인 관리와 같은 개념이다. 그러나 전자상거래의 판매 관리는 기존의 판매 관리에서 중요시되었던 인적 관리가 제외된 인터넷상에서의 소비자 선정, 제품, 가격 판매 촉진 등을 위한 계획, 그 결과의 통제를 의미하는 것이라 할 수 있다. 기존의 판매 관리는 높은 비용으로 인한 상품가격의 상승과 인적자원 확보의 어려움, 그리고 인적 판매의 제약이라는 문제점을 가지고 있었으나 전자상거래 판매 관리는 이러한 문제점을 해소할 수 있었다.

- 상품 관리의 기능과 내용

상품 관리는 자체로서 기능과 내용뿐만 아니라 동시에 판매와 매입과도 떨어질 수 없는 밀접한 관계를 갖고 있다. 뛰어난 상품 관리는 판매나 매입의 성공에 크게 기여함과 동시에 이익 증진에도 기여한다. 상품 관리의 기능과 내용으로는 적절한 상품의 구성과 더불어 출고 예상에 맞는 적정한 재고 관리와 물류 관리 등을 들 수 있다.

3. 웹 사이트 기본 요소

전자상거래의 e비즈니스(E-Business) 환경에서 효과적으로 경쟁하기 위해서는 판매 대상이나 목적에 맞도록 최종 구매가 일어날 수 있도록 사용자 위주의 직관적인 웹 사이트를 구축하는 것이 필수적이다. 성공적인 웹 사이트들이 가지고 있는 중요한 요소는 다음과 같다.

① 새로운 신상품 등록

신상품 등록은 새로운 고객과 고정 고객을 자주 방문하게 하고 오랫동안 머물러 주문으로 이어지게 한다. 사이트가 개시된 이후 아무런 새로운 콘텐츠도 추가하지 않은 채 방치하면 고객은 다른 신규 사이트로 이동한다. 웹은 새로움을 추구해야 성공한다. 새로운 콘텐츠가 매일 또는 연 단위로 사이트에 추가될 때마다 방문자들이 이를 쉽게 발견할 수 있도록 해야 한다. 만일 사이트가 주 단위 이상의 기간으로 업데이트될 경우 'What's New' 페이지 상에 다음 업데이트 날짜를 표시하는 것이 유용할 수 있다.

② 검색 엔진 검색 결과 정확한 상품을 이동

수백 페이지 이상을 보유한 웹 사이트는 정확한 결과를 제시하는 검색 엔진을 필요로 한다. 하지만 소규모 사이트들은 콘텐츠가 위치한 곳을 정확하게 보여주는 사이트맵 또는 목차만 있으면 된다. 만일 사이트상에서 정보를 발견하기 어려울 경우 사용자들은 다른 사이트로 이동한다.

③ 고객상담 게시판

고객상담 게시판은 전자상거래에서 고객과 양방향으로 소통할 수 있는 가장 편리한 도구이다. 공개나 비공개로 고객의 의견이나 문의, 1:1상담 등 고객이 피드백할 수 있는 고객상담 게시판이나 고객과 실시간으로 바로 상담할 수 있는 측정게시판의 코너도 필요로 한다. 또한 간단한 메일 링크를 제공함으로써 관리자에게 전달되는 메일의 메시지 작성을 시작할 수 있도록 해야 한다. 사용자들에게 게시판 글의 답변을 통보하는 시스템은 도움이 된다. 강력한 피드백 메커니즘은 사이트를 차별화시키는 중요한 요소가 될 수 있다. 모바일 관리자 모드를 통해 실시간 고객 소통은 이제 선택이 아니라 필수가 되었다.

④ 일관적인 내비게이션

사이트의 내비게이션은 일관적이며 뛰어나야 한다. 웹 사이트상에서 제대로 원하는 것을 찾는다는 것은 상당히 중요하다. 따라서 내비게이션의 요소들은 직관적이며 예측 가능하고 일관적일 뿐만 아니라 고도의 가시성을 지니고 있어야 한다. 내비게이션은 사용자들이 사이트 내의 어디에 있으며 어디로 이동할 수 있는지를 설명할 수 있어야 한다. 내비게이션은 사용자들이 어느 장소로 이동하던지 간에 놓쳐서는 안된다.

⑤ 보안 정보

구매결정 고객이 사이트에서 현금결제 및 신용카드로 결제 시 개인 정보 등을 안심하고 사용할 수 있도록 상거래 사이트는 그들의 보안 프로토콜에 대한 설명을 제공하고, 안전하게 구매완료가 될 수 있도록 정보를 제공하고 결제 내용을 표시해야 한다.

⑥ 정확한 연결 서비스

더 많은 정보를 위해 다른 사이트로 이동하거나 링크를 할 때 정확히 연결된 정보로 이동할 수 있도록 준비해야 한다. 올바른 HTML 코드를 제공함으로써 이를 원활하게 해결할 수 있다.

⑦ 주민번호 수집 금지

금융 거래 등 특별한 경우를 제외하고는 주민번호 수집이 개인 정보 보호로 금지된다. 2015년 2월 7일부터 주민번호 수집이 법적으로 전면 금지되고 인터넷 쇼핑몰인 경우는 회원가입 시 주민번호 대신 이메일 등으로 대체된다.

⑧ 새 창을 띄우기 제한

좋은 사이트는 팝업 창이 없다. 특별한 경우를 제외하고는 웹 사이트의 정보를 막는 팝업 창은 판매자나 구매자 모두에게 좋지 않다. 팝업창의 내용은 공지사항이나 상세페이지를 적절하게 이용하는 것이 좋다.

⑨ 로딩 속도

아무리 좋은 웹 사이트라도 로딩 속도가 늦다면 고객은 이탈한다. 이미지 용량과 크기를 최적화하여 페이지의 로딩 속도를 높여야 한다. 글로벌 쇼핑몰인 경우 해외의 인터넷 환경이 좋지 않은 곳도 있다는 것도 고려해야 한다.

4. 디자인 기획

경쟁력 있는 디자인 기획은 고객에게 나온다. 대상고객의 특성이나 콘셉트, 쇼핑몰의 습관에 의해 카테고리와 상품 배치 그리고 메인 화면의 배너의 배치가 달라진다. 디자인 기획은 쇼핑몰 기획단계에서부터 고려해야 한다.

① 웹 사이트 컬러

쇼핑몰의 디자인 컬러는 쇼핑몰 콘셉트에 맞게 컬러를 미리 정해두어야 한다. 사이트에 사용하는 모든 사진이나 이미지 폰트의 컬러 등은 사이트의 디자인 콘셉트에 맞게 일관성 있는 컬러를 사용해야 한다. 쇼핑몰의 컬러는 소비자에게 각인시키는 브랜드 효과가 있다. 소비자가 상품을 선택할 때 컬러를 보고 결정하는 기준이 60% ~ 90%이며 초기 90초 이내로 결정된다고 미국 컬러리서치연구소의 연구 결과에서 밝히고 있다. 컬러는 마케팅의 가치뿐만 아니라 상품의 직접적인 매출과도 연관이 있는 만큼 초기 웹 사이트의 컬러를 결정하는데 신중해야 한다.

- 빨강: 강조, 활발, 개성, 유아, 여성
- 노랑: 활기, 따뜻, 행복, 밝음, 유아, 설레임
- 갈색: 엔틱풍, 성실, 프로페셔널, 고급
- 녹색: 자연, 건강, 환경, 신선함, 식품
- 파랑: 발랄, 활기, 진실, 남성
- 자주: 고급, 가치, 권력, 고가
- 분홍: 연인, 사랑, 여성, 공주
- 검정: 도시적, 고급, 명품, 신비로움, 프로페셔널, 권력
- 회색: 전통, 중립, 보수, 지적, 진지
- 흰색: 순수, 깨끗, 투명, 심플

② 이미지

고객은 오감을 통해 상품을 전달받지 않고 눈으로 본 사진 정보로만 상품을 판단하고 결정해야 한다. 사진의 의미는 상품이 팔리고 안 팔리는 문제가 아니다. 가치 있는 가격 즉, 원하는 가격정책으로 상품을 판매하려면 최상의 품질(Quality)이 있는 이미지를 구현해야 한다. 쇼핑몰 운영의 기획에서 사진 즉 카메라와 렌즈, 구도의 역할은 제품을 원하는 가격에 팔 수 있는 유일한 방법이다. 상품에 따라 적절한 렌즈를 활용해서 상품이 최대한 부각되도록 해야 한다.

③ 폰트

같은 그림, 같은 글이라고 폰트의 디자인에 따라 전달되는 느낌이 많이 다르다. 폰트도 이미지와 같이 저작권이 있다. 상업용으로 사용할 수 있는 폰트 외에는 사용하면 안된다.

> **PLUS TIP 대표적인 공개 폰트**
> - 서울서체: http://www.seoul.go.kr/v2012/seoul/symbol/font.html
> - 네이버글꼴: http://hangeul.naver.com

④ 로고 및 쇼핑몰명

쇼핑몰의 로고는 회사명 이상의 의미가 있다. 고객이 첫 방문에 쉽게 알 수 있는 로고와 이름이 좋다. 로그는 쇼핑몰명과 연관성을 가지고 제작하는 것이 좋으며 로그의 마크나 색감은 전체 쇼핑몰 컨셉의 이미지와 통일한 것이 좋다.

2 운영 전략

사업체를 운영하면서 사업계획서(Business Plan)를 작성하기 전에 기업과 조직원을 이끌어 가는 경영철학 즉 경영 전략을 먼저 세워야 한다. 경영 전략은 경영철학을 바탕으로 세워진다. 경영철학은 경영신조라고도 하며 기업이 사회에 존재 이유를 표시하고 경영 활동을 방향 짓게 한다. 경영이념은 기업의 이념인 동시에 경영자의 이념이기도 하다. 경영목적을 달성하기 위한 활동을 하기 위해서는 구체적이고 현실적인 표현 즉, 삼성의 경영철학은 '인재제일'이듯이 경영 전략은 기업의 브랜드 전략과도 일치되기도 한다. 재무구조의 표현보다는 회사의 도덕성이 강조되기 때문에 판매되는 모든 상품에 회사의 철학이 포함된다. 경영에서 윤리는 그 단체가 가지고 있는 공공성과 사회에 대한 가치를 높이기 위한 도적적인 기업으로 표현되는 중요한 부분이다. 기업의 이미지 광고가 그 대표적인 예이다.

1. 제품 전략

① 제품

제품(Product)이란 고객의 필요(Need)와 욕구(Want)를 충족시키기 위해서 시장에 제공되는 것으로, 고객의 필요와 욕구를 충족시킬 수 있는 것이면 무엇이든지 제품이다. 사람, 장소, 조직, 활동 및 아이디어 등도 제품에 포함되었다.

- 소비자가 TV를 통해서 어떤 연예인을 볼 것인가?
- 어디로 휴가를 갈 것인가?
- 어느 조직에 가입할 것인가?
- 어떤 아이디어를 지지할 것인가?

② 제품의 종류

- 편의품 : 편의성 저가제품
- 선매품 : 점포 요소가 중요한 제품
- 전문품 : 상표가 중요한 제품

	편의품	선매품	전문품
제품	치약, 칫솔, 비누 등	가전, 가구, 자동차 등	보석, 시계, 오디오 등
가격	저가	고가	최고가
유통	집중적 유통	선택적 유통	전속적 유통
관여도 수준	하	중	상
프로모션	상품광고 지속	제품의 차별성	구매자 지위 강조

▲ 제품의 종류에 따른 마케팅 전략

③ 고객가치(Customer Value)와 고객만족

뛰어난 기업들은 그들이 전달할 수 있는 것만을 약속하고, 그 후 그들이 약속한 것 이상을 전달함으로써, 고객을 기쁘게 하는 것을 목표로 하고 있다.

- 고객가치 : 고객이 그 제품을 소유하고 사용하여 획득한 가치와 그 제품을 획득하는데 소요되는 비용 간의 차이다.

- 고객만족(Customer Satisfaction): 고객의 기대에 비하여 가치를 전달하는데 있어 제품에 대해 지각하는 성능이다.

    · 제품성능 < 고객의 기대 → 불만족
    · 제품성능 = 고객의 기대 → 만족
    · 제품성능 > 고객의 기대 → 크게 만족

2. 가격 전략

① 가격의 전략적 중요성

가격은 제품을 구입하고 그 대가로 지불하는 화폐가치(Monetary Value)를 말한다. 가격은 구매자가 제품을 선택할 때 중요한 결정요인이 되고, 기업에게는 시장점유율 및 기업의 마케팅 목표 달성에서 가장 중요한 요소 중의 하나이다. 가격은 제품의 품질에 대한 정보를 제공하며 가격은 수익을 결정하는 유일한 변수이며 쉽게 변경할 수 있어 전략적 도구로 사용하기 쉽다. 가격은 제품 수명주기에 대응시킨 가격 정책이나 차별 가격 정책, 프로모션 가격 정책 등 기업으로서 의도적인 전략적 가격 정책이 필요하다. 실제로 가격 설정을 행할 경우 원가, 수요, 경쟁 등 세 가지가 특히 중요하다.

② 가격의 상한과 하한을 결정하는 요인

가격의 하한: 제조비용

가격의 상한: 고객가치

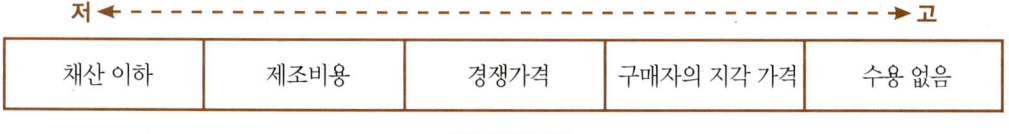

③ 가격 책정에 영향을 미치는 요인

- 경쟁 상황
- 수요 공급의 상황
- 고객과의 교섭력

④ 가격 책정 기법

- 원가(Production Cost)지향형 가격 책정

    원가지향형 가격 책정에는 원가 플러스(Cost-plus)와 마크업(Markup) 가격 책정이 있다. 원가플러스의 가격 책정은 소요된 비용에 이익을 더하여 최종 가격을 결정하는 방법이고 마크업 가격 책정은 원가에 일정한 마크업(이익가산)을 붙여서 설정하는 방법으로 유럽에서 많이 사용하고 국내에서는 마진(margin)을 많이 사용한다.

- 수요(Demand)지향형 가격 책정

    수요지향형 가격 책정에는 지각가치 가격 설정과 수요차별 가격 설정, 경쟁지향형 가격 책정으로 나누어진다. 지각가치 가격 설정은 제품의 가치를 사용자가 어떻게 판단하고 있는가라는 상대적 가치에서 측정하고 그것을 기준으로 가격을 결정하는 방법이다. 우선 팔 수 있는 가격을 발견하고 그것에 원가를 맞추어 나간다. 수요차별 가격 설정은 시장을 몇 개 정도로 세분화하고, 차별적으로 다른 가격을 제시하는 방법이다. 경쟁지향형 가격 책정은 실제 가격 설정 방식인 업계의 평균 수준에 맞춘 가격 설정과 입찰가격 설정 방식인 입찰의 의해 수주를 결정하는 방식, 이는 다른 회사의 응찰가격을 추정해서 그것보다 낮게 가격 설정을 하지 않으면 안된다.

- 신제품(New Poduct)의 가격 책정

    신제품의 가격 책정에는 스키밍 프라이싱(Skimming Pricing) 전략과 침투가격(Penetration Pricing) 전략이 있다. 스키밍 프라이싱은 투자액 조기회수를 목적으로 비교적 높은 가격을 설정하고 수요층의 확대와 함께 순차적으로 가격을 내려가는 방법이다. 전략과 침투가격 전략은 도입 초기에 저가격 정책을 취하여 시장 점유율의 조기 확대를 꾀하는 방법이다.

> **PLUS TIP** 콘텐츠 가격 전략 마케팅
> - 스키밍 가격 전략: 초기에는 가격을 높게 책정하였다가 나중에 천천히 내리는 전략
> - 번들링 가격 전략: 다양한 개별 제품이나 서비스를 결합하거나 묶어서 판매하는 전략
> - 버저닝 가격 전략: 제품의 기능의 차이를 두고 저가에서 고가로 판매하는 전략

⑤ 특별한 가격 책정

- 단수가격(Odd-pricing)

    10,000원, 20,000원 등 화폐 단위를 정확하게 맞게 결정하는 것이 아니라 조금 낮게 아니면

조금 높은 95,700원이나 11,500원 등으로 가격을 책정하는 방법이다. 고객의 입장에서는 정확한 계산에 의해 가격이 책정되었다는 느낌을 줄 수 있다. 경우에 따라서는 할인 폭을 생각해서 단수가격을 넉넉히 측정하는 것도 좋다.

- 관습가격(Custom Pricing)

  가격을 줄이지 않고 상품의 양을 줄여 가격을 책정하는 방법이다. 원가상승에도 불구하고 상당히 오랜 기간 동안 습관적으로 지불해온 상품은 약간의 가격 인상도 소비자에게는 크게 느껴진다. 제품의 개수나 양을 줄려 가격을 책정하는 방법이다.

- 명성가격(Prestige Pricing)

  브랜드의 상품을 구입할 때 가격과 품질의 상관관계가 매우 높게 인지되는 제품인 경우에는 고가격을 유지하는 경우가 많다.

- 유인가격(Loss Leader)

  끼워 넣기, 패키지 상품 등으로 전체 가격을 낮춰 특정 제품을 특매품으로 선정하여 고객유인용 가격을 설정하는 방법이다.

3. 유통 전략

① 유통채널의 중요성

유통채널(Distribution Channel)이란 제품 및 서비스가 생산자로부터 소비자에게로 이전되는 과정을 의미한다. 가장 적절한 유통경로를 통해 제품의 수요에 맞는 판매처를 선정하여 제품공급을 계획적으로 수행해야만 효과적인 유통채널이라 할 수 있다. 유통채널은 내부시스템으로 통제하기가 어려운 외부 자원이라는 점에서 다른 마케팅 믹스와는 본질적으로 다르다. 유통의 단계를 줄이거나 최소화하는 작업은 꾸준히 진행되어야 한다. 왜냐하면 유통채널이나 경로가 변경되면 전 영역의 시스템의 구조가 바뀔 수도 있다.

② 유통채널의 종류

- 0단계 채널: 인터넷 쇼핑몰, 통신판매, 방문판매, 직영점

  생산자 → 소비자

- 1단계 채널: 대형 소매점

  생산자 → 소매업자 → 소비자

- 2단계 채널: 일반 소비재

    생산자 → 도매업자 → 소매업자 → 소비자

- 3단계 채널: 편의품

    생산자 → 도매업자 → 2차도매업자 → 소매업자 → 소비자

4. 프로모션 전략

① 프로모션의 중요성

프로모션(Promotion)이란 판매 촉진 마케팅의 한 부분으로 고객에게 상품과 서비스에 대한 정보를 알리고, 구매하도록 설득하고, 구매를 유도하는 인센티브를 제공하는 등의 활동을 말한다. 프로모션의 목표는 대상고객에 대하여 제품의 차별화, 합리적인 소비자 행동 유도, 시장 정보 전달력 제고하는데 있다.

② 프로모션 전략

- 푸시(Push) 전략

    생산자가 중간상인에게 상품을 주문하여 취급하도록 권유하고, 그들이 최종 소비자에게 촉진하도록 권유하는 인적판매 및 중간상 촉진의 마케팅 활동을 사용하는 전략이다.

- 풀(Pull) 전략

    최종 소비자로 하여금 상품을 중간상에게 요청하도록 하는 방법으로 소비자 수요를 형성하기 위하여 광고와 소비자 촉진의 마케팅 활동을 말한다. 소비자의 요구에 의해 중간상인이 제조업자에게 상품을 주문하도록 하는 전략이다.

③ 프로모션 믹스(Promotion Mix)

프로모션 믹스란 고객에게 광고, 판매 촉진, 인적판매, 홍보, 구전 등의 프로모션을 최적으로 기획하여 운영하는 것을 말한다.

- 광고(Advertising) 전략

    광고란 의뢰를 한 광고주가 광고대금을 지불하고 메시지를 전달하여 소비자에게 목적을 달성하기 위해 효과적으로 알리는 모든 활동을 말한다.

- 판매 촉진(Sales Promotion)

  다양한 방법 등을 통해 고객이 참여하여 목적을 달성하는 것을 말한다. 보통 이벤트나 세일, 쿠폰 등을 제공하여 참여할 수 있게 한다.

- 인적판매(Personal Selling)

  다양한 인적 네트워크를 통해 메시지를 전달하여 목적을 달성하는 것을 말한다. 요즘은 블로거나 SNS 등을 통해 다양한 광고가 활용되고 있다.

④ 홍보(Publicity)

광고는 광고주가 명시되어 있고 대부분 단 반향으로 전달하지만, 큰 의미의 홍보는 간접 광고의 하나로 양방향 커뮤니케이션을 형성하고 있다. 홍보는 광고보다는 신뢰성이 높으며 무료인 경우가 많다.

⑤ 소비자 구매 결정 과정과 프로모션 목표

고객이 구매에 이르기까지 의사결정을 변경해 나가는 과정은 다음과 같다. (AIDA 모델) 각각의 단계에 따라 프로모션의 목표는 달라져야 한다.

A: Attention(주의)
I: Interest(흥미)
D: Desire(욕구)
A: Action(행동)

5. 고객니즈 전략

전략 중 가장 중요한 비중을 차지하는 것 중 하나가 고객니즈 전략이다. 소비자의 니즈를 파악하고 세분하고 포지셔닝(Positioning)하는 것이 고객니즈 전략이다. 세계적인 컨설팅 기업인 맥킨지에서도 소비자는 기능지향, 관계지향, 프로세스지향의 세 가지 관점에서 고객의 니즈를 파악하라고 말한다. 고객의 니즈는 한자리에 머물지 않고 지속적으로 변하기 때문에 전략은 상황에 따라 수정되어야 한다. 고객의 욕구가 무엇인지, 그것을 충족하기 위한 연구는 소비자의 불만을 파악하여 판매, 영업, 유통 등의 전 과정에서 분석 및 해석을 해야 한다.

고객의 니즈가 개인화로 세분화되고 있다. 항상 시장 정보에 주의를 집중하고 창조적인 상상력을 발휘해서 상품의 차별적, 우위성을 더욱 더 발휘할 수 있는 고객의 니즈를 명확히 하여 선택해야 한다. 고객의 니즈를 분석하여 제품개발 전략과 그 밖의 중핵 전략을 세우는데 중심 중략이 되어야 한다.

① **고객 분석의 절차**

　고객의 구매 습성, 구매시장의 특성, 구매의사결정 형태, 구매결정 참여자, 구매결정 영향 요인, 구매 과정 등을 분석한다.

② **고객니즈 전략의 마케팅 가이드**
- 제품 전략: 고객정보를 DB하여 상품기획으로 전환 필요성
- 가격 전략: 상품별 가격정책 다양, 탄력적 운영 필요
- 유통 전략: 접점 직원의 역할을 향상
- 촉진 전략: 사용패턴의 분석으로 진행

③ **고객 욕구와 형태**
- 실용적, 기능적 욕구: 삶의 일부분이 편해지기를 기대하면서 구입
- 사회적, 상징적 욕구: 남들에게 인정받고 싶고, 존경받고 싶은 욕구에서 구입
- 경험적 욕구: 개인적인 인생이나 쾌락, 즐거움을 추구하고 싶은 욕구에서 구입

④ **고객니즈의 판매 전략**
- 상품의 가치에 집중하고 스토리 전략으로 제안한다.
- 제품에 관한 신뢰성을 보장해 준다.
- 희소성이나 긴박성을 강조한다.
- 패키지 판매로 가격이득을 제안한다.
- 특별우대 서비스를 제공한다.
- 관련 제품이나 수량 제품을 제공한다.
- 무료 배송을 적절히 활용한다.
- 빠른 응답을 한다.

⑤ **고객니즈 심리 영역**
- 친숙함과 친절함으로 사이트를 운영한다.

- 상품과 어울리는 사이트 디자인은 호감이 간다.
- 고객정보 및 결제시스템의 안정감을 줘야 한다.
- 고객의 눈높이로 운영해야 한다.
- 상품의 정리정돈과 일체감이 비교하기 쉽다.
- 메인화면의 제품이 판매가 잘 된다.

⑥ CRM(Customer Relationship Management)

고객 관계 관리(Customer Relationship Mmanagement, CRM)는 고객의 성향과 행동 방식을 분석하여 고객의 맞춤관리로 고객만족 향상을 기하며, 고객의 다양한 정보를 모으고 분석 적용하는 마케팅이다. CRM은 고객 획득보다는 고객유지나 관리에 중점을 둔다. 인터넷상에서 이루어지는 고객관리를 e-CRM이라고 하며, 쇼핑몰이나 웹 사이트, 메일, 카페, SNS를 통해 고객에 맞는 맞춤 홍보, 이벤트 캠페인 등의 활동을 수행하며, 고객관리를 한다.

- CRM의 4가지 측면
  - 지속적인 유지관계를 얻기 위한 고객 맞춤 관리
  - 고객의 개별적 특성에 따른 1:1 개별 관리
  - 축척되고 분석된 정보 기술에 의한 데이터베이스 관리
  - 전사적 차원에서의 통합 관리

- CRM의 기본 요소
  - 지식(Know): 시장과 고객에 대한 이해
  - 목표(Target): 최적 서비스 개발
  - 판매(Sell): 신규 고객 창출
  - 서비스(Service): 기존 고객 유지

- 기대효과
  - 고객관계 강화를 통한 수익성 증대
  - 목표 마케팅(Target Marketing) 가능
  - 잠재고객의 프로파일 정보를 이용한 전략적 영업 정보화
  - 고객의 수익 기여도에 따른 전략 수립

- 우량고객의 이탈 방지: 경보시스템을 통한 이탈가능 고객 집중 관리
- 휴면고객 활성화
- 교차판매, 상향판매, 재판매 등을 통한 고객가치 증대

⑦ **전화 상담(Telephone Counseling)**

1953년 W. Peter West 목사에 의해 시작된 전화 상담은 전화라는 매체를 활용하여 신속하고도 신뢰에 찬 관계를 통해 인간의 위기에 개입하는 상담의 한 형태로서 신속, 신뢰, 위기개입의 3가지 요건을 필요로 한다.

전화 상담 기법은 기본적인 위기개입의 기법들을 전화라는 특수상황에 응용하는 것으로서, 간단하게 다이얼을 돌려 접촉하기 때문에 클라이언트의 자발성에 의해 상담이 시작되었다. 상담이 진행되는 과정이라도 클라이언트가 상담자에 대해 불편을 느끼면 언제라도 자유롭게 상담을 중단할 수 있다. 클라이언트의 자발성과 자유로운 선택, 이것이 바로 접촉의 시작이며 상담의 전개 과정이다.

전화 상담은 익명으로 자신의 문제를 노출시킬 수 있기 때문에 체면을 유지하면서 긴급한 요구를 성취할 수 있는 편의성이 있어 한국인의 심성에 잘 맞는 특성을 지니고 있다. 서울장애인종합복지관에서는 1990년부터 전용 전화 상담실을 설치하여 사회사업가에 의해 정기적인 교육과 실습을 받은 전화 상담봉사자를 활용하여 장애에 관한 제반 사항을 상담해 주고 있다.

고객과의 전화 상담은 매출과 회사의 브랜드 인지도에 직접적인 영향을 미친다. 또한 고객은 전문가의 양질의 답변을 듣고 싶어 한다. 목소리, 억양, 단어 등의 전화예절과 해당 상품에 대한 다양한 질문에 대한 준비를 경쟁업체를 비교 분석한 후 미리 준비해 두어야 한다.

• 전화 상담 시 주의할 점
- 전화 상담은 어떤 경우라도 밝고 즐거운 목소리로 해야 한다.
- 고객이 원하는 정확한 상담 키포인트를 찾아야 한다.
- 정확한 요점과 관련된 정보를 적절한 방법으로 제공해야 한다.
- 전화 상담 시 시작과 종료에는 본인 신분을 명확히 밝혀야 한다.
- 전화 상담 중 문제 처리는 즉시 해야 한다.
- 중복된 상담이 있을 시 쇼핑몰 페이지에 공지해야 한다.

6. 커뮤니티 활용

① 커뮤니티란

커뮤니티란 공통적인 가치관이나 관심사 등을 공유하고 개인적인 이익을 추구하기 위한 사람들의 모임이라고 말할 수 있다.

② 커뮤니티 채널

커뮤니티 운영은 고객과의 소통과 회원들 간의 지식공유 또한 지정 분야의 정보교환 등의 목적이 있으며, 쇼핑몰 운영의 목적은 고객관리이다. 고객의 충성도에 따라 커뮤니티의 활성화와 홍보, 그리고 매출 향상을 기대할 수 있다. 커뮤니티는 다양한 채널을 통해 고객과 소통한다.

- 커뮤니티 채널
  - 사이트 게시판을 활용한 커뮤니티
  - 네이버 블로그나 카페를 활용한 커뮤니티
  - 카카오톡이나 페이스북 등 SNS를 활용한 커뮤니티
  - 오프라인 모임

7. 결제 및 배송

결제는 고객이 주문을 완료하는 최종 단계이다. 구매의사에 바로 반영될 수 있도록 다양한 결제 수단과 최적화된 환경으로 만들어 주어야 한다. 또한 배송은 고객이 주문한 상품을 발송하는 단계로 인식해서는 안된다. 고객만족의 최종 결정은 배송에 관련된 마케팅에 있다. 재구매와 후기를 고객으로부터 어떻게 유도할지를 배송에서 실천되도록 해야 한다.

① 결제관리

구매 결정이 완료된 후 결제시스템으로 연결된다. 전자상거래의 결제 방식에는 무통장입금, 카드결제, 적립금결제, 실시간계좌이체(에스크로), 휴대폰결제, 포인트결제 등이 있다.

- 무통장입금: 무통장입금의 경우 고객이 전자상거래 쇼핑몰에 등록된 계좌번호로 직접 송금을 통해 수동으로 입금하는 방식이다.
- 카드결제: 카드결제는 주문과 동시에 카드 결제창을 통해 PG사에서 제공한 서비스를 통해 바로 결제하는 방식이다. 해외 결제인 경우는 나라별로 적용되는 PG사가 다르므로 전문가와 상의한 후 적용해야 한다.

- 적립금 결제: 적립금 결제는 해당 쇼핑몰에 적립되어 있는 적립금을 활용해 구매하고자 하는 상품을 결제하는 방식이다.
- 실시간계좌이체: 실시간계좌이체는 매매보호 서비스라고도 한다. 매매보호 서비스는 소비자를 보호하기 위한 제도로써 소비자보호에 관한 법률에 의거하여 통신판매 사업자는 쇼핑몰내 매매보호 서비스 부착이 의무화되어 있다. 고객 입장의 결제 방법은 무통장 입금과 같으며 판매자 입장에서의 결제 방법은 카드결제 방법과 유사하다.
- 휴대폰결제: 쇼핑몰에서 상품대금을 휴대폰을 이용하여 간편하게 주문 결제할 수 있는 서비스를 말한다. 휴대폰만으로 상품을 주문하고 결제한 후 휴대폰 요금에 청구되는 후불 결제 서비스이다.

결제관리의 다양한 결제 방법은 한 가지 혹은 두 가지 이상으로 중복하여 결제가 가능하며 각각의 장단점이 있다. 예를 들어 무통장입금은 바로 현금 확보가 되어 현금 유동성은 좋지만, 바로 결제가 되는 것이 아니라 고객의 변심에 따라 취소될 경우가 많으며 카드결제인 경우는 구매결정 단계에서 바로 결제가 되어 주문 완료가 되지만, 카드결제 수수료와 현금 유동성이 무통장입금보다는 늦다.

- 국내결제(PG) 서비스는 KG이니시스, 올팻페이, KCP, 올더게이트, LG유플러스, KSNET 등이 있다.
- 해외결제(PG) 서비스

해외결제 서비스는 해당 언어권 고객들의 익숙한 결제 서비스를 사용해야 한다.

	엑심베이 (Eximbay)	알리페이 (Alipay)	텐페이 (Tenpay)	엑시스 (AXES)	페이팔 (PayPal)
사용 언어권	중어권 / 일어권 / 영어권	중어권	중어권	일어권	공통
가입비 (세팅비)	22만 원 (VAT 포함)	$1,000 USD	$200 USD	¥ 14,000	22만 원 (VAT 포함)
연회비	없음	없음	없음	¥ 36,000	없음
거래 수수료	4.5% (국내 사업자 기준)	4%	4%	카드: 4.5% + ¥30 (건당), 실시간 계좌이체: 5% + ¥30 (건당)	3.9% + USD 0.30

환불 수수료	없음 (국내 사업자 기준)	없음	없음	카드: 없음, 실시간 계좌이체: ¥350 (건당)	USD0.30
거래 가능 카드	VISA, Master, AMEX, JCB (심사 필요)			VISA, Master, JCB 은행카드	VISA, Master, JCB, AMEX 등
결제 지원 수단	신용카드	온라인 가상계좌	온라인 가상계좌	신용카드 / 계좌이체 / 무통장입금	온라인 가상계좌, 신용카드

- 엑심베이(Eximbay)

  엑심베이는 전 세계 국가에 결제 서비스를 제공하고 있으며, 특히 아시아 업체와 그 이용자에 대한 특화된 서비스를 제공하고 있다.

  국제적으로 통용되는 보편적 결제 수단과 전 세계 각국에 특화된 결제 수단을 제공한다.

- 알리페이(Alipay)

  알리페이는 중국 최대 온라인 지불 결제 서비스로, 5억 명 이상의 등록된 사용자가 매일 8백만 건 이상 알리페이를 통해 결제한다. 중국 고객들에게 가장 익숙하고 편리한 결제 서비스로, 중국 진출 시 반드시 필요한 결제 서비스(PG)이다.

- 텐페이(Tenpay)

  텐페이는 중국 내 3억 명 이상의 텐센트 그룹(tencent, 腾讯, 텅쉰)의 회원이 사용하는 온라인 결제(PG) 서비스이다.

- 엑시스(AXES)

  엑시스 서비스는 일본어권 고객에게 친숙한 결제 서비스(PG)로 안정적이고 신뢰도 높은 결제 서비스를 제공한다. 일본 진출 시 반드시 필요한 결제 서비스(PG)이다.

- 페이팔(PayPal)

  페이팔은 해외 공통으로 사용할 수 있는 온라인 결제시스템이다.

  세계에서 가장 많이 사용되는 결제 서비스 중 하나이며, 특히 영미권에서 가장 널리 사용되는 온라인 가상계좌 시스템이다.

  전 세계 신용카드 결제가 가능하며, 신용카드 번호나 계좌번호를 알리지 않아도 되기에 안전한 결제시스템이다.

② 배송 관리

배송은 지정 택배사와 계약에 의해 처리하는 것이 유리하다. 또한 배송은 고객의 불만이 가장 많은 부분이기도 하다. 특히 해외배송(Oversea Delivery)일 경우는 국내에서 여러 가지 법적문제와 반품에 의한 수수료 등을 고려하여 설정해야 한다.

- 직접 배송
- 택배기사 방문 배송
- 공급업체 직배송
- 배송위탁 배송

8. 브랜드 전략

브랜드(Brand)의 전략은 상표를 광고 선전 등에 의해 널리 알림으로써 경쟁자의 동일 제품과 자기 제품과를 차별화해서 경쟁상 유리한 입장을 구축할 수 있는 마케팅 전략이다. 브랜드 전략은 오랜 시간 동안 준비해야 하는 만큼 차별화와 상표에 관한 법적 부분까지 고려해 준비해야 한다.

- 차별화(Differentiation)
  브랜드 전략의 최대 목적은 차별화에 의한 브랜드 이미지의 형성이다. 브랜드 전략 초기에는 인지도를 높여 상품의 가치를 올리는 것이며, 인지도가 높여진 후에는 선호도를 증대시켜 판매를 향상시킨다.

- 좋은 브랜드 이름
  - 상품과 연관되어야 한다.
  - 상품법상의 등록이나 보호를 받을 수 있는 이름이어야 한다.
  - 단순하고 기억하기 쉬워야 한다.
  - 글로벌 상표로 적합한지 고려해야 한다.
  - 브랜드 디자인도 생각해야 한다.

- 브랜드 강화 전략
  브랜드를 고객에게 인지시켜 상품의 가치를 높여주는 역할을 한다.
  - 브랜드에 상품이 연관되는가?   - 브랜드에 어떤 서비스를 제공할 것인가?
  - 고객이 경쟁 브랜드와 차별화를 느끼는가?   - 브랜드와 연관되는 이미지는 무엇인가?

실력 평가 문제

01 경영에 있어 전략적 분석을 위해 분석 대상으로 가장 적절하지 않은 것은?

① 시장 환경 분석 ② 경쟁사 분석
③ 고객 분석 ④ 직원 분석
⑤ 본사 분석

> 해설 ▷ 전략적 분석 대상은 본사와 경쟁사 그리고 고객과 시장 환경 분석이 전략적 분석에 해당한다.

02 소비자의 가격결정 시 다양한 개별 제품이나 서비스를 결합하거나 묶어서 판매하는 전략은?

① 스키밍 가격 전략
② 할인 가격 전략
③ 번들링 가격 전략
④ 버저닝 가격 전략
⑤ 침투 가격 전략

> 해설 ▷ 스키밍 가격 전략: 초기에는 가격을 높게 책정하였다가 나중에 천천히 내리는 전략
> 번들링 가격 전략: 다양한 개별 제품이나 서비스를 결합하거나 묶어서 판매하는 전략
> 버저닝 가격 전략: 제품의 기능의 차이를 두고 저가에서 고가로 판매하는 전략

03 BCG 매트릭스의 분류 중 수익창출원에 해당되는 분류는?

① 스타(Star)
② 캐시카우(Cash Cow)
③ 물음표(Question Mark)
④ 느낌표(Exclamation Mark)
⑤ 도그(Dog)

> 해설 ▷ 수익창출원에 해당된다. 기존의 투자에 의해 수익이 계속적으로 실현되므로 지금의 원천 사업이 된다.

04 다음 전자상거래의 SWOT 분석은 강점(Strength), 약점(Weakness), 기회(Opportunity), 위협(Threat)의 머리 글자를 모아 만든 단어로 내, 외부 환경요인 도출을 통한 마케팅 전략의 설명이다. 해당하는 전략은?

> 기회의 강점을 살리고 약점을 보안하는 전략이다. 이는 부가가치나 특성 있는 시장을 타깃으로 하는 전략이다. 틈새시장의 사업의 다변화가 좋은 예이다.

① S.O 전략 ② W.O 전략
③ S.T 전략 ④ W.T 전략
⑤ O.T 전략

> 해설 ▷ W.O 전략(약점-기회 전략)으로 약점을 개선 극복하여 시장의 기회를 활용하는 전략이다.

05 BCG 매트릭스의 분류 중 해당되는 분류는?

> 성장성과 수익성이 없는 사업으로 철수해야 하는 사업이다. 기존의 투자에 매달리다가 기회를 잃으면 더 많은 대가를 치를지도 모른다. 시장성장률과 시장점유율 둘 다 낮은 사업으로 많은 현금을 창출하지 못하는 사업이 여기에 해당한다. 손실을 입힐 수도 있는 사업으로 철수 전략도 고려해야 한다.

① 스타(Star)
② 캐시카우(Cash Cow)
③ 물음표(Question Mark)
④ 느낌표(Exclamation Mark)
⑤ 도그(Dog)

> 해설 ▷ 도그는 스타와 반대로 시장성장률과 상대적 시장점유율 모두가 낮다. 즉, 성장성과 수익성이 없는 사업이다.

정답 01 ④ 02 ③ 03 ② 04 ② 05 ⑤

06 다음 중 전자상거래 사업을 위한 전략적 분석을 위한 도구 중 3×3 매트릭스를 통해 시장 매력도와 비즈니스 강점을 비교한 전략적 분석도구는?

① 5-Force
② BCG 매트릭스
③ SWOT 분석
④ 가치사슬
⑤ GE 매트릭스

해설 ▷ BCG는 2×2 매트릭스로 되어 있고 GE는 3×3 매트릭스로 되어 있고 시장 매력도(수평 축)와 제품 경쟁력(수직 축)을 축으로 하고 있다.

07 다음 중 경영 전략의 분석도구 중 5-Force의 5가지 요소에 해당되지 않는 것은?

① 산업 내 경쟁
② 유통자의 경쟁
③ 공급자의 교섭력
④ 구매자의 구매력
⑤ 신규 진입자의 위협

해설 ▷ 5 Forces의 5가지 요소(Factor)들인 산업 내 경쟁(Rivalry), 구매자의 구매력(Bargaining Power of Buyers), 공급자의 교섭력(Bargaining Power of Suppliers), 신규 진입자의 위협(Threat of New Entrants), 대체재의 위협(Threat of Substitute)

08 다음 중 오프라인 시장과 비교할 때 디지털 시장이 가지고 있는 특징에 대한 설명으로 가장 올바르지 않은 것은?

① 시스템 구축으로 창업비용이 높아졌다.
② 유통절차의 축소로 거래비용이 감소하였다.
③ 고객 마케팅이 실시간으로 가능해졌다.
④ 시장세분화로 타깃 마케팅이 가능해졌다.
⑤ 대상고객이 글로벌화되었다.

해설 ▷ 창업비용과 절차시간이 오프라인 시장에 비해 줄어들었다.

09 전자상거래 사이트의 성공요인의 설명으로 적절하지 않은 것은?

① 상품의 최저 가격 지향
② 사이트의 신뢰감과 사후 서비스
③ 고객 사용 후기를 통한 제품의 품질
④ 쇼핑몰 디자인의 최적화로 간편한 쇼핑
⑤ 상품의 다양한 상세페이지

해설 ▷ 가격이 무조건 저렴하다고 판매가 잘 되는 것은 아니다. 매출 대비 순수익이 보장되어야 한다.

10 사업 타당성 분석 중 경제성 분석에 해당하지 않는 것은?

① 시장 경쟁 분석(Market Competition)
② 회수기간법
③ 순현재가치법(NPV)
④ 내부수익률법(IRR)
⑤ 손익분기점 분석(BEP)

해설 ▷ 시장경쟁 등의 위험요소 분석은 위험성 분석에 해당한다.

11 아이템의 제품 라이프 사이클 단계의 순서로 올바른 것은?

① 성숙기 → 성장기 → 쇠퇴기 → 도입기
② 성장기 → 도입기 → 성숙기 → 쇠퇴기
③ 도입기 → 성장기 → 성숙기 → 쇠퇴기
④ 성장기 → 성숙기 → 쇠퇴기 → 도입기
⑤ 성숙기 → 도입기 → 성장기 → 쇠퇴기

해설 ▷ 도입기 → 성장기 → 성숙기 → 쇠퇴기 순이다.

12 전자상거래의 경쟁자 분석평가 중 차후 경쟁자의 대비조건에 해당되지 않은 것은?

① 특허 및 상표권
② 높은 초기투자 비용
③ 핵심기술
④ 사장포화
⑤ 미래계획

> 해설 ▷ 차후 경쟁자 대비조건에 미래계획은 포함되지 않는다.

13 고객의 20%의 우수고객이 전체 매출비중의 80%를 차지한다는 개념의 법칙은?

① 무어(Moore)의 법칙
② 파레토(Pareto)의 법칙
③ 코어스(Coase)의 법칙
④ 길더(Gilder)의 법칙
⑤ 롱테일(Long tail) 법칙

> 해설 ▷ 파레토의 20:80대 법칙의 설명이다.

14 다음 중 전자상거래 단계 중 주문에 관련된 배송, 결제, 확인 정보 등을 처리하는 절차를 포함하는 단계는?

① 상품 검색 단계
② 고객 주문 단계
③ 대금 처리 단계
④ 주문 처리 단계
⑤ 상품 배송 단계

> 해설 ▷ 주문 처리 단계에 관한 설명이다.

15 전자상거래 임대형 솔루션 구축 절차로 가장 올바른 것은?

(a). 아이템 선정
(b). 광고 집행
(c). 사업자 등록
(d). 상품 등록
(e). 디자인 설정

① (a) → (b) → (c) → (d) → (e)
② (a) → (c) → (b) → (d) → (e)
③ (a) → (e) → (d) → (c) → (b)
④ (c) → (a) → (e) → (d) → (b)
⑤ (b) → (a) → (c) → (d) → (e)

> 해설 ▷ 상품 등록 후 디자인 설정이 효과적인 구축을 할 수 있다.

16 다음 중 판매 관리에 관한 설명으로 올바르지 않은 것은?

① 고객의 요구사항을 보다 상세하게 파악하기 위해, 판매 내용을 분석
② 판매 관리는 판매 활동을 계획, 집행하고 그 결과를 통제하는 것을 의미하는 것
③ 판매 관리는 인적 관리를 포함하고, 소비자 선정, 제품, 가격 판매 촉진 등을 위한 계획, 그 결과의 통제를 의미하는 것
④ 기존의 판매 관리의 높은 비용으로 인한 상품 가격 상승의 판매제약이 해소
⑤ 고객의 요구사항을 상세하게 파악하기 위해 판매 내용을 분석

> 해설 ▷ 판매 관리는 기존의 판매 관리에서 중요시되었던 인적 관리를 제외된 인터넷상에서의 소비자 선정, 제품, 가격 판매 촉진 등을 위한 계획, 그 결과의 통제를 의미하는 것이라 할 수 있다.

정답 06 ⑤ 07 ② 08 ① 09 ① 10 ① 11 ③ 12 ⑤ 13 ② 14 ④ 15 ③ 16 ③

17 전자상거래 판매자의 상품의 입찰을 통해 구입하는 방식은?

① 구성 기반 구매
② 경매 기반 구매
③ 디렉터리 서비스 구매
④ 비교 기반 구매
⑤ 검색 기반 구매

해설 ▷ 입찰구매방식은 경매 기반 구매라고 한다.

18 다음 중 고객관계관리(CRM)의 4가지 측면에 해당하지 않은 것은?

① 지속적인 유지관계를 얻기 위한 고객 맞춤관리
② 고객의 개별적 특성에 따른 1:1 개별관리
③ 자재재고 통합관리
④ 전사적 차원에서의 통합관리
⑤ 축적되고 분석된 정보 기술에 의한 데이터베이스 관리

해설 ▷ 고객관계관리는 전사적인 통합관리보다는 고객 측성에 따른 맞춤관리가 적당하다.

19 다음 중 고객관계관리(CRM)를 위해서 필요한 요소와 가장 거리가 먼 것은?

① 고객 특성 분석을 위한 데이터마이닝 도구
② 고객 통합 데이터베이스
③ 자재 소요 계획
④ 데이터 분석결과를 활용하는 마케팅 채널과의 연계
⑤ 전사적 차원에서의 통합관리

해설 ▷ 자재 소요 계획은 고객관계관리와 상관이 없다.

20 다음 중 CRM(고객관계관리)에 대한 설명으로 적합하지 못한 것은?

① 고객과의 장기적인 관리와 소통을 하는 것
② 기존 고객의 관리보다는 신규 고객의 유치에 중점을 두는 것
③ 목표시장 및 고객과의 관계에 집중하는 것
④ 고객의 충성도를 높여 수익을 창출하는 것
⑤ 이탈고객을 방지하고 재구매를 유도하는 것

해설 ▷ 고객관계관리는 신규 고객보다는 기존 고객을 관리하는 방법이다.

21 다음 중 CRM(Customer Relationship Management)의 기대효과로 가장 거리가 먼 것은?

① 고객확보 비용 감소
② 고객참여 증가
③ 고객활동 증가
④ 고객유지 비용 감소
⑤ 고객 수 감소

해설 ▷ 고객관계관리를 적용함으로써 기존 고객을 유지하고 새로운 소개를 만들 수 있다.

22 다음 중 전자상거래의 결제 방법 중 매매보호 서비스와 관련 있는 결제 방법은?

① 무통장입금
② 신용카드결제
③ 적립금결제
④ 실시간계좌이체
⑤ 휴대폰결제

해설 ▷ 실시간계좌이체는 매매보호 서비스라고도 한다. 매매보호 서비스는 소비자를 보호하기 위한 제도로써 소비자 보호에 관한 법률에 의거하여 통신판매 사업자는 쇼핑몰 내 매매보호 서비스 부착이 의무화되어 있다.

23 다음 해외결제 서비스 중 연회비가 있는 온라인 결제 서비스는?

① 엑심베이(Eximbay)
② 알리페이(Alipay)
③ 텐페이(Tenpay)
④ 엑시스(AXES)
⑤ 페이팔(PayPal)

> 해설 ▷ 엑시스는 ￥ 36,000의 연회비가 있다.

24 다음 해외결제 서비스 중 온라인 가상계좌로만 결제 지원 수단이 가능한 온라인 결제 서비스는?

ⓐ 엑심베이(Eximbay)
ⓑ 알리페이(Alipay)
ⓒ 텐페이(Tenpay)
ⓓ 엑시스(AXES)
ⓔ 페이팔(PayPal)

① ⓐ, ⓓ
② ⓐ, ⓔ
③ ⓑ, ⓒ
④ ⓑ, ⓓ
⑤ ⓒ, ⓓ

> 해설 ▷ 알리페이와 텐페이는 온라인 가상계좌로만 결제지원 수단이 가능하다.

25 수요(Demand) 지향형 가격 책정에 관한 설명 중 가장 옳지 않은 것은?

① 지각 가치 가격 설정과 수요차별가격 설정, 경쟁지향형 가격 책정으로 나누어진다.
② 지각 가치 가격 설정은 제품의 가치를 사용자가 어떻게 판단하고 있는가라는 상대적 가치를 측정한다.
③ 지각 가치 가격 설정은 우선 팔 수 있는 가격을 발견하고 그것에 원가를 맞추어 나간다.
④ 수요차별가격 설정은 상품 수요에 맞도록 가격을 적절하게 제시하는 방법이다.
⑤ 경쟁 지향형 가격 책정은 입찰가격 설정 방식으로 응찰가격을 추정해서 가격을 설정하는 방식이다.

> 해설 ▷ 수요차별가격 설정은 시장을 몇 개 정도로 세분화하고, 차별적으로 다른 가격을 제시하는 방법이다.

정답 17 ② 18 ③ 19 ④ 20 ② 21 ⑤ 22 ④ 23 ④ 24 ③ 25 ④

4 과목

온라인 마케팅

온라인을 이용한 마케팅 전략은 지금까지 우리가 학습한 전통적인 마케팅 전략과 다를 바가 없다. 다만 마케팅을 수행하는 방법론과 마케팅 믹스 전략의 측면에서 다소 차이가 있을 뿐이다. STP 전략과 4P 전략에 대해서 학습하고 국내 온라인 마케팅의 핵심 방법인 키워드 검색 광고를 학습한다.

| CHAPTER 1 | **온라인 마케팅 Ⅰ**

1 온라인 마케팅 이해
2 온라인 마케팅 전략
3 키워드 검색 광고

CHAPTER 1
온라인 마케팅 I

시장지향적인 마케팅 콘셉트의 핵심인 STP (Segmentation, Targeting, Positioning) 전략과 온라인상에서의 마케팅을 효과적으로 수행하기 위하여 기업이 통제할 수 있는 4P 전략에 대해서 알아본다. 또한, 키워드 검색 광고에 대한 올바른 이해와 최적화 방법론에 대해서 학습한다.

  온라인 마케팅 이해

1. 마케팅 커뮤니케이션의 변화

① 전통적인 마케팅 커뮤니케이션 환경에서 기업은 전달하고자 하는 메시지(콘텐츠)를 라디오, 다이렉트 메일, 텔레비전의 광고 혹은 그 밖의 일방적인 매체를 통해서 다수의 고객에게 전달하였다. 기업과 고객 간의 이러한 관계는 커뮤니케이션이 아니라 전달에 그치는 수준이었다. 이러한 환경에서는 고객이 자신의 메시지를 기업에게 전달한다는 것은 무척 어려웠다. 설문조사 등을 통하여 기업이 자발적으로 고객의 욕구와 메시지를 알아보고자 할 경우에만 기업에게 전달되었다.

② 이러한 극단적인 관계를 개선하고자 하여 기업이 사용한 것은 전화나 PC 통신 등을 이용한 1대 1 커뮤니케이션이다. 이러한 커뮤니케이션을 통하여 서로가 전달하고 싶은 메시지를 1대 1로 주고받을 수 있다. 이러한 양방향 커뮤니케이션은 일방적 전달이라는 단점을 많이 극복하였다. 그러나 오직 두 객체 사이에서만 커뮤니케이션이 가능하다는 제약은 남아 있다.

③ 온라인 게임은 전 세계 어느 곳에서나 접속할 수 있으며 하나의 화면 안에 나타나는 여러 명의 대리인들과 서로 대화를 나눌 수 있다. 즉, 인터넷이라는 매체를 이용함으로써, 시공간을 초월하여 한 시점 한 장소에 모여 의견을 교환할 수 있게 되었다.

이와 같이 인터넷이라는 매체는 기업과 개인, 그리고 개인과 개인 간의 쌍방향 커뮤니케이션을 할 수 있게 하였으며, 더 나아가 여러 개인들과 기업들이 동시에 커뮤니케이션을 할 수 있도록 해주었다. 기업은 인터넷을 통하여 많은 고객과의 효과적인 의사소통이 가능하게 되었고, 이에 따라 고객의 요구와 불만사항 등을 보다 손쉽게 파악할 수 있게 되었다.

고객 입장에서는 여러 기업들과의 직접적인 의사소통이 가능해짐에 따라, 기업에 대하여 보다 많은 것을 알고, 기업들 간의 선의의 경쟁을 유발시켜 보다 질 높은 상품과 서비스를 제공받을 수 있게 되었다. 즉, 고객들은 인터넷을 효과적으로 활용하여 기업과 대화하고 스스로 학습함으로써 기업에게 보다 많은 영향력을 행사하여 보다 높은 수준의 만족을 보장 받을 수 있게 되었다.

2. 마케팅도구로서의 온라인

인터넷은 마케팅도구로서 많은 장점과 다양한 가치가 있다.

① 첫째, 인터넷은 기존의 매체에 비해서 공간상의 제약을 받지 않는다. 사무실 안의 컴퓨터 한 대로 국내는 물론, 전 세계를 상대로 마케팅 활동을 할 수 있다. 즉, 전자게시판, 뉴스그룹, 검색 엔진, 전자신문 혹은 웹 사이트를 통하여 전 세계를 상대로 광고 및 영업 활동을 할 수 있다.

② 둘째, 인터넷은 시간상의 제약이 없다. 24시간 동안 계속해서 광고하며, 다양한 마케팅 활동을 전개할 수 있다. 시간대가 다른 국가에서도 인터넷을 이용하면 언제든지 원하는 시간에 접속할 수 있다. 그러나 상품에 따라 시간대별 광고 효과에는 차이가 있을 수 있다.

③ 셋째, 인터넷은 표적집단으로의 접근을 용이하게 만든다. 인터넷상의 뉴스그룹이나 전자우편을 이용하면, 가장 구체적으로 필요성을 느끼는 아주 좁은 범위의 표적집단으로 접근할 수 있다. 이들은 또한 자신이 경험한 상품이나 서비스에 대해 적극적으로 의견을 제시하기도 하기 때문에 기업은 표적집단의 의견을 마케팅 활동에 효과적으로 반영할 수 있다.

④ 넷째, 인터넷은 의견 선도자를 통한 구전마케팅을 보다 효과적으로 수행할 수 있도록 해준다. 인터넷 이용자들은 대부분 고학력의 구매력이 있는 정보탐색형의 의견 선도자들이다. 이들은 자신이 알고 있는 수백만의 잠재고객들에게 적극적으로 정보를 전하는 의견 선도자의 역할을 한다. 따라서 이러한 인터넷 사용자들을 잘 활용할 수 있으며, 마케팅 관리자들은 예상하지 못한 큰 효과를 거둘 수 있다.

⑤ 다섯째, 인터넷은 광고비가 저렴하다. 일반적인 인터넷의 광고비는 기존의 4대 매체(TV, 라디오, 신문, 잡지)에 비해 상대적으로 매우 낮다. 인터넷의 웹 사이트는 회선 사용료만 부담하면 되는 경우도 있다. 더욱이 인터넷을 사용하면 원하는 상대방에게 메시지를 거의 정확하게 전달할 수 있다. 따라서 기존의 다이렉트 메일의 경우와 같이 주소가 잘못되어 되돌아오거나 제대로 전달되지 않는 경우가 거의 없다. 또한 전달되었다 하더라도 읽히지 못한 채 버려지는 낭비 요소를 최소화할 수 있다는 장점도 있다.

⑥ 이외에도 인터넷은 커뮤니케이션 리치(Reach)가 제한된 기존 매체와 비교할 수 없을 정도로 넓고 다양한 리치를 가지고 있다는 특징이 있다. 이러한 인터넷의 특징과 장점을 효과적으로 활용한다면, 기업은 적은 비용과 노력으로 단시일 내에 효과적인 마케팅 성과를 달성할 수 있다.

3. 전통적인 마케팅과 온라인 마케팅의 비교

① 온라인 마케팅은 기존의 전통적인 마케팅과 구체적으로 어떠한 점에서 어떠한 차이가 있는가? 몇 가지 대표적인 요인에서 그 차이점을 살펴보면 다음과 같다. 우선 마케팅 환경의 측면에서 보면, 전통적인 마케팅은 시장이 공간상으로 지역과 국가에 한정되어 있다. 또한 마케팅 활동이 기업 주도적으로 이루어지며, 정보시스템 역시 외부와 단절된 상태에서 기업 내부에 한정되어 사용되고 있다. 그러나 온라인 마케팅 환경 하에서는 시장의 경계가 없어지고, 고객이 마케팅 환경에 가장 큰 영향력을 미치는 요소로 등장하였다. 또한 정보시스템은 기업 내부뿐만 아니라, 외부와 연결되어 전 세계를 대상으로 통합적으로 사용할 수 있도록 확장되었다. 즉, 유무선 인터넷을 통하여 어느 곳에서나 기업의 데이터베이스에 접근하여 정보를 사용할 수 있게 되었다.

② 전통적 마케팅에서는 선도기업으로서의 주도적 역할이 가장 중요한 마케팅 성공요인으로 작용한다. 기업 간의 협력은 큰 의미가 없으며, 고객과의 커뮤니케이션은 필요하다고 인식하나 높은 비용으로 인하여 매우 제한적으로 유지되는 실정이었다. 그러나 인터넷 환경에서 가장 중요한 성공요인은 고객반응이다. 고객으로부터 높은 반응을 이끌어내기 위해서는 고객과의 커뮤니케이션이 중요하며, 고객의 정보를 공유하며 활용하기 위한 기업 간의 전략적 제휴가 중요한 성공요인으로 대두되었다.

③ 기업 내 마케팅의 위상은 전통적인 환경에서는 마케팅이 상품개발을 주도하였고, 마케팅 부서는 대부분 마케팅 활동의 전위 역할을 수행해왔다. 그러나 인터넷 환경에서는 마케팅 부서가 다른 업무부서와 기술적으로 통합되어 이제 전사적 마케팅으로 그 중요성이 보다 강조되고 있다.

④ 고객에 대한 관점에서 보면, 전통적 마케팅 환경에서는 고객들이 상품과 서비스에 대하여 얻을 수 있는 지식과 정보에는 한계가 있었다. 따라서 기업은 고객의 기대와 행동을 어느 정도 예상하고, 이에 효과적으로 대처할 수 있었다. 그러나 온라인 마케팅 환경에서의 고객은 보다 많은 지식과 정보를 보유하게 됨으로써 이들을 효과적으로 응대하는 것은 기업에게 큰 부담이 되나, 이들과의 효과적인 커뮤니케이션은 기업에게 새로운 기회를 제공하기도 한다.

⑤ 이처럼 전통적인 마케팅 환경에서는 불가능하고 어려웠던 일들이 인터넷 환경에서는 가능하게 되었다. 무엇보다도 고객의 욕구를 정확하게 파악하여, 그 결과를 기업의 마케팅 활동에 즉각적으로 반영할 수 있게 되었다는 점이 가장 큰 인터넷의 효과이다.

	전통적 마케팅	온라인 마케팅
마케팅 환경	• 시장이 공간상으로 지역과 국가에 한정됨 • 기업이 주도적 역할을 함 • 기업 내부 사용으로 한정된 정보시스템	• 시장의 경계가 없어짐 • 고객이 주도적 역할을 함 • 외부와 연결되어 통합적으로 사용되는 정보시스템
마케팅 성공 요인	• 선도 기업으로서의 주도적 역할이 중요함 • 기업 간의 협력은 중요치 않음 • 고객과의 커뮤니케이션은 필요하나 많은 비용이 발생하므로 제한적으로 유지됨	• 고객의 반응이 주요 성공 요인임 • 기업 간의 전략적 제휴가 중요함 • 고객과의 커뮤니케이션이 중요함
기업 내 마케팅 위상	• 마케팅이 상품 개발을 주도함 • 마케팅 부서는 마케팅의 전위 역할을 수행함	• 마케팅 부서가 다른 업무 부서와 기술적으로 통합됨 • 전사적 마케팅으로 그 중요성이 보다 강조됨
고객에 대한 관점	• 고객들은 상품에 대한 지식과 정보가 적음 • 고객의 형태와 기대가 어느 정도 예상 가능함	• 고객들의 학습 증가로 상품에 대한 많은 지식과 정보 보유 • 고객을 집단이 아닌 개인 단위로 생각하여 기업 활동에 이용함

▲ 전통적 마케팅과 온라인 마케팅의 비교

전통적 마케팅	온라인 마케팅
일방적	쌍방향적
대중 마케팅	1대 1 마케팅
이미지 중심	정보 중심
상품 중심	관계 중심
수동적 고객	능동적 고객
간접 경로 위주	직접 경로

▲ 전통적 마케팅과 온라인 마케팅의 차이점

2 온라인 마케팅 전략

1. 온라인 마케팅 전략 수립 시 고려사항

① 온라인 마케팅 전략을 수립할 경우 다음과 같은 사항을 고려하여야 한다. 첫째, 온라인 마케팅도 마케팅이다. 온라인 마케팅을 생각하는 사람들의 대부분이 기술적인 요소에 집착하다 보면 웹 마스터를 먼저 떠올리는 경우가 많다. 그러나 창의적인 마케팅 아이디어가 결여된 온라인 마케팅은 의미가 없다. 온라인 마케팅에 필요한 시스템 구축과 유지는 마케팅 활동을 위한 필요조건이지 궁극적인 목표는 아니다. 온라인 마케팅의 성공은 마케팅의 기본 개념에 바탕을 둔 창의적인 마케팅 전략 개발에 달려 있다.

② 온라인 마케팅 전략을 수립할 때 중요하게 생각하는 또 다른 요소는 인터넷의 단점을 상기하면서, 마케팅 활동을 계획하여야 한다는 것이다. 일반적인 인터넷 이용자들은 자신에게 필요한 정보와 이를 제공하는 광고에 대해서만 많은 관심을 가지고 있다. 그 외의 다른 광고에 대해서는 좋은 시각으로 바라보지 않는다. 이용자들에게 전달되는 메일도 자신에게 직접 필요한 것 외에는 모두 스팸 메일로 간주하여 부정적으로 보는 경향이 있다.

③ 또한, 인터넷에서 자유롭게 게재되는 자사 상품에 대한 부정적인 정보 때문에 손해를 보는 경우가 있다. 한 마리의 미꾸라지가 깨끗한 물 전체를 흐려버린다는 말과 같이 단순하게 제시되는 개인의 부정적인 의견이 전체 고객에게 영향을 미칠 가능성이 매우 높다. 일반인들은 긍정적인 내용보다 부정적인 내용을 보다 쉽게 받아들인다는 것을 감안할 때, 이렇게 자유로운 부정적 의견 전달은 기업의 입장에서는 또 하나의 큰 부담으로 작용하고 있다.

④ 마지막으로, 인터넷 보안상의 문제점을 고려해야 한다. 이것은 인터넷을 이용하여 비즈니스를 하려 할 경우에는 언제나 가장 먼저 부딪히는 문제이다. 많은 고객들이 자신의 정보에 대한 우려감을 가지고 있다. 따라서 엄격한 제도와 신뢰할 수 있는 시스템이 개발되기 전까지는 보안상의 문제를 신중하게 고려하여 온라인 마케팅 전략을 수립해야 한다.

2. STP 전략 중 시장세분화

① 시장세분화(Segmentation)는 시장을 소비자의 니즈와 그들이 상품을 구입함으로써 얻고자 하는 편익 그리고 인구 통계적 요인 등을 기초로 하여 시장을 분류하는 것을 말한다. 참고로 마케팅에서 말하는 시장은 물리적인 개념의 동대문이나 남대문 시장을 의미하는 것이 아니라, 고객 니즈나 편익의 집합이다. 따라서 시장세분화는 니즈나 상품으로부터 얻고자 하는 편익이 유사하거나 인구통계적인 요인이 비슷한 고객끼리 동일 집단으로 분류하는 것을 말한다. 이러한 분류 작업, 즉 시장세분화는 소비자의 상품 구입 목적과 니즈에서 서로 간에 차이를 보이고, 그들의 구매 형태 또한 상이하나, 어느 정도 유사한 특징을 기준으로 분리하여 몇 개의 소그룹으로 나눌 수 있다는 가정 하에 수행된다.

② 시장세분화의 목적은 시장 상황을 정확하게 파악하고, 기업의 경쟁좌표를 확인하여, 표적 시장을 명확하게 설정함으로써 기업의 제한된 마케팅 자원을 효과적으로 배분하는 데에 있다.

따라서 시장세분화의 목적은 첫째, 소비자의 욕구, 구매동기 등을 구체적으로 분석하여 정확한 시장상황을 파악하고, 변화하는 시장수요에 적극적으로 대응할 수 있는 전략을 수립하는 데에 있다. 둘째, 기업의 강점과 약점을 확인하여 기업의 경쟁좌표 설정에 관한 정보를 획득하는 것이다. 셋째, 정확한 표적 시장 설정을 통하여 기업의 마케팅 활동을 집중하는 것이다. 마지막으로, 기업의 마케팅 활동에 따른 소비자의 반응을 분석함으로써 기업이 가지고 있는 제한된 자원을 적절하게 배분하여 높은 효과를 얻기 위한 전략을 수립하는 것이다.

요약하면, 시장세분화의 목적은 소비자의 니즈와 편익, 그리고 인구 통계적 요인 등을 분석하여 변화하는 시장의 수요에 적극적으로 대응하고, 기업의 강점과 약점을 파악하여 유리한 표적 시장을 정확하게 선택하여 집중함으로써, 기업의 제한된 자원을 효과적으로 활용하기 위함이다.

③ 시장세분화 방법은 일반적으로 좋은 변수를 사용하여야 효과적으로 세분화할 수 있다. 시장세분화에 사용되는 대표적인 변수는 다음과 같다.

- 나이, 성별, 가족 규모, 소득수준, 직업, 교육, 종교, 가정, 생활주기, 국적, 인구 등과 같은 인구통계학적 변수
- 지역, 도시 규모, 인구밀도와 같은 지리적 변수
- 특정 개인이나 집단의 활동, 관심거리 등의 라이프스타일(Life Style) 변수
- 사교성, 자율성, 보수성, 권위성 등의 개성 변수

- 소비자가 상품을 구매함으로써 얻고자 하는 편익(Benefit)과 같은 가치 변수

기업이 의미 있는 세분화 변수를 사용한다하여도 다음 사항을 고려하여 세분화를 수행하여야 한다.

- 세분 시장은 정보의 측정 및 획득이 용이해야 한다. 즉, 기업이 세분 시장의 규모와 잠재고객의 구매력 및 세분 시장의 프로필 등에 관한 정보를 손쉽게 얻을 수 있어야 한다. 이를 위해서는 가능한 한 세분 시장의 특성을 손쉽게 파악할 수 있는 변수를 이용하여 세분화하는 것이 필요하다. 일반적으로 인구 통계적 변수나 지리적 변수로 세분화할 경우에는 라이프 스타일이나 개성 변수로 세분화하였을 때보다 세분 시장에 대한 정보수집이 쉽다. 그러나 인구통계적 변수보다 라이프스타일과 같은 변수를 사용하여 세분화하였을 때, 세분 시장에 대한 보다 깊이 있는 정보를 더 많이 얻을 수 있다. 즉, 측정용이성과 정보의 양과 질은 서로 트레이드오프(Trade Off) 관계에 있다. 따라서 기업은 자신의 역량과 시장의 상황을 잘 판단하여 세분화 변수를 선택하여야 한다.
- 세분 시장은 수익성이 보장되어야 한다. 즉, 세분 시장은 충분히 크고 잠재구매력이 높아서 기업이 선택하여 공략하면 충분한 이윤을 창출할 수 있어야 한다. 수익성이 결여된 세분 시장은 이윤추구를 목표로 하는 기업에게는 의미가 없다. 따라서 세분화된 시장은 수익성과 가치가 어느 정도 보장될 수 있어야 한다.
- 세분 시장은 전달성이 높아야 한다. 기업은 세분 시장에 손쉽게 접근하여 전달하고자 하는 메시지를 효과적으로 전달할 수 있어야 한다. 즉, 기업은 특정한 세분 시장에 속한 잠재고객들을 언제든지 선별하여 접근할 수 있어야 한다.
- 세분 시장은 명확한 구분성과 차별된 반응성이 높아야 한다. 각각의 세분 시장은 서로 분명하게 구분되고, 기업의 다양한 마케팅믹스 전략에 따라 다르게 반응하여야 하며, 그 반응을 기업이 측정할 수 있어야 한다. 특히 선정된 세분 시장은 기업의 입장에서 가치 있는 고객군이다. 따라서 모든 마케팅 활동에 대한 이들의 반응을 측정할 수 있어야 기업은 보다 효과적으로 마케팅 활동을 수행할 수 있다.
- 세분 시장은 일관성과 지속성이 있어야 한다. 즉, 세분 시장은 일정기간 유지될 수 있어야 한다. 세분 시장을 나눈 기준이 수시로 변하면 기업은 세분 시장에 따른 체계적인 마케팅 전략을 수립하여 실행하기 어렵다. 따라서 세분 시장은 기업이 마케팅 전략을 수행하는 동안 지속될 수 있어야 한다.

3. STP 전략 중 표적 시장

① 표적 시장의 선정(Targeting)은 각각의 세분 시장의 매력 정보를 분석하여, 기업의 한정된 자원을 가장 효과적으로 활용할 수 있는 세분 시장을 선택하는 것이다. 표적 시장 선정은 다양한 세분 시장을 평가하여, 기업이 가장 효과적으로 공략할 수 있는 하나 또는 몇 개의 세분 시장을 선택하는 것으로 정의된다.

② 표적 시장을 선정하는 기준은 다음과 같다.
- 기업이 특정한 세분 시장을 선정하여 집중할 경우 어느 정도의 수익을 창출할 수 있겠는가를 판단하여야 한다.
- 장기적으로 미래의 수요를 고려한 경쟁 수준에 대한 예측과 그에 대한 대응 전략을 마련하는 것이 무엇보다 중요하다.
- 기업이 추구하는 목표와 표적 시장이 일치하여야 한다. 기업의 비전과 미션 그리고 기업의 목표를 표적 시장에서 얼마나 효과적으로 달성할 수 있겠는가를 신중하게 고려하여 표적 시장을 선정하는 것이 중요하다.
- 기업이 보유하고 있는 능력과 자원을 고려해야 한다. 아무리 좋은 세분 시장일지라도 기업의 인적 그리고 기술적 능력으로 감당하기가 어렵다면 표적 시장으로 선정하여 역량을 집중하기에 문제가 있다. 또한 특정 세분 시장을 표적 시장으로 선정한다고 하여 다른 세분 시장을 포기하거나 소홀하게 취급해도 된다는 것이 아니다. 다만 선정된 세분 시장에서는 기업의 이미지와 상품이 더욱 두드러지게 나타날 수 있으므로, 그 세분 시장에 기업의 역량과 마케팅 활동을 집중하는 것이 바람직하다는 뜻이다.

③ 마이클 포터의 5요인 분석을 이용한 세분 시장 내의 경쟁 분석

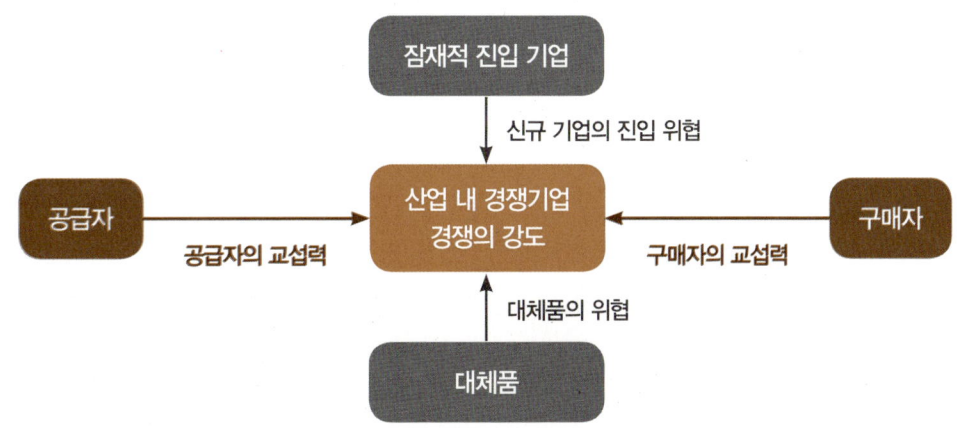

세분 시장 내의 경쟁 분석은 얼마나 많은 경쟁기업이 세분 시장 내에 있는가와 그들의 시장점유율과 영향력이 어느 정도인지를 분석하는 것이다.

- 세분 시장 내에 규모나 경쟁력이 비슷한 업체들이 많은 경우에 경쟁이 치열하다. 어른과 아이들이 같이 있을 때보다 또래의 아이들끼리만 모였을 때 다투는 경우가 많은 것과 마찬가지이다. 확연한 차이가 나면 서로 경쟁상대가 되지 않기 때문에 경쟁을 덜하게 된다.
- 산업 전체나 세분 시장의 성장이 둔할 경우 경쟁이 치열하다. 확장되지 않고 고정된 파이를 서로 나누어야 하기 때문에 경쟁은 당연히 치열해질 수밖에 없다.
- 높은 고정비를 필요로 하는 산업의 세분 시장이 낮은 고정비를 필요로 하는 세분 시장보다 경쟁이 치열하다. 높은 고정비를 투자하여 시장에 참여하였기 때문에 상대적으로 낮은 변동비의 추가적 투자에 대해서는 모두 적극적일 수밖에 없기 때문에 경쟁이 치열해진다.
- 시장 내 상표 간의 차별성이 적어 소비자의 상표 전환비용이 작을수록 경쟁이 치열하다. 예를 들어, 가솔린이나 경유를 파는 주유소들 간에 가격 경쟁이 치열한 이유는 바로 차별성이 적은 유류라는 제품의 특성으로부터 비롯된다.
- 기업이 생산 능력(Capacity)을 늘리고자 할 경우 약간씩 증가시키는 것이 어렵고 큰 단위로만 증가시킬 수 있을 때 경쟁은 치열해진다. 예를 들어 전력 산업의 경우 생산 능력의 추가적인 증가는 새로운 발전소의 설립으로 이어질 수 있다. 또한 반도체 산업의 경우도 대용량 생산라인의 증설을 필요로 한다.
- 다른 고정된 경쟁 요인보다도 전략과 같은 유동적인 요인에 따른 효과가 큰 경우에 경쟁이 높다. 즉, 좋은 전략을 수행할 경우 그에 대한 성과가 높고 반면에 잘못되었을 때 치러야 하는 대가 또한 높은 시장이 그렇지 못한 시장보다 경쟁이 심하다. 예를 들어 은행보다는 증권이, 증권보다는 투신사가 경쟁이 치열하다.
- 기업이 시장에서 나가고자 할 경우에도 이탈 장벽이 높아 많은 대가를 지급해야 한다면 그 시장은 경쟁이 심한 것이다. 왜냐하면 시장에 들어오는 기업은 있어도 나가는 기업이 적기 때문에 당연히 경쟁이 치열해질 수밖에 없다.

④ 잠재적으로 진출할 기업이나 상표들이 얼마나 있는지 조사하여야 한다. 세분 시장에 다른 기업이 쉽게 진출할 수 있다면 이 세분 시장은 별로 매력적이지 못하다. 얼마 전까지만 해도 인터넷을 기반으로 한 많은 기업들이 생겨났었고 지금도 인터넷 사업을 위한 창업은 계속되고 있다. 그러나 인터넷 비즈니스 시장의 경우에는 너도 나도 쉽게 시장에 진출할 수 있기 때문에, 즉 진입장벽이

낮기 때문에 경쟁이 심해져서 좀처럼 성공하기 힘들다.

따라서 시장에 독특하고 높은 진입장벽이 있어서 쉽게 들어오지 못할 경우, 이 세분 시장은 높은 매력도를 가진다고 볼 수 있다. 예를 들어, 세분 시장 진입에 대하여 정부의 규제가 있거나, 규모의 경제나 대규모 초기 투자가 필요한 경우, 혹은 고도의 기술로 상품의 차별성이 높다든가, 새로운 판매 채널의 확보가 어렵든가, 아니면 일단 진입하였으면 빠져 나오기가 어려운 시장은 진입장벽이 높다고 볼 수 있다. 이외에도 새로운 진입자에게 현재 세분 시장 구성원들이 저가정책을 수행하는 등 강한 보복이 예상되는 시장도 진입장벽이 높은 시장으로 평가된다. 삼성전자가 처음 반도체 시장에 뛰어들었을 때에도 기존의 반도체 업체들이 저가정책을 펼치며 강력하게 반발했던 사례도 있다.

⑤ 공급업자의 협상력에 대하여 평가하면, 상품생산에 필요한 원자재를 공급하는 공급자들이 손쉽게 담합할 수 있으며 그 시장은 매력적이지 못하다. 예를 들어, 석유수출국인 OPEC 국가들이 손쉽게 담합하여 생산량을 조정한다면 원유를 주원료로 하는 산업이나 시장은 공급업자의 손에 좌우될 수 있으므로 그렇지 않은 시장보다 매력적이지 못하다. 즉, 공급자의 협상력이 너무 크면 그 세분 시장은 매력적이지 못하다.

⑥ 세분 시장에서 현재 거래되고 있는 상품을 대체할 수 있는 다른 상품들이 많으며, 그 세분 시장은 매력적이지 못하다. 예를 들면, 음반 산업에서 카세트나 일반 CD는 MP3로 대체되었다. 이런 경우에 기존의 카세트와 CD를 상품으로 파는 시장은 매력도가 떨어진다고 볼 수 있다.

⑦ 구매자들이 성장가능성과 구매 능력 그리고 생존 및 결재 능력에 대한 전반적인 평가가 필요하다. 또한 구매자들이 가격에 어느 정도 민감한가도 중요한 평가요인이 된다. 가격에 민감한 구매자가 많을수록 그 시장은 매력적이지 못하다. 저가의 생필품 시장이 고가의 수입품 시장보다 매력적이지 못한 이유 중의 하나가 바로 구매자의 높은 가격민감성이다. 고가의 상품을 구매하는 사람들은 저가의 상품을 구매하는 사람들보다 오히려 가격에 덜 민감하다.

또한 구매자들의 단합력이나 소비자단체 등을 통한 협상력이 타 산업이나 시장에 비하여 강하다면 그 시장은 매력적이지 못하다. 이외에도 구매자를 대하는 데에 어려움이나 과도한 비용, 그리고 우수한 구매를 선정하는 데에 있어서의 어려움 정도 등도 구매자 평가에 중요한 요인이다.

4. STP 전략 중 포지셔닝

① 포지셔닝(Positioning)이란 인간이 마음속에 뛰어드는 길(잠재 고객의 마음 속에 자신의 이미지와 상품을 인식시키는 것)이다. 원래 포지셔닝이란 말은 1972년 라이스와 트라우트가 처음 소개한 말로, 고객의 마음속에 행해지는 어떤 창의적인 활동으로 인식되고 있다. 일반적으로 포지셔닝은 상품, 서비스, 기업, 심지어는 사람을 포함한 특정한 대상의 이미지를 사람들의 마음속에 위치(인식)시키는 것으로 정의되고 있다. 마케팅 측면에서 포지셔닝은 기업이 자신의 차별적인 이미지를 상품이나 서비스 혹은 특정한 기업 활동 등을 이용하여 고객들의 머릿속에 각인시키는 것이다.

이러한 포지셔닝이 중요한 이유는 마케팅은 궁극적으로 상품의 싸움이 아니고 인식의 싸움이기 때문이다. 시장에 먼저 나왔다고 성공하는 것이 아니라 고객의 마음속에 먼저 들어가야만 성공할 수 있기 때문이다.

일반적으로 시장에 나와 있는 대부분의 상품들은 소비자들의 마음속에 어떤 위치를 차지하고 있다. 예를 들어, IBM은 세계에서 가장 규모가 큰 컴퓨터회사로, 코카콜라는 세계에서 가장 큰 청량음료회사로, 롤스로이스는 세계에서 가장 고급스러운 자동차로 인식된다. 이러한 상표들은 소비자들의 머릿속에 확고한 위치를 차지하고 있기 때문에 경쟁자가 그 위치를 빼앗는 것이 무척 어렵다. 그러나 만일 어떤 특정 기업의 상품을 소비자가 인식하지도 못하고 있다면, 그 상품은 시장에 나와 있어도 소비자의 마음속에 포지셔닝되어 있지 않아 구매될 가능성이 거의 없다. 왜냐하면 이러한 상품은 시장에는 존재하나 실제 구매를 결정할 소비자의 마음속에 존재하지 않기 때문이다.

포지셔닝은 상품뿐 아니라 개인들에게도 중요하다. 예를 들어, 마케팅팀에 근무하는 김 대리가 누구인지 동료나 상사 직원들이 모른다면, 김 대리는 회사에 책상과 모든 것이 다 있지만, 실제적으로 그를 평가하거나 필요로 하는 사람에게는 존재하지 않는 것과 마찬가지이다.

그러면 과연 자신의 기업과 상품을 소비자들의 머릿속에 성공적으로 포지셔닝하기 위한 전략으로는 무엇이 있을까?

② 대표적인 포지셔닝 전략은 다음과 같다.
- 포지셔닝이 경쟁기업과의 차별성을 고객들에게 널리 알리는 것이라고 보았을 때 과연 어떠한 전략이 효과적인가? 포지셔닝 전략은 현재 기업 능력이나 주변 상황에 따라 달라진다. 그러나 가장 대표적인 포지셔닝 전략은 무엇보다도 소비자의 마음속에 최초가 되는 것이다. 더 좋은 것이 되는 것보다 맨 처음의 것이 중요하다. 왜냐하면 대부분의 사람들은 최초로 인식된 것을 가장 좋은 것이라고 생각하고, 처음 것만 기억하는 습성이 있기 때문이다.

이와 같이 사람들은 최초를 기억한다. 따라서 시장경쟁에서는 남보다 앞서 나가는 것이 무엇보다 중요하다. 더욱이 일단 업계선두가 되기만 하면 그것을 지키는 것은 선두의 위치를 탈환하는 것보다 쉽다. 이러한 것은 복사기 시장의 예에서 쉽게 살펴볼 수 있다. 제록스가 업계의 선두를 차지한 다음 장기간 최고의 자리를 고수할 수 있었다. 비록 경쟁사에서 기술력이나 기타 유용성이 부가된 제품을 출시하여도, 고객들의 머릿속에 복사기하면 제록스라는 이미지가 그려져 있기 때문이다. 즉, 제록스사의 포지션 장벽을 넘지 못하기 때문이었다. 따라서 제록스가 단지 고객들의 그러한 포지션만을 믿고 연구개발 등 기본적인 기업활동을 태만히 하지 않는 한, 업계의 선두를 지키는 것은 그리 어려운 일은 아닐 것이다.

- 특정 분야에서 선두를 내준 기업이나 상품은 어떠한 포지셔닝 전략을 수립해야 하는가? 잠재고객의 인식 속에 최초의 위치를 점유하지 못한 기업이나 상품들의 포지셔닝 전략으로 다음의 세 가지를 들 수 있다.

  - 현재의 포지션(위상)을 더 강하게 강조하며 높이는 것이다.
    - 예 Avis 렌트카 '우리는 업계2위이다.'
    - 데이콤 '같이 뛰어야 경쟁력이 높아집니다.'

  - 1등이 아니면 1등 그룹을 형성하는 것이다.
    - 예 미국의 Top 10 University(아이비리그의 대학)

  - 최초가 될 수 있는 조그만 틈새를 찾아라.
    - 예 성: 여성전용 고시원, 여성만의 껌
    - 나이: 고시 최연소 합격자와 최고령 합격자

- 경쟁상대를 재포지셔닝시키는 것이다.
  - 소비자 마음속의 경쟁사 상품을 재포지셔닝함으로써 자신의 포지션을 구축하는 것이다.
    - 예 타이레놀 '아스피린이 받지 않는 사람을 위해 여기에 타이레놀이 있다.'
  - 자사상품이 아닌 경쟁상품에 대한 소비자의 생각을 바꾸는 것이다.
    - 예 아시아나항공 '새 비행기를 타시겠습니까? 헌 비행기를 타시겠습니까?'
  - 재포지셔닝과 비교 광고를 하는 것이다.
    - 예 연비가 뛰어난 차는 연비를 비교하고, 엔진 성능이 우수한 차는 엔진을 비교하여 광고

- 미국의 경영학 교수인 마이클 포터는 기업이 산업 내에서 경쟁우위를 달성하기 위하여 추구해야 할 3가지의 기본적인 경쟁 전략을 제시하였다.
  - 원가우위 전략은 규모의 경제를 통하여 비용상의 우위를 확보하는 것을 말한다.
  - 차별화 전략은 기업의 독특한 상품, 서비스, 인적자원 및 이미지를 경쟁사와 구분되게 구축하는 것으로서 포지셔닝의 중요한 요인이 될 수 있다.
  - 집중화는 한정되어 있는 기업의 역량을 효과적으로 집중해 사용함으로써 경쟁우위를 확보하자는 것이다. 예를 들어, 나무책상 위를 엄지손가락으로 꾹 눌러도 아무런 흔적이 남지 않는다. 그러나 엄지손가락 앞에 압정을 하나 놓고 같은 힘으로 누르면, 쑥 들어간다.

③ 포지셔닝 전략의 수립 및 실행 과정은 다음과 같다.
- 현재의 포지션을 파악하기 위해서는 우선 소비자들의 마음속에 자신의 기업이 어떻게 위치하고 있는가를 알아야 한다. 특히 경쟁 기업들과 비교하여 어떻게 인식되고 있는가를 파악하는 것은 자사의 상품이나 서비스 콘셉트를 경쟁 기업과 차별되게 포지셔닝하기 위하여 필요한 가장 기본적인 작업이다.
- 장기적인 관점에서 소유하고 싶은 포지션을 탐색하고 발견하는 과정이다. 일반적으로 경쟁관계가 치열한 경우에는 가능한 한 소비자가 중요하게 생각하는 부문 중에서 빈 공간을 찾아 낼 수 있도록 하여야 한다.
- 만일 같은 포지션을 놓고 경쟁하여야 한다면, 누구와 경쟁할 것인가를 결정한다. 오늘날 시장에는 너무나 많은 경쟁상대가 있기 때문에 경쟁 없이 효과적으로 포지셔닝하는 것은 거의 불가능하다. 그러나 중요한 것은 가능한 한 마켓리더와 정면 대결하는 무모함을 범하지 말고, 자사의 특성을 냉철히 파악하여 현재 시장에서 점유되지 않은 틈새를 찾아서 포지셔닝하는 것이 바람직하다.
- 목표로 하는 포지션 획득 및 유지를 위한 자사의 가용자원을 파악한다. 고객 홍보 활동에는 많은 비용과 노력이 필수적이다. 따라서 처음부터 전국 규모의 전체 시장을 소구 대상으로 하기보다는 규모와 성장률, 구조적인 요인, 자사의 목표와 재원 등을 고려하여 평가한 후, 진출할만한 가치가 있고 가장 효과적으로 공략할 수 있는 한 두 개의 세분된 표적 시장을 선정하여 집중하는 것이 바람직하다. 일단 표적 시장에서 효과적으로 포지셔닝한 후 그곳에서의 성공을 기반으로 하여 적용 시장을 넓혀가는 전략이 효과적이다.
- 목표로 하는 포지션을 획득하는 단계이다. 치밀하고 신속한 마케팅 계획과 실행으로 소유하고 싶은 포지션을 획득한다.

- 일단 획득한 포지션은 지속적으로 차별되게 유지되도록 하여야 한다. 이를 위해서는 기본적인 포지션의 차별성을 중도에 크게 바꾸지 말고 일관되게 유지하는 것이 중요하다. 고가의 고급스러운 포지션을 구축하고 있던 브랜드가 수시로 바겐세일을 실행한다면 축적된 가치의 포지션을 스스로 벗어던지는 우를 범하는 것이 된다. 따라서 일단 구축한 포지션은 이에 위배되지 않도록 모든 분야에서 세심한 주의가 요구되며, 획득된 현재의 포지션이 목표로 하는 포지션과 일치하는가를 수시로 점검하여야 한다.

▲ 포지셔닝 전략의 수립 및 실행 과정

5. 4P 전략 – 상품 전략

① 인터넷 상품의 특징은 다음과 같다.
- 인터넷상의 상품은 정보 중심적이다. 인터넷 상품은 상품 자체보다 상품이 제공하는 기능이나 내용을 중요하게 여기기 때문에 정보 중심적인 상품이 많다.
- 실제로 체험하거나 직접 눈으로 확인한 후에 구입하는 것이 아니기 때문에 품질에 대하여 신뢰할 수 있는 상품들이 많다.
- 컴퓨터를 사용하여 인터넷에 접속하기 때문에, 소프트웨어처럼 컴퓨터와 관련된 상품이 많다.
- 소프트웨어, 음악, 영상, 주식 정보 등과 같이 디지털화된 상품이 주류를 이룬다.
- 입장권이나 비행기 티켓과 같이 만기가 있는 상품, 즉 사용시간이 제한된 상품이 많다.

② 인터넷상의 상품은 오프라인상의 상품과 달리 맞춤상품이 많다. 그 이유는 인터넷상의 고객과 오프라인상의 고객이 다르기 때문이다. 최근에 급성장하는 통신과 미디어 및 인터넷 정보환경은 새로운 형태의 고객인 사이버 고객들을 탄생시키고 있다. 이러한 사이버 고객들은 기업이 스스로 알아서 자신들의 특성과 취향에 맞추어 상품과 서비스 및 정보를 제공하여야 한다고 생각한다. 또한 상품의 구매시간과 장소를 비롯하여 심지어 가격에 대한 결정까지도 더 이상 기업의 권한으로 생각하지 않고, 소비자 자신들이 스스로 선택하고 결정하는 것으로 생각한다.

따라서 이러한 사이버 고객들을 응대하여야 하는 기업은 고객 개인별 선호나 취향에 맞는 상품과 서비스를 주문 생산하여 제공하는 고객화가 무엇보다도 중요한 인터넷상의 상품 전략으로 인식하고 있다.

또한 인터넷이라는 매체가 기업으로 하여금 유용한 고객 정보를 수집할 수 있도록 도와주는 역할을 하고 있다. 고객이 웹 사이트를 방문하였을 경우 웹 사이트상에서 행한 모든 내용이 로그 파일로 저장되기 때문에 기업은 고객의 행적을 추적하고 분석할 수 있다. 또한 고객이 웹 사이트에서 제공하는 서비스에 가입함으로써 기업은 보다 쉽게 고객의 이메일(e-mail) 주소를 비롯한 다양한 정보를 얻을 수 있다. 기업은 이렇게 얻은 고객의 정보를 종합적으로 분석하여 이를 마케팅 활동에 효과적으로 활용할 수 있도록 하여야 한다.

③ 상품의 정보화란 오프라인상의 상품을 온라인상의 정보로 포장하는 상품 전략을 말한다. garden.com에서는 자신의 정원을 가상적으로 꾸며볼 수 있는 기회를 제공한다. 또한 성형외과나 치과의 경우 수술 이후 자신의 모습을 가상적으로 보여줌으로써, 고객이 안심하고 수술을 받을 수 있게 도와준다.

이외에도 디지털 방식으로 다시 만들어진 책, 사진, 음악, 비디오 등과 같은 인터넷 디지털 상품은 주로 오프라인 상품을 강화시키고 이를 포장하는 역할을 한다. 따라서 앞으로는 오프라인상의 상품과 온라인상의 상품이 결합된 상품과 서비스가 일반화될 것으로 예상된다.

6. 4P 전략- 가격 전략

① 가격은 인터넷 마케팅의 중요한 요인으로 등장하였다. 물론 오프라인상에서도 중요한 요인이지만, 인터넷상에서 고객의 정보탐색이 더욱 쉬워짐에 따라, 가격이 더욱 주의를 끌게 되었다. 가격을 판촉요인으로 사용하는 경우도 많다.

일반적으로 소비자가 인터넷을 이용하여 상품을 구매하는 주요 동기로 저렴한 가격, 정보검색의

용이성 그리고 비교쇼핑의 즐거움을 들고 있다. 이중에서도 저렴한 가격에 대한 기대가 가장 중요한 동기로 인식되고 있다. 이와 같이 온라인상의 소비자들은 가격에 대한 기대가 큰 만큼 가격에 매우 민감하여 높은 가격탄력성을 보이는 것도 인터넷 가격의 특징이다. 따라서 가격 전략은 인터넷 마케팅에서 가장 중요한 요인 중의 하나이다.

② 인터넷 가격은 다음과 같은 비용절감요인이 있다.
- 가격의 주요한 부분을 차지하는 점포비용이 거의 없다. 왜냐하면 물리적인 매장이 필요 없으므로 매장 구입 혹은 임차비용이 절감되고, 인터넷 쇼핑몰의 경우에는 인터넷 웹 페이지 제작과 유지비용만 있으면 사업이 가능하기 때문이다.
- 운용비용이 저렴하다. 오프라인과 비교하면, 상점운영비용이 매우 저렴하다. 또한 종업원이나 주인이 가게를 계속 지킬 필요가 없으며, 상품에 대한 문의는 FAQ(Frequently Asked Questions)를 통해 해소할 수 있으므로 인건비가 거의 들지 않는다.
- 서류작업비용이 거의 없다. 판매 시 발생하는 모든 서류작업이 자동화될 수 있다. 인터넷 상거래는 컴퓨터를 매개로 하기 때문에 상품 주문, 주문서류 접수, 해당 부서 이관, 배달지시 등 모든 작업이 서류 재작성 없이 매우 빠른 시간 내에 진행될 수 있다. 따라서 서류 작업 과정에서 발생하는 비용이 매우 적게 든다.
- 유통비가 절감된다. 중간 상인이 개입하지 않으므로 유통비를 대폭 절감시킬 수 있다. 이와 같은 다양한 비용 절감 효과로 인하여 인터넷상의 상품 가격은 오프라인상의 가격보다 저렴하다.

③ 인터넷에서의 가격경쟁은 오프라인에서보다 치열하다. 그 이유는 다음과 같다.
- 고객이 주도권을 가지고 가격을 결정하는 경향이 있기 때문이다. 기존의 거래 형태는 기업체가 제시한 가격에 소비자들이 일방적으로 따라야 했다. 그러나 웹상에서 이루어지는 온라인 거래에서는 구매자가 주도권을 쥐고 있는 역 시장 형태를 띠고 있다. 따라서 구매자에게 제안하는 기업체들은 자연적으로 가격경쟁이 심화되는 경향이 있다.

  일반적으로 유통업체에 따라 동일한 상품에 대해 제시하는 가격과 옵션은 천차만별이다. 반면에 소비자들은 이들 간의 차이를 효과적으로 비교하기를 원하고 있다. 이러한 소비자의 욕구를 충족시키는 것을 비즈니스 모델로 하여 만들어진 사이트가 다나와(danawa.com)이다. 다나와 사이트는 소비자가 원하는 상품에 대한 가격정보를 제공함으로써, 가격비교를 통한 소비자들의 구매의사결정을 도와준다.

- 끊임없는 가격경쟁이 이루어진다. 인터넷상에서는 정보장벽이 없기 때문에 가격정보가 공개됨

으로써 기업체들 간의 가격경쟁이 심화된다. 소비자들은 비교쇼핑을 통해 가격이 가장 싼 기업에서 상품을 구입하고자 하기 때문에 모든 웹상의 기업체들은 저가정책을 일반화하려는 경향이 있다.

- 기업은 경쟁자의 가격에 매우 민감해진다. 가격을 비교할 수 있는 정보 제공 사이트가 많이 생겼기 때문에, 항상 경쟁업체의 가격 정책에 신경을 써야 한다. 왜냐하면 몇 번의 클릭만으로 동일 상품에 대한 가격정보를 손쉽게 파악할 수 있기 때문에 소비자들이 별 부담 없이 경쟁업체로 이동할 수 있기 때문이다.

④ 인터넷상에서의 대표적인 가격 전략으로는 주문량에 따른 가격 할인, 유인가격 전략, 묶음가격 전략 등이 있다. 주문량에 따른 가격할인은 상품의 주문량이 많아지면 주문이나 배달을 처리하는 각종 비용이 절감된다. 즉, 단위당 처리비용과 배달비가 줄어들기 때문에 인하될 수 있는 할인가격을 제시하여 가능하면 한꺼번에 주문하도록 유도하는 것을 말한다.

유인가격 전략은 일부 품목을 파격적인 싼 가격으로 판매하거나 원가 이하로 판매함으로써, 고객의 사이트 방문 빈도(Traffic)를 증가시켜, 일반 방문 고객들에게 유인품목 이외의 다른 품목들을 정상 가격에 구입하도록 유도하는 전략을 말한다. 이러한 유인가격 전략은 판매촉진, 재고정리, 신상품 소개 등에 유용한 전략으로써 오프라인에서도 많이 사용된다.

묶음가격 전략은 신상품이나 인기 있는 상품을 그렇지 않은 상품과 한 묶음으로 만들어 두 상품을 낱개로 구입할 때보다는 싼 가격에 파는 것이다. 그러나 이 경우에도 각각의 상품가격을 비교할 수 있어야 하고 따로따로 살 수 있는 기회를 마련해 놓아야 한다.

⑤ 인터넷 가격민감성과 경쟁성을 이용한 비즈니스 모델이 많이 개발되고 있다. 인터넷에서 활용되고 있는 경매와 공동구매 등도 바로 가격경쟁을 이용한 비즈니스 모델이다. 특히 인터넷 경매는 인터넷의 특징을 효과적으로 활용한 매우 이상적인 비즈니스 모델로 자리 잡고 있다. 또한 일반경매 외에도 고객이 결정한 가격에 기업이 입찰하는 역경매가 흥미 있는 비즈니스 모델로 등장하고 있다.

예를 들어, 제주도 특급호텔에서 2박 3일간 지내는 여행상품을 구입하고자 할 경우, 고객은 자신이 지급하고자 하는 가격의 상한선, 예를 들어 30만 원을 제시한다. 이러한 가격대에 맞출 수 있는 여행사가 자신들의 상품을 제시하면, 고객은 제시된 상품 중에 가장 바람직한 상품을 선택한다. 이러한 경매 과정은 판매자가 가격을 제시하는 것이 아니라 구매자가 가격을 제시하여 상품이 거래되는 것이므로, 이를 경매의 반대 형태라 하여 역경매라 칭하고 있다. 이러한 역경매의 대표적인 기업에는 프라이스라인(priceline.com)이 있다.

특히 이러한 역경매는 판매자가 경쟁으로 인한 가격노출에 대해 느끼는 거부감을 해소해줄 수 있다. 또한 쇼핑몰을 자율적으로 구성하여 광고할 수 있기 때문에, 판매로 연결되지 못하더라도 최소한의 광고 효과를 누릴 수 있는 장점이 있다.

7. 4P 전략 – 촉진 전략

① 기업은 소비자의 욕구에 맞는 상품을 개발하고, 그것을 적당한 가격으로, 소비자가 쉽게 접근할 수 있는 유통경로를 통해 시장에 투입한다. 그러나 소비자에게 상품을 알리고 권유하며 구매를 자극하는 촉진 활동 없이는 최종적인 판매가 제대로 이루어지지 않는다. 이러한 촉진의 중요성은 시장경쟁이 치열해짐에 따라 더욱 높아지고 있다. 촉진은 표적 소비자로부터 기업이나 상품에 대하여 호의적인 반응을 얻기 위해 행해지는 일종의 커뮤니케이션 활동이다.

인터넷이라는 가상공간상의 의사소통은 단 방향(one-way)이 아니라 쌍방향(two-way)이라는 측면에서, 판촉 활동을 하기에 아주 적합하다. 따라서 인터넷이 활성화되면서 촉진 형태도 단 방향에서 쌍방향으로 바뀌었다. 또한 규모면에서도 오프라인에서 이루어지는 캠페인에 비해 보다 광범위하고 체계적으로 이루어질 수 있게 되었다.

오프라인상의 매스미디어의 광고모델로는 AIDMA(Attention → Interest → Desire → Memory → Action) 모델이 많이 인용된다. 오프라인상의 AIDMA 모형에서는 기억(Memory)은 직접적인 행동(Action)으로 나타나는 것이 아니라 어느 정도 시간이 흐르고 거리의 갭이 없어진 다음에야 행동으로 나타날 수가 있다. 즉, 기억과 행동단계 사이에는 시간과 거리의 갭이 존재한다는 문제가 있다.

그러나 촉진 형태가 쌍방향으로 진행되는 온라인상에서는 기억과 행동단계 사이에 단절됨이 없이, 생각된 즉시 한 번에 구매가 할 수 있게 되었다. 또한 대화형으로 전개하면서 상품을 구매할 수 있도록 기술이 발달하였고, 인터넷에 대한 믿음이 높아짐에 따라 거래의 성사율도 점차 향상되고 있다. 또한 인터넷은 다른 어떤 매체에 비해서도 뛰어난 타깃팅 능력을 보유하고 있기 때문에, 과학적인 촉진 활동을 위한 훌륭한 환경을 제공하고 있다. 따라서 인터넷을 이용한 촉진 활동은 매우 효과적이며, 그 결과도 빠르고 정확하게 알 수 있으므로, 인터넷은 촉진 활동의 지속적인 발전과 향상에 크게 기여하고 있다.

② 인터넷상에서 볼 수 있는 판매촉진의 대부분은 상품을 좀 더 원활하게 판매하기 위한 단기적인 자극이다. 대표적인 인터넷 판매촉진으로는 상호작용성을 이용한 캠페인이나 경품행사를 통한 고객유치 및 아이디어 창출이 있다. 인터넷 판매촉진의 여러 방법들 중 인터넷 쿠폰, 전자메일, 경품행사 및 이벤트를 통한 판촉 활동에 대해서 살펴보겠다.

- 인터넷쿠폰: 쿠폰이란 한 장씩 떼어서 쓸 수 있게 만든 회수권, 경품권, 상품 구입권 등을 말한다. 정해진 기간 동안 상품을 구입할 경우, 구매가격에서 쿠폰에 표시된 금액만큼 할인해준다. 이제까지 대부분의 쿠폰은 오프라인 상에서 사용되었으나, 인터넷의 발달로 인해 온라인상에서 보다 더 급속하게 파급되고 있다.

- 이메일: 네티즌들은 자신들이 원하는 정보를 얻기 위해 특정 사이트에 가입한다. 일반적으로 회원가입할 때 자신의 관심 분야에 대한 정보를 제공하게 된다. 기업은 데이터베이스에 축적된 고객의 정보를 이용하여 자사가 취급하는 상품을 구입하고 서비스를 사용하도록 권유하는 이메일(e-mail)을 보낸다. 이러한 이메일은 고객들에게 상품과 서비스를 권유하는 대표적인 판촉 방법으로 사용된다.

예를 들어, 한 네티즌이 컴퓨터 소프트웨어를 얻기 위해 네이버(naver.com)에 회원으로 가입할 경우, 회원으로 가입하는 과정에서 자신이 관심을 가진 상품에 대한 정보를 네이버에 제공한다. 네이버는 제공된 정보를 분석하여 컴퓨터, 목걸이, 운동화, 신발, 손목시계 등 개별회원의 취향에 맞춰 선정한 다양한 상품 정보를 회원들에게 이메일로 보내줌으로써 판매를 촉진시킨다.

- 경품행사와 이벤트: 인터넷 판매촉진의 또 다른 유형은 인터넷상의 경품행사와 이벤트이다. 경품행사와 이벤트를 통하여 자사의 웹 사이트를 자주 방문할 수 있도록 유도하고, 자사 상품과 서비스를 널리 알린다. 그러나 고객의 관심을 집중시킬 수 있는 효과적인 경품과 이벤트행사를 위해서는 독창적인 아이디어가 필요하다.

예를 들어, TV 드라마 중에 인기 있는 작품의 이름을 딴 이벤트를 개최하는 것이다. 이 이벤트는 드라마의 요소를 반영하여 상품을 구성하고 경품에서도 이런 요소를 반영하는 것이다.

또한 이러한 경품이나 이벤트 행사는 다른 웹 사이트와 네트워크를 형성하여 서로 같이 실행하는 것이 효과적이다. 따라서 서로 도와줄 수 있는 기업들 간의 전략적 제휴는 판촉을 비롯한 인터넷 마케팅에 있어서 매우 중요한 필수적인 요인이다.

③ 인터넷상에서 광고를 실시하고자 한다면, 우선 표적 시장을 선정하여야 한다. 즉, 광고하고자 하는 상품에 관심을 보일 수 있는 잠재고객들이 누구인지를 파악하여야 한다. 다음으로 이러한 표적

시장의 고객들이 주로 어느 시간대에 어느 사이트를 어떠한 목적으로 얼마나 자주 찾는지를 분석하여 광고 활동을 계획하고 수행하여야 한다.

온라인 광고는 오프라인의 경우와 마찬가지로 보는 사람의 마음에 상품 이미지를 창출하는 것을 우선적인 목표로 삼고 있다. 그러나 이러한 목표 외에도 인터넷상에서는 오프라인과는 달리 보다 직접적인 반응을 얻고자 하는 목표가 있다. 즉, 인터넷상에서의 광고는 단순히 기업이나 상품의 이미지 전달만을 목표로 하는 것이 아니라, 고객으로부터 정보를 얻고, 더 나아가 구매로 이어질 수 있도록 유도하는 것을 목표로 한다.

웹상에서 소비자가 광고를 보고 구매에 이르는 과정은 임프레션(Impression), 리스폰스(Response), 리드(Lead), 그리고 세일(Sale)의 4단계를 거친다. 임프레션은 소비자가 배너 광고가 제시된 웹 사이트를 클릭하는 것을 말한다. 예를 들어 naver.com에 광고가 있다면 소비자가 naver.com의 웹 사이트로 들어와 배너 광고를 보게 되는 것을 말한다. 리스폰스는 배너를 클릭하여 광고주의 웹 사이트로 이동하는 것을 말한다. 이러한 과정을 통하여 소비자는 배너 광고를 낸 광고주의 사이트로 들어온다.

리드는 광고주의 웹 사이트로 들어와서 광고를 한 기업이 제공하는 것을 둘러보고 기업이 요구하는 고객정보에 관한 폼을 작성하는 것을 말한다. 이 과정을 통하여 소비자는 자신의 정보를 기업에게 제공한다. 마지막으로, 세일은 자신의 정보를 입력한 소비자가 신용카드 등 결제 방법을 이용하여 구매를 승인함으로써 상품을 구입하는 것을 말한다.

④ 온라인 광고 목표에 근거한 온라인 광고의 특징은 다음과 같다.

- 광고와 구매활동 간에 연계가 가능하다. 광고를 통해 찾아오는 고객을 직접적인 상품 판매로 유도할 수 있다.
- 인터넷은 오프라인상의 TV 광고와 달리, 시공간상 제한이 적기 때문에, 비교적 많은 정보를 전달할 수 있다.
- 온라인 광고의 대상은 거의 제한이 없기 때문에 인터넷을 사용하는 모든 고객을 대상으로 광고할 수 있다. 일반적으로 온라인 광고는 비용에 비하여 높은 광고 효과가 있으나 최근에는 복잡한 배너와 이메일 등으로 인한 온라인 광고의 남용으로 인하여 그 효과가 점차로 떨어지고 있다. 따라서 이를 극복하기 위한 새로운 아이디어와 기술개발이 요구되고 있다.
- 온라인 광고의 또 하나의 특징은 광고의 효과 측정이 쉽다는 것이다. 일반적인 대중매체를 이용한 광고는 효과 측정이 매우 어려우나 인터넷 광고는 효과 측정을 할 수 있다. 인터넷상에서는

고객이 언제, 얼마 동안 어느 광고를 보았는지를 정확하게 측정할 수 있다. 따라서 실험을 통하여 계획하고 있는 광고의 효과와 장단점을 파악하여 가장 효과적인 광고를 선택하여 실행할 수 있다.

- 온라인 광고는 높은 유연성과 민첩성을 가지고 있다. 일반 TV나 신문을 통한 광고는 한 번 만들면 상황이 변하여도 수정하기 어렵다. 그러나 온라인 광고는 그 효과에 대한 분석 결과에 따라 수시로 광고 내용을 바꿀 수 있다. 따라서 표적고객에 대한 정확한 분석을 할 수 있다면, 비용 면에서 효율적이고 성과 면에서도 효과적인 고객화된 광고를 만들 수 있다.

⑤ 온라인 광고의 종류는 다음과 같다.
- 검색 광고: 소비자가 키워드를 검색했을 경우 해당 키워드를 광고주가 미리 구매하였다면, 검색 결과 페이지에 광고주의 광고 내용을 보여주는 방식이다. 키워드를 검색하기 때문에 키워드 광고라고도 한다.

  해당 키워드에 관심을 가지고 있는 잠재고객을 대상으로 광고를 노출하기 때문에 광고의 효과가 상대적으로 높다. 실시간으로 광고를 관리할 수 있는 장점이 있는 반면 광고 운영에 소비되는 시간이 너무 많다는 단점이 있다. 광고 클릭과 구매가 강하게 연결되는 장점이 있으나, 광고비가 과다하게 지출되는 단점이 있다.

- 디스플레이 광고: 디스플레이 광고란 소비자들을 대상으로 하는 웹 사이트 화면에 나타나는 직사각형 모양의 작은 그래픽 상자로서, 웹상에 걸어놓은 플랜카드라 생각하면 이해하기 쉽다.

  처음에는 사각형 모양의 단순한 메뉴 형에서 시작하였으나 최근에는 플래시, 동영상 등 다양한 기법이 사용되고 있다. 웹 사이트 방문자가 해당 광고 이미지를 클릭하면 광고주의 웹 페이지로 이동되어 광고 내용을 보거나 이벤트 페이지로 이동하여 이벤트 참여 등을 하게 하는 방식이다. 광고 메시지를 TV CM과 같은 형태로 노출할 수 있지만, 크기에 제한이 있고 많은 정보를 한꺼번에 보여줄 수 없다는 단점이 있다.

- 이메일 광고: 개인 이메일을 통해 전달되는 광고를 의미한다. 매체에서 보내는 이메일 광고는 자사 회원에게 보내기 때문에 연령별, 성별에 따라 정확한 타깃팅을 할 수 있다. 개봉률, 클릭률 등 효과 분석을 할 수 있다.

- 제휴 광고: 자신이 운영하는 블로그, 카페 등에 제휴를 맺은 광고주의 광고를 노출시키는 것이다. 블로거가 자신의 광고 활동에 의해 제휴 광고주에게 고객의 방문이나 회원가입, 구매 등을 발생시키면 수수료를 받는 형식이다.

- SMS 광고: SMS(Short Message Service)를 통해 한글 기준 40자 안팎의 짧은 텍스트로 보내는 모바일 광고이다. 문자 메시지 수신 동의를 받은 이동통신사 고객 DB에서 광고주가 원하는 성별, 연령별 등의 조건을 갖춘 타깃 고객에게 광고 SMS를 보내는 방식이다. 최신 고객정보를 이용한 타깃팅을 할 수 있으므로 광고 효과가 크나, 무작위로 SMS를 발송하는 업체들로 인해 스팸으로 인식되는 문제점이 있다.
- 컨텍스트 광고: 검색 광고의 한 종류로 웹 페이지의 콘텐츠에 맞는 광고를 띄워주는 것을 말한다. 맥락(Context) 광고라고도 한다.
- 바이럴 광고: 인터넷에서 입소문이 퍼지도록 유도하는 광고기법을 의미한다. 입소문이 바이러스처럼 빠르게 번지기 때문에 바이럴(Viral)이라고 한다.

  기업이 직접 광고하는 것보다 네티즌이 자발적으로 제품 홍보를 하므로 신뢰도가 높고 빠르게 퍼진다는 장점이 있다. 적은 비용으로 큰 효과를 올릴 수 있다.
- 리치미디어 광고: 배너 광고의 일종으로 최신 프로그램 기술을 적용시켜 비디오, 오디오, 사진, 애니메이션 등을 혼합한 고급 멀티미디어 형식의 광고를 말한다. 배너 광고보다 풍부(Rich)하게 만들었다는 의미에서 리치미디어 광고라고 한다.

⑥ 인터넷 광고를 게재하는 사이트는 그 사이트 방문자의 특성이나 방문 목적에 따라 나름대로의 특색이 있다. 오프라인에서 광고를 계획할 경우 상품의 특성에 따라 광고의 매체와 시간 등을 신중하게 고려하듯이, 온라인에서도 상품에 적합한 광고 사이트와 시간대를 선정하는 것이 중요하다. 즉, 사이트의 특성에 대한 고려 없이 광고를 아무 곳에나 위치시켜 놓고 무작정 그 반응을 기대하는 것은 바람직하지 못하다. 더욱이 광고 게재 비용도 사이트마다 모두 다르기 때문에 기업은 주어진 예산으로 가장 효과적으로 광고할 수 있는 사이트를 선정하여 적합한 시간대에 광고하여야 한다.

웹 광고가 가능한 사이트를 개괄적인 유형별로 분리하여 보면 일반 사이트, 전문 사이트, 브랜디드 사이트의 3가지가 있다. 일반 사이트는 인지도가 낮은 개인 홈페이지뿐만 아니라 전문 사이트나 브랜디드 사이트까지 포함하는 모든 웹 사이트를 말한다. 다음으로 일반 사이트 중에서 스포츠, 비즈니스, 여행과 같이 특정한 관심사를 주제로 하는 전문 사이트가 있다. 이외에 역시 일반 사이트에 속하는 사이트 중 이름이 널리 알려진 네이버나 다음과 같은 브랜디드 사이트가 있다.

일반적으로 사이트에 따라 특정 상품의 광고 효과와 광고비용이 다르다. 따라서 상품의 특성을 가장 잘 반영할 수 있고, 비용에 비하여 가장 높은 효과를 얻을 수 있는 사이트를 선정하는 것이 중요하다. 또한 상품에 관심을 보일 수 있는 고객들이 주로 접촉하는 특정한 시간대가 있을 수 있기 때문에, 상품에 적합한 시간대를 파악하여 이에 맞추어 광고하는 것이 바람직하다.

⑦ 온라인 광고는 24시간 동안 할 수 있다. 그러나 같은 광고라도 하루 24시간, 일주일 내내 그 효과가 일정하지는 않다. 상품과 표적고객의 특성에 따라 효과적인 광고시간과 요일이 다를 수 있다. 따라서 광고와 고객 그리고 사이트의 특성에 따른 효과적인 광고시간대에 관한 분석이 필요하다. 이를 위해서는 웹 광고의 효과를 지속적으로 관측할 수 있는 시스템과 웹 광고와 그 반응에 대하여 축적된 데이터베이스를 분석하는 것이 필요하다.

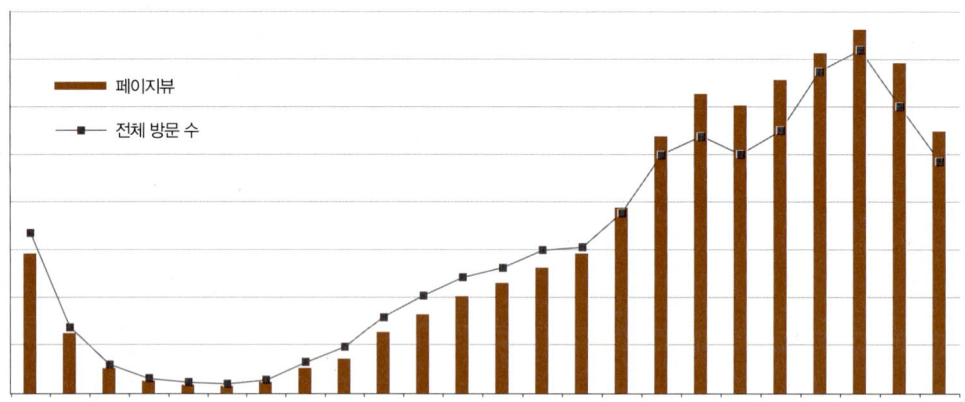

▲ 10대 타깃 여성의류 쇼핑몰의 시간대별 전체 방문자 수와 페이지뷰

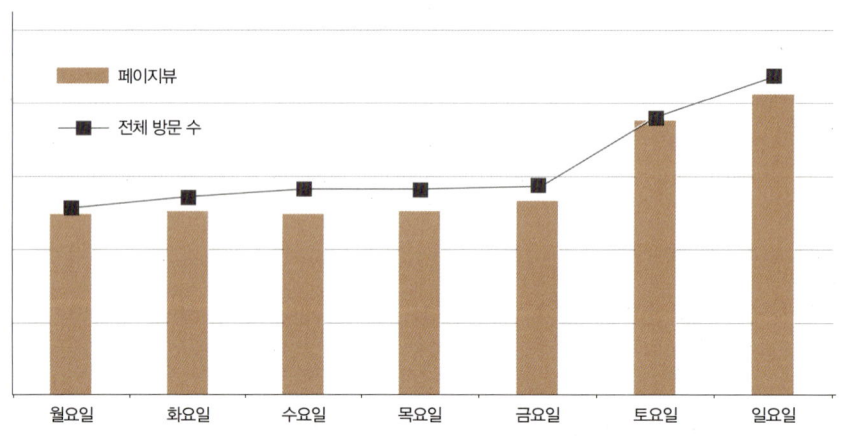

▲ 10대 타깃 여성의류 쇼핑몰의 요일별 전체 방문자 수와 페이지뷰

⑧ 웹 광고의 특징은 광고를 한 번 본 사람이 동일한 광고를 다시 보기 위하여 클릭하는 경우는 매우 드물다는 것이다. 예를 들어, 직장인의 경우 회사 근처에 새로운 음식점이 생겼다고 가정해보자. 처음에는 호기심에 새로운 음식점을 한 번쯤은 방문할 것이다. 일단 그 집 음식과 서비스 내용을 알아본 후, 만족한 경우를 제외하고 같은 음식점을 다시 재방문하는 경우는 그리 많지 않다.

인터넷 배너 광고도 마찬가지이다. 일단 배너 광고가 특이하고 광고하는 내용에 약간이라도 관심이 있으면 한 번쯤은 방문한다. 그러나 그 내용을 파악한 다음에도 수차례 재방문하는 경우는 극히 드물다. 위의 음식점의 경우보다 배너 광고의 경우에는 더욱 재방문하지 않을 것이다.

이러한 이유는 소비자 스스로가 방문 의사에 대한 결정을 하기 때문이다. 소비자가 능동적으로 선택하지 않으면 전혀 소용이 없다. 이것이 인터넷 배너 광고의 대표적인 특성이며 한계이다. 따라서 기업은 광고의 다양화를 통해서 소비자의 호기심과 관심을 지속적으로 유발시켜야 하며, 이렇게 함으로써 인터넷 광고의 효과를 높일 수 있다. 또한 경우에 따라서는 하나의 배너를 여러 기업이 자신의 상품에 적합한 시간대를 선정하여 공유함으로써 다양화하는 것도 한 방법이다.

그러나 오프라인상의 TV 광고는 다르다. TV를 보는 사람이 특정한 광고를 보기 싫다고 생각해도, 채널을 바꾸지 않고 그냥 보는 경우가 많기 때문에 주입식으로 광고를 받아들이게 되는 경우가 많다. 따라서 오프라인상의 TV 광고는 이와 같은 방법으로 소비자 스스로가 선택 기회를 제한하게 됨에 따라, 소비자로 하여금 광고 내용을 어느 정도까지는 수동적으로 받아들이도록 강요하고 있다.

이와 같이 온라인 광고와 오프라인 광고는 나름대로의 장점과 단점이 있다. 따라서 기업은 온라인과 오프라인의 어느 한 쪽만 고집하기보다는 이들을 적절하게 병행하여 광고 활동을 수행하는 것이 바람직하다.

8. 4P 전략 - 유통 전략

① 인터넷이 가장 큰 영향을 미치는 마케팅 분야는 유통이다. 인터넷이라는 매체는 오프라인에서 불가능했던 실시간 정보교환과 거래를 동시에 할 수 있는 새로운 유통채널을 만들어냈으며, 이러한 유통채널을 이용한 다양한 인터넷 비즈니스 모델이 개발되어 왔다.

② 인터넷 유통 과정을 간단히 설명하면 다음과 같다. 소비자는 인터넷을 통해 자신이 원하는 상품정보를 찾고, 오프라인상의 매장 직원이 직접 제공해주던 상품정보는 온라인상에서 다양한 채널을 통하여 얻는다. 소비자가 일단 상품을 구입하기로 결정하면 결제 방식과 포장 형태를 정하고, 결제가 완료되면 기업은 상품을 배송한다.

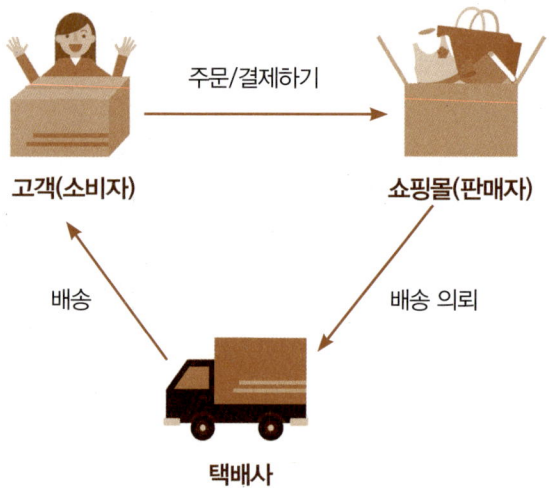

▲ 인터넷 쇼핑몰의 유통 과정

③ 인터넷상의 유통은 다음과 같은 특징이 있다.
- 인터넷상에서의 유통은 상품이 아니라 정보의 흐름을 기반으로 형성된다. 인터넷에서 유통이 가지는 의미는 오프라인상에서의 의미와는 달리, 정보의 흐름이라는 논리적 개념상의 물류가 실제 상품의 이동으로 이루어지는 물류보다 중요하다.
- 인터넷 유통에서의 모든 실물 흐름은 주로 택배에 의존하고 있기 때문에 물류 관리가 중요하다. 오프라인상보다 온라인상의 물류 관리가 훨씬 중요하기 때문에, 상품 제공회사와 운송업체 간의 효과적인 정보공유로 인한 자동화된 물류 관리는 온라인상의 유통이 성공하기 위한 가장 중요한 요건이다.
- 인터넷은 유통 단계를 축소시킨다. 온라인 유통은 오프라인상의 유통 단계를 대폭적으로 축소하여 높은 비용절감을 이루고 있다.
- 중간상의 역할이 더욱 중요해진다. 축소된 온라인 채널상의 중간상이 오프라인상의 중간상보다 더 중요한 역할을 한다. 즉, 여러 단계를 거쳐서 진행되던 기존의 유통을 하나의 중개상이 처리하는 경우가 많기 때문에 그 역할은 오히려 더 중요해졌다. 더욱이 다양한 고객의 욕구를 취합하여 상품생산에 반영하는 것도 중간상의 몫이 되어가고 있다. 즉, 온라인상의 중간상이 인터넷 유통의 핵심으로 떠오르고 있다.
- 중간상의 역할이 달라지고 있다. 인터넷의 도래와 함께 중간상의 배제로 유통 단계가 축소되고 있는 것은 사실이다. 그러나 중간상이 완전히 없어지는 것이 아니라 새로이 다른 형태로 태어나고 있다. 출판의 예를 보면, 최근에는 전자출판이 많이 거론된다. 일단 출판의 매체가 전자화되

면 중간상인 출판업자가 수행하여 온 인쇄와 배포 역할은 더 이상 필요치 않을 것이 확실하다. 그러나 중간상이 완전히 다 없어지는 것이 아니라 전통적인 중간상 역할이 아닌 다른 방법으로 상품과 고객의 가치를 전달하는 새로운 역할을 하게 된다. 예를 들어, 새로운 중간상은 책을 인쇄하여 배포하는 직접적인 역할을 하는 것이 아니라 작가에 대한 사설 논평을 제공함으로써 시장에 상품에 관한 정보를 널리 알리는 역할을 할 수 있다.

- 검색 중개상이 새로운 중간상의 대표적인 유형으로 등장하고 있다. 인터넷상에서의 검색비용은 정보 기술의 발달로 인하여 점차 감소하고 있다. 그러나 소비자들에게 부과되는 정보의 양은 이보다 빠르게 꾸준히 늘고 있다. 따라서 소비자는 정보과부하 문제를 해결하기 위하여 검색 중개상을 사용하지 않을 수 없게 되었다. 이러한 검색 중개상은 소비자들에게 개인 기호에 가장 잘 맞는 상품을 찾는 것을 도와줄 뿐만 아니라, 입력된 개별고객 정보를 분석하여 개별고객의 취향에 맞는 상품을 추천하는 역할도 한다.

- 정보 중개상을 통한 새로운 수익 분배 프로그램이 탄생한다. 아마존에는 수익 분배 프로그램이라는 가상적 채널이 하나 존재한다고 볼 수 있다. 예를 들어, 가전제품을 판매하는 기업이 아마존 사이트에 자신이 판매하는 제품을 소개하는 배너 광고를 한다. 구매자가 아마존에서 소개한 제품을 보고 아마존에서 제공하는 링크를 따라 가전제품을 판매하는 사이트로 이동한다. 상품을 판매하는 사이트에서 고객이 상품을 구매할 경우 판매액의 일정 부분을 아마존 사이트에게 제공하는 것이 바로 인터넷상의 새로운 수익 분배 프로그램이다. 즉, 정보 중개상의 개념으로 유통채널이 존재하고, 거래가 정보를 중심으로 형성된다.

3 키워드 검색 광고

1. 키워드 검색 광고 개요

① 키워드 검색 광고란

키워드 검색 광고(Keyword Search Advertising)란 검색포털에서 특정 키워드를 검색한 사람들에게 자신의 상품, 쇼핑몰, 서비스 등을 노출시키는 광고기법이다. 키워드 광고를 집행할 때는 광고에 사용할 키워드를 검색하는 사람들의 검색 목적을 파악한 후 진행하면 적중률을 높일 수 있다.

키워드 광고를 진행하기 위해서는 상품 특성과 구매자들의 구매 및 상품 검색 특성을 분석한 후 분석 결과에 매치되게 키워드의 세분화 작업이 선행되어야 한다.

예를 들면 10대 여성들을 고객으로 체크무늬 후드티를 판매한다면 '후드티' 키워드보다는 '10대 여성 후드티', '체크무늬 10대 여성 후드티' 등과 같이 대상의 구매 목적에 맞게 세분하면 적중률이 높아진다.

② **키워드 구분**

- 대표 키워드: 조회 수가 많고 보다 포괄적인 의미를 담고 있는 키워드이다. 정보 검색 단계에서 많이 사용되므로 구매 전환율은 세부 키워드에 비해 떨어지는 편이다.
  (예 10대 쇼핑몰, 여성의류 쇼핑몰, 명품 스타일 여성의류, 양악수술, 임플란트 등)
- 세부 키워드: 조회 수가 적고 보다 구체적인 의미를 포함하는 키워드이다. 상품 구매 단계에서 많이 사용되므로 구매전환율은 대표 키워드에 비해 높은 편이다.
  (예 예쁜 학생 가방, 여자야상 싼 곳, 학생신발추천, 양악수술 후 교정비용, 잇몸치료 잘하는 치과 등)
- 정보성: 정보검색의 성격이 강한 키워드, 예를 들어 '청바지 세탁법'이라고 한다면 구매보다는 세탁 정보를 검색하는 성격이 강할 것이다.
- 상업성: 구매 성격이 강한 키워드, 예를 들어 '청바지 싼 곳'이라고 한다면 구매를 위한 검색 성격이 강할 것이다.

③ **CPC 광고 용어**

- 조회 수(Search): 인터넷 이용자가 검색 엔진에서 해당 키워드를 얼마나 조회하였느냐를 나타내는 것이다. 다른 말로 검색횟수라고도 한다.
- 노출 수(Impression): 인터넷 이용자가 키워드 검색 시, 내 쇼핑몰 광고가 얼마나 노출되었느냐를 나타내는 것이다.
- 클릭 수(Click): 인터넷 이용자가 키워드 검색 결과 화면에 노출된 광고 중에서 해당 광고를 클릭한 횟수를 나타내는 것이다.
- 전환 수(Conversion): 광고주가 원하는 고객의 행동을 숫자로 나타낸 것이다. 고객의 행동에는 회원가입, 주문서 작성, 주문(구매) 완료 등 다양하게 지정할 수 있으나 쇼핑몰의 경우에 보통 구매전환 수를 사용한다.

- 클릭률(CTR, Click Through Rate): 노출 수 대비 클릭 수 비율이다.
  (클릭 수/노출 수) × 100%
- 전환율(CVR, Conversion Rate): 클릭 수 대비 전환 수 비율이다.
  (전환 수/클릭 수) × 100%
- 전환당 광고비용(CPA, Cost Per Action): 1회 전환을 발생시키는데 필요한 비용이다.
  (총 광고비용/전환 수)
- 전환당 이익(VPA, Value Per Action): 1회 전환으로 발생하는 이익이다.
- ROAS(Return On Ad Apend): 사용한 광고비 대비 매출액 비율이다.
  (매출/광고비) × 100%
- CPC(Cost Per Click): 클릭당 광고 비용

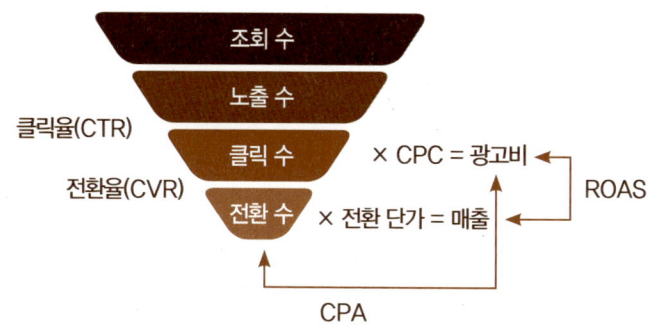

④ CPC 키워드 광고 입찰 관련 용어

광고주는 직접 원하는 키워드를 선택하여 고객이 1회 클릭 시 허용되는 최대 금액을 입찰가로 설정한다. 입찰가와 품질지수를 반영하여 순위를 결정하고 일정한 순위(네이버 클릭초이스 파워링크 영역은 10순위) 이내에 드는 경우에 광고주의 광고가 노출되고, 노출된 광고를 고객이 클릭하는 경우에 클릭당 비용(CPC)이 과금되면서 고객이 광고주의 사이트로 방문한다.

- 최대 클릭비용(BA, Bid Amount): 광고가 클릭될 때, 각 키워드에 대해 지불의사가 있는 최대금액이다.

광고주는 자신의 예산에 따라 최대 클릭비용을 입력함으로써 자신의 노출 순위를 조정할 수 있다. 하지만 순위를 결정하는 절대적인 요소는 아니다. 실제 클릭비용보다 크거나 같다.

- 품질지수(QI, Quality Index): 게재된 광고의 품질을 반영하는 지수이다.

'키워드 검색을 통한 의도와 요구를 얼마나 잘 나타내고 있는가'를 반영하여 측정한 척도이다.

- 순위지수(RI, Ranking Index): 클릭초이스 광고상품의 노출 순위를 결정하는 지수로 최대 클릭비용과 품질지수의 곱으로 산정된다.
- 실제 클릭비용(CPC, PPC): 클릭초이스 광고 집행 시 각 클릭에 대해 실제로 광고주가 지불하는 금액이다.

실제 클릭비용은 차순위 광고의 순위지수를 자신의 품질지수로 나눈 값에 10원을 더하여 산정된다. 실제 클릭비용은 입력한 최대 클릭비용을 절대 초과하지 않는다.

$$실제\ 클릭비용 = \frac{차순위\ 광고의\ 순위지수}{자신\ 품질지수} + 10원$$

순위	광고주	입찰가	품질지수	순위지수	실제 클릭비용
1	A	500원	3	1,500	410원
2	B	400원	3	1,200	340원
3	C	400원	2.5	1,000	310원
4	D	300원	2.5	750	210원
5	E	250원	2	500	70원

$$A광고주의\ 실제\ 클릭비용 = \frac{후순위\ B의\ 순위\ 지수}{광고주\ A의\ 광고\ 품질\ 지수} + 10 = 410원$$

$$C광고주의\ 실제\ 클릭비용 = \frac{후순위\ D의\ 순위\ 지수}{광고주\ C의\ 광고\ 품질\ 지수} + 10 = 310원$$

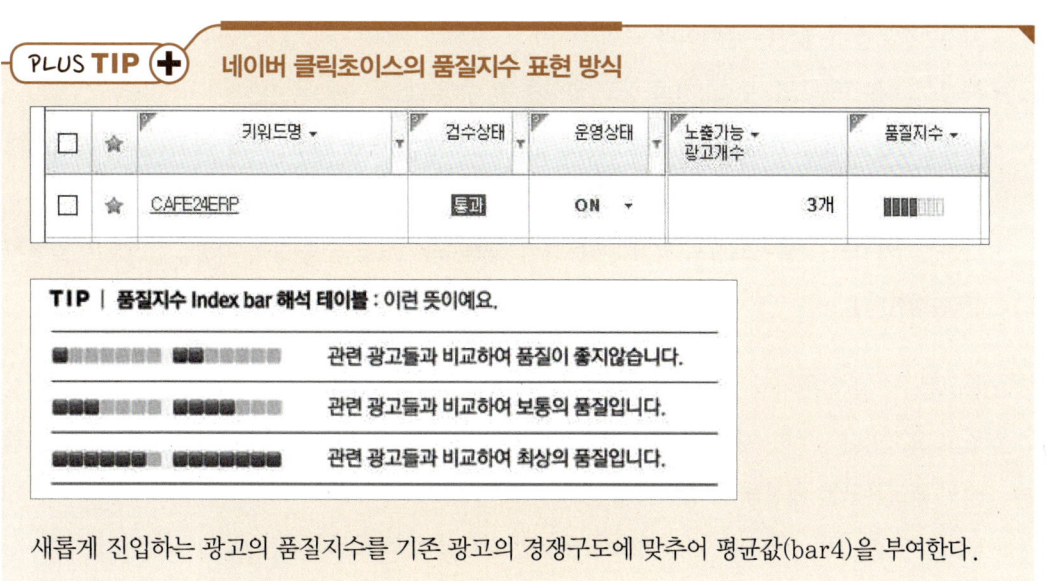

새롭게 진입하는 광고의 품질지수를 기존 광고의 경쟁구도에 맞추어 평균값(bar4)을 부여한다.

- 네이버 클릭초이스의 품질지수 계산 방식

  품질지수 = 광고 효과(CTR), 키워드와 광고 문안의 연관도, 키워드와 사이트의 연관도 등 광고 품질을 평가할 수 있는 다양한 요소를 포함하여 반영한다.

  따라서 품질지수가 높아지면 다음과 같이 된다.

  - 광고노출 순위가 높아질 수 있다.
  - 지불하는 광고비가 낮아질 수 있다.
  - 검색 사용자들에게 보다 좋은 검색 결과를 제공할 수 있다.

  자신의 품질지수에 따라 CPC의 차이가 클 수 있으므로 품질지수 관리에 신경을 써야 한다.

- 계정: 광고를 운영하는 주체이다.
- 사이트: 사이트(URL 주소) 별로 광고 생성을 할 수 있다.
- 그룹: 관련성 있는 키워드들의 집합, 노출영역, 일일광고 허용 예산, 노출 지역, 노출 시간대를 설정할 수 있다.
- 키워드: 키워드는 붙여쓰기로 인식, 기본검색 지원, 사이트간 중복 등록 가능, 키워드의 입찰가를 설정한다.
- 광고문구: 고객이 가장 먼저 만나는 웹 사이트의 정보로, 잠재고객의 클릭을 이끌어내는 핵심 광고 요소이다. 제목, 대표 URL, 설명문구로 구성된다. 키워드 광고문구 1:1 대응(가장 효과적인 광고문구를 매칭해 등록)이다.
- URL: 연결URL, 랜딩페이지, 광고를 클릭한 경우에 링크로 연결되는 웹 페이지 URL이다.

⑥ 키워드 광고는 크게 5가지 특징을 가지고 있다.
- 광고 대상을 세분화할 수 있다. 키워드 광고는 유료 광고 기법 중 대상을 가장 세분화시킬 수 있다. 검색포털에서 고객이 상품에 대한 다양한 정보를 얻기 위해 어떤 키워드를 검색할 경우 검색 결과에 광고주 쇼핑몰이 URL 주소, 쇼핑몰을 소개하는 간단한 설명문구 등을 제공함으로써 구매 가능성이 높은 고객만을 쇼핑몰로 유입시킬 수 있다.
- 클릭률이 높다. 클릭률이란 광고주의 광고를 클릭하여 쇼핑몰을 방문한 비율을 의미한다. 검색포털의 메인 페이지에 노출되는 디스플레이 광고는 그 어떤 광고보다 많은 사람들에게 노출된다. 하지만 인터넷 광고는 '얼마나 많은 사람들에게 노출되는가?' 못지않게 '얼마나 많은 사람들이 클릭했는가?' 역시 중요한 판단기준이 된다.

  키워드 광고의 평균 클릭률은 4% ~ 10%로 세부 키워드일수록 클릭률이 높고, PC보다 모바일 키워드 광고의 클릭률이 높다. 디스플레이 광고는 품목과 배너 유형에 따라서 크게 차이가 발생하며 평균적으로 0.01% ~ 0.05% 정도이고, PC 디스플레이 광고보다 모바일 디스플레이 광고의 클릭률이 높다. 즉 광고를 클릭하는 클릭률 측면에서 키워드 광고는 그 어떤 광고보다 경쟁력이 높다.

  디스플레이 광고는 상대의 입장과 무관하게 광고가 노출되지만, 키워드 광고는 특정 목적을 가지고 키워드를 검색한 사람들에게만 광고가 노출되기 때문에 그 만큼 클릭률이 높다.
- 최소의 운영자금으로 광고 집행을 할 수 있다. 키워드 광고, 디스플레이 광고, 브랜드 검색 광고 등 다양한 유료 광고 중에서 가장 최소의 비용으로 광고를 집행할 수 있는 광고가 키워드 광

고이다. 키워드 광고는 하루 광고 예산을 몇 천 원에서 몇 만 원으로도 설정할 수 있다.
- 클릭해야 광고비가 지불된다. 검색 결과로 노출된 광고를 클릭해서 광고주의 사이트로 이동해야 광고비가 지불되는 방식이다.
- 키워드 등록 개수 무제한으로 효율적인 광고 집행을 할 수 있다. 광고 예산이 적더라도 사이트 특성에 맞는 수천 개의 키워드도 운영할 수 있다.

2. 키워드 광고 프로세스 최적화

① 키워드 검색 광고의 프로세스

'목표설정' → '실행' → '추적 및 보고'의 단계를 거친다.

- 목표가 없으면 측정이 없다.

  추적 및 보고의 과정은 광고 보고서를 철저히 분석하여 재실행 시에 반영하는 프로세스이다. 좋은 광고 방법은 끊임없는 목표 설정 → 실행 → 추적 → 재실행을 통해서 찾아가는 것이지, 한 번에 딱 좋은 광고 방법을 찾을 수는 없다.

- 전환의 의미를 확실히 정해야 한다.

  전환이란 광고주가 원하는 고객 행동의 숫자이다. 고객행동에는 회원가입, 주문서 작성, 게시판 글쓰기, 주문(구매)완료, 전화를 받는 것, 견적의뢰를 받는 것 등 다양하게 시성할 수 있다. 일반적으로 쇼핑몰은 주문완료를 전환으로 정한다. 하지만 다른 목적의 광고라면 예로 광고의 목적이 회원가입의 극대화라면 회원가입완료 페이지에 전환코드를 삽입하여 성과를 측정하여야 한다.

- 광고매출= 방문자 × 구매전환율 ×1건당 구매단가

  일반적으로 광고란 방문자를 증대시켜 준다. 하지만 광고로 인해서 구매전환율과 구매당 단가도 획기적으로 개선되리라고 생각하는 광고주들도 많다. 구매전환율과 1건당 구매단가는 쇼핑몰의 경쟁력에 의해서 결정되는 경우가 많다. 따라서 광고 진행과 함께 쇼핑몰의 경쟁력을 높이는 활동을 끊임없이 하여야 할 것이다.

  1건당 구매단가는 고객이 주문1건당 평균 구매금액이다. '매출/주문건수'로 계산된다.

- 광고대행사를 선택할 때에는 제안서를 받아보고 광고 담당자와 여러 차례 대화를 통해서 광고 운영 능력을 파악해야 한다. 광고대행사에 광고를 의뢰하더라도 목표설정을 확실히 하고, 실행 후에 광고 보고서와 접속통계를 체크하는 광고주만이 쇼핑몰을 성공으로 이끌 수 있다.

② 광고 목표 설정

광고의 목표를 숫자로 명확하게 집행하기 위해서는 ROI와 ROAS를 이해하고 분석해야 한다. ROI는 투자 대비 이득, 즉 광고 이익률(= 판매이익/광고비)을 의미한다. 예를 들어 100만 원의 투자비용으로 얼마의 이익을 발생했는가를 의미한다. ROAS는 광고를 집행할 때 1원의 비용으로 얼마의 매출을 발생시켰는가, 즉 광고비 대비 매출 비율(= (매출/광고비) × 100%)을 의미한다. 광고 이익률에는 물건값, 인건비, 시설비 등을 모두 공제해야 하기 때문에 쇼핑몰에서는 ROI보다는 ROAS의 의미로 더 많이 사용한다. 예를 들어 광고비가 100만 원이고, 매출이 1,000만 원이라면 ROAS는 1,000%가 된다. ROAS가 1,000%라는 것은 광고비 대비 매출이 1,000%(10배)라는 것을 의미한다.

다음의 광고 초보자와의 대화를 통해 월광고비 100만 원에 목표 ROAS 500%로 광고 목표를 숫자로 명확하게 정하는 방법을 알아보도록 하겠다.

카페24: 안녕하세요.

나초보: 네, 안녕하세요. 광고를 진행하려고 하는데 정말 초보입니다.

카페24: 쇼핑몰은 오픈하셨나요?

나초보: 네, 오픈하였습니다. 주소는 www.oooooo.co.kr입니다.

카페24: (사이트 확인 후), 남성의류 쇼핑몰이군요. 캐주얼 계통으로 보여집니다.

나초보: 네. 쇼핑몰 오픈을 하였는데 어떤 광고를 해야 하나요?

카페24: 남성의류는 일반적으로 네이버, 다음에 사이트를 등록하고, 키워드 광고를 진행합니다. 네이버와 다음이 무엇인지는 아시죠?

나초보: 네.

카페24: 네이버, 다음에 사이트를 등록하는 것을 검색 엔진 등록이라고 합니다. 등록 비용은 무료입니다. 네이버는 https://submit.naver.com, 다음은 https://register.search.daum.net에서 등록합니다.

나초보: 키워드 광고라고 하였는데 키워드 광고는 무엇인가요?

카페24: 네이버에서 '20대남자쇼핑몰'이라고 검색해 보시겠어요(검색 시기에 따라 결과 값이 다르니 이점 유의하세요).

나초보: 키워드 광고상품이라면 우선 클릭초이스라고 생각해도 되나요?

카페24: 네. 초보라면 클릭초이스라고 생각하시면 됩니다.

나초보: 광고비용은 얼마나 드나요?

카페24: 클릭초이스 광고를 보고 한 번 클릭을 할 때마다 비용을 지불하는 CPC(Cost Per Click) 방식의 광고입니다. PPC(Pay Per Click)라고도 하고요. 클릭초이스를 예로 들면 '남자쇼핑몰' 키워드의 CPC는 1위 ~ 10위 순위에 따라 다르고, 광고주의 품질지수와 입찰에 따라 다릅니다. 따라서 현재는 그냥 순위별로 차이가 있다라고 생각하시면 됩니다. 광고비용이라고 물어보셨는데 월간 광고예산은 얼마로 생각하시나요?

나초보: 한 달에 100만 원 정도 생각하고 있습니다.

카페24: http://searchad.naver.com/ 네이버 키워드 광고 홈에 접속해 보세요. 로그인을 해야 하니까 미리 받은 아이디와 비밀번호를 입력하시고 로그인을 해보세요.

입력한 후에 '키워드 도구'의 '키워드 검색' 메뉴에서 '20대남자쇼핑몰' 키워드를 입력한 후에 [키워드조회] 버튼을 클릭해 보세요.

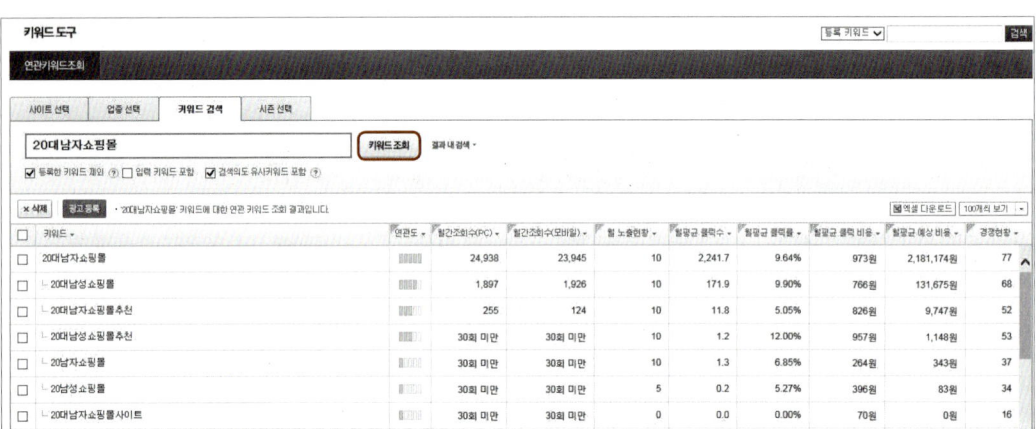

나초보: 네 접속해서 검색을 했습니다.

카페24: 아래와 같은 결과가 나왔을 거예요. (검색 시기에 따라 결과 값이 다르니 이점 유의하세요.)

나초보: 남자 쇼핑몰의 월평균 PPC를 보니 꽤 비싸군요.

카페24: 네, 확인해 보니 973원이군요. 한번 클릭을 받을 때 평균 973원을 내셔야 한다는 뜻입니다. 그냥 1,000원이라고 생각하면 월 예산 100만 원으로는 1,000클릭을 받을 수 있습니다. 대략 100만 원 광고예산으로 예상하시는 광고매출은 얼마인가요?

나초보: 한 1,000만 원 나와야 되지 않을까요?

카페24: 1,000클릭이라는 것이 1,000명 방문을 의미합니다. 방문하신 모든 분들이 상품을 구매해 주지는 않겠죠?

나초보: 네, 그렇겠죠.

카페24: 남성의류 쇼핑몰 방문객 대비 구매전환 비율을 얼마 정도 된다고 생각하세요. %로 이야기해 보세요.

나초보: 한 10% 되지 않나요?

카페24: 너무 높게 잡으셨습니다. 방문자 대비 구매전환 비율을 줄여서 전환율이라고 합니다. 전환율은 1%로 생각하시면 됩니다.

나초보: 그러면 1,000명 방문에 1%가 사주니까 10명이 구매를 해주겠네요.

카페24: 네. 대략 한 번 구매해 줄때 구매금액을 1건당 구매단가라고 하는데 1건당 구매단가를 5만 원이라고 가정하면 10명 × 5만 원해서 50만 원의 매출이 발생하게 됩니다.

나초보: 광고비로 100만 원을 썼는데 50만 원 매출이면 손해가 나는 군요.

카페24: 네. 그래서 '남자쇼핑몰'과 같은 비싼 키워드는 진행을 하시면 손해를 보실 수 있습니다.

나초보: 그러면 어떻게 해야 하나요?

카페24: 쭉 내려보시면 PPC가 싼 키워드들이 있습니다.

키워드								
20대남자쇼핑몰 사이트		30회 미만	30회 미만	0	0.0	0.00%	70원	0원	16
의류멀티샵		2,063	3,238	10	233.1	12.12%	189원	44,056원	21
멀티샵		20,766	33,599	10	1,693.0	8.71%	185원	313,205원	34
남자쇼핑몰		64,339	67,269	10	5,863.0	9.78%	764원	4,479,332원	81
ㄴ남성쇼핑몰		9,670	9,660	10	927.7	10.26%	821원	761,642원	79
ㄴ남자인터넷쇼핑몰		577	625	10	36.1	6.78%	449원	16,209원	63
ㄴ남성인터넷쇼핑몰		64	133	10	5.4	8.58%	953원	5,146원	61
ㄴ남자쇼핑몰사이트		30회 미만	68	10	1.2	4.45%	678원	814원	58
추천남자쇼핑몰		30회 미만	113	10	0.0	0.00%	70원	0원	55

나초보: 네. 20대남자쇼핑몰 사이트, 추천남자쇼핑몰 등이 보이네요.

카페24: 물론 싸다고 무턱대고 모든 키워드를 광고할 수 없으니까 싼 키워드 중에 나의 사이트에서 사용할 만한 키워드들을 등록해서 광고를 하는 방법이 있습니다.

나초보: 네. 그러면 이런 키워드들을 많이 등록해야 되겠네요.

카페24: 네. 이런 키워드들을 세부 키워드라고 하고 아까 남자쇼핑몰 같은 것을 대표 키워드라고 합니다. 세부 키워드를 이용해서 평균 CPC 100원으로 방문을 유도하면 100만 원으로 한 달에 10,000명이 방문합니다.

나초보: 10,000명에 1%가 구매를 하면 100명이 구매하게 되고 평균 5만 원을 구매하니까 예상되는 매출은 500만 원이 되는 군요.

카페24: 하하, 이제 저보다 계산을 더 잘하시는 군요. 광고비대비 매출액 비율을 ROAS라고 합니다. 앞의 대표 키워드로 광고를 한 경우에 ROAS는 50%이고, 뒤의 세부 키워드로 광고를 한 경우에 ROAS는 500%입니다.

③ 광고의 효율과 효과

광고를 집행할 때 광고의 효율과 광고의 효과 중에 어떤 것을 택해서 광고를 집행해야 할까요? 대화내용에서 전달하고 싶은 메시지는 효율이 높은 것을 선택한다면 ROAS가 높은 선택을 해야 하고, 효과가 높은 것을 선택한다면 매출 이익이 높은 것을 선택해야 한다는 점이다.

나초보: 안녕하세요. 카페24님. 최근에 광고예산을 늘리면서 어떤 키워드를 어떤 순위로 입찰을 할지에 대해서 많이 고민이 되네요.

카페24: 어떤 기준으로 광고순위를 결정하시나요?

나초보: 네. ROAS가 높을 것이라고 생각되는 키워드의 순위로 입찰을 합니다.

카페24: 네. 그러면 예산은 어떤 정도로 하고 계시나요?

나초보: 경쟁사들의 자료들을 검토해 보니 월 예산 434만 원으로 진행하려고 합니다.

카페24: 예상 키워드 순위별 자료를 다시 한 번 보도록 하죠.

키워드	광고순위	입찰가	노출 수	클릭 수	광고비	매출	ROAS
여성 정장	1	430	9,361	4,200	1,806,000	4,515,000	250
	3	360	9,361	1,800	648,000	1,944,000	300
	5	320	9,361	1,300	416,000	1,372,800	330
	7	270	9,361	880	237,600	807,840	340
	9	230	9,361	600	138,000	510,600	370
블라우스	1	390	26,074	6,500	2,535,000	7,605,000	300
	3	290	26,074	2,800	812,000	2,598,400	320
	5	260	26,074	2,000	520,000	1,768,000	340
	7	240	26,074	1,400	336,000	1,176,000	350
	9	220	26,074	920	202,400	728,640	360

만약 효율성만 두고 본다면 여성정장 9순위와 블라우스 9순위가 되겠네요.

그러면 예상 광고비는 340,400원이 지출되고 예상 매출은 1,239,240원이 되어서 예상 ROAS는 364%가 됩니다.

그런데 혹시 판매하시는 상품의 매출 이익률이 얼마나 되죠?

나초보: 네. 40% 정도는 된다고 생각됩니다.

카페24: 매출 이익률이 40%이면 이익이 0이 되는 ROAS는 250%입니다. 예상 ROAS가 364%일 때의 매출 이익이 얼마인가요? 예상 매출 1,239,240원의 40%이니까.

나초보: 495,696원이 나오네요.

카페24: 만약에 여성정장 1순위와 블라우스 1순위로 광고를 하면 광고비, 매출액, ROAS와 매출 이익이 얼마가 될까요?

나초보: 예상 광고비는 4,341,000원이고 예상 매출은 12,120,000원이며 예상 ROAS는 279%이고 매출 이익은 4,848,000원 되는군요.

카페24: 이익이 어디가 더 많이 나오나요.

나초보: 1순위로 모두 입찰하는 경우가 훨씬 높게 나오네요.

④ 키워드 광고 7단계 프로세스

키워드 광고는 다음과 같이 광고 계정 만들기부터 시작하여 광고 입찰과 집행 과정을 거친다.

- 계정 만들기

  광고를 집행하기 위해서는 네이버, 다음, 네이트 등 광고 운용사마다 광고주 계정을 만들어야 한다. 광고주 계정은 모두 무료로 만들 수 있다.

- 키워드 추출

  광고에 사용할 키워드를 추출한다. 광고에 사용하는 키워드는 광고 예산뿐만 아니라 광고 효과와도 밀접한 관련이 있기 때문에 최소의 비용으로 최대의 효과를 얻을 수 있는 키워드를 발굴한다.

- 광고 문구 만들기

  검색 결과 광고 영역에 노출되는 광고 내용을 작성한다. 광고 문구는 광고의 클릭률을 결정하는 가장 큰 요인으로 작용하기 때문에 쇼핑몰 또는 상품의 특징을 잘 나타낼 수 있는 내용으로 작성한다.

- 랜딩페이지 만들기

  광고를 클릭했을 때 도달하는 페이지가 랜딩페이지이다. 랜딩페이지는 광고를 클릭한 고객의 클릭 목적을 최대한 충족시켜서 정보탐색 시간을 줄여주고 구매율을 높이는데 있다. 광고 효과를 극대화시키기 위해서는 '키워드-광고 문구-랜딩페이지' 3가지 항목의 적절한 매치가 중요하다.

- 키워드 그룹 구성하기

  관련성 있는 여러 상품이나 서비스를 나타내는 키워드, 검색자 수가 많은 키워드, 쇼핑몰의 주력 키워드, 시즌성 키워드 등과 같이 관리 목적에 따라서 키워드들을 그룹으로 분류하여 하나로 묶는 작업을 키워드 그룹이라고 한다.

- 키워드 그룹 예산 구성하기

  키워드별, 키워드 그룹별로 얼마의 광고 예산이 사용되었는지 키워드 성과 보고서를 출력하고 성과가 좋은 키워드, 키워드 그룹의 광고 예산을 설정한다. 또한 키워드별, 키워드 그룹별 일일 허용 예산을 설정하여 광고 예산을 효율적으로 배분한다.

- 입찰/운용하기

  키워드 광고 집행 시 키워드별 또는 키워드 그룹별 상품의 판매당 가치와 광고비 대비 매출 비율(ROAS) 등을 고려하여 입찰 가격을 책정한 후 노출 순위, 시기, 시간 등을 예산을 고려하여 탄력적으로 운용한다.

3. 키워드 리스트 만들기

① 키워드 추출하기

키워드 광고를 진행하기 위해서 가장 우선적으로 해야 할 일은 키워드 광고에 사용할 키워드들을 추출하는 것이다. 광고를 오래 진행한 광고주들은 어떤 키워드를 보면 '느낌'이 온다. 대부분의 광고주들은 광고비 대비 매출을 항상 눈과 머리로 결과를 분석하고 예측하기 때문에 그들의 감각이 들어맞는 경우가 많다. 하지만 초보 광고주라면 어떤 키워드를 어떻게 추출하여 운영해야 하는지는 전혀 느낌이 오지 않을 것이다. 이런 경우 다음에서 소개하는 6가지 키워드 추출 방법을 활용하여 나만의 키워드 추출 전략을 만들기 바란다.

- 생각을 정리한다

    키워드 리스트를 만들 때 가장 먼저 생각하는 것이 내가 알고 있는 키워드를 정리하는 것이다. 내가 알고 있는 키워드는 내가 가장 잘 알고 있는 키워드이기 때문이다. 만약 성형외과 사이트를 광고한다고 가정해보면, 가장 먼저 '성형외과'가 생각날 것이다. 그 외 가슴성형, 쌍커풀 수술, 코 성형 등 성형외과의 시술 품목들이 가장 잘 알고 있는 키워드들이다. 하지만 내가 알고 있는 키워드들의 상당수는 검색 양이 많은 대표 키워드들이다. 이런 대표 키워드들은 광고비가 비싸기 때문에 자칫 매출액보다 광고비가 더 많이 발생하는 적자 광고가 될 수 있다.

- 검색포털의 자동 완성과 추천 키워드를 사용한다

    첫 번째 방법에서 조금 응용된 방법으로 내가 알고 있는 키워드를 검색포털의 검색 창에 입력하면 자동으로 완성된 '자동 완성어' 목록이 만들어진다. 예를 들면 '비키니'를 검색하는 사람들은 '섹시비키니', '10대비키니', '20대비키니' 등도 검색한다는 것을 알 수 있다.

자동 완성어는 검색 창에 입력되는 검색어의 유형을 분석하여 자주 검색하는 검색어로 자동 완성되기 때문에 검색 양이 많은 키워드들이 노출된다. 이 외 키워드 전후에 확장어를 통해 확장된 키워드, 예를 들면 '100일' 키워드라면 '100일선물'이나 '여자친구100일' 등과 같이 확장된 키워드들도 키워드로 추출한다.

이 외 추천 검색어와 연관 검색어도 키워드로 활용한다. 추천 검색어는 이용자의 검색 의도를 파악하여 특정 키워드를 입력한 이용자가 궁금해 할 수 있는 검색어 중 비즈니스(광고)에 연관된 검색어를 노출하지만, 연관 검색어는 특정 단어 이후에 연이어 많이 검색한 검색어를 노출하여 이용자들의 검색패턴이 반영된다. 만일 지속적으로 동일한 검색어가 연관 검색어로 노출된다면, 많은 사용자들이 계속해서 연이은 검색어로 사용하고 있다는 의미이다.

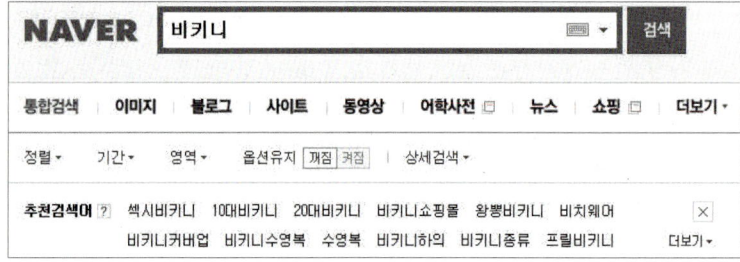

- 경쟁사의 검색어를 사용한다

  업종이나 품목이 유사한 업종 중 경쟁관계의 상호를 노출함으로써 자신의 사이트의 인지도를 높이고 경쟁업체의 회원을 유입시키는 효과가 있는 방법이다. 예를 들어 검색포털의 검색 창에 '스타일난다' 키워드를 검색하면 파워링크 광고 영역에 '스타일난다'와 유사한 스타일의 의류를 판매하는 의류 쇼핑몰들도 '스타일난다' 키워드로 광고하여 광고 영역에 노출시킨다.

- 사이트의 모든 콘텐츠의 이름을 활용한다

  내 사이트의 모든 콘텐츠, 즉 내 사이트의 카테고리명, 상품명 등을 키워드로 활용할 수 있다.

예를 들면 카테고리명인 아우터, 탑, 티, 드레스, 블라우스, 셔츠, 액세서리 등이나 상품명인 더블코트, 면 스키니 등을 키워드로 추출할 수 있다.

- 영문 및 외래어 오타 키워드를 활용한다

  한글을 입력해야 하는데 키보드 좌판이 영문 상태에서 입력하는 경우가 종종 발생한다. 예를 들어 영문 상태에서 '원피스'를 입력하면 'djsvltm'이 입력되고, 여성의류를 입력하면 'dutjddmlfb'가 된다. 외래어에 대한 오타는 키워드를 활용할 수 있다. 예를 들어 '액세서리'를 '악세사리' 또는 '액세사리'로 입력하거나 '자켓'을 '쟈켓' 또는 '재킷'으로 입력하는 경우이다.

- 키워드 제안도구를 이용한다

  검색포털과 광고 서비스 업체에서는 자사의 광고 이용 내역을 자체적으로 분석하여 키워드 제안 서비스를 제공한다.

② 키워드 선택하기

위에서 열거한 6가지 방법을 통해서 추출한 키워드를 성격에 따라 구분하면 크게 대표 키워드와 세부 키워드로 구분된다. 일반적으로는 대표 키워드들의 비중이 많다. 대표 키워드는 조회 수가 많고 보다 포괄적인 의미를 담고 있는 키워드이기 때문에 정보검색단계에서 많이 사용되며 검색율은 높지만 구매로 전환되는 비율, 즉 구매전환율은 세부적인 키워드에 비해 떨어지고 클릭단가는 상대적으로 비싸다. 하지만 대표 키워드가 상품명, 특징, 스타일, 유통경로, 규격 등과 조합되어 세부 키워드로 만들어지면 대표 키워드에 비해 조회 수와 클릭 수가 적기 때문에 클릭단가도 낮은 편이고, 키워드가 상품이나 서비스에 대한 구체적인 의미를 담고 있기 때문에 구매로 전환되는 비율이 대표 키워드에 비해 높다.

대표 키워드는 매출이나 외형적인 규모를 높이는데 효과적이고, 세부 키워드는 수익률을 높이데 효과적이다. 즉 브랜드 가치가 중심되어야 하는 일정 규모 이상의 쇼핑몰은 대표 키워드의 사용 비중을 높이고, 소규모 쇼핑몰들은 대표 키워드보다는 세부 키워드 중심으로 구성하는 것이 옳다. 단 모든 쇼핑몰에 해당되는 것은 아니다.

③ **키워드 조합 최적화**

키워드 조합은 추출한 키워드들을 상품명, 카테고리, 특징, 내용 등으로 최대한 세부적으로 분류한 뒤 각각의 단어들을 조합하여 세부 키워드를 만든다. 다음은 ○○성형외과의 세부 키워드를 만드는 사례이다. 상품 목록, 세부 품목, 특징, 지역 단어 조합만으로도 수천 개씩의 세부 키워드를 생성하고 만들 수 있으며, 이들 세부 키워드들을 세팅하고 광고 집행 후 그 효과가 미비한 키워드들은 삭제하면서 최적의 나만의 키워드를 발굴한다.

상품군	세부 품목	특징	지역	세부 키워드
성형외과	쌍커풀	전문	강남	쌍커풀전문강남성형외과, 메부리코전문성형외과, 가슴성형 수술 비용…
성형	코	메부리	강북	
성형수술	가슴	비용	명동	

만약 '성형외과'라는 대표 키워드와 '메부리코전문성형외과'라는 세부 키워드의 검색 양과 유입 양을 비교하면 두 항목 모두 '성형외과' 키워드가 높을 것이다. '성형외과'를 검색하는 사람들 중에는 성형외과 자료의 수집을 필요로 하는 사람, 의료장비를 판매하는 사람, 논문을 준비하는 사람, 성형수술에 관심 있는 사람 등 수많은 목적을 가진 사람들이 포함되어 있지만 '메부리코전문성형외과'를 검색하는 사람들 중 상당수는 메부리코 수술을 원하는 사람들이기 때문에 검색 양과 유입 양은 상대적으로 적다. 하지만 실제 전환율을 비교한다면 '메부리코성형수술비용'이 높게 나타날 것이다. 왜냐하면 '메부리코성형수술비용' 키워드는 '성형외과' 키워드보다 성형수술을 원하는 실수요자가 더 많이 포함되어 있기 때문이다.

④ 키워드 그룹 최적화

키워드 그룹은 키워드를 효율적으로 관리하기 위한 키워드 광고 관리 단위이다. 즉 광고에서 사용하는 여러 가지 키워드들을 광고주의 사이트나 쇼핑몰의 특성에 맞게 구분하여 관리하면 효율적이다. 키워드 그룹을 설정해두면 그룹별로 광고 노출 설정을 할 수 있고, 키워드 그룹을 이용하여 기간, 요일, 노출 전략을 설정할 수 있다.

키워드 그룹 최적화란 유사한 성격의 키워드 리스트를 하나의 그룹을 묶은 후 키워드 그룹에 있는 키워드에 관련성이 높은 광고 문구들을 서로 매칭시켜 광고를 운영하는 것이다. 즉 키워드 리스트와 광고 문구들 간의 관련성이 얼마나 높은지를 판단하는 것을 품질지수라고 하는데, 이 품질지수를 키워드별로 주지 않고 키워드 그룹별로 주는 것이다.

- 관련성이 높은 상품이나 서비스들끼리 그룹핑(분류)하여 키워드 그룹을 세분화한다

  국내여행 관광상품의 경우 제주도여행, 강원도여행 등과 같이 키워드 그룹을 세분화하고 제주도여행 키워드 그룹에는 제주올레길, 제주돌마을 등과 같이 각 키워드 그룹은 연관된 키워드들끼리 분류한다. 하나의 키워드 그룹에는 유사한 상품이나 서비스 등으로 이루어진 관련성 있는 키워드들을 묶어서 분류하고 해당 키워드 그룹 내 키워드와 맞춤화된 광고 문구를 작성하는 것이 광고품질지수를 높이는 방법이다.

- 노출 수와 입찰가에 따라 키워드 그룹을 구분한다

  노출 수가 많은 키워드 그룹과 적은 키워드 그룹, 입찰가가 1천 원 이상의 키워드 그룹과 이하의 키워드 그룹 등과 같이 노출 수와 입찰가에 따라서 키워드 그룹을 구분한다. 특히 노출 수가 많은 키워드 그룹, 입찰가가 높은 키워드 그룹들은 별도의 키워드 그룹을 만들어 관리한다. 광고품질지수는 노출 수 등을 고려하여 상대적으로 측정되기 때문에 하나의 키워드그룹 안에 노출 수가 월등하게 많거나 적은 키워드가 함께 포함된 경우 키워드 그룹 전체의 광고품질지수에 악영향을 끼칠 수 있다.

  키워드 광고는 통상적으로 '1:9원칙'을 따른다. 즉, 키워드 광고의 전체 키워드 중 상위 10%의 키워드가 전체 노출 키워드의 90%의 비중을 차지한다. 그렇기 때문에 90%의 비중을 차지하는 키워드들은 별도로 그룹을 만들어 관리해야 한다.

- 주력 키워드와 비주력 키워드를 구분하여 키워드를 선정한다

  홈페이지나 쇼핑몰의 주력 키워드와 비주력 키워드 그룹을 구분하여 키워드를 선정한다.

- 주력 키워드 그룹: 해외여행, 허니문여행
- 비주력 키워드 그룹: 배낭여행, 제주여행, 테마여행, 골프여행

• 키워드 중복 사용은 자제한다

여름 물놀이 상품 이벤트, 화이트데이 선물전, 어린이날 특별 할인 행사 등과 같이 시즌별 이벤트 키워드는 키워드 그룹 간 키워드 중복 사용을 자제하고, 이런 시즌별 키워드들은 선별하여 별도의 키워드 그룹으로 관리한다.

• 운영 및 관리 목적에 따라 키워드 그룹을 선정한다

신규로 등록하는 키워드들은 신규 키워드 그룹, 상위 10%의 매출을 발생하고 유지하는 우량 키워드 그룹, 재구매율이 높은 핵심 키워드는 집중관리 핵심 키워드 그룹, 광고 효과가 거의 발생하지 않는 비가망 키워드 그룹 등과 같이 쇼핑몰의 운영 및 관리 목적에 따라 키워드 그룹을 분류하여 관리한다.

4. 광고 문구 만들기

① 광고 문구 최적화 전략

광고 문구란 인터넷 사용자들에 의해 특정 키워드가 조회되었을 때, 검색 결과페이지에서 잠재고객에게 노출되는 메시지로 제목, 설명(광고) 문구로 구성되며 이외 표시 URL, 랜딩페이지(연결 URL)도 포함된다.

광고 문구 = 제목, 설명문구, 표시 URL, 연결 URL

광고 문구 작성 시 랜딩페이지 설정도 매우 중요하며, 가장 좋은 조합을 만들기 위해서는 '키워드-광고 문구-랜딩페이지' 목록을 만든 후 클릭률과 구매율 등을 테스트해보아야 한다.

검색어와 광고 문구를 일치시키고 관련성을 극대화하는 것은 클릭률과 구매율을 높이는 가장 기본적인 전략이다. '10대쇼핑몰' 검색어와 '성형외과' 검색어에 대한 파워링크 광고의 광고 문구 유형이 확연히 차이가 발생한다. '10대쇼핑몰' 키워드 광고는 서술형, 강조형이 많은 반면, '성형외과' 키워드 광고는 의료시술이나 병원위치 등에 대한 키워드 나열형 광고가 대부분이다. 즉 광고 문구는 키워드 광고의 주 고객층이 누구인가에 따라서 달라져야 한다.

키워드 광고의 광고 문구는 테스트할 때는 다음과 같이 여러 가지 유형으로 나누어 테스트해보는

것이 최적의 광고 문구를 찾는데 효율적이다. 다음과 같은 유형 외에도 세부적으로 다양한 유형의 광고 문구를 다양한 랜딩페이지와 매치시켜 그 효과를 테스해본다.

- 키워드 나열형

  자연스러운 성형 ○○○성형외과

  트윙클링 성형, 눈 성형, 코 성형, 지방성형, 미스코 성형

- 느낌 전달 서술형

  옷 잘 입는 방법은 ○○○

  10대 쇼핑몰, 옷 잘 입는 친구의 즐겨 찾는 쇼핑몰, 매일 매일 코디하는 깜직 발랄 고고싱

- 서비스 강조형

  인기 10대 쇼핑몰

  눈 높은 언니들이 반한 10대 쇼핑몰, 후기 작성해봐 적립금이 따라와, 얼짱 스타일

- 공신력 강조형

  고객만족도 우수○○○성형외과

  무한도전 출연병원, 풍부한 임상경험, 각 분야별 전문의, 마취과 전문의 상주

② 광고 문구 적용 방식

네이버 키워드 광고는 키워드 그룹 또는 단일 키워드와 광고 문구를 '1:1'로 매칭시킬 수 있다. 즉 광고를 집행할 모든 키워드에 하나의 광고 문구를 적용하거나 키워드를 개별적으로 선택하여 특정 광고 문구를 적용할 수 있다.

광고 문안 작성 시 자주 사용하는 광고 문안은 문안 저장소에 저장한 후 키워드를 등록할 때 '문안 저장소'에 저장된 문안을 불러와서 사용할 수 있으며, 새로운 문안을 문안 저장소에 등록할 수도 있다. 광고 문안은 등록심사 후에 반영되기 때문에 이미 게재 중인 키워드에 사용되는 광고 문안을 사용하면 검수기간이 단축되어 광고 등록이 보다 빠르게 진행될 수 있다.

③ 광고 문구의 기본 원칙

- 광고 문구 안에 키워드를 반드시 포함시킨다.

  클릭률을 높이려면 검색어와 설명 문구의 관련성이 명확하게 표현되도록 하고 특히 설명 문구와

제목에 검색어를 정확히 포함시켜야 한다. 검색어와 관련된 상품 및 판매 정보를 포함시키고 관련성이 떨어지는 정보는 제외시켜 불필요한 방문객의 클릭을 방지하고 광고 효율성을 높인다. 특히 검색한 키워드가 광고 문구 내에 포함되어 있는 경우, 광고 문구에 볼드 처리가 되어 주목도가 높아진다. 제목과 설명 문구 내 최대 2개까지 삽입할 수 있다.

클릭초이스에서는 [키워드 삽입] 버튼을 클릭하면 광고주가 구매한 키워드를 광고 문안에 일일이 삽입할 필요 없이 자동으로 적용한다. 예를 들어 '여성트레이닝복' 키워드를 구매한 후 광고 문안에서 [〈키워드〉삽입] 버튼을 클릭하면 자동으로 '여성트레이닝복' 키워드가 삽입된다.

- 키워드의 특성을 파악하여 설명 문구에서 잘 설명되어야 한다
  예를 들어 '아나운서 협찬' 검색 시 협찬한 대상자, 방송사, 브랜드를 구체적으로 언급하여 제품의 높은 퀄리티, 스타일 등을 제시한다.
  예 MBC, SBS 아나운서, 기상캐스터 의상협찬 쇼핑몰, 라인 예쁜 정장, 자켓

- 경쟁사 대비 특·장점을 반영한 신뢰성을 확보한다
  예를 들어 '허니문룩' 검색 시 랭키닷컴 1위, KBS VJ특공대 방영 등 타사 대비 경쟁성을 부각시키거나 40% 세일과 같이 구체적인 수치와 함께 이벤트를 제시한다.
  예 랭키닷컴1위 커플 쇼핑몰, KBS VJ특공대 방영~, 주문 폭주 40% 세일 진행 등

- 추상적인 문구보다 객관적으로 검증, 인증된 문구를 사용한다
  예를 들어 '왕뽕비키니' 검색 시 제품을 착용했을 때 기대하는 바를 구체적인 수치로 작성한다.
  예 A컵이 C컵 되는~ , 5cm 왕뽕 비키니~ 등
  '신상아옷' 검색 시 우주복 등 품목을 상세히 작성하고 캐릭터 디자인 등 타깃이 원하는 제품 콘셉트를 반영한다.
  예 우주복, 바디슈트, 점퍼 캐릭터 디자인~ 등
  병원 문구 시 검증, 인증된 문구를 사용한다.
  예 반영구적 세라믹 인공관절, 개원 20년 무사고, 오전수술오후퇴원 등

④ 성별 광고 문구 전략

남자는 쇼핑 타깃팅된 품목 하나만을 빠르게 구입하는 성향을 보이며 여자는 상품을 비교 분석하는데 시간을 더 많이 소비한다는 특징이 제기되었고 이를 광고 문구 개발에 적용하는 사례가 늘고

있다고 한다. 남성은 원시시대에 수렵생활을 하던 습성에 따라 정보 위주의 광고 문구에 반응하며, 여성은 채집생활을 하던 습성이 남아 있어 트렌디(유행)하거나 감성적인 문구에 반응한다. 남성들은 단순하고 직관적인 정보에 눈길을 보내는 경향이 있고, 여성들은 구체적이고 유행하는 정보에 민감한 반응한다.

- '셔츠' 키워드 광고 문구에 대한 남녀 반응
  남성은 슬림셔츠, 체크셔츠, 반팔셔츠 등 정확한 정보가 담긴 키워드가 포함된 광고 문구가 좋다. 남성셔츠 셔츠 종류가 포함된 광고 문구의 성과는 100점, 셔츠 종류가 포함되지 않은 문구의 성과는 78점이다. 여성은 최신 유행 아이템 셔츠, xx 스타일의 완판 셔츠 등과 같은 최신 트렌드를 반영한 광고 문구가 클릭률이 높다.

- '청바지' 키워드 광고 문구에 대한 남녀 반응
  남성은 광고 문구에는 '추천' 정보가 함께 들어 있는 경우가 많다. 여성은 모델핏(모델이 의류를 착용한 모습) 정보가 포함돼 있는 문구, 다리가 길어 보이는 등과 같은 트렌디하거나 감성적인 문구, 최신 유행 아이템인 부츠컷 청바지 등의 광고문가가 클릭률이 높다.

⑤ 광고 문구 작성 최적화 전략

- 제목의 가독성 높여라
  제목을 작성할 때는 띄어쓰기하면 가독성이 높아지기 때문에 시각적으로 차별화할 수 있다.

- 시각적으로 유리한 광고 자리를 노려라
  파워링크 광고 순위는 1위부터 10위까지 노출되며, 5위보다는 6위 자리에 노출되는 것이 광고 가격도 저렴할 뿐만 아니라 시각적으로 차별화할 수 있다. 파워링크는 1위부터 10위까지 노출되는데 5위와 6위 사이는 간격이 크기 때문에 순위 대비하여 클릭률이 높다.

- 키워드 삽입 위치를 조정하라
  경쟁업체를 벤치마킹하여 키워드 삽입 위치를 조정한다. 키워드 삽입 위치는 일반적으로 앞쪽에 배치하기 때문에 중간 부분이나 마지막에 위치시키면 시각적으로 차별화할 수 있다.

- 숫자를 배치하면 시각적으로 차별화된다

5. 랜딩페이지 경쟁력과 객단가 높이기

① 랜딩페이지란

광고가 고객을 유혹하는 인터넷 전단지라면, 랜딩페이지는 쇼핑몰로 유입된 고객이 상품을 구매할 수 있도록 유도하는 판매사원이라 할 수 있다. 랜딩페이지는 고객이 광고(키워드 광고, 배너 광고 등 모든 광고)를 클릭한 후 도달하게 되는 페이지이다.

광고를 잘 집행하여 고객의 유입률이 늘어났다 하더라도 랜딩페이지가 엉망이라면 고객의 구매는 기대하기 어려울 뿐만 아니라 고객이 이탈한다. 즉 랜딩페이지는 인터넷 쇼핑몰의 구매율을 높이는데 가장 큰 영향을 미치는 요소라고 할 수 있다.

② 랜딩페이지 유형

랜딩페이지는 기본적으로 키워드와 관련성이 높은 페이지를 연결해야 한다. 상호 키워드는 쇼핑몰 메인 페이지로 연결하고, 브랜드 키워드는 쇼핑몰 상품 목록 페이지로 연결하며, 시즌 키워드는 해당 시즌에 맞는 이벤트 페이지로 연결한다. 가장 중요한 상품 품명 키워드는 해당 상품페이지에 연결한다.

광고에 연결되는 랜딩페이지는 크게 메인페이지에 연결되는 경우, 특정 상품페이지에 연결되는 경우, 특정 카테고리에 연결되는 경우, 이벤트 페이지에 연결되는 경우 등 4가지 유형으로 구분할 수 있다.

- 광고하는 키워드가 사이트 메인페이지에 연결되는 경우
'여성의류' 키워드로 '럭스걸' 쇼핑몰의 메인페이지에 연결되는 경우 '여성의류' 키워드로 유입된 고객들에게 '럭스걸' 쇼핑몰의 브랜드 이미지를 부각시키고 쇼핑몰의 상품들을 천천히 둘러볼 수 있는 장점과 '여성의류' 키워드로 유입된 고객이 자신이 원하는 상품을 찾지 못하고 쇼핑몰을 이탈할 수 있는 확률이 매우 높다는 단점이 있기 때문에 대형 쇼핑몰에 적합한 방법이다.

- 광고하는 키워드가 특정 상품페이지에 연결되는 경우
특정 상품을 통해 구매전환율을 높이기 위한 방법이다. 랜딩페이지의 구매전환율을 높이려면 광고를 집행하는 키워드와 상품 상세 페이지를 '1:1'로 연결시키는 것이 가장 좋은 방법이다.

- 광고하는 키워드가 특정 카테고리에 연결되는 경우
광고를 집행하는 키워드와 상품 카테고리 페이지 '1:∞(다수의 상품)'로 연결시켜 상품 선택의 폭을 넓히고 객단가를 높일 수 있는 방법이다.

- 광고하는 키워드가 이벤트 페이지에 연결되는 경우

  신상품 기획전, 수영복 기획전 등과 같이 특정 상품들을 위해 별도의 기획전 페이지를 만든 후 그 페이지와 광고하는 키워드를 매칭시키는 방법이다. 이 방법의 효율성은 광고할 키워드와 기획전의 메인 카피를 매칭시키면 높아진다.

③ 랜딩페이지 분석과 최적화

랜딩페이지는 상품 구매 또는 회원가입과 같은 전환페이지까지의 단계별 과정 중 이탈 원인을 분석한 후 개선하여 이탈률을 낮추어 전체적인 상품구매 및 회원가입과 같은 전환율을 높인다.

다음은 키워드 검색 결과 키워드를 클릭하여 랜딩페이지로 이동한 후부터 상품 구매 작성 단계인 전환페이지까지의 일련의 과정에서 '진행' 또는 '이탈'을 분석하고 어느 단계에서 이탈했는지를 원인과 문제점을 측정한 후 해당 페이지의 이탈 원인과 문제점을 개선하는 것이 랜딩페이지 최적화의 목적이다.

랜딩페이지 최적화가 효율적으로 진행되기 위해서는 단계별로 정확한 이탈이 측정돼야 하며, 그러기 위해서는 각 단계별로 페이지를 재구성해야 한다.

- 유입 수와 전환율 모두 높은 경우

  유입 수와 전환율이 모두 높은 경우는 광고를 집행하는 키워드와 랜딩페이지가 잘 매치되고 있다고 판단할 수 있으며, 해당 키워드와 연관된 키워드들의 광고 비중을 높이는 것이 필요하다.

- 유입 수는 높고 전환율은 낮은 경우

  광고를 집행하는 키워드에 대한 수요는 있지만 쇼핑몰 또는 랜딩페이지 구성이 잘못된 경우이거나 상품의 경쟁력이 떨어지는 경우, 상품 구매까지의 과정이 복잡한 경우일 것이다. 로그 분석(접속 통계)을 통해서 무엇이 문제인지 등을 철저히 분석한 후 전환율이 낮은 원인을 수정한 후 광고를 재 집행한다.

- 유입 수는 낮고 전환율은 높은 경우

  키워드가 세부적으로 표현된 경우가 대부분이다. '날씬해보이는원피스'와 같이 상품의 특징을 구체적으로 표현한 세부 키워드가 포함된 경우는 '원피스'라는 키워드보다 좀 더 전환율이 높아지는 것이 일반적이기 때문이다.

- 유입 수와 전환율 모두 낮은 경우

  광고와 랜딩페이지 및 쇼핑몰 성격이 잘 맞지 않는 경우로 광고 효과를 기대할 수 없을 수 있기 때문에 키워드에 맞게 랜딩페이지를 재구성해야 한다.

④ 객단가를 높이는 랜딩페이지 전략

- 키워드별 랜딩페이지 구성

  키워드는 검색포털을 이용하는 사람들의 각기 다른 니즈(Needs)의 표현이라 볼 수 있다. 예를 들어, 검색 창에 '청바지'를 검색한 사람과 '가디건'을 검색한 사람은 분명 다른 니즈를 가지고 있다. 사이트 메인페이지에서 보여주는 내용이 사이트의 전부가 아니듯, 고객의 니즈에 보다 적합하게 연결될 수 있는 페이지가 사이트 내에 있다.

  청바지 키워드로 유입된 고객에게는 청바지와 관련된 페이지로 연결시키고, 가디건 키워드로 유입된 고객에게는 가디건 키워드와 관련된 페이지로 연결시키는 등 키워드별로 최적화된 랜딩페이지 연결이 필요하다.

  랜딩페이지를 상품페이지나 특정 페이지로 매칭시켜야 하는 이유는 고객의 클릭 이동을 최소화하기 위해서이다. 쇼핑몰에서는 상품을 찾기 위해 클릭할 때마다 고객의 이탈이 발생하며, 고객의 이탈은 매출 감소로 이어진다.

  키워드별로 랜딩페이지를 구성할 경우 키워드그룹별로 구성할 때보다 평균 30% ~ 50% 정도의 방문자, 구매 수, 구매율 등이 높아진다. 그 이유는 키워드별로 세분화시킬 경우 고객의 만족도를 높일 수 있는 키워드를 사용할 수 있기 때문이다.

- 객단가를 높이는 랜딩페이지 전략

  랜딩페이지를 통해서 객단가를 높이는 방법 중 한 가지가 코디 상품페이지 전략이다. 코디 상품들과 연관된 키워드를 코디 상품페이지와 매치시켜 키워드당 객단가를 높이는 방법이다. '체크자켓', '모던셔츠', '팬츠' 등 코디상품으로 구성된 페이지를 랜딩페이지로 설정하면 한 번에 여러 상품을 구매하여 고객 당 객단가가 높아진다.

  이외에 상품 상세페이지에 관련된 상품 목록이나 코디 상품을 노출시켜 추가 구매를 유도하여 객단가를 높이는 랜딩페이지를 만들어도 효과적이다.

6. 입찰가 설정과 광고 예산 최적화

① 입찰가 최적화

키워드 광고 입찰 시 무조건 경쟁자보다 상위에 노출되도록 하기 위해서 1위 자리에 터무니없는 입찰액을 써놓는 경우도 종종 있다.

키워드의 최대 입찰가격은 판매되는 상품의 판매당 가치와 방문자당 가치 등을 고려하여 광고주가 1회 클릭에 대한 최대한으로 지불 비용을 가이드라인으로 책정해야 한다.

판매당 단가가 50,000원, 개당 이익률 30%, 전환율 1%인 상품의 최대 입찰가의 가이드라인을 예로 계산하면 방문자당 가치는 150원이다. 즉 최다 입찰가격은 150원을 가이드라인으로 결정할 수 있다.

- 판매당 단가: 50,000원
- 개당 이익률: 30%
- 판매당 가치: 15,000원
- 전환율: 1%
- 방문자당 가치: 150원

② 키워드 최적화로 입찰가와 예산 배분하기

전환 추적(전환이 발생되는 것을 확인하는 것)이 가능한 업종, 의류와 같이 쇼핑몰을 통해서 구매가 가능한 상품을 판매하는 쇼핑몰의 광고주의 목적은 손해가 발생하지 않는 ROAS(=한계 ROAS) 이상에서 매출이 극대화하는 것이 일반적이다. 광고 계정의 키워드 그룹 예산을 설정하는 경우에는 우선 현재의 예산으로 어느 정도의 노출 비율을 보일 수 있는지 확인한 후 키워드별로 사용된 광고비와 성과 보고서 등을 토대로 키워드 그룹 내 효율성이 높은 키워드를 중심으로 예산을 편성하는 것이 효율적인 예상 배분 방법이다.

쇼핑몰의 주요 키워드에 대해서 다음과 같이 예측 표를 주기적(예: 2주에 한 번)으로 작성하여 키워드 입찰 및 예산 배분을 한다.

키워드	광고순위	입찰가	노출 수	클릭 수	광고비	매출	ROAS
여성정장	1	430	9,361	4,200	1,806,000	4,515,000	250
	3	360	9,361	1,800	648,000	1,944,000	300
	5	320	9,361	1,300	416,000	1,372,800	330
	7	270	9,361	880	237,600	807,840	340
	9	230	9,361	600	138,000	510,600	370
블라우스	1	390	26,074	6,500	2,535,000	7,605,000	300
	3	290	26,074	2,800	812,000	2,598,400	320
	5	260	26,074	2,000	520,000	1,768,000	340
	7	240	26,074	1,400	336,000	1,176,000	350
	9	220	26,074	920	202,400	728,640	360

예산이 충분한 상태에서 한계 ROAS가 260%라고 한다면 '여성정장' 3순위와 '블라우스' 1순위에 입찰하여 목표 매출은 9,549,000원이 될 것이다. 반면에 예산이 1,228,000원밖에 없는 상태에서 한계 ROAS가 315%라고 한다면 '여성정장' 5순위와 '블라우스' 3순위에 입찰하여 목표 매출은 3,971,200원이 될 것이다.

'블라우스'만 입찰할 수 있고 한계 ROAS가 345%라고 한다면, '블라우스' 10순위로 입찰하면 ROAS가 360%로 7순위로 입찰하였을 때의 350%보다 높다. 효율적으로 생각한다면 10순위로 입찰하는 것이 맞다. 하지만 광고를 효율만으로 판단하는 것은 그릇된 생각이 될 수 있다. 예산이 336,000원이라면 한계 ROAS 이상의 선택할 수 있는 안 중에서 ROAS가 360%이지만 매출이 728,640원인 경우와 ROAS가 350%이지만 매출이 1,176,000원인 경우라면 예산 범위 내에서 최대 매출을 계획하는 것을 목표로 잡아야 한다. 만약 예산이 202,400원이라면 당연히 9순위로 입찰하는 수밖에 없다.

PLUS TIP 한계 ROAS와 매출 이익률의 관계

한계 ROAS란 광고비와 매출 이익이 같은 상태의 ROAS이다.

매출 × 매출 이익율
= 광고비 → (매출 이익률) = $\frac{광고비}{매출}$ → (매출 이익률) = $\frac{1}{ROAS}$ → ROAS = $\frac{1}{매출 이익률}$

즉, 한계 ROAS는 매출 이익률의 역수이다. 매출 이익률이 40%(원가율 60%)라면 한계 ROAS는 250%이고, 매출 이익률이 30%(원가율 70%)라면 한계 ROAS는 333%이다.

③ 키워드 예산 편성 시 고려해야 할 문제점

키워드 광고 예산 편성 시 고려해야 될 문제점에 대해서 살펴보겠다. '가디건' 키워드로 예를 들어 보겠다. '가디건' 키워드의 경우 3월과 9월에 검색 양이 늘어나는 시즌성이 존재하고 그에 따라 입찰 경쟁사도 늘어난다. 경쟁사가 늘어남에 따라 일반적으로 입찰가가 상승하게 된다. 상품 관련 키워드는 시즌성이 강한 키워드들이다. '여자야상', '여자체크남방' 등 시즌성이 있는 키워드들에 대해서는 시즌성을 고려해서 예산을 편성해야 한다.

일정한 검색 양이 유지된다고 하더라도 미래 일정시점을 예측하기 위해서는 과거의 통계량이 많아야 한다. 위의 사례처럼 월간 전환 수가 30건 정도가 되어야 한다. 월간 전환 수가 30건이 되지 않는 키워드에 대해서는 과거의 광고 결과로 미래를 예측하여 예산 편성하는 것이 어렵다.

키워드	소진액	전환 수	전체 대비 소진 비율	전체 전환 대비 전환 비율	차이
B	150,000	18	12%	15%	3%
C	360,000	12	29%	10%	−19%
D	90,000	14	7%	12%	5%
E	330,000	16	27%	14%	−13%
F	90,000	14	7%	12%	5%
G	90,000	14	7%	12%	5%
H	60,000	12	5%	10%	5%
I	30,000	10	2%	8%	6%
J	30,000	8	2%	7%	4%

- 전환 수 비율에 따라 1차 배분 후 남은 예산을 배분한다.
- C, E 키워드는 광고비 소진 대비 전환비율이 낮아서 예산이 감소되고, 나머지 키워드는 예산이 증액된다.
- 키워드별로 예산배분 후에 해당 예산 범위 내에서 클릭이 극대화되는 순위로 입찰 순위를 정하고 해당 순위에 예측되는 입찰가로 입찰한다.

전환이 발생하지 않은 키워드 집합에 예산 배분 후에 해당 예산 범위 내에서 클릭이 극대화 되는 순위로 입찰 순위를 정하고 해당 순위에 예측되는 입찰가로 입찰한다.

> **PLUS TIP ➕ 키워드 그룹별 예산 설정하기**
>
> 키워드 광고 그룹별 예산 배분을 효율적으로 관리하기 위해서는 기본적으로 그룹별 일일 광고 허용 예산을 설정해야 한다.

7. 광고 보고서 이해와 분석

① 광고 보고서 기본 용어와 기본 공식 익히기

광고 보고서의 데이터를 제대로 이해하고 분석하기 위해서는 기본적인 용어를 이해하고 있어야 한다. 다음의 대화를 보면서 광고 보고서의 기본 용어에 대해서 알아보겠다.

나초보: 광고 보고서의 용어를 좀 더 쉽게 설명해 주실 수는 없나요?

카페24: 네이버에서 나초보님이 현재 광고를 진행하고 있는 '20대쇼핑몰'이라고 검색해보세요. 현재 본인의 광고가 노출되나요?

나초보: 검색 결과에 노출되지 않습니다.

카페24: 확인해 보니 순위경쟁이 치열해서 10순위 안에 포함되어 있지 않았습니다. 이처럼 키워드 광고를 집행하더라도 순위에서 밀려 10위 밖으로 밀리는 경우, 충전금이 모자라는 경우 등은 광고가 노출되지 않습니다. 이런 경우 검색하였을 때 내 광고가 표시되는 숫자만 노출 수가 됩니다.

나초보: 클릭 수는 무엇을 의미하나요?

카페24: 사람들은 시간의 여유가 충분하면 1순위부터 10순위까지 검색 결과에 나온 광고를 모두 클릭하지만 시간적 여유가 없다면 상위 순위나 눈에 강하게 어필하는 광고 문구의 광고를 클릭하게 됩니다. 따라서 나초보님의 광고가 노출되더라도 클릭이 안되는 경우가 있습니다. '클릭'의 의미는 광고가 표시되었고 그 광고를 소비자가 클릭하여 내 쇼핑몰로 방문한 숫자입니다.

나초보: 클릭률은 노출 수 대비 클릭 수 백분율이라는 건 알겠는데, 전환 수는 뭔가요?

카페24: 나초보님이 쇼핑몰을 광고하는 최종 목적은 매출이 늘어나는 것일 것입니다. 광고를 통해서 유입된 숫자가 아니라 클릭하여 방문한 고객이 실제 상품을 구매로 전환하면 그 숫자를 전환 수로 표시합니다.

나초보: 그렇다면 전환율은 클릭 수 대비 전환 수 백분율이기 때문에 당연히 알 수 있겠고, 광고비와 매출도 이해가 됩니다.

카페24: 잠시만요. 광고비를 클릭률이 들어간 공식으로 만드실 수 있나요? 또한 매출도 클릭률이 들어간 공식으로 만드실 수 있나요?

나초보: 잘 모르겠는데요.

카페24: 광고비는 '= 클릭수 × CPC'입니다. 클릭 수는 다시 '=노출 수×클릭률'로 표시할 수 있기 때문에 광고비는 '= 노출 수 × 클릭률 × CPC'로 표시할 수 있습니다.

나초보: 그렇군요.

카페24: 매출도 '= 전환 수 × 전환1건당 단가'입니다. 전환 수는 다시 '=클릭 수 × 전환율'로 표시할 수 있고, 클릭 수는 다시 '= 노출 수 × 클릭률'로 표시할 수 있습니다. 즉, 매출은 '= 노출 수 × 클릭률 × 전환율 × 전환 1건당 단가'로 표시할 수 있습니다.

카페24: 그리고 전환당 비용(CPA)와 ROAS도 알아야 됩니다. 전환당 비용은 '= 광고비/전환 수'입니다. 즉, 상품 구매 전환 1건을 위해서 들어간 비용입니다. ROAS는 광고비대비 매출비율입니다. 예를 들어 광고비 100원에 매출이 300원이라면 (300/100)×100%이기 때문에 300%입니다. 전환당 비용(CPA)도 클릭률 공식으로 변경해보세요.

나초보: 광고비는 '= 노출 수 × 클릭률 × CPC'이기 때문에 '= (노출 수 × 클릭률 × CPC) ÷ 전환 수'로 나타낼 수 있습니다.

광고 보고서를 올바로 분석하기 위해서 이해하고 있어야 하는 구매건수, 광고비, 키워드 광고의 기본 공식을 알아보겠다.

- 구매 건수 = 클릭 수(= 노출 수 × 클릭률) × 구매전환율

  노출 수가 1,000회인 광고의 경우 클릭률이 10%라면 100번의 클릭이 발생했음을 의미하고, 구매전환율이 5%라면, 5건의 구매 건수가 발생한다.

- 광고비용 = 클릭 수(= 노출 수 × 클릭률) × CPC

  노출 수가 1,000회, 클릭률이 10%라면 100번의 클릭이 발생했고, CPC(클릭당 광고비용)가 100원이 소요되었다면 예상되는 광고비용은 10,000원이다. 10,000원의 광고비를 투자해서 10명의 구매자가 발생했다면 1명의 구매 고객을 만드는데 소요되는 비용은 1,000원으로 다음과 같은 공식으로 풀 수 있다.

- CPA = {클릭 수(= 노출 수 × 클릭률) × CPC = 광고비} ÷ 구매 건수

  만약 클릭 수가 많더라도 구매 건수가 0이라면 구매전환율 0%가 되듯이, 공식은 곱하기와 나누기로 구성되기 때문에 노출 수나 클릭 수 등 어떤 항목 하나라도 0이 되면 전체 숫자도 0이 될 수 있다.

② 광고 보고서 분석과 최적화

광고를 등록해서 운영한다면 내가 운영하고 있는 광고가 효과적으로 잘 운영되고 있는지 파악할 수 있어야 한다. 광고 운영 내용을 제대로 파악하고 분석할 수 있어야 그 다음 달 광고 전략을 세울 수 있다.

광고 전략을 세우기 위해서는 반드시 필요한 데이터가 광고 보고서이다. 광고 보고서란 네이버, 다음, 구글 등 광고 등으로부터 집행한 광고에 대한 광고 결과를 가공하지 않은 상태로 제공 받는 보고서를 의미한다.

네이버 등에서 제공되는 광고 보고서를 검토할 때 주의해야 할 점은 단순히 CTR만을 비교하여 광고 효과가 높거나 낮다고 판단하거나 평균 CPC만을 비교하여 비싸거나 나쁘다고 판단하면 안 된다는 것이다.

광고 보고서를 분석하는 목적은 광고 효과를 개선하기 위함이며, 키워드 광고 효과가 개선되어 최적의 효과를 얻기 위해서는 광고 목표를 명확히 세워야 한다. 특히 광고 효율에 따라서 광고 집행 비용대비 효과를 고려하여 키워드 그룹별 광고 효과를 측정하면서 지속적으로 관리하는 것이 중요하다. 일정기간 광고 집행 후 광고에 대한 성과를 측정하고 마케팅 비용의 비율을 고려하여 광고 계획을 조율한다.

③ 광고성과 분석과 전략

키워드 광고의 성과를 구체적으로 확인하기 위해서는 전환 분석이 필요하다. 전환이란 광고의 성과를 측정하기 위한 기준으로, 물건을 판매하는 쇼핑몰의 경우 '결제'를 전환으로 판단하지만 보험, 병의원, 마사지샵 등과 같은 서비스를 제공하는 홈페이지의 경우 바로 결제가 발생하지 않기 때문에 '상담신청'이나 '문의'와 같은 행동을 전환으로 판단한다.

'전환 페이지'는 전환으로 판단하는 페이지로 고객이 이 페이지에서 결제 또는 신청 등을 진행하면 전환되었다고 판단한다. 전환 페이지에 이르기까지 고객은 어느 경로, 어느 광고 등을 통해서 유입되었는지 등을 알 수 있도록 작성한 프로그램 소스를 '전환분석 스크립트'라고 한다.

'답례떡' 키워드 광고의 랜딩페이지로 이동한 후 상품을 살펴본 결과 구매를 결정하고 [주문하기] 버튼을 클릭한 후 주문서 작성 페이지에서 결제와 주문을 완료하는데, 이 페이지가 전환페이지이고 주문을 완료하면 구매 전환이 완료된다.

'답례떡' 키워드 광고를 집행했다면 '답례떡' 키워드로 유입된 숫자보다 얼마나 전환했는지가 더 중요한 효과 측정 기준이 된다. '답례떡' 키워드로 10,000명이 들어와서 100명이 답례떡을 구입했다면 전환 수는 100이고 '답례떡' 키워드의 전환율은 1%가 된다. 전환율이 높을수록 광고 효과가 높게 나타나고 있다고 예측할 수 있다.

$$전환율 = \frac{전환\ 수}{방문자\ 수} \times 100$$

- 일간 광고 보고서 분석과 전략

    다음은 남성의류 쇼핑몰 A사의 10월 8일 ~ 10월 21일까지의 일일 광고성과에 대한 보고서이다.

노출 수	클릭 수	전환 수	광고비(₩)	전환 매출(₩)	전환율 (%)	클릭당비용 (CPC)	전환당 비용	ROAS (%)
21,326	501	5	80,454	252,500	1	161	16,091	314
15,782	345	5	50,941	237,000	1.45	148	10,188	465
18,920	410	10	72,039	505,500	2.44	176	7,204	702
18,815	440	4	80,520	232,400	0.91	183	20,130	289
19,453	449	7	74,591	392,500	1.56	166	10,656	526
17,680	386	3	71,434	112,500	0.78	185	23,811	157

34,214	586	1	104,346	36,500	0.17	178	104,346	35
21,051	392	5	62,249	247,000	1.28	159	12,450	397
20,354	518	5	90,915	238,500	0.97	176	18,183	262
21,811	535	5	90,651	277,500	0.93	169	18,130	306
22,485	543	8	100,243	574,200	1.47	185	12,530	573
21,791	572	3	105,446	152,000	0.52	184	35,149	144
27,128	620	7	105,094	339,500	1.13	170	15,013	323
19,342	440	3	82,929	142,000	0.68	188	27,643	171
300,152	6,737	71	1,171,852	3,739,600	1.05	174	16,505	319

- 노출 수 합계: 300,152회
- 클릭 수 합계: 6,737회
- 전환 수 합계: 71
- 평균 전환율: 1.05%
- 건당 평균 구매액: 52,670원

11월에 광고예산으로 300만 원을 책정한 경우에 클릭 수를 다음과 같이 예측해 볼 수 있다.

- 평균 CPC: 174원이므로 3,000,000 ÷ 174=17,247회
- 전환율: 1.05%이므로 17,247 × 1.05%=181건
- 1건당 평균 구매액: 가을 겨울시즌이 되면서 상승하여 55,000원으로 예상
- 예상 매출: 181 × 55,000 = 9,955,000원

결론은 1,000만 원 정도의 매출을 올리기 위해서 300만 원의 광고 예산이 필요하다.

초보 광고주라면 '매출 = 클릭 수 × 전환율 × 1건당 평균 구매액'과 '광고비 = 클릭 수 × CPC' 공식을 이용해서 예상 매출에 따른 예상 광고비를 합리적으로 책정해야 한다. 평균 CPC나 평균 전환율은 카테고리와 세부 품목에 따라서 차이가 있다. 의류의 경우로 예로 들어보겠다. 남성의류의 평균 CPC는 200원, 여성의류의 평균 CPC는 150원이다.

오픈 후 6개월 미만의 초보 쇼핑몰 평균 전환율은 0.5% ~ 1%이고, 광고가 안정적인 단계에 이르면 평균 전환율은 1% 이상으로 높아진다. 1건당 구매액은 10대 여성의류 쇼핑몰 44,000

원 ~ 50,000원, 20대 여성의류 쇼핑몰은 55,000 ~ 60,000원, 헐리웃 명품스타일 쇼핑몰은 70,000원 ~ 80,000원이며 가을, 겨울철일수록 평균 구매액은 상승한다.

10대 남성의류 쇼핑몰은 55,000원 정도, 20대 남성의류쇼핑몰은 65,000원, 남성 정장스타일 쇼핑몰은 100,000원 정도한다. 20대 남성의류 쇼핑몰을 운영하는 쇼핑몰이 월 100만 원의 광고비를 통해서 얻을 수 있는 매출은 평균 CPC는 200원, 평균 전환율 0.8%, 1건당 평균 구매액 65,000원으로 계산해 보겠다.

100만 원으로 예상되는 클릭 수는 1,000,000 ÷ 200 = 5,000회이다.

$$5,000 \times 0.8\% \times 65,000 = 2,600,000원$$

따라서 예상되는 전환율(ROAS)은

$$(2,600,000 \div 1,000,000) \times 100 = 260\%$$

- 전환율을 높일 수 있는 방법은 다음과 같다.
  - 세부 키워드나 낮은 순위로 입찰하여 평균 CPC를 낮추어서 방문자를 늘린다.
  - 랜딩페이지의 경쟁력을 향상시켜 전환율을 높인다.
  - 코디 상품을 일괄 구매할 수 있게 유도하거나 대량 구매에 대한 혜택을 제공함으로써 1건당 평균 구매액을 증가시킨다.

- 키워드별 광고 보고서 분석과 전략

광고 보고서 분석에 따른 키워드 입찰가 변경과 순위 조절에 대해서 알아보겠다. 다음은 10대 여성의류 쇼핑몰 A사의 9월 광고 보고서 중에 '10대 쇼핑몰'과 '가디건'의 키워드별 광고성과 자료이다.

키워드	노출 수	클릭 수	전환 수	광고비	매출	전환율	CPC	CPA	ROAS	평균 순위
10대 쇼핑몰	92,248	10,458	352	2,898,742	16,988,640	3.37	277	8,235	586	4.4
가디건	83,028	1,632	24	663,828	931,500	1.47	407	27,660	140	8.0

1건당 구매단가를 구해보겠다. 1건당 구매단가는 '= 매출 ÷ 전환 수'로 계산하며, '10대 쇼핑몰' 키워드의 1건당 구매단가는 16,988,640 ÷ 352 = 48,263원이다.

목표 ROAS가 250%라고 가정하면 최대 CPA는 19,305원이고, 전환율 3.37%를 곱하면 최대입찰 CPC는 651원이다. 현재 277원으로 평균 4.4순위로 입찰되고 있으므로 입찰가를 높여서 평균 순위를 올리는 전략을 세워야 한다.

'가디건'의 1건당 구매단가는 38,813원이다. 목표 ROAS가 250%라고 하면 최대 CPA는 15,525원이고 전환율 1.47%를 곱하면 최대 입찰 CPC는 306원이다. 따라서 현재 407원으로 평균 8순위로 입찰되고 있기 때문에 입찰가를 낮추어서 평균 순위를 내리는 전략을 써야 한다.

하지만 위와 같은 결정은 과거의 일정기간 동안 발생한 사건이 미래의 일정기간 동안 동일하게 발생할 것이라는 가정을 포함하고 있다. 특히 전환율은 순위에 관계없이 일정하다는 가정을 포함하고 있다.

④ 신생 쇼핑몰과 전환 추적이 어려운 업종의 키워드 광고 전략

처음 광고를 시작하는 쇼핑몰이나 상담이나 신청 등 사이트의 특성상 전환 추적이 어려운 업종은 개별 키워드의 순위별 예상CPC, 예상 노출 수, 예상 클릭 수, 예상 광고비 등의 정보를 이용해서 주어진 비용 범위 내에서 클릭이 극대화될 수 있게 한다.

키워드	광고순위	입찰가	노출 수	클릭 수	광고비
여성정장	1	430	9,361	4,200	1,806,000
	3	360	9,361	1,800	648,000
	5	320	9,361	1,300	416,000
	7	270	9,361	880	237,600
	9	230	9,361	600	138,000
블라우스	1	390	26,074	6,500	2,535,000
	3	290	26,074	2,800	812,000
	5	260	26,074	2,000	520,000
	7	240	26,074	1,400	336,000
	9	220	26,074	920	202,400

위와 같은 자료 상태에서

- 광고 예산이 202,400원인 경우라면
  '블라우스' 키워드를 9순위로 입찰하여 목표 클릭 수를 920으로 설정하는 것이 합당하다.

- 광고 예산이 340,400원인 경우라면
  '블라우스' 키워드를 9순위로 입찰하고, '여성정장'를 9순위로 입찰하여 목표 클릭 수를 1,520으로 설정하는 것이 합당하다.

- 예산이 충분하다면
  여성정장 1순위와 블라우스 1순위로 입찰하여 총광고비용을 4,341,000원으로 사용하고 목표 클릭 수를 10,700으로 설정하는 것이 합당하다.

예상 매출을 정할 수 없는 오픈 쇼핑몰과 전환 추적이 어려운 쇼핑몰의 경우 위와 같은 모델을 사용하여 키워드를 최적화한다.

⑤ 광고 보고서의 올바른 데이터 분석과 개선 전략

어떻게 광고 집행을 해야 광고 효과를 높일 수 있을까? 광고 집행은 '키워드 분석 > 광고 기획 > 결과 분석'이라는 광고 운영이 계속 순환되는 과정에서 광고 효과가 떨어지는 키워드를 필터링하면 광고 효과를 개선할 수 있다. 특히 결과 분석은 광고 보고서를 통해서 개선 사항을 찾을 수 있어야 한다.

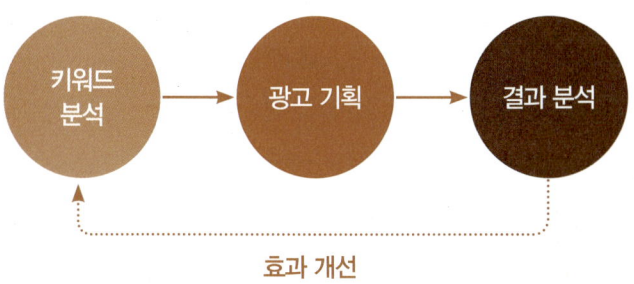

광고 보고서는 전달과 비교 분석하여 전달 대비 클릭률이 떨어졌다면 그 원인을 찾을 수 있어야 한다. 다음은 10월과 11월의 광고 요약 보고서이다.

광고 시기	노출 수	CTR	클릭 수	CPC	구매 전환율	구매 건수	CPS	광고비
10월	50,000	2.0%	1,000	100	1.0%	10	10,000	100,000
11월	100,000	0.7%	700	100	1.0%	7	10,000	70,000

클릭률(CTR)이 2.0%에서 0.7%로 1/3 정도로 떨어진 상황이다. 클릭률이 떨어진 상황만으로는 무엇이 문제인지 알 수 없으며, 이런 경우 키워드별 세부 광고 보고서를 살펴보면 그 원인을 찾아낼 수 있다.

키워드	노출 수	CTR	클릭 수	CPC	광고비
제주도감귤	69,201	0.2%	138	350	48,300
진영단감	64,679	0.1%	65	200	13,000
호박고구마	11,942	1.9%	227	350	79,450
밤고구마	9,292	2.1%	195	250	48,750
청송사과	7,201	3.3%	237	150	35,550
나주배	5,295	2.8%	148	150	22,200
⋮					
멜론	522	1.2%	6	100	600
한우특별전	102	1.3%	1	150	150
합계	160,231	0.9%	1,192	200	1,200,500

위 광고 보고서의 클릭률(CTR)이 0.9%로 낮게 나온 이유는 노출 수 비중이 가장 많은 '제주도감귤'과 '진영단감' 키워드의 비중이 전체 노출 수의 80%를 차지하지만, 클릭률(CTR)은 '제주도감귤' 키워드가 0.2%, '진영단감' 키워드가 0.1%에 불과하기 때문이다.

만약 이 두 키워드를 제외한다면 다음 표와 같이 전체 클릭률(CTR)은 2.2%, 클릭 수 989, 광고비는 1,139,200원이다. 클릭률이 갑자기 떨어지는 경우 위와 같이 키워드별 세부 광고 보고서를 살펴보는 것이 가장 효율적인 방법이다.

노출 수	CTR	클릭 수	CPC	광고비
26,351	2.2%	989	180	1,139,200

하지만 클릭률을 증대시키고 광고 방법을 잘 선정했다고 해도 전환율, 구매건수, CPA가 좋아진다고 할 수는 없다. 전환율, 구매건수, CPA는 랜딩페이지의 품질에 의해서 좌우되는 요소들이기 때문이다. 특히 제대로 광고를 집행하고 있는데도 매출이 증가하지 않는 경우에는 가장 먼저 전환율을 살펴보아야 한다.

다음 보고서에서 전환율이 0%이거나 쇼핑몰의 평균 전환율 이하의 키워드 등 쇼핑몰 광고 효과를 저해하는 키워드, 즉 매출이 발생하는 키워드와 매출이 발생하지 않은 키워드를 체크한 후 매출이 발생하지 않은 키워드는 광고 효과가 개선되기 전까지는 광고를 중단하거나 개선한 후 재 집행한다.

키워드	노출 수	CTR	클릭 수	CPC	전환 수	전환율
제주도감귤	69,201	0.2%	138	350	3	0.3%
진영단감	64,679	0.1%	65	200	5	0.4%
호박고구마	11,942	1.9%	227	350	4	0.5%
밤고구마	9,292	2.1%	195	250	4	0.7%
청송사과	7,201	3.3%	237	150	7	0.2%
나주배	5,295	2.8%	148	150	0	0.0%
⋮						
멜론	522	1.2%	6	100	2	0%
한우특별전	102	1.3%	1	150	0	0%
합계	160,231	1.1%	1,192	200	123	100.0%

⑥ 광고비 예산을 효율적으로 활용하는 나만의 전략 세우기

- 효율적인 광고비 예산 설정 전략

  광고비 설정 시 '일일 예산 설정 기능'을 사용하는 목적은 광고 운영자가 집행할 수 있는 광고 예산의 범위 내에서 효율적으로 광고를 운영하기 위함이다.

  하루 동안 사용하고 싶은 광고 예산 시 설정해 놓은 '일일광고허용예산'을 모두 소진하면 광고는 자동으로 차단된다. 이 기능은 광고의 과소진을 차단하기 위해 필수로 설정하는 기능이다. 즉

하루에 얼마를 설정할지는 월 예상 광고비에 나누어서 설정한다. 예를 들어 하루 50,000원이라면 한 달 150만 원의 광고비가 설정한다.

하지만 무조건 일일 예산을 설정해둘 필요는 없다. 만약 천만 원의 광고비를 투자해서 5천만 원의 이익이 발생한다면 굳이 일일예산 설정 기능을 사용할 필요 없이 광고를 최대한으로 증대시킬 필요가 있다. 즉, 광고비 대비 효율성이 높은 키워드에 대해서 별도의 키워드 그룹을 만들어 일일예산 설정 기능을 사용하지 않는 것이 좋고, 광고비 대비 효율성이 많이 떨어지는 키워드에 대해서는 일일예산 설정 기능을 사용 상태로 설정해야 광고비 운영의 효율성이 떨어지지 않는다.

네이버 키워드 광고의 경우 '예산' 메뉴를 클릭한 후 클릭초이스와 '컨텐츠 네트워크'에 각각 하루 동안 광고 그룹에서 지출할 비용에 상한선을 설정할 수 있다.

- 광고 스케줄 전략

  광고 스케줄은 광고 기간 설정과 요일 및 시간 설정을 할 수 있다. 광고기간 설정을 광고비 소진 시 자동으로 차단되기 때문에 쇼핑몰의 특별 이벤트 및 행사가 있는 경우를 제외하고는 기본 설정으로 하는 것이 좋다.

  요일 및 시간 설정을 하는 이유는 효율적인 광고 운영을 하기 위함이기 때문이다. 예를 들어 하루 광고비로 소진할 수 있는 일일 지출 한도가 설정된 상태에서 새벽시간에 광고비가 모두 소진된다면 정작 구매전환율이 높게 발생하는 점심 시간대나 저녁 시간대에 노출 중단되는 불상사가 발생할 수 있기 때문이다. 즉 광고비가 한정되어 있는 상태라면 자신의 쇼핑몰에서 구매전환율이 가장 많이 발생하는 시간대에 집중적으로 노출하는 것이 매출을 올리는 전략이라 할 수 있다.

  배송이 이루어지지 않는 요일(토요일과 일요일)은 노출을 제한해서 광고비를 낭비하는 것을 줄여서 절약하고, 절약한 그 금액을 광고 효과가 높은 요일에 더 집중시키는 것이 바람직하다.

⑦ 재구매율 분석과 체크 항목

재구매는 쇼핑몰 운영에서 가장 중요한 분석 항목으로 쇼핑몰 운영자들 사이에서는 '고객의 재구매 기간에 따라서 울고 웃는다.'라는 말이 있다. 쇼핑몰은 일반적으로 고객의 재구매 기간이 짧을수록 평균 매출도 늘어나기 때문에 고객의 재구매율 분석이 중요할 수밖에 없다.

재구매의 주기는 품목의 특성에 따라서 달라질 수 있다. '아기 침대'와 같은 품목은 재구매가 거의 발생하지 않는 품목이고, '아기 기저귀'와 같은 품목은 꾸준한 재구매가 발생하는 품목이다. 꾸준한 재구매가 발생하는 품목임에도 불구하고 재구매가 발생하지 않는다면 신규 고객을 통해서만 매출이 발생하기 때문에 매출 성장 곡선의 한계가 있을 수밖에 없다.

예를 들어 평균적으로 일주일에 한 번씩 5번 정도 재구매가 발생한다고 가정해보겠다. 쇼핑몰 오픈 후 첫 번째 주에 1,000명이 모두 구매하여 1,000번 구매가 발생하고, 두 번째 주에도 1,000명의 고객을 통해서 1,000번의 재구매가 발생하는 식으로 다섯 번째 주까지도 1,000명의 고객을 통해서 1,000번의 구매가 발생한다. 평균적으로 일주일에 한 번씩 5번 정도 재구매가 종료되는 그 이후에도 꾸준히 증가해야 매출의 상승곡선을 나타낸다. 하지만 오픈 6주 후부터도 계속 증가하지 않는다면 다음 세 가지 항목을 우선적으로 체크해야 한다.

- 신규 고객 유입 수가 정체하지 않고 꾸준히 증가하고 있는가?

  신규 고객의 유입 수를 늘리기 위해서는 키워드 광고 시 세부 키워드와 대표 키워드를 조금씩 시도해보거나 이미지 마케팅, 이벤트, SNS 마케팅, 프로모션 등 기존 고객의 이탈 방지 및 재구매 촉구와 함께 신규 고객 유입 수 증가 목적의 다양한 마케팅을 시도한다.

- 판매하는 품목이 소모적인 품목인가? 비소모적인 품목인가?

  쇼핑몰이 비소모적인 품목으로만 구성되어 있다면 기존 고객들이 재구매가 꾸준히 발생할 수 있도록 소모적인 새로운 상품을 발굴한다.

- 신상품의 수, 품목의 다양성 등 재구매할 수 있는 상품 구성인가?

  쇼핑몰에 팔릴만한 상품들이 많을수록 매출은 늘어나기 마련이고, 주기적으로 새로운 상품이 등록되면 재구매를 통한 매출이 늘어나기 마련이다.

실력 평가 문제

01 마케팅도구로서의 온라인의 장점이 아닌 것은?

① 시간상의 제약이 없다.
② 표적집단으로의 접근이 쉽다.
③ 구전마케팅에 효과적이다.
④ 광고비가 저렴하다.
⑤ 공간상의 제약이 있다.

해설 ▷ 마케팅도구로서의 온라인은 시간상, 공간상의 제약이 없다.

02 시장 세분화 방법에서 사용되는 변수에 대한 설명이 잘못된 것은?

① 특정 개인이나 집단의 활동, 관심 거리 등의 활동변수
② 지역, 도시 규모, 인구밀도와 같은 지리적 변수
③ 나이, 성별, 가족 크기 등 인구 통계학적 변수
④ 사교성, 자율성, 보수성 등 개성변수
⑤ 소비자가 상품을 구매함으로써 얻고자 하는 편익과 같은 가치변수

해설 ▷ 특정 개인이나 집단의 활동, 관심거리 등의 라이프스타일 변수

03 마이클 포터의 5요인 분석을 이용한 세분 시장 내 경쟁 분석 중 5요인이 아닌 것은?

① 산업 내 경쟁기업 경쟁의 강도
② 구매자의 교섭력
③ 공급자의 교섭력
④ 잠재적 진입기업의 진입 위험
⑤ 보완품의 위협

해설 ▷ 대체품의 위협

04 전통적 마케팅과 온라인 마케팅 비교 중에 틀린 것은?

① 전통적: 기업이 주도적 역할을 함 vs 온라인: 고객이 주도적 역할을 함
② 전통적: 선도기업의 주도적 역할이 성공요인 vs 온라인: 고객의 반응이 주요 성공요인
③ 전통적: 마케팅이 다른 부서와 기술적으로 통합 vs 온라인: 마케팅이 상품개발을 주도함
④ 전통적: 고객들은 상품에 대한 지식과 정보가 적음 vs 온라인: 고객들이 많은 지식과 정보 보유
⑤ 전통적: 고객과의 커뮤니케이션에 많은 비용이 발생하므로 제한적 vs 온라인: 고객과의 커뮤니케이션이 중요

해설 ▷ 전통적 마케팅에서는 마케팅이 상품개발을 주도했으나 온라인 마케팅에서는 마케팅이 다른 부서와 기술적으로 통합

05 A광고주의 실제 클릭비용은 얼마인가?

순위	광고주	입찰가	품질지수	순위지수	실제 클릭비용
1	A	500원	3	1,500	?
2	B	400원	3	1,200	340원
3	C	400원	2.5	1,000	310원
4	D	300원	2.5	750	210원
5	E	250원	2	500	70원

① 200원
② 300원
③ 400원
④ 410원
⑤ 420원

해설 ▷ A광고주가 1순위이므로 후순위인 B의 순위지수를 자신의 품질지수로 나눈 후에 10원을 더하면 된다. (1,200/3)+10원이므로 410원이다.

06 4P 전략에 대한 설명 중 맞는 것은?

① 인터넷상의 의사소통은 단방향이다.
② 인터넷 가격경쟁은 오프라인보다 덜 치열하다.
③ 인터넷 상품은 정보 중심적이다.
④ 온라인 광고는 일정 시간에만 가능하다.
⑤ 인터넷 도래로 중간상은 완전히 없어지고 있다.

> 해설 ▷ 인터넷 상품은 정보 중심적이다.

07 인터넷상의 유통의 특징이 아닌 것은?

① 인터넷상에서의 유통은 상품이 아니라 정보의 흐름을 기반으로 형성된다.
② 인터넷은 유통단계를 축소시킨다.
③ 인터넷은 정보유통이 많아서 정보 관리가 물류 관리보다 중요하다.
④ 검색 중개상이 새로운 중간상의 대표적인 유형으로 등장하고 있다.
⑤ 정보 중개상을 통한 새로운 수익분배프로그램이 탄생한다.

> 해설 ▷ 인터넷 유통에서의 모든 실물흐름은 주로 택배에 의존하고 있기 때문에 물류관리가 중요하다.

08 CPC 키워드 광고 입찰 관련 용어 중 키워드 검색을 통한 의도와 요구를 얼마나 잘 나타내고 있는가를 반영한 척도는?

① 최대 클릭비용　② 순위지수
③ 품질지수　　　④ 실제 클릭비용
⑤ 순위

> 해설 ▷ 품질지수(QI, Quality Index): 게재된 광고의 품질을 반영하는 지수이다.

09 클릭초이스 키워드 계정구조에 대한 설명 중 틀린 것은?

① 사이트: 하나의 사이트만 생성할 수 있다.
② 계정: 광고를 운영하는 주체이다.
③ 키워드: 키워드는 붙여쓰기로 인식
④ 광고문구: 키워드 광고문구는 1:1 대응
⑤ URL: 광고를 클릭한 경우에 링크로 연결되는 웹 페이지 URL이다.

> 해설 ▷ 사이트(URL 주소) 별로 광고 생성을 할 수 있다.

10 노출 수 10,000회 클릭률 10%, 전환 수 15회인 경우에 전환율은 얼마인가?

① 1%
② 1.5%
③ 2%
④ 2.5%
⑤ 3%

> 해설 ▷ 노출 수 10,000 × 클릭율 10%이므로 클릭 수 1,000회 전환율은 (15/1,000) × 100 = 1.5%이다.

11 CPC 광고 용어와 설명이 틀린 것은?

① 노출 수: 광고가 노출된 수
② 전환 수: 광고주가 원하는 고객의 행동을 숫자로 나타낸 것. 보통 구매완료를 사용함
③ 전환당 비용: 1회 전환을 발생시키는데 필요한 비용
④ 전환당 이익: (매출/ 광고비) × 100%
⑤ 클릭율: 노출 수 대비 클릭 수 비율(클릭 수/ 노출 수) × 100%

> 해설 ▷ (매출/ 광고비) × 100%는 ROAS이다.

정답　01 ⑤　02 ①　03 ⑤　04 ③　05 ④　06 ③　07 ③　08 ③　09 ①　10 ②　11 ④

12 키워드를 추출하는 방법이 아닌 것은?

① 생각을 정리한다.
② 검색포털의 자동완성과 추천 키워드를 사용한다.
③ 상품명은 사용하나 카테고리명은 사용하지 않는다.
④ 영문 및 외래어 오타 키워드를 활용한다.
⑤ 키워드 제안도구를 이용한다.

해설 ▷ 상품명과 카테고리명을 모두 사용한다.

13 광고 문구의 구성요소가 아닌 것은?

① 랜딩페이지　② 제목
③ 설명 문구　④ 표시 URL
⑤ 키워드

해설 ▷ 광고 문구 = 제목, 설명 문구, 표시URL, 연결URL(랜딩페이지)

14 판매당 단가 50,000원, 개당 이익률 30%인 경우에 판매당 가치는?

① 50,000원　② 40,000원
③ 35,000원　④ 15,000원
⑤ 10,000원

해설 ▷ 판매당 가치는 판매당 단가×개당 이익률이다.

15 재구매를 늘리기 위한 방법이 아닌 것은?

① 이벤트, 프로모션 진행
② 키워드 광고 시에 세부 키워드만 광고한다.
③ 소모적인 새로운 상품 발굴
④ 주기적으로 새로운 상품 등록
⑤ SNS 마케팅

해설 ▷ 세부 키워드와 더불어 대표 키워드도 진행해야 한다.

16 키워드 광고 7단계 프로세스의 마지막 단계는 무엇인가요?

① 키워드 추출
② 랜딩페이지 만들기
③ 캠페인 예산 구성하기
④ 키워드 그룹 구성하기
⑤ 입찰/운영하기

해설 ▷ 입찰/운영하기가 7단계이다.

17 키워드 그룹 최적화 방법이 아닌 것은?

① 관련성이 높은 상품들끼리 그룹핑
② 주력 키워드와 비주력 키워드를 구분하여 그룹핑
③ 키워드 중복 사용은 자제한다.
④ 클릭 수에 따라 키워드를 그룹핑
⑤ 운영 및 관리 목적에 따라 키워드 그룹핑

해설 ▷ 노출 수와 입찰가에 따라 키워드 그룹핑

18 키워드 광고의 랜딩페이지 유형 설명 중 틀린 것은?

① '여성의류'와 같은 대표 키워드는 메인페이지로 연결한다.
② 특정 상품명은 특정 상품페이지로 연결하여 구매전환율을 높인다.
③ 광고 키워드와 상품 카테고리 페이지 연결은 상품 선택의 폭은 넓히나 객단가는 낮아진다.
④ 신상품 기획전, 수영복 기획전 등과 같은 특정 상품들을 위한 별도의 기획전 페이지로 연결한다.
⑤ 대표 키워드로 메인페이지 연결은 대형쇼핑몰에 적합하다.

해설 ▷ 광고를 집행하는 키워드와 상품 카테고리 페이지 '1:∞(다수의 상품)'로 연결시켜 상품 선택의 폭을 넓히고 객단가를 높일 수 있는 방법이다.

19 다음과 같은 상황에서 예산이 충분한 상태에서 한계 ROAS가 260%라면 어떻게 키워드 광고를 진행할 수 있는가?

키워드	광고순위	입찰가	노출 수	클릭 수	광고비	매출	ROAS
여성정장	1	430	9,361	4,200	1,806,000	4,515,000	250
	3	360	9,361	1,800	648,000	1,944,000	300
	5	320	9,361	1,300	416,000	1,372,800	330
	7	270	9,361	880	237,600	807,840	340
	9	230	9,361	600	138,000	510,600	370
블라우스	1	390	26,074	6,500	2,535,000	7,605,000	300
	3	290	26,074	2,800	812,000	2,598,400	320
	5	260	26,074	2,000	520,000	1,768,000	340
	7	240	26,074	1,400	336,000	1,176,000	350
	9	220	26,074	920	202,400	728,640	360

① 여성정장 9순위와 블라우스 9순위
② 여성정장 7순위와 블라우스 1순위
③ 여성정장 5순위와 블라우스 5순위
④ 여성정장 3순위와 블라우스 1순위
⑤ 여성정장 1순위와 블라우스 1순위

해설 ▷ 한계 ROAS 260% 이상 중에 매출이 가장 많이 나오는 여성정장 3순위와 블라우스 1순위로 집행하면 된다.

20 매출 이익률이 40%일 때 한계 ROAS는 얼마인가?

① 200%
② 250%
③ 300%
④ 333%
⑤ 350%

해설 ▷ 한계 ROAS는 매출 이익률의 역수이다. 매출 이익률이 40%(원가율 60%)라면 한계 ROAS는 250%이다.

정답 12 ③ 13 ⑤ 14 ④ 15 ② 16 ⑤ 17 ④ 18 ③ 19 ④ 20 ②

참고문헌

이훈영, 「이훈영 교수의 e-마케팅 플러스」, 무역경영사
이시환, 「인터넷쇼핑몰 광고 홍보 실전마케팅」, 앤써북
카페24, 「해외온라인마케팅 한권으로 끝내기」, 카페24
- 조동훈, 「전자상거래론」, 한올출판사
- 안웅, 「전자상거래관리자」, 연학사
- 이동훈, 「전자상거래와 e-비즈니스」, 한빛아카데미
- Wikipedia®(wikipedia.org)

저자소개

• 이정수 대표

6,650여 회의 컨설팅 및 실무강의 경력 26년, 교육부 승인 스피치 명강사 1급 강사로 활동 중이다. 현재는 성공을도와주는기업 JSN교육센터의 대표이사이며, 강연정류장과 cafe 24 전문강사로 인천경제통상진흥원, BT창의인재개발원, 남서울대학교, 목포대학교, 선인이비지니스고등학교 등에서 글로벌쇼핑몰과 전자상거래 창업CEO과정을 강의하였다. 운영중인 대표쇼핑몰은 갤러리아트(galleryart.co.kr)이고, 부설 바이럴마케팅 전략연구소(Viral Marketing Stategy Institute)를 운영 중이다. 강사홈페이지는 네이버에서 '이정수강사'이다.

• 이시환 소장

용인송담대학 경영정보과 겸임교수와 명지대학 테크노경영정보과 산학협동교수로 재직하였으며, 현재는 카페24 마케팅전략연구소장으로 활동하고 있다. 미래창조과학부, SBA(서울산업진흥원), 무역협회 아카데미, 한양대학교, 가톨릭대학교, 성신여자대학교, 강남대학교, 명지대학, 경인여자대학, 용인송담대학 등에서 강의를 진행하였다.
저서로는 cafe24 스마트디자인으로 인터넷 쇼핑몰 만들기(앤써북), 쇼핑몰 창업 운영 핵심정리 (영진닷컴), Cafe24 쇼핑몰 창업 후 운영기법 (가메출판사) 등이 있다.

• 김태훈 관세사

국민대학교 국제통상학을 전공하였으며 현재 두산(주) 근무 및 커스커널관세사무소 컨설팅 고문으로 있다. 웅진아카데미 관세사 수험학원에서 강사로 활동하였으며, 천지관세법인 인천공항세관, 인천세관 및 구로세관에서 근무하였고, 엘지(주)에서 근무 및 FTA 원산지관리시스템, 관세환급시스템을 구축하였으며 두산(주)에서 심사, 통관 업무 등을 맡고 있다. cafe24 전문강사, 고도몰 전문강사 및 두산 사내강사로 활동 중이다. 공동 저서로는 한국관세사회 AEO T/F팀원으로 진행했던 AEO매뉴얼이 있다.

• 홍장원 변리사

연세대학교에서 화학공학을 전공하였으며 현재 특허법인 하나 대표변리사로 활동 중이다. 한국기업법무협회 이사, 경기도 고양시 검찰 자문위원, 법제처 국민법제관으로 활동하였고, 한국발명진흥회, 한국인터넷기업협회, 한국온라인쇼핑협회, 다음커뮤니케이션, G마켓, 인터파크, 롯데홈쇼핑, 롯데닷컴, cafe24에서 상표권과 저작권 강의를 진행하였다.

• 박연근 세무사

고려대학교 법무대학원에서 조세법을 전공하였으며 현재 세무법인 한결멘토 아이티텍스 대표로 있다. 조세일보와 한국경제신문, 한국전자상거래관리사협회, 중소기업진흥공단 전자상거래지원센터, 숙명여자대학교, 인천대학교, 영진전문대학에 출강하였고 현재 중소기업청 제도개선 자문위원, cafe24 전문강사, 네이버 세무상담위원, 한국세무사회 감리위원회 간사로 활동 중이다. 저서로는 "잘나가는 CEO의 절세법은 따로 있다"(2005년 ~ 2009년)가 있으며 중소기업청장 표창과 서울지방세무사회 공로장을 수상했다.

MEMO

전자상거래 수출마스터
E-Commerce Export Master

1 시험 주관사인 카페24에서 공식 인증한 교재로 출제기준에 맞춰 적중률 높은 내용과 평가 문제로 구성하였습니다.

2 각 과목별 이론을 학습하기 전에 해당 과목에서 배워야 할 학습목표를 제시하여 학습의 효과를 높일 수 있도록 하였고, 실무적인 내용으로 구성하여 실제 현장 업무에서 바로 적용할 수 있도록 하였습니다.

3 각 과목별 이론을 학습한 후 이해 수준을 점검할 수 있도록 실력 평가 문제를 수록하여 출제 형식과 경향을 파악할 수 있도록 하였습니다.

값 25,000원

ISBN 978-89-315-5374-1

BM Book Media Group

성안당은 선진화된 출판 및 영상교육 시스템을 구축하고
항상 연구하는 자세로 고객 앞에 다가갑니다.

카페24 해외직판 전자상거래 자격증 전문 도서

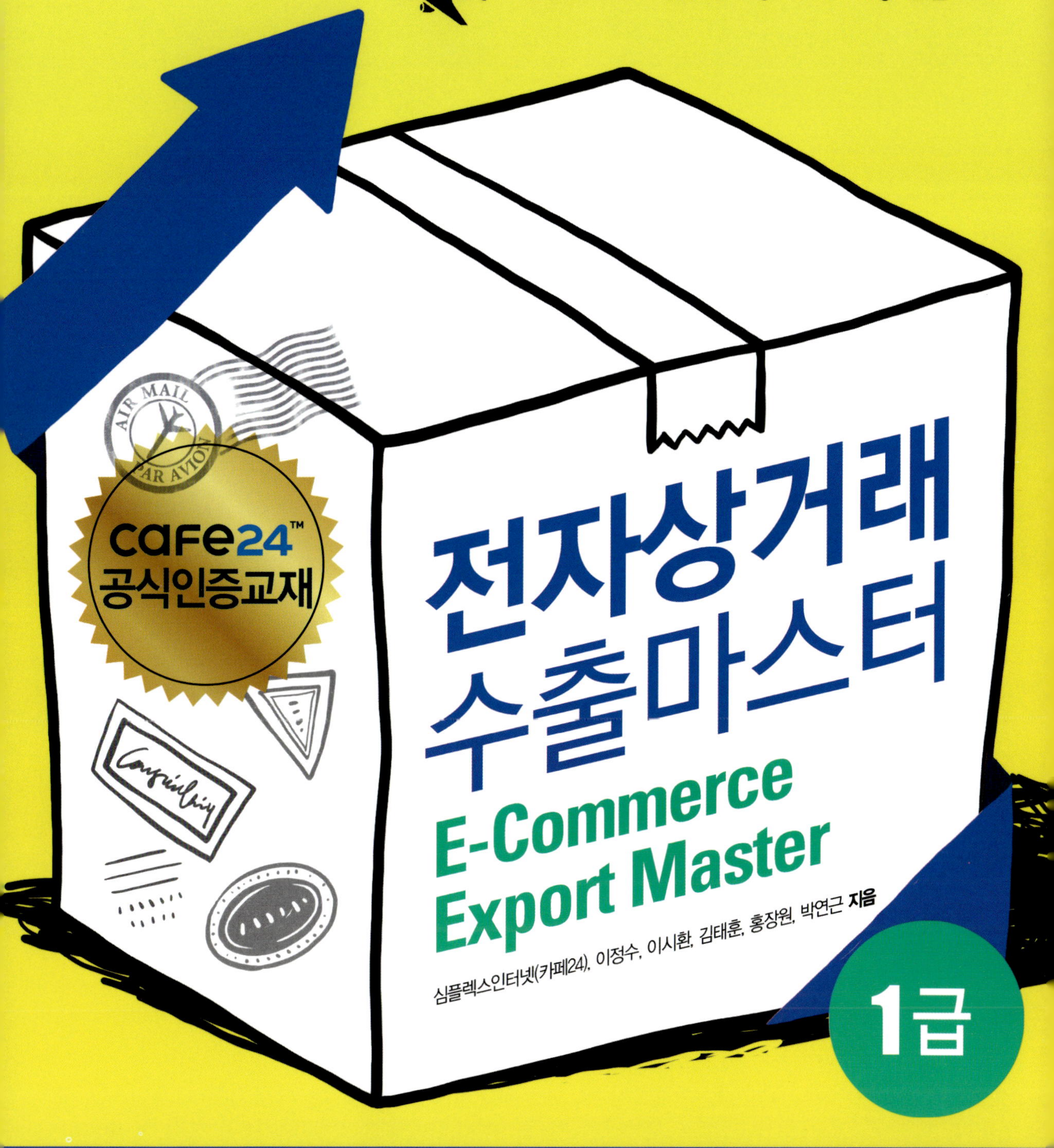

cafe24™
공식인증교재
AIR MAIL
PAR AVION

전자상거래 수출마스터

E-Commerce Export Master

심플렉스인터넷(카페24), 이정수, 이시환, 김태훈, 홍장원, 박연근 지음

1급

미래 유망 직종

전자상거래 수출전문가의 첫 걸음

★ 각 과목별로 학습내용을 점검할 수 있는 실력 평가 문제 수록

★ 현장 실무적인 내용과 적중률 높은 문제로 구성

★ 각 분야의 현장전문가를 포함한 최고의 집필진 참여

BM 성안당
www.cyber.co.kr

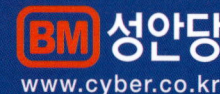

카페24 해외직판 전자상거래 자격증 전문 도서

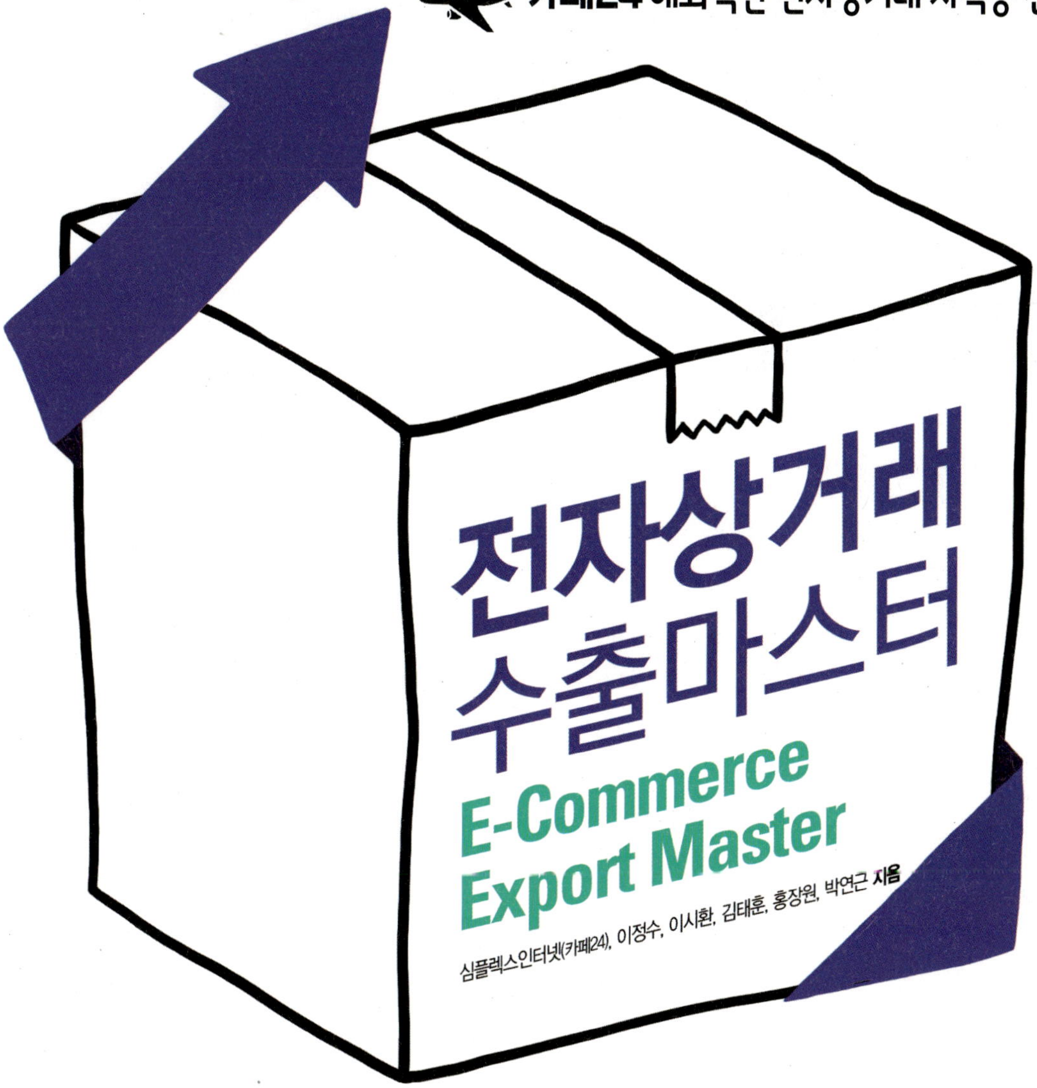

전자상거래 수출마스터

E-Commerce Export Master

심플렉스인터넷(카페24), 이정수, 이시환, 김태훈, 홍장원, 박연근 지음

BM 성안당
www.cyber.co.kr

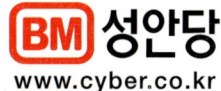

머리말
Preface

오늘날 국경 없는 전자상거래를 통한 쇼핑은 '놀라움'에서 '익숙함'을 거쳐 이제는 '당연함'으로 인식되고 있습니다. 단순히 상거래 방식의 변화뿐만 아니라 PC에서 모바일로 상거래를 위한 플랫폼도 빠르게 변하고 있습니다.
이 같은 변화는 다양한 IT 서비스 및 기술 발달로 인한 플랫폼, 결제, 배송 등 온라인 쇼핑에 필요한 생태계가 유기적으로 마련됐기 때문에 가능한 일입니다.

올해 한국 전자상거래 시장 규모는 지난해 36조원 보다 많은 40조원을 넘어설 것으로 전망되고 있습니다. 전체 소비 시장에서 11%가 온라인으로 이뤄진다는 분석입니다. 이는 중국과 일본에 이어 아시아·태평양 지역에서 세 번째로 큰 것이며, 전 세계에서는 일곱 번째에 꼽히는 규모입니다.

전자상거래 시장의 확장은 자국 내 뿐만 아니라 상거래의 국경까지 허물고 있는 추세입니다.
중국 소비자들이 2013년 한 해 동안 해외 온라인 쇼핑몰에서 의류, 신발 등을 사는데 140억 달러를 지출했습니다. 2017년에는 860억 달러 규모에 이를 것으로 전망하고 있습니다.
특히 중국은 개인 소비자가 온라인으로 해외 제품을 구매할 때 관세와 증치세(부가가치세)를 면제하는 통관시스템을 도입해 직구 소비자는 더욱 늘어날 것으로 보고 있습니다. 무엇보다 한·중 FTA에 전자상거래가 포함되면서 앞으로 한국으로의 해외 직구도 더 성장할 것으로 기대감을 높이고 있습니다.

미국도 예외는 아닙니다. 2013년 기준 약 3천 410만 명의 소비자가 온라인 해외 직구를 통해 연간 406억 달러를 지출한 것으로 추정됩니다. 미국 소비자들이 온라인 직구를 통해 가장 많이 구매한 품목은 의류, 신발, 액세서리로 그 규모는 49억 달러(2013년 기준)에 달합니다.

이처럼 급성장하는 전 세계 전자상거래 수출 시장을 겨냥해 정부에서도 국내 기업들의 온라인 수출을 적극 지원하겠다고 나섰습니다. 상품등록, 판매전략 수립, 홍보, 결제와 배송 등 국내외 소비자와 수출기업에게 편리한 온라인 쇼핑환경을 조성하는 한편 중국, 베트남 등 주요국 전자상거래 시장 진출을 위한 체계적인 전략을 마련한다는 계획입니다.

아울러 올해 전자상거래 수출액을 지난해보다 50% 이상 많은 7천억 원으로 늘리겠다는 목표도 제시했습니다. 정부의 이 같은 행보는 전자상거래 수출은 국내 중소기업의 해외 판로 개척은 물론 청년 창업을 통한 일자리 창출에도 크게 기여할 것으로 보기 때문입니다.

시대적 상황과 현실을 고려할 때 전자상거래 수출시장은 더욱 커질 것이며, 이를 위한 전문 인력에 대한 수요도 늘어날 것입니다.

전자상거래수출마스터(E-Commerce Export Master)는 온라인에서 상품(제품) 수출에 필요한 전자상거래 사이트를 기획 및 구축하고, 온라인 마케팅, 관련 법규 이해 등 운영에 필요한 지식서비스를 제공하여 효율적인 업무를 수행할 수 있는 직무능력을 갖추고 있는지 여부를 판단하는 민간자격증입니다.

이에 본 교재는 전자상거래수출에 필요한 이론과 실무지식을 전달하기 위하여 각 분야 전문가를 저자로 섭외하여 핵심적인 이론과 풍부한 현장 경험을 토대로 집필하였습니다.
특히 과목별로 이해를 돕기 위한 설명과 함께 출제 비중이 높은 핵심 내용 중심으로 실력평가문제를 출제하였습니다. 이를 통해 시험 합격만이 아닌 실무에서 구체적이고 실질적으로 적용할 수 있도록 많은 노력을 기울였습니다.

본 교재를 통해 학습하는 많은 수험생들에게 전문가로서 입지를 구축하는데 실질적이고 구체적인 도움이 되기를 진심으로 바라는 마음으로 집필하였습니다. 감사합니다.

대표 저자 **심플렉스인터넷(주)**

이 책의 목차

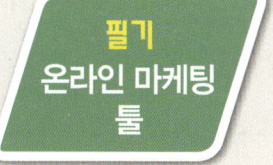

필기 온라인 마케팅 툴

Chapter 1 온라인 마케팅 툴 6

1 검색 엔진 최적화(SEO) ·········· 6
2 소셜미디어 마케팅 ············ 24
3 구글 애널리틱스(GA, Google Analytics) ······· 38
4 글로벌 온라인 마켓 ··········· 52

|필기 실력 평가 문제| ············ 56

실기 전자상거래 운영 실무

Chapter 1 온라인 쇼핑몰 구축 ······· 62

1 쇼핑몰 기본 설정 ············ 62
2 쇼핑몰 상품 등록 ············ 89

|실기 실력 평가 문제| ············ 134

1급 필기

온라인 마케팅 툴

최근 많은 쇼핑몰 운영자들이 해외 쇼핑몰 창업에 관심을 가지고 있지만 해외 쇼핑몰 창업자들이 해외 온라인 마케팅에 어려움을 겪고 있는 것이 현실이다. 해외 마케팅의 핵심인 검색 엔진 최적화와 소셜미디어 마케팅, 로그분석 툴인 구글 애널리틱스에 대해 학습한다.

| CHAPTER 1 | **온라인 마케팅 툴**

1 검색 엔진 최적화(SEO)
2 소셜미디어 마케팅
3 구글 애널리틱스(GA, Google Analytics)
4 글로벌 온라인 마켓

CHAPTER 1
온라인 마케팅 툴

쇼핑몰을 구축하여 영어권 시장으로 진출하는 경우를 가정하여 구글 검색 엔진 최적화(SEO), 소셜미디어(Social Media), 구글 애널리틱스(Google Analytics)에 대해서 알아본다. 또한, 글로벌 온라인 마켓인 티몰, 아마존, 라쿠텐에 대해서 학습한다.

1 검색 엔진 최적화(SEO)

1. 오가닉 검색

 오가닉 검색이란

오가닉 검색(Organic Search)이란 검색 결과 페이지 중에 양질의 검색 결과만을 노출시키는 열린 검색 방법이다. 오가닉 검색에서는 키워드와 가장 근접하고 유익한 사이트가 노출되는 방식으로서, 정교한 로직에 의한 검색로봇이 기계적으로 중요도를 판단해 상단에 노출시키는 방법이다.

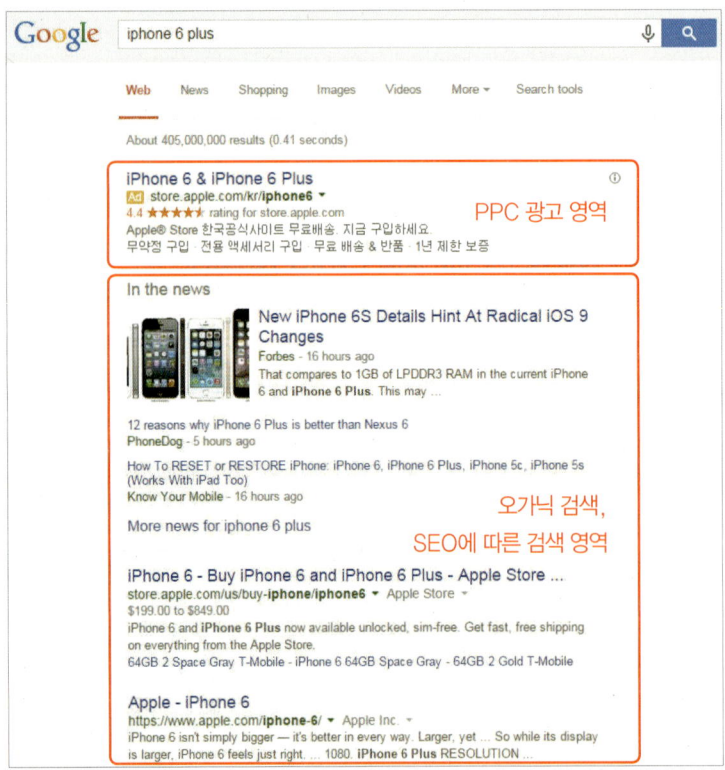

검색 엔진 최적화(Search Engine Optimization, SEO)는 웹 페이지 검색 엔진이 자료를 수집하고 순위를 매기는 방식에 맞게 웹 페이지를 구성해서 검색 결과의 상위에 나올 수 있도록 하는 작업을 말한다. 웹 페이지와 관련된 검색어로 검색한 결과 상위에 나온다면 방문 트래픽이 늘어나기 때문에 효과적인 인터넷 마케팅 방법 중의 하나라고 할 수 있다. 기본적인 작업 방식은 특정한 검색어를 웹 페이지에 적절하게 배치하고 다른 웹 페이지에서 링크가 많이 연결되도록 하는 것이다.

클릭당 지불(Pay Per Click, PPC)은 검색 엔진, 웹 사이트, 블로그 등에서 사용되고 사용자가 광고를 클릭해서 광고주의 웹 사이트로 이동하였을 경우에만 광고주가 대금을 지불하는 방식의 광고 모델이다. 검색 엔진의 상단과 우측의 일부가 PPC 광고 영역이다.

② SEO의 일반적인 순서

키워드를 연구하고 키워드와 관련된 페이지의 콘텐츠를 만들고, 링크의 앵커텍스트 키워드를 사용하여 페이지에 대한 인바운드 링크(Inbound Link, 다른 사이트에서 자신의 사이트로 걸어 놓은 링크이며, '외부 링크'라고도 함)를 얻어야 한다.

③ 키워드 연구(Keyword Research) 시 주의해야 할 사항들

제품을 소개하는 페이지를 만들기 위해 키워드 연구를 하면서 가장 많이 하는 실수는 다음과 같다.

- 너무 광범위한 키워드를 선택
- 너무 경쟁이 치열한 키워드 선택
- 충분한 트래픽이 없는 키워드 선택
- 전환이 이루어지지 않는 키워드 선택
- 한 번에 하나의 키워드에 대해 순위를 시도

특히 한 번에 하나의 키워드에 대해 순위를 시도하는 것은 가장 큰 실수이다. 100개 또는 심지어 1,000개의 롱테일(Long Tail) 키워드로 순위를 시도하는 것이 더욱 쉽고 더 많은 수익을 낸다.

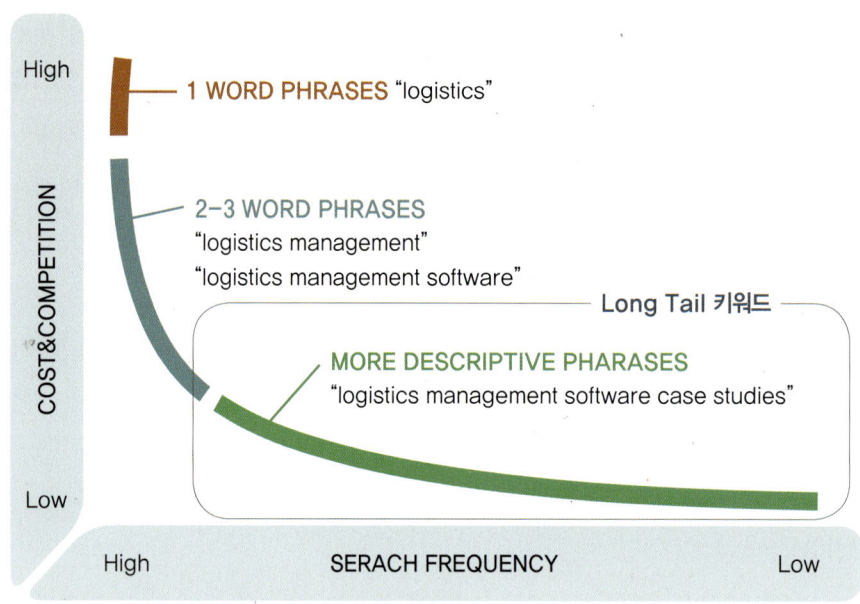

> **PLUS TIP** 순위를 시도한다는 의미란?
>
> 어떤 키워드로 검색했을 때 수십 ~ 수백 페이지 중 검색 상위 순위에 페이지를 노출시키기 위한 작업을 의미한다.

④ 키워드 테마

키워드 테마(Keywords Themed)를 사용하면 문제 전체를 해결할 수 있다. 하나의 핵심 키워드의 검색순위를 올리기보다는 하나의 아이디어에 초점을 맞춘 다양한 키워드들의 순위를 올리는 것이 좋다.

쉽지 않은 방법(Hard Way)	쉬운 방법(Easier)
단일 키워드(Single Keyword)	여러 테마 키워드(Multiple Themed Keywords(100s))
확장(Broad) 키워드	특정(Specific) 키워드
높은 볼륨(High Volume) 키워드	중간 볼륨(Medium Volume) 키워드
경쟁이 치열한(High Competition) 키워드	경쟁이 치열하지 않은(Low-Medium Competition) 키워드

⑤ 단어의 특이성 추가

웹 페이지 작성 시 수식어(Qualifier)는 단어에 특이성을 추가해 준다. 다음은 날짜/시간, 가격/품질, 행동, 위치 등의 단어에 특이성을 추가한 사례이다.

- Time/Date: 2001, December, Morning
- Price/Quality: Cheap, Best, Most Popular
- Intent: Buy, Shop, Find
- Location: Houston, Outdoors, Online

무작정 키워드를 사용하여 웹 페이지를 작성하면 아마도 엄청난 양의 웹 페이지들과 경쟁해야 할지도 모르는 상황이 발생할 수 있다. 그렇다면 어떤 방법으로 수많은 웹 페이지들과 경쟁해야 높은 순위에 오르는 좋은 결과를 얻을 수 있을까?

키워드 검색 툴을 제공하는 사이트를 이용하면 효과적이다. 다음은 키워드 검색 툴을 제공하는 대표적인 사이트들이다.

- 구글 애드워즈 키워드 플래너(Google Adwords Keyword Planner)
- 에스이엠러쉬(Semrush)
- 우버서제스트(Ubersuggest)
- 워드 드래커(Wordtracker)
- 키워드 스파이(Keywordspy)

⑥ 경쟁을 고려한 전략

키워드 연구 시에 검색 엔진 결과 페이지(SERP, Search Engine Result Page)에서 다음에 제시하는 것들을 찾아보는 것이다.

- 처음 몇 개 결과는 키워드에 최적화되었는가?
- 제목 태그 안에 있는 키워드는? URL에 포함된 키워드는? 페이지에 포함된 키워드는?
- URL의 도메인 권위는?
- 처음 몇 개 결과는 키워드 주제에 권위가 있는지?
- 인바운드 앵커 텍스트(Anchor Text)는 무엇인가?
- 키워드에 대한 높은 품질의 자원을 제공할 수 있는가?

> **PLUS TIP** 용어 정리
>
> - 외부 링크(External Links): 다른 웹 사이트가 본인에게 연결되면 이것은 본인의 사이트에 대한 외부 링크로 간주된다. 본인이 다른 웹 사이트로 연결하는 경우 마찬가지로 외부 링크로 간주된다.
> - 내부 링크(Internal Links): 동일한 웹 사이트의 다른 페이지로 연결하는 것이다.
>
> 검색 엔진은 외부 링크가 내부 링크보다 더욱 가치 있다고 평가한다.
>
> 앵커텍스트(Anchor Text)는 다음과 같은 html 태그 안에서 '온라인 마케팅' 부분을 의미한다.
>
> <a href=http://cafe24.com> 온라인 마케팅 </a>

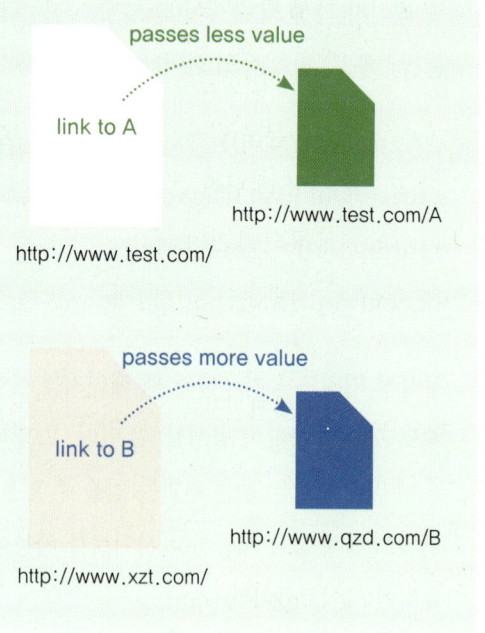

2. 링크빌딩 전략 만들기

① 내 사이트가 아닌 외부 사이트 또는 외부 콘텐츠에서 내 사이트로 링크되어 유입되는 것을 외부 링크라고 한다. 검색 엔진은 외부 링크가 많을수록 인기도가 높다고 판단한다. 그렇기 때문에 이 외부 링크를 늘리기 위해서 다양한 작업을 진행하는데, 이런 작업을 링크 빌딩(Link Building) 이라고 한다. 링크 빌딩을 외부 최적화(Off Site Optimization)라고도 한다.

링크빌딩 전략을 만들기 전에 다음의 물음을 스스로에게 던져야 한다.

- 첫째, 현재 프로필은 어떤가?
  - 시작하기 전에 링크를 제거해야 하는가?
  - 나는 권위를 얻어야 하는가?
  - 나는 더 많은 링크가 필요한가?

- 둘째, 어떻게 링크를 생성하는가?
  - 인포그래픽과 같은 창조적인 프로젝트를 실행해야 하는가?
  - 게스트 포스트를 작성해야 하는가?

- 웹 마스터에게 깨진 링크 교체를 제안해야 하는가?
- 어떻게 웹 마스터에게 접근할 것인가?

• 셋째, 나는 어떤 종류의 앵커텍스트 작업을 할 것인가?
- 브랜드와 문구 앵커텍스트로 충분히 커버되는가?
- 구글 웹 스팸 팀이 매뉴얼 리뷰를 하는 동안 무엇을 볼 것인가?
- 어떤 종류의 앵커텍스트를 선택할 것인가?

> **PLUS TIP** 앵커텍스트(Anchor Text)란?
> 사용자가 링크된 페이지로 이동하기 위하여 클릭하게 되는 텍스트를 의미한다.

② 링크 배치

링크 배치(Link Placement) 시 주의해야 할 사항이 있다. 웹 사이트에서 풋터(Footer)나 사이드바(Sidebar)에 키워드를 배치하는 것은 좋은 링크 점수에 해를 끼칠 수 있다는 사실을 명심한다.

③ 노팔로우 링크와 두팔로우 링크(Nofollow and Dofollow Links)

링크에는 노팔로우와 두팔로우 링크로 나눌 수 있는데, 노팔로우 링크는 검색 엔진이 웹 문서와 링크된 문서를 복사하는 것을 차단한다는 의미이며, 두팔로우 링크는 검색 엔진에 의한 링크를 추적하는 것을 막지 않는다는 의미이다. 노팔로우 링크를 적절히 배치하는 것이 좋으나 처리하는데 많은 시간이 걸린다.

④ 브랜딩 링크(Branded Links)

전체 웹 사이트에서 브랜딩된 링크를 얻는 것이 매우 중요하다.

⑤ 특정 단어 앵커텍스트(Keyword Focused Anchor Text)

펭귄 알고리즘이 업데이트된 이후에는 앵커텍스트 작업은 실행 가능한 전략이 되지 못한다.

⑥ 랜딩페이지 분배(Landing Page Distribution)

웹 사이트의 특정 섹션만 가중치가 부여되지 않도록 각 방문 페이지에 명확한 볼륨 레벨을 설정한다.

⑦ 콘텐츠 품질과 연관성(Content Quality and Relevancy)

콘텐츠를 작성할 때 최종 사용자들을 염두에 두도록 한다. 링크 순위를 높이는 것뿐만 아니라 판매 행위가 일어나도록 트래픽을 보내는 역할도 있다.

3. 소싱 링크(Sourcing Links)

① 경쟁자의 백링크 조사(Competitor Backlink Mining)

경쟁자가 어디에 링크되어 있는지 조사하는 것은 가치가 있다. 이런 조사를 통해 경쟁자와의 격차를 줄이거나 링크 프로파일에 새로운 링크소스를 추가하는 데 도움이 된다.

② 고급 검색 연산자(Advanced Search Operators)

다음은 추천하는 검색 연산자이다.

```
[search term] -site:Wikipedia.org -site:blogspot.com -site:telegraph.
co.uk -site:wordpress.com -site:about.com -site:guardian.co.uk
-"directory" -"add link" -"advertising"
```

③ 디렉터리(Directories)

디렉터리 형태는 더 이상 예전만큼의 효과는 없다. 그래서 디렉터리 등록에 많은 시간을 투자하지 않는 것이 좋다. 하지만 잘 알려진 권위가 있는 디렉터리에 웹 사이트를 제출하는 것은 아직까지 효과가 있다.

예) http://botw.org.uk/

④ 블로그와 포럼 코멘팅(Blog and Forum Commenting)

스팸처럼 보이지 않고 다른 링크 기회를 얻기 위해 커뮤니티에 열심히 참여한다.

⑤ 크리에이티브 링크 빌딩(Creative Link Building)

콘텐츠 마케팅을 향하게 되어 있다. 콘텐츠 마케팅은 명확하게 정의된 청중들을 끌어들이기 위해 가치 있고, 관련성이 높고, 지속적으로 확인할 수 있는 콘텐츠를 만들고 확산시키는 마케팅 기법이다.

- 좋은 소식 이야기 만들기
- 외부 자원 만들기
- 상호작용하는 속성 만들기
- 타깃 인구통계 이상으로 콘텐츠를 만들기
- 블로거가 원하는 것을 찾기 위해 대면하기

⑥ 게스트 블로깅 커뮤니티(Guest Blogging Communities)

게스트 블로깅 커뮤니티에는 무료 콘텐츠를 찾는 블로거들이 많다. 다음은 게스트 블로그 커뮤니티에서 제공하는 추천 서비스를 제공하는 사이트이다.

- Blogdash(http://www.blogdash.com, 가입 무료, 연락하기는 유료)
- Bloggerlinkup(http://www.bloggerlinkup.com, 무료)
- Guestr(http://guestr.com, 무료)
- MyBlogGuest(http://myblogguest.com, 무료)

⑦ 링크 제거(Link Removal)

좋지 않은 링크는 제거한다.

⑧ 이메일 봉사 활동(Email Outreach)

- 개인화
- 상호작용
- 귀하의 요청에 간략성 유지
- 여성 인물 이용
- 금요일에 이메일 발송

⑨ 대체 봉사 활동(Alternative Outreach)

트위터에서 웹 마스터 등과 상호작용하는 것이다.

> **PLUS TIP** 검색 엔진 링크 가치평가 기준
>
> 다음은 검색 엔진의 링크 가치평가 기준(Search Engine's Valuation of Links)에 관한 사항이다.
> 1. HTML 코드의 위에 있을수록 더 강력하다.
> 2. 내부 링크보다 외부 링크가 더 많은 영향력을 미친다.
> 3. 이미 연결된 사이트에서 더 많은 500링크를 받는 것보다 다른 도메인의 새로운 50링크가 좋다.
> 4. 신뢰할 수 있는 사이트에 가깝게 링크된 사이트가 좋다.
> 5. 내부의 고유 콘텐츠가 푸터(Footer), 사이트바(Sidebar), 네비게이션(Navigation)보다 가치 있다.
> 6. HTML 텍스트에 있는 키워드가 이미지의 Alt 태그 값보다 더 가치 있다.
> 7. 더 중요하거나 인기 있거나 신뢰할 수 있는 사이트에서 링크가 더 가치 있다.
> 8. Noscript 태그를 포함한 링크는 가치가 없다.
> 9. 문서에 새로운 링크가 폭발적으로 증가하는 경우에 추가적인 가치가 발생한다.
> 10. 웹 스팸에 링크된 페이지는 다른 링크의 가치를 하락시킨다.

⑩ 링크빌딩 방법

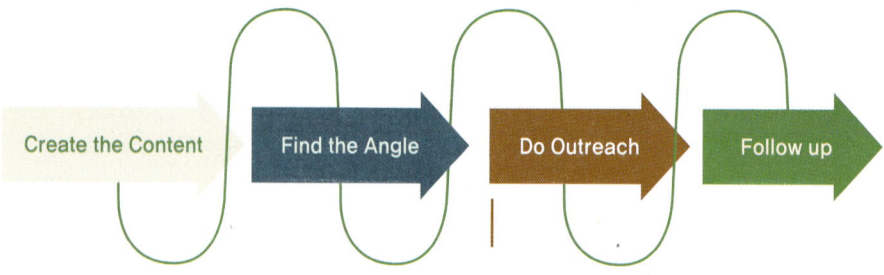

링크빌딩을 하는 일반적인 방법은 다음과 같다.

- 콘텐츠를 생성한다.
- 대상을 찾는다.
- 아웃리치(봉사 활동)를 실행한다.
- 후속 작업을 한다.

4. 온 사이트 최적화(On site optimization)

① 타이틀 태그(Title Tag)

타이틀 태그는 문서의 제목이다. 타이틀 태그는 자주 검색 엔진 결과페이지(SERPs)에 미리보기 스니펫에 사용되며, 소셜 공유 및 검색 엔진 최적화(SEO)에 중요한 요소이다.

다음은 타이틀 태그의 샘플 코드이다.

```
<head>
<title>Example Title</title>
</head>
```

- 최적의 형식

  '주요 키워드- 보조 키워드|브랜드 이름' 형식이다.

- 제목 최적화

  - 길이

    구글은 50자 ~ 60자 또는 512픽셀 넓이로 자른다. 따라서 길이에 집착하기보다는 클릭을 얻을 수 있는 좋은 제목을 작성하는 것이 좋다.

  - 제목 전면에 중요한 키워드를 배치

    주요 키워드를 제목 태그의 시작에 더 가까이 배치하는 것이 랭킹과 클릭에 좋다.

  - 브랜딩

    제목 태그의 끝 부분에 브랜드 이름을 사용하는 것이 좋다.

  - 가독성과 감정적 자극

    매력적인 제목 태그를 작성하면 검색 결과에서 더 많은 방문을 끌어들인다. 비주얼에 있어서 키워드뿐만 아니라 사용자 경험을 고려하는 것이 필요하다.

② 메타 설명(Meta Description)

메타 설명은 웹 페이지의 내용에서 간결한 설명을 제공하는 HTML 요소이다. 메타 설명은 일반적으로 특정 페이지에 대한 미리보기를 표시하는 검색 엔진 결과 페이지에 사용된다.

다음은 메타 설명 샘플 코드이다.

```
<head>
<meta name="description" content="This is an example of a meta
description. This will often show up in search results.">
</head>
```

- 검색 엔진을 위한 최적의 길이는 대략 155철자이다.
- SEO 모범 사례

    - 광고 카피

        메타 설명 태그는 광고 카피의 기능을 제공한다. 검색 결과 페이지(SERP)에서 웹 사이트로 방문자를 끌어들이는 역할을 한다. 중요한 키워드를 사용하여 설득력 있게 설명함으로써 클릭률을 향상시킬 수 있다.

    - 태그 길이

        검색 엔진은 일반적으로 160자 이상의 글들은 자른다. 따라서 150자에서 160자 사이가 가장 좋다.

    - 중복 메타 설명 태그를 피한다

        제목 태그와 마찬가지로 각 페이지의 메타 태그는 고유한 것이 중요하다.

    - 따옴표 제거

        따옴표는 메타 설명을 잘라낸다. 따라서 메타 설명에서는 영숫자가 아닌 문자를 제거해야 한다.

③ 온-페이지 요소(On-Page Factors)

온 페이지 요소는 검색 엔진 순위에 영향을 미치는 관련 웹 페이지의 요소이다.
다음은 온-페이지 요소 샘플 코드이다.

```
Content
<body>, <div>, <p>, <span>, no tag
Alt Text
<img src="http://www.example.com/example.png" alt="Keyword">
Bold/Strong
<b></b>
<strong></strong>
```

- 페이지의 내용

  페이지 내용이 검색 결과의 위치를 결정하는 합당한 기준이다. 좋은 내용은 수요를 제공해야 하고 연결할 수 있어야 한다.

- URL

  다음은 정보의 계층구조를 나타낸 아주 좋은 URL이다.

  http://www.cafe24.com/Games/Video_Games/History/

  다음은 정보의 계층구조를 반영하지 못한 나쁜 URL이다.

  www.kkksxsee.com/title/tt0468569/

- 타이틀 태그와 이미지 설명 ALT 태그
- 이상적으로 최적화된 웹 페이지
  - 특정 주제에 관련성 깊은(제목 태그에 주제 포함, URL에 주제 포함, 이미지 대체 텍스트의 주제 포함, 텍스트 콘텐츠에 주제를 여러 번 지정) 콘텐츠 제공
  - 주어진 주제에 대한 고유한 콘텐츠 제공
  - 해당 카테고리 페이지로 연결
  - 하위 페이지로 연결(해당되는 경우)
  - 해당 홈페이지로 링크

④ 중복 콘텐츠(Duplicate Content)

중복 콘텐츠는 한 곳 이상의 인터넷에 콘텐츠가 나타나는 것이다.

- 중복 콘텐츠에 포함된 큰 이슈
  - 검색 엔진은 자신의 색인들 중에 어떤 버전이 포함/제외되었는지 알 수 없다.
  - 검색 엔진은 링크 메트릭이 어떤 방향으로 되었는지 알 수 없다.
  - 검색 엔진은 검색 결과의 순위를 매기는 버전이 무엇인지 알 수 없다.

- SEO 모범 사례
  - 301 Redirect

    복제 페이지에서 원본 콘텐츠 페이지로 301 리다이렉트(Redirect)를 설정하는 것이 가장 좋다. 리다이렉트는 복제 URL을 클릭할 경우 원본 페이지로 자동 이동하도록 해주는 역할을 한다.

- rel="canonical"

중복 콘텐츠를 처리하기 위한 또 다른 옵션은 rel="canonical" 태그를 이용하는 것이다. 웹 페이지의 HTML 헤드 부분에 이 태그를 사용한다.

```
<link href="http://www.example.com/canonical-version-of-page/"
rel="canonical" />
```

위의 코드는 특정 페이지가 http://www.example.com/canonical-version-of-page/ 페이지의 사본인 것으로 처리한다.

- noindex, follow

메타 로봇 태그에 "noindex, follow"를 입력하면 검색 엔진 색인에 포함되지 않는다.

```
<head> <meta name="robots"   content="noindex, follow" /> </head>
```

5. 웹 마스터 도구 설정하기

① 구글 웹 마스터 도구 설정하기

구글 웹 마스터는 사이트와 구글 검색 간의 최적화를 위해 만들어진 도구이다. 구글 웹 마스터 도구를 이용해 구글 봇(일명 '검색로봇')이 웹 사이트를 크롤링(웹 사이트 내의 정보를 구글 서버로 옮겨가는 작업)할 수 있도록 설정할 수 있다.

❶ 구글 웹 마스터 도구(google.com/webmasters/tools/home)에 접속한 후에 로그인한다. 단, 구글 계정이 없다면 구글 계정부터 만들어야 한다(www.도메인명(예: www.example.com)을 입력한 후 [사이트 추가] 버튼을 클릭한다).

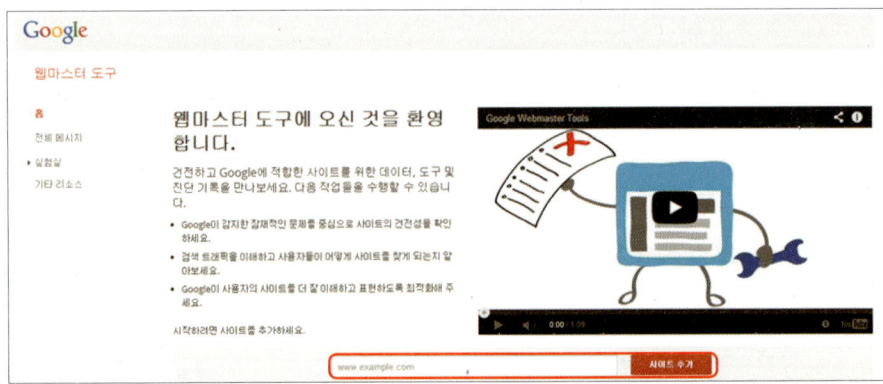

❷ googleXXXXXXXXX.html 파일을 클릭한 후 다운로드한다. FTP로 접속한 후에 /루트 페이지에 googleXXXXXXXXX.html 파일을 업로드한다.

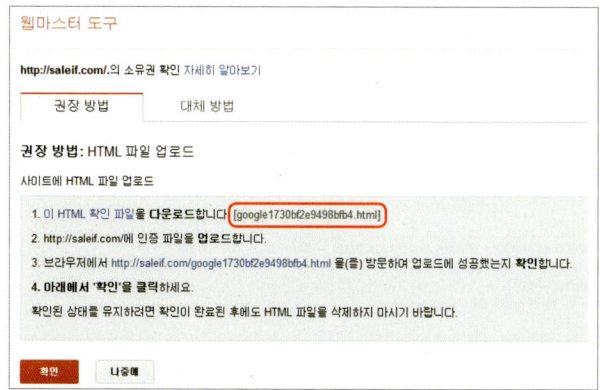

❸ 사이트맵을 생성한다. FTP로 접속한 후에 /루트 페이지에 sitemap.xml 파일을 업로드한다. 크롤링 → Sitemaps 메뉴에서 사이트맵을 추가한다.

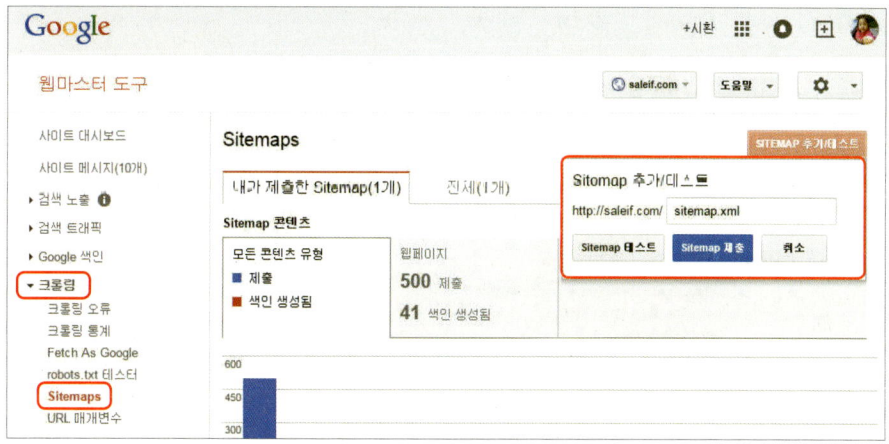

② 바이두 웹 마스터 도구 설정하기

❶ http://zhanzhang.baidu.com에 접속해서 로그인한 후에 도메인명을 입력하고 [添加网站] 버튼을 클릭한다.

❷ 파일을 클릭한 후 다운로드한다. FTP로 접속한 후에 /루트 페이지에 파일을 업로드한다.

❸ 인증 완료되면 URL이 표시된다.

6. 콘텐츠 마케팅

① 기업 블로그 시작하기

마케팅을 수행하려면 시장에 뭔가를 해야 한다. 기업 블로그를 작성하면 다음과 같은 이점이 있다.

- 블로그는 나에게 이야기하고 공유할 수 있는 무언가를 제공한다.
- 블로그는 내가 투명하게 지식을 공유하고 설정하는 프로세스를 시작할 수 있는 공간이 된다.
- 내가 적극적으로 블로그에서 작업하고 있음을 알려주므로 신뢰요인이 된다.
- 나의 블로그를 좋아하는 다른 사람이 콘텐츠를 공유해 줌으로써 블로그의 범위를 확장시킨다.
- 블로그는 오가닉 검색 마케팅을 위한 기반을 제공한다.

제품 출시에 맞추어서 블로그를 시작하려고 하지 말고, 처음부터 블로그를 시작한다. 키워드 광고는 광고 집행 즉시 반응이 나타나지만 블로그는 일정시간이 지난 후부터 반응이 나타나기 시작하기 때문이다.

② 콘텐츠

블로그의 콘텐츠 작성 시 알아두어야 할 사항들이다.

- 가치창조
  가치 없는 콘텐츠는 스팸이다. 가치는 다음의 다른 형태이거나 혼합된 형태이다.

- 유틸리티
- 감정적 반응
- 관점(긍정적 또는 부정적)
- 인지된 가치(저자의 명성을 포함)

- 콘텐츠에 가치를 부여하는 방법

주어진 테마에 가치를 부여하는 가장 좋은 방법은 다음과 같거나 결합된 것이다.

- 인포그래픽
- 비디오 시리즈
- 새로운 도구
- 인터뷰 시리즈
- Slide Deck
- 방법 안내
- Q&A
- 웹 세미나 또는 간단한 블로그 포스트

- 제목

제목은 콘텐츠 작성 시 가장 중요한 작업이다. 제목을 작성하는데 최소 2시간을 투자할 수 있다. 제목을 결정하기 전에 최소 50개 정도의 제목을 작성해 보아야 한다.

- 길이 vs 깊이

콘텐츠 내용의 깊이는 여러 가지 방법으로 검색 노출 순위에 도움이 된다.

- 중복 콘텐츠를 방지하기 위한 고유성을 추가한다.
- 깊은 주제 탐사는 나의 콘텐츠 내용을 풍부하게 만든다.
- 긴 콘텐츠는 많은 링크와 높은 순위 그리고 연관성을 높인다.

- 콘텐츠 품질

만약 단어 개수에 집중하지 않는다면, 어떻게 품질의 깊이를 추가할 수 있을까? 구글 웹 마스터 센터 블로그(http://googlewebmastercentral.blogspot.kr/2011/05/more-guidance-on-building-high-quality.html)에 자세히 안내된 사항을 참조한다.

- 이 문서에 나와 있는 정보를 신뢰하시겠습니까?
- 이 문서는 전문가 또는 토픽을 잘 아는 매니아에 의해 작성되었습니까?
- 이 문서는 맞춤법, 문체 또는 사실적 오차가 있습니까?
- 이 문서는 원본 콘텐츠 또는 정보, 원본 보고, 원본 연구, 원본 분석을 제공합니까?
- 이 문서는 이야기의 양쪽 면을 설명합니까?
- 이 문서는 통찰력 있는 분석이나 명백하고 흥미로운 정보를 포함하고 있습니까?
- 북마크하거나 친구와 공유하거나 추천하고 싶은 정리된 페이지인가요?
- 인쇄 잡지, 백과사전이나 책에서 이 문서를 볼 것으로 예상하시겠습니까?
- 세부사항에 큰 관심과 주의를 주었는지 vs 덜 주의를 주었는지요?

• 디자인은 50%

좋은 디자인은 다음과 같은 효과를 기대할 수 있다.

- 낮은 이탈율
- 페이지 뷰 증가
- 사이트 체류시간 증가
- 더 많은 링크 적립
- 신뢰 구축

③ 콘텐츠 편집일정 설정하기

성공적인 콘텐츠 전략의 열쇠 중 하나는 편집일정을 설정하는 것이다.

기간	일정
1일	트위터 업데이트, 구글 알리미 확인, RSS feeds 확인
7일	새 블로그 포스트, 사진 갤러리, 짧은 비디오, 관련 포럼이나 토론 그룹에 참여, 제품 카탈로그의 업데이트, 기본 웹 사이트의 페이지/섹션 업데이트
30일	광범위한 연구를 기반으로 새 블로그 포스트 또는 전문가와의 인터뷰 쓰기, 뉴스레터 작성 및 보내기, 짧은 비디오 제작(2분 ~ 3분 분량)
분기	연구 기반 백서 발행, E-book 시리즈 만들기와 PDF 형식으로 배포, 비디오 시리즈 제작, e 뉴스레터 특별호 생성, 경품 당첨자 발표
년	연간 산업백서 또는 전자책을 생산, 체험 이벤트를 생성하고 매주, 매월 또는 분기에 절차를 기록, 콘텐츠를 활용하여 무역박람회 회의에 참여, 아이폰 앱 페이스북 앱을 작성하고 실행

④ **다른 블로그에 대한 게스트 포스트 쓰기**

게스트(Guest) 포스트를 작성하는 것은 몇 가지 중요한 콘텐츠 마케팅 목표를 달성하는 가장 좋은 방법이다.

- 당신의 타깃 시장의 사고의 리더 사이트로서 위상을 확립
- 당신의 범위 확대
- 가치 있는 인바운드 링크 확보
- 인바운드 트래픽 증가

⑤ **관계 구축을 위한 쓰기**

관계를 구축하기 위해서 작성된 글을 다른 블로거들이 알게 되는 네 가지 방법에 대해서 알아보겠다.

- 만약 내가 다른 블로그 포스트에 연결한 경우, 그들은 종종 자신의 블로그 플랫폼의 링크를 알려준다.
- 그들이 구글 알리미에 자신의 도메인이나 브랜드 이름을 설정한 경우, 그들은 당신의 기사를 볼 수 있다.
- 내가 소셜미디어를 통해 게시물에 링크를 공유하는 경우 그들에게 통지된다.
- 내가 직접 그들에게 이메일을 보낼 수도 있다.

2 소셜미디어 마케팅

1. 기본적인 용어

① 소셜미디어(Social Media)는 사람들이 자신의 생각과 의견, 경험, 관점 등을 서로 공유하고 참여하기 위해 사용하는 개방화된 온라인 툴과 미디어 플랫폼을 칭한다. 소셜미디어는 그 자체가 일종의 유기체처럼 성장하기 때문에 소비와 생산의 일반적인 메커니즘이 동작하지 않으며, 양방향성을 활용하여 사람들이 참여하고 정보를 공유하며 사용자들이 만들어 나가는 미디어이다.

- 뉴스피드(News Feed): 페이스북에서 친구 네트워크에 속한 회원들의 상태, 사진, 동영상, 링크, 앱 활동, 좋아요 등이 지속적으로 업데이트된다.
- 댓글(Comment): 블로그에서 독자가 블로거의 글에 의견을 달 수 있도록 해주는 기능이다.
- 바이럴 마케팅(Viral Marketing): 입소문으로 정보를 퍼지게 하는 모든 마케팅을 말하며 구전 마케팅, 게릴라 마케팅이라고도 한다.
- 링크베이팅(Linkbaiting): 검색 엔진 트래픽과 다른 사이트로부터의 링크를 얻기 위해 벌이는 다양한 활동을 총칭한다.
- 트랙백(Trackback): 다른 블로거가 나의 콘텐츠에 링크를 걸었을 때 이를 알려주는 인터넷 프로그램용 프로토콜이다.
- 포스트(Post): 온라인에 게시된 콘텐츠의 개별 항목을 의미한다.
- 피드(Feed): 사용자에게 자주 업데이트되는 콘텐츠를 제공하는 데 사용되는 데이터 포맷이다. 사용자들은 수집 프로그램을 통해서 피드를 등록하며, 이 프로그램은 정기적으로 목록에 있는 모든 서버에 요청해서 새로운 콘텐츠를 다운로드한다.
- RSS(Rich Site Summary): 뉴스나 블로그 사이트에서 주로 사용하는 콘텐츠 표현 방식이다. 웹 사이트 관리자는 RSS 형식으로 웹 사이트 내용을 보여준다. 이 정보를 받는 사람은 다른 형식으로 이용할 수 있다. RSS 리더에는 웹 기반형과 설치형이 있다. 웹 기반형 리더는 간단한 계정 등록으로 어디에서든 이용할 수 있다는 장점을 가지고 있다.
  RSS가 등장하기 전에는 원하는 정보를 얻기 위해 해당 사이트를 직접 방문하여야 했으나, RSS 관련 프로그램(혹은 서비스)을 이용하여 자동 수집이 가능해졌기 때문에 사용자는 각각의 사이트 방문 없이 최신 정보들만 골라 한 자리에서 볼 수 있다.

② 대표적인 소셜 네트워크 서비스

- 페이스북(Facebook): 세계 최대의 소셜 네트워크 서비스이다. 사용자들이 서로의 개인 정보와 글, 동영상 등을 상호 교류한다.
- 트위터(Twitter): 짧은 내용으로 구성된 마이크로블로그 서비스이다.
- 핀터레스트(Pinterest): 이미지 공유 및 검색 사이트이다. 즉 UI가 매우 단순한, 이미지 중심의 SNS라고 요약할 수 있다. 이 서비스의 가장 큰 특징은 이미지보드에 핀으로 사진을 꽂는 것과 비슷한 개념으로 이미지 파일을 모으고 관리할 수 있다는 점이다. 즉 자신이 특정 주제의 이미지들-예를 들어 건축물-을 모으려 한다면 건축물에 해당하는 보드를 생성하고, 거기에 다른 사람들이 올린 건축물 사진들을 'pin it'(사진을 핀으로 꽂음)하면 된다.

- 소셜 허브(Social Hub): 온라인상에서 사람들과의 관계를 쌓는 다양한 소셜 네트워크 서비스(SNS)를 한 곳에 모아놓은 통합 플랫폼 서비스이며, 대표적으로 레딧(Reddit), 버즈피드(Buzzfeed), 허핑턴포스트, 스텀블어폰(StumbleUpon), 딕(Digg) 등이 있다. 소셜 뉴스 사이트라고도 한다.
- 링크드인(LinkedIn): 비즈니스 전문가에게 인기를 얻고 있는 소셜 네트워크 서비스이다.
- 딜리셔스(Delicious.com): 관심 있는 웹 사이트를 즐겨찾기(북마크)로 저장할 수 있고, 태그(Tag)를 달아 다른 사람들과 공유하고, 다른 사용자들의 즐겨찾기를 확인할 수 있는 소셜북마크 웹 사이트이다.

③ 페이스북 주요 기능

- 뉴스피드: 사용자의 친구, '좋아요' 한 페이지의 소식을 시간 순으로 보여주는 공간이다. 뉴스피드에 나타나는 소식의 가장 중요한 조건은 친구관계 및 '좋아요'이지만 이에 절대적으로 의존하는 것은 아니며 페이스북에서 자체 개발한 복잡한 알고리즘에 의해 소식이 뉴스피드에 게시될지의 여부와 뉴스피드 상의 배치 순서가 결정된다.
- 타임라인: 사용자가 게시하는 사진, 글 등을 실시간, 시간 순으로 보여주는 공간이다. 뉴스피드에 있는 대부분의 소식은 사용자의 친구들이 각자의 타임라인에 올린 것들이다.
- 페이지: 페이스북과 트위터의 가장 큰 차이점 중 하나는 트위터는 회사 이름, 사물 등 다양한 주제를 이름으로 가입할 수 있지만 페이스북은 가입 시 성별, 생년월일을 반드시 입력해야 하며 이는 사람만이 가입할 수 있다는 것을 의미한다. 따라서 페이스북 내에서 기업체의 홍보 등을 하기 위해서는 페이지를 만들어야 한다. '좋아요' 수나 게시글 수 등의 일정 기준을 넘는 페이지들은 사용자의 프로필에 등록할 수 있으며 @ 기호를 이용하여 하이퍼링크를 생성할 수 있다.
- 그룹: 그룹은 페이스북 내의 공동체이다. 그룹은 한 개의 타임라인을 가지고 있으며 그룹에 속한 사람은 그룹에 사진과 파일(최대 25메가)까지 올릴 수 있다. 그룹은 공개, 비공개, 비밀 그룹으로 나뉜다.

④ 트위터의 주요 기능

- 트윗(Tweet): 글 한 편에 해당하는 단위이며, 140자가 한도이다.
- @리플라이(@reply): 트위터 아이디를 가진 분에게 문자를 보내는 것으로 멘션을 보낸다고 말하고 〈@트위터 아이디+내용〉으로 보낸다. 또는 글이 올라오면 메뉴의 리플라이(reply) 버튼을 눌러서 답장을 보낼 때 사용한다.

- 리트윗(Retweet): 어떤 트위터 친구가 글을 올렸을 때 공감이 가거나 나를 팔로워한 친구들과 내용을 공유하고 싶을 때 해당 글을 리트윗한다. 리트윗하면 팔로워들에게 모두 전달되기 때문에 다시 리트윗이 올 수 있다.
- 쪽지 보내기(Direct Message): 리플라이나 리트윗은 모두 공개된 글로 타임라인에 표시되지만 비공개로 개인적인 안부나 어떤 특정인에게 쪽지를 보낼 때는 쪽지 기능을 이용한다.
- URL 주소 축소하기: 트위터는 140여 글자밖에 사용할 수 없지만 외부의 신문이나 주소를 링크걸 때 주소가 길어서 불편하다. URL 주소를 짧게 줄여서 자신의 포스팅 주소를 링크에 걸 때 유용한 기능이다. bitly를 가장 많이 사용한다.

2. 소셜미디어 마케팅 진행 절차

① 소셜 네트워크 브랜드 계정 만들기

다른 누군가가 브랜드명을 선점하는 것을 피하기 위해서는, 가능한 한 빨리 소셜 네트워크에 브랜드 계정을 설정해야 한다.

다음은 대표적인 소셜 네트워크 서비스인 트위터, 유튜브, 인스타그램, 핀터레스트, 링크드인, 페이스북의 브랜드 계정 사례이다.

- 트위터: Twitter.com/yourbrandname
- 유튜브: Youtube.com/yourbrandname
- 인스타그램: Instagram.com/yourbrandname
- 핀터레스트: Pinterest.com/yourbrandname
  (비즈니스 계정 가입은 http://business.pinterest.com/en)
- 링크드인: Linkedin/yurubrandname
- 페이스북: Facebook.com/yourbrandname

② 트위터 계정 설정하기

❶ 트위터(Twitter.com/yourbrandname) 접속 후에 [프로필 수정] 버튼을 클릭한다.

❷ 프로필 설명에는 당신의 핵심 가치를 설명하고 웹 사이트로 링크를 추가한다. 몇몇 중요 키워드를 Bio에 등록해서 트위터 검색을 통해 당신을 찾는데 도움이 된다.

❸ 완료한 후에 [변경사항 저장] 버튼을 클릭한다.

 트위터 프로필 사진

트위터에 당신의 회사를 대표하는 사진이나 로고를 입력한다. 아무도 기본 트위터 아바타가 있는 계정을 신뢰하지 않는다.

③ 콘텐츠로 고객과 소통하기

콘텐츠로 고객들과 의사소통을 할 수 있다. 다음은 웹 사이트의 콘텐츠로 의사를 소통하는 방법이다.

- Creators: 직접 작성한 콘텐츠를 공유하는 방법
- Curators: 소셜 공간에서 완전한 정보를 제공하기 위해서 콘텐츠를 합성 및 해석하는 방법
- Chatterboxes: 단순히 대화에 참여하는 방법

> **PLUS TIP** 리트윗을 활용한 소통
>
> 20자 정도의 리트윗(retweet)을 주기적으로 남기는 것은 고객과 소통하는 좋은 방법이다.

④ 트위터 팔로잉 구축

트위터 팔로잉 구축은 다음과 같은 작업을 수행하여 팔로워(나를 팔로우하는 트위터 사용자)들을 얻는 것이다.

- 다른 사람의 팔로잉(내가 팔로우하는 트위터 사용자, 일부는 다시 당신을 팔로우할 것이다.)
- 팔로워가 리트윗할 만한 멋진 트윗
- 사람들이 검색을 통해서 발견할 만한 트윗

트위터 팔로우 발견 페이지(http://twitter.com/#!/who_to_follow)에 접근하면 당신을 팔로우한 사람, 당신이 팔로우한 사람을 찾을 수 있다.

Twellow(twellow.com) 사이트에서 당신이 관심있는 분야의 리더와 같은 범주의 사람들을 찾을 수 있다. 이 사이트는 카테고리가 매우 세분화되어 있을 뿐만 아니라 카테고리별로 리더를 알려주며, 그들과의 대화도 공개되어 있다. 단, 트위터에서 대량의 팔로잉을 얻을 수 있다는 것은 믿지 않기 바란다.

Followerwonk(http://followerwonk.com) 사이트에서 트위터의 소개(Biography), 지역, 이름을 검색할 수 있고, 트위터 분석을 할 수 있다.

> **PLUS TIP** 비즈니스 트위터
>
> 비즈니스 트위터(https://business.twitter.com)는 트위터 마케팅, 트위터 광고 등 비즈니스를 위한 트위터 사이트이다.

⑤ 해외 고객과 트윗하는 시간

트위터를 이용하면 한국말을 하지 못하는 해외 고객과 트윗으로 제품을 설명하거나 상담할 수 있다. 하지만 한국과 시차가 다를 수 있기 때문에 고객과 트윗할 수 있는 시간을 설정하는 것이 좋다. Hootsuite(hootsuite.com)은 트윗 가능한 시간을 예약할 수 있다. 단, 대화할 수 없는 시간대에 트윗을 예약하지 않도록 한다.

오전 9시 태평양 표준시는 트윗 시작하기 좋은 시간이다. 사람들이 작업에 적극적으로 참여하는 대신 트위터에 매달릴 수 있는 시간이다.

- 북미의 서쪽 해안에서는 일과의 시작
- 동부(뉴욕)에서는 점심시간
- 영국에서 작업의 끝

⑥ 페이스북 페이지 만들기

페이스북은 고객과 실시간 소통을 통하여 친밀한 관계를 구축할 수 있고, 이로 인하여 기업 이미지가 상승하고, 잠재 고객 확보로 인하여 매출 상승을 기대할 수 있다. 페이스북은 국내 마케팅 채널로도 활발하게 활용되고 있지만 특히 해외 소셜미디어 채널에서는 압도적으로 높다. 다음은 페이스북 개인 프로필과 페이스북 페이지의 특징을 비교한 표이다.

구분	페이스북 페이지	페이스북 개인 프로필
구독 방법	'좋아요' 클릭	친구 신청
운영 주체	유명인, 브랜드, 기업 활용	개인
정보 공개	전체 공개	개인 정보 보안에 따라 차이
통계 제공 여부	○	×
친구 수/팬수 제한 여부	제한 없음	최대 5,000명

❶ 페이스북 페이지 만들기(http://www.facebook.com/pages/create.php)에서 브랜드 팬 페이지를 만든다. 팬 페이지의 목표는 팬들이 '좋아요(Like)'를 클릭하는 것이다.
 - 좋아요(Like) 버튼을 클릭하기 가장 좋도록 랜딩페이지를 디자인한다.
 - 처음 도착한 팬이 아닌 사람들은 나가도록 만든다.

❷ 상품 또는 제품명을 선택한다. 카테고리와 브랜드명을 입력한 후 [시작하기] 버튼을 클릭한다.

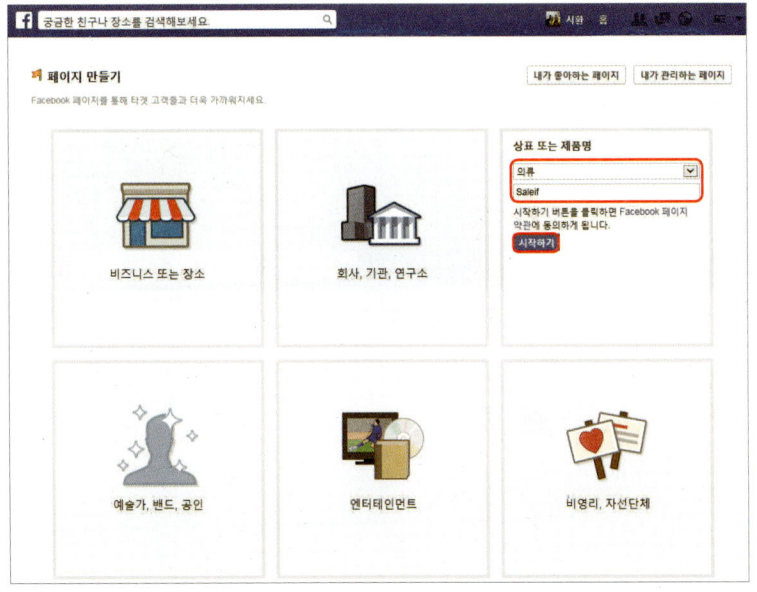

❸ 페이지 소개, 프로필 사진, 즐겨찾기에 추가, 더 많은 사람들에게 도달하기(광고)를 설정한 후 [정보 저장] 버튼을 클릭한다.

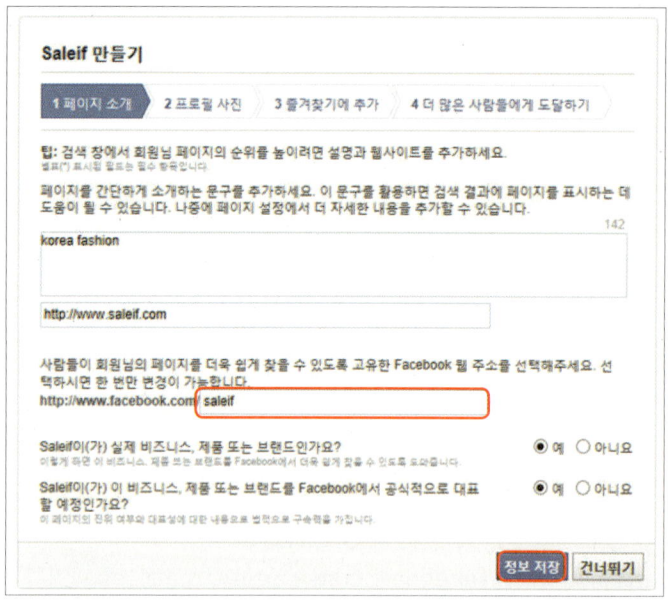

❹ 페이지 설정이 완료되었다.

⑦ 페이스북과 블로그 연결하기

아무런 활동이 없는 페이스북 페이지는 참여를 희망하는 사람들에게 좋은 메시지를 전달할 수 없다. 페이스북에서 제공되는 애플리케이션 중 네트워크 블로그(networkeblogs.com) 서비스를 이용하면 당신의 페이스북 계정에 블로그를 연결하여 뉴스피드를 통해 블로그 글을 페이스북 프로필 타임라인이나 페이지로 자동 발행할 수 있다. 또한 네트워크 블로그에서 마음에 드는 블로그, 뉴스 등을 읽고 페이스북, 트위터 등에 공유할 수도 있다.

⑧ 페이스북 팬 심기

소셜 증명을 설정(빈 레스토랑이 되지 않기 위해)하고 초기에 기본 팬을 얻기 위한 노력을 해야만 한다. 당신의 인맥 네트워크인 가족, 친구 및 기존의 개인 페이스북 계정이 있는 사람을 초대한다.

PLUS TIP ➕ 페이스북 그래프 검색(Facebook Graph Search)

페이스북에 올라온 사진과 장소 정보, 인물, 프로필 정보를 바탕으로 이용자가 원하는 것을 찾아주는 서비스이다. 단, 언어세팅이 영어로 되어 있어야만 한다.

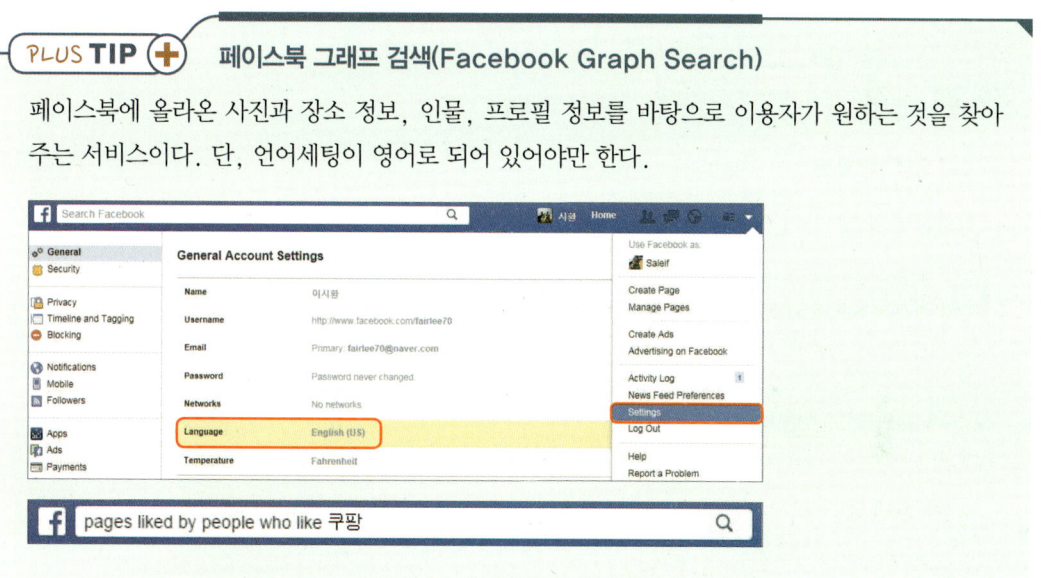

⑨ 페이스북 페이지 인사이트

페이스북의 페이지 인사이트(Page Insight)는 페이지의 좋아요(Like), 도달(Reach), 방문(Visit), 게시물(Post), 사람(People) 등 성과에 대한 측정치를 제공한다. 예를 들면 어떤 타입의 게시물에 가장 인터랙션이 있었는지, 어느 시간대에 인터랙션이 가장 활발하게 일어났는지, 어떤 경로에서 '좋아요'를 클릭했는지 등을 확인할 수 있다. 즉, 어떤 상황에서 '좋아요'를 클릭하고 댓글을 작성하고 공유하였는지를 확인할 수 있다. 단, 페이지 인사이트 데이터를 받으려면 페이지를 좋아하는 사람, 즉 '페이지 좋아요'를 30명 이상 받아야 한다.

- 인사이트_개요

  페이지 좋아요, 게시물 도달, 참여도(참여 현황)를 파악할 수 있다.

- 인사이트_게시물

  게시물별 도달/참여도에 대해 세부 체크를 할 수 있다.

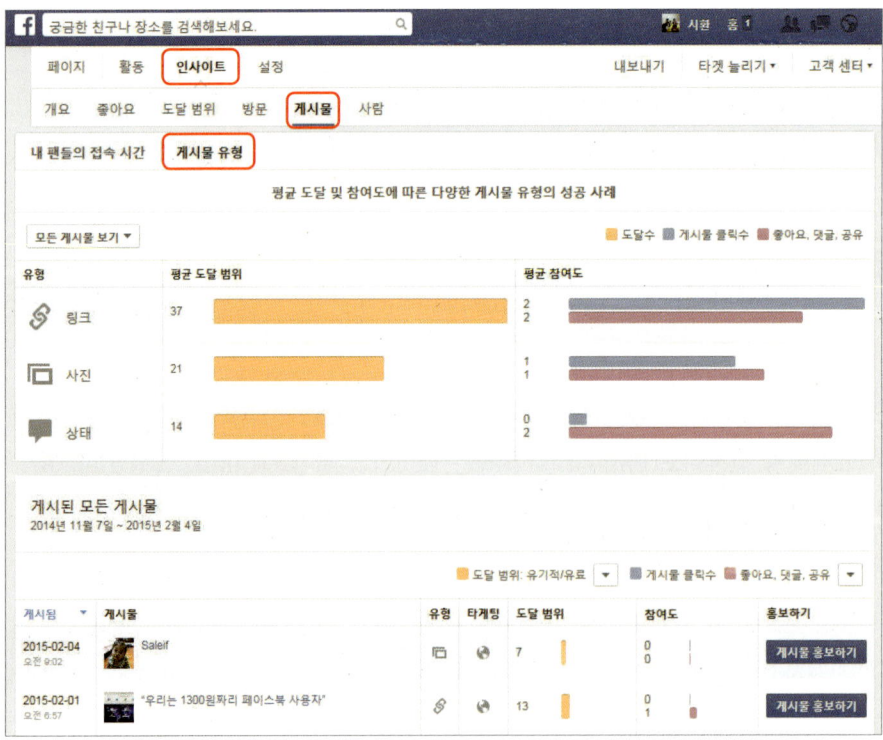

- 인사이트_사람

  세부 카테고리로 '회원님의 팬', '도달 대상', '참여한 사람들'이 있다. 회원님의 팬은 페이지 좋아요를 한 팬들의 인구통계적 자료를 확인할 수 있다. 도달 대상은 실제 운영되면서 노출(도달)되는 사람들에 대한 자료이다. 참여한 사람들은 좋아요, 댓글, 공유, 게시물 클릭을 한 사람들의 대한 자료이다.

⑩ 페이스북 팬 페이지 SEO

- 페이스북 팬 페이지에 가장 적합한 이름을 선택

  페이스북에서 브랜드 최적화를 위한 가장 중요한 단계이다. 밥의 베이커리-머핀, 베이글, 쿠키, 빵 - 외식 및 이벤트(Bob's Bakery - Muffins, Bagels, Cookies, Breads - Catering & Events.)처럼 스팸처럼 느껴지는 제목은 좋지 않다.

> **PLUS TIP** 제목의 첫 번째 단어의 중요성
>
> 팬 페이지 제목의 첫 번째 단어는 구글이 가장 중요하게 생각하는 것이다.

- 사용자정의 팬 페이지 간결한 URL 만들기

  페이스북 사용자 이름 페이지(http://www.facebook.com/username/)에 접속한다. 사용자 이름(URL)은 처음 설정한 이후 한 번만 변경할 수 있다.

페이지를 선택하고 페이스북 웹 주소(vanity(간결한) URL)를 입력한다.

- 팬 페이지의 전략적 위치에 키워드를 사용

- SEO Title = 나의 팬 페이지 이름
- Meta Description = 팬 페이지 이름 + 페이지의 소개 섹션
- H1 = 당신의 팬 페이지 이름

  지역 검색을 위한 페이지라면 주소를 포함하는 것이 매우 중요하다. 제품 관련 검색을 위한 페이지라면 회사 개요, 제품 관련 정보를 기입해야 한다.

> **PLUS TIP** **Meta Description 길이**
>
> 140자 정도로 작성한다.

- 전화번호 및 주소를 포함
- 기존 채널에 팬 페이지를 백링크

신뢰할 수 있는 페이지에서 더 많은 인바운드 링크를 받는 것이 구글 순위에 좋은 영향을 미친다. 따라서 팬 페이지를 웹 사이트, 블로그, 트위터 프로필 등 다른 디지털 채널에서 링크를 해준다.

- 페이스 북 팬 페이지 상태 업데이트 최적화

페이스북에 게시물을 게시할 때 첫 18자가 메타 설명 역할을 한다는 것을 기억한다. 또한 게시물에서 웹 사이트로 직접 링크를 포함하면 좋다.

> **PLUS TIP** 키워드 리스트 작성
>
> 키워드 리스트를 작성해서 게시물 작성 시 첫 단어로 골라 쓰는 것이 좋다.

- 페이스북 노트 사용

3 구글 애널리틱스(GA, Google Analytics)

1. GA 기본 용어

① 구글 애널리틱스는 구글이 무료로 제공하는 웹 로그 분석도구이다

- 구글 애널리틱스 추적 코드(GATC, Google Analytics Traking Code)

  추적 코드는 구글 애널리틱스를 사용해 방문 데이터를 수집하고 리포트하기 위해 웹 사이트의 각 페이지마다 붙여 넣어야 하는 자바스크립트 코드이다.

- 리퍼러(Referrer)

  리퍼러는 방문자가 사이트로 유입되는 특정 HTML 페이지의 URL을 말한다. 즉 방문자가 웹 사이트로 유입될 때 클릭한 외부 페이지를 말한다.

- 매체(Medium)

  캠페인 추적 시 매체는 사이트 방문자가 해당 사이트의 링크를 수신하는 방법을 나타낸다. 매체의 예로는 검색 엔진 링크의 경우 오가닉(무료) 및 클릭당 비용(PPC), 그리고 뉴스레터의 경우 이메일 및 PDF, 해당 웹 사이트로 링크를 제공하는 웹 사이트는 리퍼럴(Referral), 방문자가 웹 브라우저상에서 직접 웹 사이트 주소를 입력하는 경우 Direct라고 한다.

- 목표 전환(Goal Conversion)

  목표나 전환으로 줄여서 부르기도 하는데, 당신이 방문자에게 원하는 좀 더 가치 있는 행동을 의미한다. 예를 들면, 구매 확정 페이지, 가입 축하 페이지, 다운로드 페이지 등이 해당된다.

- 랜딩페이지(Landing Page)

  랜딩페이지는 사이트 방문자가 해당 사이트에 방문 시 도착한 첫 페이지를 의미한다. 도착 URL이라고도 한다.

- 사이트 검색(Site Search)

  웹 사이트 내부의 사이트 검색 기능은 대부분 콘텐츠가 방대한 사이트에서 사용자가 필요한 정보를 좀 더 빨리 찾고자 사용한다.

- 소스(Source)

    캠페인 추적 시 소스는 추천의 출처를 가리킨다. 구글 검색 엔진, 뉴스레터 이름, 추천 웹 사이트 이름 등이 있다.

- 유입 경로(Funnel)

    유입 경로는 예를 들면 체크아웃 시스템처럼 목표 전환으로 인도하는 잘 정의된 프로세스를 의미한다.

- 이탈 고객(Bounced Visitor)

    웹 사이트에 들어와서 한 페이지만 보고 더 이상 아무런 액션을 하지 않는 방문자를 의미한다.

- 캠페인(Campaign)

    유료 광고를 의미한다.

② 구글 애널리틱스에는 차원(Dimension)과 지표(Metric)라는 두 가지 유형의 데이터가 존재한다.
- 차원은 아이템을 설명하는 문자열이다. 이름으로 생각해보면 페이지 URL, 페이지명, 제품명 등이 여기에 해당한다. 보고서상에서는 '기본 측정 기준'으로 표현된다.
- 지표는 페이지 체류시간, 사이트 체류시간, 방문자당 페이지뷰 등과 같은 숫자를 말한다. 보고서상에서는 '두 번째 측정 기준'으로 표현된다.

    GA 웹 분석 지표에는 세 가지 종류가 있다.

- 총계는 가장 기본적인 측정 단위이다. 비율이 아니라 단일 수치이다. 때로 정수지만 반드시 그렇지는 않다. 순방문자, 세션/방문, 페이지뷰 모두 총계이며 방문당 페이지 뷰나 방문자당 매출과 같은 추가적인 여러 비율의 기초이다.
- 비율은 총계를 사용할 수도 있고 분자나 분모에 따른 비율을 사용할 수도 있지만 보통 총계로 나눈 총계다. 보통 정수는 아니다. 비율이기 때문에 '방문당 페이지뷰'처럼 명칭 내에 보통 '당'이라는 말이 있다. 비율의 정의는 비율 자체와 모든 기초적인 메트릭스를 정의한다.
- KPI(핵심 성과 지표)는 총계일 수도 비율일 수도 있지만 비율인 경우가 많다. 모든 웹 사이트 종류는 기본적인 총계와 비율을 사용할 수 있지만 KPI는 사업 전략에 포함된다. 핵심이라는 단어가 있고 적절한 KPI 셋은 보통 사이트 유형, 프로세스 유형마다 다양하다.

가장 중요한 3가지 지표는 다음과 같다.

- 페이지뷰(Pageviews)

  방문자가 웹 사이트에 접속하여 본 전체 페이지 수이다. 예를 들어 한 명의 방문객이 메인 페이지 → FAQ 페이지 → 회사 소개 페이지를 보았다면 페이지 뷰는 3이 된다. 즉, 방문자들이 웹 사이트에 방문하여 열어 본 페이지 수의 합을 말한다. 페이지뷰는 고객님의 사이트 전체 페이지에 대한 결과를 보여주는 전체 페이지뷰와 개별 페이지의 페이지뷰를 보여주는 개별 페이지뷰가 제공된다.

- 세션(Sessions)/방문(Visits)/방문자

  세션 단위로 측정한 홈페이지 방문 횟수를 뜻한다. 방문자가 웹 브라우저를 닫은 시점이나 또는 웹 사이트에서 아무런 액션 없이 일정 시간이 경과되면 세션은 완료된다. 세션 타임아웃 값은 업계 평균은 통상적으로 30분이지만 조정할 수 있다.

- 순방문자(Unique Visitors)

  지정된 보고기간 내에 사이트에 한 번 이상 방문한 활동을 보인 것으로 추정되는 개인의 수이다. 각 개인은 보고기간 동안 순방문자 측정에서 단 한 번씩만 집계된다. 하루에 한 방문자가 5회 방문한 경우 순방문자 수는 1명으로 집계된다. 그러나 23시 50분에 접속한 방문자가 그 다음날 00시 10분에 다시 접속했다면 이는 동일 방문자로 집계되지 않는다.

2. GA 계정 설정

❶ 구글 웹로그 분석 사이트(www.google.com/analytics/)에 접속해서 로그인한 후에 구글 웹로그 분석에 가입한다.

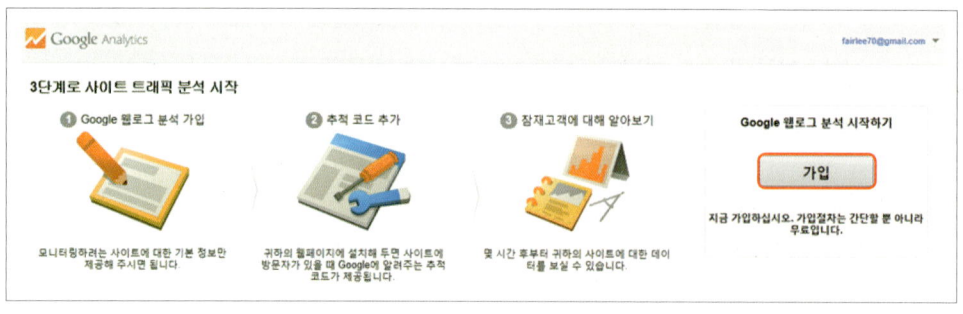

❷ 구글 애널리틱스 새 계정을 설정한 후 [추적 ID 가져오기] 버튼을 클릭한다. 관리 → 사용자 정보 → 추적 코드 메뉴를 선택한다. HTML 소스 창에서 추적 코드(Traking Code)를 파악한 후 복사한다.

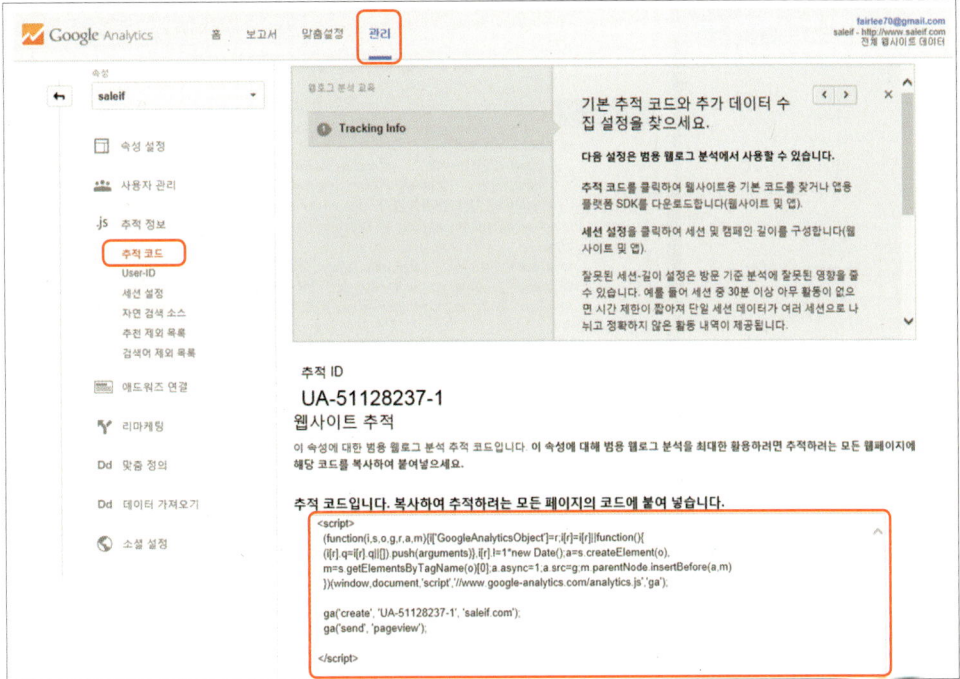

❸ 카페24 쇼핑몰 어드민(eclogin.cafe24.com/shop)에 접속한 후 로그인한다. [디자인관리] 메뉴에 접속한 후 [디자인 편집] 버튼을 클릭한다.

❹ 전체화면보기 → 레이아웃 → 기본 레이아웃 → 공통 레이아웃 메뉴를 선택한다. HTML 소스 창에서 추적 코드를 삽입한 후 저장한다. 전체화면보기 → 레이아웃 → 기본 레이아웃 → 메인 레이아웃 메뉴를 선택한다. HTML 소스 창에서 추적 코드를 삽입한 후 저장한다.

❺ 모바일쇼핑몰 → 디자인 관리 → 디자인 보관함 메뉴를 클릭한다.

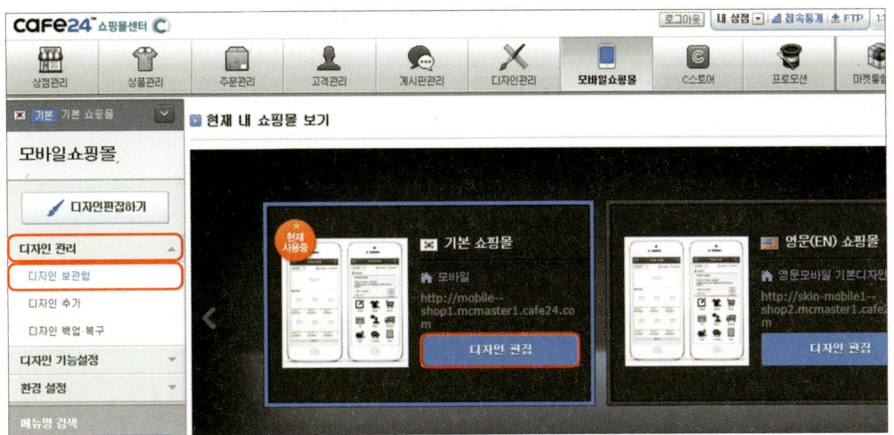

❻ 전체화면보기 → 레이아웃 → 기본 레이아웃 → 공통 레이아웃을 선택한다. HTML 소스 창에서 추적 코드를 삽입한 후 저장한다.

3. GA 전환 목표 설정

전환 목표는 사이트 방문자가 수행하기 원하는 작업이다. 구글 웹 로그 분석에서 목표를 설정하는 것이 웹 사이트의 성공률을 측정하는 가장 좋은 방법이다. 전자상거래 사이트의 목적은 방문자에게 상품을 판매하는 것이다. 따라서 완료의 목표는 그들의 웹 사이트에 성공적으로 판매가 완료될 때이다.

❶ 관리 → 보기 → 목표를 클릭한다.

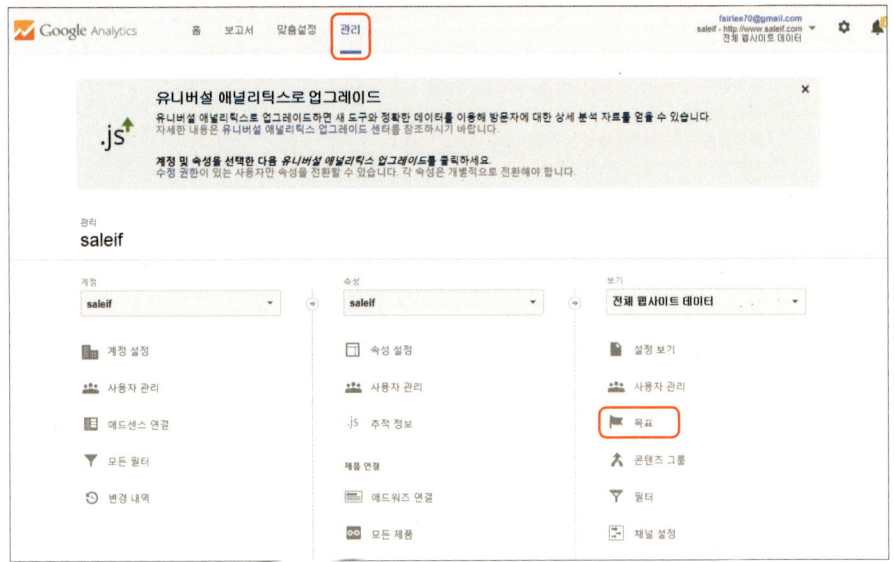

❷ [새 목표] 버튼을 클릭한다.

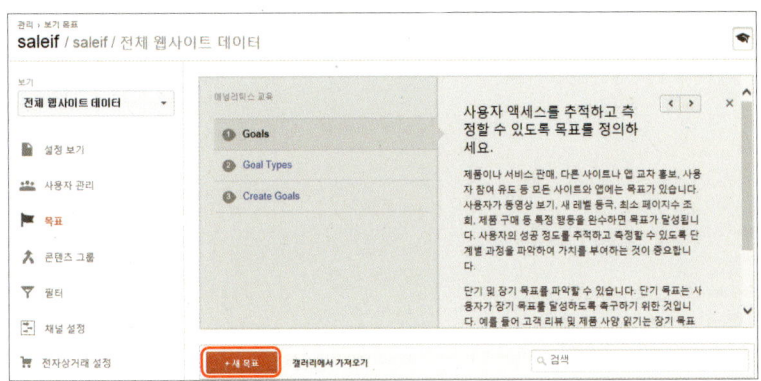

❸ 목표 설정에서 수익 → 결제완료를 선택한 후 [다음 단계] 버튼을 클릭한다.

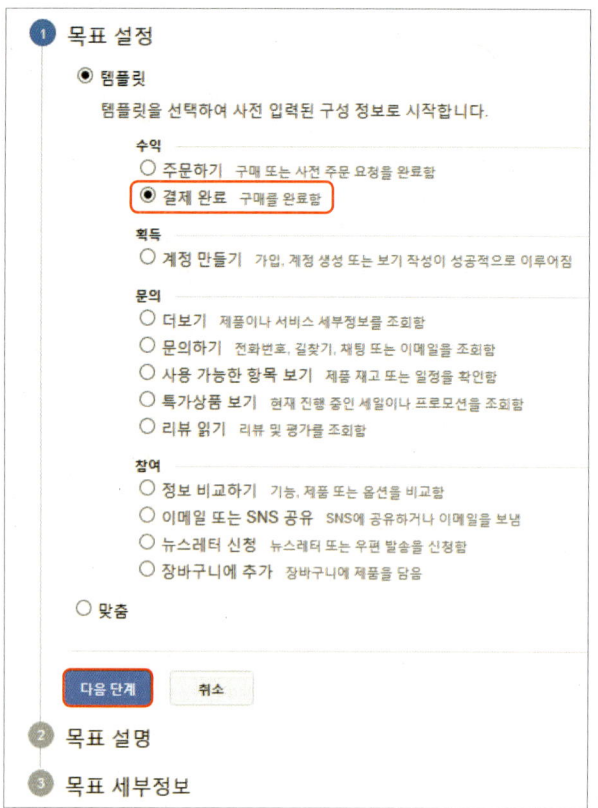

❹ 목표 설명에서 목표 이름과 유형(예: 도착)을 선택한 후 [다음 단계] 버튼을 클릭한다.

❺ 목표 세부 정보에서 도착, 값, 유입경로 등 세부 정보를 설정한다.

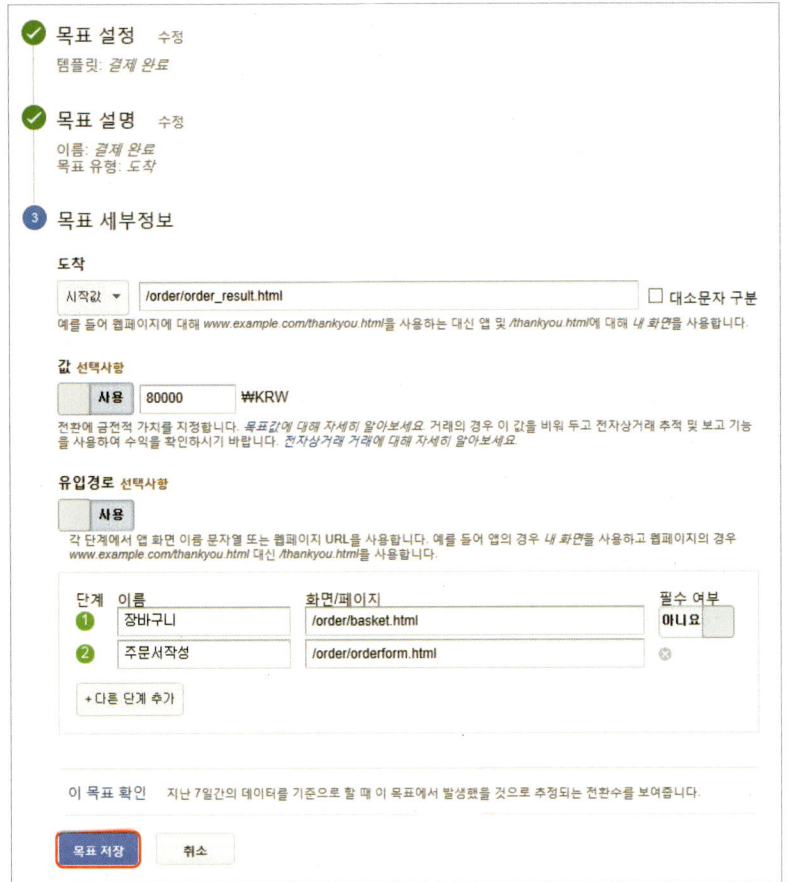

❻ 도착에서는 [시작값]을 선택하고 '/order/order_result.html'을 입력한다. 주문완료 페이지의 url에서 시작 문자열을 입력한다.

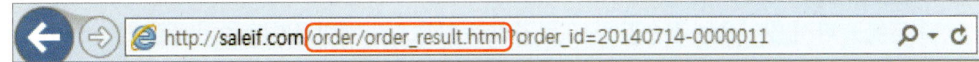

❼ 값은 전환의 금전적 가치를 입력한다. 예로 80,000원을 입력한다. 거래의 경우 이 값을 비워 두고 전자상거래 추적 및 보고 기능을 사용하여 수익을 확인하기 바란다.

❽ 유입경로는 특정 목표 페이지에 도착하기 위해 통과해야 하는 페이지 경로이다.
장바구니와 주문서 작성 단계를 추가한다. 각 페이지의 url에서 시작 문자열을 확인한 후 입력한다.

❾ [목표저장] 버튼을 클릭하면 완료된다.

4. GA 보고서

① 전체 방문자 수 분석하기

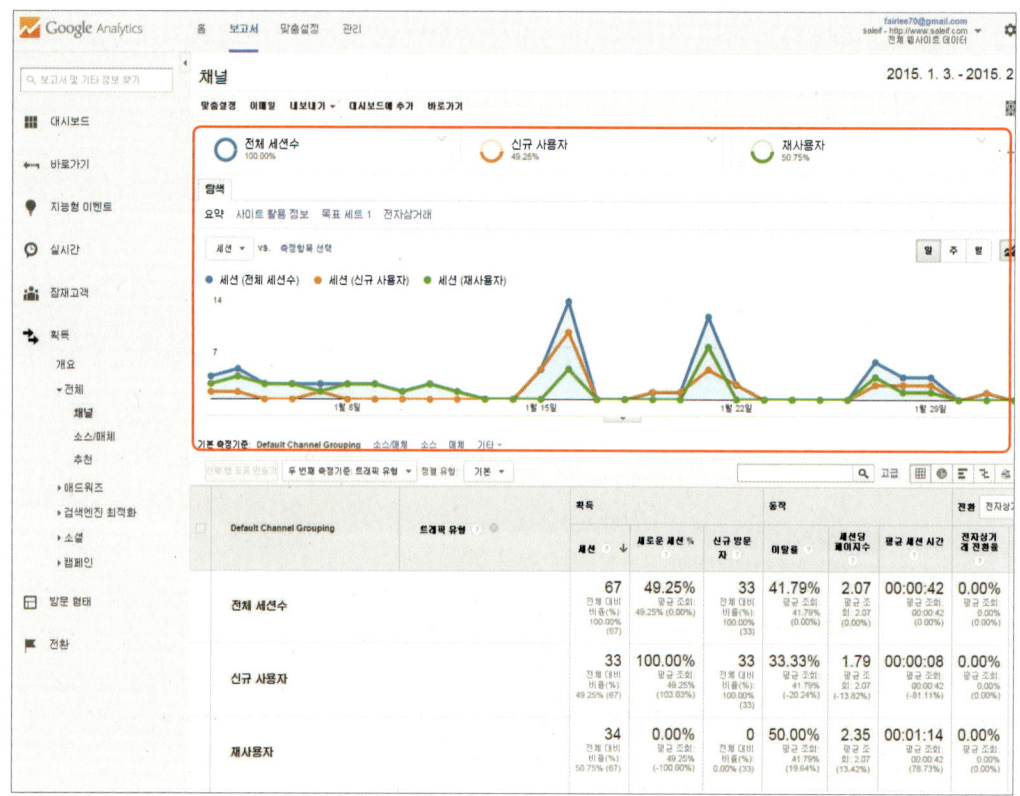

- 처음 방문자 수과 재방문자 수 모두 증가한 경우

  처음 방문자 수와 재방문자 수가 모두 증가한 것은 전체적인 방문자 수가 증가했다는 것을 의미한다. 다양한 온라인 마케팅이 효과를 발휘하여 처음 방문자 수가 증가한 것이다. 처음 방문자가 이후에도 다시 찾아오는 선순환 구조를 가지고 있으므로 재방문자도 증가하였다고 볼 수 있다.

- 처음 방문자 수는 증가, 재방문자 수는 감소한 경우

  광고 등 마케팅 효과로 처음 방문이 증가하였으나 방문한 처음 방문자가 다시 찾고 있지 않다는 것을 의미이다. 재방문율이 저조한 이유는 상품에 만족하지 못하거나, 쇼핑몰에서 쇼핑하기가 복잡한 구조 등 다양한 원인이 있을 수 있기 때문에 한 번 방문한 방문자가 다시 사이트를 찾아올 수 있도록 그 원인을 찾아서 해결해야 한다.

• 처음 방문 감소, 재방문 증가

처음 방문이 감소되는 것은 유입출처 확보가 제대로 되어 있지 않은 경우라고 할 수 있다. 재방문 수가 증가하고 있다는 것은 방문자들의 사이트 호감도가 비교적 양호하며, 상품 및 콘텐츠가 관심을 받고 있다는 것을 의미한다. 광고 및 홍보 채널을 키워드별로 점검하거나 홍보 채널을 점검하여 처음 방문이 늘어날 수 있게 한다.

• 처음 방문 감소, 재방문 감소

쇼핑몰 운영에 대한 전반적인 검토가 필요하다. 마케팅이 적절한 효과를 보이지 못하고 있으며, 쇼핑몰 내부에도 문제가 있을 수 있다. 마케팅에 집중하여 처음 방문을 증가시키기 전에 사이트 내부의 문제점은 없는지 검증하여 수정 후에 시행하는 것이 좀 더 효과적일 것이다.

② 평균 세션 시간 분석하기

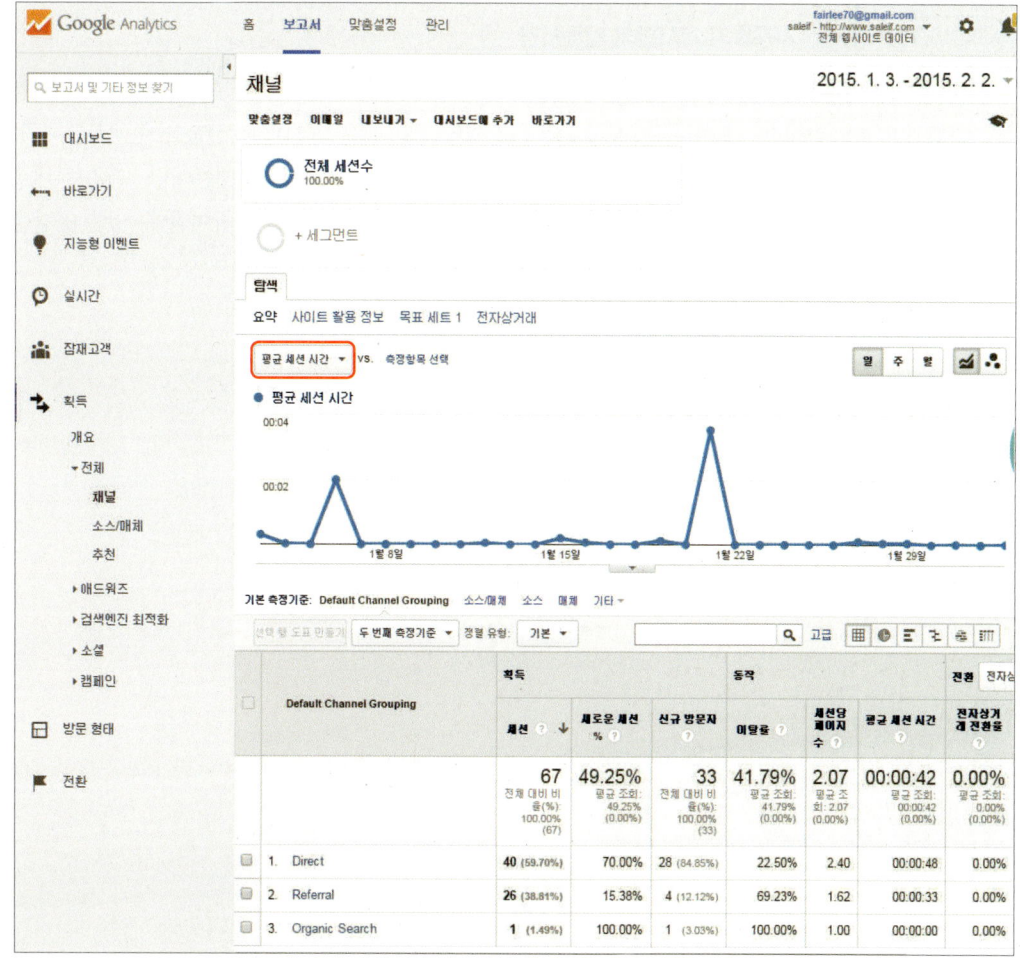

Chapter 1 온라인 마케팅 툴 / 49

사이트 체류시간이란 방문자가 사이트 내에서 얼마나 오랫동안 머물렀나 하는 것이다. 대체적으로 사이트에 머무는 시간이 길수록 웹 사이트에 방문객의 충성도나 관심이 높다고 할 수 있겠지만 사이트의 성격에 따라서 약간의 차이가 있다. 복잡하거나 어려운 내비게이션 구조로 방문객이 사이트를 중도에 이탈하여 체류시간이 짧을 수 있다.

체류시간은 사이트 내에서의 체류시간과 사이트의 각 페이지별 체류시간으로 나눈다. 사이트 내에서의 체류시간은 사이트 전체적인 부분에서 머무르는 시간이 길수록 사이트의 충성도나 만족도가 대체적으로 높다고 할 수 있으나 페이지별 체류시간은 페이지의 성격에 따라서 체류시간이 갖는 의미가 다를 수 있다. 가령, 구매 결제 페이지에서 체류시간은 짧을수록 만족도가 높고, 구매가 늘어난다. 쇼핑몰의 구매 단계까지 이르기 위해서는 최소한 수분 이상이어야 하기 때문에 랜딩페이지의 만족도나 구성에 문제가 있을 수 있기 때문에 이 비중이 높다면 랜딩페이지를 수정하는 것이 바람직하다.

PLUS TIP ➕ 사용후기 게시판의 체류시간

쇼핑몰에서 방문자들이 가장 오랫동안 시간을 머무르는 공간은 '사용후기', '운영일기', '이벤트 안내'와 같은 게시판이다. 그 이유는 '사용후기', '운영일기'와 같은 게시판은 상품을 구매하는데 있어서 중요한 구매 판단 기준인 '구매한 사람들의 경험' 등을 확인할 수 있기 때문이다. 쇼핑몰 내부에서 방문자들의 체류시간을 늘리기 위해서는 '게시판' 등과 같은 고객들이 참여할 수 있는 공간을 운영해야 한다.

② 세션당 페이지 수

세션당 페이지 수는 '페이지 수/세션'으로 나눈 값이다.

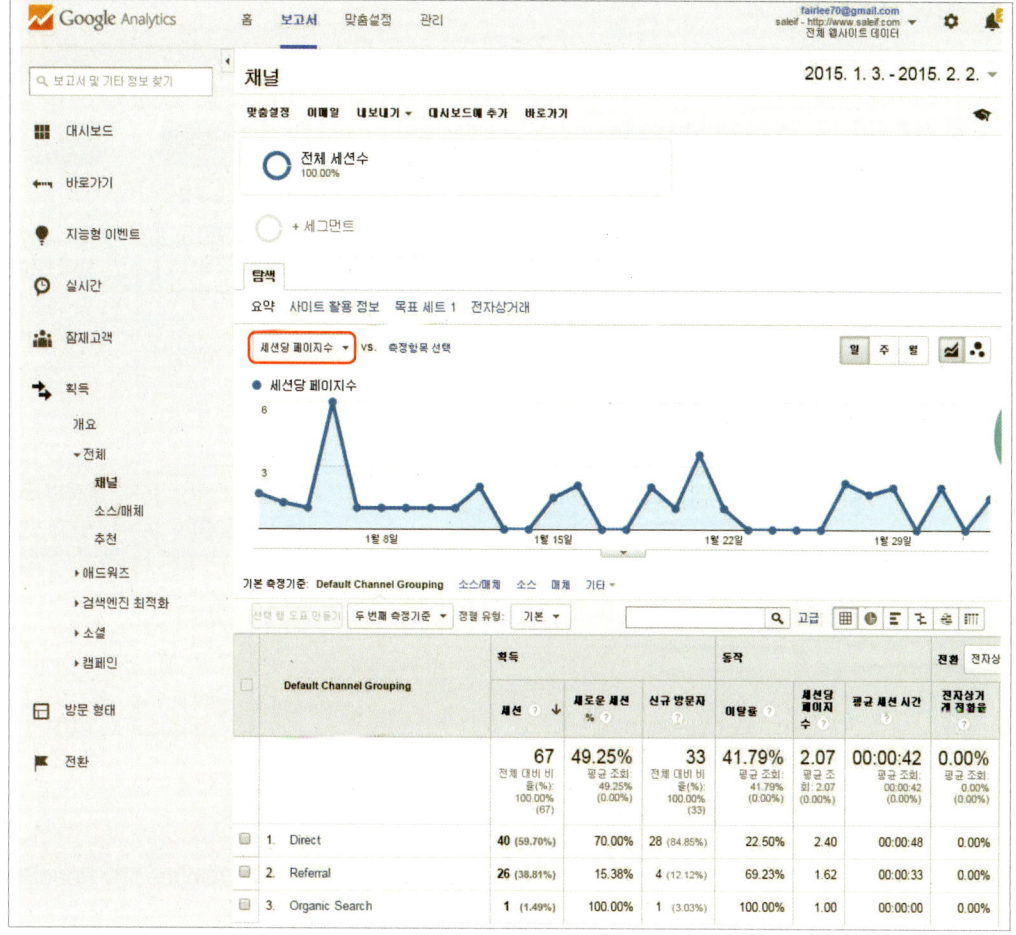

4 글로벌 온라인 마켓

1. 중국 온라인 마켓

① 중국 알리바바의 구조

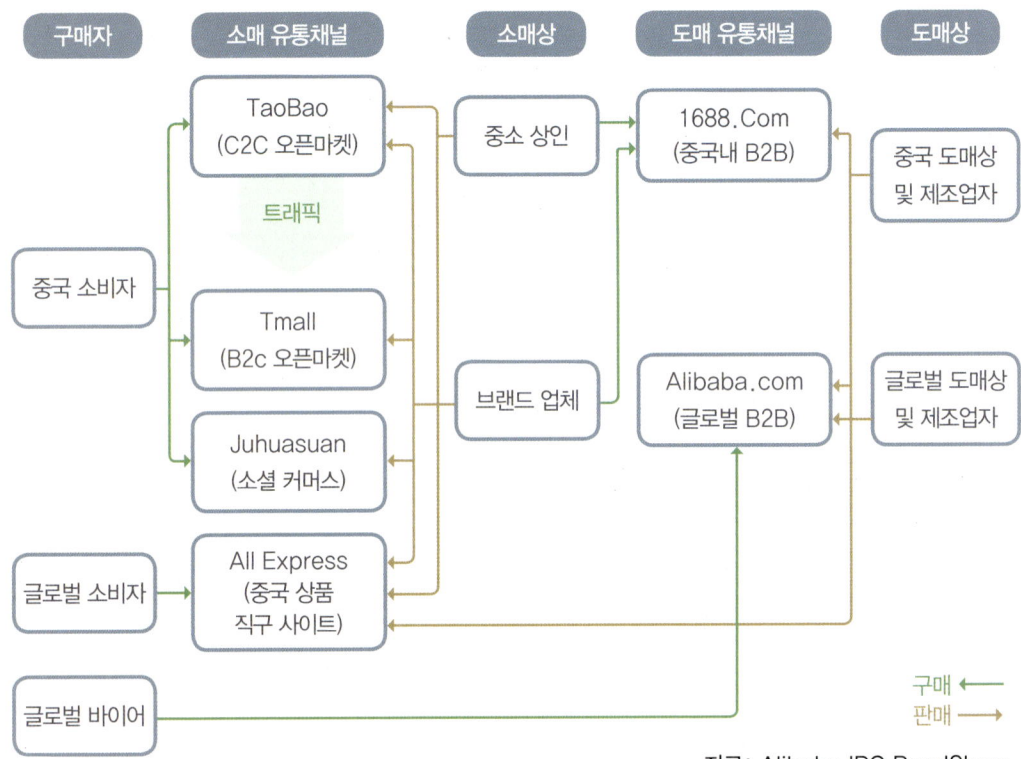

자료: Alibaba IPO RoadShow

중국 소매 유통채널 중 C2C(Customer to Customer) 모델이 타오바오이고, B2C(Business to Consumer) 모델이 티몰이다. 글로벌 티몰은 티몰과 달리 해외업체만 입점할 수 있다. 상품은 해외 직배송이나 보세 창고 배송만 가능하여 반품이나 환불할 수 있는 주소지가 중국 현지에 있어야 한다.

② 티몰에 입점하는 점포 유형은 플래그숍, 전매점, 전영점 3가지로 나눌 수 있다. 플래그숍은 업체가 브랜드를 소유하여 입점하는 것이고 전매점은 업체가 브랜드 수권서(브랜드 판매 권리 서류)를 보유하여 입점하는 경우이다. 전영점은 같은 카테고리 밑에 2개 이상의 브랜드를 경영하는 것이다. 입점 절차는 다음과 같다.

1 신청 접수	→	2 상담	→	3 입점 처리	→	4 상품 등록	→	5 입점 완료
업체명, 연락처 접수		카페24 전문 상담원 상담		입점 신청 티몰의 입점 심사 보증금을 티몰에 입금		상품 리스트 전달 번역 및 상품 등록		티몰에 판매 준비 완료

③ **타오바오 내의 마케팅 방법**

- 쯔퉁처: 타오바오에서 가장 잘 알려져 있는 CPC 광고 방법이다. 쯔퉁처 광고를 하면 타오바오에서 키워드로 검색 시에 검색 결과 페이지에 우측에 세로로 12개, 페이지 하단에 가로로 5개가 노출된다.
- 타오커: 타오바오에서 진행하는 CPS 광고 방법이다.

2. 영어권 온라인 마켓

① **아마존**

1994년 제프 베조스에 의해 설립된 아마존은 온라인 서점으로 시작했지만 DVD, CD, MP3 다운로드, 소프트웨어, 비디오 게임, 전자제품, 의류, 완구, 가구, 식품 등으로 판매 품목을 확대함으로써 대표적인 온라인 소매상으로 성장하였다.

현재 아마존은 현재 12개국에 오픈되어 있다. 가상계좌 개설만으로 입점할 수 있다. 단, 중국과 인도의 경우는 현지 국가에서 요구하는 사업자 또는 현지 통장이 있어야만 가능하다.

다음 이미지는 2014년 2분기 미국 내 온라인 마켓의 방문자 수를 조사한 데이터이다.

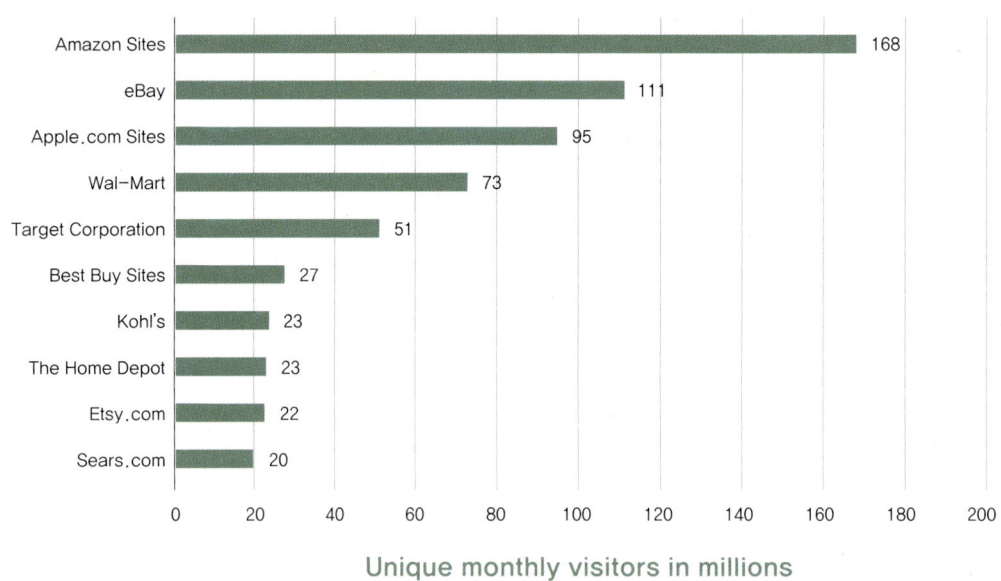

② 입점하기

아마존에 입점하기 위해서는 이메일 계정과 신용카드, 그리고 대금 정산을 받기 위한 은행계좌가 있으면 된다. 아마존에서 판매자가 되기 위해서는 판매 계정을 만들어야 하는데 판매자 타입(Selling Plan)으로는 Professional(프로페셔널)과 Individual(개인) 중에 선택해야 한다. 월 40건 이상 판매를 한다면 비용적으로는 프로페셔널 계정이 유리하다.

③ 아마존 내의 마케팅 방법

- 상품명 최적화: 상품명에 고객이 검색을 자주하는 키워드를 삽입하여 상품 검색 시에 자신의 상품이 노출되도록 하여야 한다. 상품지수를 높여서 자신이 검색 결과에서 앞 순위에 보이도록 해야 한다.
- CPC 광고: 마켓 진입 초기에 상품지수가 낮을 때 시행하여 상품지수를 높인다.

3. 일본 온라인 마켓

① 라쿠텐

2013년 기준, 하루 유통액 51억 엔, 회원 수 8,976만 명, 하루 주문 건수 70만 건, 출점점포 수 41,996 점포인 일본의 대표적인 온라인 마켓이다. 라쿠텐에 직접 진출하는 경우에는 까다로운 판매자 자격심사, 복잡한 출점 절차 등으로 인해 대행사를 통한 진출이 많다. 대행사에서는 수출 제품의 현지 시장조사, 제품의 현지 키워드 조사 및 등록, 라쿠텐의 패턴에 맞추어 상품 상세 페이지 기획 및 디자인 등의 업무를 진행한다.

② 출점 조건

- 재고 확인: 고객 주문 확인 시에 배송이 가능한 재고가 있어야 한다.
- 정보 제공: 공산품 품질관리 표시에 따른 필수 기재사항이 기재되어 소비자에게 정확한 정보를 제공해야 한다.
- 마약류, 총포, 도검, 지적 재산권 침해 상품 등은 판매할 수가 없다.

③ 라쿠텐 내의 마케팅 방법

내 상품명과 캐치코피(상품명 외에 홍보 문구란이 따로 있음)에 핵심 키워드를 삽입해야 한다.

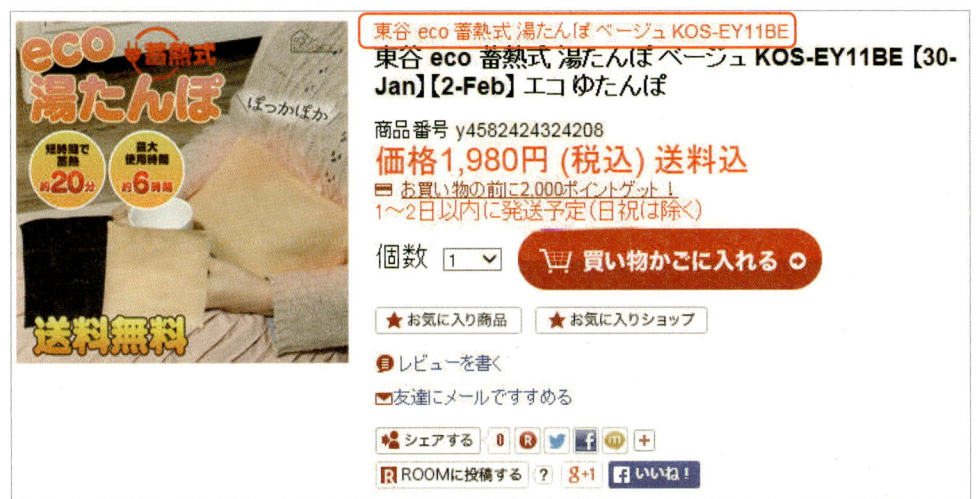

- SNS 마케팅을 병행하여야 한다. 블로그, 페이스북, 트위터 등을 이용해서 콘텐츠를 확산시키고 고객을 유입시켜야 한다.
- SEO 마케팅을 진행해서 야후 재팬이나 구글 재팬에 노출되도록 한다.
- 라쿠텐의 R-Mail이라는 메일 마케팅을 활용한다.

실력 평가 문제

01 온사이트 최적화와 관련이 없는 용어는?

① 링크빌딩
② 타이틀 태그
③ 메타 설명
④ URL
⑤ 페이지의 내용

해설 ▷ 링크빌딩은 오프사이트 최적화 용어이다.

02 좋은 디자인의 효과가 아닌 것은?

① 낮은 이탈율
② 신뢰 구축
③ 사이트 체류시간 증가
④ 더 많은 링크 적립
⑤ 방문자당 페이지뷰 감소

해설 ▷ 페이지뷰 증가된다.

03 키워드 연구 시 주의해야 할 사항이 아닌 것은?

① 너무 광범위한 키워드
② 롱테일 키워드들
③ 전환이 안 이루어지는 키워드
④ 충분한 트래픽이 없는 키워드
⑤ 너무 경쟁이 치열한 키워드

해설 ▷ 100개 또는 심지어 1000개의 롱테일(Long Tail) 키워드로 순위를 시도하는 것이 더욱 쉽고 더 많은 수익을 낸다.

04 다음 중에 소셜미디어 서비스가 아닌 것은?

① 핀터레스트   ② 바이두
③ 링크드인   ④ 레딧
⑤ 버즈피드

해설 ▷ 바이두는 중국의 검색 서비스이다.

05 사용자가 링크된 페이지로 이동하기 위하여 클릭하게 되는 텍스트를 무엇이라고 하는가?

① SEO   ② 인바운드 링크
③ 깨진 링크   ④ 링크 배치
⑤ 앵커텍스트

해설 ▷ 앵커텍스트(Anchor Text)란 사용자가 링크된 페이지로 이동하기 위하여 클릭하게 되는 텍스트를 의미한다.

06 검색 엔진의 링크 가치평가 기준에 대한 설명 중에 맞는 것은?

① 신뢰할 수 있는 사이트에 가깝게 링크된 사이트가 좋다.
② 내부 링크가 외부 링크보다 더 많은 영향력을 끼친다.
③ 내부의 고유 콘텐츠나 풋터(Footer), 사이트바(Sidebar), 내비게이션(Navigation)이나 같다.
④ 이미 연결된 사이트에서 더 많은 500링크를 받는 것이 다른 도메인의 새로운 50링크보다 좋다.
⑤ HTML 코드의 위치에 관계없다.

해설 ▷ 신뢰할 수 있는 사이트에 가깝게 링크된 사이트가 좋다.

07 다음 설명 중 틀린 것은?

① 뉴스피드: 사용자의 친구, '좋아요' 한 페이지의 소식을 시간순으로 보여주는 공간이다.
② 쪽지 보내기: 모두 공개된 글로 쪽지를 보낸다.
③ 타임라인: 사용자가 게시하는 사진, 글 등을 실시간, 시간순으로 보여주는 공간이다.
④ 트윗(Tweet): 글 한편에 해당하는 단위이며, 140자가 한도이다.
⑤ 그룹: 그룹은 페이스북 내의 공동체이다.

해설 ▷ 비공개로 개인적인 안부나 어떤 특정인에게 쪽지를 보낼 때는 쪽지 기능을 이용한다.

08 페이스북 팬 페이지 SEO 방법이 아닌 것은?

① 가장 적합한 이름 선택
② 사용자 정의 팬 페이지의 간결한 URL 만들기
③ 팬 페이지의 전략적 위치에 키워드를 사용
④ 전화번호 및 주소를 포함
⑤ 페이스북 그래프 검색의 사용

해설 ▷ 페이스북 그래프 검색은 검색 기능일 뿐이다.

09 키워드 테마 중에 순위를 올리는 쉬운 방법은?

① 단일 키워드
② 경쟁이 치열한 키워드
③ 확장 키워드
④ 높은 볼륨 키워드
⑤ 여러 테마 키워드

해설 ▷ 여러 테마 키워드이다.

10 검색 엔진 트래픽과 다른 사이트로부터의 링크를 얻기 위해 벌이는 다양한 활동은?

① 바이럴 마케팅
② 포스트
③ RSS
④ 트랙백
⑤ 링크베이팅

해설 ▷ 링크베이팅(Linkbaiting)은 검색 엔진 트래픽과 다른 사이트로부터의 링크를 얻기 위해 벌이는 다양한 활동을 총칭한다.

11 페이스북에 대한 설명 중에 틀린 것은?

① 페이스북에 올라온 사진과 장소 정보, 인물, 프로필 정보를 바탕으로 이용자가 원하는 것을 찾아주는 서비스는 페이스북 그래프 검색이다.
② 페이지 인사이트(Page Insight)는 페이지의 좋아요(Like), 도달(Reach), 방문(Visit), 게시물(Post), 사람(People) 등 성과에 대한 측정치를 제공한다.
③ 페이스북에서 제공되는 애플리케이션 중 네트워크 블로그 서비스를 이용하면 당신의 페이스북 계정에 블로그를 연결할 수 있다.
④ 페이스북 페이지 좋아요 50명 이상 받으면 페이지 인사이트를 볼 수 있다.
⑤ 팬 페이지의 제목의 첫 번째 단어는 구글이 가장 중요하게 생각하는 것이다.

해설 ▷ 페이스북 페이지 좋아요 30명 이상 받으면 페이지 인사이트를 볼 수 있다.

정답 01 ① 02 ⑤ 03 ② 04 ② 05 ⑤ 06 ① 07 ② 08 ⑤ 09 ⑤ 10 ⑤ 11 ④

12 트위터 아이디를 가진 사람에게 문자를 보내는 것으로 멘션을 보낸다라고 하는 것은?

① @리플라이
② 리트윗
③ 쪽지 보내기
④ 트윗
⑤ 페이지

> 해설 ▷ @리플라이(@reply)는 트위터 아이디를 가진 분에게 문자를 보내는 것으로 멘션을 보낸다고 말한다.

13 구글 애널리틱스 용어 설명 중에 틀린 것은?

① 랜딩페이지는 사이트 방문자가 해당 사이트에 방문 시 도착한 첫 페이지를 의미한다.
② 캠페인 추적 시 소스는 추천의 출처를 가리킨다.
③ 이탈고객은 웹 사이트에 들어와서 구매를 하지 않은 고객을 의미한다.
④ 유입 경로는 예를 들면 체크아웃 시스템처럼 목표 전환으로 인도하는 잘 정의된 프로세스를 의미한다.
⑤ 리퍼러는 방문자가 사이트로 유입되는 특정 HTML 페이지의 URL을 말한다.

> 해설 ▷ 이탈 고객은 웹 사이트에 들어와서 한 페이지만 보고 더 이상 아무런 액션을 하지 않는 방문자를 의미한다.

14 구글 애널리틱스의 3가지 주요한 지표는?

① 페이지뷰, 세션, 순방문자
② 페이지뷰, 세션, 사이트 체류시간
③ 페이지뷰, 순방문자, KPI
④ 차원, 지표, 총계
⑤ 총계, 비율, KPI

> 해설 ▷ 페이지뷰, 세션, 순방문자

15 처음 방문자 수가 증가하고 재방문자 수는 감소한 경우의 설명인 것은?

① 쇼핑몰 운영에 대한 전반적인 검토가 필요하다.
② 사이트 내부의 문제점은 없는지 검증하여 수정 후에 시행한다.
③ 상품에 만족하지 못하거나, 쇼핑몰에서 쇼핑하기가 복잡한 구조인 경우이다.
④ 유입출처 확보가 제대로 되어 있지 않은 경우라고 할 수 있다.
⑤ 다양한 온라인 마케팅이 효과를 발휘하고 있다.

> 해설 ▷ 재방문율이 저조한 이유는 상품에 만족하지 못하거나, 쇼핑몰에서 쇼핑하기가 복잡한 구조 등 다양한 원인이 있을 수 있기 때문에 한 번 방문한 방문자가 다시 사이트를 찾아올 수 있도록 그 원인을 찾아서 해결해야 한다.

16 다음의 설명 중 틀린 것은?

① 한명의 방문객이 [메인 페이지›FAQ 페이지›회사 소개 페이지]를 보았다면 페이지 뷰는 1이 된다.
② 하루에 한 방문자가 5회 방문한 경우 방문자 수는 1명으로 집계된다.
③ 차원은 아이템을 설명하는 문자열이다.
④ 지표는 페이지 체류시간, 사이트 체류시간, 방문자당 페이지뷰 등과 같은 숫자를 말한다.
⑤ 세션 타임아웃 값의 업계 평균은 통상적으로 30분이다.

> 해설 ▷ 한 명의 방문객이 메인 페이지 → FAQ 페이지 → 회사 소개 페이지를 보았다면 페이지 뷰는 3이 된다.

17 다음 설명 중에 틀린 것은?

① 사이트 체류시간이란 방문자가 사이트 내에서 얼마나 오랫동안 머물렀나 하는 것이다.
② 대체적으로 사이트에 머무는 시간이 길수록 웹사이트에 방문객의 충성도나 관심이 높다.
③ 페이지별 체류시간은 페이지의 성격에 따라서 체류시간이 갖는 의미가 다를 수 있다.
④ 구매 결제 페이지의 체류시간은 길수록 만족도가 높다.
⑤ 체류시간은 사이트 내에서의 체류시간과 사이트의 각 페이지별 체류시간으로 나눈다.

> 해설 ▷ 구매 결제 페이지에서 체류시간은 짧을수록 만족도가 높다.

18 다음 설명 중에 틀린 것은?

① 라쿠텐은 R-Mail이라는 메일 마케팅을 활용한다.
② 쯔퉁처: 타오바오에서 가장 잘 알려져 있는 CPC 광고 방법이다.
③ 타오커: 타오바오에서 진행하는 CPS 광고 방법이다.
④ 아마존의 입점 형태는 플래그숍, 전매점, 전영점 3가지로 나누어진다.
⑤ 상품명최적화: 상품명에 고객이 검색을 자주 하는 키워드를 삽입하여 상품 검색 시에 자신의 상품이 노출되도록 하여야 한다.

> 해설 ▷ 티몰에 입점하는 점포 유형은 플래그숍, 전매점, 전영점 3가지로 나눌 수 있다.
> 아마존에서 판매자가 되기 위해서는 판매계정을 만들어야 하는데 판매자 타입(Selling Plan)으로는 Professional(프로페셔널)과 Individual(개인) 중에 선택해야 한다.

19 매체의 종류가 아닌 것은?

① 오가닉
② PPC
③ 리퍼럴
④ 랜딩페이지
⑤ direct

> 해설 ▷ 랜딩페이지는 사이트 방문자가 해당 사이트에 방문 시 도착한 첫 페이지를 의미한다.

20 타오바오 내에서 진행되는 CPC 검색 광고의 이름은?

① 티몰
② 타오커
③ 알리바바닷컴
④ AliExpress
⑤ 쯔퉁처

> 해설 ▷ 쯔퉁처는 타오바오에서 가장 잘 알려져 있는 CPC 광고 방법이다.

정답 12 ① 13 ③ 14 ① 15 ⑤ 16 ① 17 ④ 18 ④ 19 ④ 20 ⑤

전자상거래 운영 실무

전자상거래의 운영 실무는 카페24의 전자상거래 솔루션을 이용하여 실제 쇼핑몰을 제작하고 운영하는 실무 과정과 같이 쇼핑몰의 구축과 세팅, 상품 등록의 핵심 기능을 설명한다. 그리고 자격취득의 실습 과정이 전자상거래의 준비 과정과 동일한 실무 실습 과정으로 구성되어 있다. 이 과정의 구성은 카페24 실제 솔루션을 활용하여 멀티쇼핑몰의 설정에서 상품 등록의 재고 관리 설정까지 실무 위주 구성으로 되어 있다.

| CHAPTER 1 | **온라인 쇼핑몰 구축**

1 쇼핑몰 기본 설정
2 쇼핑몰 상품 등록

CHAPTER 1
온라인 쇼핑몰 구축

카페24의 전자상거래 솔루션을 활용하여 전자상거래의 구축과 운영에 필요한 쇼핑몰의 기본 설정 과정과 상품 등록에 대해 학습한다.

1 쇼핑몰 기본 설정

1. 멀티쇼핑몰 설정

멀티쇼핑몰이란 국내 쇼핑몰뿐만 아니라 글로벌 쇼핑몰을 만들기 위한 메뉴이다. 카페24의 쇼핑몰 솔루션은 한국어를 기준으로 기본 생성되며 '멀티쇼핑몰설정'을 이용하면 세계 주요 언어권의 쇼핑몰을 생성할 수 있다. 현재는 한국어를 비롯해서 영어, 중국어(간체, 번체), 일본어, 스페인어, 포르투갈어 등 6개 언어의 쇼핑몰이 가능하며, 2015년까지 독일어, 프랑스어, 러시아어, 아랍아, 태국어, 베트남어 6개의 언어가 추가 지원될 예정이다.

[설정 메뉴] 상점관리 → 멀티쇼핑몰관리 → 멀티쇼핑몰 설정 → 쇼핑몰 추가

① **설정 방법**

❶ 쇼핑몰 관리 모드 설정 메뉴(이하 설정 메뉴라 한다)에서 '상점관리'를 클릭한다.
❷ 멀티쇼핑몰 관리 메뉴에서 '멀티쇼핑몰 설정'을 클릭한다.
❸ [쇼핑몰 추가] 버튼을 클릭한다.

❹ 멀티쇼핑몰 신규 등록 팝업창이 다음과 같이 나타난다. 입력이 완료되면 활성화 여부에 활성화를 선택한 후 [저장] 버튼을 클릭한다.

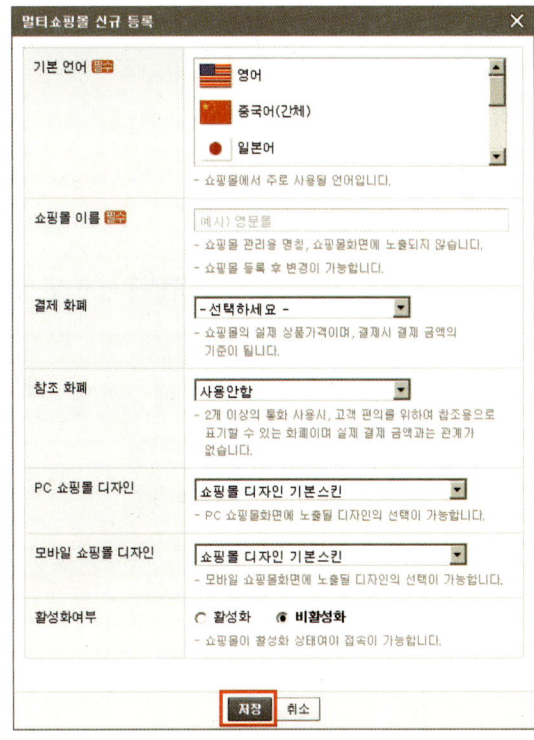

- 쇼핑몰 이름
- 기본 언어
- 결제 화폐
- 참조 화폐
- PC 쇼핑몰 디자인
- 모바일 쇼핑몰 디자인
- 활성화 여부

• 멀티 쇼핑몰 생성은 최대 10분 정도의 시간이 소요된다.
• 멀티 쇼핑몰 목록을 보면 신규 등록된 쇼핑몰의 이름을 확인할 수 있다.
• 수정은 쇼핑몰 이름을 클릭하면 멀티쇼핑몰 수정 창이 나타난다. 삭제는 쇼핑몰 이름을 선택한 다음 [삭제] 버튼을 클릭한다.

② **주의사항**

• 한국어/한화 쇼핑몰이 기본 쇼핑몰이며 삭제할 수 있다.
• 추가 생성 멀티쇼핑몰은 총 5개이며 한국어를 포함하여 총 6개를 운영할 수 있다.
• 해외PG에서는 위엔화가 지원이 안되며, 무통장 결제, 적립금 결제, 예치금 결제만 할 수 있다.
• 쇼핑몰 삭제 시에도 등록된 상품, 디자인의 기본적인 데이터는 유지된다. 단, 상품 데이터 주 쇼핑몰 관련 데이터(해당 언어, 상품명, 상품 가격 등)는 노출되지 않는다.

PLUS TIP 중국어 쇼핑몰 결제화폐

중국어 쇼핑몰인 경우는 결제화폐를 '$달러(미국)'로 하고 참조화폐를 '元 위엔(중국)'으로 하는 것이 좋다. 참조화폐는 2개 이상의 화폐를 사용하는 경우 고객 편의를 위해 제공하는 참고용 화폐이며, 결제화폐는 주문이 발송 전까지만 수정할 수 있다.

2. 기본 정보 설정

쇼핑몰을 정상적으로 운영하려면 상점 운영의 기본 정보와 사업자 정보, 고객센터 정보 등 법적사항을 설정해야 한다. 기본 정보 설정은 쇼핑몰 메인 화면에 노출되며 고객이 필요한 정보를 확인할 수 있도록 해야 한다. 내 쇼핑몰 정보는 쇼핑몰의 하단 저작권 표시(copyright)에 노출되는 정보이다.

[설정 메뉴] 상점관리 → 기본정보관리 → 내쇼핑몰 정보 : 기본 정보 설정

① 기본 정보 설정 방법

❶ 해외쇼핑몰의 설정은 다음과 같이 해당 해외 쇼핑몰을 선택한 후 상점관리 → 기본정보관리 → 내쇼핑몰 정보로 이동한다.

❷ 기본 정보 설정의 쇼핑몰명과 관리자명을 입력한다. 관리자명은 4byte ~ 100byte까지 입력할 수 있다. [다른 이메일로 본인확인] 버튼을 클릭한다.

❸ 다음과 같은 이메일 본인확인 창이 나타난다. 이메일 주소입력 란에 인증 받을 이메일을 입력하고 [인증받기] 버튼을 클릭한다.

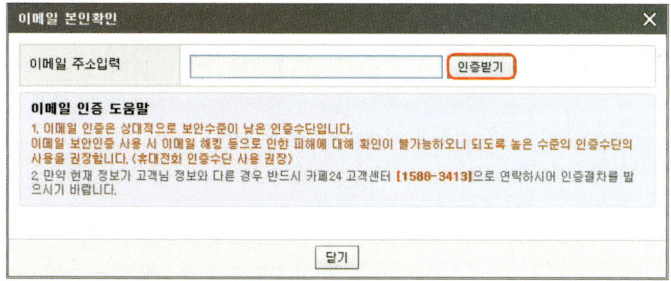

❹ 휴대폰 본인확인 서비스 창이 나타난다.

❺ 쇼핑몰 대표 운영자 본인의 휴대폰으로 본인 인증을 완료하면 관리자 이메일 및 휴대전화에 인증된 정보가 표시된다.

② 쇼핑몰 사업자/통신판매신고 정보 설정 방법

전자상거래 등에서의 소비자보호에 관한 법률 개정에 따라 호스팅 서비스 제공 시 사업자 신원 확인 조치가 의무화되어 현재 시행중에 있다. 사업자 인증 시 잘못된 정보를 입력하면 불이익이 발생할 수 있으므로 정확한 정보를 입력해야 한다.

❶ 다음과 같이 사업자 정보 설정은 사업자등록증에 기재된 내용을 기준으로 입력한다.

- 통신판매업 신고는 전자상거래 등에서의 소비자 보호에 관한 법률에 의해 사업자 회원인 경우, 통신판매업 신고가 의무이다. 통신 판매의 신고 대상임에도 불구하고 신고하지 아니한 자는 관련 법령에 따라 500만 원 이하의 과태료가 부가되며 공정거래위원회로부터 시정조치, 영업정지 등의 행정처분을 받을 수도 있다.
- 통신판매업신고 번호 옆에 공정거래위원회의 사업자 정보 공개페이지 링크가 법적 의무화되어 사업자 정보 공개페이지 링크가 추가되어야 한다.
- 통신판매업 신고는 매매보호 서비스를 신청한 후에 신청할 수 있다.

❷ 정상 등록이 되면 다음과 같이 쇼핑몰 하단에 노출된다.

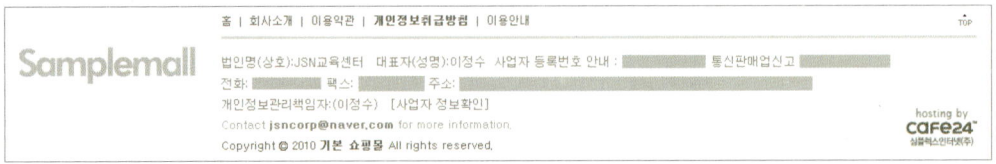

③ 회사소개 설정

회사소개는 텍스트(TEXT)와 HTML 또는 이미지 파일로 작성해서 FTP에 올릴 수 있다. 회사소개는 쇼핑몰 하단의 회사정보란에 '회사소개'를 클릭했을 때 보이는 화면이다.

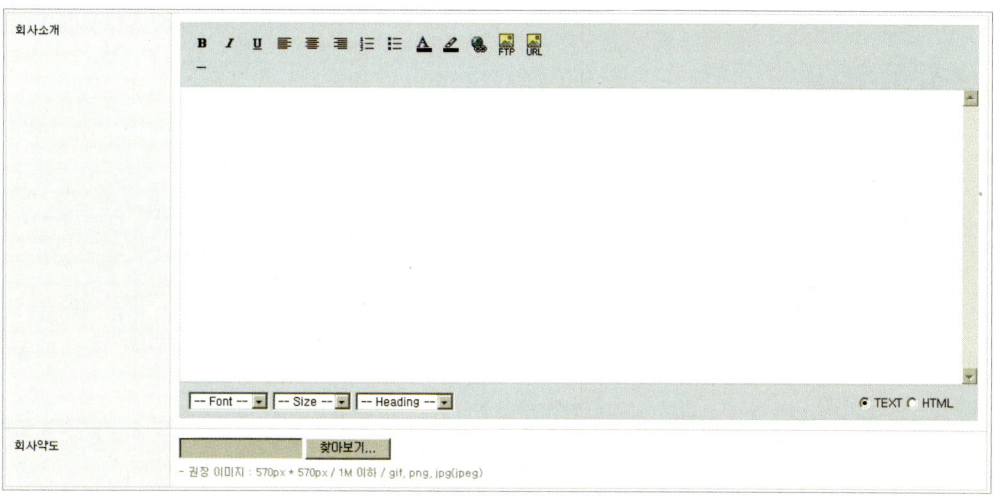

④ 고객센터 정보 안내 설정

고객센터의 전화, 이메일, 팩스번호, SMS 수신번호, CS운영시간을 입력한다.

⑤ 개인 정보보호 책임자 안내 설정

개인 정보보호정보 책임자 설정은 정보통신 시행 개인 정보 보호지침에 따라 개인 정보보호 관리 책임자를 표시하지 않을 경우 처벌 받을 수 있다. 따라서 필수 항목은 반드시 입력한다. 개인 정보보호 정보는 쇼핑몰 하단부(Bottom)에 표기된다.

⑥ 서비스 문의안내 설정

'모바일 표시여부'는 '표시함'으로 설정할 경우 모바일 쇼핑몰에 내용이 표시된다. 서비스 문의 안내는 상품 설명 하단 부분에 표기된다.

3. 대표 도메인 설정하기

카페24에서 쇼핑몰 생성 시 기본적으로 제공되는 도메인(ID.cafe24.com) 외에 직접 구입한 도메인을 대표 도메인으로 설정하는 방법이다. 기본 제공 도메인 외에 별도 도메인은 멀티쇼핑몰당 각 최대 2개까지 연결할 수 있다.

[설정 메뉴] 상점관리 → 기본정보관리 → 도메인 설정

❶ [도메인 연결] 버튼을 클릭한다.

❷ 도메인 연결 창이 나타난다. '연결 도메인 입력'에 보유하거나 새로 구입한 도메인을 다음과 같이 입력하고 [연결하기] 버튼을 클릭한다.

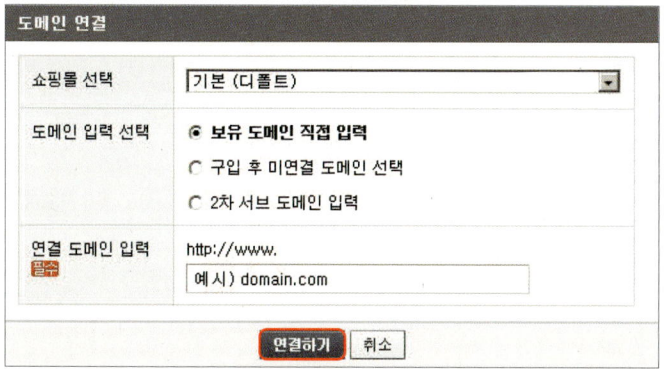

❸ '쇼핑몰명의 관리'에서 연결하려는 쇼핑몰의 [대표도메인 변경] 버튼을 클릭하여 구입한 도메인을 연결한다.

❹ [저장] 버튼을 클릭하면 설정이 완료된다.

4. 상점 운영 방식 설정하기

상점 운영 방식 설정은 고객이 쇼핑몰을 이용하는데 따른 권한과 쇼핑몰의 운영에 따른 상품정보, 판매정보, 주문과 배송정보, 장바구니, 게시판 설정 등 상점운영관리의 전체적인 설정을 한다.

[설정 메뉴] 상점관리 → 운영관리 → 운영방식 설정

① 상점 접근 설정

- 회원 가입인증: '회원 가입인증'에 '사용함'을 선택할 경우 쇼핑몰 가입 시 바로 가입되지 않고 운영자의 회원인증을 하여야 쇼핑몰을 이용할 수 있다.

- 14세미만 가입제한: 정보통신망 이용촉진 및 정보보호 등에 관한 법률 제31조 제1항에 의거, 14세 미만 아동은 법정 대리인의 동의 확인 후 회원가입할 수 있다.

  - '인증 후 이용'을 선택할 경우 회원가입 시 14세 미만 고객은 회원가입은 정상적으로 진행되나, 법정대리인의 동의서를 운영자가 확인한 후, '회원인증'에서 해당 아이디를 인증해야 아

이디를 이용할 수 있다. 회원가입 시 본인인증 수단이 적용되어 있어야만 14세 미만 여부를 판별할 수 있다.
- '인증없이 바로 이용'을 선택할 경우, 회원가입 시 만14세 미만 제한과 상관없이 회원가입을 할 수 있다.
- '가입불가'를 선택할 경우 14세 미만 고객의 경우 무조건 회원가입을 할 수 없다.

- 19세미만 가입제한

  19세 미만 가입제한을 위한 설정이다. 이 설정을 하려면 나이를 판별할 수 있도록 본인 인증 수단이 적용되어 있어야만 한다. 또한 성인 인트로 사용이 필수이다. (인트로 화면 설정은 디자인 관리 → 디자인기능 설정 → 인트로 화면에서 사용 유무를 설정할 수 있다.)

- 성인인증 사용 시 19금 이미지 노출 및 구매차단 설정

  쇼핑몰의 상품 중 성인상품으로 설정된 상품의 이미지를 노출 및 구매차단을 할 수 있다. 이 설정은 카테고리 및 상품 설정에서 '카테고리 성인인증' 또는 '상품 성인인증'의 사용 설정을 반드시 해야 한다. 기능이 설정되어 있어야 '성인인증'으로 설정된 상품의 이미지가 19금 이미지로 노출되고, [장바구니] 및 [zoom] 버튼을 비활성화시켜 구매를 차단할 수 있다.

- 성별 가입제한

  '사용함'으로 실정할 경우 남성이나 여성에 대한 선택에 따라 회원가입 여부가 결정된다. 단, 회원가입 시 성별을 판별할 수 있도록 본인인증 수단이 적용되어 있어야만, 성별 구분을 설정할 수 있다.

- 회원 재가입제한

  회원가입 시 본인임을 확인할 수 있는 본인인증 수단이 적용되어 있어야 회원 재가입 제한을 설정할 수 있다. 개인 정보는 수집 및 이용 목적의 범위 내에서 보유, 사용할 수 있으므로 이 기능을 사용하기 위해서는 개인 정보 취급 방침 및 쇼핑몰 이용 약관, 쇼핑몰 운영 정책의 개정이 필요할 수 있다.

② 로그인 시 회원관리 설정

- 아이디 저장

  다음 그림처럼 아이디 저장을 '사용함'으로 할 경우 로그인 시 '아이디 저장' 기능을 사용할 수 있다.

- 탈퇴회원 관리자 승인

  회원탈퇴 시 관리자가 승인을 해야만 정상적인 탈퇴를 할 수 있다. 탈퇴회원은 고객관리 → 회원관리 → 탈퇴회원관리에서 할 수 있으며, 관리자 승인 기능을 사용할 경우에는 회원의 탈퇴가 지연되는 일이 없도록 처리를 신속하고 정확하게 해야 하며, 필요 시 쇼핑몰의 정책이나 개인 정보 취급 방침 등에 반영되어야 한다. 특별한 이유 없이 탈퇴를 제한하거나 탈퇴 처리가 지연되는 경우 관련법상 문제가 될 수 있다.

- 탈퇴사유

  회원탈퇴를 할 때 사유를 선택할 수 있게 제공되는 기능이며 고객관리 → 회원관리 → 탈퇴회원관리에서 할 수 있다.

③ 쇼핑몰 접근 허용/차단 설정

- 국가별 허용/차단 설정

  쇼핑몰 화면 접속에 대한 허용/차단 설정이다. 차단한 국가의 IP 대역대로 쇼핑몰 화면 접속 시 접근이 차단되며, 차단한 국가에서 접속 시 차단 안내 페이지가 다음과 같이 노출된다.

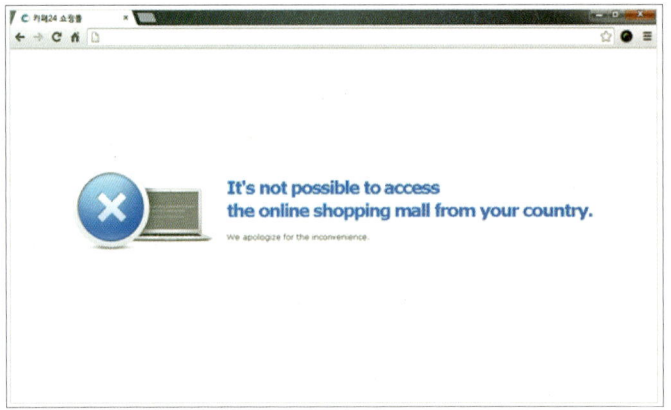

- IP별 차단 설정

  특정 IP를 등록하면 쇼핑몰 접속 시 자동차단이 된다. 등록된 IP는 쇼핑몰/어드민 모든 접속이 불가하므로 신중히 등록하여야 한다. 특정 IP대역대 차단은 '*'을 이용한다(예 123.345.567.*).

④ 상품정보 표시 설정

- 회원/비회원 가격표시

  회원과 비회원 유무에 따라 쇼핑몰의 상품가격 표시를 제한하는 설정이다. 회원만 표시할 경우 회원으로 가입한 후 로그인이 되어야 가격이 노출된다.

- 소비자가 0인 상품 노출 여부

  '노출안함'으로 설정할 경우 상품 가격 정보 중, 소비자가격이 0원으로 설정되어 있는 경우에는 해당 상품이 쇼핑몰 화면에 노출되지 않는다.

- 할인기간 표시

  상품의 기간 할인이 설정된 경우 '할인기간' 표시 항목의 노출시점을 설정할 수 있다. '할인시간 전부터 표시' 설정을 하면 할인 예정인 상품을 미리 홍보할 수 있다.

  - 할인기간 전부터 표시: '할인기간' 표시항목을 사용 설정한 시점부터 노출된다.
  - 할인기간부터 표시: 할인기간부터 노출된다.

- 할인판매가 표시기준

  - 상품의 할인가만: 고객 혜택 관리에 적용된 상품의 할인혜택만 표시된다.
  - 상품의 할인가 + 회원등급별 할인 혜택: 로그인 전에는 상품할인 + 전체 회원등급별 혜택을, 로그인 후에는 상품 할인 + 해당 회원의 등급 혜택을 합산하여 표시되며, 표시 기준 설정에 상관없이 주문서에서는 상품 할인, 회원등급 할인이 구분되어 표시된다.

  할인판매가 표시 기준은 메인 화면, 상품 목록, 상품 상세에 공통으로 적용된다(설정 메뉴: 상품관리 → 상품표시관리 → 상품정보표시 설정).

- 부가가치세 표시설정

  부가세(VAT) 포함 유무에 따른 판매가를 표시하도록 설정한다.

- 쇼핑정보 노출 항목

  쇼핑몰을 로그인한 후 상단에 노출되는 상품 정보 항목을 선택할 수 있다.

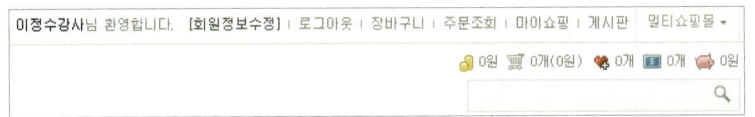

⑥ 상품 판매 정보 설정

멀티쇼핑몰 판매가 계산 방식의 기준 가격을 설정할 수 있다. 판매가 계산 방식은 '기준 가격 + (기준가격 * 마진율) + 추가 금액'이다.

⑦ 상품 옵션 설정

- 옵션 선택 안내 문구

  상품 등록 시 옵션이 있을 경우 옵션 선택 안내 문구를 지정한다. 옵션명 앞에 들어가는 문구는 한글 25자 이내로 할 수 있다.

- 재고관리 일괄설정 기본 값

  재고관리 옵션과 재고수량, 안전재고 품절 기능 등의 기본 값을 설정할 수 있다.

- 품절된 옵션 품목 노출 여부

  '노출안함' 설정 시는 옵션 품목 중 품절된 항목은 쇼핑몰 화면에 노출되지 않는다. 상품 등록/수정 → 옵션/재고설정에서 품절 기능을 사용하는 품목 또는 판매 여부가 '판매안함'인 품목에만 적용된다.

⑧ 상품 이미지 설정

마우스를 올리면 상품 이미지의 자동 확대보기가 된다.

⑨ 관련 상품 설정

관련 상품 품절 시 진열 여부를 설정한다.

⑩ 장바구니 설정

- 장바구니에 관심상품 노출

  장바구니 페이지에서 관심 상품 목록을 노출하여 상품을 상호 등록할 수 있게 설정한다.

- 장바구니 담기 확인창
  - 장바구니 페이지로 바로 이동: 장바구니를 클릭하면 장바구니 페이지로 바로 이동한다.
  - 확인창을 출력한 후 장바구니 페이지 이동 유무 선택: '장바구니 담기'를 하였을 경우 해당 확인 안내 창이 노출된다.

- 장바구니 저장기간 설정
  장바구니의 저장기간을 설정한다. 기본 설정은 7일 사용이다.

- 카테고리별 장바구니 기능 설정
  각 카테고리 페이지에서 상품 하단에 장바구니 버튼이 생성되며 바로 주문 및 장바구니 담기 기능을 사용할 수 있다.

- 관심상품 담기 확인창 사용 설정

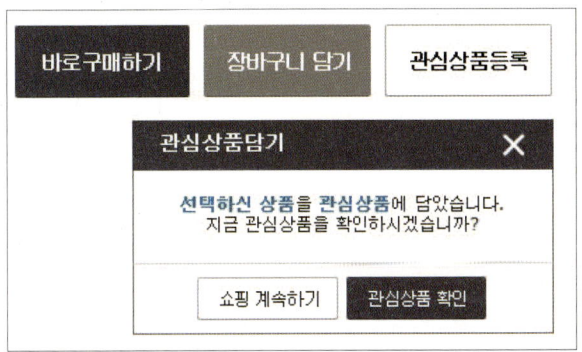

  상품 상세페이지 상에 [관심상품 담기] 버튼을 클릭할 경우, 해당 상품이 관심상품에 담겼다는 확인 안내창이 나타난다. 해당 안내 창에는 관심상품페이지로도 바로 이동할 수 있는 링크도 함께 담겨 있어, 사용 편의를 높여줄 수 있다.

- 장바구니 상품 옵션변경 창 사용 설정
  장바구니에 담은 상품의 옵션을 재변경하고 싶을 경우, 해당 상품 상세페이지로 이동하지 않더라도 장바구니 내에서 해당 상품의 옵션을 변경할 수 있다.

⑩ 입금/환불/반품처리 설정

- 미입금 주문 자동 취소
  주문 후 미입금 처리 시 자동 취소 유무를 설정한다. 결제 수단은 무통장 입금, 가상계좌에 동시 적용된다. 해당 설정 '사용안함'일 경우 가상계좌는 미입금 주문 자동 취소가 7일로 자동으로 적용된다.

- 주문관리 내 관리자 메모 연동 설정
  취소, 반품, 교환 사용 입력 시 관리자 메모에 연동한다.

- 주문관리 내 반품처리 옵션
  반품 접수 즉시 '수거완료가 자동처리' 되는 설정이다. 설정 시, 주문관리 → 반품접수 팝업 → 반품접수 '옵션'에 항상 체크되어 있다(필요 시 체크 해제하여 접수 가능).

- 취소/반품 시 자동 수량 복구
  주문 후 취소/반품 시 자동 수량 복구 설정을 한다. '자동 복구함'으로 설정한 경우는 주문 후 취소시 자동으로 수량이 복구된다.

- 취소/교환/반품 접수 시 환불계좌정보 등록
  취소나 교환, 반품 접수 시에 고객이 환불을 받을 계좌 정보를 등록하는 설정이다. 기본 값은 필수이다.

⑪ **주문관리/배송설정**

- 상품 준비 중 주문 상태 사용
  주문 상태에서 '상품 준비중' 메뉴의 사용 여부를 설정한다. '사용함'으로 설정하면 주문관리 → 영업관리 → 상품준비중 관리 메뉴가 노출된다.

- 배송메시지 게시판 저장 기능
  주문서 작성의 '배송메시지'를 게시판으로 자동 저장하는 기능이다. 비밀글로 저장되며 비밀번호는 주문번호의 뒷자리이다. 제목의 기본 값은 '[주문번호] 주문하신 기타 문의사항입니다.'로 저장된다.
  제목의 [주문번호]는 해당 주문의 주문번호 변숫값으로 들어간다. [주문번호] 삭제를 하면 제목에 노출되지 않는다. 타 게시판을 사용할 경우는 쓰기권한 비회원 이상, 읽기권한 비회원 이상으로 설정해야 한다.

- 배송완료 자동체크
  주문 상품이 발송되고 자동으로 배송완료 처리되도록 설정한다.

- 배송완료 자동체크 시작 시점

  배송완료 자동체크의 시작 시점을 정할 수 있다. 기본 7일, 1개월, 3개월, 그리고 사용자 정의로 설정할 수 있다.

⑫ **대량 주문 문의**

- 대량 주문 문의 사용

  쇼핑몰 화면 → 상품상세페이지에서 대량 주문에 대한 문의를 할 수 있도록 설정할 수 있다.

- 공급업체 표시 정보

  대량 주문 조회 이메일 발송 시 입력되는 정보를 설정할 수 있다.

- 공급사 정보 노출

  대량 주문 조회 상품 목록에 공급사 정보를 함께 노출되도록 설정할 수 있다.

- 상품 이미지 노출

  대량 주문 조회 상품 목록에 상품 이미지가 함께 노출되도록 설정할 수 있다.

⑬ **공급사 설정**

- 공급업체 정산내역 매출액 표시

  공급사의 정산내역에 매출금액의 표시 설정을 한다.

- 공급사 어드민 로고 설정

  공급사 어드민 상단의 로그를 별도로 설정할 수 있다.

- 공급사 어드민 메인 공급사 전용 공지사항

  공급사 어드민 메인에 공급사 전용 공지사항을 표시할 수 있다. 공급사 전용 공지사항 등록은 상점관리 → 사내정보관리 → 사내게시판설정에서 먼저 공급사 게시판을 생성한 후 상점관리 → 사내정보관리 → 사내게시판보기에서 생성한 게시판을 선택한 후 글 작성 시 '공지사항 사용함'을 선택하면 이용할 수 있다. '사용안함'을 선택한 후 '사내게시판보기'에서 등록한 공지사항은 공급사 어드민에 상점관리 → 사내정보관리 → 사내게시판보기에서만 확인할 수 있다.

⑭ 게시판 설정

- 게시판 관리자명

  게시판 관리자 이름을 운영자명, 운영자닉네임, 쇼핑몰명, 상호명(법인명)으로 설정할 수 있다.

- 기타 문의사항 게시판 연동

  게시판 연동 사용 유무를 선택한다.

- 구매 후기 작성 노출 시점

  상품 구매 후기를 작성할 수 있는 시점을 설정할 수 있다. 주문 완료 상세페이지의 구매 후기 작성 버튼의 노출 시점에 대한 설정을 의미하며, 실제 작성 여부와는 관련이 없다.

  주문 상태와 상관없이 후기를 작성할 수 있는 경우, 후기 작성에 따른 혜택이 있는 경우 악용하는 사례가 발생할 수 있다.

5. 결제 방식 수단 설정하기

인터넷 쇼핑몰의 기본적인 결제 수단인 무통장 입금, 카드결제, 적립금결제, 실시간 계좌이체, 휴대폰 결제를 제공한다. 고객에게 다양한 결제 수단을 제공함으로써 쇼핑몰의 편리성과 신뢰감을 줄 수 있다.

[설정 메뉴] 상점관리 → 결제관리 → 결제방식 설정

▲ 기본 쇼핑몰 결제 방식 설정 화면

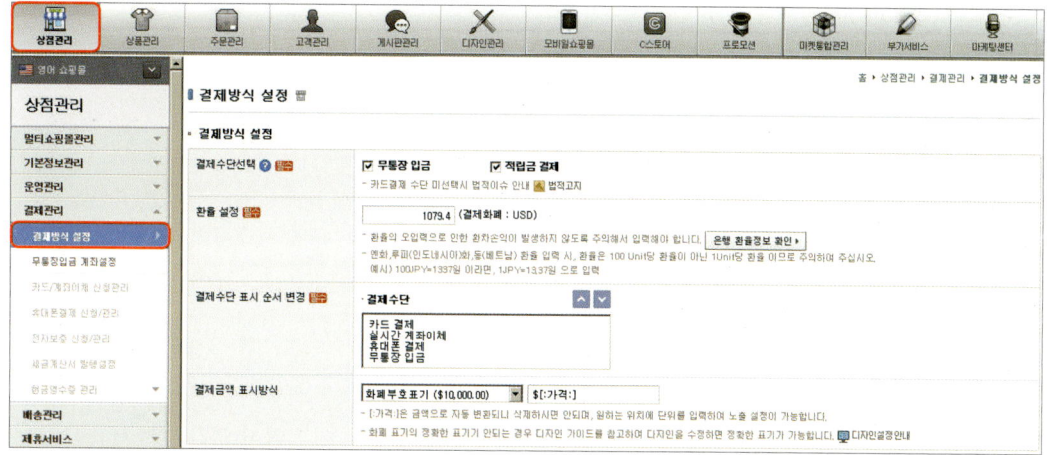

▲ 영어 쇼핑몰 결제 방식 설정 화면

① 결제 방식 설정

- 결제 수단 선택

    쇼핑몰 결제 시 사용 가능한 결제 수단을 선택할 수 있다. 복수 선택을 할 수 있다.

    - 신용카드 결제는 필수 항목이며, 신용카드 가맹점이 신용카드 결제를 거절하거나 신용카드 회원을 차별하는 것은 여신 전문 금융업법을 위반하는 것으로, 가맹점 계약이 해지될 수 있으며, 1년 이하의 징역 또는 1천만 원 이하의 벌금에 처해질 수 있다.
    - 적립금 결제를 선택 안할 경우 쇼핑몰 화면 주문서 작성페이지에서 고객이 적립금을 입력하는 부분이 출력되지 않는다.
    - 실시간 계좌이체로 입금되는 금액은 신청한 PG사로 입금되며 PG 신청 시 선택하였던 정산 주기에 맞춰 운영자에게 정산된다.
    *해외몰인 경우는 환율 설정 항목이 있다.

- 결제 수단 표시 순서 변경

    쇼핑몰 결제 시 결제 항목에 표시되는 결제 수단 순서를 설정할 수 있다.

- 결제금액 표시 방식

    [:가격:]은 금액으로 자동 변환되니 삭제하면 안되며, 원하는 위치에 단위를 입력하여 노출 설정을 할 수 있다.

② 매매보호 서비스 사용 설정

- PG에스크로

    PG사에서 제공해 주는 에스크로 서비스를 신청한 후 '사용함'으로 변경한 후 사용할 수 있다. 결제 창에 '에스크로(실시간 계좌이체) / 에스크로(가상계좌)'라고 표시되며, 에스크로 적용을 구매자가 선택할 수 있다. 현재 사용 중인 PG사의 구매안전서비스 배너를 쇼핑몰에 꼭 표시하여야 한다.

- PG사 배송 등록

    - 자동 등록은 PG에스크로가 '사용함'으로 설정되어야 '자동 등록'으로 설정할 수 있다.

        '자동 등록'으로 설정하면, 에스크로 결제인 경우 배송이 시작된(배송 중 또는 배송완료) 주문의 배송정보가 매일 오후 8시에 수집되어 PG사에 자동으로 등록된다.

    - 수동 등록은 '수동 등록'으로 설정하면, 배송 정보를 직접 처리해야 한다.

        주문 상태가 '배송완료'이고 에스크로 상태가 '배송등록 전'인 경우, 주문 상세정보에서 [에스크로 배송등록] 버튼을 클릭하면 배송 정보가 PG사에 즉시 등록된다.

- 전자보증

    상품 결제 시점에 소비자에게 보험증서를 발급하는 서비스로써, 주문페이지에 발급 신청 항목이 노출된다.

• 매매보호 적용 결제금액 설정

2013년 11월 29일자로 개정된 소비자보호에 관한 법률 시행령에 따라, 매매보호 서비스 적용대상이 모든 구매금액으로 확대되었다.

③ **최소결제 가능금액 설정**

최소결제금액 기준은 무통장입금, 카드결제만 적용된다. 무통장입금, 카드결제를 제외한 다른 결제 수단은 총 결제 금액으로 적용된다. 금액 입력 기준은 금액의 제한을 두지 않을 경우 '0'으로 입력한다. 카드최소결제가능금액을 '0' 또는 PG사별 최소결제가능금액보다 작게 입력된 경우 PG사별 최소결제가능금액이 적용된다. 카드최소결제가능금액은 무통장최소결제가능금액보다 크거나 같아야 한다.

• 최소결제금액 기준

총 결제 금액에서 배송비 제외 유무를 설정할 수 있다.

• 무통장최소결제가능금액

무통장 결제의 최소 가능 금액을 설정한다. '0'으로 설정하면 금액의 제한을 두지 않는다는 뜻이며, 설정한 금액 이하로 주문하면 결제할 수 없다.

• 카드최소결제기능금액

카드 결제의 최소결제가능금액을 설정한다. '0'으로 설정되면 금액의 제한을 두지 않는다는 뜻이며, 배송비와 카드수수료가 포함되지 않는다.

PG사	신용카드 결제	실시간 계좌이체	가상계좌	휴대폰 결제	비고
이니시스	1,000원	180원	330원		
KCP	401원	301원	1원		* 신용카드 중 외환카드 1,000원 * 소액결제 미지원 상점은 실시간 계좌이체 1,000원
올엣	1원	1원	1원		
올더게이	1원	1,000원	1,000원		
KSNET	1,000원	1,000원	1원		
LGU+	100원	150원	1원		

| 다날 | – | | | 301원 | |
| 모빌리언스 | – | | | 11원 | |

④ **주문결제방식 설정**

- 0원 상품 주문 사용

  '사용안함' 선택 시 장바구니에 0원(판매가) 상품이 있는 경우 주문이 이루어지지 않는다.

- 무통장 입금은행 바로가기 노출

  결제 창, 주문완료, 주문상세에서 체크된 위치에서 무통장 결제 시 고객이 선택한 입금은행의 바로가기 버튼이 노출된다.

- 상품 개별 결제 수단 설정

  상품별로 개별 결제 수단을 설정할 수 있다. 상품에 개별 결제 수단이 설정되는 경우 주문 시 결제 가능한 결제 수단이 설정된 개별 결제 수단으로 한정된다.

⑤ **무통장 입금계좌 목록**

상점관리 → 결제관리 → 무통장입금 계좌설정에서 보안인증을 거친 후 무통장계좌를 설정하면 노출된다. 자동입금확인 서비스를 이용하면 입금확인을 자동으로 할 수 있다.

⑥ **적립금 정보**

상점관리 → 운영관리 → 적립금설정에서 설정된 정보가 노출된다.

6. 배송관리

배송관리는 고객만족 평가에 직결되는 부분이라 체계적이고 신중하게 운영해야 한다. 설정한 배송정책은 쇼핑몰에 등록된 모든 상품에 우선 적용되며, 쇼핑몰의 '이용안내 → 배송안내'에서 노출된다.

[설정 메뉴] 상점관리 → 배송관리 → 배송/반품 설정

① 배송/반품 설정

- 배송 방법

  배송 방법에는 택배, 빠른 등기, 직접배송, 화물배송, 퀵 배송, 매장 직접 수령, 기타, 필요없음 중에서 선택할 수 있다.

- 국내/해외배송 설정

  국내 또는 해외배송 여부를 설정한다.

- 배송지역

  배송지역을 설정할 수 있다.

- 배송기간

  배송 가능한 기간을 설정할 수 있다. 계약된 택배회사와 상의해야 하며, 정해진 기간보다 조금 2일 ~ 3일 기간을 두고 설정하면 된다.

- 배송비 설정

  배송비 설정 조건을 선택할 수 있다.

  - 배송비 무료: 구매금액에 상관없이 무료배송으로 적용된다.
  - 고정 배송비 사용: 구매금액에 상관없이 지정된 금액으로 부과된다.
  - 구매 금액에 따른 부과: 지정 구매금액 미만일 땐 배송비가 부과 이상일 때는 무료배송으로 설정된다.

- 구매 금액별 차등 배송료 사용: 구매 금액의 구간에 따라 배송비를 차등 부과하는 방법이다.
- 상품 무게별 차등 배송료 사용: 상품 무게에 따라 배송비를 차등 부과하는 방법이다.
- 상품 수량별 차등 배송료 사용: 상품 수량에 따라 배송비를 차등 부과하는 방법이다.
- 상품 수량에 비례하여 배송료 부과: 주문금액이나 무게에 상관없이 수량에 따라 차등 부과하는 방법이다.

- 선택 상품 분류 적용/제외
  '선택 상품분류 적용/제외'를 선택하면 선택된 카테고리만 배송비를 적용하거나 제외할 수 있다.

- 배송료 청구 기준 주문금액 조건 설정
  배송료 청구 기준의 최종 주문(결제) 금액의 계산 기준은 상품의 할인 금액을 기준으로 계산되며, 고객 환급성(쿠폰, 적립금 등) 할인은 포함되지 않는다.

- 배송 시 선 결제 설정
  착불, 선결제 또는 착불/선결제가 가능하다.

- 무료 배송비 우선 설정
  '무료 배송비 우선 설정'에 체크박스 클릭 시 무료 배송 상품이 배송에 포함될 경우 배송비가 무료로 설정된다. 주문 금액에 상관없이 무료 배송 상품이 포함될 경우 해당 주문의 배송료가 무료가 된다. 수량에 따라 배송료가 설정되는 경우에는 적용되지 않는다. 착불 별도 처리가 선택되고 개별 배송비가 착불로 설정된 경우 착불로 처리된다.

- 개별배송비 설정
  상품별 개별배송비를 선택 시 상품 등록페이지에 '개별배송비 설정' 옵션이 표시된다.
  '사용함'인 경우 구매 시 상품별 개별배송비가 적용되며, '상품 등록/수정 > 배송정보'에 개별설정이 표시된다. '사용안함'인 경우 구매시 기본 배송비가 적용되며, '상품 등록/수정 > 배송정보'에 개별 설정을 숨긴다(단, 개별 배송 설정이 등록된 상품은 '사용안함' 시에도 표시는 되지만, 수정은 불가하다).

> **PLUS TIP** **해외배송의 경우**
>
> [해외배송 보험료] 설정이 적용되지 않으므로, 필요시 보험료를 포함한 개별 배송비를 입력해야 한다.
> 자동 책정 배송비(EMS) 사용 시 배송비 적용 우선순위는 다음과 같습니다.
>
> 1. 상품별 배송비 개별 설정
> 2. 국가별 배송비 개별 설정
> 3. 자동 책정 배송비(EMS) 사용

③ 공급사 배송비 설정

지역별 배송료를 공급사별로 차등 적용할 수 있다. 단, 위 설정에 따라 공급사에서 지역별 배송료를 설정하여도 대표 운영자의 지역별 배송료를 강제로 부과할 수 있다.

④ **해외배송 설정**

해외배송 사전통관 정보 제공을 위한 법률안내(WCO(세계관세기구)의 세관절차의 간소화 및 조회에 관한 국제협약(개정 교토협약))

- 기본 제공 정보(필수사항)/수취인 정보: 전화, 이름, 우편번호
- 국가명/발송 상품 정보: 내용품명, HSCODE
- 수취인 주소 3단 입력(Zip 코드 필수), 해외배송 시 전화번호는 국가번호 포함, 생산지 코드 영문 2자리 입력

- 상품중량

  상품중량은 일괄 적용되며, 상품별 중량을 변경할 시에는 상품개별 팝업창에서 별도의 적용이 필요하다. 상품중량은 '박스무게'와 '포장무게(픽업 시 실무게)'를 포함한 총 상품중량에 대해 설정해 주어야 한다.

- HS코드

  HS코드를 설정하면 일괄 적용되며, 상품별 HS코드를 변경할 시 상품개별 팝업창에서 별도의 적용이 필요하다.

- 해외배송 보험료

  '해외배송 보험료'는 해외배송 시 문제가 발생했을 경우, 이에 해당하는 우편요금을 배상규정에 따라 배상해 주는 서비스이다.

- 해외배송 가능 국가

  주문서의 '해외배송국가'에 선택한 국가만 원하는 순서대로 표시되도록 설정할 수 있다. 미입력 시 전 세계 국가가 기본으로 노출된다.

⑤ **배송추가설명 설정**

배송에 관련된 추가 설명을 설정할 수 있다.

⑥ **반품주소 설정**

발송처와 반품처가 다를 경우 반품 시 발송될 주소를 설정한다.

⑦ 희망배송일자 설정

주문 완료 시점으로 지정한 날짜일 이후부터 희망 배달일자가 표시된다.

⑧ 운송장 출력 택배사 설정

지정 택배사와 함께 운송장 출력 사용 설정 유무를 설정한다.

쇼핑몰 상품 등록

1. 상품분류 만들기

쇼핑몰에 방문한 고객이 상품을 찾기 쉽도록 상품의 특성이나 용도가 비슷한 상품군을 분류하여 등록해 관리하는 것이 좋다. 카페24의 상품분류는 대분류, 중분류, 소분류, 세분류 이렇게 4가지 단계로 분류할 수 있다.

> [설정 메뉴] 상품관리 → 상품분류관리 → 분류관리

❶ 상품분류는 기본(디폴트) 한국어에서 설정한다.
❷ [대분류추가] 버튼을 클릭하면 '대분류'가 생성된다.
❸ 분류명에는 사용할 상품 분류명을 입력한다.
❹ 표시 상태에는 쇼핑몰 메인화면에 표시할 쇼핑몰을 선택한다.
❺ 메인분류 표시 상태에는 메인분류에 표시할지 여부를 선택한다. '표시함'을 선택하면 중/소/상세분류도 대분류처럼 최상위에 표시된다.
❻ 쇼핑몰 표시 설정은 PC 쇼핑몰과 모바일 쇼핑몰의 표시 여부를 선택한다. 설정에 따라 분류별로 PC 쇼핑몰과 모바일 쇼핑몰의 상품진열을 관리할 수 있다.
❼ 상품진열에는 등록된 상품의 진열조건을 설정할 수 있다.
- 자동 정렬은 사용자 임의의 순서 조정 없이 선택한 조건대로 정렬되는 방식이다.
- 사용자지정으로 설정하는 경우, 사용자가 임의로 조정한 순서대로 정렬되며, 상품을 추가할 경우 가장 위로/아래로 노출 여부를 설정할 수 있다.

• 자동정렬+사용자지정으로 설정하면, 특정 상품만 순서를 조정할 수 있다.
• 하위분류의 상품이 함께 진열되는 경우에도 현재 분류의 진열 설정을 따른다.

❽ 품절상품진열은 상품이 품절일 경우 진열되는 순서를 설정할 수 있다.

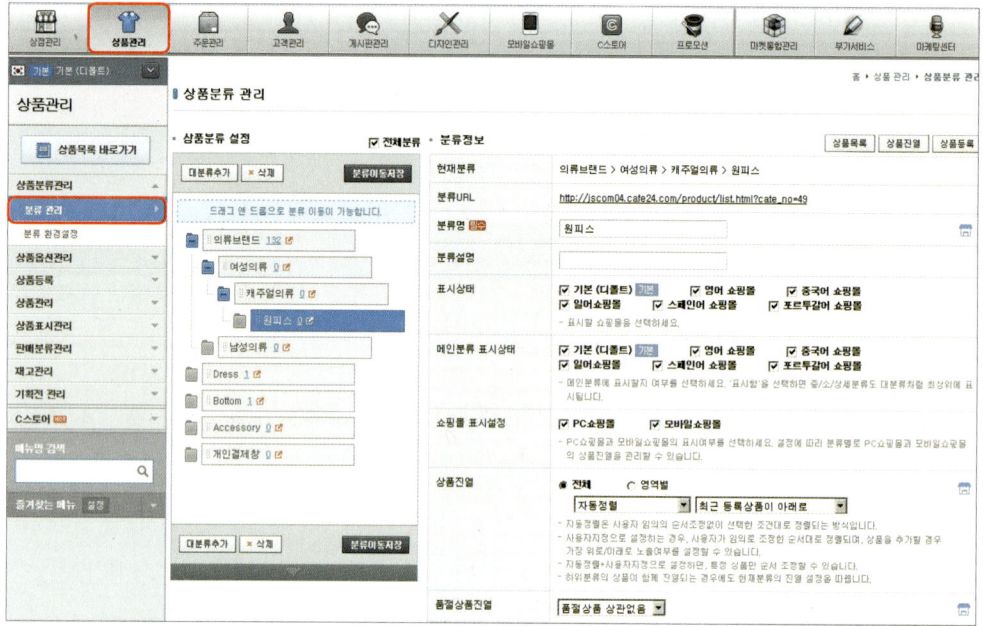

❾ 분류 꾸미기는 메뉴와 상단 이미지, 타이틀 이미지를 '이미지 직접등록'에서 변경할 수 있다.
• '기본이미지'는 마우스 오버와 관계없이 보이는 이미지이다.
• '오버이미지'는 마우스 오버 시 보이는 이미지이다.

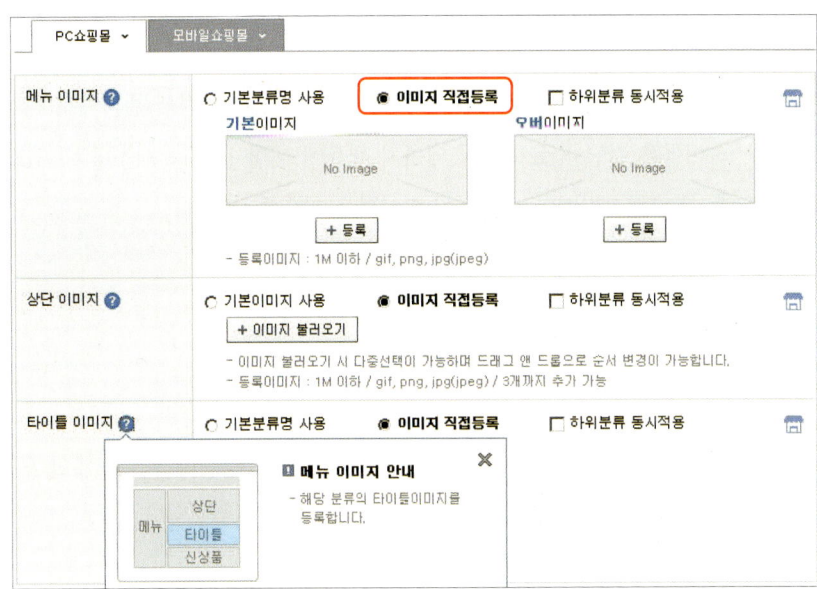

❿ 분류 접근 설정
- 카테고리마다 접근 권한 설정을 할 수 있다. 모두 이용 가능, 회원만 이용 가능, 특정 회원등급만 이용 가능, 특정 운영자만 이용할 수 있다.

- 성인인증 기능은 아이핀 혹은 휴대폰 인증 서비스를 이용해야 사용할 수 있다. 성인인증 사용 설정 시 해당 분류 페이지를 접근하면 성인인증 화면이 보인다.
- 접근차단 IP는 등록 IP의 해당 상품분류 접속이 불가능하다.
  IP 대역 차단은 '*'를 사용한다. (예 123.123.123.*)

❶ 검색 엔진 최적화(SEO)

- 브라우저 타이틀: Title
  타이틀은 인터넷 브라우저 상단에 출력되는 문구이자, 검색 엔진의 검색 결과에서 제목 부분으로 나타난다. 타이틀은 간단 명료하면서 페이지 내용에 대한 정보를 제공할 수 있도록 작성하는 것이 좋다. 각 카테고리별로 브라우저 타이틀을 적용할 수 있다.

- 메타 태그1: Author
  페이지 또는 사이트의 제작자명을 명시할 수 있다.

- 메타 태그2: Description
  검색 엔진의 검색 결과에서 페이지의 요약 내용을 보여주는 부분으로 1 ~ 2개의 문장이나 짧은 단락을 사용하는 것이 좋다.

- 메타 태그3: Keywords
  사용자가 많이 검색하는 검색어 및 사이트와 연관된 키워드 정보를 기입한다. 키워드는 콤마(,)로 구분하여 입력한다.

❷ [확인] 버튼을 클릭하면 설정이 완료된다.

2. 상품옵션 등록하기

각 상품마다 다양한 옵션을 등록하여 고객이 선택할 수 있도록 하는 메뉴이다. 옵션관리는 크게 품목생성형 옵션과 상품연동형 옵션으로 나누어진다. 상품연동형 옵션인 경우도 기존 상품관리의 상품옵션 저장소 메뉴와 동일 기능이지만, 사용 시 옵션별 재고관리는 되지 않는다. 가장 많이 사용하는 품목생성형 옵션으로 설명한다.

[설정 메뉴] 상품관리 → 상품옵션관리 → 품목생성형 옵션 → 옵션관리

❶ 상품옵션을 등록하기 위해서는 '옵션관리(품목생성형 옵션)'에서 [옵션등록]을 클릭한다.

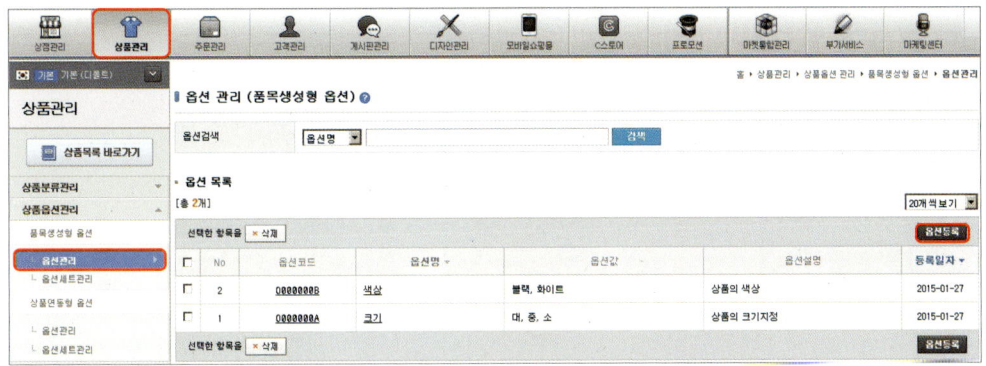

❷ 옵션 설명에 기본(디폴트)(한국어)의 옵션명을 입력하고 각 쇼핑몰의 옵션 자동 변역에서 [번역]을 클릭하면 옵션명이 자동 번역된다.

❸ 옵션 설명에는 참고 글을 입력한다.

❹ 옵션값 입력필드는 최고 20개까지 한 번에 추가할 수 있다. 첫 번째 순서의 옵션값을 입력한 후 [+] 버튼이나 [엔터]를 누르면 옵션 입력필드를 추가할 수 있다. 삭제할 경우는 [-] 버튼을 클릭한다. 옵션값에는 , (콤마), / (슬래시), ; (세미콜론), " (쌍따옴표)는 등록할 수 없다. 옵션값 순서 편집 또한 드래그 앤 드롭으로 조정할 수 있다.

❺ 추가금액은 해당 옵션 선택 시 추가 지불해야 하는 금액을 설정할 수 있다. 금액 설정은 +, -를 통해 금액 설정을 할 수 있다. 옵션별 추가금액을 입력하면 상품 등록 시 품목 조합할 때 추가금액이 자동 계산된다. 이를 참고하여 품목의 추가금액을 조정할 수 있다.

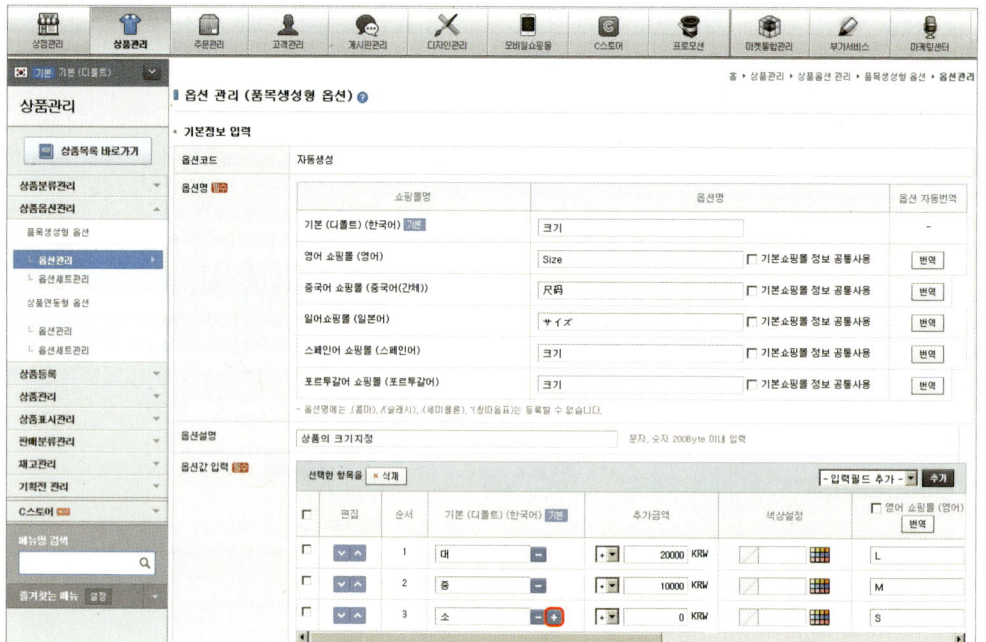

❻ 색상 설정에서 색상을 설정한 옵션은 쇼핑몰 화면상에 상품의 색상으로 보이고, 색상에 마우스 오버했을 때 말풍선으로(Title 속성) 옵션값이 표시된다. 색상 설정 후 표시항목 관리에서 '상품색상'에 표시 설정을 해야 표시된다. (상품목록 표시 설정에 따라 상품상세페이지에 노출된다.) (설정메뉴 → 상품관리 → 상품표시관리 → 상품정보표시 설정)

❼ 멀티쇼핑몰의 쇼핑몰명에 [번역]을 클릭하면 해당 옵션 글이 번역된다.

❽ [등록] 버튼을 클릭하면 설정이 완료된다.

❾ 같은 방법으로 필요한 옵션을 미리 등록하고 상품 등록 시 선택해서 적용할 수 있다.

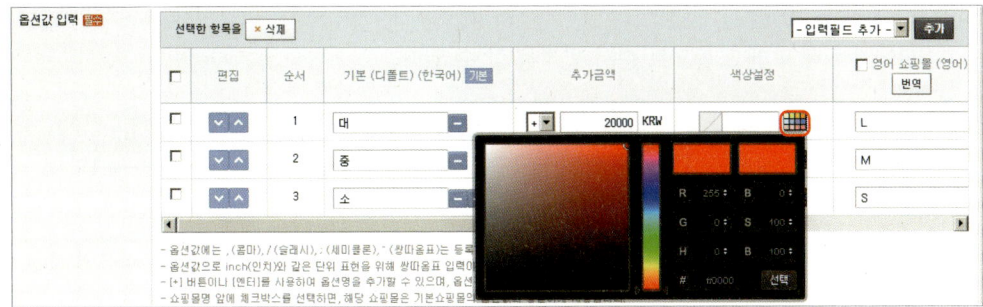

3. 옵션세트 설정하기

옵션관리에서 등록한 옵션 목록을 결합하여 옵션세트로 구성할 수 있다. 옵션세트는 2개 이상 선택하여 저장한다.

[설정 메뉴] 상품관리 → 상품옵션관리 → 품목생성형 옵션 → 옵션세트 관리

❶ 옵션세트 관리(품목생성형 옵션)에서 [옵션세트 등록] 버튼을 클릭한다.
❷ 옵션세트명을 입력한다.
❸ 사용 여부를 '사용함'으로 하고 옵션세트를 생성하면, 상품 등록 시 '옵션세트 불러오기'에서 선택 항목으로 노출된다.

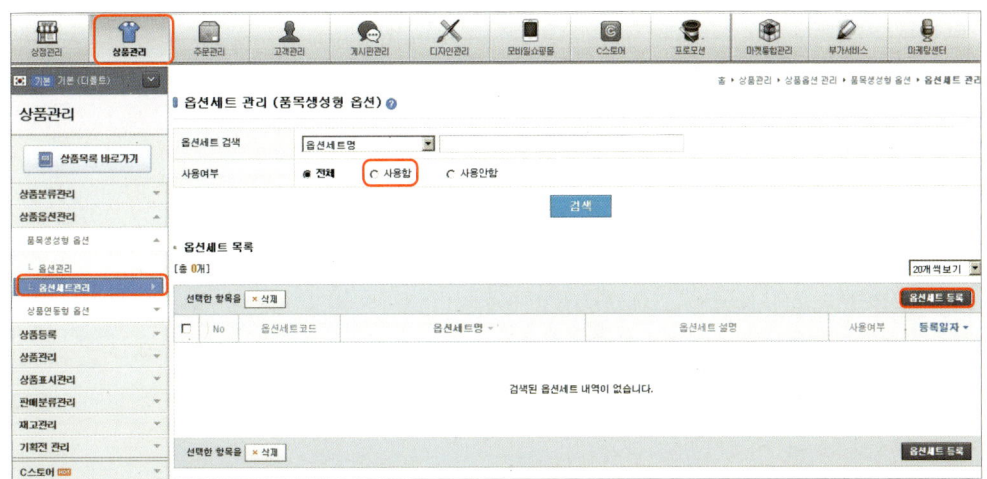

❹ 옵션세트명에서 옵션 세트명을 입력한다.

❺ 드래그 앤 드롭을 하거나 [〉 추가] 버튼을 클릭하여 '사용할 옵션' 영역에 추가한다. 사용할 옵션에서 드래그 앤 드롭으로 순서 변경을 할 수 있다.

❻ [등록] 버튼을 클릭하면 설정이 완료된다.

❼ 등록이 완료되면 다음과 같이 옵션세트 목록에 표시된다.

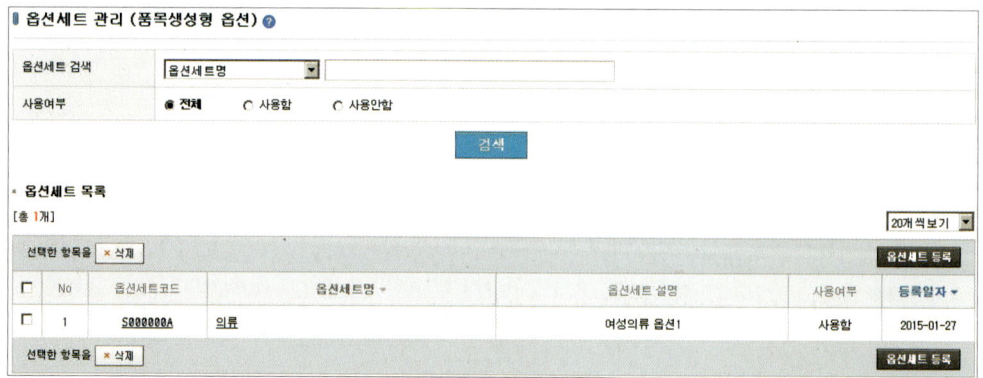

4. 상품 등록하기

쇼핑몰에서 판매할 상품을 등록하는 메뉴이다. 상품 등록에는 간단등록, 상품 등록, 엑셀등록, 세트상품 등록이 있다. 간단등록은 상품명과 판매가만 입력하면 바로 등록할 수 있으며 상품수정과 상세 상품정보를 추가할 수 있다.

[설정 메뉴] 상품관리 → 상품 등록

① 간단등록

간단등록은 상품명이나 기본적인 판매 정보로만 상품을 빠르게 등록할 수 있는 메뉴이다. 초기 등록을 빠르게 등록하고 나중에 상품정보를 추가하면 상품 등록관리를 효율적으로 등록할 수 있다.

[설정 메뉴] 상품관리 → 상품 등록 → 간단등록

❶ 필수항목인 상품명을 입력한다.
❷ 필수항목인 판매가를 입력한다.

❸ 상품옵션 설정을 한다. 상품옵션이란 상품의 사이즈, 색상 등 선택 값을 뜻한다. 등록하는 상품에 설정할 옵션이 있을 경우 '사용함'을 선택한다.

❹ '사용함'을 선택하면 그림과 같이 나온다. 상품 옵션을 쉽게 선택할 수 있는 구성방식을 선택한다. 조합 일체선택형과 조합 분리선택형으로 설정할 경우 각 옵션별 재고수량을 관리할 수 있다.

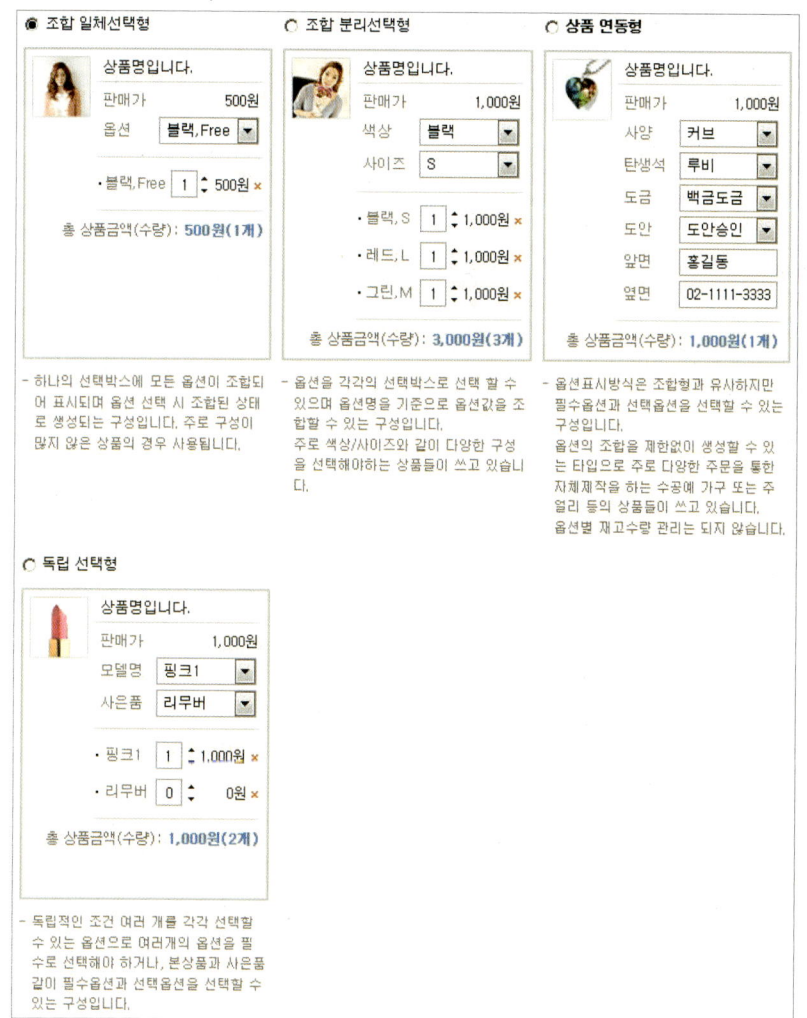

❺ '상품이미지등록'은 쇼핑몰에 기본적으로 보이는 상품 이미지이다. 대표 이미지 등록 시, 상세, 목록, 작은 목록, 축소 이미지에 자동 리사이징되어 들어간다(권장 이미지: 500px × 500px / 5M 이하 / gif, png, jpg(jpeg)).

❻ '상품요약설명'은 등록하는 상품에 대한 정보를 짧게 요약하여 입력한다.

❼ '상품상세설명'은 설명 내용을 글이나 FTP를 이용하여 이미지로 등록한다.

❽ '상품분류선택'에서 상품분류란, 쇼핑몰 방문자가 원하는 상품을 쉽게 찾을 수 있도록 구분해주는 값을 뜻한다. 등록하는 상품을 진열할 상품분류를 선택하면 해당 분류로 상품이 진열된다.

❾ '표시상태설정'에서 진열상태에 진열함, 판매상태에 판매함으로 고객에서 해당상품을 보여주고 상품을 판매할 수 있다.
❿ [상품 등록] 버튼을 클릭하면 상품이 등록된다.

② 상품 등록

상품 등록은 13개의 구성으로 된 속성을 상세 등록하여 입력할 수 있다.

[상점 메뉴] 상품관리 → 상품 등록 → 상품 등록 → 표시 설정

❶ '진열상태'에서 진열할 쇼핑몰을 선택한다.
❷ '판매상태'에서 판매할 쇼핑몰을 선택한다.
❸ '상품분류선택'에서 등록상품의 카테고리 분류를 선택할 수 있다. 하나의 상품을 [+추가]를 클릭하여 여러 상품 분류에 중복 등록할 수 있다. 등록된 상품은 추가된 상품분류에서 확인할 수 있다.
❹ '메인 진열'에서 등록상품을 메인 추천 상품, 신상품 등에 진열할 것인지 설정한다.

Chapter 1 온라인 쇼핑몰 구축 / 101

[상점 메뉴] 상품관리 → 상품 등록 → 상품 등록 → 표시 설정

❶ '상품명'에서 상품명을 입력한다. 해외 쇼핑몰인 경우는 해당 쇼핑몰의 [번역] 버튼을 클릭하면 자동 번역이 된다.

❷ '상품 상세설명'에는 상품 상세정보를 입력한다. 상품 내용을 충분히 안내할 수 있도록 이미지 파일을 많이 등록한다.

❸ '모바일 상품 상세설명'은 모바일 상품의 최적화로 별도 등록을 할 경우 사용한다. 상품 상세설명 동일의 경우, 설정된 사이즈로 상품 이미지를 리사이징하여 자동 생성하며, 상품 상세설명에 등록된 이미지 용량이 클 경우, 자동 리사이징 처리되는데 시간이 소요될 수 있다.

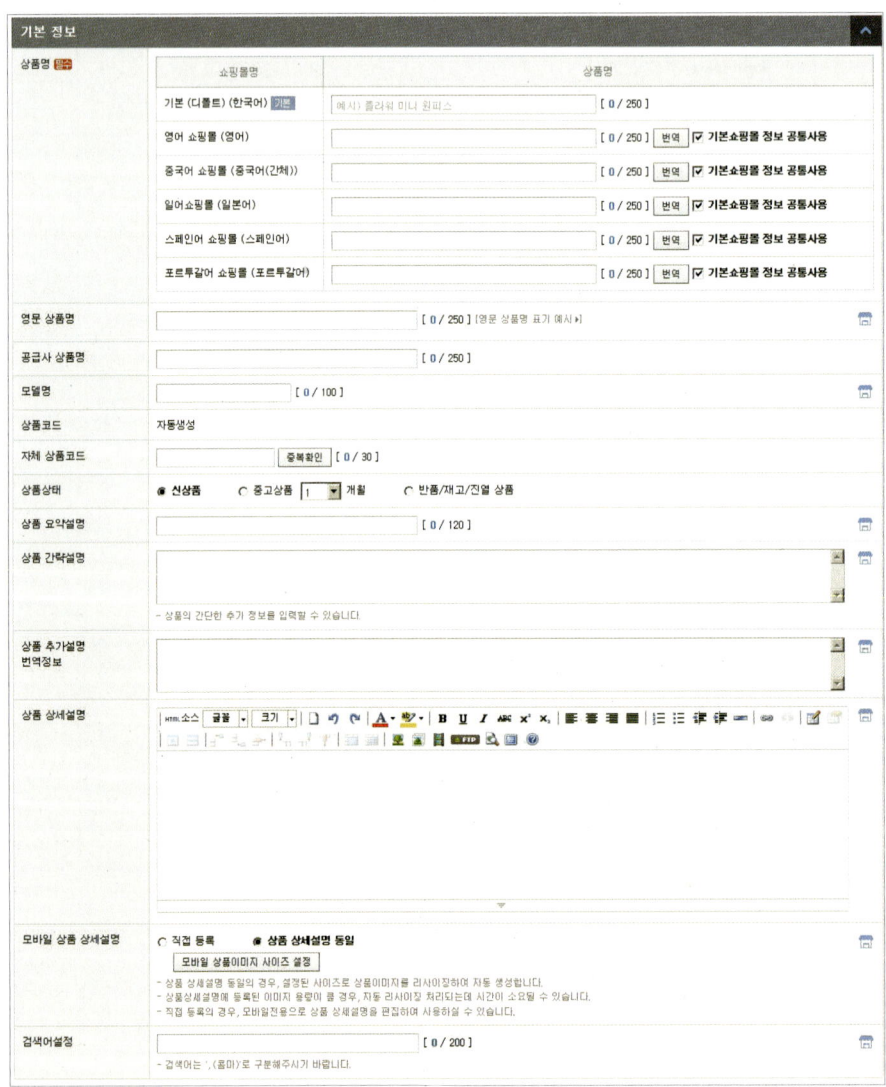

❹ 직접 등록의 경우, 모바일 전용으로 상품 상세 설명을 편집하여 사용할 수 있다. 모바일 상품 이미지 사이즈 설정은 모바일 로딩 속도를 위해 640px를 권장한다.

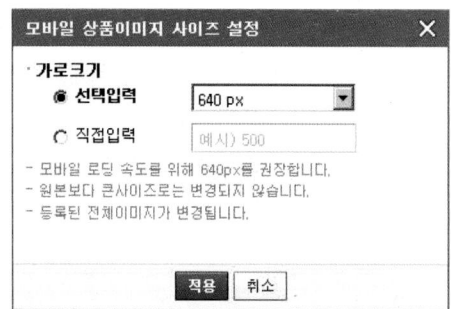

- 검색어 설정은 쇼핑몰내 검색에서 검색이 되는 키워드를 입력한다. 검색어는 ', (콤마)'로 구분하여 최대 200자까지 가능하다.

[상점 메뉴] 상품관리 → 상품 등록 → 상품 등록 → 판매 정보

❶ '소비자가'에는 판매할 상품의 가격을 등록한다. 소비자가와 판매가가 다를 경우 판매가가 실제 거래되는 가격이 된다.

❷ '공급가'에는 상품을 구입한 공급가를 입력한다. 소비자에게는 노출되지 않는다.

❸ 판매가는 실제 판매할 가격이며, '기본(디폴트)(한국어)'의 판매가를 기재하고 [환율자동계산] 버튼을 클릭하면 자동으로 해외 쇼핑몰의 판매가도 자동으로 등록된다. 판매가는 결제화폐 기준으로 설정할 수 있으며, 원화기준 10원 이상 ~ 10억 원 이하 / 10원 단위로 입력해야 한다. 환율 자동계산: 판매가 계산에서 설정한 마진율, 추가금액과 관계없이 기본 쇼핑몰의 판매가에 환율을 적용해 쇼핑몰별 판매가를 계산한다.

❹ 쇼핑몰 화면의 판매가 노출 영역에 판매가 대신 노출할 문구를 지정한다. 판매가 대체문구는 판매가에 판매가가 아닌 대체문구를 표시해주는 기능으로, 해당 기능을 사용할 경우 상품주문이 되지 않는다.

❺ '구매제한'은 기본 설정 외에 회원만 구매 가능할 수 있도록 설정할 수 있다.

❻ '구매 주문단위'는 기본 수량 단위로 구매 가능하도록 설정할 수 있다. 보통 박스 단위로 판매할 경우 박스 수량을 등록한다.

❼ '최소 주문수량'은 1개 이상 최소 수량을 등록 설정할 수 있다.

❽ '최대 주문수량'은 한번 최대 주문 수량을 제한할 수 있다. 한정판매나 이벤트성 상품일 경우는 수량제한으로 많은 고객이 참여할 수 있도록 할 수 있다.

❾ 적립금 상품 구매 시 적립금 적립 방식을 설정한다.

기본 설정사용 : '상점관리 → 운영관리〉적립금 설정'에서 설정한 '상품 구매시 적립금 지급 비율 설정'이 적용된다.

❿ '개별설정'은 결제 방식에 관계없이 구매금액의 % 또는 원화로 금액을 정해 적립금을 설정할 수 있다. 결제방식에 따른 적립을 사용할 경우, 8가지 결제 방식에 따른 적립율/적립액을 각각 설정할 수 있다. 주의할 점은 신용카드 가맹점이 신용카드회원을 차별하는 것은 '여신전문금융업법'을 위반하는 것으로, 가맹점 계약이 해지될 수 있으며, 1년 이하의 징역 또는 1천만 원 이하의 벌금에 처해질 수 있다.

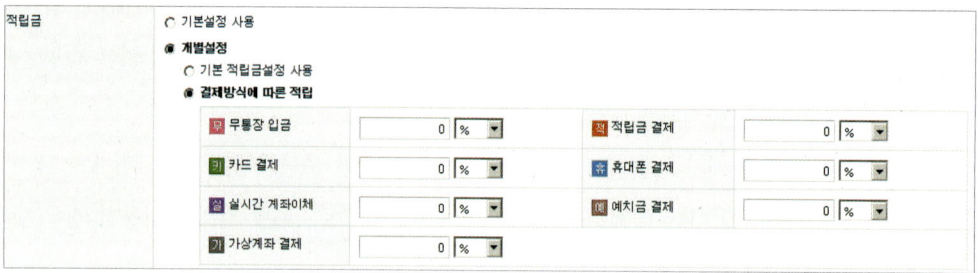

[상점 메뉴] 상품관리 → 상품 등록 → 상품 등록 → 옵션/재고 설정

❶ 옵션사용을 할 경우 '사용함'을 선택한다.

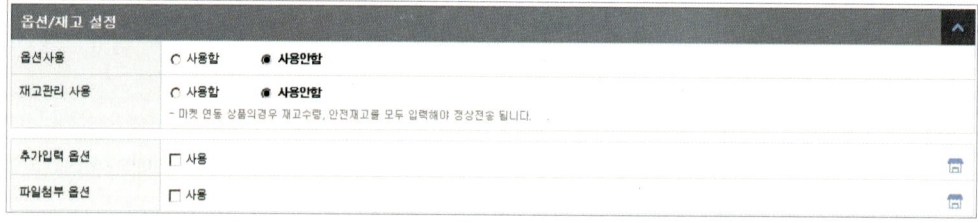

❷ 다음과 같이 메뉴가 변경된다. 조합 일체선택형, 조합 분리 선택형, 상품 연동형, 독립 선택형으로 선택한다.
❷ 옵션설정에서 옵션세트 불러오기는 등록된 옵션세트를 선택해 적용하거나 '직접입력하기'를 통해 직접 입력할 수 있다.
❸ '옵션세트 불러오기'로 설정한 경우 저장된 옵션세트를 선택한다.
❹ 불러온 옵션세트 옵션값에서 사용할 항목을 선택한다.

❺ 상품판매에 필요한 옵션을 선택하여 [모든 옵션 품목추가]나 [선택한 옵션 품목추가] 버튼을 클릭하면 옵션값에 대한 품목을 구성한다.

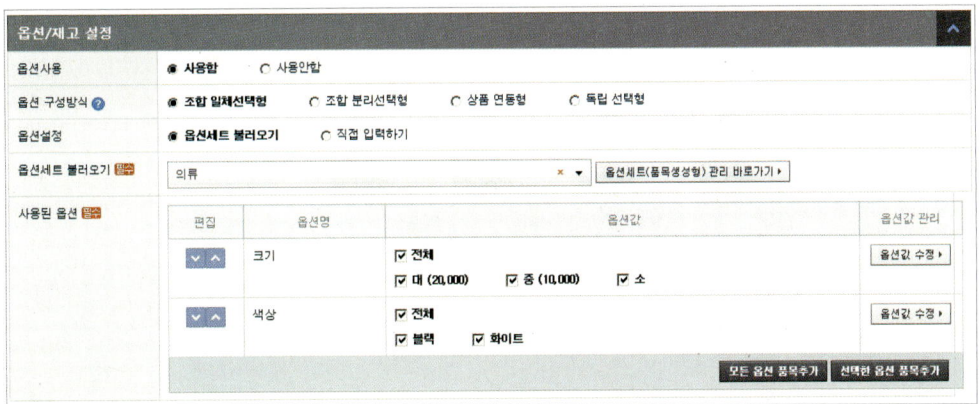

❻ 재고관리 사용은 재고관리 여부를 '사용함' 또는 '사용안함'을 선택한다.

❼ 재고관리 등급은 '일반재고' 또는 '중요재고' 등급을 선택한다.

❽ 수량체크 기준은 '주문기준' 또는 '결제기준' 으로 선택한다.

❾ 재고량, 안전재고량을 기재하고 옵션별 품절 기능을 선택한 후 [일괄설정] 버튼을 클릭한다.

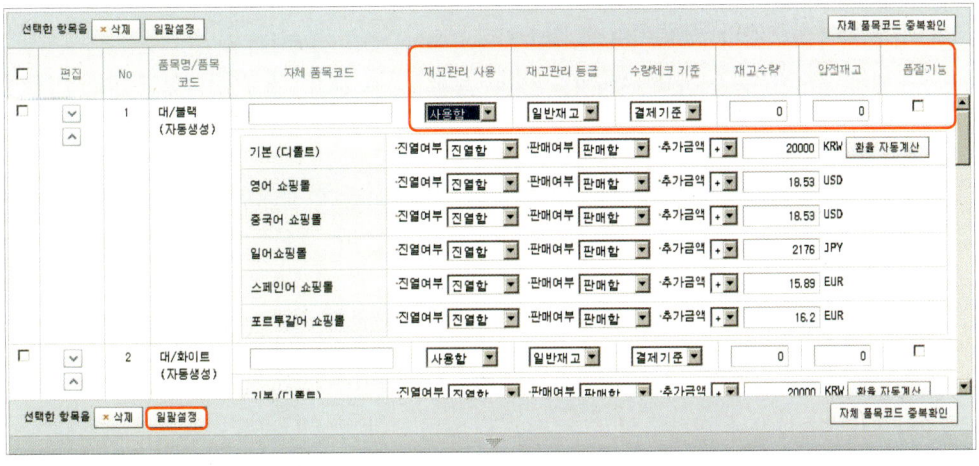

Chapter 1 온라인 쇼핑몰 구축 / 107

[상점 메뉴] 상품관리 → 상품 등록 → 상품 등록 → 이미지 정보

- 이미지 등록은 대표 이미지 등록, 개별 이미지 등록, 웹FTP 등록을 지원한다.
  - 대표 이미지 등록: 대표 이미지 등록 시 상세, 목록, 작은 목록, 축소 이미지에 자동 리사이징 되어 들어간다. 등록이미지: 5M 이하 / gif, png, jpg(jpeg)이다.
  - 개별 이미지 등록: 개별 이미지는 상세, 목록, 작은 목록, 축소 이미지를 별도 등록할 수 있다.
  - 웹FTP 등록: 먼저 웹FTP로 이미지 파일을 업로드한 후 등록한다. 상세, 목록, 작은 목록, 축소 이미지를 각각 등록, 수정한다.

- 확대 이미지 추가 등록: 이미지 불러오기 시 다중 선택을 할 수 있으며 드래그 앤 드롭으로 노출 순서를 변경할 수 있다. 권장 이미지: 500px × 500px / 1M 이하 / gif, png, jpg(jpeg) / 20개까지 추가할 수 있다.

[상점 메뉴] 상품관리 → 상품 등록 → 상품 등록 → 배송 정보

- 배송 정보
  - 기본 설정 사용: 상점관리 → 배송관리 → 배송/반품 설정의 기존 설정을 사용한다.
  - 개별설정: 배송 방법, 국내/해외배송, 배송지역, 배송기간, 배송비를 개별로 설정한다.

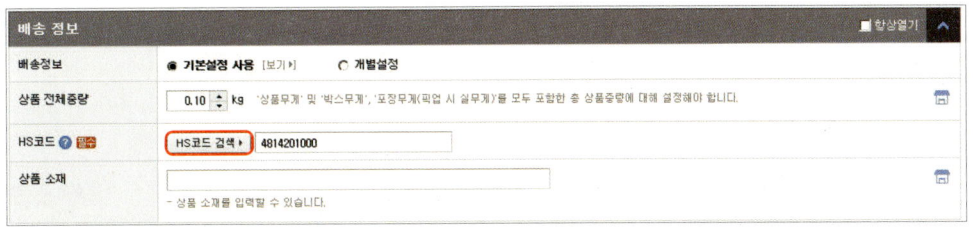

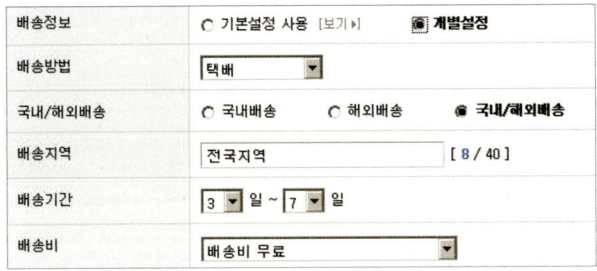

- 상품 전체 중량은 '상품무게' 및 '박스무게', '포장무게(픽업 시 실무게)'를 모두 포함한 총 상품중량에 대해 설정해야 한다.
- HS코드란 세계무역기구(WTO) 및 세계관세기구(WCO)가 무역통계 및 관세분류의 목적상 수출입 상품을 숫자 코드로 분류화한 것으로, 수입 시 세금부과와 수출품의 통제 및 통계를 위한 중요한 분류법이다. 해외배송 시, 통관에서 반드시 필요한 항목이다. (원산지, 영문상품명, HS코드 필수 입력) 판매하는 상품의 HS코드는 반드시 전문가(세관사)와 상의 후 입력할 것을 권한다.
- 상품 소재는 상품 소재를 입력할 수 있다.

③ 엑셀 등록

다량의 상품을 엑셀을 이용해서 한 번에 등록하거나 수정할 수 있는 기능이다. 카페24에서 제공하는 기본 양식을 받아 사용한다.

[설정 메뉴] 상품관리 → 상품 등록 → 엑셀 등록

- 양식 다운로드
  - 신규 상품 등록하는 경우

    먼저 엑셀 양식을 내려 받은 후에 저장 시 파일 형식을 'CSV(쉼표로 분리)(*.csv)'로 설정한 후 저장하여 업로드한다.

    한국어 이외의 언어로 등록하려는 경우는 파일 형식을 'Excel 통합문서(*.xlsx)' 혹은 'Excel 통합문서 (*.xls)'로 저장하여 업로드한다.

  - 상품 수정하는 경우

    상품관리 → 상품목록 메뉴에서 수정하려는 상품을 엑셀다운로드를 통해 다운받은 후, 상품을 수정하여 csv 파일로 업로드한다.

    한국어 이외의 언어로 수정하려는 경우는 파일 형식을 'Excel 통합문서 (*.xlsx)' 혹은 'Excel 통합문서 (*.xls)'로 재저장한 후 상품을 수정하고 xlsx 혹은 xls 파일로 업로드한다.

- 엑셀 업로드
  - 기본 사양 안내

    엑셀의 열은 A에서 시작해서 BG에서 끝난다. 해당 열은 편집 없이 있는 그대로 사용하기 바란다.

    엑셀 업로드 시, 엑셀의 첫 줄은 그대로 두고, 둘째 줄부터 데이터를 입력한다.

    필수입력 항목은 상품명, 공급가, 판매가이다. 해당 항목을 반드시 입력하여 업로드한다.

상품의 재고관리는 상품 등록 후에 '재고관리' 탭에서 수정하여 사용할 수 있다.

최대 업로드 가능한 상품 수는 '1000'개이다. 파일을 저장할 때는 반드시 CSV로 저장한다. 값 입력 시, 필요 없는 공백(띄어쓰기)을 추가하면 정상적으로 동작하지 않을 수 있으니 주의한다.

- 상품 신규등록 및 상품수정 방법

상품 신규등록 시에는, 상품코드는 비워둔다. 상품코드는 상품 등록 후에 시스템에서 자동 생성된다. 옵션을 사용하는 경우에는 엑셀 업로드 시에 입력한 옵션 내용을 바탕으로 품목이 생성된다.

상품 수정 시에는, 이미 등록된 상품코드를 사용하면 해당 상품의 정보가 수정된다. (상품코드: 자체 상품코드가 아닌, 상품 등록 시 자동으로 발급되는 상품 고유의 코드) 이미 옵션을 사용하고 있는 경우에는, 옵션 사용 여부나 품목 구성 방식은 엑셀 등록에서 변경할 수 없다. 상품의 옵션 및 품목을 추가하길 원할 경우에는 상품수정에서 직접 수정한다.

• 엑셀 입력 방법 안내

- C, D열 진열 상태, 판매 상태

진열 상태, 판매 상태는 Y 또는 N으로 입력한다.

- E열 상품분류 번호

상품분류는 분류번호로 입력한다. 분류번호는 상품분류 관리에서 분류URL 항목의 가장 마지막 숫자이다.

  ◧ 상품분류의 분류URL이 /product/list.html?cate_no=7이라면 7이라고 입력한다.
  ◧ 분류 개수가 많은 경우는 10|20|21 등으로 입력한다.
 상품 분류의 경우 엑셀 등록 시마다, 변경이 아닌 추가가 되는 개념이오니 참고하기 바란다.
 (입력한 분류번호들 중 새로운 분류번호만 추가)

- F, G열 상품분류 신상품 영역, 상품분류 추천 상품 영역

 신상품 영역 노출 여부는 '상품분류 신상품영역'에 Y 또는 N으로 입력한다. 분류 개수가 많은 경우는 Y|N|N 등으로 입력한다.

 추천상품 영역 노출 여부는 '상품분류 추천상품영역'에 Y 또는 N으로 입력한다. 분류 개수가 많은 경우는 Y|N|N 등으로 입력한다.

- H열 상품명 (필수)

 상품명은 필수입력 항목이다.

- N열 상품 상세설명

 상품 상세설명에는 html을 사용할 수 있다. 줄 바꿈의 경우 Alt + Enter 를 눌러 적용할 수 있다.

- O열 검색어 설정

 검색어는 , (콤마)로 구분이 가능하다.

- P열 소비자가

 소비자가를 빈칸으로 두면 가격이 0으로 설정된다. (단, 공급가, 판매가는 반드시 입력해야 한다.)

- Q, R열 공급가 (필수), 판매가

 공급가, 판매가는 필수입력 항목이다.

- S, T열 판매가 대체문구 사용, 판매가 대체문구

 판매가 대체문구 사용 시 Y, 미사용 N으로 입력한다. 판매가 대체문구사 사용(Y)일 경우 U열에 대체문구를 입력한다.

- U열 최소 주문 수량

 최소 주문 수는 1 이상을 입력해야 한다. 빈칸으로 두면 자동으로 1로 입력된다.

- V열 최대 주문 수량

  최대 주문 수량을 숫자로 입력한다. 제한 없음으로 설정하려면 빈칸으로 두면 된다.

- W열 적립금

  적립금을 빈칸으로 두면 '기본 설정 사용'으로 자동 설정되며, '개별설정'으로 사용하고 싶을 경우 적립금 및 Y열 적립금 구분을 입력한다. 적립금 구분은 %이면 P, 금액이면 W를 입력한다.

- X열 적립금 구분

  %는 P, 원은 W로 입력한다.

- Y열 성인인증

  성인인증 사용 시 Y, 사용안함은 N으로 입력한다.

- Z ~ AD열 옵션 사용 ~ 필수 여부

  Z열: 옵션 사용의 경우 사용하면 Y, 사용안함은 N으로 입력한다. Z열이 Y의 사용함의 경우, Z열 품목 구성 방식 ~ AD열 필수 여부까지 필요에 따라 입력한다. N의 사용안함의 경우 Z열 품목 구성 방식 ~ AD열 필수 여부까지 입력하지 않아도 된다.

  AA열: Z열이 Y일 경우 입력한다. 조합 구성은 T, 단독 구성은 F이다. 상품 최초 등록 시에는 입력 가능하나, 수정 시에는 수정이 불가하다.

  AB열: AA열을 T로 입력했을 경우 입력한다. 일체선택형은 C, 분리선택형은 S이다.

  AC열: 옵션 입력 방식은 다음과 같다. 옵션명{옵션값|옵션값}//옵션명{옵션값|옵션값}

  예 색상{빨강|파랑}//사이즈{55|66}//굽높이{3cm|5cm}

  AD열: AA열 품목 구성방식이 단독구성(F)일 경우, 필수: T, 선택: F로 옵션명 개수만큼 입력한다.

  예 옵션명이 3개인 경우 : T|F|T

  AA열(품목 구성방식) 및 AC열(옵션 입력)은 최초 상품 신규 등록 후에는 엑셀에서 수정할 수 없다. 상품수정에서 직접 수정하기 바란다.

- AE ~ AH열 추가 입력 옵션 ~ 입력 글자 수

  AE열: 추가 입력 옵션은 사용함은 T, 사용안함은 F로 입력한다.

  AF열: 추가 입력 옵션 명칭은 다중으로 추가하고 싶을 경우 |(bar) 구분으로 입력한다. (AH, AI열 동일)

AG열: 추가 입력 옵션 선택/필수 여부는 필수 T, 선택은 F로 입력한다.

예 추가 입력 옵션 명칭: 이름 입력|사은품 입력

예 추가 입력 옵션 선택/필수 여부: T|F

예 입력 글자 수: 10|8

- AI ~ AL열 이미지 등록

이미지 등록에서 이미지 파일이 없는 경우는 빈칸으로 둔다. 이미지가 있는 경우는 FTP를 통해 미리 다음 경로에 업로드한 후, 파일명만 입력한다.

상세 이미지: /web/product/big/

목록 이미지: /web/product/medium/

작은목록 이미지: /web/product/tiny/

축소 이미지: /web/product/small/

- AM ~ AP열 제조사 ~ 트렌드

제조사, 공급사, 브랜드, 트렌드는 '판매분류 관리' 메뉴에서 등록한 후 해당 코드를 입력한다.

- AQ ~ AU열 제조일자 ~ 원산지

AQ열 제조일자, AR열 출시일자, AT열 유효기간은 다음 양식에 맞게 입력해야 한다.

제조일자/출시일자: 2013-06-08

유효기간 사용 여부: Y 또는 N

제조일자/출시일자: 2013-06-08

원산지 등 코드 정보는 상단의 [상품 코드정보 조회]를 통해 검색하거나 [전체 코드정보 다운로드]를 통해 확인할 수 있다.

- AV ~ AY열 상품 결제 안내 ~ 서비스 문의/안내

상품 결제 안내, 상품 배송 안내, 교환/반품 안내, 서비스 문의/안내 미입력 시 기본 설정을 사용한다. html 사용이 가능하다.

- AZ ~ BI열 배송 정보 ~ HS 코드

AZ열: 배송 정보는 기본 설정을 사용이면 F, 개별 설정은 T를 입력한다. F는 기본 설정의 내용을 사용하므로, BA ~ BG까지의 입력란을 비워둔다.

BA열: 배송 방법은 택배는 A, 우편 배송은 B, 직접 배송은 C, 화물 배송은 D, 퀵서비스는 E, 매장 직접 수령은 F, 배송 필요 없음은 G를 입력한다.

BB열: 국내/해외배송은 BA열을 T로 설정했을 경우 입력한다. 국내 배송은 A, 국내/해외배송은 B, 해외배송은 C를 입력한다. 단, 해외배송 C의 경우에는 해외 쇼핑몰에서만 사용할 수 있다.

BC열: 배송 지역을 입력한다.

BD열: 배송비 선결제 설정은 착불은 C, 선결제는 P, 선결제/착불은 B를 입력한다. 해외 쇼핑몰의 경우에는 P 선결제만 사용할 수 있다.

BF열: 배송 기간은 1일 ~ 3일로 표기하고 싶은 경우, 1|3로 입력한다.

BF열: 배송비는 배송비 무료는 T, 구매금액은 M, 구매금액별 차등 배송료 사용은 D, 상품 무게별 차등 배송료는 W, 상품수량별 차등 배송료 사용은 C, 상품 수량에 비례는 N을 입력한다.

BG열: 배송비 입력은 배송비 구분이 F가 아닌 경우만 입력한다.

구매 금액 M일 경우

구매 금액이 '30000'원 미만일 때 배송비 '2500'원을 부과한다. → 30000|2500 입력

구매 금액별 차등 배송비 사용 D일 경우

'20000'원 이상 ~ '30000'원 미만일 때 배송비 '2000'을 부과한다. '30000'원 이상 ~ '50000'원 미만일 때 배송비 '1000'원을 부과한다. → 20000|30000|2000//30000|50000|1000 입력

상품 무게별 차등 배송료 사용 W일 경우

'3'kg 이상 ~ '5'kg 미만일 때 배송비 '2000'원을 부과한다. '5'kg 이상 ~ '7'kg 미만일 때 배송비 '5000'원을 부과한다. → 3|5|2000//5|7|5000 입력

상품 수량별 차등 배송료 사용 C일 경우

'3'개 이상 ~ '5'개 미만일 때 배송비 '2000'원을 부과한다. '5'개 이상 ~ '7'개 미만일 때 배송비 '5000'원을 부과한다. → 3|5|2000//5|7|5000 입력

상품 수량에 비례 N일 경우

주문 금액에 상관없이 수량에 따라 배송료 '2000'원을 부과한다. → 2000 입력

BH열: 상품 전체 중량을 입력한다(숫자만 입력).

BI열: HS 코드를 입력한다.

BJ열: 상품 소재를 입력할 수 있다. 입력을 원하지 않는 경우 입력란을 비워두면 된다.

- BK ~ BN열 검색 엔진 최적화(SEO) Title ~ 검색 엔진 최적화(SEO) Keywords

BN열: Keywords는 ,(콤마)로 구분할 수 있다.

- BO열: 상품 개별 결제 수단을 입력할 수 있다. 개별 결제 수단을 여러 개 선택하는 경우 콤마(,)로 구분하여 입력한다.

  무통장 입금: cash, 카드 결제: card, 적립금: mileage, 실시간 계좌이체: tcash, 가상계좌: icash, 휴대폰 결제: cell

상품의 개별 결제 수단을 지정하지 않으려면 공란으로 비워두면 됩니다.

- BP열 부터 ~ : 상품 추가 항목 설정

  표시할 상품 정보를 입력하면 상품상세보기에서 추가 항목이 나타난다. 추가 항목은 BL열부터 추가한 순서대로 적용된다.

④ **세트상품 구성**

등록한 2개 이상의 상품을 하나의 세트로 묶어 판매 가능하도록 세팅할 수 있다. 기본 등록은 나머지 상품 등록과 같다. 여기서는 세트상품 구성 부분을 설명하겠다.

[상점 메뉴] 상품관리 → 상품 등록 → 상품 등록 → 세트상품 등록

❶ 세트상품 구성에서 [상품선택] 버튼을 클릭한다.

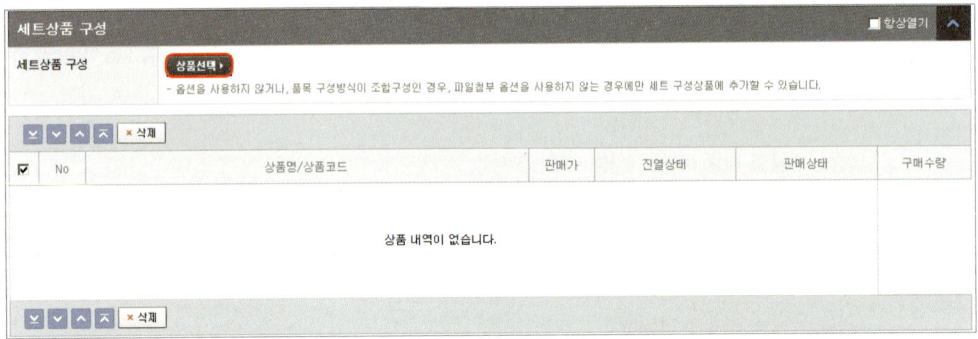

❷ 상품추가 팝업 창이 나타난다.
❸ 상품추가에서 검색조건을 설정한 뒤 [검색] 버튼을 클릭하여 세트상품으로 추가할 상품을 검색한다.
❹ 검색 결과에서 1개 이상의 상품을 선택한다.

❺ [선택] 버튼을 클릭하여 세트 상품으로 추가한다.

5. 상품 정보 일괄 변경하기

상품 등록으로 등록된 상품을 한 번에 수정할 수 있다. 변경은 기본 상품 또는 세트상품이 가능하며 상품 등록 시 입력한 여러 가지 입력 정보를 일괄 변경할 수 있다.

[상점 메뉴] 상품관리 → 상품관리 → 상품정보 일괄변경

❶ '상품정보 일괄변경'에서 '검색분류' 등 검색조건을 설정한 뒤 [검색] 버튼을 클릭한다.

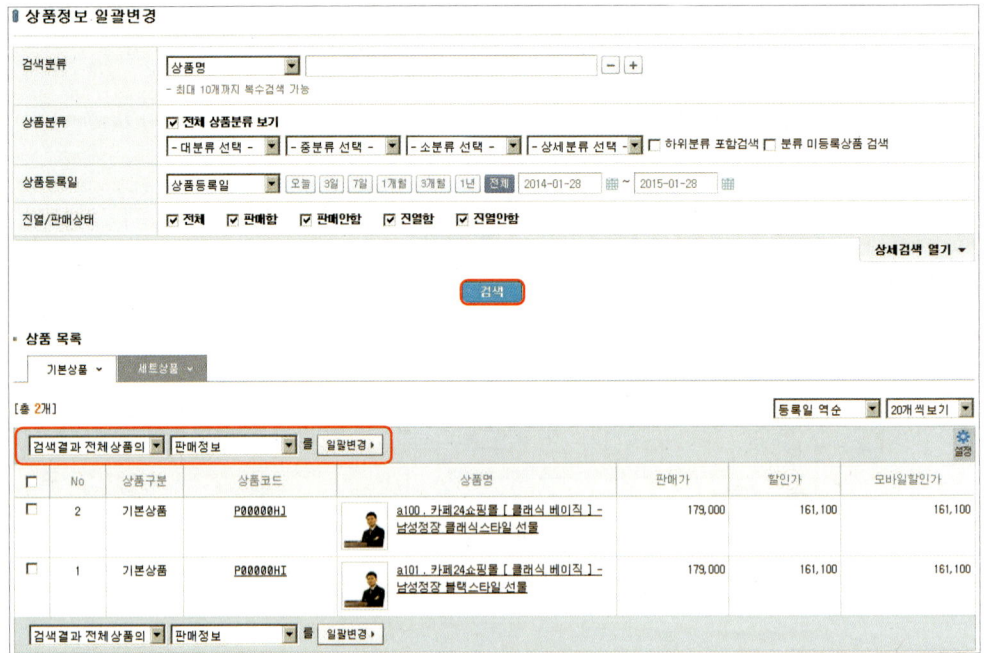

❷ 검색 조건에 출력된 상품 목록에 일괄 변경할 정보를 선택한다. 다음 변경할 상품의 조건을 선택한다.

- '선택한 상품의': 상품 선택을 한 해당 상품만 변경된다.
- '검색 결과 전체상품의': 전체 상품이 변경된다.

❸ 변경하고자 하는 상품과 변경 영역(-구분-)을 선택한 후 [일괄변경] 버튼을 클릭하면 '일괄변경' 팝업창이 나타난다.

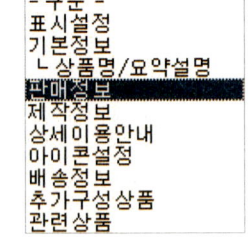

❹❺ [일괄변경] 버튼을 클릭하면 ❸에서 선택한 상품 정보 항목의 팝업이 나타난다.

❺ '표시설정 일괄변경'에서 변경하려는 정보를 입력한다. 일괄변경 적용 시 이전에 등록된 정보는 일괄 삭제되며 새로 등록한 정보로 저장된다.

❻ [선택항목 일괄변경] 버튼을 클릭하면 설정이 완료된다.

6. 상품 진열하기

상품 진열 관리는 쇼핑몰에 등록된 상품을 메인 진열이나 분류별 추천 상품이나 신상품에 노출 및 순서를 지정 및 변경할 수 있다.

[상점 메뉴] 상품관리 → 상품 표시관리 → 상품 진열 관리

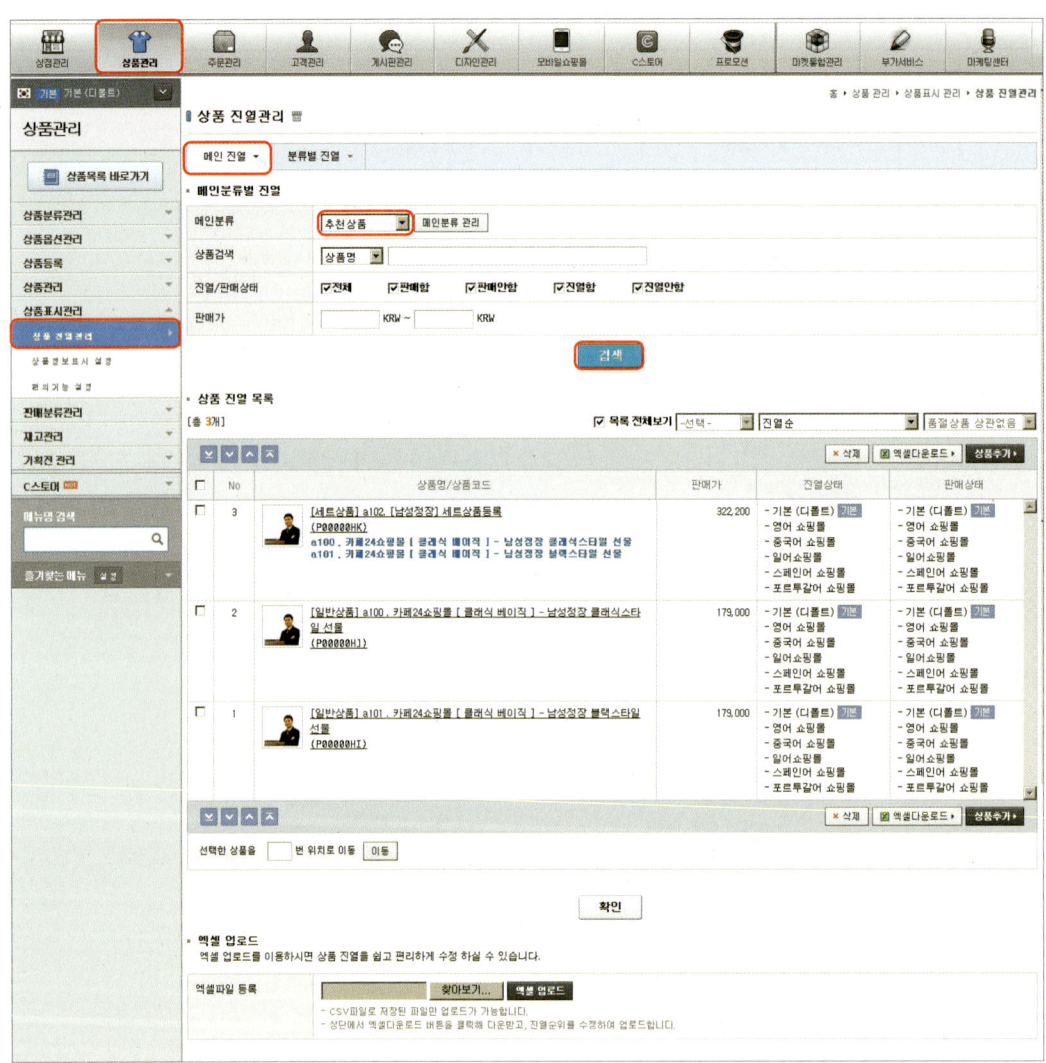

① 메인진열

메인진열 탭은 상품을 메인에 노출하기 위한 메뉴이다.

- 메인 분류별 진열에서는 추천 상품, 신상품, 추가 카테고리 1, 2 중에 어디에 진열할지 설정한다. 추가 카테고리1, 2는 메인 분류 관리에서 추가한 경우만 메인 화면에 노출된다.

❶ [상품추가] 버튼을 클릭하면 상품 추가 팝업이 나타난다.
❷ 검색 조건을 입력한 후에 [검색] 버튼을 클릭한다.
❸ 상품 목록에서 추가하고자 하는 상품을 선택한다.
❹ [선택] 버튼을 클릭하면 상품이 추가된다.
❺ [확인] 버튼을 클릭하면 설정이 완료된다.

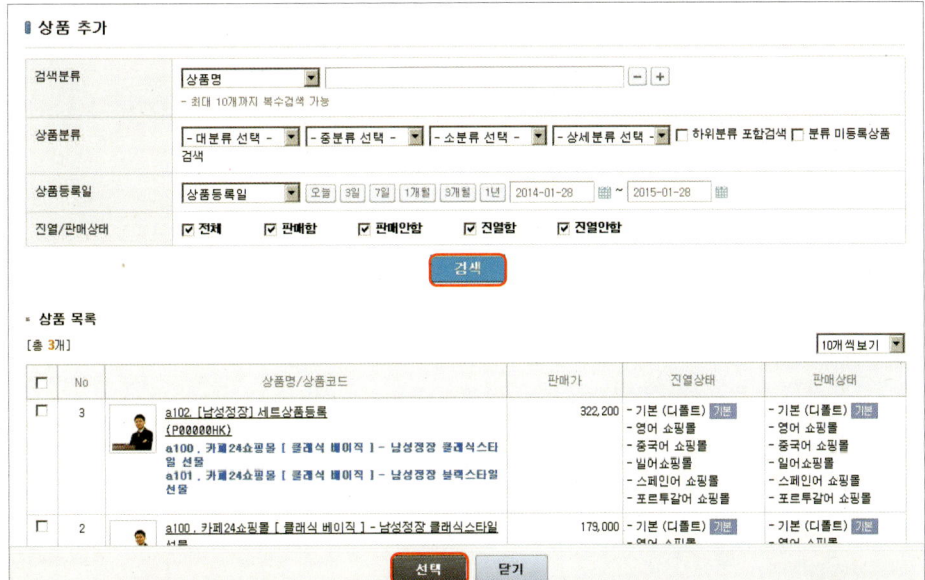

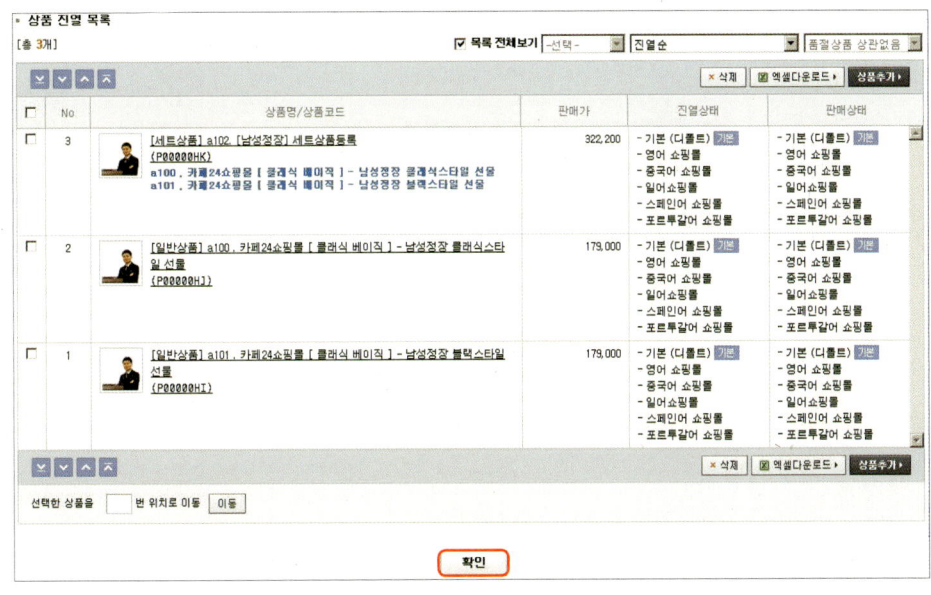

② **분류별 진열**

분류별 진열에서는 상세 상품 분류인 일반 상품, 추천 상품, 신상품의 노출 상품을 추가하거나 순서를 지정할 수 있다.

❶ '분류별 진열' 탭을 클릭한다.
❷ 상품분류 진열에서 설정하려는 분류를 선택한다.
❸ 상품분류 내에서 진열 영역을 선택한다. 기본적으로 '일반상품', '추천상품', '신상품' 3개의 영역을 제공한다.
❹ [검색] 버튼을 클릭한다.

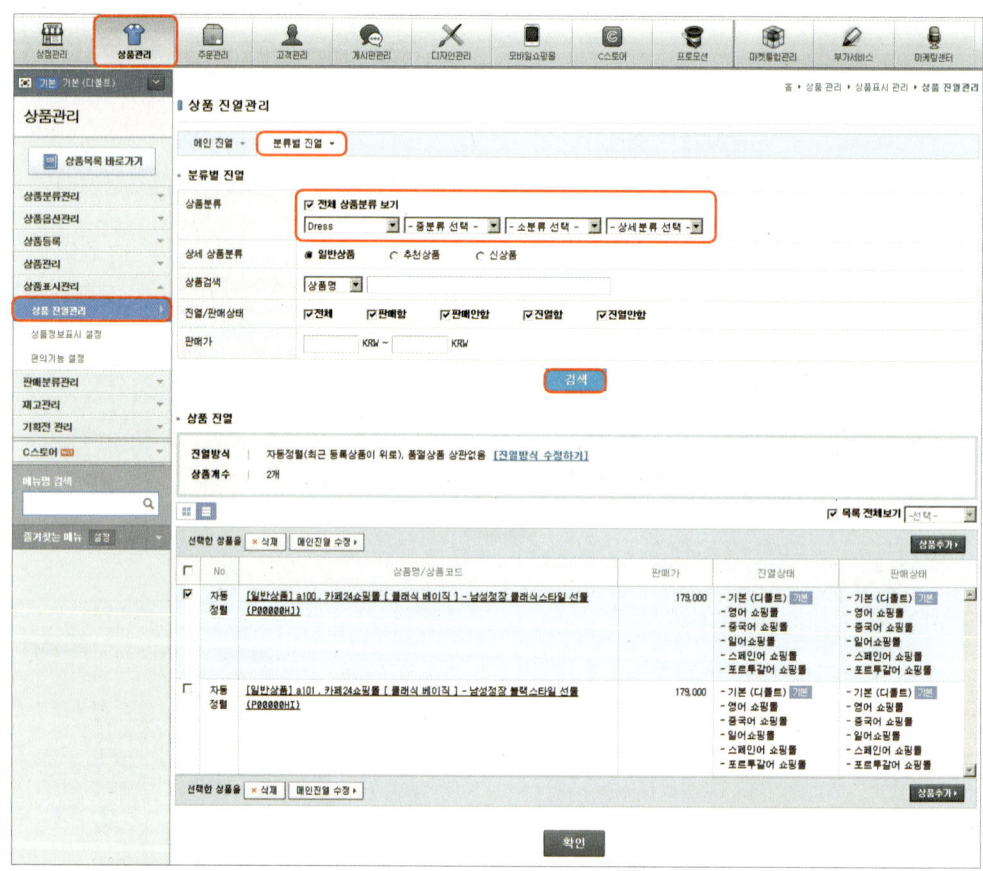

❺ 상품 진열에서 '진열방식'이 자동 정렬로 되어 있는 경우 [진열방식 수정하기]를 클릭해서 '사용자 지정'으로 다음과 같이 변경해야 한다.

❻ 진열 방식이 사용자지정으로 변경되면 다음 그림과 같이 진열순서를 변경할 수 있는 메뉴가 나온다.

❼ 진열방식에서 원하는 조건을 선택할 수 있다.

❽ 또 하나의 방법은 상품을 선택한 후 화살표을 이용하여 선택한 상품을 이동할 수 있다.

❾ [확인] 버튼을 클릭하면 설정이 완료된다.

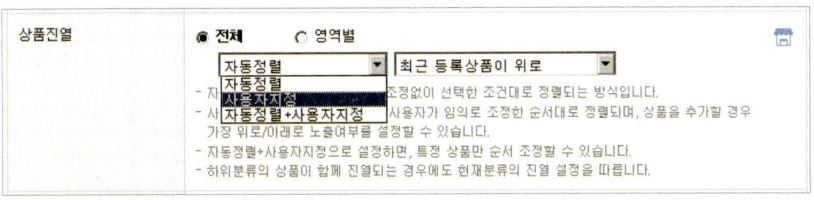

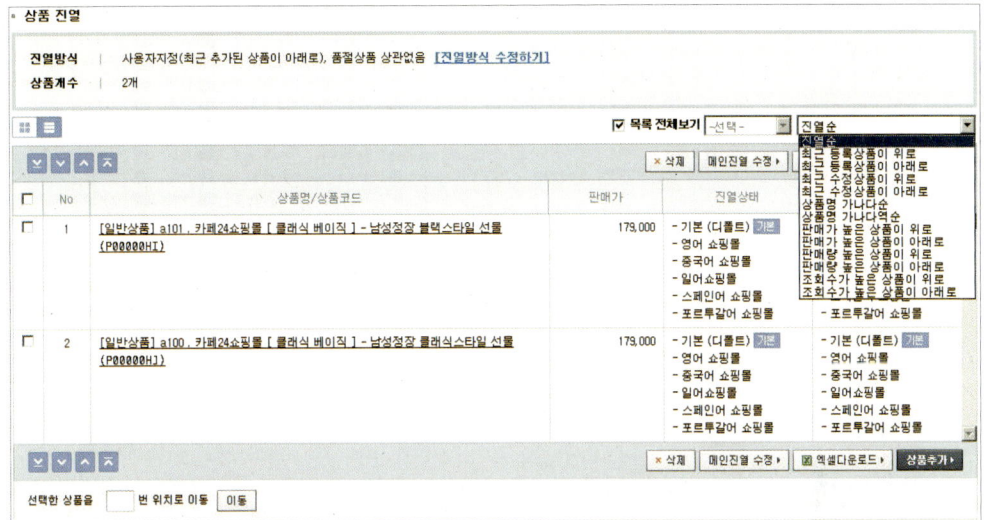

7. 상품 정보 표시 설정

상품 정보 표시는 쇼핑몰 메인화면, 상품목록, 상품 상세페이지 영역별로 설정할 수 있다. 상품명, 판매가, 적립금, 상품코드, 수량 등 상품 관련 기본 정보의 표시 여부, 글자 속성, 적용 대상을 설정한다.

[상점 메뉴] 상품관리 → 상품표시관리 → 상품정보표시 설정

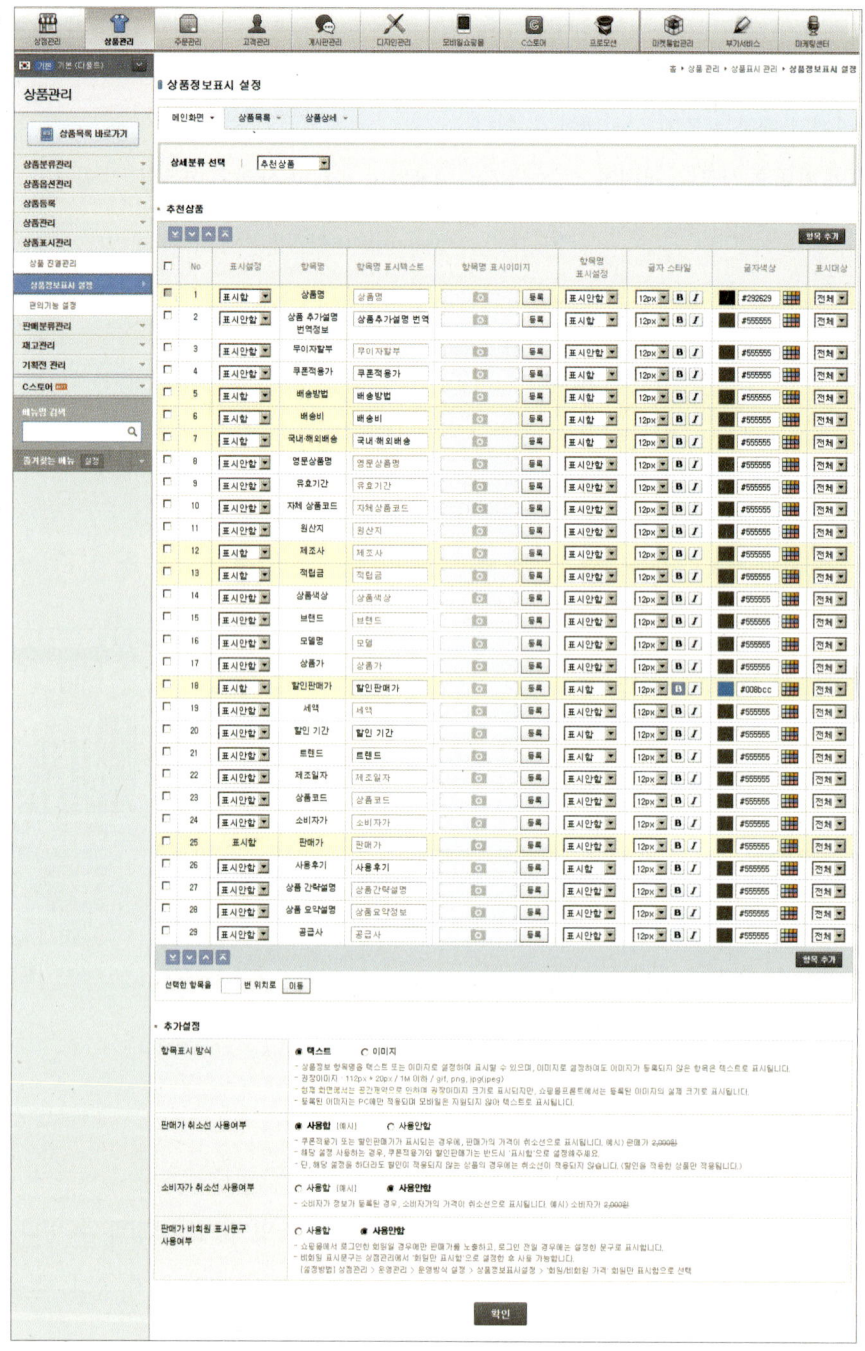

상품정보표시설정에는 메인 화면과 상품 목록, 상품 상세 부분에 정보를 표시 설정할 수 있다.

① 메인 화면

❶ '메인화면' 탭을 클릭한다.

❷ 상세분류를 선택한다. (추천 상품, 신상품, 추가카테고리 1, 2)

❸ 항목표시 설정에서 표시 여부를 선택한다. '표시함'으로 설정되어 쇼핑몰에서 노출 중인 항목은 노란색으로 표시된다.

❹ 글자 스타일과 글자 색상 등을 항목명에 맞도록 세팅한다.

❺ 추가 설정에서 취소선 사용 여부를 선택한다.

❻ [확인] 버튼을 클릭하면 완료된다.

쇼핑몰 메인 화면에서 설정한 상품 정보 표시 항목이 노출된다.

② 상품목록

상품목록 및 상품분류별로 상품 정보 표시를 설정할 수 있다.

③ **상품 상세페이지**

❶ '상품목록' 탭을 선택한다.

❷ 상세분류 선택에서 '분류별'을 선택하면 전체 상품분류 보기가 노출된다. '분류별 별도등록'을 체크하면 대/중/소/상세 분류별로 상품정보표시 설정을 할 수 있다.

❸ 항목표시 설정에서 표시 여부를 선택한다. '표시함'으로 설정되어 쇼핑몰에서 노출 중인 항목은 노란색으로 표시된다.

❹ 글자 스타일과 글자 색상 등을 항목명에 맞도록 세팅한다.

❺ 추가 설정에서 취소선 사용 여부를 선택한다.

❻ [확인] 버튼을 클릭하면 완료된다.

상세페이지의 상품상세 부분에 표시 설정을 할 수 있다. 설정 방법은 메인 화면 표시 설정과 동일하다. 상품상세의 표시 설정에서는 상품에 따라 추가 항목을 사용하는 경우가 많다. [항목 추가] 버튼을 클릭하여 기본 정보와 표시 설정을 입력하고 저장한다.

[항목 추가]에서 추가한 항목은 상세페이지 상품 상세 부분에 노출된다.

상품 상세 부분의 표시 설정의 순서나 글자 스타일의 글자 색상은 상품정보 표시 설정에서 변경할 수 있다.

8. 재고 관리 설정

쇼핑몰 운영에서 재고 관리는 원활한 주문과 배송을 위해 중요한 운영 요소이다. 특히 재고 관리를 통해 적정 재고를 설정할 수 있고 운영과 재고에 관한 비용을 절감할 수 있다. 상품 등록에 기본은 제고관리 '사용안함'에서 재고관리 '사용함'으로 변경하고 재고 수량과 안전재고 품절 사용을 활용할 수 있다.

① 상품재고 관리

> [상점메뉴] 상품관리 → 재고관리 → 상품재고 관리

❶ 상품재고 관리의 검색조건을 설정한 [검색] 버튼을 클릭하여 재고 관리를 설정할 상품을 검색한다. 검색 결과에 재고관리를 설정한 상품명과 품목명 재고 관리 메뉴가 표시된다.
❷ '재고관리 사용'을 사용함으로 설정하고 선택 재고관리 등급, 기준, 수량, 품절사용 등을 체크한다.
❸ '품절사용'을 체크한 후 재고수량이 '0'이 되면 '품절'로 표시된다.
❹ 확인한 후 [저장] 버튼을 클릭하면 설정이 저장된다.

❺ [재고관리 일괄설정] 버튼을 클릭하면 재고관리 일괄설정 팝업이 나타난다. 일괄 세팅 시 사용한다.

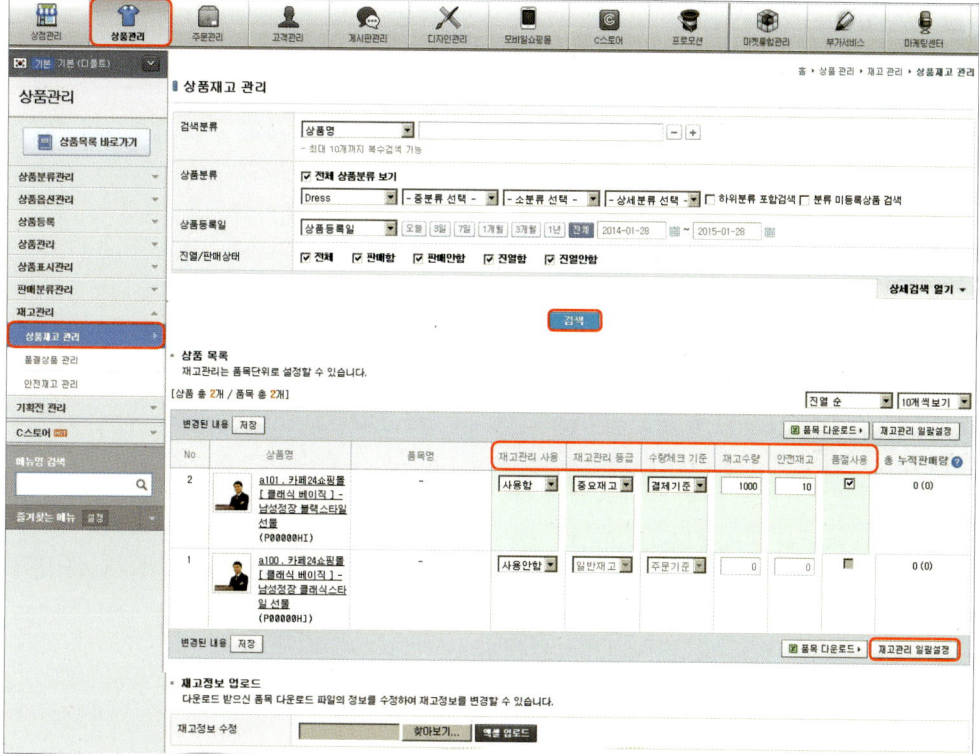

❻ 재고 정보 업로드 사용은 엑셀 양식을 내려 받은 후에 등록된 상품에 대한 품목 재고 정보를 일괄 변경할 수 있다.

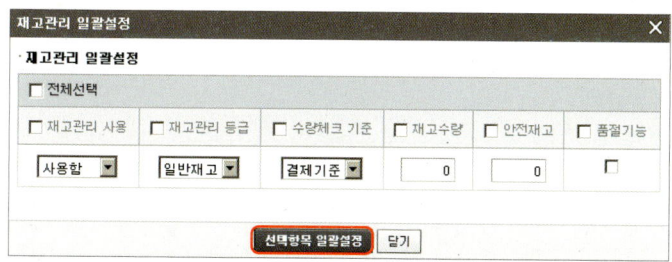

- 환경 안내

엑셀의 열은 A에서 시작해서 M에서 끝난다. 해당 열은 편집 없이 있는 그대로 사용해주기 바란다. 상품코드, 상품명, 품목코드, 품목명은 수정이 불가하다. 진열/판매 여부 및 재고

정보만 변경할 수 있다. 옵션이 없는 상품의 경우 E열 ~ H열까지는 입력하지 않는다. 파일을 저장할 때는 반드시 CSV로 저장한다.

- 엑셀 입력 방법 안내

	A	B	C	D	E	F	G	H	I	J	K	L	M
1	상품코드	자체 상품코드	상품명	품목코드	품목명	자체 품목코드	재고관리 사용	재고수량	안전재고	재고관리 등급	수량체크 기준	품절기능	추가가격
2	ABCDEFG		샘플상품1	ASDFDSF		13231	F	0	0	A	A	F	0
3	ABCEDFR		샘플상품6	ASFDFDG			F	0	0	A	A	F	0
4	ABCEDFQ		샘플상품7	AWREWR			F	0	0	A	A	F	0
5	ABCEDFY	12154	샘플상품8	ATRERWE			F	10	0	A	A	F	0
6	ABCEDFU	1215648	샘플상품9	ATTRETRT	블랙/대	34234	T	20	0	A	A	F	1000
7				ARYTYRTY	블랙/중	32132323	T	30	0	A	A	F	1000
8				AYRTYTYT	블랙/소	43243423	T	0	0	A	A	F	1000
9				AYRTYYYY	레드/대	234324324	T	0	0	A	A	F	1000
10				AUYUYUT	레드/중		T	0	0	A	A	F	1000
11				ARYTYRTY	레드/소	24324234	T	0	0	A	A	F	1000

A열 상품코드

상품코드가 표시된다.

해당 항목은 수정이 불가능하다.

B열 자체 상품코드

자체 상품코드가 표시된다.

해당 항목은 수정이 불가능하다.

C열 상품명

해당 항목은 수정이 불가능하다.

D열 품목코드

품목코드가 표시된다.

해당 항목은 수정이 불가능하다.

E열 품목명

품목명이 표시된다.

해당 항목은 수정이 불가능하다.

F열 자체 품목코드

자체 품목코드를 입력한다.

G열 재고관리 사용

재고관리 사용은 사용함은 T, 사용안함은 F로 입력한다.

사용안함이 F일 경우, G열 재고 수량 ~ K열 품절 기능까지 입력하지 않는다.

J열 재고관리 등급

일반 재고는 A, 중요 재고는 B로 입력한다.

K열 수량 체크 기준

주문기준: A, 결제기준: B로 입력한다.

L열 품절 기능

품절 기능 사용은 T, 품절 기능 사용안함은 F로 입력한다.

M열 추가 가격

품목별로 추가 금액을 입력할 수 있다.

예) 0, 2000, -1000

멀티쇼핑몰을 운영할 경우, 좌측에 선택한 쇼핑몰의 화폐를 기준으로 하여 추가 금액을 입력한다.

② 품절상품 관리

재고관리를 통해 설정된 재고 수량이 '0'으로 되었을 경우 품절 처리되고 판매되지 않는다. 품절상품을 리스트에서 확인하여 현재 재고 수량을 파악 수정할 수 있다.

[상점메뉴] 상품관리 → 재고관리 → 품절상품 관리

❶ 검색 조건을 입력한 후에 [검색] 버튼을 클릭하면 품절 상품이 표시된다.
❷ 재고관리 사용에 '사용함'일 경우 재고 수량 등 재고에 관한 환경을 수정한다.
❸ [저장] 버튼을 클릭하면 수정사항이 저장된다.

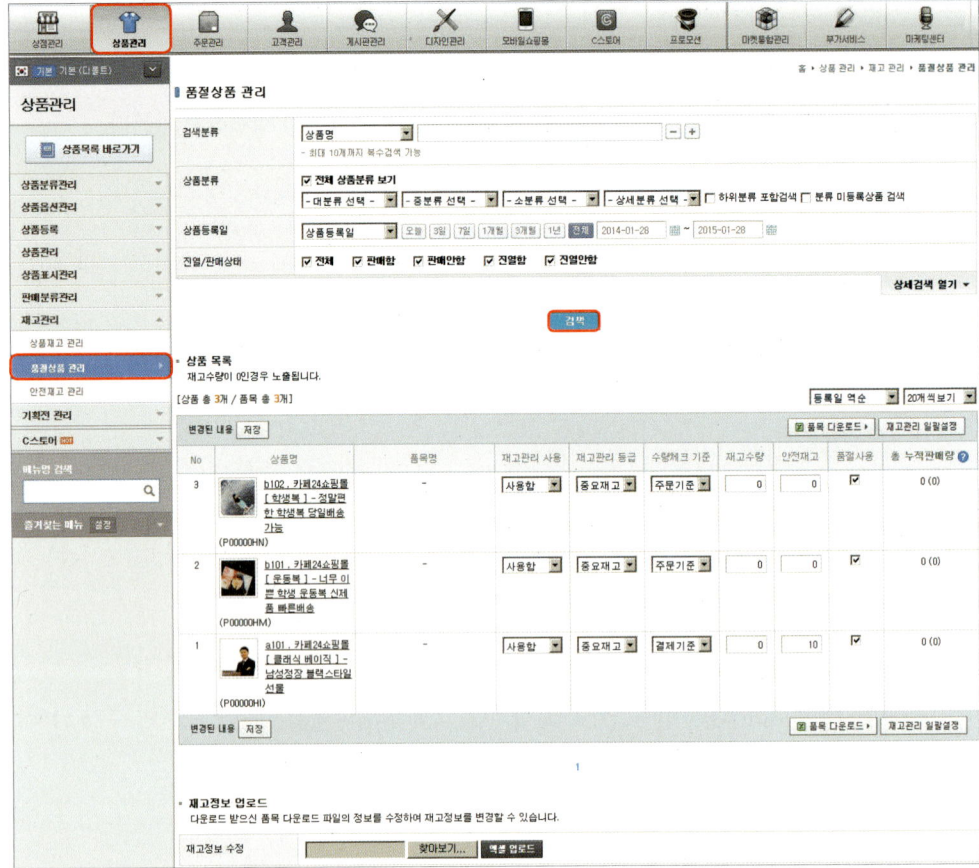

③ 안전재고 관리

안전재고 관리인 경우는 안전재고 수량보다 재고 수량이 같거나 작은 경우 노출된다.

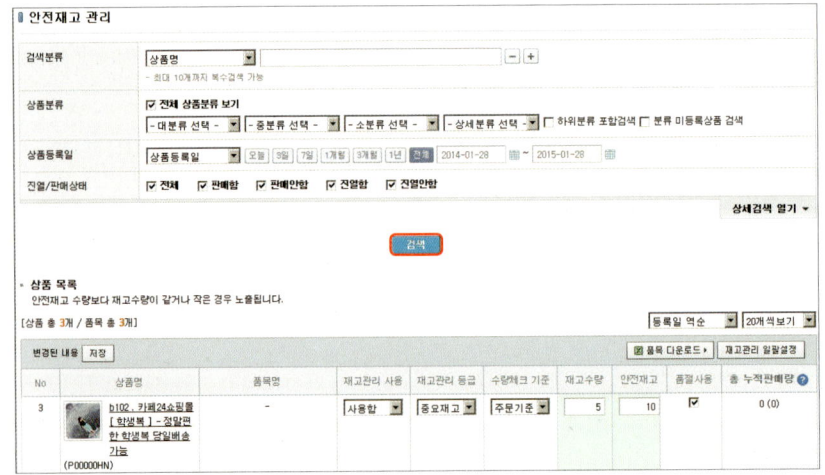

- 재고정보 다운로드

    등록된 상품에 대한 품목 재고정보를 확인할 수 있다. 엑셀 양식을 내려받은 후에 저장 시 파일 형식을 'CSV(쉼표로 분리)(*.csv)'로 설정한 후 저장한다.

- 품목 재고정보 수정

    엑셀의 열은 A에서 시작해서 M에서 끝난다. 해당 열은 편집없이 있는 그대로 사용한다.
    상품코드, 상품명, 품목코드, 품목명은 수정이 불가능한다. 진열/판매 여부 및 재고 정보만 변경할 수 있다. 파일을 저장할 때는 반드시 CSV로 저장한다.

- 엑셀 입력 예제

	A	B	C	D	E	F	G	H	I	J	K	L	M
1	상품코드	자체 상품코드	상품명	품목코드	품목명	자체 품목코드	재고관리 사용	재고수량	안전재고	재고관리 등급	수량체크 기준	품절기능	추가가격
2	ABCDEFG		샘플상품1	ASDFDSF		13231	F	0	0	A	A	F	0
3	ABCEDFR		샘플상품6	ASFDFDG			F	0	0	A	A	F	0
4	ABCEDFQ		샘플상품7	AWREWR			F	0	0	A	A	F	0
5	ABCEDFY	12154	샘플상품8	ATRERWE			F	10	0	A	A	F	0
6	ABCEDFU	1215648	샘플상품9	ATTRETRT	블랙/대	34234	T	20	0	A	A	F	1000
7				ARYTYRTY	블랙/중	32132323	T	30	0	A	A	F	1000
8				AYRTYTYT	블랙/소	43243423	T	0	0	A	A	ㅏ	1000
9				AYRTYYYY	레드/대	234324324	T	0	0	A	A	F	1000
10				AUYUYUT	레드/중		T	0	0	A	A	F	1000
11				ARYTYRTY	레드/소	24324234	T	0	0	A	A	F	1000

전자상거래 수출 마스터 1급 실기 시험

시험 과목	문항 수	배점	시험 시간	시험 방법
전자상거래 운영실무	20문항	100점	70분	작업형

수험자 유의사항

1. 인적사항 누락 또는 오기입으로 인한 불이익은 수험자 책임입니다.
2. 시험시작 전 신분증, 수험표, 필기도구를 제외한 휴대폰(전원 OFF)과 소지품은 지정된 장소에 보관해야 합니다.
3. 문제지를 받은 후 인쇄 상태 등 이상 여부를 확인합니다.
4. 작업을 위한 시스템 접속 아이디와 비밀번호는 시험 당일 감독관이 배포합니다.
5. 쇼핑몰 구축 프로그램과 관련 없는 인터넷을 사용하는 경우에는 부정 행위로 간주하여 실격 처리됩니다.
6. 감독관의 별도 지시사항이 없는 경우 임의로 시험과제를 변경하여 답안을 작성하면 실격 처리됩니다.
7. 문제풀이에 필요한 예제 이미지는 감독관 지시에 따라 사용하면 됩니다.
8. 문항에 따라 제시된 지시사항을 유의하여 작업을 진행합니다.
9. 제시된 조건 외 언급되지 않은 사항은 기본 설정값으로 처리합니다.
10. 답안 저장 시간을 별도로 부여하지 않으므로 제한된 시간 내에 저장을 완료해야 합니다.
11. 수험자는 모든 문제를 풀었어도 감독관의 지시에 따라 퇴실할 수 있습니다.
12. 퇴실 시 문제지는 감독관의 지시에 따라 반드시 반납해야 합니다.

01 다음의 조건과 같이 해외쇼핑몰을 운영하기 위한 멀티쇼핑몰을 생성하시오.

- 쇼핑몰 이름: 중국어 쇼핑몰
- 기본 언어: 중국어(간체)
- 결제 화폐: $달러 미국
- 참조 화폐: 元 위엔 중국
- PC 쇼핑몰 디자인: 쇼핑몰 디자인 기본 스킨
- 모바일 쇼핑몰 디자인: 쇼핑몰 디자인 기본 스킨
- 활성화 여부: 활성화

02 상품구매 시 적립금 지급 비율 설정 방식을 결제 방식에 따른 적립금 지급 비율 설정으로 변경하고 설정 값은 무통장 입금 시 10% 할인 적용하고 1회 최대 한도를 20,000원으로 변경하시오.

03 배송 설정에서 배송/반품 설정을 다음과 같이 등록하시오.

- 배송 방법: 택배
- 배송 설정: 국내/해외배송
- 배송 기간: 3일 ~ 7일
- 해외배송 HS 코드: 의류

04 멀티쇼핑몰의 영어 쇼핑몰에서 은행 환율 정보를 확인하고 환율 설정을 하시오.

05 결제관리에서 다음과 같이 설정하시오.

- 결제 수단: 무통장입금, 카드결제, 적립금결제, 실시간 계좌이체
- 결제 수단 표시 순서: 무통장입금, 카드결제, 실시간 계좌이체, 휴대폰 결제
- 최소 결제금액 기준: 총 결제금액에서 배송비를 제외
- 무통장, 카드최소결제가능금액: 0원
- 0원 상품주문 사용: 사용안함

06 보유한 도메인 'helloabc.com'을 기본 쇼핑몰에 연결하고 대표 도메인으로 등록하시오.

07 다음의 조건과 같이 해외쇼핑몰을 운영하기 위한 멀티쇼핑몰을 생성하시오.

- 쇼핑몰 이름: 일어쇼핑몰
- 기본 언어: 일본어
- 결제 화폐: ¥ 엔 일본
- 참조 화폐: $ 달러 미국
- PC 쇼핑몰 디자인: 쇼핑몰 디자인 기본 스킨
- 모바일 쇼핑몰 디자인: 쇼핑몰 디자인 기본 스킨
- 활성화 여부: 활성화

08 상품구매 시 적립금 지급 비율 설정 방식을 결제 방식에 따른 적립금 지급 비율 설정으로 변경하고 설정값은 무통장입금 시 10% 할인 적용하고 1회 최대 한도를 45,000원으로 변경하시오.

09 배송 설정에서 배송/반품 설정을 다음과 같이 등록하시오.

- 배송 방법: 택배
- 배송 설정: 국내/해외배송
- 배송기간: 3일 ~ 7일
- 구매 금액에 따른 배송비 부담: 5만 원 미만일 경우 3,500원 부과

10 신규 회원가입 후 구매할 경우 회원가입 적립금을 1,000원으로 설정하시오.

11 다음의 조건과 같이 대분류를 등록하고 배열 순서를 바꾸시오.

- 분류명: 추천 상품
- 쇼핑몰 표시 설정: PC쇼핑몰, 모바일 쇼핑몰 선택
- 상품진열: 사용자 지정, 최근 추가된 상품이 위로
- 접근권한: 모두 이용 가능
- 배열순위: 최상단 위치

12 등록된 상품의 정보 중 판매가격을 1,000원 할증된 가격으로 일괄 수정하시오.

13 메인화면의 추천 상품의 상품 이름과 가격에 대한 상품정보 표시를 다음과 같이 설정하시오.

> • 할인판매가 글자 색상을 'ff0000'으로 변경
> • 글자 스타일의 글자 크기는 12px, 진하게

14 상품 옵션을 다음과 같이 만들고 의류로 옵션세트를 등록하시오.

No	옵션명	옵션값
1	크기	대(20,000원 추가) 중(10,000원 추가) 소
2	색상	블랙, 화이트

15 추천 상품 대분류를 만들고 모바일에만 최상단에 노출되도록 설정하시오.

16 상품의 재고가 결제 기준 안전재고를 10으로 사용하고 품절 기능을 일괄 설정하시오.

17 상품정보 표시 설정의 상품상세 정보를 다음과 같이 설정하시오.

> • 상품 순서: 상품명, 제조사, 원산지, 국내·해외배송, 판매가
> • 판매가 글자 색상: #ff0000
> • 판매가 글자 스타일: 진하게

18 다음과 같은 조건으로 상품을 간단 등록하시오.

> - 상품명: 그림풍경
> - 판매가: 147,000원
> - 상품 이미지: img0984 • 740을 상품 이미지로 등록
> - 상품분류 선택: 추천 상품

19 옵션을 다음과 같이 등록하시오.

> - 액자 옵션: 그림만일 경우 0원 추가
> - 액자 옵션: 액자 포함일 경우 100,000원 추가

20 메인화면의 신상품 코너에 a100번의 상품을 상품 진열하시오.

실력 평가 문제 해설

01 번 문제 해설

❶ [설정 메뉴] 상점관리 → 멀티쇼핑몰관리 → 멀티쇼핑몰 설정 → 쇼핑몰 추가

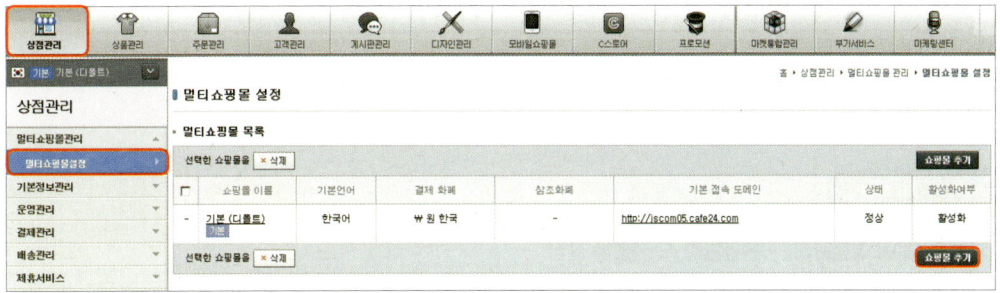

❷ 멀티쇼핑몰 수정에서 다음과 같이 입력한 후 [저장] 버튼을 클릭한다.

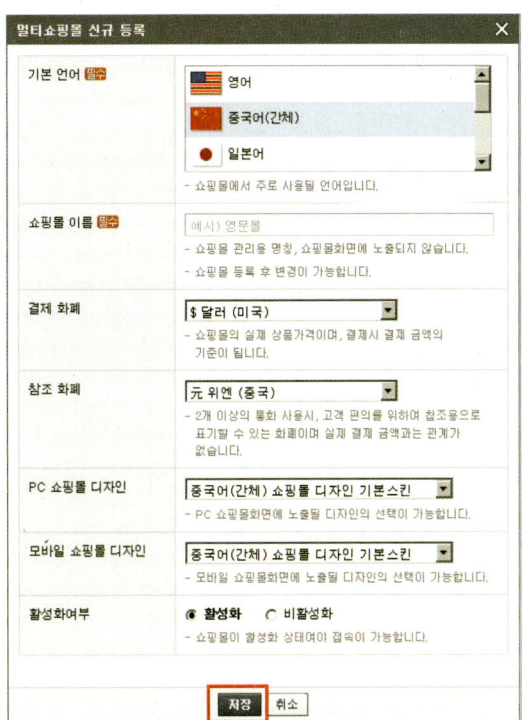

❸ 멀티쇼핑몰 설정에서 다음과 같이 설정 내용을 확인한다.

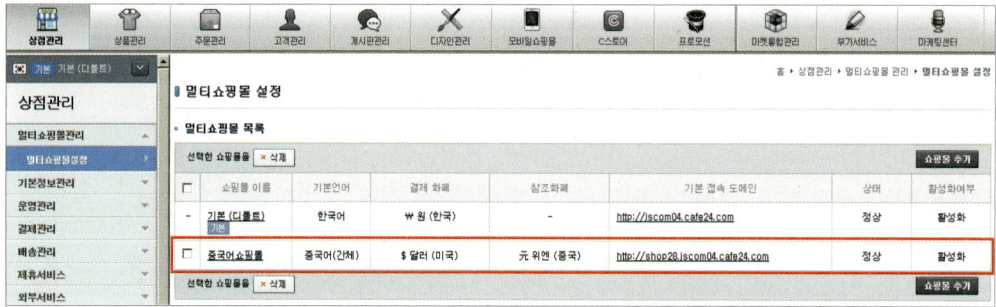

02 번 문제 해설

[설정 메뉴] 상점관리 → 운영관리 → 적립금 설정

❶ '결제 방식에 따른 적립금 지급 비율 설정'을 클릭하고 '무통장 입금' 부분에서 '10'을 입력한다.

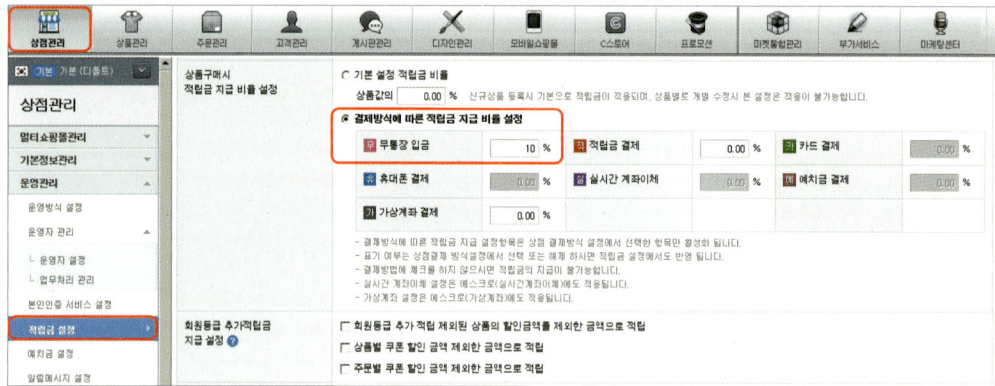

❷ 다음과 같이 적립금 설정에서 1회 사용 적립금 최대 사용한도 설정을 '20000'으로 입력한다.

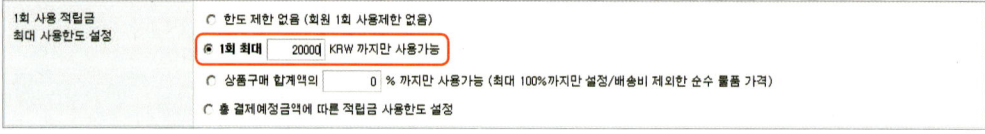

❸ [저장] 버튼을 클릭하면 완료된다.

03번 문제 해설

[설정 메뉴] 상점관리 → 배송관리 → 배송/반품 설정

❶ 배송/반품 설정에서 다음과 같이 배송 방법과 배송 설정, 배송 기간을 입력한다.

❷ 해외배송 설정으로 이동한다.

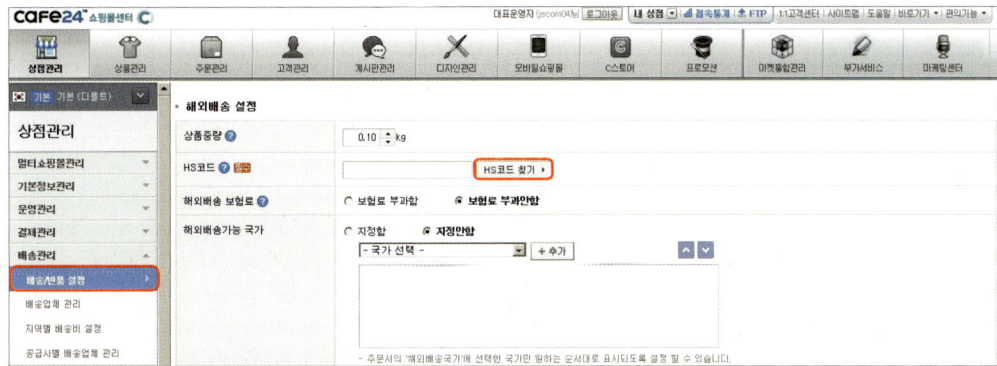

❸ HS코드 설정을 위해 [HS코드 찾기] 버튼을 클릭한다.

❹ HS코드 검색에서 '의류'를 입력하고 [검색] 버튼을 클릭한다.

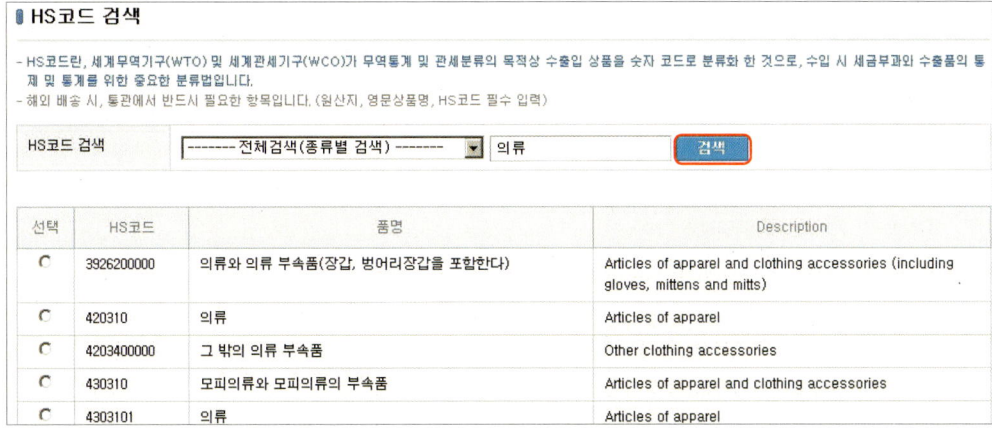

1급 실기 실력 평가 문제 / **141**

❺ 검색된 HS코드 중 품명에 의류인 '420310'을 선택한다.

❻ 입력을 확인한 후 [저장] 버튼을 클릭한다.

04 번 문제 해설

[설정 메뉴] 상점관리 → 결제관리 → 결제방식 설정

❶ 한국으로 기본(디폴트)를 '영문 쇼핑몰'로 변경한다.

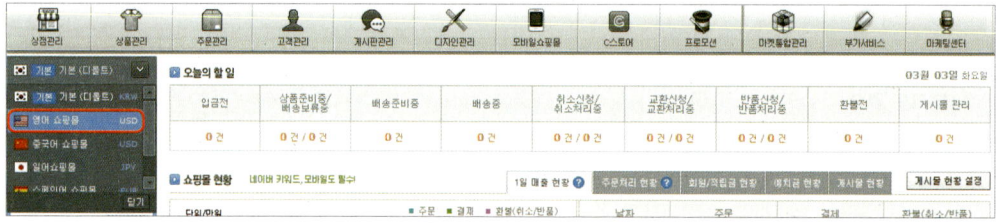

❷ '결제방식 설정'의 '환율 설정'에서 [은행 환율정보 확인] 버튼을 클릭한다.

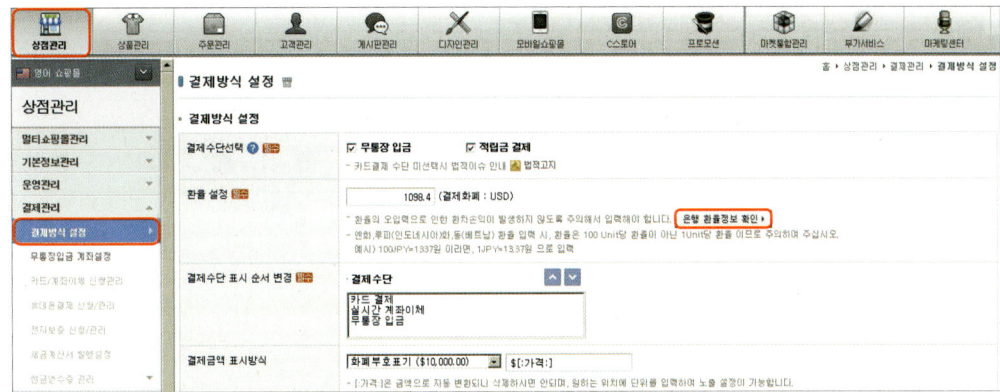

❸ 매매 기준율의 현재 환율을 확인한다.

통화명	현찰				송금		T/C 사실때	외화수표 파실때	매매 기준율	환가 료율	미화 환산율
	사실때(스프레드율)		파실때(스프레드율)		보내실때	받으실때					
미국 USD	1118.23	1.75	1079.77	1.75	1109.70	1088.30	1112.18	1087.69	1099.00	2.0227	1.0000
일본 JPY 100	933.88	1.75	901.76	1.75	926.81	908.83	926.99	908.37	917.82	2.0457	0.8351
유럽연합 EUR	1254.70	1.99	1205.74	1.99	1242.52	1217.92	1248.67	1217.25	1230.22	1.9678	1.1194
영국 GBP	1723.22	1.99	1655.98	1.99	1706.49	1672.71	1714.94	1671.57	1689.60	2.4769	1.5374
스위스 CHF	1171.84	1.99	1126.12	1.99	1160.46	1137.50	0.00	1137.16	1148.98	1.0970	1.0455
캐나다 CAD	894.98	1.99	860.06	1.99	886.29	868.75	890.68	868.09	877.52	2.7450	0.7985
호주 AUD	874.83	1.99	840.71	1.99	866.34	849.20	870.63	848.20	857.77	4.2750	0.7805
뉴질랜드 NZD	844.35	1.99	811.41	1.99	836.15	819.61	0.00	818.29	827.88	5.7750	0.7533
홍콩 HKD	144.54	1.99	138.90	1.99	143.13	140.31	0.00	140.23	141.72	2.3050	0.1290

❹ 환율 설정 란에 현재 환율을 입력한다.

❺ [저장] 버튼을 클릭한다.

05 번 문제 해설

[설정 메뉴] 상품관리 → 상품옵션관리 → 옵션관리

❶ 다음과 같이 결제방식 설정에서 설정한다.

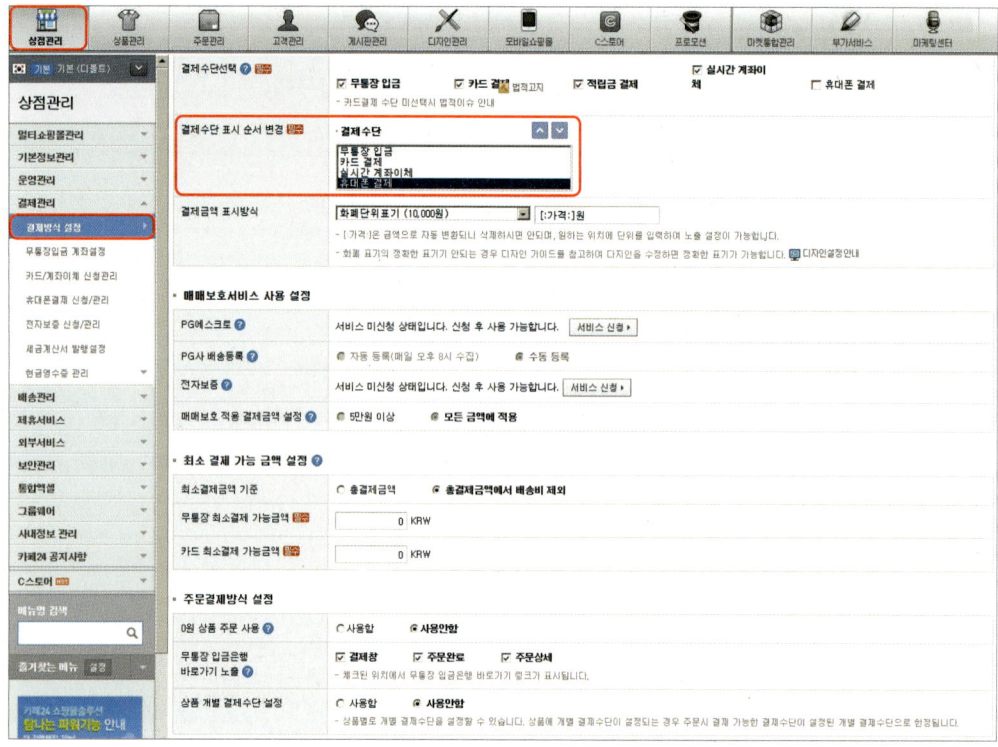

❷ 설정을 완료한 후 [저장] 버튼을 클릭한다.

 **번 문제 해설**

[설정 메뉴] 상점관리 → 기본정보관리 → 도메인 설정

❶ 도메인 설정의 추가 도메인에서 [도메인 연결] 버튼을 클릭한다.

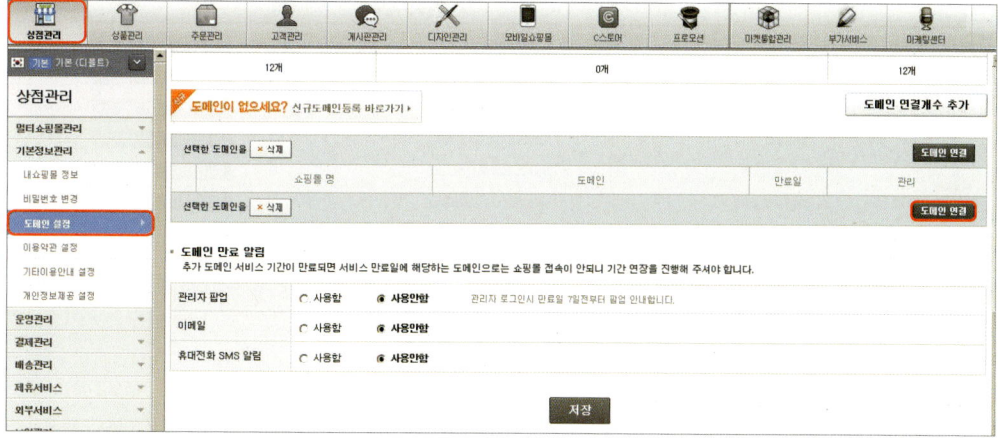

❷ 도메인 연결에서 쇼핑몰 선택에 '기본(디폴트)'를 선택한다.

❸ 도메인 입력 선택은 '보유 도메인 직접 입력'을 선택한다.

❹ 연결 도메인 입력은 'helloabc.com'을 입력한다.

❺ [연결하기] 버튼을 클릭한다.

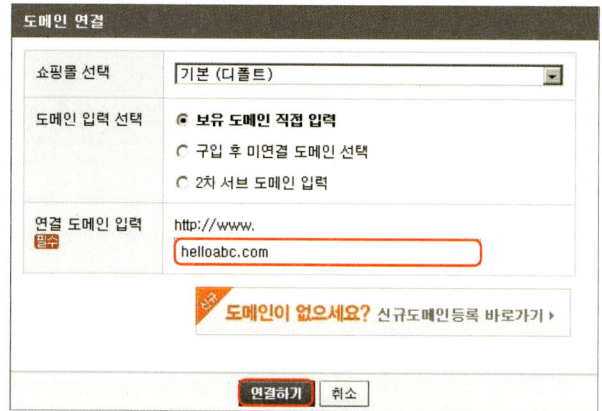

❻ 대표 도메인 목록에서 쇼핑몰명 기본(디폴트)에 [대표도메인 변경] 버튼을 클릭한다.

❼ 대표 도메인 설정에서 등록한 연결 도메인을 대표 도메인으로 설정한 후 [저장] 버튼을 클릭한다.

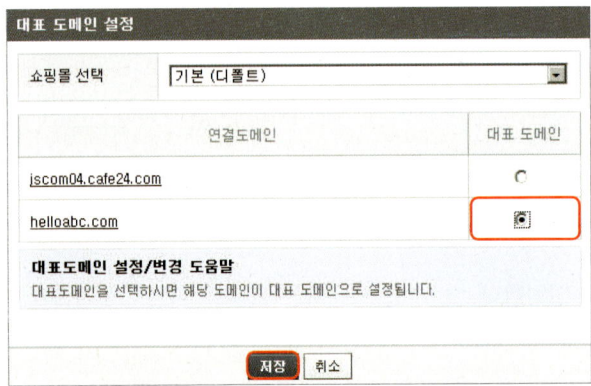

❽ 대표 도메인 변경이 완료된다.

❶ [설정 메뉴] 상점관리 → 멀티쇼핑몰관리 → 멀티쇼핑몰 설정을 선택한 후 [쇼핑몰 추가] 버튼을 클릭한다.

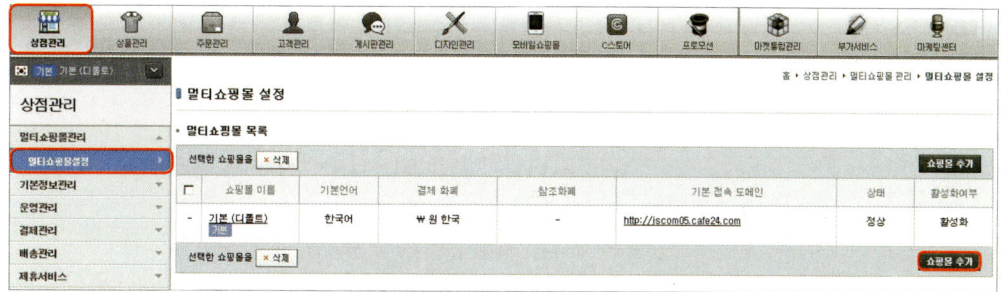

❷ 멀티쇼핑몰 수정에서 다음과 같이 입력한 후 [저장] 버튼을 클릭한다.

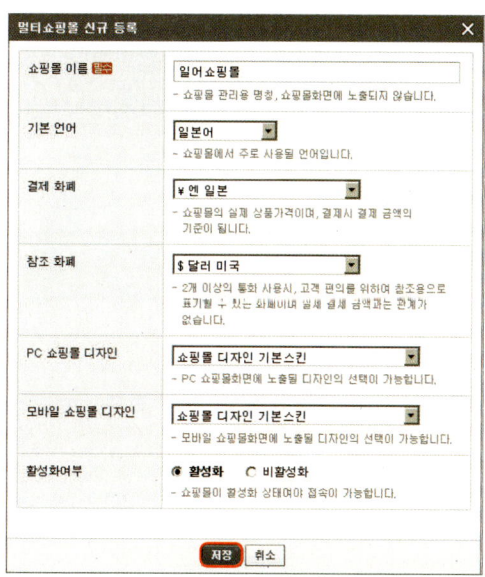

❸ 멀티쇼핑몰 설정에서 다음과 같이 설정 내용을 확인한다.

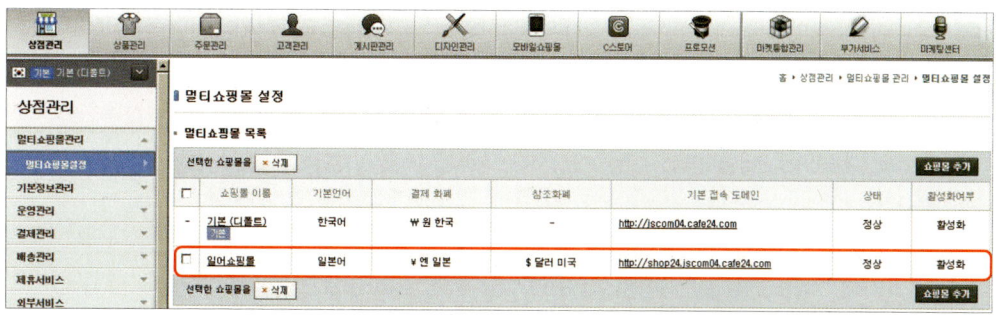

08 번 문제 해설

[설정 메뉴] 상점관리 → 운영관리 → 적립금 설정

❶ '결제방식에 따른 적립금 지급 비율 설정'을 클릭하고 '무통장 입금'에서 '10' 을 입력한다.

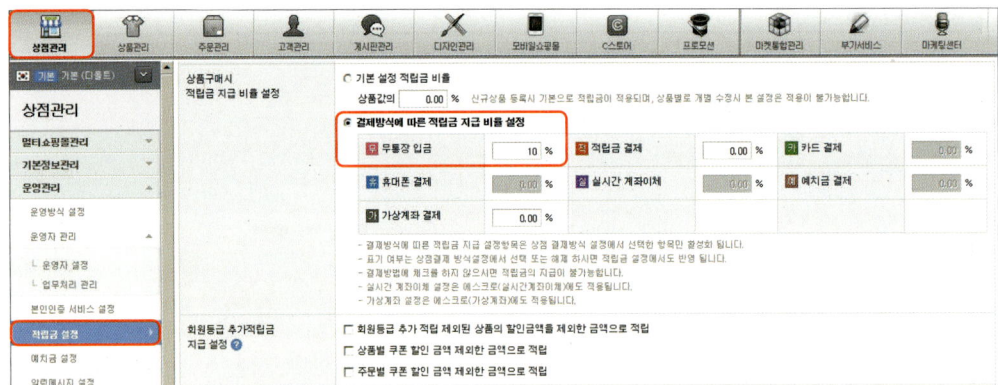

❷ 적립금 설정에서 1회 사용 적립금 최대 사용한도 설정을 1회 최대 '45000' 으로 입력한다.

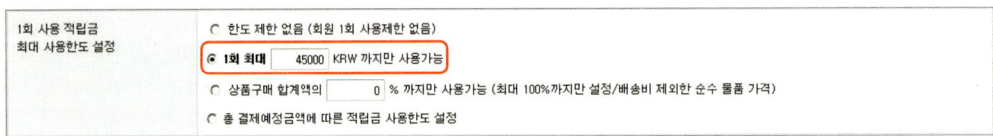

❸ [저장] 버튼을 클릭하면 완료된다.

09번 문제 해설

[설정 메뉴] 상점관리 → 배송관리 → 배송/반품 설정

❶ 배송/반품 설정에서 다음과 같이 배송 방법과 배송 설정, 배송기간을 입력한다.

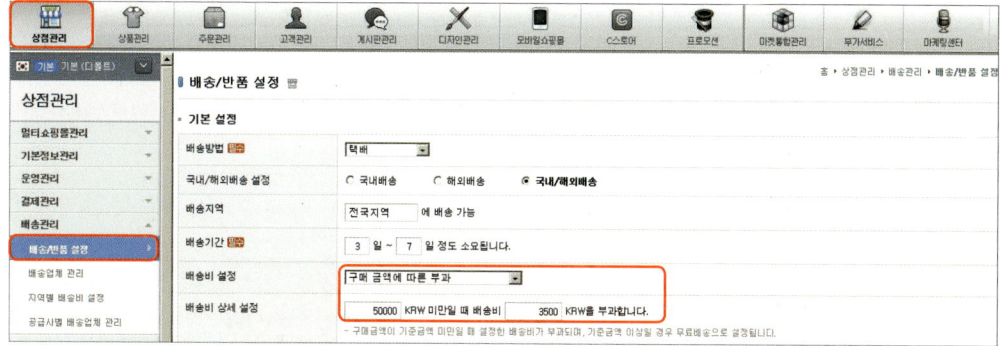

❷ 배송비 설정에서 '구매금액에 따른 부과'를 선택하고 아래 '배송비 상세 설정'에서 '50000 KRW 미만일 때 배송비 3500 KRW를 부과합니다'를 입력한다.

❸ [저장] 버튼을 클릭한다.

10번 문제 해설

[설정 메뉴] 상점관리 → 운영관리 → 적립금 설정

❶ 회원가입 적립금 설정에서 '신규 회원 가입 시 1000 KRW 적립'을 입력한다.

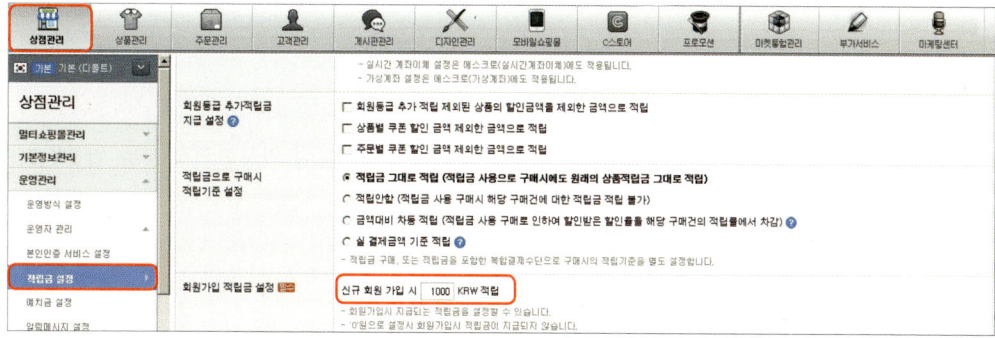

❷ [저장] 버튼을 클릭한다.

11번 문제 해설

[설정 메뉴] 상품관리 → 상품분류관리 → 분류관리

❶ 상품분류 설정에서 [대분류추가] 버튼을 클릭한다.

❷ 표시 상태와 메인분류 표시 상태가 기본 (디폰트)인지 확인한다.

❸ 쇼핑몰 표시 설정은 PC 쇼핑몰과 모바일 쇼핑몰을 체크한다.

❹ 상품진열에서 '사용자지정', '최근 추가된 상품이 위로'를 선택한다.

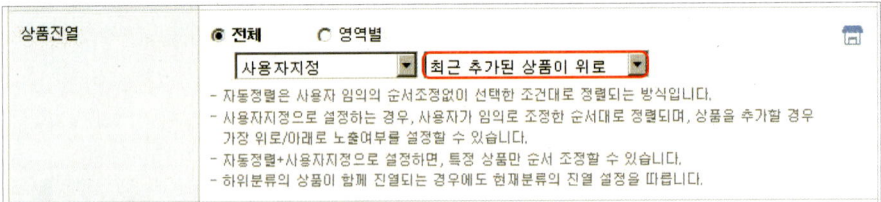

❺ 분류접근 설정에서 접근 권한을 '모두이용가능' 으로 선택한다.

❻ 상품분류 설정에서 대분류 추가한 '추천상품'을 그래그 앤 드롭하여 최상단으로 분류 이동한다.

❼ [분류이동저장] 버튼을 클릭하여 순위를 저장한다.

❽ [확인] 버튼을 클릭하여 저장한다.

12번 문제 해설

[설정 메뉴] 상품관리 → 상품관리 → 상품정보 일괄변경

❶ 원하는 상품을 선택한 다음 '선택한 상품의', '판매정보'를 선택하여 [일괄변경] 버튼을 클릭한다.

❷ 판매정보 일괄입력에서 '판매가 변경'을 선택하고 '판매가 기준 변경'을 다음과 같이 변경하고 [선택항목 일괄변경] 버튼을 클릭한다.

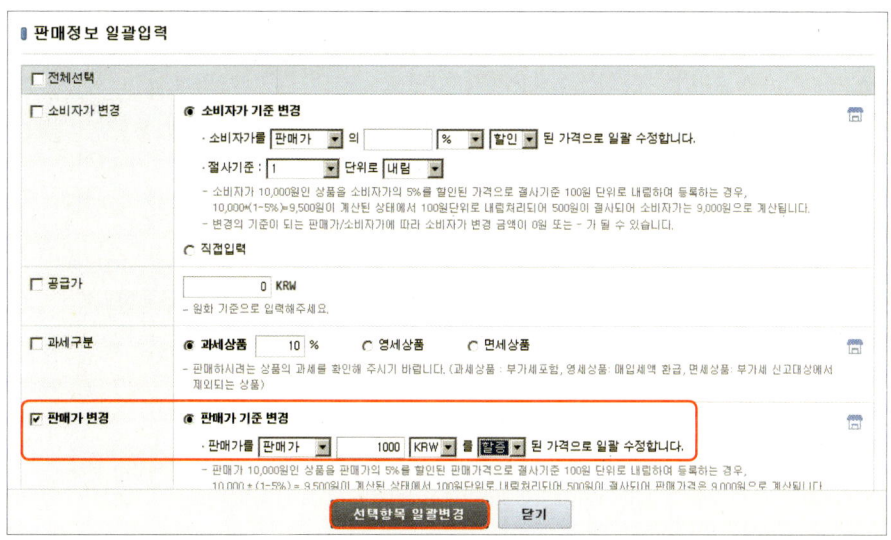

13번 문제 해설

[설정 메뉴] 상품관리 → 상품표시관리 → 상품정보표시 설정

❶ 할인 판매에서 글자 크기를 12px, 글자를 진하게 하고 글자 색상을 'ff0000'으로 변경한다.

❷ 입력을 확인하고 [확인] 버튼을 클릭한다.

14번 문제 해설

[설정 메뉴] 상품관리 → 상품옵션관리 → 옵션관리

❶ 옵션관리에서 [옵션등록] 버튼을 클릭한다.

❷ 옵션명을 '크기'로 입력하고 옵션값 입력에 대, 중, 소를 입력하고 추가금액을 등록한다.

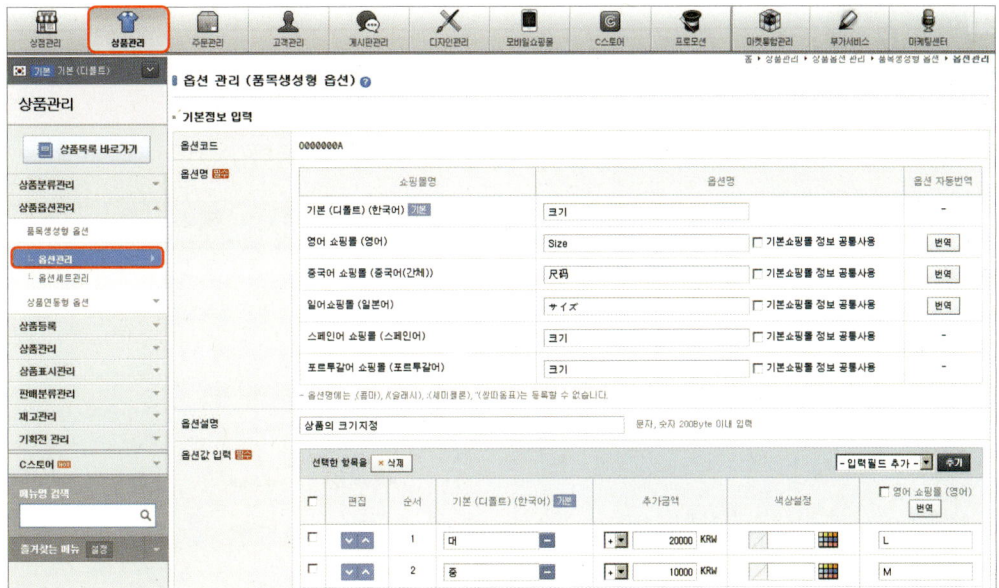

❸ [등록] 버튼을 클릭한다.

❹ 옵션세트관리에서 [옵션세트등록] 버튼을 클릭한다.

❺ 옵션세트명을 '의류'로 입력한다.

❻ 옵션 선택의 옵션을 선택 & 드래그나 [추가] 버튼을 클릭하여 사용할 옵션으로 등록한다.

❼ [수정] 버튼을 클릭한다.

15번 문제 해설

[설정 메뉴] 상품관리 → 상품분류관리 → 분류관리

❶ [대분류추가] 버튼을 클릭하여 다음과 같이 '추천상품' 대분류를 만든다.

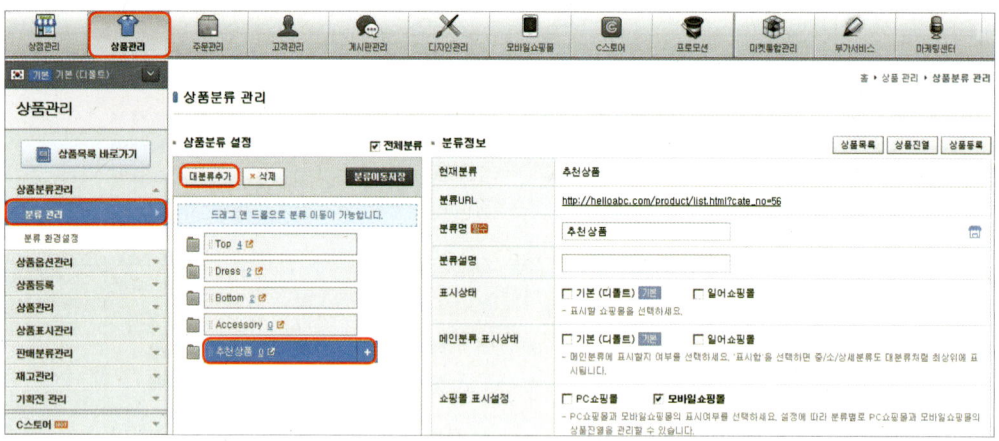

❷ 쇼핑몰 표시 설정에서 '모바일 쇼핑몰'을 선택한다.

❸ 드래그 앤 드롭으로 '추천상품'을 최상단으로 이동한다.

❹ [분류이동저장] 버튼을 클릭한다.

❺ 표시 상태과 메인 분류 표시 상태를 '표시함'으로 선택한다.

❻ [확인] 버튼을 클릭한다.

16번 문제 해설

[설정 메뉴] 상품관리 → 재고관리 → 상품재고 관리

❶ [재고관리 일괄설정] 버튼을 클릭한다.

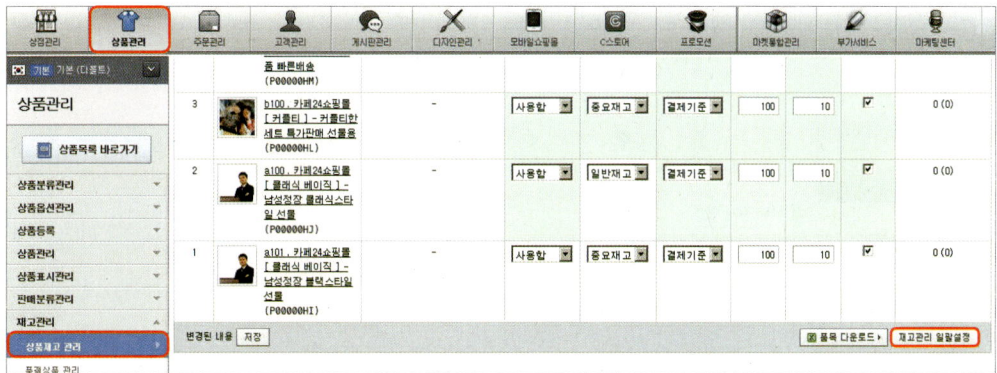

❷ 재고관리, 재고관리 등급, 수량체크 기준, 재고수량, 안전재고, 품절 기능을 설정한다.

❸ [선택항목 일괄설정] 버튼을 클릭한다.

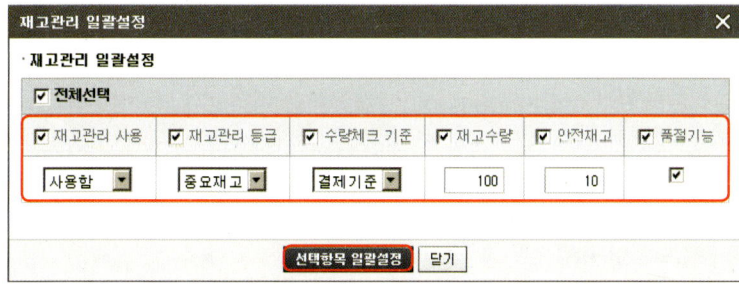

17 번 문제 해설

[설정 메뉴] 상품관리 → 상품정보표시 설정 → 상품상세

❶ '상품정보표시 설정'에서 '상품상세'를 클릭한다.

❷ '상품상세'에서 상품명, 제조사, 원산지, 국내·해외배송, 판매가를 표시하여 설정하고 순서도 설정한다.

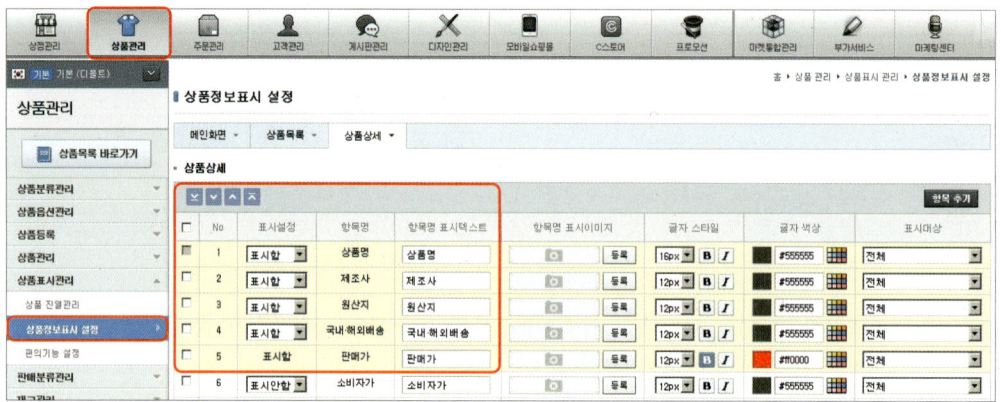

❸ 글자 스타일과 글자 색상을 문제와 같이 변경한다.

❹ 입력을 마치면 [확인] 버튼을 클릭한다.

18 번 문제 해설

[설정 메뉴] 상품관리 → 상품 등록 → 간단 등록

❶ '간단 등록'에서 다음과 같이 상품명과 판매가, 상품이미지를 등록한다.

❷ '상품분류선택'에서 대분류를 '추천상품'으로 선택한다.

❸ 표시상태 설정에서 진열상태와 판매상태를 진열함과 판매함으로 선택한다.

❹ [상품등록] 버튼을 클릭한다.

〈참고〉 등록 이미지는 http://cafe.naver.com/jsnedu에 있다.

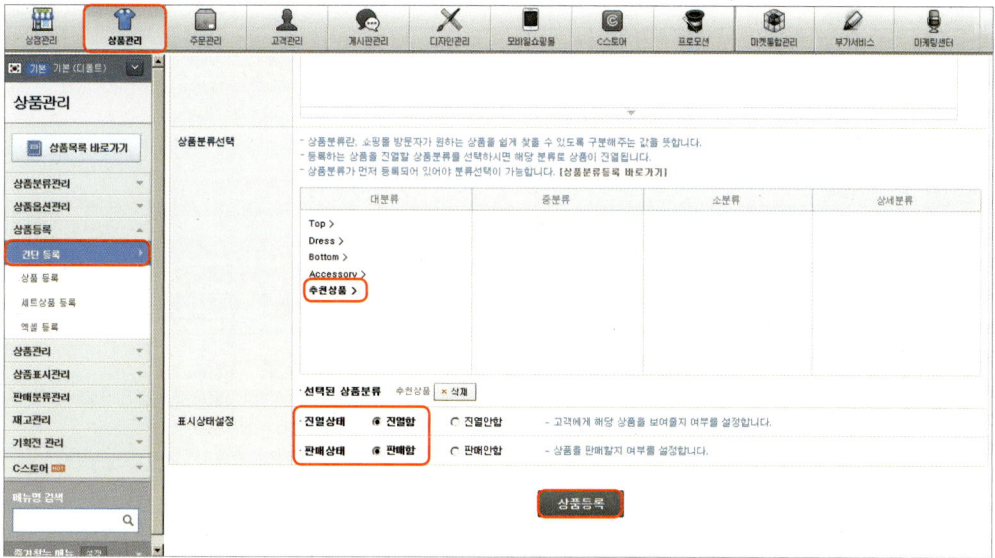

19 번 문제 해설

[설정 메뉴] 상품관리 → 상품옵션관리 → 옵션관리

❶ '옵션관리'에서 [옵션등록] 버튼을 클릭한다.

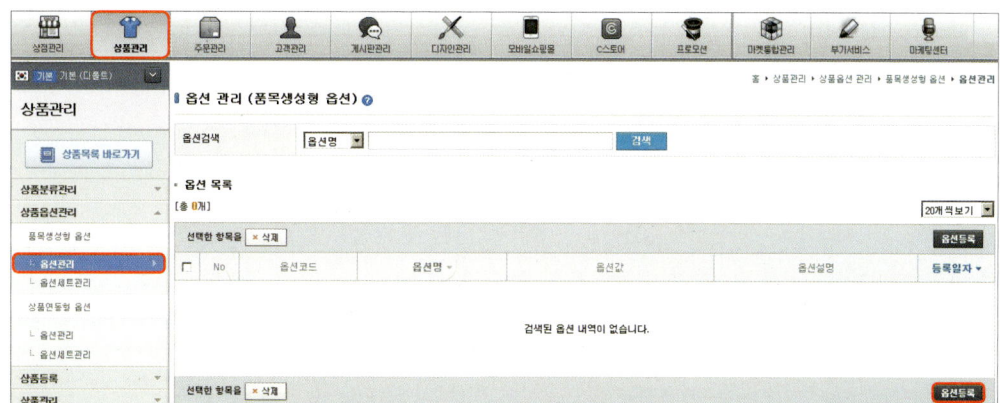

❷ 옵션명을 액자 옵션으로 입력한다.

❸ '옵션값 입력'에서 다음과 같이 옵션값과 추가 금액을 입력한다.

❹ [등록] 버튼을 클릭한다.

❺ 다음과 같이 등록된 옵션을 확인한다.

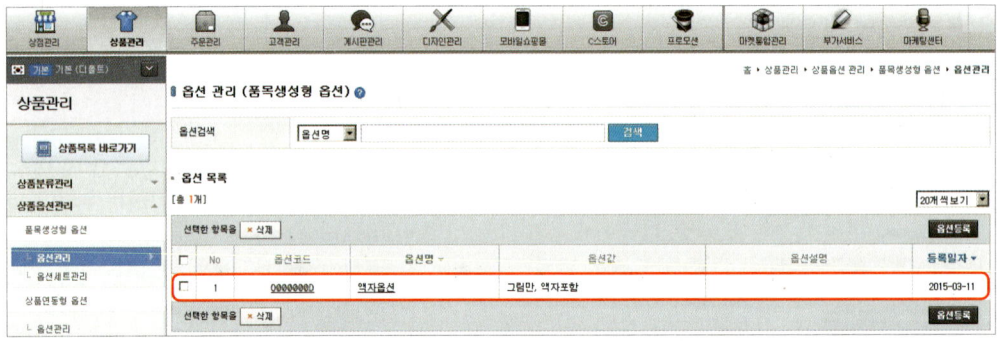

20 번 문제 해설

[설정 메뉴] 상품관리 → 성품표시관리 → 상품진열관리

❶ '상품 진열관리'에서 [상품추가] 버튼을 클릭한다.

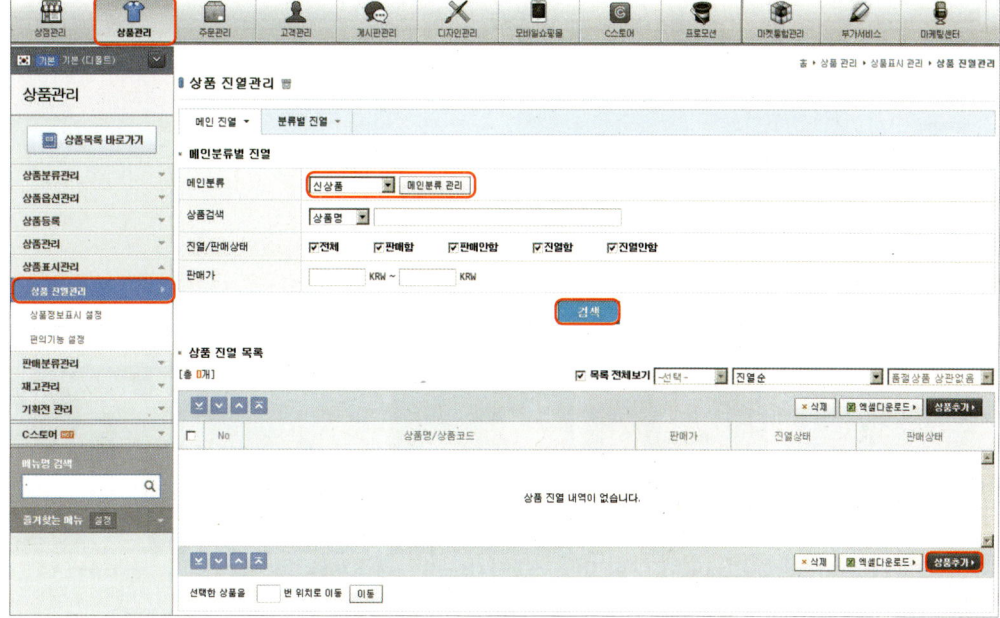

❷ 상품추가 창에서 'a100…' 상품을 선택한다.

❸ [선택] 버튼을 클릭한다.

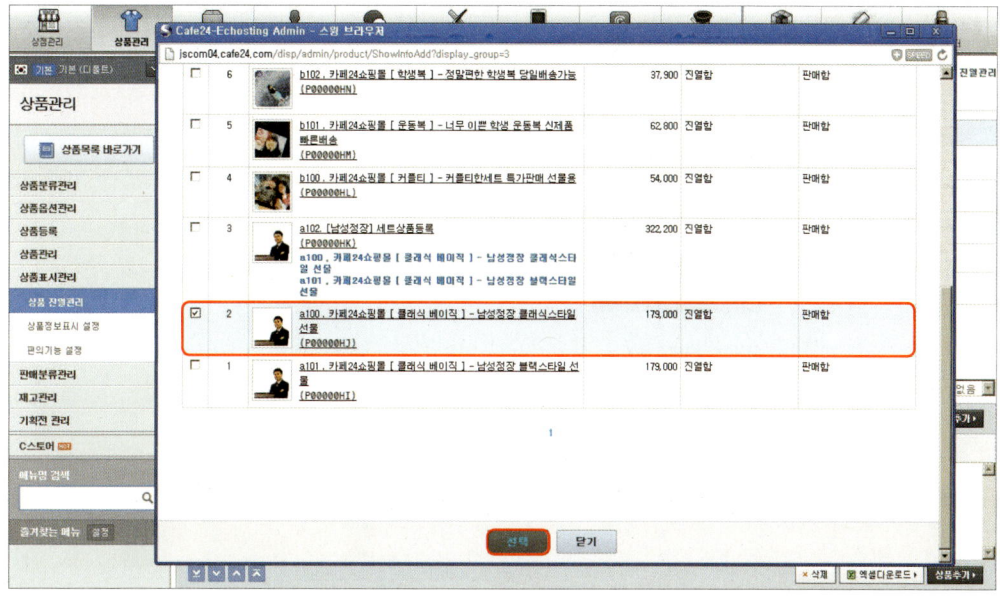

❹ 등록된 상품을 확인한 후 [확인] 버튼을 클릭한다.

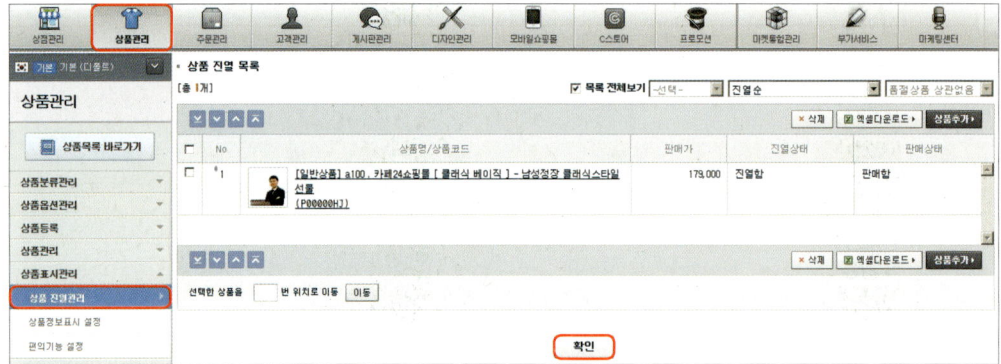

❺ 쇼핑몰 메인 화면의 신상품 코너에 등록된 것을 확인할 수 있다.

전자상거래 수출마스터
E-Commerce Export Master

1 시험 주관사인 카페24에서 공식 인증한 교재로 출제기준에 맞춰 적중률 높은 내용과 평가 문제로 구성하였습니다.

2 각 과목별 이론을 학습하기 전에 해당 과목에서 배워야 할 학습목표를 제시하여 학습의 효과를 높일 수 있도록 하였고, 실무적인 내용으로 구성하여 실제 현장 업무에서 바로 적용할 수 있도록 하였습니다.

3 각 과목별 이론을 학습한 후 이해 수준을 점검할 수 있도록 실력 평가 문제를 수록하여 출제 형식과 경향을 파악할 수 있도록 하였습니다.

값 25,000원

ISBN 978-89-315-5374-1

BM Book Media Group
성안당은 선진화된 출판 및 영상교육 시스템을 구축하고
항상 연구하는 자세로 고객 앞에 다가갑니다.